U0683037

国家社科基金
GUOJIA SHEKE JIJIN HOUQI ZIZHU XIANGMU
后期资助项目

乾隆朝金川战争新探

——档案文献与田野调查双重奏

New Explorations on the Wars of Jinchuan in Qianlong Period

by Dual-Performance of Archival Documents and Field Investigations

王惠敏　著

华东师范大学出版社

·上海·

图书在版编目(CIP)数据

乾隆朝金川战争新探:档案文献与田野调查双重奏/
王惠敏著.—上海:华东师范大学出版社,2023
ISBN 978-7-5760-4062-3

Ⅰ.①乾… Ⅱ.①王… Ⅲ.①大小金川之战 Ⅳ.
①K249.305

中国国家版本馆 CIP 数据核字(2023)第 144602 号

乾隆朝金川战争新探
——档案文献与田野调查双重奏

著　　者　王惠敏
责任编辑　吕振宇
特约审读　齐晓峰
责任校对　江小华
装帧设计　刘怡霖

出版发行　华东师范大学出版社
社　　址　上海市中山北路 3663 号　邮编 200062
网　　址　www.ecnupress.com.cn
电　　话　021-60821666　行政传真 021-62572105
客服电话　021-62865537　门市(邮购)电话 021-62869887
地　　址　上海市中山北路 3663 号华东师范大学校内先锋路口
网　　店　http://hdsdcbs.tmall.com

印 刷 者　上海昌鑫龙印务有限公司
开　　本　787 毫米×1092 毫米　1/16
印　　张　28.25
字　　数　502 千字
版　　次　2025 年 4 月第 1 版
印　　次　2025 年 4 月第 1 次
书　　号　ISBN 978-7-5760-4062-3
定　　价　148.00 元

出 版 人　王　焰

(如发现本版图书有印订质量问题,请寄回本社客服中心调换或电话 021-62865537 联系)

国家社科基金后期资助项目
出版说明

后期资助项目是国家社科基金设立的一类重要项目，旨在鼓励广大社科研究者潜心治学，支持基础研究多出优秀成果。它是经过严格评审，从接近完成的科研成果中遴选立项的。为扩大后期资助项目的影响，更好地推动学术发展，促进成果转化，全国哲学社会科学工作办公室按照"统一设计、统一标识、统一版式、形成系列"的总体要求，组织出版国家社科基金后期资助项目成果。

全国哲学社会科学工作办公室

序

在静静的夏夜伴着淅淅沥沥的细雨读书,于我而言,从来是一件乐事,但在如今这个特殊时刻阅读这部书稿,风声雨声中伴随的,却是一阵又一阵隐隐袭来的不安。原因是众所周知的,这位书稿作者于 2019 年 3 月赴美访学,按照中国留学基金委的要求,访学应于 2020 年 3 月结束,却因疫情突发滞留彼国,又因机票的一再延误而无法归国,辗转奔波已达半年之久。这不仅让她本人,也让她的亲人朋友不免心怀忐忑。而在这样的时候,竟然能收到她从美国寄来的书稿,我佩服她在接连数月彻夜难眠的焦虑中,还能将书稿最后修改完毕的坚持。

何况这不是一部简单的书稿,煌煌 50 余万言,已经显示了它的厚重。而作者选择的主题,其难度之大、涉猎之广姑且不论,单是那些冷僻诘诎的词汇,就让人即使浏览一过,都颇耗心力。我知道作者完成这部书稿,历时几达十年。我想,她自己可能也没想到会用这么长的时间吧。人生实难预料,就像这次出乎意料地被滞留在美国数月一样。

这里提到的作者,就是王惠敏,曾于 2008—2011 年在中国社会科学院历史所跟随我就读博士研究生。犹记与她初识时,她对我提过一个要求,她想让我从此喊她"小惠",她说这是她父母对她的称呼,去乡日久,她希望我以这样的称呼唤起她对父母和家乡的思念。我虽然从不赞成将师生关系渲染成母女,但也将她的要求当成对自己的一个鞭策,所以,这里亦沿袭多年来的习惯,称呼她为"小惠"吧。转眼十年,当年的女孩子已为人母,亦为人师,这部专著见证了她十年来起起伏伏的经历,也向师友们展示了她的成长和成熟。

乾隆朝征服大小金川之战,是小惠自己选择的博士论文题目。坦率地说,我虽然忝为她的导师,却始终没明白她怎么会做这样的选择。当然,作为乾隆朝所谓的"十全武功"之首,大小金川之战从来都不是一个冷僻的问题,无论在国内或国外学界,相关研究都已连篇累牍,在这样的基础上要有所创新和突破并不容易,而小惠既然情愿知难而上,表明她对这个题目应该如何做,有她的自信,有她的心得。事实上,早在当年她将博士论文初稿交给我时,就已经证明了自己可以胜任这个题目。

我当年指导过她的博士论文,2018 年她申请国家社科基金后期资助项目时又给她写过推荐,对她这部改了又改的书稿,已经不可能不熟悉。但这回第三次细读,却仍然带给我惊喜,这部成稿,已经在她当年博士论文的基础上大大前进了一步。在当前诸多博士论文未经认真修改就急于出版的情况下,能像她这样潜心钻研,广搜文献,田野调查,经过反复修改之后再成专著的年轻学者,已经颇为难得了。所以在这里,我主要不是以她的导师,而是以一个读者的身份,写下我的感言。这一做法于我,有一个特别方便之处,那就是我可以只及几点,而不必关照到所有方面了。

首先,对于平定大小金川的这场战争,正如对清代发生的各种战争和事件一样,学界的研究大多站在中央王朝的立场之上,总结和评价的多是中央王朝政策的功过得失,除了论述多有局限和片面之外,许多重大问题也因此而被无视。小惠发现,这给进一步的研究留下了较大空间,正是她得以突破和深入之处。

在观照徼外部落与清廷双向互动的前提下,这部书稿致力于将研究视角从中央王朝向边地土司的转换,旨在探究引起乾隆朝金川战争的深层原因。她看出了以大小金川土司为代表的嘉绒族群的文化观念与清王朝熟知的儒家政治文化传统之间所存在的巨大差异,认为发生在川西北的两次金川战争正是因双方之间深刻的文化隔膜而引起。她用大量篇幅,征引了大量档案史料,为我们详细叙述了土司治下的金川极其独特的地形地貌、恶劣的气候条件、与内地判然有别的社会风俗习惯、笃信苯教氛围下的多元信仰世界和复杂的社会面貌,及其与藏区和内地迥异的联系,即使将这些内容独立成篇,也会是一篇全面而且难得的对这个地域的研究文章。而作者的论述绝不止此,她详细分析了这样的一个特殊地区的各种样态,对于这场战争直接的、紧密的影响,为她的结论即"当清廷和金川土司基于不同的立场和文化认知对彼此的期许存在难以调和的矛盾时,战争便一触即发",打下了坚实的基础。正是这种研究视角的转换,为这个题目的深入探索打开了方便之门。

其次,这部书稿特别阐述了土司、川省地方文武、皇帝三者之间的关系。本来,在土司和皇帝双方存在显著认知差异的情况下,以川省地方文武为代表的中间环节是非常重要的,他们本该是中央王朝对当地土司和部落实行有效管控的工具,但是在那些嘉绒土司们的眼中,地方督抚和其他文武弁员却"几如虚设",清廷也因此而未能充分实现通过地方文武官员代表中央王朝震慑和辖制诸部落豪酋、宣示国家威权、推行朝廷教化的政治目标。总之,在清廷彻底平定两金川之前,在作为国家羁縻统治对象的嘉绒土司的政治等级秩序中,未能真正对代表清帝国权力的川省文武官员享有的管辖权产生根本性认同。他们往往更愿意与地方文武官员虚与委蛇,以便最大限度地维护自身利益,而地方督抚也会在畏难和尽力避免与边地部落发生正面冲突的心理驱动下,在面对部落纷争时多半更愿意扮演"和事佬"的角色(如此行事,对土司与皇帝均有"敷衍塞责"之嫌),这是导致产生一系列矛盾冲突的关键。在这里我想特别提到的是,不仅仅在由皇帝的统治权直接到达的直省地区,就是在蒙古、新疆和西藏乃至这里提到的西南边疆,这些并未由清朝中央政权直接管辖,而是保留当地固有的政治制度和首领的地方,作为衔接中央王朝和地方的纽带,即国家官僚体系中的地方官员,他们的存在和发挥影响也是至关重要的,研究者却极易将其忽略掉。这提醒我们,以往对中央王朝管理这些边疆地区的做法,理解得往往过于简单了,而小惠的研究既指出了地方官员作为"居间环节"在研究中有极为重要的意义,也揭示了他们代表国家权力触角深入边徼地区的力度有限而未能充分发挥纽带作用,以及呈现这一历史状况的复杂原因。

第三,在嘉绒土司的观念中,对作为清帝国权力代表的地方文武官员享有的管辖权并没有产生根本认同,他们坚信自己才是嘉绒地方上的主人,怎样扩大自己的势力范围,增加人口和资财,保住既有的地位和权力,才是他们最关心的。对于朝廷,他们采取的是抵抗与"乞降"两手并进的措施。在这个问题上,小惠并没有像大多数研究者那样,仅仅从文献档案出发,以中央王朝的记录为证,来描述土司和部落人众的表现,而是不辞辛苦,亲访当年金川战争的所在地,通过与昔日土民的后代进行交谈,来了解他们对这场战争的记忆,感受有关官书、档案中所谓"番性难驯"的历史氛围。她发现当年十万清军在此地遭遇的对手不仅长于据险固守,而且攻守兼备,颇有谋略。这种从土司一方、以土司也与中央政权同样具有"主体性"出发所做的考察和探讨,使人能够更具体地理解这场战争的爆发原因,也更能体会这场战争的艰难程度。事实上,在清朝中央集权统治下的几乎所有族群和地方政权,都具有自己的主体性,也都在对中央集权服从和效忠的同时,竭力维护更多的自身利益、保存自己的文化和传统,并与朝廷展开双向博弈。这个问题,是又一个尚未引起研究者充分关注的面向,有着可以展开的广阔的研究空间。

最后还要说到的,就是田野了。

田野调查方法进入史学研究领域并且成为热门,一般说法都是近几十年之事。这种来自人类学、民族学的研究方式,即使被史家运用来研究历史,大多数仍与人类学有不解之缘,其中最为人所称道者,遂有"历史人类学"之称。然而,史学的"田野调查"其实早就有自家的传统,只是不称为"田野"而已。

其强调实地考察,并将实地考察与文献收集、考辨等方法相结合的实证主义治学精神,也并不是近几十年才出现的新模式。小惠撰写这部专著期间曾经到大小金川地区做过两次田野工作,做法就更偏重于史家的实地考察,其突出的特点便是田野调查与文献档案的结合。

前人研究金川战争主要依据清朝官书,有关金川战争的档案,大多数是近十年才向读者开放的。部分关键档案在短暂开放后又因种种原因不许查抄利用,幸运的是小惠非常及时地在短暂开放期间悉数抄录了这批档案史料。小惠对于金川战争的再研究,主要便得益于这些新开放的大量档案史料。与此同时她两赴金川,通过实地考察,加强从文献梳理而获得的各种史料的理解;反之,田野调查又为文献提供了特定的语境,乃至于为她指出了研究的进一步走向。小惠说她做的文献爬梳和田野调查二者并重,是"双重奏",我则认为二者并非是并列、并重的关系,而宁愿将其看作是环环紧扣的一种结合。小惠的田野工作,与人类学、民族学的田野工作做法迥异,但只要对她撰写这部专著能够起到重要的、关键的作用,就已经足够了。从这个角度来看,史家所做的实地考察,或者也用现在学界喜用的名词——田野,对研究所起的重要作用,其实是不亚于人类学、民族学等学科的。

写序不是写书评,不必面面俱到,也不必特别提出不足与缺点,但我还是想再多说几句。总体来看,这部书当然还谈不上尽善尽美,有的地方不免操之过急,还有的地方由于作者的不熟悉而显得捉襟见肘,特别是涉及宗教和军事等方面。不过我认为,一部作品是否成功,并不在于尚存在多少的错误和不完满,更在于它所提出的问题能否给予人们启发、引起人们更深一步的思考,甚至于引起批评和争论,在这点上,小惠的这部书,我想是做到了。

这部书稿,我从断断续续开始阅读,直到今天终于完成序言的写作,历时两周有半。当这个难产的序言临近完成的时候,终于等到了她和全家已经乘坐飞机回到祖国的好消息,我为她长舒一口气。隔离期再长,也有结束的时候,我期盼她在经历过这番煎熬磨难之后,无论生活和事业都有一个好的开始;面对不可知的未来,能够有更坚韧、更从容、更豁达的心态。同时也期盼这部书稿的出版,成为她在学术上进一步提升的起点。

是为序。

定宜庄

2020 年 9 月

目　录

图目录

表目录

导　论

　　大小金川僻处藏东、川西一隅,因乾隆朝两次大规模的征讨而著称于世。第一次金川战争从乾隆十二年(1747)持续至乾隆十四年(1749),第二次金川战争始于乾隆三十六年(1771),止于乾隆四十一年(1776)。战争规模之大、历时之久、糜饷之巨,不仅在当时震惊朝野,而且给后世以深远的影响。正因为如此,自清代以来就有不少人关注大小金川战争事件。换言之,它从来都不是一个冷僻的问题。然而,已有的研究成果多从中央王朝立场出发,偏重事实陈述,缺乏多样化的分析,对众多重要问题鲜有涉及,并且由于条件所限,很少利用清代档案文献史料,鲜见亲赴战争发生地开展田野调查以获取地方史料和实地感受。这既为笔者以档案文献和田野调查资料为研究基础,从边疆与中央王朝互动的新视角,探索乾隆朝两次金川战争问题留下较大研究空间,也为笔者研究那些尚未深入探究的相关问题提供了可能。

一、选题缘起及意义

　　长期以来,人们主要着眼于描绘乾隆朝两次金川战役的过程和结果,以及从清廷的立场出发讨论大小金川战争的性质、影响等问题。不可否认,这些研究凸显了学界对金川战争的关注,也为笔者重新研究金川战争问题奠定了学术基础,但笔者发现仍有很多问题值得深入探讨。具体说来,土司、川省地方文武、皇帝三者之间的关系,金川为何难以攻克,交战双方之间深刻的文化隔膜,在旷日持久的战争考验下清代国家机器的运转效率及弊端等重要问题,几乎都没有进入研究者的视野。

　　魏源在《圣武记·乾隆朝再定金川土司记》一文中对大批清军进剿大小金川之艰难情状,有一番颇为生动的描述:"方其神施鬼设,伺间出奇,九地九天,霆劈霤骤,或七萃从石罅而出,或千矛随炮声而入,险万阴平,艰百石堡,自蚩尤以来,未有凿凶裂罅、骁目眢魂如兹役者。"①可见,清军征剿大小金川

---

　　① ［清］魏源:《圣武记》卷7之《乾隆再定金川土司记》,中华书局,1984年,第308页。

殊为不易。单就"乾隆朝十大武功"而言,大小金川战役历时最久、耗费最巨,却辟地甚微。[①] 那么,到底是什么原因使得地不足千里、人不过数万的两金川竟如此难打呢?魏源答曰:"(金川之役)以天时之多雨久雪,地势之万夫莫前,人心之同恶誓死,兼三难而有之",以致"功半而事倍",且"(若)非前狃于钟琪之宽大受降,后激于温福之偾辕失律,亦劳不致此"。[②] 然而,魏源仅指出金川难以攻克存在多种原因,并未进行具体论述。实际上,如果不能对盛世王朝举全国之力打弹丸之地的大小金川土司,竟耗时长达五年之久的主客观原因予以深入分析,那么有关金川战争的研究显然难以令人满意。

土司治下以苯教为根本文化纽带的大小金川土司和土民对清王朝的认识十分模糊,而清王朝同样对大小金川土司、土民的生存环境、管理组织、天性禀赋和精神世界等方面极不了解。因为,对于熟知古代中国传统文明价值体系的清朝统治者来说,迥异于内地的大小金川土司社会文化,诸如群体团结与社会稳固、财富的争夺和积累、土民对土司的极端忠诚、彪悍好战的道德精神、格外尊重社会等级权力、笃信苯教等造成的陌生感,极大地挑战了他们既有的信念;对于誓死秉持嘉绒土司社会文化理念的大小金川土司来说,他们亦对清廷极力宣示王朝国家权威、干涉其扩大地盘的做法不以为然,认为发动民众奋起反抗清军乃理所应当。从这个意义上讲,大小金川战争实际上是不同文化观念,尤其是双方对川边地方秩序的认知几近南辕北辙引起的军事冲突。因此,如若不能在具体研究基础上就这一重大问题进行深入分析,对乾隆朝两次金川战争形成深刻的历史认知也就缺乏应有的说服力。

两次金川战争不应只是作为事件的历史被记录和研究。影响清王朝历史进程的金川战争彰显的历史内涵理应更加丰富。第一次金川战争的惨败,既暴露了登极不久的乾隆皇帝缺乏统治经验、刚愎自用的一面,也暴露了国家机器运转过程中的诸多积弊。与第一次金川战争耗时两年却草草收场相比,历时五年再征金川则体现了乾隆皇帝在政治上的成熟,以及清军将领在后勤运输和军事进剿等方面卓有成效的努力,从而展现了当时的国家机器仍具有相当强大的内部调适能力和运转效率。譬如,开创大规模后勤运输管理机制(雇佣夫役多达 40 余万人)以保障旷日持久战争之军需供应、创新攻克碉卡的军事手段以保证取得最终军事胜利等。如果对这两次战争展现出来的差别显著的清代国家机器运转效率的问题不予重视,那么金川战争研究亦

---

① 乾隆二十年(1755)平准、回二部,"拓地二万余里",用兵五年,用银三千多万两,而两金川土司辖地不过千余里,清军首征大金川耗银近两千万两,历时两年未能攻克,及至再征两金川,用兵五载,费银竟至七千万两。由此,不难窥见清军攻打两金川艰难之至。亦可借此体会为何乾隆皇帝将平定大小金川列为"乾隆朝十大武功"之首。

② [清]魏源:《圣武记》卷 7 之《乾隆再定金川土司记》,中华书局,1984 年,第 308 页。

存在明显缺陷。

以上问题之所以长期难以进入研究者的视阈,与其秉持的研究立场和相应的解释框架密切相关。以往的研究者大多站在中央王朝的立场,以清廷为何发动金川战争、怎样推进战争、如何善后、战争性质等作为关注点,过于强调大一统国家(清帝国)的主导作用,不仅忽略了战争爆发地在川西北一隅,而且自觉或不自觉地忽视了战争的另一方——金川土司和土民。一旦研究者以大一统国家的治理与巩固为研究立场,便容易将现代民族国家理论径直套用于发生在乾隆朝的金川战争上,未考虑到该解释框架不足以揭示清代国家运转之特殊性和复杂性,从而缺乏对应战一方的基本历史观照——过于强调战争主导方(清廷)的动机、行为、结果和影响,而未能充分关注应战方(金川土司与土民)的现实处境和生存策略,遑论在具体历史情境中对交战双方予以深刻理解。同时,正因为对战争爆发地和作为应战方的金川土司、土民了解甚少,使得不少研究者对金川战争的认识与评价趋于单向性,以致在论述过程中程度不一地带有政治上或文化上的偏见。因此,无论在时间上还是空间上,金川战争研究均存在不容回避的问题。

在实际历史研究中,时空问题往往是纠缠在一起的。因此,欲从整体上客观认识乾隆朝金川战争,就必须挣脱中央王朝大一统立场和现代民族国家解释框架的束缚,以更加长远的历史眼光和同等观照交战双方的历史态度,站在更加开阔的时空内,重新审视清中期发生在嘉绒地区的两次金川战争。这也是拙著的研究旨趣所在——在边疆与中央王朝的双向互动的视域中重新研究金川战争问题。

另须专门指出,因受史料开发和利用的限制,绝大多数相关研究成果仅以《清高宗实录》《平定金川方略》《平定两金川方略》等官书为依托,没能利用大量相关档案史料,更鲜见亲赴战争发生地展开田野调查以获得地方史料。这也是长期以来国内学者习惯从中央王朝的立场单向认识金川战争的重要原因。在此,还要强调的是,田野调查是史学研究者书斋案头工作的空间延伸。如果不能亲赴战争爆发地展开田野调查,单纯依赖清廷留下来的档案文献开展研究,对积极应战的大小金川土司和土民的理解势必有限,甚至对档案文献的某些记载难以吃透。这也是笔者为何强调"档案文献与田野调查双重奏"的重要原因所在。

有鉴于此,笔者欲以《金川档》《军机处录副奏折》《宫中档朱批奏折》《宫中档乾隆朝奏折》《清宫珍藏海兰察满汉文奏折汇编》等相关档案为基础,并结合有关官书和田野调查资料(含笔者亲赴丹巴、金川、小金三县开展田野调查所获得的资料),从边疆部落与中央王朝联系与互动的视角出发,以交战双方为考察对象,揭示以大小金川土司为代表的嘉绒族群文化观念与清朝统治者熟知的儒家政治文化传统之间的巨大差异,探究清军难以攻克大小金川的多重原因,管窥当时国家机器存在的一些弊端,及其较强的调适能力和运转效率,以便加深、丰富学界对乾隆朝金川战争问题的认识。

更重要的是,从边疆与中央王朝双向互动的视角重新探究乾隆朝金川战争,对进入新时代的中国处理边疆民族问题仍然具有重要的历史启示:国家在制定少数民族管理政策时,一定要充分了解少数民族地区的自然地理环境、历史人文特质,对少数民族地区涌现的各种问题的处理绝对不能脱离当地社会的实际,唯其如此,才能真正赢得民心,最终有利于各民族地区的团结稳定。边疆民族地区的稳定和发展,对于维护我国主权和领土完整,促进边疆民族地区族群和谐,构建社会主义和谐社会都具有极其重要的现实意义。然而,边疆民族地区异于内地的地域、民族、宗教、文化和习俗等方面的特殊性和复杂性,决定了国家和地方在维护边疆社会发展和稳定方面有其长期性和艰巨性。作为边疆社会史研究者,只有深入了解边疆民族的文化心理、历史发展脉络,才能真正为国家层面更好地解决边疆民族问题提供切实可行的智力支持。从边疆和中央王朝互动的角度对乾隆朝金川战争进行深入研究,对维护川西北地区多民族和谐共处、促进当地经济发展和文化繁荣具有历史借鉴意义。特别是通过档案史料和田野调查深入了解两金川所在的嘉绒藏族地区与内地的差异,及其与内地和西藏地区的多重联系,能够为处理当地民族问题提供有益的历史经验教训。

二、金川战争研究的总体特点及启发

乾隆朝金川战争,特别是第二次金川战争影响巨大且深远,引起当朝和后世的持久关注。因此,自清代迄今,有不少人关注乾隆朝金川战争问题,相关著述也随之不断问世。总体而言,从时间和空间上,现代学者的相关研究大致可以分为民国时期、20 世纪 80 年代以来的国内外研究成果。这些不同历史时期、不同国别的研究成果,展现了各自的研究旨趣和方法,都是本题研究的学术起点,部分研究成果对本题有关问题的探究甚有启发。

(一)国内相关研究成果的总体特点及启发

尽管清人对乾隆朝大小金川战争问题关注甚久,但该问题很晚才进入今人的研究视野。马长寿先生于 1944 年 10 月发表的《嘉戎民族社会史》[①]一

---

① 马长寿:《嘉戎民族社会史》,载周伟洲编:《马长寿民族学论集》,人民出版社,2003 年,第 123—164 页。该文原载《民族学研究集刊》第 4 期,1944 年 10 月。

文,论及大小金川的地理位置、气候、诸嘉绒土司世系,以及两次金川战争的过程和结果。1945 年夏,林耀华先生赴川康北部交界地区开展田野调查,随后在 1947—1948 年先后发表了《川康北界的嘉戎土司》①《川康嘉戎的家族与婚姻》②二文,论述了嘉绒民族的来源和分布、政治现状、家庭与物质生活、婚姻习俗等问题,还指出了川西北嘉绒土司地区既是中原文化与西藏文化的边缘地带,又为汉、藏两族交相影响下的缓冲区域。马、林二位民族学家以田野调查的方式开展对嘉绒土司地区的社会、政治、文化的研究,既为笔者了解民国时期尚未改土归流的嘉绒土司社会文化状况提供了宝贵的史料,也为本题研究尝试档案文献和田野调查相结合的研究方法提供了良好借鉴。

此后,直至 20 世纪 80 年代初,国内外学者才开始关注大小金川战争问题,并在最近 30 多年间,先后有数十篇相关学术论文和一部专著问世。其中,大多数研究主要着眼于描述两次战争的过程和结果,完全站在清廷的立场上探讨战争的得失、影响及善后等问题;有个别学者完全站在嘉绒土司土民的立场强调金川战争对当地造成的破坏。因受到档案资料开放和利用的限制,使得相关问题的探讨缺乏应有的深度和广度。尽管如此,仍有一些选题较为新颖的成果问世。

笔者通过全面爬梳相关研究成果发现:因条件所限,史料的运用多局限于清代官书,多聚焦金川战争的过程、善后及影响等问题,因而**总体上呈现史料利用过于依赖官书、选题重复、研究碎片化的特点。对此**,另有学者专门指出,"随着史料与眼界的拓展,前人对(金川战争)善后事宜及其影响的论述已全面精详,但**多偏重事实陈述,少见精辟深入的分析**","**既有研究尚难以令人满意**"③。这一评价可谓一针见血。这也是笔者欲采用档案文献和田野调查相结合的方法,对乾隆朝金川战争问题进行新的探究之学术动力所在。有鉴于此,不再赘述,在这里只对本题研究较有启发意义的国内相关研究成果加以论述。

首先,彭陟焱《乾隆朝大小金川之役研究》④一书是目前国内仅见的有关两次金川战争的专著。该书是在作者博士论文(中央民族大学,2004 年)基础上修订而成,主要以《清高宗实录》《平定金川方略》《平定两金川方略》等官书为依据,着重叙述两次金川战争的过程、结果,并对金川善后措施及其影响

---

① 林耀华:《川康北界的嘉戎土司》,载林耀华著:《民族学研究》,中国社会科学出版社,1985年,第 387—407 页。该文原载《边政公论》,1947 年第 2 期,第 33—44 页。
② 林耀华:《川康嘉戎的家族与婚姻》,载林耀华著:《民族学研究》,中国社会科学出版社,1985年,第 408—432 页。该文原载《燕京社会科学》,1948 年第 1 期,第 134—153 页。
③ 徐法言:《乾隆朝金川战役研究评述》,《清史研究》,2011 年第 4 期。
④ 彭陟焱:《乾隆朝大小金川之役研究》,民族出版社,2010 年。

等问题进行论述。该书作者没能利用大量档案史料,并且完全站在大一统的基调上来探讨两次金川战争的起因、经过和结果,对与金川战争相关的许多重要问题均没有展开论述。这便为笔者选取边疆与中央王朝双向互动的研究视角,采取档案文献和田野调查相结合的研究方法,对大小金川战争问题进行新的探究留下了广阔的学术空间。

其次,尽管有学者犀利地指出国内有关金川战争研究现状尚难令人满意,但笔者仍以为已有的相关研究成果为金川战争再研究奠定了一定的学术基础,一些论文和专著的关注点和阐释问题的角度均给予笔者多方面的研究启发。

邹立波在《明清时期嘉绒藏族土司关系研究》①一书中专门辟出一章论述"金川之役前后的嘉绒藏族土司关系"。该书运用藏文文献,并结合台北"故宫博物院"所藏档案及相关汉文资料,改变传统研究路径,着力从嘉绒藏族的本土视野出发,围绕嘉绒藏族土司之间的关系,从多层面深入剖析这段历史,重新审视和探讨明清时期中央王朝治理西南边疆土司区域的策略、嘉绒藏族土司关系的特点及其演变趋势,揭示出两者之间存在复杂的内在互动关系,为土司问题研究开拓了新的思路和空间。该书对本题研究有直接启发,使笔者坚信从更长的历史时段、更广阔的历史空间,采取田野调查和档案文献相结合的方法重新探讨大小金川战争相关问题,可行且必要。

刘源《从清代档案看清政府对金川土司的政策》②一文,依据中国第一历史档案馆中有关档案史料,探讨清政府对金川土司所采取的政策及其演变。作者认为清政府在对待金川的问题上,经历了沿袭明代土司制度到"以番攻番""剿抚并用",及最终实行"改土归流"政策,是清中央集权专制高度发展的必然结果。该文对国家立场的强调,反而提醒笔者,其实还应当考察以金川土司为代表的嘉绒土酋对"土司-皇帝"关系的认知与清廷之间存在明显分歧的问题。厘清这个问题,才是回答清廷在川边屡次推行"以番攻番"策略却总不能奏效的关键所在。

杨嘉铭《四川甘孜阿坝地区的"高碉"文化》③一文论及"高碉"文化产生的原因及其与大小金川战役的关系,指出大小金川战争就是战争双方围绕攻碉、守碉这一核心问题展开厮杀,而金川土司正是凭借险要地形和坚碉林立的有利条件不断重创清军。这对本研究涉及的清军为何难以攻克大小金川

① 邹立波:《明清时期嘉绒藏族土司关系研究》,中国社会科学出版社,2017年。
② 刘源:《从清代档案看清政府对金川土司的政策》,《中国藏学》,1993年第4期。
③ 杨嘉铭:《四川甘孜阿坝地区的"高碉"文化》,《西南民族学院学报(哲学社会科学版)》,1988年第3期。

的主客观原因的探讨具有一定借鉴意义。因为,第一次金川战争清廷"虽胜犹败",最关键的一点就是清军始终未能找到有效攻打碉楼的方法所致;第二次金川战争历时五年之久之所以能够最终取胜,与清军将领摸索出较有效的进攻方式摧毁两金川的密集战碉有莫大的关系。

赖福顺《乾隆朝重要战争之军需研究》①一书,从相关档案入手,结合官书记载,对两次金川之役的军行事宜、军粮事宜、军器供给、军报传递、军马驮只供给、军饷与赏恤、士民之捐纳与捐输、军需报销与军费统计等问题分别加以论述。就笔者所见,该书对两金川战役各项军需问题之研究最为系统、扎实。这对笔者考察清军在金川战争中面临的巨大军需供应困难颇有裨益。

齐德舜的硕士论文《清乾隆攻打川西北大小金川战役研究》②认为,大小金川战役暴露了清王朝的众多弊端,从中可以看出清朝已经开始走下坡路,但这两次战争也有它的历史功绩,即清政府通过战争的方式,维护了自己对川西土司的统治,确保了自己的权威,只是为此付出巨大代价。这对笔者讨论第二次金川战争展现的清廷国家机器运转效率的问题不无启发。

聂崇正《清平定两金川功臣像钩沉》③一文,对现藏德国柏林国立民俗博物馆内的七幅平定两金川功臣油画肖像进行考辨,并且述及画像的形制规格和画像的赞语。笔者可以借助存世的嘉绒将领画像观摩其独特的服饰、容貌,感受其彪悍善战的气质,进而更好地理解为何兵不满万员的金川土司可以与作战装备、后勤供给远超他们的大批清军连年抗衡。

徐法言《金川战役与大、小金川地区官主山川祭祀的兴起》④一文注意到,在第二次金川战争期间,金川地区的苯教巫师借助山神之力呼风唤雨,念经诅咒,给清军在当地的军事行动造成了极大的不便。然而,在战争结束后,清廷将两金川苯教化的"山川之神"纳入国家祭祀体系之中,战争期间"甘为邪术驱遣,妄行雨雪"之事被刻意遗忘,重新塑造"效顺助灵"的新形象,从而转变为清朝统治和经营嘉绒地区的重要象征。这种小切口、深挖掘的具体研究,为本题研究处理一些细节问题提供了新思路。

陈庆英《关于北京香山藏族人的传闻及史籍记载》⑤一文,通过对传闻和史料记载的考察指出:清朝在两次金川之役中都曾将部分投降的金川藏族迁移到北京,特别是乾隆四十一年(1776)迁来的人较多,以至清朝专门将他们

① 赖福顺:《乾隆朝重要战争之军需研究》,台北"故宫博物院",1984年。
② 齐德舜:《清乾隆攻打川西北大小金川战役研究》,兰州大学,2007年硕士论文。
③ 聂崇正:《清平定两金川功臣像钩沉》,《收藏家》,1995年第4期。
④ 徐法言:《金川战役与大、小金川地区官主山川祭祀的兴起》,《四川大学学报(哲学社会科学版)》,2017年第2期。
⑤ 陈庆英:《关于北京香山藏族人的传闻及史籍记载》,《中国藏学》,1990年第4期。

编为一个佐领,归入内务府正白旗,并指定他们在香山建筑碉楼居住,由健锐营就近约束管理。这些金川藏族人带来了他们的语言、习俗、歌舞、建筑碉楼的技艺等,具有自己鲜明的文化特点,至今依然有遗存,香山藏族人的后裔中还流传藏族的歌曲,这是值得注意的民族文化现象。同时,作者还注意到,有学者仅依据解放初期这些香山藏族人的后裔曾说自己是苗族的后代,便认定这批人是苗族后裔之论断值得商榷。这篇文章给笔者的研究带来最宝贵的启示是:田野调查虽然可以获得新资料,但在使用的时候一定要与相关档案文献进行比勘,而不是拿来就用,否则研究结论很可能与历史事实之间存在极大偏差。

才让太、顿珠拉杰的《苯教史纲要》①一书除了论述苯教的起源、发展和影响之外,还有专门的章节讨论大小金川所在的川西北地区的苯教问题。对笔者这样完全没有嘉绒藏区生活经验,对嘉绒的苯教文化缺乏直观了解的汉族学者来说,有关金川战争的档案文献里对当地苯教的记录显得遥远又陌生。这部苯教研究专著则为笔者理解嘉绒藏区的苯教文化提供了切实帮助,让笔者对琼部传入嘉绒的雍仲苯教与神山崇拜、琼鸟崇拜与苯教之间的密切联系等问题建立应有的学术认知。

戴逸、华立《一场得不偿失的战争》②一文,首先从天时、地势和人心趋向三方面分析清王朝在大小金川战争中劳师糜饷、事倍功半的原因;其次从大小金川的地理位置及乾隆皇帝好大喜功、穷兵黩武的倾向来分析清朝用兵大小金川的原因;最后得出乾隆帝发动的大小金川战争是一场错误的、得不偿失的战争。曹启富《略论乾隆年间大小金川之役》③一文亦认为金川之役局部所得不能弥补全局所失。张婷则在《试析第一次金川战争爆发的直接原因》④一文中指出:"阿扣事件"、边吏喜兵事厚利而极欲开启战端、瞻对之役的后患,以及清廷"不习夷情"等因素错综交织,最终引发了一场虚掷巨大人力、物力的战争。与此相反,雀丹的《评乾隆两度平定金川的实质》⑤一文,则对自清迄今人们多将此战定性为"土司叛乱"、清廷对金川进行的一场"平叛"战役,以及此战为国家统一奠定了基础等论调十分不满。就笔者目前所见,该文是仅有的、完全站在大小金川的立场,对两次金川战争大加挞伐的"檄

① 才让太、顿珠拉杰:《苯教史纲要》,中国藏学出版社,2012年。
② 戴逸、华立:《一场得不偿失的战争——论乾隆朝金川之役》,《历史研究》,1993年第3期。
③ 曹启富:《略论乾隆年间大小金川之役》,《四川师范学院学报(哲学社会科学版)》,1999年第6期。
④ 张婷:《试析第一次金川战争爆发的直接原因》,《四川大学学报(哲学社会科学版)》,2004年增刊。
⑤ 雀丹:《评乾隆两度平定金川的实质》,《西藏研究》,1989年第2期。

文"。这些立场完全不同、评价迥异的文章不仅与本书重新评价乾隆朝金川战争甚为相关,而且提醒笔者在这个问题上应避免一边倒,须充分考察交战双方的不同立场和诉求,做出尽可能符合历史实际的评判。

(二) 国外相关研究成果的借鉴意义

尽管直接涉及本书研究主题的国外研究成果甚少见到,但已有非常值得借鉴的成果面世。毋庸讳言,已有的金川战争研究很少关注国外研究成果。这既可能与当时的学术交流环境有关,也可能与研究习惯有关——认为清代官书和地方志足够研究之用。时至今日,在有条件随时关注国外研究动态、出国进行短期学术交流,或长期访学的情况下,应当转变思维,重视对国外相关研究成果的搜集和分析。

2009 年,经哈佛大学的一位历史学者友善提醒,笔者获悉美国清史学者戴莹琮(音译名)于 2001 年在《晚期中华帝国》期刊上发表了《金川之役中的清朝政权、商人和夫役》①的长篇论文(英文论文长达 60 多页)。在通读全文后,笔者了解到该文主要探讨清政府如何运用雇佣劳动的新方法,在两次金川战役中如何形成一种征用、组织大规模军事劳动力的特别制度,以及清政府如何努力利用私人(即商人)来弥补官僚机构在这项工作中的不足。该文作者特别强调:乾隆朝的许多战争都是用大规模的社会动员来支持军事行动,其中两次金川战争尤为突出;与乾隆朝其他边疆战争相比,两金川战争,特别是第二次金川战争动用的人员比此前清廷发起的任何一次战争都要多,且使用更多办法动员各种社会力量为战争服务;更重要的是,两次金川战役给清朝后来的战争留下管理雇佣军事劳力的丰富经验。因此,在军事史上这两次战争值得特别关注。这篇文章虽与金川战争军需供应问题紧密相关,但着力探讨清廷为解决军需供应问题而如何征用和组织大批劳动力、如何利用商人力量的机制及其意义,角度新颖,论述细密,对本题研究极富启发性。

英国学者卫周安在其《中国的战争文化:帝国与清朝军事》②一书中对两次金川战役中的宗教内涵进行发掘,对战争前后清廷、金川、格鲁教、苯教四者关系有精彩的阐释,并在此基础上深入到宗教、战争与帝国建构之间的内在关联,认为联合并控制藏传佛教对于"清帝国"的建构、扩张与维持至关重要。尽管这一结论过于宏大,有值得商榷之处,但富于新意,有助于笔者从不同的角度了解苯教在金川战争中的作用,管窥清廷对苯教抱持迥异于嘉绒土

---

① ［美］Dai Yingcong, *The Qing State, Merchants, and the Military Labor Force in the JinChuan Campaigns*, Late Imperial China, 22. 2, December, 2001.

② ［英］Joanna Waley-Cohen, *The Culture of war in china-Empire and the Military under the Qing Dynasty*, London; New York: I. B. Tauris & Co Ltd Press, 2006.

民的认识。

德国图宾根大学的高级讲师田宇利(Ulrich·Theobald)在 2010 年完成了以《第二次金川战争(1771—1176):一场重要的清代边疆战争的经济、社会与政治诸方面》①为题的博士论文。该博士论文主要以第二次金川战争事件为背景,从财政学的角度分析清廷在这场战争付出的成本、军费来源,以及人员支出(诸如士兵盐菜银、雇佣役夫银两等)、马匹和粮草费用支出、分项花销额度和总支出等问题。2013 年,他在博士论文基础上出版了《晚期中华帝国的战争财政与后勤——以第二次金川战争为例(1771—1776)》②一书。该书通过第二次金川战争案例研究,与 1840 年后清王朝的衰落进行对比,意在凸显乾隆朝国家军队的资金充裕、清军具有高度的机动性和组织纪律性等"盛世光辉"形象,并分析清廷在军事各方面的定量预算管理和执行能力。尽管笔者不同意完全站在清廷战胜者的角度将第二次金川战争视为值得大加夸赞的"盛世武功",但其著作与笔者关注清朝国家机器展现出的卓越运转效率和灵活性的问题确有不谋而合之处。

日本学者小林亮介《试论 18 世纪后期清朝对康区政策的变化》③一文,通过使用清代档案和藏文资料,聚焦乾隆朝两次金川战争,探讨了清廷对于藏区土司的理解和认识以及管理方针的变化过程,还论及了藏区土司是怎样看待清朝皇帝的这一问题,尝试揭示出清廷和藏区土司之间的相互关系,史料丰富,论述朴实有力。该文对本题研究最重要的启发是:对嘉绒藏族土司的理解和观照,应置于清朝和藏东土司地方的双重视角,及其相互关系的长时段演变中,予以重新思考。

综上可知,自民国以来国内外有关金川战争的相关研究成果不可谓不多,为笔者开展乾隆朝金川战争再研究奠定了学术基础,一些选题新颖、分析视角独特的文章为笔者提供了有益的学术借鉴,但正如前引相关学者评论所言,总体上学界对国内的金川战争研究成果并不满意。笔者通过仔细爬梳国内研究现状发现三大问题。第一,选题缺乏新意,主要着眼于描绘两次金川战争的过程和结果,以及从清廷的立场出发讨论大小金川战争的性质、影响等问题,许多值得深入关注的问题几乎未能进入研究者的视野。第二,因受史料开发和利用的限制,绝大多数相关研究成果基本上都以《清高宗实录》《平定金川方略》《平定两金川方略》等官书为依托,大量清代档案史料的利用

---

① ［德］Ulrich Theobald, *The Second Jinchuan Campaign(1771-1176):Economic, Social and Political Aspects of an Important Qing Period Border War*, PhD Diss, Tubingen, 2010.

② ［德］Ulrich Theobald, *War Finance and Logistics in Late Imperial China:A Study of the Sceond Jinchuan Campain(1771-1776)*, Leiden & Boston:Brill, 2013.

③ ［日］小林亮介:《试论 18 世纪后期清朝对康区政策的变化》,《藏学学刊》,2014 年第 10 辑。

方面仍有待下狠功夫,同时可能由于研究条件限制,鲜有学者亲赴战争爆发地开展田野调查,遑论将田野调查与档案文献结合起来考察大小金川战争问题。第三,研究者先入为主地将发生在清中期的金川战争问题简单归入民族史、边疆史、地方史或战争史的思考模式,导致对该问题的研究显得十分杂乱、割裂,缺乏整体研究的眼光。

由是,笔者进行本项研究的目的正是要突破已有研究的诸多局限,力求在问题切入、档案文献和田野调查资料的开拓和利用、研究视角的转换等方面均有所创新,在此基础上,争取在乾隆朝金川战争问题的整合性研究上能够有较大的推进。

三、文献和田野调查资料的梳理及运用

乾隆朝两次金川战争给当时和后世留下了深远的影响,留下为数甚为可观的以战时乾隆皇帝上谕、将领奏折等为基础纂修的各种官书,以及私人著述。近年来,相关文献的整理、出版力度的加大,以及中国第一历史档案馆对与金川战争有关的军机处录副奏折缩微胶卷的限期开放,为笔者的研究提供了比此前学者更加优越的文献利用条件。大致而言,本题研究所依据的文献史料主要有官书、档案、地方志、文人笔记,以及社会历史调查资料。这些文献史料的内容及其在本题研究中起到的作用各异,分论如下:

(一)官修文献

《清高宗实录》《平定金川方略》《平定两金川方略》等官方编纂文献是开展本题研究的重要向导,在相当程度上帮助笔者全面了解大小金川战争问题的始末,是本题研究的基础史料来源之一。笔者仔细阅读这些官书后发现:《清高宗实录》中有关大小金川问题的记载呈现简述奏报、详录乾隆皇帝上谕的特点,而《平定金川方略》《平定两金川方略》中录入的前线将领的奏报和乾隆皇帝的上谕均比较详细;与此同时,《清高宗实录》和两部金川方略因编纂目的不同,各自选录的相关奏报、上谕亦有差别。因此,在使用时最好结合两种官书,以便详略互补,内容互证。在反复通读这些官书所载相关内容后,笔者完成了近六万字的《乾隆朝两次金川战争大事年表》,由《清军首征金川前夕川西各司构衅情况表》《乾隆朝首征金川大事年表》《清军再征金川前夜川西各司构衅大事记》《乾隆朝征两金川大事年表》四个分表构成。随后,笔者又在该大事年表的基础上,绘制了七千余字的《首征金川期间的天气状况及其对战事的影响(1747年—1749年)》《征讨两金川期间的天气状况及对战争的影响(1771年—1776年)》二表,并据此二表中的内容注意到,两金川及其周边地区的气候给清军的进剿行动、军需供应等带来多方面的不利影响。随

即笔者围绕该问题,依据相关档案史料、地方志以及清代笔记史料,撰写并发表了数万字的学术论文。这些论文是笔者探究"清军难以攻克大小金川的客观原因"的前期成果,亦为完成拙著的撰写计划奠定了基础。

(二) 相关档案

冯明珠、庄吉发编《金川档》①("国立故宫博物院"典藏专案档暨方略丛编,中国台北"国立故宫博物院",2007年印),共4492页,主要包括乾隆三十六年七月至十二月、乾隆三十七年十月至十二月、乾隆三十八年七月至九月、乾隆三十八年十月至十二月、乾隆三十九年正月至三月、乾隆三十九年七月至十二月、乾隆四十年正月至三月、乾隆四十年七月至十二月、乾隆四十一年正月至四月的上谕,以及一些供单(大小金川土民所供居多)。中国第一历史档案馆仅藏该《金川档》复印件,限在馆内阅读和抄录。因此,目前国内研究金川问题的学者中只有极少数人开始利用该档案。幸运的是,笔者在国家清史纂修工程图书馆有关工作人员的热心协助下,于2009年12月底得以顺利复印整部《金川档》史料。在反复阅读这部档案后,笔者于2010年8月完成57000余字的《〈金川档〉资料索引》。大体上讲,通过《金川档》可以清楚地了解乾隆皇帝对前线将领上奏内容的分析和指示,也能从中间接获取前线诸将领有关奏报的内容概要。这为笔者深入探究清军在金川遭遇的不利因素和前线将领措置不当的问题提供了一手史料。同时,《金川档》也为探究乾隆皇帝在第二次金川战争中决策思路变化历程提供了重要依据。此外,《金川档》部分内容也可与中国第一历史档案馆藏的有关清军征两金川战争的《军机处录副奏折》互证。尤为值得一提的是,该档案还保留了两金川头人、土妇,以及土民的供词。供词的珍贵之处在于记录了作为金川战争应战一方的金川土司家族成员和土民的声音,从而可以管窥战争策源地的人民的真实想法,丰富对金川战争复杂面貌的认知。

《军机处录副奏折》(民族类,胶卷号589、590、591、593,中国第一历史档案馆藏),这批关于大小金川问题的汉文奏折始于乾隆三十七年,终于乾隆五十九年,涉及征讨大小金川的战事进程,大小金川的山川形势、气候、物产,一般属众的家庭人口构成状况,大小金川土司、土妇、土女、头人、寨首、喇嘛等人的情况,大小金川境内的寨落分布及规模,乃至善后诸项政策的提出、确定、实施和实际效果等极为丰富的内容。因种种原因,直至2010年初,中国第一历史档案馆利用部才暂时允许笔者提取和阅读这些缩微胶卷。随后,笔者用了近一年的时间逐一抄完1000余件奏折及数百件土民供单(2017年完

---

① 《金川档》的档案原件现藏于台北"故宫博物院"。

成 word 文档录入后共计 29 万余字）。随后根据这些供单，笔者详细绘制了约 32 000 余字的《627 户两金川投诚或被俘土民家庭和婚姻情况表》。概言之，通过这些录副奏折，笔者详细了解了各路清军作战进程的细节，以及他们对当地山险碉坚、气候恶劣、土民勇猛善战等情况的切身感受。大量土民供单则为笔者了解当地民众对这场战争的看法，提供了珍稀史料。此外，其中一些奏折还可以补充《金川档》所缺月份的史料。这些历史信息丰富的军机处录副奏折，因中国第一历史档案馆曾长期未对学者开放，或开放时间短暂，使得国内外其他研究金川战争问题的学者未能利用（笔者提取抄录完毕后，这批缩微胶卷随后又因故被封存）。因此，这批录副奏折档案成为本题研究之史料拓展和内容创新的坚实依据。

《宫中档乾隆朝奏折》第 33—52 辑（"国立故宫博物院"图书文献处文献股编，中国台北"国立故宫博物院"，1982 年印），中国第一历史档案馆和中国社会科学院历史研究所图书资料室均有收藏。这批奏折主要涉及大小金川战争期间各项军需转运问题，亦涉及善后措施。通过这些奏折，笔者得以详细了解到战争发生地"跬步皆山""林深菁密""终年雨雪频繁"的地形和气候，给军需供应带来了巨大的困难，使后勤官员疲于应对。这对笔者详细探讨"清军为何难以攻克大小金川"的问题颇有帮助。关于这部分档案，值得发掘的内容还有很多，特别是关于金川战后重建部分，可以成为本题延伸研究的重要史料来源之一。

《清宫珍藏海兰察满汉文奏折汇编》（中国第一历史档案馆、鄂温克族自治旗民族古籍整理办公室编，辽宁民族出版社，2008 年），该档案含有海兰察单独呈奏的奏折，也有与他人联衔缮写的奏折，共计 286 件，其中与金川战争直接相关的有 146 件，还有大小金川土民的供单约 30 余件。虽然这批档案已经出版数年之久，但很少有人关注和利用。海兰察的这些满汉文奏折生动地记录了清军艰难攻打金川的一些山梁、战碉或寨落时的具体情况，为本题研究的细化提供了史料上的便利。30 余件"两金川人供词"则记载了大小金川土民卷入金川战争后的诸多不幸遭遇和具体感受。这种来自被俘或投降民众的口供，为笔者了解金川战争的应战方的情况和改土归屯之前金川土司地区的社会状况提供了一定的便利。尤其值得注意的是，大批大小金川土民的供词为了解大小金川地区寨落分布、家庭构成、经济状况提供了十分难得的线索，可以极大弥补以往有关金川战争研究只见战争过程、不见清军作战对象具体情况之不足。

（三）清代相关著述

除清廷将两次金川战役的过程和结果写进实录、编纂入方略以便永垂后世外,一些清代学者或战争亲历者亦私下对大小金川战争问题进行或详或略的述论,凸显了他们对乾隆朝两次金川战争的不同认识。这些清代论著不仅为笔者展开乾隆朝金川战争再研究提供了珍贵的史料,而且作为战争亲历者或当朝人对当朝"大事件"的思考和评价同样具有不可忽视的学术价值。

乾隆朝程穆衡著《金川纪略》①一书,详细论述了乾隆朝初年用兵瞻对和第一次征讨金川的历史背景和过程,正文记事起自乾隆八年(1743)十二月,止于乾隆十四年(1749)二月,注文语涉乾隆二十一年(1756),凡 5 万余言。有清一代,有关乾隆朝首征金川的档案和著述都不多,而《金川纪略》所据多系大臣奏章和乾隆皇帝上谕,并结合亲身见闻,因而颇具史料价值。在该书中,程氏指出乾隆皇帝之欲用兵金川,最直接的原因是此前用兵瞻对,劳师糜饷,却草草收场,颇有损国威,使得乾隆皇帝对此始终耿耿于怀,当得悉大金川莎罗奔侵扰邻封之事时,便即欲通过用兵金川以雪前恨,并借机加强清王朝在该地区的统治。据此,可以较为符合逻辑地解释为何一向不主张暴力介入川西土司内讧的乾隆皇帝,陡然下令坚决出兵金川。程氏还指出清廷贸然出兵金川亦与当时川陕总督庆复、四川巡抚纪山"羡彼滇黔二人所为,争以开夺番地、掠其畜聚为事,唯欲寻衅为兵端"②有关。更难得的是,与《平定金川方略》等官书有意为清廷遮丑相反,《金川纪略》的作者程穆衡则通过对第一次金川战争的翔实记述,充分暴露清廷在这场战争中徒劳人力、空费军饷、损兵折将,最后仍不得不匆忙撤兵的窘局,并大胆指出:"自瞻对、大金川用兵以来,川省谷食腾贵,公私糜弊,西南为之重困。"③对笔者而言,该书有助于探讨清廷首征金川的原因,以及清军几难寸进之表现和原因。

乾隆年间,王昶撰《蜀徼纪闻》④是根据其亲身经历写成的一部关于第二次金川战争的行军、作战日记,具有较高的史料价值。王昶在紧张的战斗间隙,写下乾隆三十六年九月至乾隆三十七年三月的军中情形,恰好可补台北"故宫博物院"刊印的《金川档》之缺。该书对笔者研究第二次金川战争期间,清军进剿小金川遭遇坚碉峻岭险阻的情况,以及小金川土民拼死抗拒之情形颇有帮助。

乾隆末年,赵翼著《皇朝武功纪盛》,凡四卷,三万言,涉及平定三藩、对准

① [清]程穆衡:《金川纪略》,载张羽新主编:《中国西藏及甘青川滇藏区方志汇编》第 43 册,学苑出版社,2003 年。
② [清]程穆衡:《金川纪略》,载张羽新主编:《中国西藏及甘青川滇藏区方志汇编》第 43 册,学苑出版社,2003 年,第 186 页。
③ [清]程穆衡:《金川纪略》,载张羽新主编:《中国西藏及甘青川滇藏区方志汇编》第 43 册,学苑出版社,2003 年,第 191 页。
④ [清]王昶:《蜀徼纪闻》,载张羽新主编:《中国西藏及甘青川滇藏区方志汇编》第 43 册,学苑出版社,2003 年。

噶尔部战争、对缅甸战争、大小金川之役等边疆重大事件,目的是"铺张鸿庥,扬厉伟绩"①,即宣扬清朝统治者的煊赫武功。其中《平定两金川述略》一文叙述了战争始末,并将第一次金川战争归咎于当时的四川巡抚纪山轻启战端,后人亦多袭此说。虽然因所记多依据传闻,史料价值有限,但影响很大。

乾嘉之际昭梿撰《啸亭杂录》中有《金川之战》②一文,简要介绍了金川历史沿革、交通、气候、物产、居屋等情况,描述了清军首征战争的过程和结果,还特别指出因大金川进攻革布什咱和明正时,正值庆复用兵瞻对草率完局,令乾隆帝很不满意,而川省巡抚纪山因觊觎庆复之官位而力主用兵进剿,遂启战端。这种说法可与前述《金川纪略》中的观点相佐证。该书《木果木之败》③一文以参赞大臣定边右副将军明亮的私谈为据,生动再现了第二次金川战争中木果木大败惨状,明确指出木果木之败与主将温福措置不当有关。这些史料笔记可补官书、档案之不足,评断和分析亦有一定的学术参考价值。

道光年间,魏源著《圣武记》,欲通过研究清朝开国以来的诸项武功盛事,总结成功的经验和失败的教训,再针对自己所处时代的国家形势,提出务实的边疆治理主张。其中《乾隆初定金川土司记》一文着重叙述在乾隆十二年(1747)至乾隆十四年(1749)间,大金川土司凭借地险碉坚、属众齐心抗战使得清军陷入劳师糜饷、损兵折将的泥潭不能自拔的窘困局面,导致乾隆皇帝对首征金川之役"劳师二载,诛两大臣,又失任举良将"④难以释怀,深恨钦差大臣讷亲、主将张广泗不早实奏"(金川)其地险力艰不足殚师旅"⑤。最后,乾隆皇帝陷入极度焦虑之中,对增兵取胜毫无信心,趁大金川土酋乞降之际下数千言上谕,急命经略傅恒遵旨撤军。此战草率了局引起朝野震动。对此,魏源借用傅恒之奏文指出:"金川军事,误于初起之时,蛮酋本在化外,止可略惩以威,不必深入其阻,一误再误,以讫于今。"⑥然而,乾隆三十六年(1771)小金川土司与邻近的沃日土司再起衅端时,乾隆皇帝以为此乃前次宽大受降所致,深悔姑息,决心对其大加惩创。对此,《圣武记》中的《乾隆朝再定金川土司记》⑦一文不仅清晰地叙述了清军再征金川之前的川边形势、进剿大小金川的曲折过程,还指出了造成此战极其艰难的主客观原因,为笔者探究金川战争为何难打的问题指明了方向。

① [清]佚名著,北京图书馆编:《北京图书馆藏珍本年谱丛刊》,北京图书馆出版社,1999年。
② [清]昭梿:《啸亭杂录》卷4之《金川之战》,中华书局,2010年,第97—99页。
③ [清]昭梿:《啸亭杂录》卷7之《椁木之败》,中华书局,2010年,第216—218页。
④ [清]魏源:《圣武记》卷7之《乾隆初定金川土司记》,中华书局,1984年,第301页。
⑤ [清]魏源:《圣武记》卷7之《乾隆初定金川土司记》,中华书局,1984年,第301页。
⑥ [清]魏源:《圣武记》卷7之《乾隆初定金川土司记》,中华书局,1984年,第301页。
⑦ [清]魏源:《圣武记》卷7之《乾隆朝再定金川土司记》,中华书局,1984年,第303—308页。

总体来说,清代相关著述成果,既表达了作为金川战争亲历者,或者是距离战争结束尚且不算久远者对本朝战争的记忆和看法,也为当代研究金川战争的学者留下了宝贵的文献资料。

(四) 方志史料

有关中国西南的地方志文献非常多,其中直接涉及金川的方志资料有:常明、杨芳灿纂修嘉庆《四川通志》(巴蜀书社,1984 年),其中对大小金川土司的沿革、地理位置、改土归屯等方面都有叙述,还附有两金川所在地区的地图;清代吴德熙辑《章谷屯志略》(《中国西南文献丛书第一辑·西南稀见方志文献》第 48 卷,兰州大学出版社,2003 年)所述章谷屯原为明正土司辖地,是大小金川战争中清军南路的大后方,也是金川改土归屯后的五屯之一,该志对当地的山川、气候、屯政、土民风俗、屯民风俗、土宜风物均有介绍;清代潘时彤主编《绥靖屯志》(成都拓展印务有限公司 2001 年印)①,涉及天文、舆地、建置、田赋、祀典、官职、风俗、边防、艺文、杂识十个方面,而《崇化屯志略》(成都拓展印务有限公司 2001 年印,附于《绥靖屯志》后),记载了桥津、钱粮、地亩、仓储、盐茶、乡市等条目,二志有助于我们了解大小金川改土归屯后的屯政、屯治、山川、气候,以及土民、民人的习俗差异。

佚名辑《金川案》(载张羽新主编:《中国西藏及甘青川滇藏区方志汇编》第 43 册,学苑出版社,2003 年),分元(123 件上谕)、亨(上谕、清单、咨文等 63 件)、利(奏折、理藩院咨文等 54 件)三部分,内容涉及战事、善后事宜等方面,少数与《军机处录副奏折》一致,绝大部分与《清高宗实录》中相关内容重合,其中涉及清军首征金川的记载值得重视,可补其他文献阙如之处。

此外,今人编纂的《阿坝州志》《金川县志》《小金县志》中亦有不少值得参考的资料。另外,张海清主编的《金川历史文化览略》②一书摘录了《西康图经》《嘉绒藏族史志》《金川琐记》《绥靖屯志》《崇化屯志》等地方文献,以及《清史稿》中涉及金川的史料,还提供了清晰的《收复小金川》《攻克勒乌围》《攻克石真噶碉》等彩色图像史料。遗憾的是,这部书没有提供规范的文献征引出处的注释。不过,可以将其作为利用地方史料的线索向导。并且,书中的彩图可作本题相关研究部分的图像说明资料。也就是说,在运用这些当代地方志书时得注意与清代志书的比勘。正是注意到这些志书没有规范地注明史料来源的具体出处,故在具体征引时,遵循记载大致相同的史料则优先用最早年代的志书之原则。

---

① 笔者于 2010 年 5 月初在大金县安宁乡采访一位姓张的地方文化人士时,获悉他藏有该志书,经同意,采用相机翻拍,才得以通阅,在此对张先生表示诚挚感谢。
② 张海清主编:《金川历史文化览略》,中央民族大学出版社,2012 年。

概言之,充分利用自清代以来的相关地方志史料,并结合金川土民和随征土兵的供单,为笔者从战争发生地和应战方的视野出发重新探究金川战争提供了可能。另应注意的是,在运用当代编纂的某些大部头金川地方史资料时,必须格外谨慎,要与清代相关地方史料加以仔细比勘,不可为了方便拿来即用。

(五)史料笔记

清人李心衡著《金川琐记》(《丛书集成初编》,中华书局,1985年)一书对研究大小金川问题颇有价值。李心衡于乾隆四十八年(1783)亲赴两金川屯地任职,五年间于公务之暇"凡耳闻目睹,得辄志之"①。全书共六卷,除了卷一的内容主要记录两金川御制碑文、钦颁山川祭文和义烈墓志文外,其余五卷主要涉及入金川交通、当地气候、山川、物产、习俗、医疗等方面,详略不一。这本史料笔记虽然成书于清廷平定两金川后正着手改土归流之时,但是作者以赴任官员的身份行走两金川各处,得以亲自感受两金川与内地之巨大不同,以至在《自序》中感慨道:"(自)甲辰秋,承乏绥靖,至己酉春始得交替,历徼外者五年。地本西夷部落,新入版图,习俗多异中土。"②

清人王培荀著《听雨楼随笔》③(巴蜀书社,1987年),书中与金川直接相关的条目不多,其中有一定参考价值的有:从征金川诗、金川风土、金川八咏、王昶金川诗、四川气候、四川雪山等条。根据这些内容,比照其他史料,可以了解两金川所在的嘉绒地区的自然地理环境特点,特别是气候迥异于内地之处。

(六)1950年代的社会调查资料

除了前述马长寿先生、林耀华先生的社会调查成果外,还有《嘉绒藏族调查材料》《草地藏族调查材料》和《羌族调查材料》④值得关注。这些调查材料系西南民族学院研究室的李志纯、吴从众等教师,于1952年5月至1953年6月深入四川省西北部藏族、羌族聚居区进行社会调查的资料汇集。其中,《嘉绒藏族调查材料》涉及四土(卓克基、松岗、党坝、梭磨四土司简称)、大小金川、绰斯甲等地情况,包括当地地理、气候、物产、人口分布、土司制度、土屯关系、经济状况、各阶层的社会生活面貌、民族关系等问题。这些有关大小金川及其周边土司地区的调查材料作为一种历史记录,对本书部分章节有关问题

---

① [清]李心衡:《金川琐记》,《自序》,中华书局,1985年,第1页。
② [清]李心衡:《金川琐记》,《自序》,中华书局,1985年,第1页。
③ 在此特别感谢中国社会科学院历史研究所德高望重的清史研究大家郭松义先生,是他专门告知笔者这部清代史料笔记语涉金川战争事宜,并热心提示从何处借阅,其忠厚长者之风范尤为可敬。
④ 三部社会调查材料均收入西南民族研究院编:《川西北藏族羌族社会调查》,民族出版社,2008年。

的具体论述的有一定参考价值。

（七）笔者开展田野调查获取的资料

欲从边疆与中央王朝互动的视域去考察金川战争问题,仅靠阅读有关官书和大量相关档案是不够的,还需借鉴民族学家的田野调查方法,亲往大小金川所在地区,了解当地的自然环境,探寻当地人对大小金川战争的历史记忆和现实认知,搜集相关民间史料,以补文献之不足。2010 年 4 月底至 5 月上旬,笔者从北京出发,赴丹巴、金川、小金三县,亲自感受当地山高路险、战碉高耸、林深菁密、河水汹涌的地理环境和诡异多变的天气,并对当地的多位藏民和汉民进行访谈,了解他们对大小金川战役的评价以及与战争相关的民间传说,同时注意搜集相关的地方文献及碑刻资料。

通过田野调查,笔者不仅获得了与研究对象有关的、具体而生动的背景资料,加深了对研究对象的把握和了解,而且得知当地藏民依据口传记忆和自身的狩猎经验形成的看法。他们认为,在大小金川战争中,土民凭高大坚固的战碉占据各处要隘,使用特制鸟枪,设置军事陷阱,加上其登高山如履平地、耐饥寒、好战等等因素,使得有大炮、弹药相助,有充裕军粮供给,却须处处仰攻的大批清军不占优势。也有当地藏民认为土司是土民的主人,为土司誓死抗战是天经地义的事。这些口述资料扩展了笔者对两金川难以攻打的主客观原因、金川与内地仍然存在文化差异等问题的认识。

2010 年 4 月 30 日至 5 月 9 日大小金川田野调查内容清单①

4 月 30 日上午从丹巴县档案局获得一些珍贵档案和图片资料;下午前往丹巴县梭坡乡,对该乡莫洛村藏民超武进行首次访谈,并观摩群耸的战碉,亲自登上碉楼感受其卓越的防御功能。

5 月 1 日,在司机格西带领下前往丹巴县的甲居和中路二乡,在中路见到了历史悠久的红教(藏传佛教宁玛派)寺庙。

5 月 2 日,格西带路去看巴底和巴旺的土司官寨,途中我们对格西进行访谈。

5 月 3 日,对超武进行回访,并在其带领下观看在原址重建不久的苯教寺庙。

5 月 4 日,前往金川县,一路深切感受了大金川河两岸崖礧陡立的自然景观。

5 月 5 日,前往安宁乡采访张姓藏民,在其带领下观看了御制勒乌围碑及另外两块重要碑,在张先生家里见到一些民间文献,并由张先生充当翻译,

---

① 有关这次田野调查的具体内容详见附录一《川西北田野调查日志辑要》。

与来自草地的金川牧民进行了访谈。

5月6日,与来自金川咯尔乡的一位老者进行访谈,随后奔赴该乡的yuerji(音)喇嘛寺,并对寺中的觉姆(女性出家人)卓玛展开访谈,折回县城后对住在城隍庙的汉族老婆婆进行访谈。

5月7日,上午经丹巴前往小金,傍晚在县城访谈康继军老人,后杨富刚先生向我们展示他收藏的大量两金川土司时期的精美铜器,并一一讲解器物名称、用途和文化意蕴。

5月8日,奔赴小金县宅垄乡马尔村,见到了古老的苯教经文、农耕工具等,下山时亲历了文献中记载的令人战栗的大风、冰雹、大雨和泥石流。

5月9日,对康继军老人提及的陈老婆子(藏族)进行了两个半小时访谈。

补记:2016年11月笔者又再赴金川、小金、丹巴三县进行二次调查,主要针对2010年的调查中没能展开的问题进行挖掘,以及对一些重要问题做回访。2023年8月笔者第三次赴金川、小金、丹巴三县,并将田野调查范围扩展至与两金川相邻的"四土"旧地(即今日四川省阿坝藏族羌族自治州马尔康市),以及与小金县南边毗连的宝兴县。

四、创新之处和基本框架

通过前文对国内外相关研究成果的总体特点的总结和评述,可以清楚地了解到:首先,自20世纪80年代以来,国内学界多数学者都是仅从清王朝的角度出发单向探究金川战争问题,只有极少数学者从金川地方的视角出发,对应战的金川土民表达了历史同情;其次,绝大部分相关研究成果都拘囿于对乾隆朝金川战争的起因、经过和善后问题的事实陈述,缺乏深入分析,许多重要问题没有纳入到学术研究之中;再次,一些国外学者和国内极少数青年学者在嘉绒土司问题或与金川战争相关的问题上已有令人欣喜的创新,在研究思路和方法上给予笔者有益的启发;最后,在史料运用上,以往的研究多依赖《清高宗实录》《平定金川方略》《平定两金川方略》等官书,或因条件所限缺乏对大量清代相关档案史料的利用,遑论赴金川及其周边地区开展田野调查。

基于这样的研究现状,笔者力图在史料的开发和利用、研究视角,以及问题切入方面有较大创新。具体而言,即本研究旨在以相关官书为向导,以大量清代档案文献为依据,结合亲赴两金川地区的田野调查资料,从边疆与中央王朝双向互动的角度出发,聚焦金川为何难以攻打的问题,以及交战双方的深刻文化隔膜、旷日持久的战争考验下的清代国家机器的运转效率和弊端等几乎没有进入研究者视野的重要问题,对影响深远的乾隆朝金川战争问题展开再研究。要言之,本研究欲利用清代档案文献和田野调查资料,从边疆与中央王朝互动的视角重新审视乾隆朝金川战争问题,基本研究框架交待如下:

其一,从长时段和更广阔历史视域详细探讨两金川土司所在嘉绒土司地区的历史概况和人文特质,及金川土酋对自身与外部世界秩序的建构。具体包括嘉绒地名的历史书写、何谓嘉绒十八土司、嘉绒与西藏地区之间的文化渊源、金川土酋对"土司-皇帝"关系的认知和实践、金川土司的由来及其与藏区和内地的多元联系,以及金川土司统治下的政治、经济、婚姻与家庭、习惯法、宗教信仰等问题的阐释。借此,可以深入了解被强制纳入中央王朝直接统治版图之前的大小金川土司的丰富面相,进而剖析两金川土司浸润的本土文化与乾隆皇帝和川省文武官员遵奉的儒家传统文化理念之间的巨大差异。须特别强调的是,笔者在探讨这些问题的过程中,始终注意将它们与金川战争再研究这一核心主题紧密联系起来,绝不囿于背景交代。

其二,以交战双方的互动及其对嘉绒土司地区的影响为主线重新阐释两次金川战争,进而从主观和客观两方面着重探讨清军难以攻克大小金川之多重原因。除了运用官书和档案文献重新论述两次金川战争之始末、提出对战争起因和结果的看法外,还尝试厘清金川土司曾与清廷在第一次金川战争后建立的脆弱新关系,以及清廷和金川土司在国家与地方之秩序认知上存在的矛盾。再在此基础上展开两次金川战争旷日持久的主客观原因分析。**第一,着重论述地形和战碉与清军两征金川的关系。**即分析两金川山高林密、河道狭窄的地形地貌给清军之军需运输和具体进剿行动带来严重阻碍,以及土司境内遍布战碉给清军造成巨大阻遏,使得各路清军屡屡受挫,几乎难以寸进。借此认识到,只有改变直接扑碉之策略,设法绕出碉后,并逼迫或引诱大小金川土民出碉应战,才可能有效攻克碉卡,逐步推进。**第二,聚焦气候与清军两次征金川的关系。**即据有关史料,先详细分析清军作战期间两金川的气候特点,进而具体分析当地特殊的天气状况给清军带来的诸多掣肘,以及清廷的艰难应对。**第三,关注大小金川民众与清军两征金川的关系。**着重揭示两金川之土司和属众同心誓死,竭力抵抗,是清军难以迅速推进的重要原因。**第四,着力探析清军难以攻克大小金川的主观原因。**层层展现乾隆皇帝、清军将领、绿营官兵及随征土兵之主要失误,以及这些失误给清军进剿行动造成的诸般不利影响。

其三,对清代国家机器的运转效率和调适能力加以考察。旷日持久、耗费巨大的金川战争成为管窥乾隆朝国家机器运行效能和统治阶层的执政能力的一面镜子。透过两次金川战争不同的推进过程和结局,既可以窥见国家机器的具体运转过程中存在或隐或显的弊端,也可以感受到乾隆皇帝在执政初期因经验不足,对川边土司纷争问题的处理似"力不从心",其统治中后期则展现出乾纲独断、恩威并施的政治手腕,以及急欲"一劳永逸"地解决边疆问题以巩固国家统治的决心和能力。

其四,通过亲赴大小金川及其周边地区展开田野调查获取的田野日志和相关分析,并结合前述以档案资料为主的论述,对大小金川战争问题做出当下的历史回应。这一部分在笔者看来绝非点缀,而是构成本书特点的不容忽视的重要组成部分。田野调查帮助笔者厘清了在中国第一历史档案馆查抄档案无法理解的诸多问题,可以看作是书斋研究的延伸。同时,经深入访谈,了解当下生活在大小金川及其周边地区的嘉绒民众如何看待历史上震惊朝野的金川战争,亦为丰富对乾隆朝金川战争问题的认识提供了可能。

通过以上分析不难理解,拙著的题目定为《乾隆朝金川战争新探——档案文献与田野调查双重奏》,正是基于以上有关史料的拓展、研究视角的转换、问题切入点的创新等方面进行思考的结果。还要特别加以说明的是,乾隆朝金川战争再研究并不是否定以往的相关研究成果,而是在肯定这些成果的基础上,利用新近开放的大量珍贵档案资料,进一步展开创新性的研究,以期能够对该问题形成更为宽广、深入的思考,并为探索当下嘉绒地区,乃至广大西南民族地区的多族群和谐发展提供有益的历史镜鉴。

第一章 嘉绒诸部与西藏的渊源及其秩序认知

乾隆朝金川战争的主战场——大小金川二土司位于川西北嘉绒土司地区的中心位置①，即环处诸嘉绒土司之中，与革布什咱、绰斯甲布、鄂克什（旧称沃日）、卓克基、梭磨、木坪、党坝等土司"壤相错"②，因而非常有必要将其放置在嘉绒藏区加以考察。

从地理区位看，嘉绒藏区处于青藏高原东端的横断山脉地区，境内河谷纵横交错，有海拔4 000米以上的高山峻岭，也有冲击台地，以及相对平缓的河谷地区。从方言区位上看，嘉绒地区刚好位于藏语区康方言和安多方言的过渡地带。从民族分布来看，嘉绒地区刚好位于费孝通先生提出的"藏彝走廊"③上。这一"走廊"是西南民族北上、西北民族南下的重要通道。从统一多民族国家层面上讲，自元代以降，中央王朝与西藏交通往来的官道和汉藏贸易的主要商道均取道于此，历朝均视该地区为"控驭甘青川滇

---

① 平定两金川后，善后一事郑重提上议事日程，有关安营设镇事宜成为内阁大臣和前线将领商议的重点事项。大学士于敏中等根据定边将军阿桂、定边右副将军明亮等将领对两金川在嘉绒土司地区的位置的通盘考察，特向乾隆皇帝奏称："美诺（小金川最大土司官寨所在地方）居甲垄（嘉绒）各土司之中。"参见中国第一历史档案馆：《军机处录副奏折》，民族类，缩微胶卷号591，档号：7992－52，题名：于敏中等奏设镇安营各事宜善后条款，具奏日期：乾隆四十一年三月十五日。

② ［清］郑光祖：《舟车所至·金川旧事》，载张羽新主编：《中国西藏及甘青川滇藏区方志汇编》第43册，学苑出版社，2003年，第1页。

③ "藏彝走廊"是费孝通先生在1980年前后提出的一个历史—民族区域概念，主要指现在的川、滇、藏三省区毗邻地带由一系列南北走向的山系、河流所构成的高山峡谷区域。在横断山脉地区主要有岷江、大渡河、雅砻江、金沙江、澜沧江、怒江等六条由北而南的大河纵贯其间，故习惯上又称这片区域为"六江流域"。不过，六江流域的下游并不在"藏彝走廊"范围内。就地理分布而言，"藏彝走廊"区域主要包括藏东高山峡谷区、川西北高原区、滇西北横断山高山峡谷区，以及部分滇西高原区。就行政区域而言，"藏彝走廊"主要包括四川的甘孜藏族自治州、阿坝藏族羌族自治州、凉山彝族自治州和攀枝花市；云南的迪庆藏族自治州、丽江傈僳族自治州和丽江市；西藏的昌都地区等地。因这片区域中操藏缅语族中的藏语支和彝语支的民族居多，故从民族学上称这一带为"藏彝走廊"。费孝通先生在《关于我国民族的识别问题》（《中国社会科学》1980年第1期）一文专门提到："我们以康定为中心向东和向南大体上划出了一条走廊，……这条走廊正处在彝藏之间，沉积着许多现在还活着的历史遗留。"

之锁钥""治藏之依托"①,遂为兵家必争之地。即是说,嘉绒地区位于沟通
内地和西藏的战略要地。清中期,大小金川土司不安住牧,屡起衅端,企图
在嘉绒地区坐大,引起乾隆皇帝极大不满,不惜两次发兵征讨亦与此至为
相关。是故,只有在更长时段、更广阔的视域中对金川土司所在嘉绒地区
进行考察,才能更好地理解乾隆朝两次金川战争的复杂性及其对清王朝的
深远影响。

　　基于以上思考,笔者欲在钩沉嘉绒土司地区概况及其与西藏的历史文化
渊源的基础上,揭示清代嘉绒土酋立足自身文化传统建构的土司与中原王朝
关系认知,以便有助于了解乾隆朝两次金川战争策源地之基本情况,为主体
篇章的论述提供较为广阔的时空背景。

第一节　"嘉绒"与"嘉绒土司"之概况

　　每每说到金川土司,都会提到其为嘉绒土司之一。那么,"嘉绒"是何
意? 嘉绒土司是以地域名称为代指的集体称谓,还是地域文化指称? 或是
兼而有之? 是自称,还是他称? 嘉绒与西藏地区和内地的关系如何? 在具
体谈到大小金川土司社会政治状况之前,有必要考诸文献,对这些问题加
以阐述。

一、"嘉绒"地名的历史书写及其涵义

　　"嘉绒(rGya-rong)"二字在藏文中出现较早,如成书于 12 世纪的《娘氏
教法源流》和《第吴教法史》均提到,在吐蕃赤松德赞时代"预试七人"之一的
毗若杂那被流放到叫做"嘉莫绒(rGya-mo-rong)"的地方,并在当地弘
法。② 但这只是简略提到地名,并没有确指"嘉莫绒"到底位于何处。成书于
十四世纪的《莲花遗教》则明确将嘉绒土司地区称为"嘉莫擦瓦山谷密林之
地"③。曾驻京担任副札萨克大喇嘛的敏珠尔诺门汗(1789—1838)于 1820 年
撰写的《世界广论》一书,按照自然地理分布特征,视其为多康的四大绒之一,

---

① 陈艾:《多边联结带:甘孜藏区治理地位反思——基于"中间圈"解说》,《江汉论坛》,2018 年
　第 11 期;南杰·隆英强:《探究中国本土法文化:清朝藏族法制的初步解读》,《当代法学》,
　2011 年第 3 期。
② 邹立波:《明清时期嘉绒藏族土司关系研究》,中国社会科学出版社,2017 年,第 8 页。
③ 卡卓益西措吉:《莲花遗教》,四川民族出版社,1987 年,第 446 页,转引自邹立波:《明清时期
　嘉绒藏族土司关系研究》,中国社会科学出版社,2017 年,第 16 页。

即"嘉莫绒"。① 甚至有学者提到在金川土司广法寺(现名为雍仲拉顶广法寺②)的明代碑刻有西藏地区简称"嘉莫察瓦绒"为"嘉绒"③的藏文记载。

有趣的是,法国藏学家石泰安在依据传统汉藏文献和敦煌出土吐蕃文献撰写的《汉藏走廊古部族》一书中多次提到"甲木戎"或"嘉戎"即"金川"。④ 当然,此"金川"似应是包括后来的金川土司及其周边土司在内的诸多部落繁衍、发展的地方,即所谓嘉绒十八国("国"即部落)。随着这些部落与元明清三朝的接触增多,先后接受中央王朝的册封,于是逐渐演变出所谓"嘉绒十八土司"。乾隆朝第二次金川战争期间,清军俘虏的金川民众均自称"甲垄人",清军将领亦在奏折中称金川话为"甲垄语"。⑤ 此"甲垄"乃是当时随驻清军军营的通事(翻译)根据当时的金川土话用汉字记音形成。显然,这一名称是清军深入以两金川为代表的川西北土司地区,并与当地民众发生深度接触后获取的地方认知。由是观之,"甲垄"既可指诸土司所在地区的集体名称,亦可为当地民众所操语言之统称。

从"甲垄"这一记音称呼转变为与之极为相近的"嘉绒(戎)"之称呼是比较晚近的事。学界普遍认为汉文的"嘉绒"一词肇于庄学本先生。⑥ 前辈学者亦多将"嘉绒"视为族群自称的汉文记音。马长寿先生在开展实地调查基础上对"嘉戎"名称及沿革进行考证,认为"嘉戎"系对世居于斯的民族自称之直译,大体有两种含义:一是近于汉族之溪谷区域,居住于此的土民即为嘉戎,在此基础上引申为民族之名;二是近于汉地之从事农业的土民。⑦ 亲赴川康北界土司地区开展民族学、人类学田野调查的林耀华先生,亦称该地区为"嘉戎"⑧。

---

① 四大绒分别为察瓦绒、萨阿绒、雅绒和嘉莫绒。"绒"即为"峡谷"或"河谷"之意,是藏民对自身生活地区的自然环境最直观的认识。有关敏珠尔诺门汗和《世界广论》一书的研究,可参见魏毅:《敏珠尔诺门汗及其〈世界广论〉》,《西藏人文地理》,2009 年第 6 期。另见房建昌:《藏文〈世界广论〉对于中国地理学史的贡献》,《中国历史地理论丛》,1995 年第 4 期。

② 金川雍仲拉顶广法寺(清代档案中记作"雍中拉定寺")原本系嘉绒土司地区,甚至是安多和康区均享有盛名的规模最大的苯教大寺。乾隆朝清军平定大小金川后,乾隆皇帝御赐"广法寺"新名,强制嘉绒各土司全部改奉黄教。因此,一些学者在著作中表述为明代金川的广法寺是不妥的,因为金川广法寺之名乃是清廷彻底平定金川后才问世。

③ 雀丹:《嘉绒藏族史志》,民族出版社,1995 年,第 40 页。另见李立:《寻找文化身份:一个嘉绒藏族村落的宗教民族志》,云南大学出版社,2007 年,第 34 页。

④ [法]石泰安著、耿昇译:《汉藏走廊古部族》,中国藏学出版社,2013 年,第 43 页,87 页。

⑤ 中国第一历史档案馆:《军机处录副奏折》,民族类,缩微胶卷号 590,档号:7982-2,题名:阿桂等覆奏葡贼大海由,具奏日期:乾隆四十年正月廿日。

⑥ 民国年间,庄学本先生随同班禅进藏路过金川,将"甲戎"写成"嘉绒",自此学界开始使用"嘉绒"这一名称。参见晏春元:《本波教起源地象雄为嘉绒藏区浅析(上)》,《西藏研究》,1989 年第 3 期。

⑦ 马长寿:《嘉戎民族社会史》,载周伟洲编:《马长寿民族学论集》,人民出版社,2003 年,第 123—124 页。

⑧ 林耀华:《民族学研究》,中国社会科学出版社,1985 年,第 387—407 页。

事实上,有关嘉绒的含义可谓众说纷纭,莫衷一是。任乃强先生在《四川第十六区民族之分布》一文中指出,"藏语'嘉绒',原是'大河谷区'的意思","藏人呼金川为'嘉绒',乃是'嘉良人的河谷'之义",并强调:"藏语河谷为'绒',亦不得借用为民族之义",但承认"金川土人确实自有特殊的语言和习俗,应为民族之一独立支系"[①]。近年来,也有学者提出嘉绒的由来与墨尔多神山之间关系密切的论点[②],并且为许多学者所接受。例如,藏族学者雀丹提出,嘉绒是指川西北高原大渡河上游的大小金川一带,以墨尔多神山为核心的主要从事农业生产的区域。[③] 对此,邹立波在《明清时期嘉绒藏族土司关系研究》一书中,结合汉藏文献对"嘉绒"作为地域概念的由来进行新的考辨后认为:"嘉绒的内涵及其演变要远比目前所知的复杂。嘉绒是一个动态的历史概念,其空间范围并不是固定的,自 15 世纪以降经历了不断扩大的演变过程。以墨尔多神山为中心的不同范围的区域认同,隐含着藏区佛苯和民间信仰的结合对嘉绒空间范围形成的深刻影响。"[④]即是说,在嘉绒地域概念的形成过程中,宗教信仰扮演了整合地理空间概念的重要作用。

从根本上讲,"嘉绒"作为地域概念既有地理层面的因素,也有地方文化层面的浸染,还与明清以来所谓"嘉绒十八土司"界定的嘉绒地域范围之影响甚为相关。特别是在清中期以前,在诸嘉绒土司既连年争相构衅,又相互联姻的复杂影响下,以及乾隆朝两次金川战争等重大事件的急剧推动下,政治因素在嘉绒地域概念的形塑中扮演了越来越关键的作用。以嘉绒土司和大喇嘛为代表的地方精英自觉将"嘉绒土司"这一认识内化到地方认知图景之中。例如,大小金川土司呈给西藏地母胡图克图大喇嘛的藏文禀文亦称自己所在的地方为"我结垄"。[⑤] 又如,大金川聂垄喇嘛舍纳斯丹增供称"甲垄系各土司通称。我们称各土司就叫甲垄土司"。[⑥] 前引土民自称"甲垄人"的供述则表明一般民众也知道"甲垄(嘉绒)"为当地通称。

还应强调的是,这种认识并不局限于嘉绒土司地方。第二次金川战争期间,西藏宗教首领达赖喇嘛和乾隆皇帝均明确将大小金川及其邻近各土司称

① 任乃强:《四川第十六区民族之分布》,载《任乃强民族研究文集》,民族出版社,1990 年,第294 页,295 页。原载《康藏研究月刊》第 24 期。
② 较早明确提出这种说法的是赞拉·阿旺,具体参见赞拉·阿旺:《略谈嘉戎语》,载《阿坝藏族羌族自治州文史资料选辑》,政协四川省阿坝藏族羌族自治州委员会文史研究资料委员会编,1985 年印,第 2 辑。
③ 雀丹:《嘉绒藏族史志》,民族出版社,1995 年,第 40 页。
④ 邹立波:《明清时期嘉绒藏族土司关系研究》,中国社会科学出版社,2017 年,第 21 页。
⑤ 中国第一历史档案馆:《军机处录副奏折》,民族类,缩微胶卷号 591,档号:7989 - 102,题名:译出贼酋与地母胡图克图喇嘛夷禀。
⑥ 冯明珠、庄吉发编:《金川档》,聂垄喇嘛舍纳斯丹增供单,台北"故宫博物院",2007 年印,第4411 页。

之为"甲垄(嘉绒)土司地方"。例如,达赖喇嘛在给小金川土司的藏文执照中明确提到促浸、儹拉、杂谷、瓦寺、鄂克什、木坪、绰斯甲布、巴底等土司所在为"结垄(嘉绒)地方"。① 乾隆皇帝在给前线将领的上谕中亦统称两金川及其周边土司为"汝等甲垄土司""甲垄土司一带地方"。② 战后重建两金川及其周边土司地区统治秩序时,乾隆皇帝仍以"甲垄土司一带"称之。③ 另外,鱼科黑帐房地区(即游牧地区)的土民亦知道金川、革什咱等土司所在地方是"甲垄"。④

综上,据前述有关藏文文献史料和明代金川雍中拉定寺藏文石刻史料可知,"嘉绒"作为地名的藏文历史书写至迟在明代已经确立;依据清宫相关档案文献可知,作为嘉绒地区的自称,或者他称的"甲垄"(有时写作"结垄"),至迟在乾隆朝已经在嘉绒当地、西藏上层宗教人士和皇帝,乃至嘉绒周边游牧部落地区等广泛范围内通行。

二、"嘉绒人"及所谓"嘉绒十八土司"

嘉绒人是藏族的一个独特支系。有学者认为:"根据藏文历史记载,嘉绒藏族的原住民属于札氏,这个札氏是古代藏族先民六大氏族之一塞的后裔,也是塞氏繁衍到很多地方后形成的诸多后裔之一。后来随着雅隆部落向外扩张,雅隆政权派往东部屯边的士兵又融入其中,逐渐形成了嘉绒藏族独特的人文特质。"⑤

考诸涉及嘉绒地区的汉文历史文献,最早可以追溯到《史记》之《西南夷列传第五十六》篇,载:"自僰以东北,君长以什数,徙、筰都最大;自筰以东北,君长以什数,冉駹最大。其俗或土箸,或移徙,在蜀之西。自冉駹以东北,君长以什数,白马最大,皆氐类也。此皆巴蜀西南外蛮夷也。"⑥《后汉书》之《西南夷列传第七十六》也记载了"冉駹"部落的历史信息:"冉駹夷者,武帝所开。元鼎六年,以为汶山郡。……其山有六夷七羌九氐,各有部落。其王

---

① 中国第一历史档案馆:《军机处录副奏折》,民族类,缩微胶卷号591,档号:7989-103,题名:译出达赖喇嘛先年给儹拉夷字执照。
② 中国第一历史档案馆:《军机处录副奏折》,民族类,缩微胶卷号591,档号:7992-22,题名:阿桂等分赏各土司银两,具奏日期:乾隆四十一年二月二十三日;《军机处录副奏折》,民族类,缩微胶卷号591,档号7994-77,题名:阿桂丰升额谨奏大金川投出大喇嘛善后事宜,具奏日期:乾隆四十一年正月十二日。
③ 平定两金川战争结束后,乾隆皇帝多次在关于善后诸事宜的上谕中均提到"甲垄土司一带",在此就不一一列举。
④ 中国第一历史档案馆:《军机处录副奏折》,民族类,缩微胶卷号590,档号:7982-50,题名:投出促浸鱼科等番人男妇供单。
⑤ 才让太、顿珠拉杰:《苯教史纲要》,中国藏学出版社,2012年,第398—399页。
⑥ 《史记》卷116,《西南夷列传第五十六》,中华书局,1982年,第2991页。

侯颇知文书。而法严重。重妇人,党母族。死则烧其尸。土气多寒,在盛夏冰犹不释,故夷人冬则避寒,入蜀为佣,夏则违暑,返其〔聚〕邑。皆依山居止,累石为室,高至十余丈,为邛笼。又土地刚卤,不生谷粟麻菽,唯以麦为资,而宜畜牧。有牦牛,无角,一名童牛,肉重千斤,毛可为旄。出名马。……其表乃为徼外。"[1]马长寿先生据这些文献并结合田野调查认为,冉駹地理环境与今日嘉绒地区完全相合,并指出,"王侯颇知文书"应当指土酋懂汉文文书,至于"重妇人,党母族"、火葬、邛笼等习俗,在他1944年考察嘉绒土司、土屯地区时仍都能得到清晰印证,进而结合隋唐以来的汉文史书资料,强调现在的嘉绒人大致经历了从"冉駹"夷到"嘉良夷",再到"嘉戎人"的历史演变路径。[2]当然,在"嘉绒人"的历史演进道路上还会遇到融合其他族群的情况。

由上述内容可知,无论是藏文文献认为嘉绒人的祖先来自西藏地区,还是汉文文献强调的嘉绒人乃由土著"冉駹"部落在漫长历史长河中融合其他族群逐渐演变而来,均表明长期生活在嘉绒地区的民众与西藏和内地有着千丝万缕的联系。这实与嘉绒地区独特的地理位置有着莫大关系。

嘉绒人生活的地区僻处川西高原大渡河上游及岷江上游流域的西部,北枕安多,西南毗邻康区,东连川西平原。这里地势险峻,气候偏寒,而且平均海拔在3 000米以上,多为"跬步皆山""路崎且阻"的高山峡谷地区,以至"一日之间,寒暖倏殊,咫尺之地,阴晴各异"[3]。经济上,因为山多地少,且土壤贫瘠,除了少数河谷地带外,物产稀少,古代嘉绒民众终岁辛劳不辍,仍多困于生计。政治上,由于地势高差、历史演变等因素,先后形成了很多大小不一的部落。其中最著名的就是"嘉绒十八国"。此后逐渐演变成"嘉绒十八土司"则离不开部落和王朝国家之间的接触与互动。自元代以降,历代中央王朝在该地区先后分设土司,以示羁縻。清初,嘉绒地区总计十四个土司,即巴旺、巴底、绰斯甲布、促浸、儹拉、革布什咱、穆坪、沃日、党坝、松岗、卓克基、梭磨、杂谷、瓦寺,再加上附近之明正、冷边、沈边、鱼通等四土司,故有"嘉绒十八土司"[4]之说。有关嘉绒十八土司的说法很多,笔者采用马长寿先生考证

---

[1]　《后汉书》卷86,《西南夷列传第七十六》,中华书局,1965年,第2857—2859页。

[2]　马长寿:《嘉戎民族社会史》,载周伟洲编:《马长寿民族学论集》,人民出版社,2003年,第126—131页。

[3]　[清]李心衡:《金川琐记》卷2之《气候》条,中华书局,1985年,第14页。另有清代潘时彤主纂《绥靖屯志》亦载:"一日之间,大金川地势较省会约高数万丈,节候仅差黍稷累而气机大异。一日之间,寒燠顿殊。咫尺之地,阴晴各别。冬晴日中可著春服,夏阴朝暮亦可披裘。"该书系金川县内部资料,2001年印制,第63页。

[4]　"十八嘉绒土司"大致包括今天四川省阿坝藏族羌族自治州的小金、金川、马尔康、黑水等县的大部分地区,甘孜藏族自治州的丹巴和道孚二县的大部分地区,茂县、壤塘、雅江、炉霍、新龙、色达、康定等县的部分地区,以及雅安地区的宝兴县、绵阳地区平武县的部分地区。

之说。其中,促浸(Chu chen)土司和儹拉(Btsan lha)土司分别对应汉文称呼的大金川土司和小金川土司。

笔者在清代档案文献中第一次看到有关"嘉绒十八土司"之记载,源于一份喇嘛供单。该喇嘛来自明正土司地区,但常驻小金川墨尔多山上的纳尔布普寺。该喇嘛的供词虽然没有详列"嘉绒十八土司"分别是哪些,但表明至少在乾隆朝第二次金川战争前,"嘉绒十八土司"的说法在当地已经十分常见。他还明确指出金川系嘉绒地区苯教信仰的大道场。[1] 另据《安多政教史》有关记载可知,"嘉绒十八土司"地区分为察曲河(今梭磨河)流域和大金川流域。[2] 其中察曲河流域主要指四土地区(党坝、梭磨、卓克基、松岗四土司),大金川流域则包括嘉绒南部的土司地区。须注意的是,察曲河流域北接安多,大金川流域则包含了部分属于康区的土司。可见,所谓"嘉绒十八土司"实际上地跨安多和康区。有学者据此指出,此乃藏文文献对嘉绒到底该划入安多藏区还是康藏地区的记载,显得模糊不定的重要原因。[3]

据前述民族学家、人类学家林耀华先生和马长寿先生在嘉绒的实地考察后撰写的相关论文还可知,在"嘉绒十八土司"内部又可以马塘(位于今理县)为界,分为二部(二位学者关于嘉绒本部诸土司的界定差异不大,但有关冲部土司的说法同中有异):马塘以西十二土司为嘉绒本部,其内部又可再分为大金部之促浸、绰斯甲、巴底、巴旺、丹东(革布什咱),小金部之儹拉、沃日、穆坪,以及四土部之梭磨、卓克基、松岗、党坝;马塘以南的土司则被称为嘉绒冲部。[4] 今天人们所指的嘉绒仍然以嘉绒十八土司为基础,但在中华人民共和国确定的行政区划中又起了很大变化。[5]

三、"嘉绒"与西藏地区的文化渊源

今天,嘉绒地区土著在1954年通过民众自决方式由官方认定为藏族,常称为"嘉绒藏族"。[6] 这不仅体现了嘉绒人民的族群认同,而且明示了嘉绒与西藏的文化渊源。倘若从长时段和更广阔空间范围来看,汉藏边界的古代

---

① 中国第一历史档案馆:《军机处录副奏折》,民族类,缩微胶卷号589,档号:7956-3,题名:喇嘛番民供单,具奏日期:乾隆三十八年二月初一日。
② 智观巴・贡却乎丹巴绕吉:《安多政教史》,吴均、毛继祖等译,甘肃民族出版社,1989年,第728页。
③ 邹立波:《明清时期嘉绒藏族土司关系研究》,中国社会科学出版社,2017年,第20页。
④ 林耀华:《川康北界的嘉戎土司》,载林耀华著:《民族学研究》,中国社会科学出版社,1985年,第394—395页。另见马长寿:《嘉戎民族社会史》,载周伟洲编:《马长寿民族学论集》,人民出版社,2003年,第126页。
⑤ 才让太、顿珠拉杰:《苯教史纲要》,中国藏学出版社,2012年,第397—398页。
⑥ 1954年第一次全国人民代表大会上宣布将"嘉绒人"识别为"藏族",为方便,人们多习惯称之为"嘉绒藏族"。

族群以及与之存在密切关系的嘉绒人一直与青藏高原中心区域有着紧密的联系。法国藏学家石泰安根据汉藏文献对"汉藏走廊"的古部族进行深入研究,指出"无论是在西藏东部的深山老林,还是在汉藏边界诸族杂居地区,西藏的传说同样都是确有其事",而且"西藏传说更为注重于汉藏边界地区的部落",因为这些部落对王权政治建立之前的中藏地区"起过巨大的历史作用",同时"来自西藏东北部的民族或家族的迁移对历史上吐蕃复杂的民族和文化的形成曾作出过重大贡献"。[①]可见,欲把握以大小金川为代表的嘉绒土司的特质,必须将嘉绒地区放置在整个青藏高原历史和文化发展的脉络中加以考察,才有可能在注重青藏高原文化整体性的基础上加深对嘉绒文化的理解。

　　尽管有关嘉绒土司早期历史的记载大多语焉不详,但是有关土司世系及其起源的神话,却为今人了解诸嘉绒土司对自身的历史构建提供了重要借鉴。例如,关于绰斯甲布土司的远古祖先传说:当地有一仙女名为喀木茹芈,感星光而孕,飞到琼部山上生下三卵,每卵各生一子,其中花卵所出之子为绰斯甲王,其余二卵一白一黄,各出一子,留在琼部为上下土司;绰斯甲王这一支又生三子,长子为绰斯甲土司,次子为沃日土司,三子为革什咱土司。又如瓦寺土司之祖先传说:普贤菩萨化身为名"琼"的大鹏金翅鸟降于琼部,生下白、黄、黑三卵;三卵生三子,其中黄卵之子赴丹东、巴底为土司,黑卵之子至绰斯甲为土司,白卵之子到涂禹山为瓦寺土司。再如巴底土司之祖先传说:荒古之世有巨鸟"琼"降生于琼部,生红、绿、白、黑、花五卵,其中花卵出一人,熊首人身,衍生子孙,先迁泰宁,后徙巴底,生兄弟二人,分辖巴底、巴旺。革什咱土司祖先传说:丹东远祖乃由琼鸟止所之地琼部迁来。初迁时有兄弟四人,分至绰斯甲、杂谷、汶川、丹东。[②]另有学者搜集了关于大小金川的祖先神话:天降两虹,一虹降于今金川县喀尔地方,一虹降于今小金地方(美诺沟);虹内各出一卵,每卵生一子,一在大金川(促侵),一在小金川(儹拉),在大金川的儿子名"然旦",意为坚强勇敢,在小金者名"儹拉",意为"凶神"。[③]

　　马长寿先生通过田野调查总结道:"嘉戎(绒)土司,其远祖降自琼鸟之

①　[法]石泰安著,耿昇译:《汉藏走廊古部族》,中国藏学出版社,2013年,第131页。
②　有关绰斯甲布、瓦寺、巴底、革布什咱等土司的祖先传说,具体参见马长寿:《嘉绒民族社会史》,载周伟洲编:《马长寿民族学论集》,人民出版社,2003年,第135—140页。
③　据说这一神话系藏族学者雀丹在金川地区访谈获得。参见日浴高原:《"大鹏鸟卵生"神话——嘉绒藏族的历史记忆》,http://blog.sina.com.cn/s/blog_51f1cd0d0100n54d.html

说,类皆有之";"(其)他如梭磨、卓克基、松岗、党坝、沃日、穆坪诸土司均有此说"。[1] 围绕绰斯甲、瓦寺、巴底、丹东革布什咱等嘉绒土司始祖之"大鹏鸟卵生"神话,既承载着嘉绒诸土司关于祖先起源和土司之间有着亲缘关系的历史记忆,也深入人心地、持续地强化着嘉绒始祖诞生地"琼部"的历史渊源。与嘉绒土司祖先相关的西藏"琼部"的说法很多。譬如,马长寿先生在《嘉绒民族社会史》一文中提到,两金川土司的近邻中,(截至 20 世纪 40 年代)绰斯甲布的土司世系有 41 代,革布什咱 35 代,巴底祖牒也可上溯 30 余代,[2]并且主张嘉绒人的祖先来自"乌斯藏琼部三十九族"[3],而且绘制了直观易懂的嘉绒土司世系渊源与西藏之间的关系图示[4],现摘引如图 1－1。

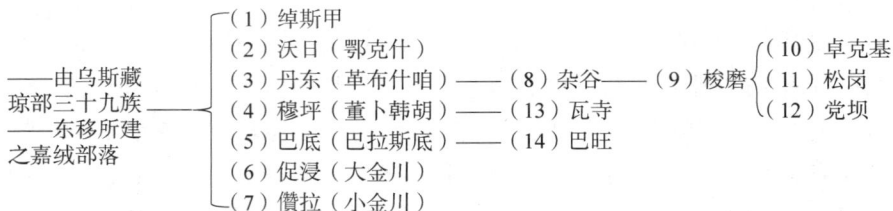

图 1－1　嘉绒部落与乌斯藏琼部三十九族关系图

林耀华先生亦称:"嘉戎人有一种传说,说明他们的远祖来自西藏之琼部,距拉萨西北十八日的路程,古时原有三十九族,因该处土地贫瘠,向东移殖迁徙,先后抵达今川康北境,分散山岭溪谷间,并从事于初期农业的耕种,后来更渐发展,遂占有广大的区域。嘉戎的宗教习俗,略与藏民相同,所以藏、(嘉)戎两族在文化上的接触流通殆无疑议。"[5]

即使如此,有不少学者更倾向于嘉绒部落的祖先是从象雄琼部东迁而来。例如,藏族学者才让太、顿珠拉杰在《苯教史纲要》一书中指出,虽然在田

---

[1]　马长寿:《嘉绒民族社会史》,载周伟洲编:《马长寿民族学论集》,人民出版社,2003 年,第140、141 页。

[2]　马长寿:《嘉绒民族社会史》,载周伟洲编:《马长寿民族学论集》,人民出版社,2003 年,第 141页。

[3]　迄今仍有不少人在涉及嘉绒人祖源问题时采用这一说法,如彭学云:《论嘉绒语的借代关系》,《中国藏学》2010 年第 3 期;又如作家阿来在其杂文集《语自在》中亦提到嘉绒祖先来自西藏琼部三十九族。

[4]　马长寿:《嘉绒民族社会史》,载周伟洲编:《马长寿民族学论集》,人民出版社,2003 年,第 161页。

[5]　林耀华:《川康北界的嘉戎土司》,载林耀华著:《民族学研究》,中国社会科学出版社,1985年,第 394 页。西南民族学院研究室于 1952 年至 1953 年对嘉绒藏区所作的调研报告《川西北藏族羌族社会调查》亦载:"传说现在的嘉绒族多谓其远祖来自琼部,其地据说在拉萨西北,距拉萨 18 程,传说该地古代有三十九族,人口很多,因地贫瘠而迁至康北与四川西北者甚众,后渐繁衍,遂占有现在的广大地区。"

野调查中获悉之"长江以东的今天甘孜州的一部分也包括在古代象雄之疆域内的说法"不能确证,但是"嘉绒地区属于琼噶尔即白琼系统的后裔这一点,在琼的历史文献中有明确的记载"①。还有学者通过对汉文史籍记汉代川西北"邛笼"内涵的挖掘,考察其与"駹"部落的对应关系,并结合藏文文献有关象雄琼氏由琼布迁往嘉绒地方的记载,对嘉绒与象雄琼氏之间的渊源关系进行了探讨。文章认为,"嘉绒祖先由西藏琼布迁入一事并非虚妄,而是历史事实",并根据文献,推定"象雄琼氏部落迁入川西北的时间至少可上溯至东汉或西汉中叶"②。

不过,"乌斯藏琼部三十九族"说和"象雄琼部"说均非定论。藏族学者格勒在《古代藏族同化、融合西山诸羌与嘉戎藏族的形成》一文中认为,吐蕃势力到达今天的松潘、茂汶一带,嘉绒当时基本上处在吐蕃统治之下,吐蕃王朝崩溃后,驻守军队有很大一部分留守当地,然后与土著居民逐渐融合形成诸部。③ 有学者进一步指出,吐蕃向藏彝走廊扩张带来了两大结果,一为藏彝走廊地带的诸部落变成吐蕃的属部,成为吐蕃对外作战的兵力来源之一。二是吐蕃军队大量进入藏彝走廊地区,加速了当地的"蕃化";宋人常说的"吐蕃遗种"主要分布在甘青和川西高原北部(大小金川所在的嘉绒土司地区亦在此)等吐蕃长期征服的地区;甘青和川西北高原地区的族群在相当长的历史时期里都被汉文文献记载为"氏""羌""夷"之类,并无宋至清代以来的"蕃""番"之称,称呼上的明显转变,其实就是族群流动和融合带来的新的结果。④

那么,嘉绒人到底源出西藏"琼部",还是吐蕃驻守当地的军队呢? 其实,清代官书已经提到嘉绒地区的杂谷、梭磨土司是"吐蕃驻留军队后裔"。据乾隆四年(1739)署四川巡抚布政使方显奏称:"惟查杂谷、梭磨,吐番后裔。其巢穴,即李德裕既取复弃之维州,户口约十余万。"⑤因此,有学者提出了具有兼容性的观点:嘉绒的瓦寺土司、绰斯甲土司、卓克基土司等有祖牒可考的,大致是来自西藏琼部三十九族,但是嘉绒的杂谷土司和梭磨土司祖先与吐蕃驻军有关。⑥

综上可知,不管嘉绒土司的祖先出自嘉绒民众传说中拉萨西北边的"琼部三十九族",还是琼氏的历史文献中的"象雄琼部",或者部分嘉绒土司的祖

---

① 才让太、顿珠拉杰:《苯教史纲要》,中国藏学出版社,2012 年,第 8、9 页。
② 石硕:《川西北嘉绒藏人与象雄琼氏渊源关系探讨》,《民族研究》,2017 年第 3 期。
③ 格勒:《古代藏族同化、融合西山诸羌与嘉戎藏族的形成》,《西藏研究》,1988 年第 2 期。
④ 石硕:《藏彝走廊历史上的民族流动》,《民族研究》,2014 年第 1 期。
⑤ 《清高宗实录》卷 105,乾隆四年十一月壬申。
⑥ 马尚林、马良:《藏彝走廊回藏民族的源流、分布述论》,《民族学刊》,2016 年第 4 期。

先与吐蕃驻军有关,可以确定的是嘉绒土司的祖先记忆与西藏之间存在久远的文化联系。

除了"大鹏鸟卵生"神话外,苯教信仰和嘉绒的藏语方言亦彰显了生活在川西北的嘉绒人与西藏地区存在深刻的文化联系。苯教,俗称黑教,是起源于西藏的古老宗教,其仪轨有浓厚的巫术特点。苯,是藏语古词,即念诵、诵咒、祈祷等意,即通过念诵咒语、圣歌与神灵沟通。因此苯教徒又自称为"苯波"。譬如,与大金川接壤之革布什咱的苯教喇嘛亦自称"本博(苯波)"①。是故,苯教又称"苯波教"。嘉绒土司和土民极其敬信的苯教与西藏的苯教有什么渊源呢?学界比较通行的说法是,嘉绒的雍仲苯教是由象雄琼部东迁传入。前引《苯教史纲要》曰:"关于嘉绒地区的苯教的起源,应该说是在当地土著信仰的基础上融入了从西部象雄传入的雍仲苯教。"②因为,琼部大迁徙不仅是青藏高原上部落流动的大事件,也是苯教以部落为载体向青藏高原东缘地区迁徙的重要过程;东迁的琼部后裔散布于藏东地区,在当地的苯教宏传过程中起到了至关重要的作用;琼部的苯教徒也往往习惯将祖源追溯至"琼鸟卵生"神话传说。③ 雍仲苯教在进入嘉绒地区后,逐渐发展为嘉绒土司地区最强大的文化纽带,并塑造了嘉绒土司和土民的主体信仰空间。并且,苯教对藏传佛教向嘉绒的扩张起到了明显的阻滞作用。④ 也因此,直至乾隆朝彻底平定两金川后,藏传佛教才得以在清廷的大力支持下真正全面进入嘉绒地区。另外,有学者强调有关琼部历史的文献表明,当象雄的琼氏家族到达东方的嘉绒地区后,琼氏苯教师不仅强化了当地的苯教信仰并对后世嘉绒地区的宗教文化产生了深远的影响,而且对嘉绒的藏语方言有深刻影响,其结构方面变成由象雄文统一,从而与别的地方藏语方言特别不同。⑤

归根结底,无论是族源神话折射出的祖先记忆,还是雍仲苯教的传入,乃至嘉绒的藏语方言结构的特殊性,都凸显了嘉绒土司和土民的生活世界与青藏高原西部区域有着久远、密切的联系。正因如此,乾隆朝该地区的土司和土民在文化心理上明显与西藏更为亲近。

---

① 冯明珠、庄吉发编:《金川档》,题名:乾隆三十九年十一月二十一日阿桂等遵旨呈奏七图安堵尔供单,台北"故宫博物院",2007 年印,第 2841 页。
② 才让太、顿珠拉杰:《苯教史纲要》,中国藏学出版社,2012 年,第 399 页。
③ 邹立波:《明清时期嘉绒藏族土司关系研究》,中国社会科学出版社,2017 年,第 66 页。
④ 智观巴·贡却乎丹巴绕吉:《安多政教史》,吴均、毛继祖等译,甘肃民族出版社,1989 年,第726 页;阿旺、多尔吉等编著:《嘉绒藏族研究资料汇编》,中国藏学出版社,2003 年,第 395—400 页。
⑤ 才让太、顿珠拉杰:《苯教史纲要》,中国藏学出版社,2012 年,第 404、408 页。

第二节　嘉绒土酋对"土司—皇帝"关系的认知[①]

注意到嘉绒土司和土民与西藏地区有着深远的文化历史关联的一面还不够，还应看到由于地缘和文化区隔，土司统治下嘉绒土民与内地和清廷的联系，相对而言显得较为疏离而寡淡。这种差异必然影响到嘉绒地区的部落土酋对其与中央王朝之间的关系认知。以嘉绒核心地区的金川土酋为代表，他们一方面基于地方传统对属民拥有生杀予夺大权，堪称割据地方的"土皇帝"，另一方面又因朝廷敕封的土司职衔而与王朝国家产生诸多政治联系。正是这种双重身份，促使他们努力建立自身与清朝皇帝之间的独特关系认知。最终这种基于自身文化理念形成的政治秩序认知，深刻影响了诸嘉绒土司与清王朝之间的联系与互动。

一、嘉绒土司的政治秩序认知与金川战争的关系

纵观元明清三朝，土司制度的创立和逐步完善与中央王朝日渐强化对边疆民族地区的控制至为相关。总体上，土司制度，主要包括职衔制度、承袭制度、贡赋制度、奖惩制度等，是出于中央王朝国家的统治权力向边徼地区深入的需要而创置的，它要求受封土司必须在国家确立的土司管理框架内遵守地方文武官员的约束，履行边疆地区驻防、守御的职责，并随时听从朝廷之征调。[②] 这的确为中央王朝较好地统摄边疆少数民族地区提供了便利，并且在相当程度上遏制了地方势力割据称雄。也就是说，土司制度在维护国家疆域统一上确实起到了不可忽视的作用。然而，在一些跟内地文化交流相对较少的嘉绒核心区，桀骜不驯的地方豪酋却长期表现出不愿受土司制度约束、不断扩展自身势力的历史面相。这一问题值得探究。因为，正是这种情势严重挑战了"普天之下莫非王土，四海之内皆为臣民"之国家统治威权，使得乾隆皇帝不惜花费巨额军费发动两次金川战争，并在第二次金川战争结束后强势推行"改土为屯"之新举措，进而极大改变了川西北土司地区的政治格局。

---

① 本节主体研究内容已正式发表，详见拙文《清代嘉绒土酋对"土司—皇帝"关系的认知》，《中国边疆史地研究》，2019 年第 4 期。在此，笔者要特别感谢前同事罗宏博士给予的无私帮助。经过与罗博士的多次讨论，并认真学习了他在四川大学的本科毕业论文《他者与我者：乾隆朝大小金川之战——以金川为中心的历史人类学考察》的第一部分《嘉绒土司"世界"之简单勾勒》，笔者更加确信，结合档案与田野调查，可以对清代嘉绒土酋是如何从自己的地方视角思考"土司-皇帝"关系，如何根据自己的地方经验确立与清廷之间的秩序认知等问题进行深入思考。就思想贡献而言，鉴于罗宏博士在他的本科论文中有关嘉绒地方土酋的政治等级秩序的讨论，对笔者在本部分的研究思路颇具启发，无论怎样予以感谢都不为过。

② 参见李良品、赵毅：《土司制度：国家权力在西南土司地区的延伸》，《长江师范学院学报》，2014 年第 5 期。

为何大多数土司都能够接受朝廷的羁縻统治,安于住牧,而位于嘉绒中心地带的金川土司却要一再顽梗地挑战清廷的统治威权呢?欲回答这个问题,必须弄清楚清代嘉绒土酋对"土司-皇帝"关系的认知这一关键问题。嘉绒僻处青藏高原东端横断山脉地区,系西南民族北上、西北民族南下的重要通道。自元代以降,中央王朝与西藏交通往来的官道和汉藏贸易的主要商道均取道于此。面对明清易代的政治变局,为了得到新王朝的认可,嘉绒的诸部落头目纷纷归诚,获得清廷颁给的印信和号纸,成为清朝"服属土司"。相对于直接面对土民的部落统治而言,面向朝廷则必然涉及嘉绒土酋对"土司-皇帝"关系的认知。

据清代相关奏折记载,金川土民对管辖他们的土酋的嘉绒语称呼,用汉文记音为"济雅勒布",清军随营通事们将其翻译为与汉语对应的"主子"。[①] 当代学者认为,汉语中的"土司"一词在嘉绒语中被称为"rdʒəl po",可读为"杰尔布"或"杰尔波",其意相当于汉语的"王"。[②] 不难发现,嘉绒语中的"土司"称谓"杰尔波(布)",与清代档案中记载的嘉绒土民称"土司"为"济雅勒布"非常接近。据此可知,汉语"土司"一词在嘉绒语中对应为"rdʒəl po(杰尔波)",与档案文献所载嘉绒土民对土酋的自称"济雅勒布"略有差异,但实际上联系甚深。对于世代生活在嘉绒的土民来说,无论元明清三朝是否赐封他们各自所属部落的首领以"土司"称号,都不会影响他们遵从传统习惯将土酋视为"主子"或地方上的"王"。

坦率地讲,在金川土民看来,土司即为统治他们的主人或王。事实上,土司就是执掌辖境生杀予夺大权的最高统治者,确系土民的主人。那么像乾隆朝大金川这般强悍难驯的土司是否真的是嘉绒地方的王呢?乾隆十二年(1747),第一次金川战争爆发前夕,川省提督奏称大金川土司莎罗奔敢自称为王,乾隆皇帝对此十分不满,谕令军机大臣和川省总督认真核查复奏,得悉莎罗奔并未公开称王。[③] 但是,在嘉绒地区,大金川土司凭借其出色的军事实力,以及多年来四处扩展地盘的"战绩",在附近其他土司的属民眼中就是"土司王",甚至是"嘉绒十八土司之王"。不仅如此,2010 年 5 月和 2016 年11 月,笔者先后两次在丹巴、小金、金川、马尔康等地开展田野调查时均发现,当地嘉绒藏民仍视大金川土司为"嘉绒十八土司之王",例如称末代土司为"土司王索诺木",称乾隆皇帝为与"土司王"对等的"乾隆王",将乾隆朝金

<hr>

① 中国第一历史档案馆:《军机处录副奏折》,民族类,缩微胶卷号 589,档号:7964-14。另见[清]阿桂总纂:《平定两金川方略》卷 49,乾隆三十九年正月甲寅。
② 林向荣:《嘉戎语研究》,(成都)民族出版社,1993 年,第 731 页。
③ [清]来保等撰:《平定金川方略》卷 2,乾隆十二年五月甲午、乾隆十二年六月丙子。

川战争自命名为"乾隆王打金川"。虽然笔者尚未从相关档案文献中发现"嘉绒十八土司之王"或"土司王"这样的表述，但乾隆朝平定两金川前数十年里大金川土司始终表现得十分咄咄逼人，小金川亦紧随其后，不断与周边土司开战，大肆蚕食邻近土司的土地并掳掠其人口和物资，均表现出"不甘一隅，谋求独大"的政治抱负，且影响深远。也正因此，笔者在田野调查中仍发现：二百多年后，继续生活在丹巴、小金、金川的嘉绒藏民依然视年轻好战的大金川末代土司索诺木为"土司王"，而且坚称乾隆皇帝为与之地位对等的"乾隆王"。但对自视为"天下共主"的乾隆皇帝和追求"川边稳定"的清廷来说，金川土司和土民对部落土酋的政治身份定位，及其对土酋与皇帝或朝廷的关系的认知显然是难以理解和接受的。这就不可避免地造成了双方在文化上的隔膜，乃至误解。这种文化上的误解在双方发生较大的矛盾冲突时对缓和事态十分不利。乾隆朝金川战争的爆发其实与此有莫大关系。因此，厘清嘉绒土司对其与清廷之间的关系认知具有重要的历史意义。

二、清代嘉绒土酋对"土司-皇帝"关系的认知

嘉绒诸土司以好战且善战著称，相互之间既相互联姻，亦互相攻伐劫掠，扰攘不已。其中，地处嘉绒中心地区的金川土司在乾隆朝表现得尤为桀骜不驯。乾隆十二年（1747）五月，四川提督武绳谟奏："金酋莎罗奔侵扰小金川、巴旺及革什咱属之正地，明正司属之本滚、纳顶等处，又占据章谷，攻取孔隅，直至牛厂一带，欲图进炉。……至莎罗奔，乃受印土司，辄敢自称为王，大肆猖獗，速宜剿灭。"①乾隆皇帝对四川巡抚纪山却从未奏报大金川土司敢于私自称王一事甚为不满，令川陕总督庆复和军机大臣张广泗仔细查核。未几，二人奏称："今查金川并未私立名号，惟拿获贼番审讯时，或有自称其主为王者，武绳谟据以入告不为无因。而纪山则因不过愚番供辞，是以不敢轻渎天听奏入。"②表面上看，庆复和张广泗对纪山为何没有奏报金川人民称土司莎罗奔为王一事的解释，似也能说得过去。不过，武绳谟、纪山，以及庆复、张广泗之所以对"莎罗奔自称为王"的问题持不同看法，除各自对川边土司的态度有差异（或激进，或审慎）之外，还与不同语言文字之间的转译有关。③

① ［清］来保等撰：《平定金川方略》卷 2，乾隆十二年五月甲午。
② ［清］来保等撰：《平定金川方略》卷 2，乾隆十二年六月丙子。
③ 揆诸史料，不难发现翻译问题在清廷和嘉绒及周边土司之间的政治互动中长期存在。乾隆二十四年（1759），正值清廷推进九土司会攻金川事宜，乾隆皇帝在给军机大臣的上谕中专门提到："各土司文书大概系用唐古特之字，该处翻译恐不能尽其详细，一并传谕该督等，嗣后接到各土司文书，除一面办理外，即将原文进呈。"军机大臣则坦率回应道："臣等伏查甲垄、霍尔诸部咸奉喇嘛之教，是以往来文禀多用唐古特字。第川省提督衙门虽皆设有译字房，而绿营书识大率不通文义，且于翻译更属粗疏。即有狡狯番情，何从体察？"参（转下页）

　　除不同语言文字转译易于造成误解外,四川提督武绳谟和乾隆皇帝对金川土司莎罗奔"辄敢自称为王"不满,似与双方存在不易调和的文化隔膜有关。这便涉及嘉绒地区的土酋如何看待"土司-皇帝"关系的问题。通常,人们只能以自身熟知的方式(理念)去理解他们并不太熟悉的关系对象。僻处川西北的清代嘉绒土酋(特别是大金川这样的至雍正朝才因军功新封之土司)在面对"土司-皇帝"关系时也不例外。这是因为,土司是汉文文献对嘉绒地方部落豪酋的他称,与元明清三朝在嘉绒地区设宣慰司、安抚司、招讨司、长官司等土司职衔直接相关。或者说,土司官职和土司称谓是元明清三朝对边徼地区的部落头领实行羁縻统治的产物。然而,在嘉绒土民的自称里,部落首领就是前面提到的汉文记音的嘉绒语"济雅勒布",意为他们的"主子"或"地方上的王"。随着嘉绒土酋与清廷之间联系与互动的增多,为最大限度谋求本部落的利益,他们对如何动态地维系与清廷之间的关系有着非常务实的表现,从而或隐或显地凸显了嘉绒土酋的"土司-皇帝"秩序观。对此,大致可以从以下几个方面予以理解。

　　第一,嘉绒土酋对地方文武官员代表清廷对土司进行管辖缺乏实际认同。在清廷平定两金川之前,川省地方文武代表清廷对川西北土司的管理,仅限于象征性统治关系层面,因为诸嘉绒土司执掌各部落的生杀予夺大权,是自己所在部落的"主子",甚至是"地方上的王",有很强的地方割据性。也因此,在嘉绒众土司看来,川省地方督抚和其他文武弁员不应干预土司内部问题和土司之间的纷争。同样地,在很长时间里清廷也未能通过地方文武官员代表中央王朝充分实现震慑和辖制诸部落豪酋、宣示国家权威的目标。[①] 这种情形直至乾隆初年非但未能改善,反而在嘉绒土司地区愈演愈烈。例如,乾隆四年(1739),川陕总督鄂弥达奏:"杂谷、梭磨、沃日等土司,于

（接上页）见［清］阿桂总纂:《平定两金川方略》卷1,乾隆二十四年四月乙酉。乾隆三十九年(1774),清军攻打大金川期间,乾隆皇帝再次强调:"据富德奏称促浸贼人又递有印禀,语仍含糊。随即发给回檄,所办亦是,但贼人两次所投禀帖,富德俱未译出汉字,同奏未知所言何事。已交章家胡土克图另译清文进阅。嗣后如再有贼人呈禀,务即译出,同原字一并呈奏。"参见冯明珠、庄吉发编:《金川档》,题名:乾隆三十九年十二月二十九日阿桂丰升额明亮等奉上谕,台北"故宫博物院",2007年印,第2944页。

① 清代封疆大吏对此深有感触。雍正二年(1724),抚远大将军年羹尧在处理青海善后事宜的奏折中总结道:"西番人等宜属内地管辖也。查陕西之甘州、凉州、庄浪、西宁、河州,四川之松潘、打箭炉、理塘、巴塘,云南之中甸等处,皆系西番人等居住、牧养之地。自明以来,失其抚治之道,或为喇嘛耕种,或为青海属人,交纳租税,惟知有蒙古,而不知有厅、卫、营、伍官员。"参见《清世宗实录》卷20,雍正二年五月戊辰。该奏折中提到的"厅、卫、营、伍官员"其实同内地州县官员一样,都是清王朝的国家权力在地方上的延伸,原本希望借以控驭西南或西北少数族群,但西部民众"不知有"这些官员。久在西陲历练的年将军所言可能不无夸大之处,但反映了雍正年间朝廷派驻的"厅、卫、营、伍官员"并未被"西番人"接纳和认可的边疆统治实况。清廷欲实现对西部边疆民族地区的有效控制,实属"任重而道远"。

七月十四、十七、十九等日,发兵攻劫小金川土司,又大金川土司色勒奔(即莎罗奔),亦于七月十四、十七八等日,三次发兵,与革布什咱土司丹津罗尔布格斗。"①又如,乾隆九年(1744),大金川、革布什咱卷入附近之巴旺和巴底的纷争,各有盘算,互不相让。② 再如,乾隆十二年(1747),四川巡抚纪山奏曰:"金川土司莎罗奔于乾隆二年侵占革什咱土司盖古交等处四寨,上年又诱致小金川土司泽旺,夺取印信,经臣与督臣庆复会饬查究,始将泽旺放回,归还印信。近又据打箭炉同知鲍成龙等禀报,该酋修路造船,派兵把守甲索,扬言欲攻革什咱。"③从这些例子不难看出,大金川土司莎罗奔争强好斗,不仅大肆侵占邻近土司寨落,设计掳走小金川土司泽旺并夺其土司印信,而且敢于公然宣称要攻打革什咱。同时,在"宁谧川边"事务方面,川省文武官员起到的实质作用着实有限。因为,在大金川这般强势土司的眼中,与邻近土司构衅,凭借武力扩大地盘是理所当然的事,遂对地方文武介入调停不以为然。

　　从清廷的角度来看,不仅川边的大金川土司为扩大势力范围而不肯遵从川省地方官员的饬令,而且金川附近的瞻对土司④更加顽梗不驯。乾隆十年(1745),四川巡抚纪山奏称:"瞻对顽番不法,前委千总向朝选前往晓谕,乃下瞻对班滚,已发兵二百余名在西纳山下插营阻挡。该千总随令瞻对头人,将公文发去,令其回复,而班滚仍复支吾。及至上瞻对七林坪土寨,照前晓谕,又藉称'土司已故,家内不知,并未放夹坝'等语,彼此推诿,始终不献赃贼。"⑤这让乾隆皇帝深感天威尽失,遂发动征讨下瞻对土司班滚的战争,务求"擒渠首"以震慑"诸番"。然而该战进展颇不顺,最后不得不草草收场。这极大助长了以大金川为代表的嘉绒土司的气焰,更加不肯遵从朝廷的训诫,遑论听从地方文武之约束。

　　接踵而至的乾隆朝第一次金川战争(1747—1749)再次不了了之,非但未能一雪此前瞻对战役之耻,反而使得大金川土司在嘉绒地区声势更隆,更有底气与川省文武官员进行虚与委蛇的政治周旋,甚至拒不听令。尽管在第一次金川战争结束后大约十年间,两金川土司确有收敛,但随后直至第二次金川战争爆发前又不断与周边土司争斗(详见第五章第二节)。川省文武对此并无良策。是故,乾隆三十九年(1774)乾隆皇帝在给第二次金川战争前线将领的上谕中愤然斥曰:"盖地方各官,文职多系书愚,不谙驾驭,武职怯懦者多,即

---

① 《清高宗实录》卷 101,乾隆四年九月癸酉。
② 《清高宗实录》卷 219,乾隆九年六月乙亥。
③ 〔清〕来保等撰:《平定金川方略》卷 1,乾隆十二年二月癸酉。
④ 瞻对,位于今天的四川省甘孜藏族自治州新龙县一带,地处雅砻江上游,纵横数百里。雍正六年(1728),清廷先后分授上、中瞻对为长官司,下瞻对为安抚司,故称"三瞻"。
⑤ 《清高宗实录》卷 242,乾隆十年六月己酉。

稍习番情亦不过如宋元俊之流，又有何益？且前此两金川启衅时，阿尔泰以现任总督，董天弼以现任提督，同往其地，各怀惊怖，轻率给地，希图了事，致酿祸端，是番众不畏地方官，而地方官转畏番众更为明验矣！……众番虽称地方文武为父母官，其实各官并无抚驭之能，诸番亦无惮服之实。"①显然，此时老练又严苛的乾隆皇帝对川边事务之诸多积弊，以及部落土酋和土民从未真心畏服地方官员的现实，早就心中有数，只不过迫于形势隐而未发罢了。

从清廷的立场来看，接受国家赐封的土司职衔的土酋不肯遵奉地方文武之管束，是违抗国家法度的行为。这是完全可以理解的。然而，站在嘉绒土司的立场则可以明显感受到，至迟在清廷荡平两金川之前，在作为国家羁縻统治对象的嘉绒土司的观念中，从未真正对代表清帝国权力对其享有管辖权的川省文武官员产生实质性政治认同，往往更愿意与之假意周旋、敷衍了事，以最大限度维护自身利益。因为，嘉绒土酋才是各自部落土民的"主子"，甚至是地方上的"王"。这即是说，尽管川省文武拥有代表中央王朝辖制边徼土司的权力，但以金川为代表的嘉绒土酋却对此很漠然。这也是乾隆皇帝宁可不惜代价平定两金川，并在战争甫一结束就迅速推进嘉绒诸土司必须轮番进京朝觐事宜，以便强化清帝国在当地的统治权威的重要原因。

第二，土司的政治合法性有赖于朝廷的敕封。土司本是中央王朝颁给土司印信和号纸来予以确认的部落首领。清廷颁发的土司印信或号纸对嘉绒土酋有着极大的政治吸引力。前述大金川土司莎罗奔处心积虑地设计劫持小金川土司泽旺并夺其土司印信之事，就是很好的例证。显然，嘉绒土司很清楚，即使是地方割据豪酋，作为"服属土司"的权力合法性仍需要王朝国家的认可。是故，即使像莎罗奔这样桀骜不驯且狡黠非常的部落首领，在乾隆八年(1743)继承土司职衔时也要经清廷派员前往按惯例核准。②另须指出的是，嘉绒土酋们非常看重土司印信带来的政治资本，与他们得到土司印信和号纸后却不肯实心遵从朝廷约束，仍不时相互攻伐侵占的行为并不矛盾——二者本质上都有利于他们扩大自身利益。这也是乾隆皇帝深感不满、地方文武却无力改变的川边现实。

第三，嘉绒土酋将为清廷出兵随征和提供差役视为获得政治回报的捷径。早在康熙五十七年(1718)，瓦寺土司就曾派兵随征西藏，清廷将其由安抚司升为宣慰司。③"康熙六十一年(1722)，(小金川)土舍色勒奔初倾心向

---

① 冯明珠、庄吉发编：《金川档》，题名：乾隆三十九年七月十九日阿桂丰升额明亮等奉上谕，台北"故宫博物院"，2007年印，第2420—2421页。
② 《清高宗实录》卷204，乾隆八年十一月己丑。
③ 马长寿：《嘉绒民族社会史》，载周伟洲编：《马长寿民族学论集》，人民出版社，2003年，第157页。

化，令其头目赴川投诚，遵奉调遣，拨发土兵五百名随大军巡查羊筒，克著勤劳"，作为犒赏，清廷准许"委以副长官司职衔，令管理住牧事务"，及至雍正元年(1723)，"督臣年羹尧请授为安抚司"，并"得旨俞允部给印信号纸"。① 雍正元年，当时隶属杂谷土司的梭磨也曾随清军一同征讨廓尔喀。② 乾隆四十年(1775)冬，梭磨老土妇卓尔玛和她的儿子少土司斯丹巴除了派出较多土兵助清军征金川外，还另外备牛五百头、酒一千篓、糌粑五百背，送至清军军营。③ 梭磨老土妇和少土司主动出兵为清廷效劳和贡献酒、牛、糌粑犒劳清军的识时务之举，也为他们赢得了可观的政治回报——自此被清廷视为"实心效顺"之土酋予以优待。

据以上内容可知，基于自身的传统思维和现实需求，在嘉绒土酋的地方秩序认知观念中，他们没有真正将川省文武视为可以代表国家对其进行辖制的"上级官员"，只不过更愿意与之展开阳奉阴违的政治博弈，以最大限度确保自身利益不受损或少受损。也因此，金川土司会不断尝试直接与皇帝建立联系，希图与皇帝进行直接沟通以达成所愿，以致连向清廷乞降和求饶都会绕过地方督抚和前线将领而直奔皇帝(详见第二章第二节)。也就是说，在羁縻土司统治下，本应遵从"土司—地方文武—皇帝"的权力阶序，但是作为居间环节的"地方文武"不被嘉绒的强悍土司放在眼里。这与嘉绒土司和清帝国的联系与互动(尤其是旷日持久的金川战争带来的频繁接触)存在密切的关系。不过，在相当程度上也与川省地方文武对彪悍好战的嘉绒土司(特别是金川土司)之约束极有限，未能真正建立足以威慑诸土酋的政治威信紧密相关。然而，地方文武官员未能让川边土酋心生忌惮是多方面的原因造成的，需要放置在当时的历史背景中予以考察，更不能因此便以为地方文武官员在管理川边土司方面真的"几乎形同虚设"。因为，无论从敕封土司、取具邻封甘结，还是从协调土司之间的纠纷来说，他们作为中央王朝统治权力(含驾驭部落土酋)下沉的代表从未曾真正缺位，只是在面对强弱不同的"化外"土司时，其管辖力度有大小之分罢了。

三、清廷的羁縻统治策略对金川土酋的"宽纵"

除了以金川为代表的嘉绒土司基于自身的传统文化思维，热衷于对"土司-皇帝"关系认知的自我构建外，清廷(第二次金川战争之前)在嘉绒的"羁

---

① ［清］来保等撰：《平定金川方略》卷1，《金川图说》。
② 马长寿：《嘉绒民族社会史》，载周伟洲编：《马长寿民族学论集》，人民出版社，2003年，第155页。
③ 冯明珠、庄吉发编：《金川档》，题名：乾隆四十年十一月初四日内阁奉上谕，台北"故宫博物院"，2007年印，第3753页。

縻"统治亦在相当程度上纵容了强势土酋对四川文武官员的藐视,进而刺激他们奢望"部落之王"可以与"皇帝"建立直接联系。所谓"纵容"可以从两方面来理解。首先,土司职衔由中央王朝册封,清代嘉绒以及周边土司地区的土司印信和号纸都是由清廷直接颁赐的,地方督抚并没有直接册封土司的权力,只是代表皇帝和朝廷落实册封的具体事宜。因此,嘉绒诸土司认为自己作为属民的"主子"得到皇帝确认,系朝廷赐封的"服属土司"。相应地,在大金川这等原本就桀骜不驯之土酋的观念中,其土司身份的获得和认可仅与清朝皇帝有关,并在与川省文武官员们互动时不断强调"我本天朝土司"。例如,乾隆二十六年(1761),大金川土司郎卡在给川省地方官的禀文中自称:"伊本天朝土司"。① 又如,乾隆四十一年(1776),大金川土司索诺木信用的大头人丹巴沃杂尔亦在供词里称:"金川原是天朝内属土司。"②这种表述清晰地表达了他们对土司与清廷关系的认知,即大金川土司职衔的获得仰赖清廷的赐封,而清朝皇帝则通过对其进行羁縻统治实现国家权力的延伸。再如,在大金川土司袭封应"照例行取邻封甘结"这等体现中央王朝对川边土司之约束的大事上,地方文武官员也会借未便办理之故而奏请免去此举;敏感的乾隆皇帝意识到这会助长金川土酋之威风,遂不满川省地方大员有意对其格外迁就。③ 其次,州省督抚早就对嘉绒土司之间的竞相侵占、扰攘争夺的行径司空见惯,多半不予理会,或不愿深究。乾隆皇帝对此总结道:"阿尔泰、董天弼于土司之事,惟图迁就了局。从前金川、小金川与附近土司相仇杀,伊二人率自往劝谕而止,已非一次。阿尔泰等既意存姑息,习以为常,而番酋等亦视督提为和事老人,狎不知畏,本非绥靖边圉之计。"④

阿尔泰系雍乾二朝有名的干练封疆大吏,董天弼也是熟悉边情的绿营将领,绝非庸碌无能之辈,却均不肯对川边土司相互构衅问题予以切实干预,背后必定另有隐情。对此,可以继续追问:以乾纲独断著称的乾隆皇帝为何能容忍川省文武官员在对待川边土司争端上的长期不作为呢? 显然,这种局面的形成绝非乾隆皇帝一面之词可以解释清楚。笔者以为,清代川省地方督抚在对待川西北土司仇杀问题上因循守旧自有其复杂原因。大致可以从四个方面分析:其一,川边土司多地处交通极为不便的僻远之地,地方文武亲赴其地处理纷争之时间成本和物资耗费均不菲;其二,自土司制度逐渐确立以来,

① 〔清〕阿桂总纂:《平定两金川方略》卷2,乾隆二十六年四月癸丑。
② 冯明珠、庄吉发编:《金川档》,大金川头人丹巴沃杂尔供词,台北"故宫博物院",2007年印,第4470页。
③ 〔清〕阿桂总纂:《平定两金川方略》卷2,乾隆二十七年二月乙亥。
④ 冯明珠、庄吉发编:《金川档》,题名:乾隆三十六年九月十二日阿桂温福等奉上谕,台北"故宫博物院",2007年印,第97页。

中央王朝对待土司争斗事宜，向来都是"希图尽快了局"，并不想真的深度介入其中，乾隆皇帝也曾认定川省土司之间的仇杀侵夺不过是"蛮触相争"，"番性使然"，地方督抚自然不肯冒政治风险贸然卷入"番境纷争"；其三，因为语言、文化的隔阂，即使地方督抚欲彻底解决土司纷争，也存在很难克服的现实困难；其四，清廷秉持"众建土司""分而制之"的策略，确实体现了统治者乐见土司之间互相争斗而免于"一家独大"的政治意图，因而地方官员自然乐意以此为由，对土司内斗之事不以为然。

不过，川省地方督抚等在处理土司纷争时为尽快了事，多以和事佬自居，确实导致川边土司对地方大员的政治威望之认同大打折扣，甚至滋生与之分庭抗礼的轻慢态度，如前述乾隆皇帝在上谕中指斥的"视督提为和事老人，狎不知畏"。除了前引莎罗奔"辄敢自称为王"例让乾隆皇帝不满之外，更令乾隆皇帝生气的是，索诺木差大头人丹巴沃杂尔呈送给清军将领的两封请罪禀文中，竟以"你们""我们"来直接称呼彼此。[①] 由此不难发现，在金川土司眼中，清军将领和川省文武官员一样根本不能代表皇帝，完全不必真心畏服——只有"天朝皇帝"才是他们应当表示特别敬畏的人。这也是大金川土司在面临清军进剿压力而采取请降策略时，总是避开地方督抚和清军将领，希图与乾隆皇帝直接对话的原因所在。

实际上，这种认知并不限于金川土司，头人也持这样的想法。乾隆三十七年(1771)，脱出兵丁杨会先在供词里提到，在被俘滞留金川期间亲自听到某头目曰："大兵直压山梁，夺我卡子，我要保守，所以放枪伤大兵百十人，我土兵亦伤七八十人。在卡子上叫喊，又无人答应，不知大皇帝晓得打我不晓得打我？如要打我，我不得不防备；若不打我，我土司原是归顺的。"[②]尽管从清廷的立场来看，官兵代表的是皇帝的天威和国家权力，出兵维护川边稳定乃理所当然，但金川头目并不觉得自己响应土司号召与官兵相抗，就是挑战皇帝的权威，而且坚持认为与清军作战不过是自卫。一些头目在被俘后接受讯问期间甚至诘问清军将领道："官兵攻我，未识大皇帝知与不知？如必欲攻我，我不得不防备。"[③]也就是说，在金川头目看来，为土司出兵打仗与官兵的进剿行动，在某种意义上简直堪称"各为其主"。窃以为，这大概也是金川土民后代迄今仍将清军再征金川战争视为"土司王"索诺木与"乾隆王"之战的根由所在。

---

①　冯明珠、庄吉发编：《金川档》，题名：乾隆三十八年九月二十七日阿桂丰升额明亮等奉上谕，台北"故宫博物院"，2007 年印，第 1499—1500 页。

②　冯明珠、庄吉发编：《金川档》，题名：乾隆三十七年十一月十六日舒常奉上谕，台北"故宫博物院"，2007 年印，第 659 页。

③　《清高宗实录》卷 921，乾隆三十七年十一月戊申。

在土司和头人,乃至土民的心中,"土司王"和"乾隆王"都是"王",几乎是对等的,理当可以直接对话,可以就金川战争问题进行直接沟通。这也是前面提到的当代嘉绒藏民中依旧流传"乾隆王打金川""土司王索诺木"的传说,以及金川土司和头人们总想直接向乾隆皇帝讨饶的逻辑所在。更重要的是,金川土司和头人的这种政治秩序认知,决定了他们不可能深度认同地方文武官员对其享有管辖权,导致他们在与之接触的过程中长期表现出"阳奉阴违"的历史面相。

至于清廷对嘉绒土酋的所谓"宽纵",显然是迫于川边现实做出的妥协。这在很大程度上助长了大金川这般强势部落首领不肯真正畏服地方文武管辖的气焰,并对"土司-皇帝"关系形成近乎偏执的单向认知。不过,也要注意不能脱离当时的复杂边疆环境对川省文武官员过多苛责,而应当尽可能地去理解他们"为何纵容",并探究这样做带来的实际影响。唯其如此,才能对相关问题形成比较接近历史事实的认识。

四、"独梗化外"之两金川在边疆秩序中的位置

金川土司和头人展现出来的"土司-皇帝"关系认知有其特定的历史语境,与清代川边土司社会的现实状况并不能完全契合。由于历史、地缘、经济等多方面因素的交互影响,靠近内地的嘉绒土司与处于嘉绒核心区的土司,在与清廷的关系远近上存在些许差异。比如明正、瓦寺、穆坪等土司因为相对来说与内地接触较多,对清廷稳固川边地方秩序的理解更贴合皇帝的意图。他们当中,尤其是明正土司,懂得在与川省文武的配合中实现自身利益的最大化,因之地方声望日隆。清廷也乐意将明正这样相对来说比较能够遵从朝廷约束的土司,宣扬为"习当已与内地无殊"之"内地土司"①,以示与金川这般"独梗化外"②"尤难化诲弹压"③的土司之区别。相比之下,位于嘉绒核心地区的两金川,虽是朝廷颁给印信和号纸的"内属土司",但并不真正遵从地方文武的约束,对国家政治威权的认识也很模糊。

早在两金川改土为屯之前,清廷对川边地区的土司或未获得土司封号的

① 中国第一历史档案馆:《军机处录副奏折》,民族类,缩微胶卷号589,档号:7974-65,题名:阿桂丰升额请议善后折,具奏日期:乾隆三十九年九月十二日;《军机处录副奏折》,民族类,缩微胶卷号590,档号:7982-7,题名:乾隆四十年七月二十二日内阁奉上谕;《军机处录副奏折》,民族类,缩微胶卷号593,档号:8036-35,题名:保宁李世杰奏年班土司入觐数目,具奏日期:乾隆四十九年十月初七日。
② 冯明珠、庄吉发编:《金川档》,题名:乾隆三十六年十二月初八日温福阿桂等奉上谕、乾隆三十六年十二月十四日内阁奉上谕,台北"故宫博物院",2007年印,第343、378、379页。
③ [清]程穆衡:《金川纪略》,载张新羽主编:《中国西藏及甘青川滇藏区方志汇编》第43册,学苑出版社,2003年,第183页。

徼外部落,已经有较为清晰的远近关系认知。虽然土司地区是清代国家版图内的羁縻管辖对象,但清廷不会放过任何可能的机会,对靠近内地的土司进行"笼络"和"感化"。一些从中尝到甜头的土司也愿意对清廷表示恭顺姿态,因而在关键时刻能毫不犹豫地站在清廷立场行事。于是,那些比较服从地方文武管束、较为熟悉汉地习俗的土司往往被视为"熟番",没有土司封号,与朝廷几乎没有什么直接接触的部落则被称为"生番",或"野番"①。用"生"与"熟"对比表述诸部落与朝廷关系的远近和浸染王朝教化多寡的做法,直接体现中央王朝的权力触角深入边疆地带的力度存在明显差异。这也使得清帝国在边疆地区建构的羁縻统治秩序有其内在的复杂性。

正因此,决不能囿于文字,将朝廷与未纳入直接管辖版图的诸部落土酋之间的关系图谱简单化。嘉绒地区的大小金川土酋虽然也是朝廷颁给印信和号纸的土司(其中小金川土司既有土司印又有号纸,大金川土司只有号纸),但是并不真正听从地方文武的约束,对国家政治权威的认同也颇有限。这是两金川土司一再挑战清王朝的重要原因。那么,据此似可以断定所谓"化外土司",即王朝教化未能真正深入渗透的土司地区,是介于对国家教化已有所了解的"化内土司"和逸出朝廷管辖的"生番"之间的地方势力。显而易见,在清廷看来"顽梗不化"的大小金川土司即是介于"野番"和"化内土司"之间的"化外土司"。当然,这样的"羁縻关系"定位往往是基于清廷尚且不能对两金川进行强有力的约束,或武力进剿失败的情况下。譬如,乾隆十四年(1749)正月,乾隆皇帝急欲从第一次进剿大金川的战争泥淖中抽身,遂极力向军机大臣明示:"番酋本属化外,无足深较,而驭番之道,惟当开示恩信,使之弭首帖耳,革面革心。"②

首征金川战争结束后,清廷原本指望通过川省官员入边传檄国家教化的文治方式,使两金川土司等嘉绒土司能够"倾心向化",但实际效果有限。面对两金川继续与周边土司构衅不已的川边形势,当乾隆皇帝感到大规模进剿有望成功时,便在第二次金川战争初期给前线将领的谕令中霸气地诘问:"我大清正当全盛之时,中外一家,岂容近徼弹丸,独轶化外?"③第二次金川战争便是清廷欲对一再挑战国家统治威权的两金川土司进行彻底惩治的产物,体现了乾隆皇帝急欲将两金川由"化外土司"变成化内屯地的政治决心。在此,

① 清人李心衡著《金川琐记》卷4之《黑账房生番》条载:"(大金川)绥靖(屯)与绰斯甲部落交界,再进十数程,有一种生番名黑账房。其地不生五谷,性好剽杀,日以搏取禽兽为业。盖亦打牲夷类。"参见[清]李心衡:《金川琐记》卷4之《黑帐房生番》条,中华书局,1985年,第40页。
② 《清高宗实录》卷333,乾隆十四年正月丙子。
③ 《清高宗实录》卷898,乾隆三十六年十二月甲戌。

图1-2 处于"生番"与"化内土司"之间的"化外土司"

可以将"生番""化外土司"和"化内土司"三者关系绘图1-2呈现如左：

综合上文和图1-2不难理解，乾隆皇帝将接受清廷敕赐的土司号纸和印信、对川省地方官员之约束阳奉阴违的两金川土司归为"化外土司"，比较贴近当时清廷对川西北土司地区控制力度有限的实际情况。这也是清军平定两金川后，乾隆皇帝不惜继续耗费不菲的人力物力迅速推行改土为屯政策、重新绘制版图，将其纳入国家直接管辖疆域的重要原因所在。从乾隆皇帝的立场来看，正是付出连年征战的巨大代价，才将位于嘉绒核心地带的两金川从"化外之地"变为"化内屯地"，进而得以在嘉绒腹地驻兵弹压和监督川西北诸土司，最终改变了清廷与嘉绒土酋之间的权力结构关系。

本章小结

大小金川所处的嘉绒之地理空间并不是固定的，而是历史地、动态地形成的川西北边疆族群生存和发展的活动场所。诸嘉绒土司地处沟通内地和西藏的交通要道，具有重要的战略地位。凭借这样的地理位置，嘉绒土司及其属众表现出双重面相：一方面，因族群迁徙和原本兴起于蕃地的苯教向藏东一带发展的缘故，嘉绒土司地区在社会习俗和社会结构上与西藏地区有很多相似性，从而在社会文化心理层面与西藏地区较为亲近；另一方面，明清以来，特别是清代，随着王朝国家与嘉绒土司的政治和军事接触的增多，以大小金川为代表的嘉绒土司对皇帝、地方文武日渐形成了一套以自身文化认知为基础的国家统治秩序构想。在这一认知模式支配下，嘉绒土司始终认为自己作为内属的部落首领有资格与皇帝建立直接联系，内心并不真正认同川省督抚和其他边地将弁可以代表"皇帝"对其进行实际管控。因此，当清廷的对边疆秩序的设想和实践与嘉绒土司增加辖地和人口的愿景无法达成妥协时，中央王朝与作为地方割据势力的土司之间的矛盾，便难以遏制地凸显出来，战争也就一触即发。乾隆朝两次金川战争即是明证。从这个角度看，乾隆朝大小金川战争是将"化（徼）外土司"转变为"化（徼）内屯地"的军事行动，更是为此后国家在嘉绒核心区安营设镇、重建地方秩序的政治实践扫清了障碍。

不过，须特别注意的是，这种"徼外""徼内"的区隔显然是站在清廷的立场，以其管辖的内地十八省为中心视角下的政治空间认知，而"化外""化内"

的界定,亦是以清朝统治者认同的以儒家文化为核心的国家教化为基准之文化空间认知。对于真正生活在所谓"徼外"和"化外"的民众而言,他们世代繁衍生息的地方,既是完成个人生命史的中心场域,也是其地方文化累代赓续的时空载体。这就好比每个人自己生活的世界就是自己的中心——不管他或她生活的地方对其他人而言是多么僻远。因此,所谓的"内"与"外"不是绝对的,而是不同视角下的不同认知罢了。那么,金川土司倾向于认为自己是"嘉绒十八土司之王",并为此不惜凭借武力与周边土司连年构衅,热衷于扰攘侵夺;金川土民极端忠于他们的部落土酋,甘愿自备粮食和武器与大批清军连年相抗;这种以部落根本利益为出发点而展现出来的超强群体团结性,就其自身文化而言有其内在的逻辑自洽性。只有明白这一点,才能更好地理解金川土司及其属众在两次战争(特别是第二次金川战争)中与前线督战清军将领,以及遥坐深宫运筹帷幄的乾隆皇帝之间的互动之复杂性。同样地,只有洞悉这一点,才能准确理解熟知儒家教化思想的乾隆皇帝对两金川土司和土民的诸多认知和行为颇为不解的根源所在。

第二章　金川土司的由来及其
与藏区和内地的联系

　　要了解震惊朝野的乾隆朝"十大武功之首"的清军征金川之复杂历史,必须对清军的交战对象——嘉绒地区大小金川土司之历史由来、它们在嘉绒土司地区的具体分布情况,以及其沟通汉藏的地理区位进行考察。有关乾隆朝金川战争之前的金川土司和其他嘉绒土司的文献记录十分有限。乾隆朝两次金川战争使得清廷和川省文武官员与之接触和互动急剧增加,强化了清廷对以金川为代表的嘉绒土司地区的认识。因此,清军强势介入该地区留下的为数可观的档案和清廷纂修的相关官书,为笔者考察两金川及其周边土司与西藏和内地的多重联系的问题提供了可能。

第一节　两金川土司的由来及其地理分布

　　大小金川位于康藏高原最东部,四川省西北部,大渡河上游。大金川在西(位于今天的四川省阿坝州金川县境内),小金川在东(位于今天的四川省阿坝州小金县境内),以水(大、小金川河)得名。大金川自称"促浸(Chuchen)",意为"大河之滨",与之相邻的布拉克底人称其为"阿拉旦",义指坚美之地,即汉人所称之"大金川"。① 小金川自称"儹拉(Btsan lha)"。有藏族学者认为这一自称的本意为"神山"或"太子"②。该地汉为冉駹徼外,隋置金川县,唐属维州,至明朝,始设置土司,并颁给金川演化禅师印,隶属杂谷安抚司。③ 顺治七年(1650),金川寺演化禅师卜儿吉细归诚,仍授原职。④ 康熙五

① 　马长寿:《嘉绒民族社会史》,载周伟洲编:《马长寿民族学论集》,人民出版社,2003 年,第 145 页。
② 　雀丹:《嘉绒藏族史志》,民族出版社,1995 年,第 126—127 页。
③ 　[清]魏源:《圣武记》卷 7 之《乾隆初定金川记》,中华书局,1984 年,第 298 页。
④ 　赵尔巽总撰:《清史稿》卷 513,《土司二》,中华书局,1977 年,第 14217 页。

年(1666),金川寺首领嘉纳巴再次归诚,清廷仍颁演化禅师印。[①] 康熙六十一年(1722)嘉纳巴庶孙莎罗奔,以土舍身份带兵跟随将军岳钟琪征西藏羊峒有功,岳钟琪和四川巡抚色尔图委以副长官司之职衔。[②] 雍正元年(1723),川陕总督年羹尧奏请朝廷授予莎罗奔"大金川安抚司"职衔,并颁给号纸,住牧大金川地方,而原土司泽旺居旧地,遂有大、小金川土司之分。[③] 显而易见,大金川土司是清廷欲通过扶植莎罗奔来达到"分小金川土司之势"[④]之边疆统治策略的产物。

在川西北嘉绒土司地区,大小金川,即"促浸"和"儹拉",与绰斯甲布、革布什咱、沃日、党坝、明正、卓克采(基)、梭磨等九土司"壤相错"[⑤],即"瓦寺、沃日、三杂谷稍迤而北,木坪、明正、革布什咱稍迤而南,惟小金川横亘其中,金川又在小金川之西"[⑥](详见图2-1)。具体而言,"(儹拉)以美诺为适中之地,前可通噶喇衣,后即指鄂克什,其东北至于杂谷脑,西南至于明正、巴旺";"(促浸)其东与儹拉地方,与巴旺布拉克底接壤,西南则属革布什咱,西北则为绰斯甲布,东北则为党坝及三杂谷地","四面与各土司毗连"。[⑦] 两金川之辖地相加亦不过千余里。其中,大金川"境界南北约三百余里,东西约二百余里"[⑧],小

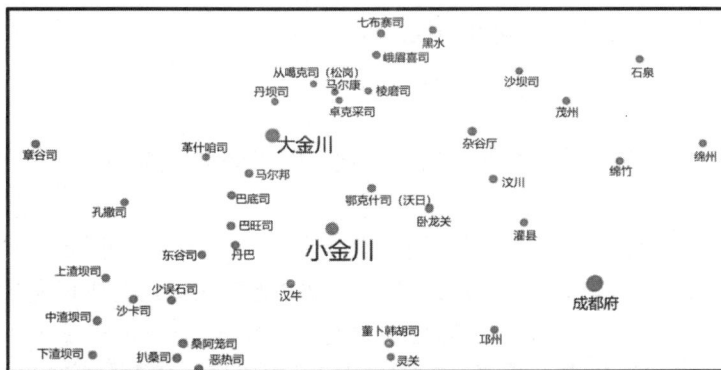

图2-1 大小金川与周边土司的位置关系[⑨]

① 赵尔巽总撰:《清史稿》卷513,《土司二》,中华书局,1977年,第14217页。
② [清]来保总撰:《平定金川方略》之《金川图说》。
③ [清]魏源:《圣武记》卷7之《乾隆初定金川记》,中华书局,1984年,第298页。
④ 《清世宗实录》卷5,雍正元年三月甲申。
⑤ [清]郑光祖:《舟车所至·金川旧事》,载张羽新主编:《中国西藏及甘青川滇藏区方志汇编》第43册,学苑出版社,2003年,第1页。
⑥ 庄吉发:《清高宗十全武功研究》,中华书局,1987年,第111页。
⑦ 中国第一历史档案馆:《军机处录副奏折》,民族类,缩微胶卷号589,档号:7974-67,题名:阿桂酌筹善后事宜办片,具奏日期:乾隆三十九年九月十九日。
⑧ [清]阿桂总纂:《平定两金川方略》卷29,乾隆三十七年五月辛亥。
⑨ 该图由选修我开设的《历史与记忆》《口述史导论》课程的陕西师范大学中国西部边疆研究院硕士研究生李嘉鑫,据中国古地图库已公开的《大清万年一统天下全图(1811年)》和《四川全省舆图(1859年)》为底本绘制。在此,特别感谢嘉鑫同学的无私协助!

金川"幅员五百余里"①。大金川最著名的土司官寨分别在勒乌围和噶喇依。小金川最大土司官寨在美诺。

由上述文、图可知,大小金川环处川西北众嘉绒土司之中,且各自拥有的地盘有限。加上对其实施羁縻统治策略的中央王朝并无力深入管控这些徼外土司。于是,几个世纪以来,土司通过严格的社会等级制度在土民心中牢固确立的政治权威远超遥不可及的天家皇威。在这种历史情境下,各自划地为"王"的嘉绒土司,因实际能够支配的自然资源和人口资源均有限,以及较为封闭环境下相对迟滞的经济发展水平的限制,根本顾不上朝廷的再三申饬和约束,为了雄霸一方而相互之间争斗杀伐无已。清中期以前大小金川土司为扩大地盘,增加资财和人口,经常与周边土司构衅,相互攻杀劫掠无已,即是最好的例证。

此外,前文论及的两金川土司自行建构的政治等级秩序认知与清廷对嘉绒地区的统治构想之间的差异,以及这种差异带来的清帝国与嘉绒土司之间格外微妙复杂的互动,亦与他们所处的独特政治地理空间存在紧密联系。因此,有必要深入探究大小金川土司的战略位置,揭示特殊的区位环境与嘉绒土酋建立外部联系之间的关系。唯有如此,才能管窥以两金川为代表的嘉绒土司是如何定位自身与西藏和内地之间关系的。

第二节　战略区位:沟通川藏交通之要道

大小金川及其邻近土司僻处川西北一隅。因此,在国家疆域层面,和元明两朝一样,清廷在政治上视其为"徼外羁縻之地",在文化上视其为"化外番蛮②之区"。但在战略上,这一带西通"藏里"③、东邻汶茂、北枕青海、南接雅安,实为川藏交通往来之孔道。清廷不得不予以重视。这也是乾隆皇帝不计代价、大规模派兵平定大小金川土司的重要原因之一。而且,随着战争逐年推进,清廷得以更清晰地认识到——大小金川土司地区对清廷控制川藏通道具有重要战略意义。乾隆三十七年(1772)正月,将军温福在奏折中指出:"维关南抵打箭炉,其径道不过数百里,因有小金川地方为之阻隔,必由成都绕道

---

① 庄吉发:《清高宗十全武功研究》之《阿桂奏报收复小金川全境图》,中华书局,1987年,第603页。

② 在这里用"番蛮"只是如实引用清代官方文献记录,并无任何对清代嘉绒族群不敬之意。

③ 《军机处录副奏折》中的金川土司、土民供单一律称达赖喇嘛、班禅额尔德尼等所在的地方为"藏里"。

而行,几至二千数百里,一切难于呼应。"①可见,小金川是清廷从维州关(今理县)快速抵达打箭炉(今康定,系清代川藏贸易重地和军事要地)的必经通道。倘若清廷不能有效控制大小金川,会对川藏之间的交通往来造成极大不便,也不利于其管控川、藏、甘等广袤边疆地区。

一、九条路径通往藏区

嘉绒土司地区虽然处于汉、藏交通往来的要道,但因长期实施羁縻统治之故,中央王朝实际对该地的了解程度非常有限,王朝史书中关于该地沟通汉藏的详细道路记载几近阙如。乾隆朝清军两次强势进入该地区与金川及其周边土司展开军事和政治互动,为国家决策层了解当地通藏路径提供了便利。即是说,尽管汉文史书中鲜见有关大小金川土司与藏区交通往来的具体信息,但幸运的是,在大小金川战争期间,乾隆皇帝十分关心川西北土司入藏路线事宜,并严厉督促前线将领务必尽快开展详细调查,这为笔者解决嘉绒诸土司的入藏路径问题提供了吉光片羽。

乾隆四十一年(1776)七月,首任成都将军明亮奉上谕曰:"现在两金川全境荡平,设镇安营、驻兵控制实为一劳永逸……又两金川四境接壤系何土司,及通藏之路径从何行走,前图俱未详晰,著传谕明亮即将两金川四境所有各土司地界远近次序,及有几路通藏之处逐一确查接准方向,绘为总图,详加贴说呈进,俾该处境壤一览瞭然",并随后奏覆:"查两金川地界、四址接壤土司,自军兴以来,形势、地名不时留心查察,……再查通藏路径有九:一由成都经打箭炉(地属明正司)出口过昌都抵藏,此兵民商贾通行之官路也;一由官路之南自会理州沿云南边界,经木鲁巴登至昌都会官路入藏;一由官路之北自小金过章谷而至昌都会官路入藏;一由金川正地越丹东(革布什咱土司辖地)、子龙而至昌都会官路入藏;一由宜喜(绰斯甲布土司地方)过乐浦越带石而经绰斯甲布,而至昌都会官路入藏;一路由松潘黄胜关出口,越下廓罗克至忍木入藏;又查西宁通藏又有两路,一由德尔格越阿登他拉草地,一由马除七其拉哈纳必拉分路越余树及苏噶莽河屯,仍合德尔格至忍木路入藏;又查由藏西南行,越甲布囿即抵后藏。"对查访的通藏路线,明亮还特别声明:"以上臣虽未能亲履其地,或询土人,或询降番,暨曾出差经由藏路之各员,一一搜

---

① 军机处月折包,第 2765 箱,87 包,15893 号,具奏日期:乾隆三十七年正月十三日,温福奏折录副,转引自庄吉发:《清高宗十全武功研究》,中华书局,1987 年,第 111 页。

罗,细加考察,多属吻合。"①据此可以判断,明亮访查的以金川为代表的川西北土司的九条进藏通道大抵是可信的。

另外,金川、明正、绰斯甲等嘉绒土司都有送亡故老土司的骸骨赴藏祈福的习俗,以及金川土司派出喇嘛人等赴藏地佛学院学习经典和给达赖喇嘛、班禅额尔德尼②等递送文禀和敬献礼物,均表明各土司确实有成熟的通藏道路。这些内容将在后文专门论述,兹不展开。

值得注意的是,平定两金川后成都将军明亮详细奏明的这九条入藏路径中,有五条路径直接与大小金川、明正、绰斯甲布、革布什咱等川西北土司相关。这些路径是该地区与西藏建立密切的宗教、政治等联系的先决条件。由此不难看出,大小金川所在地区对连接内地与西藏的确具有举足轻重的地位。对此,乾隆朝在金川履职长达五年(1783—1788)的李心衡在《金川琐记》中精准地概括道:"金川僻在四川省城西南隅,西北通甘肃回部,西南控三藏与十八家土司部落毗连。"③

二、两条道路抵达灌县

据相关档案可以了解两金川及三杂谷等土司地区前往灌县(即今都江堰市)的具体路线及里程数。若按站计算,从宜喜(大金川、绰斯甲布两土司交界地方)至周叟④共六站,计程一百八十里,再自周叟至杂谷脑(位于今理县境内)共二十七站,计程八百一十余里,然后从杂谷脑至灌县十三站,计程四百九十余里,全程约一千五百里;自木果木(金川境内)至登春共四站,计程一百二十里,再从登春至沃日共五站,计程一百五十里,然后从沃日到卧龙关共十站,计程三百里,最后从卧龙关至灌县共十六站,计程五百六十里,全程一千二百三十里⑤。另据李心衡著《金川琐记》卷2之《入金川路》条载:"自灌郫至金川,有两道,一由汶川之桃关出口为大道,一由汶川之牛头山出卧龙关为小道。"⑥大小金川土司地区可通往灌县,自然可抵达成都,甚至更远的地方。

---

① 中国第一历史档案馆:《军机处录副奏折》,民族类,缩微胶卷号591,档号:7993-70,题名:明亮奏两金川四境接壤并通藏路径及新设兵制全图,具奏日期:乾隆四十一年十一月初四日。

② 清代档案文献习惯记载为"班禅喇嘛",实为藏语"Panchen Lama"之汉文音译,其全称为"班禅额尔德尼"。需加以说明的是,全书除了档案文献直接引文用"班禅喇嘛"以示尊重原文献记载外,其余一律用全称"班禅额尔德尼",或具体至几世班禅,譬如本书中的六世班禅。

③ [清]李心衡:《金川琐记》卷2之《入金川路》条,中华书局,1985年,第11页。

④ 周叟是绰斯甲土司的官寨所在地,也是清军从宜喜一路进攻大金川期间非常重要的军粮转运站之一。

⑤ 中国第一历史档案馆:《军机处录副奏折》,民族类,缩微胶卷590,档号:7991-75,题名:西路脚费清单。

⑥ [清]李心衡:《金川琐记》卷2之《入金川路》条,中华书局,1985年,第11页。

要言之,大小金川土司虽然环处众土司之中,被清廷视为徼外蛮荒之地,却地处川藏交通要冲,是清朝治理西藏的"后户",具有重大战略意义。也正因此,康熙、雍正两朝均有意约束、分化和监控该地各羁縻土司的势力,加强王朝威权的宣示,力求将它们纳入国家的统治体系之内;及至乾隆朝,当大小金川土司不安住牧、肆意侵扰邻封、对抗绿营官兵时,清廷便不肯再坚持"以番制番"的羁縻统治策略,转而对其展开大规模军事进剿行动,以便加强对该地区的实际控制,并一劳永逸地树立中央王朝政治威权。

还须指出,大小金川地处川藏交通要冲,遂能够与西藏和汶、茂、成都等地发生多种多样的联系,从而满足该地区土司和土民之精神和物质层面的各种需求。文化习俗差异和经济诉求,在很大程度上决定了某一相对独立的文化区域与周边区域发生联系的侧重点会有不同,从而呈现出区域互动的差异性。大小金川土司与汉区和藏区的多重联系亦是如此。

第三节　金川及其邻近土司与藏区的多重联系[①]

大致而言,以大小金川土司为代表的嘉绒藏族地区与西藏保持多重联系主要表现在赴藏布施、熬茶、学习佛教经典、获取藏药药材,以及寻求达赖喇嘛和班禅额尔德尼等宗教权威人物的政治庇护等方面。也正因为存在这般多样的联系,使得嘉绒地区的土司和土民在精神世界层面与藏区有着广泛而深刻的心理认同。1954 年,嘉绒人自愿选择"嘉绒藏族"这一族群称谓,亦是嘉绒人的精神世界与藏区有深刻联系的明证。

一、赴藏布施、熬茶和学习佛教经典

嘉绒土司的祖先有的是从西藏地区东迁而来(拉萨西北的琼部三十九族或象雄琼部),有的是吐蕃驻当地军队之"遗种",并且在宗教、习俗、文化心理等方面都与藏区存在相似性。大小金川、绰斯甲布等嘉绒土司也因此对西藏地区表现出天然的亲近心理。笃信苯教的嘉绒土司对藏区的著名大喇嘛更是崇敬有加。乾隆三十八年(1773),据大金川喇嘛雍中达赖四朗供称:"大金川土司叫我们十一人送郎卡骸骨到藏里去,(八世)达赖喇嘛的徒弟善苍有与大金川土司番字书,我们不认识字,不知说的是什么。我们自藏里回来,喇嘛

---

① 有关该问题的前期研究成果,详见拙作《从清代档案看金川战略地位及其与藏区和内地的联系》,《藏学学刊》第 13 辑,2015 年 12 月印。

说叫我们回去有书子带与土司。我们走在打箭炉就（被）解到省里来的。达赖喇嘛与我们土司带的番经、药料,我们土司与（达赖）喇嘛带有三封银子,重一百五十多两,珊瑚珠子一串、铜花瓶一个、铙钹四副、银花瓶一个。（达赖）喇嘛与土司带来的哈达、书子,给与我们两匹马,赏雍中达赖氆氇、马褂二件,此外再也没有什么别的东西。"① 早在乾隆二十九年（1764）,当时新继位不过数年的大金川土司郎卡就曾向川省地方官请路票②,以便派人将乾隆二十六年（1761）身故之老土司莎罗奔之骸骨送到西藏。③ 可惜清军将领没有对大金川喇嘛雍中达赖四朗等人进行进一步的讯问,以致金川土司到底何时开始和如何与达赖喇嘛建立往来关系的历史渊源尚不可考。④ 不过,通过雍中达赖四朗的供词依然可以窥见,大金川土司索诺木及其出家兄弟们都明白,以藏传佛教格鲁派在西藏的强势地位,以及达赖喇嘛在整个西藏地区至高无上的宗教权威,绝对值得努力与之建立起紧密的宗教和政治联系。

大概与仰慕西藏佛法宏大精深有关,像大金川土司郎卡这样派人将身故土司莎罗奔的骸骨送到西藏,并带去不菲（从土司积累的财富有限而言）布施财物的做法,在嘉绒土司地区绝非个例。乾隆三十八年（1773）六月,明正土司坚参纳木灿因母亲逝世,恳请允准赴藏布施和熬茶念经,并称这是当地土俗。⑤ 乾隆三十九年（1774）五月,绰斯甲布土司在给将军阿桂的禀文内亦称:"我老子恭（工）噶诺尔布死了,我们夷巢的规矩,要差人到藏里,好在（达赖）喇嘛跟前送去布施。今年我们仰受大皇帝的天恩,得了些银两、缎匹,要送到藏里去布施。今差喇嘛带领徒众,多备骡马前往,求将军明明白白地赏给一张路照,还求派一官员护送,（并）吩咐沿途各土司说:'绰斯甲布土司恭噶诺尔布与别人不同,是给大皇帝出过力的,所有差去送布施的人往还行走,

---

① 中国第一历史档案馆:《军机处录副奏折》,民族类,缩微胶卷号589,档号:7955-116,题名:喇嘛雍中达赖四朗等供单。有关金川战争问题的录副奏折中所有的供单都未附成文日期,但据紧跟该份供单前后的其他录副奏折的具奏日期,可推断这份供单的成文时间是在乾隆三十八年。

② 路票是专门给流动人员颁发的官方通行证明。据此对流动人口进行盘查和管束的制度即为路票制度,是中国古代王朝惯用的流动人口管理办法。清代,随着人口移徙活动的剧增,由内地向边徼地区的流动成为时代潮流,路票制度也被更加广泛地推行于广大边疆地区。参见华立:《清代新疆商民路票探析》,《清史研究》,2021年第2期。

③ 台北"故宫博物院"藏:《宫中档乾隆朝奏折》,档号:403018028,题名:奏为金川派赴西藏学经喇嘛安插问题请旨折,具奏日期:乾隆二十九年六月二十一日。

④ 从后文引达赖喇嘛早年给僧拉的藏文印信执照可知,两金川与达赖喇嘛建立联系的时间至迟当在乾隆十七年（1752）之前。因为杂谷土司改流,三杂谷出现系乾隆十七年的事。

⑤ 中国第一历史档案馆:《军机处录副奏折》,民族类,缩微胶卷号589,档号:7973-83,题名:文绶富勒浑奏明正土司坚参纳木灿为请其赴藏熬茶念经,具奏日期:乾隆三十九年五月廿九日。

经过各处不要拦阻,保护送布施的人沿途无事,平安回来'"。①

　　大金川喇嘛雍中达赖四朗的供词及明正土司和绰斯甲布土司的禀文均表明:大小金川及其邻近土司虽然笃信苯教,却有亲人死后派人赴藏区布施的习俗,而且布施的财物相对当地的经济状况来说十分可观,体现了他们对藏区大喇嘛的敬重和尊崇。相应地,大喇嘛回赐以藏经、哈达等,则体现了其对大金川等布施土司的宗教关照。此外,土司向地方官员提请发给路票,并恳请派员护送,以确保沿途所经之处皆能给予方便照顾,体现了清王朝对嘉绒土司与达赖喇嘛所在的卫藏地区往来的政治管控。

　　嘉绒地区的土司派人送老土司的骸骨进藏,显然为他们与藏区的上层宗教人士建立联系提供了很好的契机。相应地,达赖喇嘛,以及后文提到的班禅额尔德尼、地母胡图克图喇嘛等身份显赫的西藏宗教人士也非常乐于与嘉绒众土司建立密切关系,毕竟借此可以扩大各自在该地区的影响力。

　　大小金川土司等还派人赴藏区熬茶念经或送子弟赴藏地佛教寺院学习经典。郎卡任大金川土司时,于乾隆二十九年(1764)除了派人将老土司莎罗奔的骸骨送进藏外,还顺便令喇嘛温布、壬占噶等赴藏学经。② 乾隆三十七年(1772)十月,乾隆皇帝在给文绶、阿桂的上谕中,严厉训斥阿尔泰长期担任川督,竟毫无见闻,不仅没有预为防范,还听任大金川土司派遣喇嘛前往西藏熬茶。③ 乾隆皇帝对阿尔泰的批评看似合情合理,但与当时川省文武官员对嘉绒土司的实际管控情形不符。因为羁縻土司治下的川边社会其实独成体系,在清军彻底平定两金川之前,川省总督不可能掌握土司们到底从哪一条山路进藏的具体信息。

　　不过,这并不意味着清廷对嘉绒土司进藏不加管控,至少在第二次金川战争期间做过一些尝试。乾隆三十九年(1774)正月,四川总督文绶奏称:"据宁远府知府称,绰斯甲布土司工噶诺尔布前因患病许愿遣喇嘛赴藏念经,今差喇嘛泽成雍中等十三人先赴口口,并赴西藏熬茶等情……据称该土司所差喇嘛行抵擦木多,(该处粮务)查明请示前来。臣查绰斯甲布土司工噶诺尔布病故之后,承袭土司雍中汪尔结先仍派兵随征,正当驾驭令其出力之时,其所差赴藏念经熬茶之人已经起程,未便阻其前往,……(一面)给路票,饬知该粮

　　① 中国第一历史档案馆:《军机处录副奏折》,民族类,缩微胶卷号 589,档号:7973 – 80,题名:译出绰斯甲布土司夷禀,具奏日期:乾隆三十九年五月初八日。
　　② 台北"故宫博物院"藏:《宫中档乾隆朝奏折》,档号:403018028,题名:奏为金川派赴西藏学经喇嘛安插问题请旨折,具奏日期:乾隆二十九年六月二十一日。
　　③ 冯明珠、庄吉发编:《金川档》,题名:乾隆三十七年十月初七日文绶阿桂奉上谕,台北"故宫博物院",2007 年印,第 502 页。

务放行,一面移咨驻藏都统莽古赖恒泰知照办理。"①清廷通过路票这种道路通行审批手续来控制嘉绒土司与西藏喇嘛之联系,并非偶一为之之事。即使是明正土司这般与清廷关系相对密切、被乾隆皇帝夸赞为"化内土司"的土酋,在送亲人骸骨赴藏超度、祈福的问题上,同样要先向地方官府提请颁给路票。乾隆三十九年(1774)五月,文绶等人又奏:"(明正)土司亲母于三十八年(1773)六月内病故,土司俗凡值亲丧应自赴藏熬茶念经,缘值军务不敢擅自给票……,(明正土司)于五月内遣幼子一人前赴西藏达赖喇嘛及地木胡图克图处代为熬茶念经,并赴多尔济扎寺院学习经典。"②乾隆四十一年(1776),被俘大金川大头人达固拉生格供认,大金川土司派到藏地学过经的喇嘛一共有十几个。③ 甚至清军彻底平定大小金川后,清廷仍在西藏地区查获来自金川的喇嘛 31 名之多。④ 前文提到的在金川绥靖屯就任长达五年的李心衡,亦根据亲身见闻指出两金川土民"俗重藏经"。⑤

虽然清廷极欲通过路票这一行政手段,对嘉绒土司派人赴藏与达赖喇嘛等建立联系进行管控,但不可以夸大其实际效果。毕竟嘉绒通往西藏的路径不止官道,还有前述金川、绰斯甲等地方多达九条的通藏土路。况且,实际通往西藏的土路当不止明亮查出的九条。正因如此,金川战争结束后,乾隆皇帝命人赴西藏还能查获金川土司派去学经的喇嘛数十人。

显然,可以肯定的是,西藏地区佛教之昌盛、藏文佛典之宏富对嘉绒土司有强烈而持久的宗教吸引力。大金川、绰斯甲等嘉绒土司虽然笃信苯教,视苯教为土司之根本,但这并不妨碍他们崇奉西藏佛法,以及与达赖喇嘛、班禅额尔德尼等西藏宗教权威人士建立密切联系。清军彻底平定两金川后,为了尽可能遏制苯教势力,清廷在嘉绒地区大力推行黄教(藏传佛教格鲁派)。随着黄教势力在该地迅速崛起,西藏与嘉绒地区的宗教联系更加紧密。这又会在漫长的岁月里逐渐强化嘉绒人民与西藏的情感认同。

二、向达赖喇嘛、班禅额尔德尼等寻求政治庇护

正是因为与藏区存在密切的宗教文化联系,当大小金川土司感到无力继

---

① 中国第一历史档案馆:《军机处录副奏折》,民族类,缩微胶卷号 589,档号:7973 - 74,题名:文绶奏绰斯甲布赴藏念经熬茶之人给票放行由,具奏日期:乾隆三十九年正月十六日。
② 中国第一历史档案馆:《军机处录副奏折》,民族类,缩微胶卷号 589,档号:7973 - 83,题名:文绶富勒浑奏明正土司坚参纳木灿为请其赴藏熬茶念经,具奏日期:乾隆三十九年五月廿九日。
③ 中国第一历史档案馆:《军机处录副奏折》,民族类,缩微胶卷号 590,档号:7989 - 94,题名:达固拉生格供单。
④ 中国第一历史档案馆:《军机处录副奏折》,民族类,缩微胶卷号 591,档号:7993 - 22 题名:查获促浸偿拉在藏喇嘛三十一名分别解京,具奏时间:乾隆四十一年二月初六日。
⑤ 〔清〕李心衡:《金川琐记》卷 3 之《俗重藏经》条,中华书局,1985 年,第 23 页。

续抵抗清军进剿时，便一再向西藏的八世达赖喇嘛、六世班禅等人寻求政治保护。作为回应，八世达赖喇嘛亦积极展示愿意为其提供庇护的政治姿态。乾隆三十九年(1774)，清军在审讯于革什咱土司境内抓获的大金川喇嘛等人时，竟然查获了一份早年七世达赖喇嘛给小金川土司的藏文执照①，并将这份执照翻译成汉文呈报给乾隆皇帝御览。现将该执照的汉译文移录如下：

> "大皇帝万岁底下掌佛教世界佛多耳金昌甲木错喇嘛谕的执照，南部众人的主，天子文殊佛万岁爷底下四川地方上大小官员……结垄(有时写作甲垄，即嘉绒)一带的土司杂谷、瓦寺、鄂克什、木坪、绰斯甲布、巴底大小土司管百姓的，众人知道结垄促浸(大金川)、儹拉(小金川)土司投奔到我跟前来，我如今照看的勒乌围官寨、噶喇依官寨、僧格宗、擦子多一带地房屋、田地、山土、柴草、水、人，一总儹拉儿子郎卡汪札札尔甲、大头人墨藏温布等照旧的地方叫他们经管的，给你们的字样没有人糟蹋，没有人放夹坝，没有人发兵打你的，札尔甲头人们要安安静静。再，我信善的跟前来投奔做好事的人，你们都要照应。"②

这份七世达赖喇嘛给小金川土司的藏文执照译文表明，虽然金川土司都极端崇奉苯教，但十分信赖达赖喇嘛，而且懂得借助达赖喇嘛在西藏地区的政教威望来获得身份安全感。同时，执照中达赖喇嘛之措辞和语气，当仁不让地将自己置于大小金川等土司之"护佑者"的角色和身份：向杂谷、瓦寺、鄂克什、木(穆)坪、绰斯甲布、巴底等土司宣称各处土司、头人统治权力的合法性和正统性，命各土司务必安心住牧，不可相互扰攘侵袭，还不忘昭告众嘉绒土司，大小金川首领已经投到达赖喇嘛名下寻求庇护。有研究指出，大小金川土司借助达赖喇嘛政教威权的行为，绕开了苯佛教派间的互竞与纷争，澄清了以往学界认为嘉绒地方的苯佛关系只是纯粹的对立与矛盾的认识误区。③ 即是说，随着藏传佛教格鲁派在西藏地区的强势崛起，以大小金川为

---

① 这份执照出自中国第一历史档案馆藏金川战争相关的《军机处录附奏折》，以缩微胶卷形式存录，达赖喇嘛给小金川土司的藏文执照原件未开放。

② 中国第一历史档案馆：《军机处录副奏折》，民族类，缩微胶卷号 590，档号：7989 - 104，题名：译出达赖喇嘛先年给儹拉执照。这份执照未附上日期，但据紧跟该份执照前后的其他录副奏折的具文日期，可推断这份藏文印信执照题译出的年份当指乾隆三十九年(1774)。这份执照中提到大金川掌权土司为郎卡而非索诺木，提到的杂谷而非"三杂谷"，因此实际将这份执照颁给小金川的时间当在乾隆朝杂谷事件(杂谷改土为屯)发生之前，即乾隆十七年(1752)年之前。郎卡任大金川土司的时间恰好与七世达赖喇嘛格桑嘉措(1708—1757)掌政西藏的时间相贴合。故此，这份藏文执照当为七世达赖喇嘛给小金川土司的。

③ 徐法言：《走出"佛苯之争"的迷思——论第二次金川战役前金川地区苯教与藏传佛教格鲁派的关系》，《社会科学研究》，2012 年第 3 期。

代表的嘉绒土司选择搁置苯佛竞争的问题,明显倾向于主动与达赖喇嘛、班禅额尔德尼等西藏政教权威人士建立密切的宗教和政治联系,以之为政治外援。对达赖喇嘛而言,鉴于藏传佛教(尤指格鲁派)东进嘉绒地区一直遇到苯教的阻遏,当大小金川等土司主动靠近与之建立联系时,自然不肯放弃这样的机会,乐于充当嘉绒土司的"保护人"。

实际上,第二次金川战争期间,在小金川土司即将被清军平定的危急时刻,确实曾寄希望于八世达赖喇嘛出面向川省地方官员求情,达赖喇嘛亦不吝给予他们政治护佑,极力为二司开脱。当清军日渐逼近大金川之勒乌围官寨时,土司索诺木按照其兄莎罗奔和其他主事大头人的主意,一面命土民加强防御,继续拼死抵抗,一面又多次派人向清军将领递交乞降文书,希望清廷能看在他们主动请降的诚意上同意就此罢兵停战,但最终都石沉大海。他们转而考虑到西藏上层宗教人士与清廷的政治关系,遂将八世达赖喇嘛、六世班禅额尔德尼等人视为最后的救命稻草,遂于乾隆四十年(1775)五月十三日派人分别给地母胡图克图喇嘛(也有汉文音译为"第穆呼图克图喇嘛",此处系遵档案记录)、班禅额尔德尼、达赖喇嘛送去禀贴,以及数量不等的哈达和金子,恳请他们代为向乾隆皇帝讨饶,希冀清廷能够因此网开一面,准许他们投降,从而保住自己的土司地位和地盘。相关藏文禀文的译文转录如下:

译出贼酋与地母胡图克图喇嘛夷禀①

成佛转劫保佑超度众生的佛爷地母胡图克图之莲台前诚心磕头具禀:如今地母胡图克图之金驾好念起佛爷大经,如同海潮一样在世上众生的跟前施恩,沾恩。我们托地母胡图克图的恩典,我结(甲)垄是个坏地方,如今闹出大事来了。

呈送哈达一个,金子三两。

五月十三日土司出家人等诚心磕头具禀。

译出贼酋与班禅喇嘛夷禀②

(禀告内容同上送地母胡图克图喇嘛之文)

呈送哈达一个,金子七两。

五月十三日土司出家人等诚心磕头具禀。

---

① 中国第一历史档案馆:《军机处录副奏折》,民族类,缩微胶卷号590,档号:7989-102,题名:译出贼酋与地母胡图喇嘛夷禀。
② 中国第一历史档案馆:《军机处录副奏折》,民族类,缩微胶卷号590,档号:7989-103,题名:译出贼酋与班禅喇嘛夷禀。

译出贼酋与达赖喇嘛夷禀①

（禀告内容同上送地母胡图克图喇嘛之文）

呈送哈达一个，金子十两。

五月十三日土司出家人等诚心磕头具禀。

通过以上三则禀文还可以注意到，大金川土司索诺木和其出家兄弟们清楚地知道达赖喇嘛、班禅额尔德尼、地母胡图克图喇嘛在西藏地区作为宗教权威的排序，因此在随同禀文呈送的礼物上，除了每人一条哈达外，还按地位之高低，分别送了十两、七两、三两不等的金子。由此，亦可看出以大金川为代表的嘉绒土司确实相当了解西藏地区的宗教、政治形势。

当土司政权将要被清军击溃时，大金川土司索诺木及其他实际主事之老土女阿青、大头人等均情愿继续向达赖喇嘛寻求庇护。在清军攻下勒乌围官寨前夕，土司索诺木又听从土妇札什纳木、老土女阿青和大头人丹巴沃杂尔的商议，于乾隆四十年（1775）六月再差得力大头人达固拉生格去西藏拜见八世达赖喇嘛，继续恳求其出面向乾隆皇帝说情以期免死，但该头人刚走到革布什咱的丹东地方就被清军俘获。② 另据土妇杞什纳木的禀文可知索诺木派人赴藏恳请达赖喇嘛、班禅帮忙求饶实有其事。禀文称：“土司撑不住了，派人赴西藏求达赖喇嘛、班禅佛爷转求大皇帝开恩饶他性命。……今差去西藏的人没有走过西藏的路，叫我的伴当羊马淖同他去西藏领路。”③

据以上论述可知，大小金川土司在政治上极为依赖达赖喇嘛、班禅额尔德尼等西藏宗教权威人士的庇护，而达赖喇嘛不仅出具藏文印信执照极力为之宣示土司及大头人的权力合法性、正当性，还在土司面临统治危机时，接受其请求，愿意出面代为向乾隆皇帝讨饶。这些做法均显示了二者之间存在深刻的政治联系。当然，达赖喇嘛表现出的嘉绒土司“保护人”的姿态的确引起乾隆皇帝的极大不满，更加刺激了后者欲彻底平定两金川、重新确立清廷在嘉绒土司地区的政治威权之决心。

三、前往藏地学医和采买药材

医药在人类社会的生存与发展中的作用不言而喻。然而，在前现代社

---

① 中国第一历史档案馆:军机处录副奏折》,民族类,缩微胶卷号590,档号:7989-105,题名:译出贼酋与达赖喇嘛夷禀。

② 中国第一历史档案馆:《军机处录副奏折》,民族类,缩微胶卷号590,档号:7989-72,题名:明亮奏达固拉得尔瓦擒献雍中兀尔结等由,具文时间:乾隆四十年十二月十八日;《军机处录副奏折》,民族类,缩微胶卷号590,档号:7989-94,题名:达固拉生格供单。

③ 中国第一历史档案馆:《军机处录副奏折》,民族类,缩微胶卷号589,档号:7964-50,题名:杞什纳木禀文。

会,并非所有族群都有较好的医药资源和医疗条件。在古代中国的一些相对封闭、僻远的地区,往往在相当长的历史时期内处于巫医不分的阶段,而且药材的采集和研制水平也非常有限。借助医药水平相对较高地区的资源,向其学习医药知识,采买药材,便成为十分迫切和必要之举。只要交通条件许可,交流无障碍,相互之间世代因医疗需要而建立联系当不成问题。由是,以两金川为代表的嘉绒部落与西藏地区建立的医学和医药联系同样值得关注。

嘉绒土司地区既没有专职医生,又缺药材。因此,众土司不得不派人进藏学医和采买藏区药材。大金川土司境内虽然不缺略懂医药之人,但擅长看病的人才似乎很匮乏。例如,大金川土民在战争中俘获杂谷脑土守备阿结,土司索诺木原本命令将其关押在噶喇依官寨一间碉房中,后来不知从何处听说阿结擅长治病,马上下令将阿结释放,立即命他和两个懂药材的人,以及一个喇嘛到革尔瓦角山采药,供配制土药之需。① 小金川土司地区同样缺医少药。因此,老土司泽旺派身边伺候的伴当前往西藏学医。据土民达邦供:"我系小金川增多寨人,原在老土司泽旺手下充伴当,泽旺因小金川地方没有医生,叫我进藏去学医。(泽旺)说:'你学成了医道回来,少不得给你好处。'又赏了我一两银子,打发我去的。我到了藏里,在第穆胡图克图(与前引录副奏折中的"地母胡图克图"同)地方学了六年医。"② 另外,大金川土司索诺木派出的人,在赴藏拜见八世达赖喇嘛后,还会从藏区捎回一些药料。③ 可以推测,大小金川土司选择派人去西藏而非医疗水平相对更高的内地学医和买药,应与该地同西藏在宗教、语言、生活方式、传统习俗等方面更为相似相通、便于交流和相互理解有关。实际上,藏医和藏药在缺医少药的金川地区产生了深远影响,其魅力并未因乾隆朝去土设屯的历史巨变而消退——川西北的嘉绒藏族民众至今仍十分重视和信赖藏医、藏药。笔者在丹巴县、小金县和金川县进行田野调查时,曾专门询问多位嘉绒藏民平日是否用藏药治病,他们均热情地表示藏药非常受欢迎,效果也很好,特别是在治疗风湿病方面尤其值得信赖。

据以上论述不难发现,处在汉区和藏区之间的独特地理空间,使得两金川为代表的嘉绒土司表现出非常突出的双头行动(向西与藏区联系,向东南与内地联系)面向。作为部落土酋,他们非常清楚在国家层面象征其统治合法性、正当性的土司号纸、印信是依赖朝廷赐予,因而必须与清廷保持恰当的

---

① 中国第一历史档案馆:《军机处录副奏折》,民族类,缩微胶卷号589,档号:7955-107,题名:阿结供单,具奏日期:乾隆三十八年十一月十二日。

② 冯明珠、庄吉发编:《金川档》,题名:达邦供单,台北"故宫博物院",2007年印,第939页。

③ 中国第一历史档案馆:《军机处录副奏折》,民族类,缩微胶卷号589,档号:7955-116,题名:喇嘛雍中达赖四朗等供单。

政治联系,从而为自身在嘉绒地方社会权力角逐中占据有利位置增加政治砝码。同时附近汉区也是土民下坝佣工改善生计的传统去处,加上茶叶这样的生活必须品和一些奢侈品亦须派人前往内地购入,使得土司和土民与内地的联系从未中断。此外,他们不肯放弃与藏区的达赖喇嘛、班禅额尔德尼等政教权威的紧密联系,除了有宗教上的崇敬和为家族祈福的精神诉求外,也隐藏着希望达赖喇嘛、班禅额尔德尼等为其提供政治庇护的现实诉求。因为,他们非常清楚达赖喇嘛、班禅额尔德尼等西藏权势人物在清廷的政治地位很高,即在他们眼中所谓能够在皇帝面前说得上话的人。

正因为嘉绒与吐蕃之间存在深远的历史渊源,使得该处土司和土民对藏区的文化和习俗有着天然的亲近感。嘉绒土司与西藏在宗教、医疗、政治等方面有千丝万缕的联系,是建立在宗教、语言、习俗等方面都十分相近的基础上的。或者说,只有文化心理上无隔阂,才可能产生深厚的认同感。清廷平定两金川后,亦考虑到文化心理认同对国家统治深入边徼地区的重要性,遂在驻军屯戍两金川之外,快速推进压制苯教并防范西藏宗教势力染指该地的新政策——独尊黄教,且大型寺庙的堪布喇嘛皆由皇帝选派。

第四节　金川及其邻近土司与内地的多种联系

处在内地和西藏交界地带的嘉绒土司自然少不了与靠近该地区的"汉区"的联系。前述"嘉绒"含义之一"近于汉族之溪谷区域",其实就意味着嘉绒地区具有与附近汉族地区建立诸多联系的可能。笔者利用汉文文献并结合田野调查发现,以两金川为代表的川西北土司与灌县、成都一带的联系主要表现为土民下坝佣工、大批量采买茶叶等日用物资、学习汉话(以便做通事)等方面。相比大小金川土司及其相邻诸土司与藏区建立宗教、政治和医疗等方面的联系,其与汉地建立联系的动力,则更多体现在满足生存和日常生活需求的现实层面。

一、下坝佣工以便缓解生计

前引《后汉书》之《西南夷列传》相关史料提及生活在今日嘉绒地区的"冉駹夷",因"土气多寒","冬则避寒,入蜀为佣,夏则违暑返其〔聚〕邑"之历史信息。可见,生活在该地区的族群至迟在南北朝时期,就有冬季奔赴相对和暖的内地佣工以避寒和谋食的传统。至清代,嘉绒地区的民众仍延续了这一古老的谋生方式。因境内多崇山峻岭,寒冷期较长,两金川及其周边土司地区土民当年种植的青稞和圆根等作物产量有限,加上按照当地习惯,凡承种土司分给的份地,百姓必须将收成的一半上缴至土司官仓,因而嘉绒土民满足全家果腹之需并非易事。于是,大量土民每年冬天下坝(赴内地)佣工以缓解生计。

清军首征金川期间(1747—1749),分别负责后勤和进剿军务的班第、张广泗、纪山三人会奏曰:"四川总督卓蒲奏折内称杂谷(辖梭磨、卓克基、松岗、党坝、甘堡、孟董、九子等地)等土司所辖蛮民,家口数万,山多地少,所产之谷,仅敷半年食用,每岁九月收获之后,约计五六万口皆入内地佣工",还注意到"杂谷等处蛮民于收获后入内地佣工者名为下坝,相沿已久。"①杂谷等土司属民五六万人于秋收后入内地打短工,显然是颇为壮观的劳动力输出现象,与前述"冉駹夷"冬季"入蜀为佣"的历史文献记载颇为吻合。时任四川总督卓蒲称之为"相沿已久"的习俗,可谓十分贴切。

第二次金川战争期间(1771—1776),负责西路粮食运输的川省总督刘秉恬亦奏称:"三十七年(1772)将军温福等具奏筹议杂谷等赴内地佣工,奉旨准其下坝。"②乾隆三十七年十二月,乾隆皇帝在给丰升额、董天弼的上谕中指示曰:"(来降番众)其不能自给者并不妨听其下坝佣工,自觅口食。"③当然,乾隆皇帝在上谕中准来降土民下坝佣工以便"自觅口食",除尊重其传统习俗外,更与担心来降土民占用耗费大量人力长距离转运的军粮有关。因为,连年战争影响耕种,势必造成缺粮,若不许来降土民下坝佣工赚取口粮,清军将领就得分拨军粮予以接济。

可见,历史上无论是承平时期,还是战争年代,下坝佣工是嘉绒地区百姓缓解生计艰难之重要渠道。至今,人们还能看到川西少数民族聚居区民众在农忙季节奔赴川省内地县区佣工的现象。笔者于 2010 年在小金县进行田野调查期间获悉,实际上这种下坝佣工的经济行为并不局限于嘉绒藏族民众,后来移民进入该地生活的汉族老百姓同样会奔赴灌县(都江堰)、雅安等处"卖劳力"换收入,以便补贴家用。

在嘉绒土司全部"改土为屯"之前,土民下坝佣工活动,对加强川西北土司地区和内地之间的经济往来具有重要作用。马长寿先生 1944 年在嘉绒一带开展社会调查时仍发现:"(赴)汉(区)佣(工)之制,……。今日嘉戎尚多如此。每年秋后,嘉戎之民,褐衣左坦,毛冠佩刀,背绳负锤,出灌县西来成都平

---

① 〔清〕来保总撰:《平定金川方略》卷 6,乾隆十三年四月乙亥。另见《清高宗实录》卷 307,乾隆十三年正月癸卯。

② 中国第一历史档案馆:《军机处录副奏折》,民族类,缩微胶卷号 589,档号:7959 - 57,题名:刘秉恬等查议出口茶斤界限,具奏日期:乾隆三十八年五月二十四日。

③ 冯明珠、庄吉发编:《金川档》,题名:乾隆三十七年十二月初九日丰升额董天弼奉上谕,台北"故宫博物院",2007 年印,第 787 页。

原。询之,皆为汉人作临时佣工也。"马长寿先生还指出嘉绒人凭借独门技术下坝佣工,曰:"按嘉戎佣工精二术,莫与来者:一为凿井,二为砌壁。成都、崇庆、郫、灌之井,大都为此辈凿成。盖成都平原,土质甚厚。井浅则易淤,以深为佳。汉工淘凿无此勇毅。故须嘉戎任之,砌壁更为此族绝技。嘉戎居地无陶砖,屋壁皆以石砌。石片厚一二寸,虽不规则,而嘉戎能斫制契合,辗转调度。故所砌壁,坚固整齐。如笔削然。汉匠不能也。"[①]不难想见,沿袭已久的下坝佣工习俗,既缓解了大量嘉绒土民口粮不足之生计困难,又有助于解决泛成都平原地区缺乏精于凿井、垒石砌墙等技术劳力的难题。

无论是《后汉书》中记载的"冉駹夷",还是后来的嘉绒土民,冬季出灌县入成都平原佣工之首要目的当然是谋生。但是还应看到,这种延续千百年的下坝佣工活动,亦在一定程度上有助于加强两地百姓间的相互了解,使双方的认知不再停留在诸般传言或天马行空的想象里,而是建立在实实在在的日常接触中。

二、持票前往内地采买物资

与贫困的嘉绒民众不得不赴成都平原地区佣工以换取口粮果腹相比,那些凭借世袭权力掌握更多财富的嘉绒土司,则不得不向官府请求发放路票到内地采买物资来满足自身需求。

茶叶乃大小金川及其周边土司和土民之日常必需品。原因何在? 嘉绒土民主要以青稞糌粑、荞面饽饽为主食,间或食用猪膘肉,偶尔也会吃自家牧养的牛羊肉类。土司及家属以面食为主,辅以牛羊肉。至于蔬菜,几乎全仰赖圆根和圆根叶子发酵制作的酸菜。因此,茶叶成为日常助消化和解腻的最佳选择。然而,地势偏高、气温偏寒、地多贫瘠的嘉绒一带并不产茶,因此嘉绒土司地区所需大量茶叶全靠从内地买入。恰好清代四川灌县、雅安一带盛产茶叶。乾隆三十八年(1773),四川总督刘秉恬奏称:"查川省茶斤,西路松潘,南路打箭炉,每年俱有额行边引,为商运至该处,听各番自行买回,向无商运出口之事。其赴松潘买茶者,系甲凹、阿革鹊个、郎惰、阿坝、郭罗克、阿树、宝座、作革等土司,以及甘省之青海竹浪、谷茂等处俱由黄腾关大路进口买茶,守关汛弁挂号知□□□行,由松潘驻同知给票出关。其赴打箭炉买茶者,则系西藏昌都、里塘、巴塘等。至杂谷厅所属之梭磨、卓克采、从噶克、丹坝(党坝)、鄂克什、小金川、金川七处土司俱由杂谷脑进口,赴维州右营都司衙

---

① 马长寿:《嘉绒民族社会史》,载周伟洲编:《马长寿民族学论集》,人民出版社,2003年,第129页。

门请票前往灌县各园户采买,仍持原处行销,均不赴松潘、打箭炉两处,此为历年买茶之旧例也"。然而,受清军平定两金川战争影响,"自三十六年金酋不法,大兵分路进攻,随往厉行禁止,不准买茶",这必然会影响到诸嘉绒土司派人进口内采买茶叶。但清廷考虑到需要三杂谷土司(即梭磨、卓克基、松岗)与清军协同作战,需要对其进行笼络和安抚,遂给"去年三杂谷土司共赏茶七千五斤,今年(乾隆三十八年)始据梭磨、从噶克两处土司执票进口(买茶)"。①

据归大金川刮耳崖官寨(即噶喇依官寨)管辖的木斯果寨土民昆布木、僧格供称:"我们金川地方吃的茶叶是全靠内地出去的。……没有了茶叶是极不便的。"②时至今日,四川雅安出产的茶叶仍行销昔日嘉绒土司所在的各县区,成为嘉绒藏民和当地寺院的喇嘛们制作酥油茶的必备品。除茶叶外,铁器、布匹、烟等生活必需品亦是由土民持官府发放的路票去内地采买。③ 金川土司颇喜欢收藏的珊瑚、玛瑙等什物亦是从内地输入。④ 此外,供土司阶层食用的盐很可能也从内地采买。以金川土司为例,其境内可在达角岩等处获取少量杂质多、咸度不足的土盐,然后用土法在名为约纳咱鲁的地方烧制而成,但其味道在清军兵丁看来实在不堪食用。⑤

杂谷厅⑥所属之梭磨、卓克采、从噶克、丹坝(党坝)、鄂克什、小金川、金川七处土司俱由杂谷脑进口,赴维州右营都司衙门请票方可赴灌县采买茶叶,是清廷辖制大小金川等土司的一种手腕。一旦这些土司表现出顽梗不听约束的一面,如大小金川与清军交战,挑衅国家统治威权,清廷立即停发路票,严禁其属民进入口内,切断茶叶采买路径。也因此,金川民众最后只好采摘当地几种看着像茶叶的树叶熬茶,并评价道:"只是味道不好,所以没有了(内地来的)茶叶是极不便的。"⑦由此不难窥见,嘉绒土司地区在茶叶这等生

---

① 该段所有直接引文都出自中国第一历史档案馆:《军机处录副奏折》,民族类,缩微胶卷号589,档号:7959 - 57,题名:刘秉恬等查议出口茶斤界限,具奏日期:乾隆三十八年五月二十四日。

② 冯明珠、庄吉发编:《金川档》,题名:促浸番人供单,台"故宫博物院",2007 年印,第 532 页。

③ 冯明珠、庄吉发编:《金川档》,题名:小金川增多寨番人达邦供单,台北"故宫博物院",2007 年印,第 941 页。

④ 冯明珠、庄吉发编:《金川档》,题名:金川土司大管家阿木鲁绰窝斯甲供单,台北"故宫博物院",2007 年印,第 4453 页。

⑤ 中国第一历史档案馆:《军机处录副奏折》,民族类,缩微胶卷号 590,档号:7983 - 51,题名:自木当噶等处脱出番众供单;《军机处录副奏折》,民族类,缩微胶卷号 591,档号:7991 - 46,题名:投出僜拉番人一名;《军机处录副奏折》,民族类,缩微胶卷号 591,档号:7992 - 59,题名:明亮等奏办理金川屯务并停办土盐等由,具奏日期:乾隆四十一年八月二十四日。

⑥ 乾隆十七年(1752)废杂谷土司,设杂谷厅(治所在今四川理县薛城);乾隆二十五年(1760)升直隶厅。

⑦ 冯明珠、庄吉发编:《金川档》,促浸番人供单,台北"故宫博物院",2007 年印,第 532 页。

活必需品供应上对内地的依赖之深。

三、赴内地学汉话以任通事

操不同语言的族群之间的交往离不开翻译人员作为交流的桥梁。清代以来，大小金川所在的嘉绒地区并不止嘉绒语一种方言，有的操与康定官话接近的"仑靡语"，如明正地区的土民；有的讲"道孚话"或"尔龚语"，如丹东革什咱、巴旺的土民。[①] 这就使得当地土司与地方文武的接触，以及派人前往内地办事俱离不开既懂嘉绒方言又会汉话的人之协助。

笔者在田野调查中看到，嘉绒藏民家中保存的年代久远的苯教经文典籍俱是藏文刻印。同时，笔者还注意到在相关清代档案中亦可见嘉绒的土司、土妇、头人、喇嘛等用藏文（清廷称之为"西番文"或"番字"）撰写各种禀文、书信。这确实体现了藏文在嘉绒土司社会书写历史中的重要性。然而，书面语和口语之间可能存在很大的差别。何况，两金川的土司土民日常均操嘉绒语[②]，并非藏区通行的方言。土司、头人们都需要一些会讲汉话的土民充当通事，或方便与川省地方官进行交涉，或协助有关人员赴汉地采买各种物品。这些通事有的是直接去成都学习汉话，比较受土司重用。例如，小金川土民甲尔朋（汉名来旺）供称，"我是小金川汉瓦寨人，番名叫做甲尔朋。五六年前老土司泽旺叫我进内地，到成都去学汉话，曾在省城住过几时，后来回去常到底木达，在老土司那里听差"；"小金川地方，像我等通事共有三四人，那通事头目虎儿也是曾到过内地的，如今常在美诺，僧格桑甚是得用"。[③] 显而易见，除了小金川土司外，其他嘉绒土司欲与地方文武打交道也必须有懂"汉话"的通事，自然也会派出土民赴内地学习。

综上，一方面，大小金川及其周边土司地区的民众赴内地主要是卖苦力挣果腹之食，采买铁器、茶叶、食盐、布匹等生产生活必需品，或为土司购买珊瑚、玛瑙等奢侈品，以及学习汉话以便给土司充当通事，全部都具有鲜明的实用主义特点；另一方面，清廷对大小金川等土司派人进入内地采买物资抱有很强的防范心理，设限颇多，譬如对大宗茶叶采买事宜，不仅规定必须以杂谷脑为进口，还规定必须先从维州右营都司衙门请票，然后方能持票前往灌县各茶园采买，还规定只能运回原地行销，不可赴松潘、打箭炉售卖。借此，就

---

① 马长寿：《嘉绒民族社会史》，载周伟洲编：《马长寿民族学论集》，人民出版社，2003 年，第 125 页。

② 嘉绒语是属于汉藏语系藏缅语族的藏语族嘉绒语支，现在主要分布在四川省的甘孜藏族自治州和阿坝藏族羌族自治州，被称为汉藏语系的"活化石"。

③ 冯明珠、庄吉发编：《金川档》，题名：小金川番人来旺（甲尔朋）供单，台北"故宫博物院"，2007 年印，第 936 页。

不难理解为何大小金川等土司与内地的联系不仅显得实用主义十足，还透着某种难以用言语描述的疏离感。

有意思的是，这种情感上的隔膜迄今仍有迹可寻。笔者在 2010 年 4 月至 5 月的川西北实地田野调查中，多次听到大小金川的嘉绒藏民（特别是 30 岁以上的受访者）坦率地表示，内地（主要指省城成都）的确是挣钱的好去处，但是离他们的生活世界和精神世界很远。2010 年 5 月 6—7 日，笔者在小金县县城对一位以收购和贩卖当地民间文物发家的嘉绒藏族杨姓男子做了详细访谈。杨先生以非常流利的汉语谈到，自 20 世纪 90 年代末以来，他每月至少去成都谈一两笔生意，但若某一单生意使他在成都耽搁的时间超过两周，他就会觉得特别难以忍受，然后毫不犹豫地放弃生意并启程回家。笔者追问，毕竟按照一般汉人的想法，商人最看重利益，做生意赚到钱才是最要紧的，岂有因离家超过两周而撒手不干之理？他坦言尽管语言无障碍，但对成都的快节奏、汉人的思维方式和行事规矩等，始终无法做到让自己的内心深处真正习惯，因而在成都待的时间稍微长一点，整个人的感觉就非常不好，而只要一回到家乡，心情马上就全好了。不难看出，这位小金县商人对成都既不适应，也从不打算适应和融入其中。换句话说，繁华扰攘的成都仅仅是供他谈生意的地方。不得不承认，族群之间交流的态度、方式实际上是可以在相当程度上映射出族群之间的亲密关系程度的。

透过本节对金川土司其与藏区和内地的诸种联系的考察可知：第一，在地理区位上，小而言之，金川土司位于嘉绒地区中心地带，众多嘉绒土司环绕其周围，大而言之，处在沟通川藏之交通要冲，因而金川土司是否安于住牧既关系到嘉绒土司社会动荡与否，也关系到国家层面对川甘藏地区的统治宁谧与否；第二，大小金川土司虽系国家颁授印信和敕赐封号的土司，是"众建土司以分其势"的产物，但小金川的前身、大小金川共同的来源之金川寺，是久已存在的地方部落，它本身并不是因为国家层面的敕封才诞生；第三，朝廷的封号和印信是土司强化自身权力的强有力政治支持，也是建立"土司-皇帝"关系认知的现实政治基础；第四，嘉绒在川藏之间的地理环境格局和"嘉绒与吐蕃"的历史渊源，使得位于嘉绒中心区域的金川土司表现出"双头"朝向，即一方面努力与藏区的达赖喇嘛、班禅额尔德尼等政教权威人士保持密切的政治和宗教联系，另一方面积极追求朝廷颁给土司封号上的更高等级，同时为满足物质上的需要而与内地保持经济往来；最后，金川及其邻近土司与藏区和内地联系的差异性既展现了他们的生存智慧，也体现了土司统治阶层对藏区和清廷（包括清廷统治的内地区域）的差异化认知。

大小金川土司乃是明清以来王朝国家在川西北边疆地区实行羁縻土司

统治策略的产物,即领取清廷颁给之土司印信或敕封之号纸的部落土酋。其中,大金川土司祖上原本是小金川之土舍,因派出土兵跟随清军出征有功而得到朝廷颁发的号纸,但没有土司印信。即是说,大金川土司实为清廷欲"众建土司以分其势"之结果。也因此,乾隆皇帝对大金川土司不肯实心听从地方文武约束,在地方屡为构衅之行为十分不满。由是可知,面向土司的羁縻统治确实有其局限性,一旦某种政治平衡被土司割据势力单方面打破,国家的军事干预只是迟早之事。从战略上看,大小金川及其邻近土司虽僻处川西北一隅,但其南接雅安、北枕青海、东邻汶茂、西通西藏的独特区位使其成为川藏交通要道,因而在军事上具有重要的战略地位。这也是格外看重疆域"大一统"观念的清帝国,不惜代价两次发动金川战争的重要原因之一。

本章小结

　　大小金川土司因境内多山且道路崎岖,不可避免地具有地域封闭性,但也要看到这种封闭性是相对的。因为,以金川为代表的川西北诸土司往往出于宗教、医疗和政治上的需要,积极、主动地与西藏保持密切联系,亦因经济上和政治上的需要而经常进入汶、茂、郫县、灌县、成都地区,乃至更为遥远的地方。[①] 迄今,笔者通过田野调查了解到,大小金川所在地区的嘉绒藏人在宗教、医疗上与藏区的联系仍很密切,不少家庭只要条件允许,愿意遵循传统继续送子弟赴藏区寺院学习佛教经典,或赴藏区寺庙布施礼佛,并且对藏医仍然十分敬信,对藏药依旧青睐有加;而都江堰市(曾经的灌县)、雅安、成都等地依旧是他们外出打工挣钱或经商的常规去处。可见,尽管距乾隆朝平定大小金川土司并改土为屯已有两个多世纪,当地早已发生了巨大的社会文化变迁,但仍可从世代居于斯的嘉绒土民后代的精神生活追求和世俗生存方式中寻觅久远的历史文化踪迹。

　　另外,乾隆朝大小金川、绰斯甲、明正等嘉绒土司在宗教上、政治上与西藏地区的达赖喇嘛、班禅额尔德尼等政教权威保持密切联系,恰好与他们对清廷"功利与疏离并存"之态度形成鲜明对比。在政治上,他们需要中央王朝颁给的各种等级不一的土司印信和号纸,以确立政治合法性并强化各自在嘉绒地区的影响力。大致上,土司职衔品级的高低可以反映出嘉绒各土司势力

---

　　① 乾隆四十年(1775)秋,乾隆皇帝专门敕令川省土司,"欲经营生理"亦只应在成都省城贸易,不宜听其越境经商,这从侧面反映了川省各土司派人赴内地做贸易的最远去处并不限于成都。参见冯明珠、庄吉发编:《金川档》,台北"故宫博物院",2007年印,第3363—3364页。

强弱、辖境大小和人口多寡。也因此,嘉绒地区各土司都十分看重土司职衔大小背后的政治意义。他们会有意识地谋求更高品级的土司职衔,以此作为压制其他土司的政治资本。从另一角度讲,嘉绒地区土司职衔的高低,其实相当于有意识地强化了明清二朝力推的一套"以番制番"的等级化制度。那些地盘大、人口多、势力正盛的著名土司便成为"制番之番",而势力弱小者便成为"受制于番之番"。就嘉绒土司地区而言,明代的董卜韩胡宣慰司、清代前期的杂谷安抚司都曾是名震川西北的"豪酋"。① 因此,这些嘉绒土司既不否认远在北京的乾隆皇帝是清帝国的最高统治者,也在形式上(至少在呈递的藏文禀帖中愿意)承认自己是国家的服属土司。同时,由于土司的地方割据特性,使得大、小金川等土司为最大限度地保障自身利益,对代表国家行使管理权力的地方文武往往采取"阳奉阴违"的态度。在经济上,嘉绒土司土民与内地的联系更多的是出于生存环境的限制,为满足自身物质需求而做出的选择,并非积极主动的选择。总之,在政治上、宗教上主动向西藏靠拢,经济上被动与内地建立联系的态度和行为,均清楚地表明处于内地和西藏之间的嘉绒土司之"狡黠"和"灵活"。

更值得注意的是,承认以金川为代表的嘉绒土司对藏区和清廷(包括清廷统治的内地区域)抱持不同认识,并厘清他们面向西东展现不同历史面貌的原因,对理解今日嘉绒藏民对藏区的思想感情和对国家的政治认同亦有裨益。在区域历史发展进程中的地方传统的延续性亦值得重新审视。决不能因为乾隆朝平定金川后建立屯制,就认为巨大的社会政治变迁导致一切都随之发生显著的变化。在巨变中那些变化甚少的点或面即便不能说更值得关注,至少同样值得探究,因为它体现的是本土文化中极有韧性和张力的部分。

---

① 明朝在元代推行土司的基础上发展出文武两套系统的土司制度。武职为宣慰司、宣抚司、招讨司、安抚司、长官司、蛮夷司诸种,隶兵部武选,省都指挥领之;文职为土府、土州、土县诸种,隶属吏部验封,省布政司领之。有明一代,嘉绒地区的土司只设武职,如穆坪董卜韩胡宣慰司(即木坪土司)、长河西鱼通宁远宣慰司(即明正土司)、杂谷安抚司等。土职确定前,明廷要派遣官员到土境勘察,并向邻近土司求证该土酋的世系。

第三章　金川土司治下的复杂社会面貌

欲探究位列乾隆朝"十全武功"之首的大小金川战争,必须了解作为大批清军进剿对象的两金川之社会面貌。在汉文史书中,金川土司地区向系"化外"之地,有关记述不过寥寥数笔。好在两次金川战争留下的档案、官书、绘图等珍贵史料,为深入管窥土司治下大小金川的社会阶层构成、经济发展状况、兵役组织形式、部落习惯法等情况提供了可能。廓清金川土司治下社会阶序、经济面貌等问题,可为深入反思金川战争提供重要的历史依据。

第一节　金字塔式的社会等级制度[①]

土司部落是以土司、土舍、各级头人、寨首等组成的统治阶层,以及各类底层土民共同构成的有机统一体。大小金川土司的社会状况也不例外。大体而言,金川土司治下的各层级社会成员,受命于土司,效忠于土司,表现出高度的群体团结性和稳定性。同时,正是土司社会阶级森严和地域的封闭性,使得土民对遥远又陌生的中央王朝在土司地区政治威权的认知非常模糊。

一、土司、土妇、头人及寨首

土司为一土之统治者、所有者,即所谓世有其地、世管其民、世统其兵、世袭其职、世治其所、世受其封的土官。土司执掌全土政治、军事、经济、司法大权。在嘉绒地区,土司之下有土舍、大头人、小头人、寨首、通事、百姓、家人(家内使唤仆役)、娃子(奴隶)等。两金川土司亦不例外。很大程度上,正是这套社会等级制度有力地保障了大小金川土司和土民与清军长期抗衡。不过,土司社会等级森严的政治制度并非在中央王朝颁赐土司印信、号纸后才

---

① 有关金川土司社会的等级状况问题的前期研究成果,详见拙作《从清代档案管窥大小金川土司社会状况》,《西南边疆民族研究》第 19 辑,2017 年 4 月印。

有的,而是至迟在唐代就确立了这种等级分明的部落统治。

(一) 土司和土舍

土司是中央王朝颁给部落酋首的政治性"他称",系王朝国家在边疆地区推行土司制度的产物。土司制度乃明清两朝踵元代旧例,试图将边徼部落纳入国家管理体系的一种羁縻管辖手段。元代以前,中央王朝对边疆族群首领施行羁縻政策时,对某地方酋首赐封可世袭的某官职称号,该酋首就是王朝国家赐封的土官,譬如唐代羁縻府州之都督、刺史,宋代羁縻州郡县之知州、监州、知县等。元代推行土官土司制度,土官有总管、土府、土州、土县等;土司有宣慰司、宣抚司、安抚司、招讨司、长官司等;均须经过朝廷正式赐予诰敕、印章、虎符、驿传玺书与金或银字圆符等信物;土官土司虽然一经授职,即为世袭,但承袭时,程序上须经朝廷允准;土官土司中于国家有功者升迁赏赐,有罪者罚而不废。[1] 土司之中,宣慰司品级最高,"掌军民之务,分道以总郡县,行省有政令则布于下,郡县有请则为达于省",其下依次为宣抚、安抚、招讨、长官诸司。[2]

元代创立的土司制度,对明清二朝戮力经营西部边疆地区产生了深远影响。明代在元代土司制度的基础上发展出了文武两套体系的土司职衔,希望借此对王朝教化不易深入的地区实现"以夷制夷"的羁縻统治。明廷在嘉绒一带赐封土司武职职衔,诸如董卜韩胡宣慰司、杂谷安抚司。清沿明制,继续在该地敕封武职土司。前文述及雍正元年(1723)川陕总督年羹尧奏请朝廷授予莎罗奔"大金川安抚司"职衔即为例证。同时,在土司职衔世袭方面,朝廷一般都会依例而行,但须经官方既定流程予以确认。譬如,乾隆二十五年(1760)五月大金川土司莎罗奔病故,应由土舍郎卡继土司位,郎卡向时任四川总督开泰恳请换给土司印信,开泰并未立即应允,而是强调"即使分当承袭,亦应照例取具各土司印结",并"由地方官详报题请,方能换给印信"。[3]

土民对"土司"这一官方称谓甚是淡漠。前文已交代金川土民习惯称其首领为"济雅勒布",意思相当于汉语的"主人",甚至可以指地方的"王"。这表明,相比清廷颁给的土司职衔("他称"),"济雅勒布"(嘉绒语"自称")则形象地表达了土司与土民之间的统属关系。清人李心衡《金川琐记》曰:"(各土司)其间亦有贪纵淫虐者,百姓至死不敢二。夷俗上下之分极严也。无论土司,即以头人论,百姓莫不敬之如神明。"[4]李氏所言不虚。2010年5月2日,

---

① 龚荫:《中国土司制度史》(上编),四川人民出版社,2012年,第117—120页。
② [明]宋濂等撰《元史》卷九十一,《百官七》之"宣慰司"条,中华书局,2008年,第2308页。
③ [清]阿桂总纂《平定两金川方略》卷2,乾隆二十六年四月癸丑。
④ [清]李心衡:《金川琐记》卷2之《袭职》条,中华书局,1985年,第20页。

笔者在对丹巴县聂嘎乡巴旺土司末代管家后人格西的访谈中得知：土民视土司若神明，敬畏有加，轻易不敢出言相抗；遇到土司叫到跟前问话，土民须俯身恭敬答复，回话完毕要躬身后退数步方可转身离开；平日土民远远见了土司出行，须蹲在路边低头回避，若与主人目光对视即为冒犯，定遭严惩。

清代官书记录的土司情况通常比较简略。因清军将领在奏报军务时将两金川土司的情况尽可能地记录在案，使笔者得以较为详细地勾画金川土司社会状况。清军第二次征金川前夕，小金川土司泽旺因年老主动退居曾达、底木达等处官寨，且因长子已故，便由独子僧格桑在美诺官寨主政土境内一切事务。① 大金川土司郎卡于乾隆三十五年（1770）四月病逝，由第四子索诺木接任土司。②

大金川土司索诺木一般住在噶喇依官寨，统一掌管兵权（实际上老土女阿青和索诺木亲信的大头人们亦参与机要决策）。索诺木的三个同父异母兄弟均出家为莎罗奔（苯教喇嘛），土民称他们为囊素（意为"出家人"）。通常莎罗奔们住在勒乌围官寨，负责办理一切地方事务和派人征收粮米等项。据大金川土民供称："那勒歪所管的寨子都是囊素管着的，一切地方上事情都是囊素办理，粮米等项也是囊素征收，索诺木并不来管。只遇着派兵的事是索木的说话，方才派出的。……土司索诺木常住在刮耳崖，每年到勒歪走一两遭。"③这表明大金川土司家族内部实行分权式统治。即以土司索诺木为首的世俗权力集团管辖以刮耳崖为中心的南部地区，兼掌全土司法权和兵权，以莎罗奔冈达克为首的宗教权力集团则管辖以勒乌围为中心的北部地区。甚至在土民看来，莎罗奔兄弟三人与索诺木之间趋于"平起平坐"。另据土民侧累供称："小的年二十六岁，是促浸日尔底寨人。……听见土司同头人不和，原因索诺木、莎罗奔们收的粮食原是平分的，后来索诺木收的粮食多，莎罗奔们收的粮食少，为此两下里平分。听见头人里头达尔日、阿桑、阿木耳、绰窝斯甲是土司信用的，丹巴沃杂尔、山塔尔萨木丹、当噶拉阿那木是莎罗奔信用的。"④此外，在投送给清军将领的禀文里充斥着"土司莎罗奔等具的禀贴""我莎罗奔与土司对天发了咒了""这些生灵罪孽都归到我莎罗奔土司们

① 冯明珠、庄吉发编：《金川档》，题名：乾隆三十六年十二月初十日温福等奉上谕、小金川番人萨尔甲供单、小金川番人来旺（甲尔朋）供单，台北"故宫博物院"，2007 年印，第 354、731、936 页。
② 中国第一历史档案馆：《军机处录副奏折》，民族类，缩微胶卷号 590，档号：7989 - 89，题名：译出贼酋等原禀，具禀日期：乾隆四十年五月十五日。另见阿坝州志编纂委员会：《阿坝州志》之《人物志》，1994 年，第 2732 页。
③ 冯明珠、庄吉发编：《金川档》，题名：大金川番民幹布鲁鄂木措等供单，台北"故宫博物院"，2007 年印，第 524 页。
④ 中国第一历史档案馆：《军机处录副奏折》，民族类，缩微胶卷号 589，档号：7956 - 27，题名：生擒促浸降番供单。

身上"的措辞。① 据之亦可管窥莎罗奔三兄弟的确与索诺木之间呈分庭抗礼之势。

实际上,甚至寡居娘家的老土女阿青,即索诺木的姑姑亦深度参与大金川事务。② 这或许与嘉绒地区通行的"重妇人、党母族"习俗和双系继承传统,以及索诺木少年继位未能完全掌控大局不无关系。据莎罗奔三兄弟供词亦可知,已在娘家出家并住庙的阿青确实参与了大金川全力对抗清军的决策。③ 另据老郎卡在世时便管理土司家务的大头人阿木鲁绰窝斯甲供称:"金川要吞灭各土司原是阿青及莎罗奔冈达克的主意,……后来抗拒大兵也是他们商量的。他们常在勒乌围住着的,我跟着土司常在噶喇依住着。诸事是阿青等在勒乌围商量停当,然后通知土司办理。"④大金川头人干朋亦供:"土司索诺木同沙罗奔俱是年轻的人,向来诸事俱由头人作主。这几年向天朝打仗都是众头人同索诺木的姑娘阿青商量。……至我们知道阿青作主的缘故,前年大兵向偿拉打仗时,就是阿青向头人们商议叫人传各寨百姓帮着偿拉向大兵打仗的。"⑤从这些供词可以看出,索诺木虽系掌印土司,理论上应当由他来掌管部落军政大权,但出兵打仗的大事要由老土女阿青和少数大头人共同谋决。除了阿青,清军首征金川前夕,嫁与小金川土司泽旺为土妇的大金川土女阿扣,亦曾深度介入土司事务,对内挟制泽旺,并与土舍良尔吉私通,对外勾连大金川,诸事皆由其做主。⑥

由上可知,土司阶层内部的权力博弈其实颇为复杂,应根据具体情况具体分析,并不能一概论之。换言之,具体到某一土司内部其最高权力决策层是如何运作,应视当时的实际情况而定。如果承袭土司者年幼,极有可能由守寡的老土妇暂时掌权,带领少土司熟悉管理事务,本书第一章引述的绰斯甲布老土妇策旺拉木、梭磨老土妇卓尔玛俱是如此。如果袭土司职者年少,

① 中国第一历史档案馆:《军机处录副奏折》,民族类,缩微胶卷号589,档号:7964-32,题名:译出莎罗奔等初次贼禀,具禀日期:乾隆三十八年六月二十二日;档号:7964-33,题名:阿桂等奏逆酋投禀清由。
② 据阿青供称,及至乾隆四十一年(1776)时,她已五十三岁,系老土司郎卡的妹妹,从前嫁与布拉克底(即巴底)土舍拉尔日为妻;巴底土舍死后,阿青就回到大金川在甲纳杂鲁喇嘛寺出家,至此已经二十九年;郎卡死后,其嫂阿仑也跟随她在同一喇嘛寺出家修行。参见中国第一历史档案馆:《军机处录副奏折》,民族类,缩微胶卷号591,档号:7991-2,题名:阿桂等讯取阿仑阿青等供之二,具奏日期:乾隆四十年十二月二十五日。
③ 中国第一历史档案馆:《军机处录副奏折》,民族类,缩微胶卷号591,档号:7993-98,具奏日期:乾隆四十一面四月十二日。
④ 冯明珠、庄吉发编:《金川档》,题名:阿木鲁绰沃斯甲供单,台北"故宫博物院",2007年印,第4437页。
⑤ 冯明珠、庄吉发编:《金川档》,题名:金川番人干朋供单,台北"故宫博物院",2007年印,第3373页。
⑥ 《清高宗实录》卷252,乾隆十年十一月丙子;《平定金川方略》卷1,乾隆十二年二月癸酉。

土司家族中的强悍者难免会借辅佐之名行分权之实,如大金川之索诺木,既有三个不乏谋略的同父异母兄弟与之分庭抗礼,还有孀居娘家的老姑母强势干预土司事务。倘若土司为人怯懦不堪,为土妇所制亦不稀奇,阿扣挟制小金川土司泽旺即为例证。

在以金川为代表的嘉绒土司贵族阶层里,土舍是不容小觑的权势人物。一般由土司某位兄弟担任,有自己的封地和百姓,可以世袭,有资格娶别的土司或土舍的女儿为妻,例如,大金川土司索诺木之姑母阿青嫁给布拉克底土舍拉尔日为妻;土舍之女则可以嫁与其他土司为土妇,例如布拉克底老土舍枉札之女阿仓嫁给大金川老土司郎卡为土妇,即索诺木之生母;布拉克底小土舍登觉穆之女得什章年嫁给大金川末代土司索诺木为妻。① 在特殊情况下,土舍亦能成为土司,譬如前述大金川第一任土司莎罗奔原本是小金川的土舍,因带兵为清军助战有功获封“大金川安抚司”职衔;又如大金川邻近之巴旺、布拉克底本属一家,巴旺原系土司,布拉克底原属土舍,向来未经领受印信号纸,因随剿小金川以来极为出力,经清军将领奏请赏给印信另成一土司②,其后来的发展势头远超巴旺③。另外,土舍和土司本是同一家族,土司绝嗣时,又可从土舍中纳子息为土司继承人,从而保证土司血统不至断绝。可见,土舍和土司属于同一社会阶层。

但是,土舍和土司之间的关系比较微妙。一方面,土司要防止土舍坐大成为竞争对手;另一方面土舍之封地、人口对土司颇具吸引力。因此,嘉绒土司强行吞并土舍的土地、人口的行为并不罕见。据清军将领调查得知,阿藏(巴底土舍之女,土妇阿仓的姐姐)本系郎卡之弟土舍拉旺得什尔结之妻,郎卡强行夺取该土舍的封地并据其妻为土妇。④ 郎卡为何如此行事,必须放置到当时嘉绒土司地区的社会文化环境中加以理解:首先,郎卡的行为符合嘉绒土司地区的婚姻习俗,即俗不忌妻兄弟妇;其次,当时大金川土司处于嘉绒地区“土司之王”的煊赫时期,四处侵占劫掠,几乎无土司可与之抗衡,清朝推行的“九土司”会攻大金川的策略也失败,郎卡急欲坐大,侵吞土舍的封地、人口,霸占土舍妻子也就不奇怪了;再次,土舍拉旺得什尔结的妻子阿藏,同其

---

① 中国第一历史档案馆:《军机处录副奏折》,民族类,缩微胶卷号 591,档号:7991－2,题名:阿桂等讯取阿仓阿青等供词之二,具奏日期:乾隆四十年十二月二十五日。
② 中国第一历史档案馆:《军机处录副奏折》,民族类,缩微胶卷号 589,档号:7962－72,题名:阿桂奏酌赏出力将弁,具奏日期:乾隆三十七年十二月二十四日。
③ 土司官寨是土司权力的象征,但其规模大小则是财富多寡和实力强弱的彰显,而笔者在亲自考察巴旺和巴底的官寨遗存建筑后发现,就官寨格局和规模而言,巴底土司官寨远在巴旺土司官寨之上。
④ 中国第一历史档案馆:《军机处录副奏折》,民族类,缩微胶卷号 591,档号:7991－27,题名:阿桂等奏覆索诺木与异母兄弟心怀疑忌等由,朱批日期:乾隆四十一年二月廿七日。

封地、属民一样，是重要的政治资源，郎卡占有阿藏，即相当于宣告占据拉旺得什尔结的一切资源的合法性。

（二）土妇和土女

土妇，即土司之妻；土女，即土司或土舍之女。通常只要土司足够强势有力，即使土妇和土司一样都是来自同一阶层，也必须对土司表示尊重和敬畏。嘉绒土司享有极高的权威，不但百姓敬若神明，而且即使贵为土妇，在家也不敢与之分庭抗礼，每遇土司外出归来，还要率家属和百姓出官寨外数里跪迎。① 一些为人强势、任性的土司对土妇冷漠不近人情，甚至为了一己私欲不惜将土妇毒死。例如，小金川末代土司僧格桑毒死从梭磨土司处娶来的土妇阿随；又如，大金的末代土司索诺木亦对待从卓克基（有的档案文献中写作"卓克采"）土司处娶来的土妇十分冷漠，该土妇年纪轻轻就病死，死后索诺木不仅拒绝其娘家提出的在土妇生前居住的碉楼屋顶举办丧事的请求，还将该土妇的陪嫁物品和不少银子强行收走。② 这表明某些嫁给两金川末代土司的土妇确实扮演了政治婚姻牺牲品的角色。

不仅如此，在土司之间袭杀侵夺或土司恃强抢夺土舍领地的纷争中，失败一方的土妇、土女往往会被视为与土地、印信、号纸一样重要的政治资源，成为胜利者竭力抢占的对象。除了前述郎卡抢占土舍妻阿藏的例子外，郎卡还曾带兵袭击巴底土舍汪杞，抢夺该土舍的土女阿仓（即阿藏的妹妹）为第二个土妇。③ 郎卡的儿子索诺木亦步乃父后尘抢夺其他土司的土妇。大金川土司长期觊觎与之接壤的革布什咱土司之土地、人口。为此，索诺木于乾隆三十六年（1771）将革布什咱土司旺多布敦（《清史稿》中其名为"策楞多布丹"）诱骗到热水塘角洛寺杀死，然后将其土妇札什纳木与印信、号纸等一并抢回大金川。④

当然，并非所有土妇、土女都是土司间政治婚姻的被动承受者。她们当中不乏为人刚强，杀伐谋略不亚于强悍土司者。譬如，前面提到大金川土司索诺木年少继位，在军政事务决策方面还须听从寡居娘家的老土女阿青之决断。又如，老土司郎卡土妇阿仓（索诺木之母）虽然在守寡后出家诵经度日，

---

① ［清］李心衡：《金川锁记》卷 2 之《袭职》条，中华书局，1985 年，第 20 页。
② 中国第一历史档案馆：《军机处录副奏折》，民族类，缩微胶卷号 590，档号：7981 - 3，题名：投出番人供单；《军机处录副奏折》，民族类，缩微胶卷号 589，档号：7955 - 83，题名：金川投诚番人萨克尔甲供单，具奏日期：乾隆三十八年闰三月二十日；《军机处录副奏折》，民族类，卷 589，档号：7955 - 114，题名：拿获金川贼犯供单；《军机处录副奏折》，民族类，卷 589，档号：7965 - 64，题名：金川出来卓克采头人阿结安布供单。
③ 中国第一历史档案馆：《军机处录副奏折》，民族类，缩微胶卷号 591，档号：7991 - 27，题名：阿桂等奏覆索诺木与异母兄弟心怀疑忌缘由，朱批日期：乾隆四十一年二月十七日。
④ 中国第一历史档案馆：《军机处录副奏折》，民族类，缩微胶卷号 591，档号：7991 - 2，题名：阿桂等讯取阿仓阿青等供词之二，具奏日期：乾隆四十年十二月二十五日。

但仍十分关心土司内部事务,诸如找人算卦看金川是否保得住、主动开仓发粮赈济饥民、派人呈送禀帖给清军将领替大金川土司求饶、让莎罗奔兄弟们主动到清军大营投降以便保命等。① 土妇干预土司事务,小金川亦曾有之。第一次金川战争前夕,嫁给小金川土司泽旺为妻的大金川土女阿扣,不仅挟制为人懦弱而少决断的泽旺,一切事务政由己出,还与当时的大金川土司莎罗奔里应外合,将泽旺诱至大金川不予放回,并夺其土司印信。②

在丈夫死后年幼儿子继承土司职衔的情况下,土妇拥有的权力至少堪比土司。譬如,绰斯甲老土妇策旺拉木之精明能干:乾隆三十八年(1773)十月,因身体残疾,派头人温布赴清军大营,代禀她会继续为清廷出力效忠,并在清军将领派人到该土妇跟前问话时,不卑不亢地表示绝不会因为自己娘家是金川土司而出兵助力对抗清军,并愿意为此赌咒发誓,以求自保。③ 此外,本书第一章提到的梭磨老土妇卓尔玛,主动给清军将领呈送表诚心效力清廷的禀文、劳军物资,亦展现了卓越的政治谋略和果决的行动力。显然,这些"主事老土妇"④即使被称为"女土司"亦不为过。

另外,备受土司宠信的土妇也有可能拥有参与土司事务商议的权力。譬如,索诺木抢占的革布什咱的土妇杞什纳木可以参与政务商议。在清军攻克大金川勒乌围官寨前夕,土司索诺木采纳土妇杞什纳木、老土女阿青和大头人丹巴沃杂尔等人商议的对策,于乾隆四十年(1775)六月再差得力大头人达固拉生格去西藏拜见八世达赖喇嘛和六世班禅额尔德尼,恳求二者出面向乾隆皇帝说情,以期免死。⑤

(三) 大小头人

虽然大小金川土司各自掌握本司的政治、经济、军事、司法大权,但这些权力的贯彻均离不开各管事大头人。嘉绒语称大头人为"尔家务",意为土司

---

① 中国第一历史档案馆:《军机处录副奏折》,民族类,缩微胶卷号 590,档号:7980 - 32,题名:投出番人供单;民族类,缩微胶卷号 591,档号:7990 - 45,题名:阿桂等奏促浸全境扫平现将噶喇衣合力进围情形,具奏日期:乾隆四十年十二月二十五日;民族类,缩微胶卷号 591,档号:7991 - 1,题名:阿桂明亮等讯取阿仑阿青等供词之一,具奏日期:乾隆四十年十二月二十五日。
② 〔清〕来保总撰:《平定金川方略》卷 1,乾隆十二年二月癸酉。
③ 冯明珠、庄吉发编:《金川档》,题名:乾隆三十八年十月二十九日阿桂丰升额等奉上谕,台北"故宫博物院",2007 年印,第 1649—1651 页。
④ 丈夫死后,代夫行土司之权的老土妇堪称"女土司"。
⑤ 中国第一历史档案馆:《军机处录副奏折》,民族类,缩微胶卷号 590,档号:7989 - 72,题名:明亮奏达固拉得尔瓦擒献雍中瓦尔结等由,具文时间:乾隆四十年十二月十八日;《军机处录副奏折》,民族类,缩微胶卷号 590,档号:7989 - 94,题名:达固拉生格供单;《军机处录副奏折》,民族类,缩微胶卷号 589,档号:7964 - 50。最后一件档案题名缺失,但内容是土妇杞什纳木的禀文,内容涉及大金川土司派人赴藏恳请八世达赖喇嘛和六世班禅额尔德尼出面代为求情。第二次金川战争期间(1771 年—1776 年)正是八世达赖喇嘛和六世班禅在藏区执掌大权。

的贴心人；往往一个土司视其辖地大小，大头人之人数不定，但亦不多；一般而言，大头人的出身有土司后代、大头人后代、二头人或个别小头人因办事得力而升迁者，但以第二种出身最为普遍。[①] 大金川土司和莎罗奔兄弟们都有各自信得过的大头人。据大金川土民供称："如今在土司（索诺木）跟前出主意的大头人丹巴讹杂尔、萨木坦称斗尔结、纳尔结、绰窝斯甲四个人。某处拿卡，某处添兵，全是这四个人做主意。"[②] 小金川土司僧格桑虽然将怯懦少断的老土司泽旺的权力架空，但他在军政大事上也离不开得力大头人的支持。据小金川失势大头人蒙固阿什咱供称，小金川土司僧格桑最信任的大头人是七图安堵尔和丹巴沃杂尔，攻打鄂克什和与大金川联手对抗清军都是与他们一同商量决定的。[③] 又如，乾隆三十八年（1773）六月，小金川再次失守时，此前逃入大金川的小金川土司僧格桑向索诺木提出要回美诺；索诺木与大头人们商议此事，大头人七图安堵尔老练地指出，僧格桑不是什么好人，一旦放回美诺，就不会像现在这样听话，不如依旧将其留在金川，派一个莎罗奔去管理小金川。[④] 这个决定彻底暴露了大金川土司和大头人极欲占据小金川地盘和人口的野心。索诺木最终还是依照七图安堵尔的建议，继续将僧格桑扣留在大金川。这一决定非同小可，在相当程度上影响了大金川土司与清廷之间"斡旋"的可能。[⑤]

金川及其邻近土司地区的大头人有义务轮流到土司官寨当值，受土司指派为大头人会议的成员，或代土司外出交涉事务，对内调解百姓争端，以及代土司发粮等，若土司年幼，也可由有权势的大头人摄政；同时，大头人也相应地拥有各项权力，如轮值期间可以直接命令手下头人调度百姓，有自己受封的寨子、土地、百姓、仆役，还可以命令其管下百姓代种土地并服各种劳役，出门有跟役，而且大头人为世袭职，不用给土司缴粮。[⑥]

大头人得势与否与土司重用与否至为相关。大金川之大头人丹巴沃杂

① 西南民族大学西南民族研究院编：《川西北藏族羌族社会调查》，民族出版社，2008 年，第 28 页。
② 中国第一历史档案馆：《军机处录副奏折》，民族类，缩微胶卷号 589，档号：7969－36，题名：阿桂奏拿获促浸贼人供单，讯供日期：乾隆三十九年六月初三日。
③ 中国第一历史档案馆：《军机处录副奏折》，民族类，缩微胶卷号 590，档号：7975－3，题名：蒙固阿什咱另供单。
④ 冯明珠、庄吉发编：《金川档》，题名：乾隆三十九年八月二十八日阿桂明亮等奉上谕，台北"故宫博物院"，2007 年印，第 2566 页。
⑤ 第二次金川战争伊始，清廷只想教训不听约束强行占领近邻沃日土司地盘的小金川土司，但是大金川土司暗中派兵助力小金川，使乾隆皇帝改变了战争策略，愤而决定要对两金川不灭不已。即便如此，在清军正式发兵进剿大金川之前，索诺木和大头人若能爽快交出僧格桑，在向清廷讨饶时将会有更多的回旋余地。
⑥ 西南民族大学西南民族研究院编：《川西北藏族羌族社会调查》，民族出版社，2008 年，第 29—30 页。

尔、当噶拉阿纳木、山塌尔萨木坍本是撑皮舡出身，在金川土民看来，他们非但没有大头人的根子，连好人家的根子都没有，只因土司索诺木信用他们，才成为与土司共商大事的显赫人物。[1]　也有伺候大金川土司索诺木的喇嘛伴当担任头人，在与清军抗争期间受到信用。例如，据大金川萨尔尼寨人阿典供："宜喜梁子上领兵头人是伺候土司的一个和尚叫赤尼萨囊，也有四寨百姓。"[2]相反，如果得不到土司器重，出身高贵的世袭大头人也会处境尴尬。例如，小金川的大头人蒙固阿什咱阿拉虽有"大头人家的根子"，但因直言反对土司僧格桑娶平民之女侧累，令僧格桑心生反感而不肯再信任他，只对他交办一些寻常事，一切要紧事情都不让他知道，也不让他带兵打仗，成为土民皆知的失势人物。[3]

此外，大金川的一些德高望重的老头人亦会对土司决策提出严厉批评。例如，老头人山塔尔科尔甲（大头人山塔尔萨木丹的父亲）曾当面斥责土司索诺木及其兄弟曰："老土司（即郎卡）在日还要听我的话，我从前早就劝你们把僧格桑早早送出去，你们不听，直至把他毒死了才送出。如今大祸到你们身上来，要是百姓们一齐投出去，看你土司兄弟还干得什么事？将来你们只好自己烧死罢了。"结果"土司也不敢言语"。[4]　由此可见，世袭大头人颇有威望，连索诺木这般年轻气盛的土司亦不敢不敬重。

小头人一般是当小管家起家，多为百姓充任，也要在土司官寨内服一定差役。例如，大金川四郭洛寨的小头人管理本寨22户，当本寨的30个百姓都被派在河边格鲁瓦角等处看守战碉时，他本人被派在勒乌围当差做木匠活。[5]　小头人可以自由出入土司官寨，有一份田地，自己耕种，不用缴粮，亦是世袭身份。[6]　据小金川土民达邦供："至各寨头人，如有事故（死亡），就把他的儿子放做头人，都是相传下去的。若是百姓要放（做）头人，须是土司（重）用或另有好技艺才能够放的。"[7]达邦所言不虚。大金川土司索诺木便

---

[1]　中国第一历史档案馆：《军机处录副奏折》，民族类，缩微胶卷号589，档号：7974－43，题名：脱出僀拉番人供单。

[2]　中国第一历史档案馆：《军机处录副奏折》，民族类，缩微胶卷号590，档号：7979－71，题名：生擒贼番阿曲供单。

[3]　中国第一历史档案馆：《军机处录副奏折》，民族类，缩微胶卷号590，档号：7975－3，题名：蒙固阿什咱供单。

[4]　中国第一历史档案馆：《军机处附奏折》，民族类，缩微胶卷号590，档号：7980－6，题名：投出促浸番人供单，具奏日期：乾隆四十年三月初二日。

[5]　中国第一历史档案馆：《军机处录副奏折》，民族类，缩微胶卷号589，档号：7969－61，题名：投出促浸番人二户男妇二十名口。

[6]　西南民族大学西南民族研究院编：《川西北藏族羌族社会调查》，民族出版社，2008年，第30—31页。

[7]　冯明珠、庄吉发主编：《金川档》，题名：小金川番人达邦供单，台北"故宫博物院"，2007年印，第942页。

让其信任的伴当充当头人，甚至管理七八十户土民；老银匠雍中尔甲因身怀技艺也算是小头人，不用承担差役。① 按照等级社会惯例，小头人也要服从本寨比自己地位高的头人的差遣。据大金川小头人干朋供称："我们茹寨原有个管粮的头人叫格布尔甲，时常使唤我们到各处催粮面柴火等项。"②此外，小头人还要服从土司的特别差遣。据小头人阿结安布供述："我是卓克采地方木尔赛寨的小头人，去年轮班伺候我们姑娘（索诺木的土妇之一）到金川去，我们就在噶喇依后头住着。"③须指出，那些仅凭土司重用而被擢升为头人的土民，一旦不再受器重，便会被革职，土司给予的象征头人权力的委牌和赏赐的土地都会被索回。据大金川人教把供称："从前乾隆十二三年大兵来打金川时，小的原是头人，老土司郎卡给过两张委牌，三分（份）地。后来郎卡死了，索诺木兄弟把小的头人革了，田地追去。"④

概言之，在乾隆朝两次金川战争中，大金川的大小头人们均积极率领各寨土民与清军长期作战，绝大多数战死或受伤，直至战争末期，两金川土司人力物力快耗尽，一些头人才带众出降或逃跑。震动清廷的"木果木之变"⑤，便是在大金川土司主导下，由逃至大金川的小金川土司僧格桑派遣大小头人与留在小金川的"降而复叛"的头人们里应外合促成的，足见他们对土司极为效忠。当然，在第二次金川战争后期，确实也有头人在土司已经无力应对清军的情势下，主动带领数寨乃至十余寨的百姓投出，以谋求活路。在笔者看来，在弹尽粮绝、瘟疫肆虐的极端境遇逼迫下，头人带领百姓出降以保命的行为是完全可以理解的，不可简单归结为对土司的背叛。

（四）寨首

与各级头人相比，各寨的寨首一般由百姓中能力较强，受百姓拥护者充任。他们的主要职责是秉承土司命令，办理全寨事务。此外，寨首还要在本寨给大头人当小管家，处理寨中百姓的各种纠纷。一些能力较强的寨首易获得寨民的敬重，不仅在百姓当中具有相当的影响力，还能得到土司的信任，例如金川土民擦耳结同寨首不和，寨首时常在土司跟前告状，结果土司要对擦

---

① 中国第一历史档案馆：《军机处录副奏折》，民族类，缩微胶卷号589，档号：7967-10，题名：丹巴阿太等供单。另见冯明珠、庄吉发编：《金川档》，题名：阿木鲁绰沃斯甲供单，台北"故宫博物院"，2007年印，第4449页。
② 冯明珠、庄吉发编：《金川档》，题名：大金川小头人干朋供单，台北"故宫博物院"，2007年印，第3371页。
③ 中国第一历史档案馆：《军机处录副奏折》，民族类，缩微胶卷号589，档号：7965-64，题名：金川脱出卓克采头人阿结安布供单，讯供日期：乾隆三十八年四月二十四日。
④ 中国第一历史档案馆：《军机处录副奏折》，民族类，缩微胶卷号589，档号：7955-71，题名：温福奏金川番人投诚敦把等录供，具奏日期：乾隆三十八年正月二十八日。
⑤ 关于"木果木之变"的内容，详见第五章第三节。

耳结抄家问罪。① 倘若寨首不能恪尽职守,土司便会革去其职衔,如大金川角寨的章朋就因守卡失了碉房被革去寨首之职。②

　　一般情况下,寨首秉承土司的命令,负责派差至本寨各户,并讲明土司对起意逃差者的严酷刑法,以威慑百姓们完成各项差事。然而,寨首奉命为土司催赶的差事并非仅限于本寨。据投出之大金川斯年木咱尔寨的西拉木供称,他父亲噶达尔结是个寨首,正在代谷索官寨里催赶差使,他兄弟名叫达格塔尔,亦帮父亲办事。③ 不过,寨首职位虽低,并非总是唯命是从,在非常时期亦敢于与土司讲条件,如大金川土司索诺木和莎罗奔们害怕百姓因不堪长期对抗清军而变心,于是叫齐各寨寨首,声明若清军攻克大金川全境,土司、头人与百姓都不可以求饶,故大家须出力看守地方才好;寨首们马上提出早就该将逃到大金川的小金川人全部献给清军,若再不献出,倘清军打进来,亲戚们纷纷投降就不好办,若是献出小金川的人后清军还不饶了大金川,情愿再带领百姓为土司死守;索诺木没奈何,只好吩咐给每个寨子赏一条牛和一些酒来笼络人心。④

　　此外,寨首还替土司监视本寨的百姓,并有权对所谓不安分者立即采取措施。据土民普鲁供:"小的年二十二岁,是促浸马儿角人,上年促浸地方害瘟病,父母一家都死了,小的又没有弟兄,不能种庄稼。寨首说小的不种地是有逃走的心,把小的送到勒乌围官寨来当杂差。"⑤另据自太约山梁一带逃出的土民思达拉供:"僧拉洛寨人,被头人带到促浸安在日卜寨居住,给了一份田地,同寨的寨首在土司索诺木跟前告小的不做庄稼,恐怕要逃走的话,索诺木听了,把小的一个女人,名叫阿土,年四十一岁,拿到噶喇依做当头去了,派小的带着小的儿子在达角岩上每日扫盐。"⑥

　　就身份等级而言,寨首是介于土民和小头人之间的特殊存在,是替土司或大头人监督本寨土民的得力人手。在经济上,与普通百姓相比,寨首要相对富裕一些,除养活血亲家庭成员外,家里头还养着供使唤的"家人(供使唤

---

① 中国第一历史档案馆:《军机处录副奏折》,民族类,缩微胶卷号589,档号:7967-6,题名:金川番人擦耳结供单。
② 中国第一历史档案馆、鄂温克族自治旗民族古籍整理办公室编:《清宫珍藏海兰察满汉文奏折汇编》,投出番人供单,辽宁民族出版社,2008年,第399—400页。
③ 中国第一历史档案馆:《军机处录副奏折》,民族类,缩微胶卷号591,档号:7991-41,题名:投出僧拉番女供单;缩微胶卷号589,档号:7974-45,题名:投出促浸番人二户男妇七名口。
④ 中国第一历史档案馆:《军机处录副奏折》,民族类,缩微胶卷号590,档号:7975-5,题名:绰窝斯甲等供单三件,具奏日期:乾隆三十九年八月二十五日。
⑤ 中国第一历史档案馆:《军机处录副奏折》,民族类,缩微胶卷号589,档号:7970-22,题名:供单。
⑥ 中国第一历史档案馆:《军机处录副奏折》,民族类,缩微胶卷号590,档号:7983-51,题名:自木当噶等处脱出番人供单。

的男子)""使女(妇)"或"娃子"。他们有的是寨首买来的,如大金川甲木尔寨寨首用一斗圆根从末利阿什咱手中将其使唤的噶豆买来做"家人";有的是主动在寨首家做事以换口饭吃;还有的是土司主动赏赐,如小金川人生格跟随大头人末利阿什咱逃到大金川后,便被发放给寨首得尔干朋,专门为他家在日旁山上放羊;还有的是寨首恳请土司赏给的,如日尔底寨寨首舍纳在土司跟前将逃入的小金川曾头沟卡第母子二人讨去做"家人"。①

二、领种份地、放牧牛羊及承专差的百姓

大小金川除了土司家族成员、大大小小的各级头人和寨首之外,还有构成土司统治基础的数万名土民。据土民供词可知,其中大金川土司境内能够承担出兵打仗义务的成年男性约有一万人。大金川土民敦把供称:"除了妇女、娃娃,出手打得仗的不过万数。"②两金川的土民多半以农耕为业,但还有不少土民世代从事专差,诸如铁匠、铜匠、画匠、船工(水手)、屠夫等,有些人则给土司及土司家族成员、大喇嘛和大小头人等做伴当,即贴身侍役,有些人则给大、小头人、寨首乃至一般百姓当"家人""使女""娃子",实为家内奴仆。他们虽都是土司管下的土民,但地位有别,生存境况亦参差不齐。

(一)领种份地的百姓

土司百姓中专门从事农耕者,每家都领种土司分给的份地,但要给土司上粮、当差。此类百姓占土司属民的绝大多数。这类百姓的负担较重,但耕地较好,并且也因直属土司管辖,往往自我感觉地位较其他百姓(譬如那些无地可种,全靠给别人做活度日的人)高。③ 另外,外来投奔或从其他土司地方掳掠来的土民亦可获得一份土地和房屋,成为效忠土司的百姓。④ 这也是土司增加耕种份地百姓的重要途径。一旦领种土司份地的土民因故只剩孤丁,无妻儿傍身支撑家户,土司便会立即收回份地。据大金川土民得乞供:"小的三十一岁,促浸巴布里寨人,父母已死,妻子去年投出,土司见我孤身一人便将田地收回去了,只派我守卡。"⑤这些突然失地的人往往只能依附有田地的

① 中国第一历史档案馆:《军机处录副奏折》,民族类,缩微胶卷号590,档号:7982-11,题名:带领全寨番众投出之三头人寨首供单;档号:7975-15,题名:供单;档号:7980-11,题名:拿获番妇供单;档号:7980-23,题名:拿获促浸番妇供单。
② 中国第一历史档案馆:《军机处录副奏折》,民族类,缩微胶卷号589,档号:7955-11,题名:温福奏金川番人投诚敦把等录供,具奏日期:乾隆三十八年正月二十八日。
③ 西南民族大学西南民族研究院编:《川西北藏族羌族社会调查》,民族出版社,2008年,第35页。
④ 中国第一历史档案馆:《军机处录副奏折》,民族类,缩微胶卷号590,档号:7975-65,题名:山查朋等番人供单。
⑤ 中国第一历史档案馆:《军机处录副奏折》,民族类,缩微胶卷号590,档号:7981-9,题名:投出促浸番人六户男妇十六名口。

百姓,"各自觅主,佣工趁食"①,沦为地位低下的"家人"或"使女",甚至是最底层的"娃子",后文将对这些人加以专门论述,兹不赘言。

只要领种金川土司一份田地,就得承担种地纳粮义务,通常会被收走一半的收成。据逃往大金川的小金川人多尔结供:"在巴布里分了一份田地,才种一季庄稼,土司收去一半粮食。"②此外,他们还要承担各种力役,诸如备马、砍柴、背水、背物、修葺碉房等杂差,乃至"一家中更番出应(差事),终岁几无虚日。惟喇嘛及土僧,得从优免。此外虽头人之弟兄,亦与齐民同作苦"③。名目繁多的差役体现了土司和土民之间支配与被支配的阶级统治关系。除日常杂役之外,两金川的百姓还要给土司服兵役。大致情况是,每遇战争,金川的百姓每户至少出一兵,有时也会一户出双丁,自备枪支、弹药、马匹和口粮,倘若家无男丁,亦可以出钱雇人顶替;至于军粮,除了出发时自带半月的粮食前往外,其余的则由各寨头人另外派背夫送到打仗处以便接续;土司会给打仗的土民赏赐一些牛羊,以示犒劳和鼓励。④ 在清军平定两金川期间,绝大部分土民都十分忠于土司,长年在山梁或沟谷中据险力战。

另有一些百姓专门承种大头人、喇嘛寺的份地,收获后需要向头人、堪布喇嘛等缴纳粮食。据小金川钮寨的格藏供称"小的从前在纳尔普寺上粮";大坝沟阿仰寨的色楞亦供称"小的原是喇嘛佃户"。⑤ 与承种土司份地的百姓一样,他们也要为份地的主人承担各种差役,不过有条件的百姓也可以雇人顶差。据小金川人色丹巴供:"(年)三十八岁,僧格宗人,三十七年逃往促浸,在乃当住,给有田地,头人们派我差使,我另雇人替我守卡。"⑥考虑到两金川土司地区,特别是大金川土司笃信苯教,境内苯教喇嘛寺众多,大头人亦不少,即便这类百姓的数量不能与耕种土司份地的百姓人数相提并论,但也不容小觑。

(二) 放牧为生的百姓

金川土司境内还有专以牧业为谋生手段的百姓。乾隆皇帝在第二次金

---

① 中国第一历史档案馆:《军机处录副奏折》,民族类,缩微胶卷号589,档号:7956-12,题名:温福奏脱出小金川番人纳尔甲木供词,讯供日期:乾隆三十八年三月二十七日。
② 中国第一历史档案馆:《军机处录副奏折》,民族类,缩微胶卷590,档号:7983-2,题名:投出償拉番人男妇六名口。
③ [清]李心衡:《金川琐记》卷3之《徭役》条,中华书局,1985年,第23页。
④ 冯明珠、庄吉发编:《金川档》,题名:幹布鲁鄂木措喀结得尔什布木得尔结甲勒噶勒克班朱尔春布木等供单,台北"故宫博物院",2007年印,第522—533页。另见中国第一历史档案馆:《军机处录副奏折》,民族类,缩微胶卷号589,档号:7955-74,题名:脱出小金川番人朗塔尔供单,讯供日期:乾隆三十八年闰三月初二日。
⑤ 中国第一历史档案馆:《军机处录副奏折》,民族类,缩微胶卷号589,档号:7956-3,题名:喇嘛番民等供,讯供日期:乾隆三十八年二月初一日。
⑥ 中国第一历史档案馆:《军机处录副奏折》,民族类,缩微胶卷号590,档号:7980-37,题名:投出償拉番人男妇九名口。

川战争伊始,便在上谕中特别指出,大小金川土司境内的土民"全赖耕种为食"①。至今,已有的关于大小金川土司的研究几乎都没有提到专事放牧的土民,就连二十世纪五十年代国家组织的嘉绒藏族社会调查也鲜有涉及。笔者以为,这主要是两大原因造成的:一是因为常见的文献史料阙如;二是这些土民随着牧群在高山草场转徙不定,不便调查统计。专门以游牧为生的百姓,往往随季节在夏季或冬季高山草场放牧牦牛、羊、马、犏牛等,数量甚是可观。这些牧民往往以家庭为单位,居住在用牦牛毛编织而成的黑毡帐篷中,因此,"帐"成为统计其户数的单位。乾隆四十年(1775)八月,据清军将领奏称:"初十日差降番桑木洛等潜往巴札木探听贼中情况,行至南山沟下见有黑帐房七顶,牧放牛羊各千余,并有马十余匹。"②金川土司也有专属的养马、养羊、养牛(牦牛、犏牛等)人员,专门负责放牧土司的牛群、马群的牧场被土民称为"牛厂""马厂""羊厂"③,而且放养的牛、羊、马头数亦颇为可观④。

"嘉绒"地名有靠近汉人农区之意,农耕是嘉绒人的主要谋生手段,但也要注意到因为山林资源丰富,畜牧业亦受到土司和土民普遍重视。一则,嘉绒土司家族和属民都有畜养牛马羊猪等牲畜的习惯,而且土司家牧养的牛、马、羊群规模颇为可观,并非单靠农业生产获取生活必需品;二则,那些生活在高山牧草丰沛地区的民众主要以放牧牛、羊等牲畜为生,世代传承随季节转场放牧的生存方式。笔者据实地田野调查得知,生活在金川县、小金县和丹巴县的嘉绒藏民仍习惯称高山牧民为"草场娃"或"牛厂(场)娃",并将这些牧民说的方言称为"草地话"。

(三) 承应专差的百姓

土司所属百姓中,除极少数人做买卖为生⑤,还有一部分人虽领种土司派给的份地,但不纳粮,不当零碎杂差,专门承担土司和土司家族成员所需的各种专业性差事,并且可以世代承袭。这些承担各种技术性专差的百姓往

---

① 冯明珠、庄吉发编:《金川档》,题名:乾隆三十六年八月十六日阿尔泰德福奉上谕,台北"故宫博物院",2007 年印,第 45 页。

② 冯明珠、庄吉发编:《金川档》,题名:乾隆四十年八月三十日阿桂丰升额等奉上谕,台北"故宫博物院",2007 年印,第 3468 页。

③ 中国第一历史档案馆:《军机处录副奏折》,民族类,缩微胶卷号 589,档号:7975－55、7980－22、7981－25。

④ 中国第一历史档案馆:《军机处录副奏折》,民族类,缩微胶卷号 589,档号:7956－17、7956－43、7975－66。《皇清职贡图》(辽沈书社,1991 年,第 608 页)载,小金川人"耕牧为生"。

⑤ 据山札勒塔尔供:"小的年五十岁,是鄂克什达围官寨人,小的历来是替鄂克什土司各处做买卖的,四年前往大金川做买卖,被大金川留住。"参见中国第一历史档案馆:《军机处录副奏折》,民族类,缩微胶卷号 589,档号:7956－44,题名:金川差来投禀鄂克什番人供单;又据大金川达色里寨人楞占木供:"得尔热斯甲布他是在绰斯甲布贩卖牛羊的。其父子都是金川的民人。"参见冯明珠、庄吉发编:《金川档》,题名:大金川番人楞占木供单,台北"故宫博物院",2007 年印,第 1645 页。

往集中居住于土司各官寨附近,以便随时支应专门差事。为方便分析起见,笔者根据现存清宫档案中一些关于乾隆朝大小金川土司地区的承担专差百姓的珍贵记录,绘制承应专差①百姓的简况表,详见表3-1。

表3-1　大小金川土司地区承应专差百姓简况表

土名	专职	土司给予特殊待遇及活动情况	缩微胶卷号/档号②
根巴登朱	铜匠	乾隆三十五年大金川土司把从邻司捉来的土民桑朗赏给该铜匠家使唤,三年后桑朗趁铜匠出兵打仗时逃出。	589/7956-32
不详	炮手	鄂克什土民先被小金川人俘获,后又被带到金川地方赏给打炮的炮手使唤。	589/7956-42
不详	画匠	鄂克什人杨素被分给画匠使唤,画匠白天都在勒乌围官寨内三层楼上画佛像。	589/7963-87
不详	铁、银、画匠	大金川土司等为了堵挡宜喜一带的清军,(因人手不够)竟将铁匠、银匠、画匠等都带出来了。	589/7966-18
阿脱	木匠	大金川四郭洛寨的头人,不会打仗,被派在勒乌围官寨当差做木匠活。	589/7969-61
使嘎	画匠	小金川土民得耳日太被金川人带走,留在刮耳崖官寨专门伺候画匠使嘎。	589/7970-11
纳木尔甲	铁匠	大金川人木果木事变中俘获的木坪土兵克塔尔,该土兵很快被交给原在鄂克什官寨做铁匠的纳木尔甲家使唤。	589/7970-18
不详	铁匠	据脱出小金川人郎太供,全家被捉拿到噶喇依官寨后,郎太家的男人都要帮某铁匠打铁,女人负责砍柴。因这个铁匠是个小头人,便从土司那里将郎太一家讨要去当"家人",在他本寨种田。	590/7975-51
根巴达	铜匠	大金川土司将抢来的绰斯甲布人萨纳林赏与铜匠根巴达家使唤。	590/7975-67

---

① 还须指出,这种世袭专差并不限于表3-1中所列诸项,还有牛皮船制作专业户、屠户、箍匠之类。

② 为方便阅读起见,这里只提供史料来源(中国第一历史档案馆馆藏档案)的缩微胶卷号和档号,省去冗长的题名和具奏日期。

续　表

土名	专职	土司给予特殊待遇及活动情况	缩微胶卷号/档号
萨耳甲	木匠	本系小金川色拉寨人,被大金川人掳掠进去后,在木蛇角替大金川把守控卡,跟头人木萨斯当木匠。	590/7976 - 6
萨木丹、络罗、泽朗	裁缝	三人分别是大金川、小金川及鄂克什人,本来都被大金川土司关押起来了,因三人均会裁剪衣服而被放出来做活。	590/7979 - 72
笼斯丹增	炮匠	小金川人申札尔章和家人投到大金川后,被打发到炮匠笼斯丹增家当使女。	590/7979 - 72
不详	火药工匠	据投出大金川人萨拉甲供称,大金川使用的炮子是土司索诺木派十五个匠人在寨子里赶造的。	589/7955 - 91
得日尔甲	水手	得日尔甲是大金川斯年木咱尔寨人,在丹札木渡口当水手撑皮船。他家原来给土司看守斯年木咱尔官寨。	590/7980 - 65
壬占朋	画匠	勒乌围下面格宛寨人,在土司官寨当画匠。	590/7991 - 47
两金川各色匠人	画匠银匠铁匠	清军彻底平定大小金川后不久,明亮即奉旨在大小金川土民内拣选画匠、雕刻以及各样匠役,连同其家属一并送京,最后从 10 名匠人中选定画匠 3 名、银匠 1 名、铁匠 2 名,以及这六人家口 28 名,共计 34 名进京。	590/7992 - 65 590/7992 - 72

　　由表 3-1 可知,由于这些专职百姓都是为土司官寨和土司家族服务的专业技术人员,且人数亦有限,是土司境内的稀缺人力资源,金川土司亦对这些从事专差的百姓比较好,会不时赏给他们一些"家人"或"使女",供其本人或家里人差遣、使唤,其地位似比承种土司份地的百姓要高一些。土司、土民使用的鸟枪、炮药、铅弹子等军用物资,呈现苯教内容的彩色壁画(在巴底、巴旺的土司官寨遗存建筑内仍可见)或唐卡类作品之绘制,均依赖于这些工匠。除了表中所列各工匠外,还有造纸匠人值得关注,即"剥取楮树皮,入锅煮烂,复用杵椎捣,澄诸清水中,竹簾木械,并如汉式,随造随晒,顷刻可成",尽管"(纸张)虽极坚韧,然质厚理粗,不堪供书写",但"其有细薄者,颇似高丽纸"。[①] 原则上,这些承担专差的各色匠人不用打仗,但在金川战争后期人力

---

① [清]李心衡:《金川琐记》卷 3 之《造纸》条,中华书局,1985 年,第 33 页。

不够调派时,土司索诺木还是把许多匠人都派到各山梁守碉卡。

笔者于2010年5月2日在丹巴县巴底乡邛山村(巴底土司官寨遗址在此,2023年8月笔者再赴该村,官寨主体建筑仍相对完好)进行田野调查,据该村嘉绒藏民宝某称,他年近九旬的老父亲年轻时是巴底末代土司尼玛旺登(汉名王寿昌)的贴身伴当,在记忆和表达都很清晰时曾多次对他讲到土司管下的百姓情况。宝某据他父亲的讲述和自己多年来对巴底土司的关注和思考,指出土司与土司管下的百姓是一个有机体,不应武断地视其为落后、愚昧的政治制度。宝某还特别强调:那些承担专差的百姓之手艺世代传承,他们除了为土司和土司家族成员服务外,还给土司境内的大小寺庙生产一些东西,诸如铜法器之类,有时也会制作一些物品用于商品交换;至于那些与百姓日常生活息息相关的行业,如篾匠、木匠等,其产品更与满足其他百姓日常之需要紧密相关。刨去宝某因为祖上是巴底土司身边贴身伴当而对土司制度充满不切实际的美好幻想之外,他的话似乎也能在一定层面上解释为何社会阶层等级森严、刑罚严酷的土司制度能够在历史上长期存在。

三、土司(莎罗奔)与土妇的"伴当"

在嘉绒土司中,伴当①指的是贴身伺候土司、土妇(土司之妻),以及各级头人的人,往往由办事机敏的青壮年男子充任。他们当中的一些人凭借特殊的身份,极易成为土司、大头人等权贵的心腹,得到信用。他们在大金川土司的传统社会权力结构中的位置较为特殊,既会替执掌世俗权力的土司或掌握宗教权力的莎罗奔"下达"指令,办理各项重要差事,还会替土司索诺木或土司兄弟莎罗奔充当耳目"上传"下情。他们当中,有百姓出身,也有小头人,例如前述索诺木娶自卓克基的土妇娘家派来的近身伺候人员小头人结安布。原则上,土司(土妇)的伴当、莎罗奔们的喇嘛伴当②不用出兵打仗,但在特殊情形下,也会被悉数派到要紧山梁守碉作战。

关于土司地区形形色色的伴当角色,必须具体情况具体分析。因为不同等级身份的人的伴当的处境不一样。况且,即使同一身份的人的众多伴当,也会因与伺候的人的关系亲近程度不一而处境各异。有关两金川"伴当"这一人群的具体情况,详见表3-2。

---

① 金川战争期间清军的通事(翻译人员)在翻译土民的供单时,为那些充当土司、土妇或大头人贴身伺候人员的身份的人选择的对等词汇(或等值词)。在古代中国,伴当指跟随主人出门的仆人或伙伴,亦作"伴党"或"伴儅",后也泛指随从的差役和仆人。

② 因为莎罗奔乃大金川家族的男性出家人,即苯教喇嘛,系执掌全土司宗教大权的大人物,其伴当皆为喇嘛(也有刚出家不久的年轻班第),故他们的伴当被称为"喇嘛伴当"。

表3-2 《军机处录副奏折》所见"伴当"情况表

任何种身份之人伴当	承办的事务及表现	缩微胶卷号/档号①
大金川土司及其兄莎罗奔们的心腹伴当	土司索诺木及其弟兄每日晚间差心腹伴当到山塔尔萨木丹(大头人)家去打听消息,怕他与官兵往来通信。	590/7981－24
大金川土司的伴当(雍中)	土司索诺木派伴当雍中在堪布卓守碉寨,此处为大金川要地,雍中和全寨五十人一同战死。	590/7981－55
大金川土司及其兄莎罗奔们的数百名伴当(含莎罗奔兄弟三人的喇嘛伴当)	昔岭是最为重要的防御之地,土司索诺木先调派二十几寨人死守昔岭,后又将噶喇依官寨里的土司伴当和勒乌围官寨里的莎罗奔们的伴当尽数派到昔岭,增加各处接应的人手,同时替土司和莎罗奔们监视打仗的人。	589/7956－31 589/7956－12
大金川土司的伴当(佚名)	土司索诺木差了伴当将小金川土司僧格桑的死尸匣,从逊克尔宗后石窖内起出来一同交出(即与清军交涉)。	590/7975－1
大金川土司的伴当(绰窝斯甲)	年25岁,促浸巴苦布里寨人,从前在噶喇依官寨当土司索诺木的伴当,乾隆三十九年五六月里因本寨头人思达尔结去打仗了,让他当了头人。	590/7975－5
莎罗奔的伴当喇嘛(策达克西拉布)	年29岁,促浸乃当地方格木尼雅角寨人,是一名班第(未受戒喇嘛),服侍莎罗奔的伴当。	589/7967－76
莎罗奔的伴当喇嘛(格巴)	伴当格巴,未受戒喇嘛,被清军活捉,但坚决不肯跟官兵走,被杀。	590/7980－27
大金川土司的伴当(多名伴当)	土司索诺木怕荣噶尔博山梁上的守卡百姓不肯出力,给每一处卡子上派了一个伴当在那里经管查察。	590/7980－49
大金川土妇的伴当阿木尔甲	桑达,促浸沙尼尔寨人,是伺候土妇的伴当。阿木尔甲,31岁,梭磨人,卓克基土司的女儿嫁给索诺木当土妇时跟了过来在身边伺候。	590/7980－62 590/7982－26

---

① 为方便阅读起见,这里只提供史料来源(中国第一历史档案馆馆藏档案)的缩微胶卷号和档号,省去冗长的题名和具奏日期。

续　表

任何种身份之人伴当	承办的事务及表现	缩微胶卷号/档号
土妇札什纳木的伴当 （策妄塔尔、羊马淖）	策旺塔尔，27 岁，革布什咱丹东木尔落寨人，原是伺候土妇札什纳木的伴当。羊马淖，革布什咱人，奉命给土司索诺木派去西藏的人领路。	589/7964 - 50 590/7984 - 68
从噶克土司的伴当 （丹巴阿太） 大金川土司最为得用的伴当（生格）	丹巴阿太，48 岁，原是从噶克土司底下的伴当。先因乾隆十二三年攻打促浸，派在党坝守卡，就在那里娶妇人，住好几年，后来与党坝头人不和，带妻子搬到促浸已有九年，就做了萨尔尼达思迷寨的头人，管七八十户百姓。达尔图山梁上管兵的大头人连他共三人，底下还有好些伴当分开在各碉把守。生格，朗盖寨人，43 岁，索诺木的伴当，最是得用。	589/7967 - 10
大金川土司的伴当 （佚名）	前日土司索诺木差伴当来吩咐说：众百姓女人不做庄稼是什么意思，土司要抄家拿去丢在河里。	590/7983 - 29
大金川土司的伴当 （得尔哇）	得尔哇既是土司索诺木的伴当，又是乃当大寨的头人，他的哥哥斯达拉当捏尔巴，管理土司一家的事务。	590/7983 - 36 591/7989 - 84
大金川土司的伴当 （卜罗）	卜罗，44 岁，大金川噶喇依人，土司索诺木的伴当，被派出守卡。	591/7991 - 45
大金川小头人的伴当 （得丕）	得布纳木尔结，38 岁，促浸喇嘛科尔寨小头人，领兵打仗，伴当得丕随身伺候。	590/7981 - 3
派给小金川土司僧格桑的两名伴当	促浸在喀拉尔寨把僧格桑拿了装在笼里，只给他两个伴当，一个厨子跟着他。（按：只给两名伴当，以示侮辱）	589/7969 - 25
小金川头人的伴当 （那木卡伊舍斯）	小金川大头人阿什苦鲁逃到大金川后住在达尔招寨，把随去的 20 岁土民木耳甲赏给他的伴当那木卡伊舍斯，被带到卡布角寨的家里使唤。	590/7979 - 72
小金川老土司泽旺的伴当 （达邦）	系小金川老土司泽旺的伴当，因金川乏医，泽旺令他到西藏学医，回到打箭炉时被清军俘获。	591/7994 - 70

　　由表 3-2 可知，伴当主要是那些近身伺候金川土司、土妇、囊素、头人的青壮年男子。按照等级，金川土司和莎罗奔的伴当数可达数百名之多，土妇

和大头人各有数名伴当,小头人的伴当更少。一般情形下这些伴当听从主子吩咐办事即可,不用出兵打仗。第二次金川战争期间,因为不放心一些要隘处守御清军的土民,害怕他们趁间投出,土司索诺木和莎罗奔竟派出数百名土司伴当和喇嘛伴当到各山梁守卡处监视出兵打仗的百姓(如表 3-2 第 2 列第 9 行索诺木派伴当去各卡例)。金川土司和莎罗奔们的心腹伴当还被派出监视大头人的行为动向,成为土司和莎罗奔管控大头人的"耳目"(如表 3-2 第 2 列第 3 行索诺木派伴当雍中守碉寨例)。这表明伴当是土司和莎罗奔的亲信,是他们能够信任的身边人。个别金川土司的伴当一旦成为得用之人,还可被土司提拔直接进入权势阶层,成为管理较大寨落的"头人"(如表 3-2 第 2 列第 6 行索诺木的伴当绰窝斯甲例)。这并非大金川才有的个例。另如小金川土民章朋,原是屠夫,因在大头人身边伺候,得到一份田地,赖以养家,后升为头人。① 有时伴当也会获赏听凭差遣的"家人"(如表 3-2 第 2 列第 18 行小金川头人赏伴当那木卡伊舍斯例)。伴当是土司和莎罗奔在土司境内实施威权统治不可或缺的"耳目",既享有隐形的权力,又能获得主子的恩赏,因而在金川战争中,伴当表现出比普通百姓更为强烈的"忠心效主"的一面——宁死不降(如表 3-2 第 2 列第 8 行莎罗奔伴当格巴例)。

综上可知,在土司、土妇或大喇嘛"莎罗奔"身边服侍的"伴当"们,人数甚至多达数百人,是土司社会身份比较特殊的人员。他们一般来自普通百姓家庭,极少数人能够凭借出色的办事能力和忠心不二的品质获得土司的信赖,得以突破阶层固化的限制而实现身份跃升。伴当不同于土司或头人家的粗使仆役,他们更多扮演着土司权力下达和民情上传的重要角色,甚至成为协助土司监视头人的得力心腹。

四、"家人""使女"和"娃子"

在等级社会,奴婢、仆役的广泛存在是十分常见的社会现象。在社会阶层等级森严的嘉绒土司地区更不乏这类人。概括地讲,在土司社会等级金字塔的最底端还有为数不少供普通百姓、匠人、大小头人的家庭,乃至土司官寨里使唤的"家人"(男奴)"使女"(女婢),以及"娃子"(或写作"哇子",地位最低下,前文多次提及的 20 世纪 50 年代嘉绒藏族社会调查资料称其为"黑头")。相关情况详见表 3-3。

---

① 中国第一历史档案馆:《军机处录副奏折》,民族类,缩微胶卷号 590,档号:7980-28,题名:投番放哨生擒偿拉番妇母女二口。

表3-3 《军机处录副奏折》所见"家人""使女"和"娃子"等情况表

名字	"家人""使女""娃子"等生存简况	缩微胶卷号/档号①
申杞尔结 阿太 阿噶尔斯 申扎尔 巴勒、托巴	申杞尔结(62岁),大金川格鲁瓦角头人得鲁斯达拉的家人,他的两个儿子一个出兵打仗,一个在阿结家使唤;阿太(18岁),小金川曾头沟头人直塔尔的家人,后被带进大金川,在勒乌围官寨厨房里当火夫;阿噶尔斯(25岁)、申扎尔(17岁)巴勒(13岁)三姐妹和弟托巴(10岁)是小金川下宅垄寨人,被人带进大金川后,阿噶尔斯和申扎尔姐妹俩在头人尼马沃杂尔家使唤,幼妹巴勒在那木底阿布鲁家使唤,幼弟托巴在俄落寨斯丹增家使唤。	590/7982-26
克思甲	克思甲(25岁),大金川噶喇衣大头人尼马噶尔巴的家人,缺粮,替主人送的只有苦荞和圆根。	590/7981-52
噶豆 阿克鲁	噶豆(45岁),大金川甲木尔寨寨首撒噶格鲁的家人;阿克鲁(46岁),原是大头人没利阿失咱的家人,撒噶格鲁用圆根一斗买去了。	590/7980-23
克思满 多耳日 朗太	克思满(52岁),大金川巴布里百姓布赖家使唤"番妇"②;多耳日(28岁),大金川格木角人,父母已死,没有妻子,从小在头人拉舍跟前当娃子;朗太(27岁),大金川得式梯人,父母已死,无妻子,得式梯被清军破后逃到格木角头人拉舍跟前伺候,拉舍叫其他的家人多耳日山上采挖大黄根,连着叶子和荞麦做馍馍给他带到卡子上去。	590/7980-24
板第尔结 壬占思满等	板第尔结(63)岁,壬占思满(23)岁,分别是大金川俄落木寨头人革什甲木参家的家人和使女;阿噶斯拉(40岁),是大金川俄落木寨寨首生格尔结家的使女。	590/7982-11
阿仲、戎蚌	阿仲是小金川木雅寨人,戎蚌是小金川札布寨人,替小金川土司僧格桑放牧牛群。	589/7956-17
雅木楚	21岁,鄂克什日隆寨人,乾隆十六年被小金川人捉拿送往大金川,后被分给达札克角山下马勒罗寨会扯索卦的直札家使唤	589/7956-31
桑朗	28岁,原是绰斯甲布阔勒寨人,因从噶克土司占据绰斯甲布噶玛六宗时被捉,后被送与大金川土司,土司将其赏给一个铜匠家使唤	589/7956-32

---

① 为方便阅读起见,这里只提供史料来源(中国第一历史档案馆藏档案)的缩微胶卷号和档号,省去冗长的题名和具奏日期。

② 从中国第一历史档案馆藏《军机处录副奏折》中大量土民供词来看,都是将已婚的供某某家使唤的女性称某某家使唤"番妇",未婚的则称为某某家使唤"番女"。不过,这很可能是军队的通事为方便理解而使用的称呼,当时土民用嘉绒语到底怎么称呼这些人尚不可考。

名字	"家人""使女""娃子"等生存简况	缩微胶卷号/档号
撒尔甲	24 岁,鄂克什章木寨人,小金川攻日隆宗时被捉,后被卖给大金川科尔玛寨的百姓吞卜木甲使唤。	589/7956－35
雅满塔尔等数百人	乾隆三十五年,小金川攻打鄂克什,将鄂克什的雅满塔尔等三百余人全部拿获,并带至大金川供人使唤,其中雅满塔尔被大金川土司分给打炮的炮手使唤。	589/7956－42
得尔丕尔	25 岁,绰斯甲布噶尔寨人,先是被三杂谷人捉去卖给九子寨屯兵家使唤,后又被小金川人捉住送往勒乌围官寨,替土司放羊。	589/7956－43
章朋	章朋,小金川明郭宗人,被带入大金川后无以为生,只好给札尔赤寨百姓格徹家看牛羊,没有吃的,每日两碗圆根汤。	590/7981－33
班地等人	小金川人阿班家有使女名申杋,小金川山札寨人沃中家中有使女班地(50 岁)、使女阿章(41 岁),使女阿卓(35 岁)、家人雍中朋(8 岁)	590/7982－34
葛登朋	30 岁,小金川人,系布朗郭宗的阿台赤力角沟、甲登朋两家共同使唤的家人。	589/7969－57
雍忠朋	雍中朋(33 岁),绰斯甲布思马董寨人,随头人出兵宜喜,被大金川人带到勒乌围官寨充火夫。	589/7969－58
萨纳 阿山	萨纳(41 岁),原是头人木塔尔的百姓,后被莎罗奔拿去赏给达尔息地方人为奴,吃干圆根、酒糟、麸皮度日;阿山(56 岁),小金川美卧沟的百姓,逃亡途中被小金川人央中塔尔抓获,后带到大金川卖给达尔息头人为奴。	589/7973－39
扣塔尔	26 岁,小金川鸠寨人,被带往大金川后,土司索诺木将其分给巴拉角寨加木参加使唤。	589/7969－59
阿噶拉斯	16 岁,小金川蒙固寨商纳家的家人,主人家投出时亦带她同逃。	590/7983－8
雍中太	25 岁,乾隆三十七年打仗被抓住,被卖与大金川土司小头人丹巴留在家中使唤。	590/7975－64
木耳甲	52 岁,鄂克什斯底叶安寨人,原是给土司放马的,被小金川人拿去卖给大金川噶朗噶寨人萨克甲使唤。	589/7974－23
巴格太尔 思满太等	小金川曾头沟甲锁寨头人生格太家有巴格尔太(16 岁)为家人,思满太(45 岁)、阿克里(35 岁)、申札尔章(30 岁)、阿绰(25 岁)和尔思满(18 岁)均为使女,共计 6 人。	590/7984－33
安都尔 木塔尔	安都尔(女,32 岁),小金川日谷洛寨人,和 25 岁妹妹石格楞一起被大金川人衮进卖给巴布里寨头人家使唤;木塔尔(34 岁),鄂克什人,木果木事件中被拿进大金川,分给大金川头人家使唤。	590/7982－25

名字	"家人""使女""娃子"等生存简况	缩微胶卷号/档号
阿申	阿申(44岁),小金川美卧沟人,木果木失事后促浸人捉进去,卖与巴布里百姓捏噶塔尔家使唤。	590/7985-11
囊中尔甲	囊中尔甲(19岁),小金川阿扣寨人,被促浸头人七图甲噶尔思甲带到勒乌围,因没吃的,到得式梯寨番人舍克家做活路。	590/7985-13
甲噶尔朋	甲噶尔朋(37岁),小金川阿斯统寨人,被头人带进促浸,后卖与色尔力寨人格济使唤。	590/7985-10
郎卡太	郎卡太(65岁),上年六月内在木果木因被大金川人砍手而晕倒在地,然后被带到大金川阿水交地方交与头人山查太家使唤,吃的只有圆根,还要替他砍柴种地,总是有人押着。	589/7969-30
阿占	大金川布勒角寨人生格家有使女阿占(17岁)。	590/7980-49
萨尔结、安错思达尔结安札等	小金川桑咱寨头人甘布拉阿思达家有萨尔结(35岁)、思达尔结(33岁)、安错(30岁)、拉尔结(16岁)、弟满斗(7岁)等家人,阿加(60岁)、卡来(55岁)、阿洛(45岁)、三卡尔角(40岁)等仆妇,噶尔喜(22岁)、安札(19岁)等使女,共计11人。	591/7989-81
喀尔甲撒尔札木	押解赴京的克舟九寨头人桑尔结家口中有使女喀尔甲、跟役藏布、跟役撒木卡;者布拉寨头人家有使女撒尔札木;克舟白拉古寨头人家有使女阿沈;巴加寨头人家里有使女觉木。	591/7994-66
羊马尔卓	促浸俄勺角寨小头人得丕家有使女羊马尔卓(36岁)。	590/7980-59
克塔尔	木坪土兵,25岁,有父母妻子兄弟都在硗碛,乾隆三十八年六月木果木失事,被大金川拿去,交鄂克什寨子的铁匠纳木尔甲家使唤。	589/7970-18
舍纳、砭朋萨尔章、哲木思满、沙甲等	舍纳和砭朋兄弟,革布什咱未受戒的喇嘛,被大金川人捉拿,分给雍中喇嘛寺伺候喇嘛,供使唤;撒尔章(30岁)、哲木(22岁)均是伺候小金川土妇得日尔章的使女;小金川人俄迈一家有使女思满(38岁),家人沙甲(55岁);大金川噶朗噶寨人阿卓家有使女,但在逃出的路上冲散了。	590/7981-23
撒尔章等	撒尔章(30岁)和朗塔尔姐弟俩是噶喇依人,是伺候老土妇阿桑(仓)的使女和家人。	590/7981-24
甲噶朋	20岁,小金川曾头沟人,父母病死,乾隆三十八年被带进大金川,在乃当得尔日斯甲家当娃子。	590/7985-2
沙甲撒木喀耳	小金川别思满人安木克尔,乾隆三十七年被促浸拿进去,女儿被叫到噶喇依伺候土妇,家里还有两个使唤娃子沙甲和撒木喀耳。	590/7985-8

名字	"家人""使女""娃子"等生存简况	缩微胶卷号 /档号
哈木、札木 哈木妹妹 阿拉女儿	据土民多尔结供称,土司身边不仅有大量伴当,还有为数不少供其驱使的"娃子":下宅垄寨人哈木被卖给阿尔古百姓色尔瓦家使唤,其母札木被分在噶喇衣百姓斯丹巴家当娃子使唤,妹妹不知被卖给何人家里当娃子;鄂克什人阿拉的两个女儿被卖在正地的人家里当娃子。	590/7983-2
甲噶尔太等	甲噶尔太(30岁),小金川蚌鲁八寨人,与妻、妻弟等被拿进大金川后,分给促浸头人擢窝甲使唤,每日砍柴放牛,后设法逃出。	590/7984-30
郎卡尔结	郎卡尔结(23岁),曾头沟人,被大金川头人带到茹寨家中使唤,头人死了,哄骗头人家人设法逃出。	590/7984-33
拉木招、 余拉	小金川墨垄沟的百姓昂结家里有两个使唤的女子,一个叫拉木招(29岁),一个叫余拉(18岁)。	590/7984-53
撒木卡的 三个女儿	撒木卡(55岁),小金川鸠玛尔里人,全家乾隆三十八年被头人他撒克盖带到大金川,分了田地安住,但土司索诺木怕他逃跑,令到噶喇依送口粮,三个女儿被他撒克盖卖给大金川的人使唤。	590/7984-58

由表3-3不难看出:一方面,金川土司境内百姓因父母亡故且无妻子(这种情况下土司会立即收回份地),或因丧夫家里失去主要劳力而陷入困境,只能主动选择去可以给口饭吃的人家里做"家人""使女"或"娃子",听凭使唤,例如小金川妇女得日尔中在丈夫病死后,无所依傍,只好在土司官寨所在的美诺一带给别的百姓家当使唤下人以活命;①另一方面,还有一些人是被迫成为"家人""使女"或"娃子",诸如,金川有不少成为家内奴仆的人是被人从周边土司地区掳入(参见表3-3第10和第11行第2列从鄂克什土司掳掠来的撒尔甲和雅满塔尔等人例),或因战争被捉拿带入(参见表3-3第2行第2列申扎尔结一家例),或自行逃入后,经由土司分赏给某百姓、头人或喇嘛(参见表3-3倒数第4行第2列甲噶尔太例、第18行第2列扣塔尔例、倒数第9行第2列舍纳和砭朋兄弟例),或直接被卖与某百姓(参见表3-3最末行第2列撒木卡的三个女儿例),或走投无路,"各自觅主佣工趁食"②谋生。

---

① 中国第一历史档案馆:《军机处录副奏折》,民族类,缩微胶卷号591,档号:7991-50,题名:投出偿拉番人男妇九名口。
② 中国第一历史档案馆:《军机处录副奏折》,民族类,缩微胶卷号589,档号:7956-12,题名:温福奏脱出小金川番人纳尔甲木供单,具奏日期:乾隆三十八年闰三月初七日。

　　另外值得注意的是,某些头人家里供使唤的下人甚至有十余人之多(如表3-3第2列第29行萨尔结例中,小金川桑咱寨头人甘布拉阿思达家有"家人"和"使女"达11人),那些大头人家里的使唤人数只会更多。也有一名"家人"归两家百姓共同使唤(两家共买共用),如革布什咱人根登供称:"革布什咱喇寨百姓","约五年前促浸人到革布什咱放夹坝把我拿去,放夹坝的名叫卡尔作末木甲尔把我卖给萨尔尼寨子上百姓策达擦旺同日尔生格甲尔他两个人使唤。我天天砍柴、背水做苦活路","主人家兄弟色丹增是个和尚去到噶喇依替土司念经去了,我就替他去守卡。"①又据小金川人葛登朋供:"小的年三十岁,原是(小金川)布朗郭宗的阿台赤力角沟、甲登朋两家的家人,……被带到金川勒乌围,小的想做家人不如投到天朝做百姓。"②这种"做家人不如投到天朝做百姓"的想法深刻透露了他们生存境遇之艰辛。因为,家人、使女,或哇子(娃子),必须听从主人全家的使唤,承担繁重的劳动,吃粗鄙的粮食③,而且无人身自由,听凭主家任意买卖④。金川战争期间,他们除了要继续给主人家干种地、砍柴、背水、磨面、放羊等粗活外,还要替主人设法备吃食并背送到守卡处,有的甚至不被主人信任没有行动自由,(如表3-3中第2列第5行朗太例、第2列第27行郎卡太例),青壮年的"家人"或他们的儿子甚至替主人出兵顶差(如表3-3中第2列第2行申扎尔结例)。小金川女人阿申,23岁,原是小金川下宅垄寨人,乾隆三十八年被大金川人抢去给丹巴讹杂尔做家人,直言"差使苦得很"。⑤战争年代,这些地位低下供百姓或头人役使的"家人"不堪重负是极有可能的。毕竟在承平时期,地位比"家人"高的耕种土司或头人份地的普通百姓,都要终年服各种杂役,辛苦备尝。

　　因为生活苦不堪言,金川战争后期有不少"家人"或"使女"会趁主人不注意设法偷偷逃走(如表3-3倒数第4行第2列甲噶尔太例、倒数第9行第2列大金川噶朗噶寨人阿卓家使女例)。甚至可以说,第二次金川战争

---

① 中国第一历史档案馆:《军机处录副奏折》,民族类,缩微胶卷号591,档号:7991-42,题名:投出革布什咱番人一名。

② 中国第一历史档案馆:《军机处录副奏折》,民族类,缩微胶卷号589,档号:7969-57,题名:投出儅拉番人供单。

③ 据巴底末代土司的伴当给其后代讲述,土司、土妇、大头人的近身伺候人员,不时替主子传达指令或外出办要紧差事,他们的吃穿打扮也比那些只干粗活的(诸如火夫、马夫、背背子的人员等)要体面得多。

④ 买卖家中的使唤人,或以实物(主要是粮食,如表3-3中的阿克鲁原是没利阿失咱的家人,后被撒噶格鲁用圆根一斗买去了),或用银两,还可赊欠(如文中"铿朋"例提到雍中朋的一个丫头卖在俄硕角地方,取了一半价银,还欠下一半)。

⑤ 中国第一历史档案馆:《军机处录副奏折》,民族类,缩微胶卷号591,档号:7991-51,题名:投出番人供单。

给这些最底层民众带来了难得逃生的机会。例如"铿朋，小金川宅垄寨人，二十六岁，马巴里寨住，母死，父亲由木坪（与小金川毗邻之土司）一路讨口（即讨饭）去了未回，我一向在美诺当差"，逃到大金川后，"雍中朋打发我去伺候他的女人，因雍中朋从前有一个丫头卖在俄硕角地方，取了一半价银，还欠下一半，小的就诳雍中朋的女人说雍中打发我到俄硕角去讨账，（然后）就逃走，由根达到当噶拉东山梁后丫口里出来"；又如革布什咱的百姓沙札布被大金川人掳去，分给头人多尔济，替其"背背子"，趁空逃出。[1] 像铿朋这样孤身一人无拖累的，出逃相对方便的多。这也是金川战争后期清军能够截获不少这样的青壮年土民的重要原因。

还有一些人比"家人""使女""娃子"处境更悲惨，即那些因外部不可控因素，瞬间从有屋有田的百姓变成居无定所、食无来源的人。据大金川人扎思满供："番妇年七十岁，茹寨人，男人、儿子都死了，我带了女儿克窝逃到阿尔古地方，借住讨口。"[2] 另据逃入大金川土司的小金川人安多尔供："起初（土司）还给小的们每日两个大馍馍，后来就没有了。小的会打蔴线，到卡卡角旧时认得的人家帮他做活（即佣工）过日子。又克舟九寨的人从前来小金川守卡子，小的也借给过他几回口粮，因此又到他那里帮住了多时。"[3] 第二次金川战争后期，大金川境内饥荒和瘟疫并行，这些人如果不能设法逃出向清军投诚，基本难逃饿死或病死的命运。其中，也有极少数幸运的使唤娃子会由亲戚出钱赎回。据小金川土民班玛多尔结供称，他自己同妻子儿女被大金川人掳去后，妻子、女儿被派在两个头人家使唤，亲舅舅用银钱将他的妻子、女儿全都赎出。[4]

由上可知，以金川为代表的嘉绒土司地区盛行严格的社会等级制度，是维系土司家族世代执掌宗教和世俗的权力不坠的根本所在。社会阶层壁垒森严，亦让土司和土民都尤为重视身份等级。这种观念深刻地烙印在土司和土民心中，并影响了他们的行为选择和行事方式。有趣的是，二百多年后，笔者在丹巴县和小金县开展实地调查时，当地土民的后代中依然不乏执着于土司时代等级制度、留恋昔日自己家族非平民身份的人。让笔

①　中国第一历史档案馆：《军机处录副奏折》，民族类，缩微胶卷号 590，档号：7975 - 71，题名：脱出小金川番人供单；缩微胶卷号 589，档号：7955 - 85，题名：从金川脱出革布什咱番人供单。

②　中国第一历史档案馆：《军机处录副奏折》，民族类，缩微胶卷号 590，档号：7980 - 24，题名：投出促浸番人九名。

③　中国第一历史档案馆：《军机处录副奏折》，民族类，缩微胶卷号 589，档号：7956 - 3，题名：脱出小金川番人供单，具奏日期：乾隆三十八年二月二十日。

④　中国第一历史档案馆：《军机处录副奏折》，民族类，缩微胶卷号 589，档号：7968 - 43，题名：班玛多尔结供词。

者印象深刻的是,自称为巴旺末代土司家管家刀刀(音)后人的拥中格西坚持认为,作为管家的后代与土司家族的后代,以及其他头人的后代更有共同话语,彼此之间更有亲近感,并对那些因为土改突然分到房子、牲畜和田地的百姓后代有意见,认为他们占有了不属于他们的东西。① 拥中格西对自己住的老房子紧挨着巴旺末代土司的小女人居住之官寨颇为自豪。按照他的想法,在土司时代,百姓分土司、头人的田地和其他财产是不可想象的事,绝对是大不敬之僭越。这并非依旧生活在昔日巴旺土司地界上的土民后代格西独有的执念。前述巴底土司官寨所在巴底乡的宝某,因为他的爷爷是末代巴底土司的伴当,他自小听爷爷讲了很多土司时代的往事,以致人到中年还对土司统治产生过于浪漫的幻想,以为那是回不去的昔日天堂。笔者窃以为,这和内地汉族土改后的一些情形有相似之处。难以计数的地主迅速被打倒,家产被强行分给贫农,地主的后代其实对此亦持保留看法。因为绝大多数的中小地主是靠累代勤劳、苦心经营才积攒起家业,并不全是"不义之财"。对此,显然不必回避,也不必夸大。这只是在社会变迁大潮下被遮蔽的一种真实存在罢了。

笔者还欲强调的是,对金川土司社会等级关系的梳理和分析,并不只是为了呈现部落内部各阶层的地位和权力的复杂面貌,更是为了说明:正是社会阶序森严的金字塔式等级统治,为两金川土司组织头人和土民与人力、物力均占巨大优势的清军长期抗衡提供了强有力的制度保障。

第二节　相对迟滞的社会经济发展状况

欲了解乾隆朝大金川土司地区的社会环境概况,除探究其社会阶层结构外,还应聚焦其经济发展状况。直接涉及金川土司社会各级头人的社会经济状况史料几近阙如,但大体仍可从乾隆朝相关档案史料中间接感受到:各级头人的生存状况比一般百姓确实要好一些,个别小头人有大、小老婆,有的头人家中有仆役多达十几人,按照等级各自能够拥有数量不等的马匹、打仗或打猎用的枪支弹药,以及牛、羊、猪、鸡等家畜;至于那些拥有自己的领地和直管百姓的世袭大头人们,自然比一般百姓富裕。不过,不能过度夸大头人的富裕程度,因为他们也经常派人外出劫掠人口和资财以扩充财力。这些均表

---

① 笔者对丹巴县藏民拥中格西的访谈主要集中于 2010 年 4 月 29 日—5 月 1 日。这期间,拥中格西还是笔者开展田野调查的包车司机。在持续访谈过程中,格西的坦率、真诚态度和对诸多问题的富有思辨性的回答,给予笔者不少启发,在此致以深谢!

明,头人阶层实际储备的物质财富有限。①

在此,笔者欲从土民和土司两个层面来管窥金川地区的大体经济状况,借此对金川土司索诺木格外好战、土民(特别是青壮年土民)尤喜外出劫掠人口和财物的思想行为形成反思性认知。此外,还可据此对索诺木将与清军打仗视为获取巨额财富的契机之心理予以解读。

一、金川土民的家庭经济状况

金川的经济发展状况对土民的观念和行为方式有直接影响。只有充分了解土民真实的经济处境,才能较真切地理解以两金川为代表的嘉绒土民为何崇尚外出劫掠财富和人口的观念和行为,也才能体会土民彪悍好战性格的养成离不开特殊物质环境之塑造。

大小金川土司境内多高山峻岭,加上农业生产技术较落后,粮食产出较低。大致而言,金川河谷的开阔地带耕地较多,耕种条件较好,而大部分山地则较为贫瘠,所以适合耕种的田地有限,加上当时这一带气候偏寒,土民的耕种手段比较原始、粗放,产出自然不甚乐观。金川土民所种之物不过是青稞麦子、荞麦、大麦、小麦、胡豆、圆根之类。若年成好,所种亦不过勉强糊口,倘遇天灾,多数百姓只好向土司或头人借粮度日。② 通常,耕种份地的百姓遭灾缺粮,土司既不会轻易开仓发粮救济,也不肯免去应缴的官粮。据从大金川逃出的鄂克什土弁供:"小的在勒乌围时见日旁以西,勒乌围以东一带民寨的男妇纷纷来向土司哭诉说我们今年种的田地都被雪弹打得普平,风也大,雪弹也大,树叶都打落,鸡鸭羊只打死的不少。我们不但今年不能纳官粮,连明年的籽种都没有了。索诺木说:'一样的田地,偏是你们的不纳粮如何使

---

① 第二次金川战争后期,因为家中的存粮以及牛、羊、猪、鸡等所有可以吃的物资均濒临断绝,一些头人纷纷带领全寨土民投降。例如,大金川头人格什甲木参、雍中、丹比西拉布三名带领所属土民六十一户共男妇大小二百十四名口投降。参见中国第一历史档案馆:《军机处录副奏折》,民族类,缩微胶卷号590,档号:7982-7,题名:乾隆四十年七月二十二日内阁奉上谕。另参见冯明珠、庄吉发编:《金川档》,台北"故宫博物院",2007年印,第3310页。甚至最受土司索诺木和莎罗奔器重的当噶拉阿纳木、布笼普阿纳木、丹巴讹杂尔、山塔尔萨木丹等大头人的粮食也不够吃,不得不各向老土妇阿仓借五十背青稞麦子度日。参见中国第一历史档案馆:《军机处录副奏折》,民族类,缩微胶卷号590,档号:7980-6,题名:投出促浸番人供单,具奏日期:乾隆四十年三月初二日。

② 中国第一历史档案馆:《军机处录副奏折》,民族类,缩微胶卷号589,档号:7955-71,题名:温福奏金川投诚番人敦把等录供,具文日期:乾隆三十八年正月二十八日;《军机处录副奏折》,民族类,缩微胶卷号589,档号:7963-87,题名:脱出鄂克什弁兵赓噶供单;《军机处录副奏折》,民族类,缩微胶卷号589,档号:7969-54,题名:脱出鄂克什番人供单;《军机处录副奏折》,民族类,缩微胶卷号589,档号:7973-59,题名:投出儧拉番人番妇供单;《军机处录副奏折》,民族类,缩微胶卷号590,档号:7980-59,题名:投出番人供单;另见冯明珠、庄吉发编:《金川档》,题名:小金川番人达邦供单、金川番人楞占木供单,台北"故宫博物院",2007年印,第942页,第1881—1882页。

得?'众人哀求,索诺木不信,差人查了是真,也不肯散给米粮,要米还要银子来买,众人很气苦。"①即便土司在粮荒时节肯向土民借出一些口粮,待新粮收获便要立即收回,并且还要收利息。据逃往大金川的小金川大头人七图安堵尔供称:"今春百姓们没得吃的,也借出一两背米,如今庄稼收了,土司就要追还,又要他们的利息。"②

显然,土司的盘剥和连年战争加剧了土民生活的困窘程度。第二次金川战争后期,那些遭遇严重粮荒的百姓,因借无可借,贷无可贷,家中孩子或者活活饿死,或者迫于无奈被卖掉,然后夫妻设法逃走谋活路。据大金川噶朗噶寨人申占尔太供称:"因派我守卡,派我妻子挖壕沟,把两个儿子活活饿死,还有一个儿子卖与喇嘛,就带了女人逃出。"③至于那些无地可种,又无一技之长的百姓,则不得不给他人佣工换口吃的,或者给百姓、头人、土司当"家人""使女",甚至被卖为"娃子",听凭主人使唤,一旦粮食不够吃,便沦落至只能从依附的主人那里得到少量酒糟团子、麸皮饼子等粗糙之物果腹的悲惨境地,或者连粗糙食物都没得吃,不得不上山挖"大黄根"充饥。④

正是由于生存环境十分恶劣,两金川土民性格彪悍,十分好战且喜外出劫掠财物和人口。清军随军通事将土民的劫掠行为称为"放夹坝",称实施劫掠的人为"夹坝"。⑤ 在大小金川包括其周边土司地区,敢于去邻近土司辖境"放夹坝"的人,往往被视为有本事的"好汉子"。据土民安多尔供:"小的在金川看见粮食很贵,百姓们没有多余的口粮,小金川人在那里就把东西去换粮食,他们也不肯多换给……如今冬麦虽然种了些,将来青稞麦子就不能全种了,许多的好汉子去放夹坝。"⑥不过,须说明的是,土司和头人鼓励"放夹坝"来扩充人口和资财,但只能针对非本土司的人和地盘,严禁对土司内部的土

① 中国第一历史档案馆:《军机处录副奏折》,民族类,缩微胶卷号 589,档号:7956 - 87,题名:脱出鄂克什土弁赓噶供单。
② 中国第一历史档案馆:《军机处录副奏折》,民族类,缩微胶卷号 590,档号:7975 - 5,题名:绰窝斯甲等供单,具奏日期:乾隆三十九年八月二十五日。
③ 中国第一历史档案馆:《军机处录副奏折》,民族类,缩微胶卷号 589,档号:7969 - 37,题名:投出促浸番人供单;卷 591,档号:7991 - 51,题名:投出番人供单。
④ 中国第一历史档案馆:《军机处录副奏折》,民族类,卷缩微胶卷号 590,档号:7985 - 5,题名:投出促浸番人男妇三名口;《军机处录副奏折》,民族类,缩微胶卷号 589,档号:7969 - 59,题名:拿获活口供单;《军机处录副奏折》,民族类,缩微胶卷号 590,档号:7980 - 11,题名:拿获番妇供单。
⑤ 除了表 3 - 4 所见金川土民"放夹坝"的情况外,笔者另据《金川档》亦统计出数十起有关两金川土民,特别是大金川土民外出"放夹坝"的记录(其中部分记录与表 3 - 4 所列重合),在此就不一一列举。这种"放夹坝"的行为并不限于彪悍的两金川土民,在整个川西北土司地区都是常见现象,也因此他们自身也可能成为被其他部落土民劫掠的对象。譬如,表 3 - 4第 29 例,麻书和里塘二司的土民在西山沟内放牧牲畜,忽然被"夹坝"抢去牛马。
⑥ 中国第一历史档案馆:《军机处录副奏折》,民族类,缩微胶卷号 589,档号:7956 - 5,题名:脱出小金川番人供单,具奏日期:乾隆三十八年二月二十日。

民进行盗窃抢掠,违者严惩。① 不难想见,金川的土司和头人鼓励属民对外劫掠,严禁对内偷掠,有利于维系部落生存和稳定。

当然,从现代道德和法治观念来看,"抢夺人口,掳掠财物"当然是非常不光彩的违法行为,非但不值得提倡和崇尚,还应受到法律严惩。熟悉清朝律令和深受儒家文化浸染的乾隆皇帝,同样对川西北土民频频外出"放夹坝"的行为感到气愤不已。② 那么,应该如何基于当时的历史情境,理解金川土司和土民在"放夹坝"问题上与清代法律和道德观念之间的巨大分歧呢? 实际上,对外抢劫是清代嘉绒土民适应严酷生存环境的生存策略。金川土民酷爱外出"放夹坝"与人口滋生比邻近土司要多得多有关③,更与其视"放夹坝"为英勇壮举的价值观念有关。对这个问题,兹借助表3-4加以说明。

表3-4 《军机处录副奏折》所见金川及其他土司"放夹坝"情况表

涉事者	"放夹坝"的具体表现	缩微胶卷号/档号④
放夹坝者 (大金川人)	鄂宝奏:"访查夹坝一项多系绰斯甲布无赖土民所为。"阿桂等奏称:"奴才查西南徼外番民偷放夹坝是其长技,而金川贼民尤甚。"	589/7955-58
派人放夹坝者 (索诺木)	常青奏称,大金川土司索诺木派人从擦熟沟、巴木通等处过河赴别思满地方暗"放夹坝"。	590/7975-79
被放夹坝者 (色楞)	色楞(40岁),小金川阿仰寨人,阿仰头人派他往控喀山放哨,被大金川的"夹坝"拿往噶喇依。	589/7956-3

① 金川土司连部落内偷摸的行为都重罚,遑论对内抢劫,例如阿咱纳供称他的母亲因偷了人家东西,土司索诺木便将她发落到格尔替当苦差;又如沙甲尔太的母亲因为没有吃的偷了邻家一只羊,被告发到头人跟前,马上被抓到勒乌围官寨当差。参见中国第一历史档案馆:《军机处录副奏折》,民族类,缩微胶卷号589,档号:7969-37,题名:投出促浸番人供单;《军机处录副奏折》,民族类,卷缩微胶卷号591,档号:7991-51,题名:投出番人供单。
② 乾隆十年乾隆皇帝决心征瞻对就与瞻对土民抢掠绿营兵丁有关。乾隆十二年大金川土民在离打箭炉很近的川藏道路上抢劫了换防兵丁携带的文书和衣物,亦是促使乾隆皇帝下决心出兵大金川的重要原因,也因此乾隆皇帝对两金川及其周边土司的土民"放夹坝"格外在意和愤懑,前线将领也就十分留心这方面的情况,并尽可能在奏折中予以呈报。有关"掠夺"作为部落生存的"辅助性生业",可参见王明珂:《游牧者的抉择:面对汉帝国的北亚游牧部族》,"中央研究院"联经出版公司,2009年,第49—51页。王明珂先生在论及抢掠作为部落生计之一时,专门提到川西北一带诸部落以"有能力掠夺为荣",即"更相抄盗,以力为雄"。
③ 据笔者掌握的有关官书和档案文献来看,清代嘉绒地区众土司中能够出兵万人的,除了改土归流前的杂谷土司(鼎盛时期人口多达十余万)和地广人多的明正土司外,便只有大金川土司。然而,大金川辖境规模在嘉绒土司中比较不占优势,大概与该土司是从小金川祖上的地盘析出有关。由此,大金川土司索诺木和土民热衷"放夹坝"也就不足为奇了。
④ 为方便阅读起见,这里只提供史料来源(中国第一历史档案馆藏《军机处录副奏折》)的缩微胶卷号和档号,省去冗长的题名和具奏日期。

续　表

涉事者	“放夹坝”的具体表现	缩微胶卷号/档号
给放夹坝的人带路者（安多尔）	安多尔（31岁），小金川僧木则人，小金川被清军攻破后，逃往大金川后，因金川头人派人往僧木则去“放夹坝”。被派去先探路，他趁机逃到清军大营投降。如今冬麦虽然种了些，将来青稞麦子就不能全种了。许多好汉子去“放夹坝”。	589/7956 - 5
被劫掠者（策旺）	策旺（15岁），郭罗克人，七八岁放羊时被“夹坝”捉去卖给松岗土司头人巴章家使唤，后又被促浸头人带到促浸，交给头人盖格尔班家使唤。	590/7985 - 8
被掠卖者（阿申）	阿申（44岁），小金川美卧沟人，木果木失事后大金川人把他一家大小都捉进去，卖与巴布里百姓捏噶塔尔家使唤。	590/7985 - 11
放夹坝者（穆青布、申杚结、申杚尔狡）	穆青布（52岁），与申杚尔狡（结）、申杚结都是大金川克舟九寨人，堂叔侄关系，都在当噶山梁守卡，头人派他们三个抢东西，三个各带了一杆鸟枪，申杚结又多带一杆矛子，一同到三叉沟地方“放夹坝”。	589/7985 - 16
放夹坝者（郎卡太）	郎卡太本是小金川人，逃到金川安住后，惦记着宅垄寨子上还有许多粮食埋在地下，趁黑夜过河去“放夹坝”，被官兵拦截。	589/7970 - 18
被放夹坝者（额多）	巴底土司沈角博寨土民额多于乾隆三十九年十一月间砍柴时，被大金川“放夹坝”的人拦去。	591/7990 - 1
被放夹坝者（根登）	根登（35岁），革布什咱喇寨百姓，父母早死，只有一个兄弟叫朗塔尔跟寨首雍中住，大约五年前大金川人到革布什咱“放夹坝”将根登捉拿去，卖给萨尔尼寨子上百姓策达擦旺同日尔生格甲尔两个人使唤，天天砍柴、背水做苦活路。	591/7991 - 42
放夹坝者（色朗亦什 木他尔 羊中尔加）	色朗亦什（30岁）大金川果木寨人，羊中尔加（14岁）大金川格木里寨人，均系父母早死的孤身人，木他尔（34岁），小金川人逃往大金川，分得田地，色朗亦什和木他尔二人同在一处守卡，卡上无粮吃，头人派他俩“放夹坝”，羊中尔加被派同去背东西。	591/7991 - 49
被放夹坝者（索诺木伊什）	索诺木伊什（30岁），革布什咱泽布寨人，从前到噶尔洛寨喇嘛寺念经，被大金川“夹坝”拿去，在阿木尔绰窝斯甲跟前使唤。	591/7991 - 51
供述放夹坝者（瑛塔尔）	瑛塔尔（34岁），小金川人，我头人说僧格宗日古落沟一带山顶菁林里看见沟底往来路径甚明白，最好“放夹坝”。	589/7969 - 34

涉事者	"放夹坝"的具体表现	缩微胶卷号/档号
搜寻放夹坝者（阿申）	阿申（36岁），小金川拉达杞寨人，被抓到金川后又投出，引官兵在大板昭搜寻大金川出来放夹坝的人，结果只捡到一个篾箱子。	589/7969-51
被放夹坝者（阿塔尔）	阿塔尔（40岁），小金川美卧沟朗多寨人，被大金川人抓去圈禁在噶喇依每日做火药，又派给喇嘛使唤。听说大金川欲往小金川的八角碉喇嘛寺"放夹坝"。	589/7969-53
被放夹坝者（阿蚌）	阿蚌（50岁），瓦寺卧龙关人，木果木失事被大金川人拿住，后逃出，又被小金川人扣住，卖给促浸木波尔寨番人色朗使唤。听见莎罗奔们商量去则思满"放夹坝"，因扎索卦不好，没有行动。	589/7974-41
被放夹坝者（霍尔章朋 班底章 甲达斯蒲）	霍耳章朋（61岁），大金川乞抵寨人，妻子班底章（45岁），十多年前一家子原投过绰斯甲的土司，安置在乾玛洛宗地方，给有一份田地，后来大金川土司同三杂谷打绰斯甲布，仍旧把他一家子抢进去，他的女儿甲达斯蒲（9岁），有一个多月前辈绰斯甲布的人来"放夹坝"捉去了。	590/7975-45
放夹坝者（占朋等人）	占朋（26岁），大金川角木寨人，派在当噶出兵，趁大雾，头人们派占朋等十多个人偷下山来"放夹坝"。	590/7975-60
被放夹坝者（安布）	安布（32岁），明正土司大寨人，卡丫出兵打仗砍柴时被拿去，分交头人虎哩在克舟九寨内拉布寨住，就在虎哩跟前使唤。	590/7975-63
供述放夹坝者（山查朋）	山查朋（32岁），供：绰斯甲土司乃当寨人，因拐带女人克尔窝做妻子，怕土司治罪，逃到大金川土司安家十多年。金川土司们念完大经后曾派人到宜喜山梁大营盘后身查看地方，要去"放夹坝"。	590/7975-65
被放夹坝者（班达尔甲）	班达尔甲（30岁），鄂克什达拉角寨人，僧格桑把鄂克什的好汉子都杀了，剩下的带到大金川去每日教背柴背水。	590/7975-69
被放夹坝者（阿木楚 那木错 得日本）放夹坝者（大金川头人）	阿木楚（54岁），孔撒麻书人，革布什咱人到麻书"放夹坝"，将他和他儿子捉去卖给大金川人，后又转卖到小金川；那木错（43岁），原是革布什咱吉地人，乾隆十三年被大金川人拿进去，有一姐子在革布什咱玛索寨住；得日本（13岁），原是巴底郎格寨人，不记得哪一年大金川头人阿日克尔出来"放夹坝"将他捉去，母亲叫阿满在巴底住。	590/7979-79

续　表

涉事者	"放夹坝"的具体表现	缩微胶卷号/档号
放夹坝者 （土兵多人）	阿桂等奏称，土兵"放夹坝"杀贼三人，拿获妇女二名，讯供（后）赏给奋勇土兵。	590/7981－2
被放夹坝者 （特勒尔儿子）	特勒尔（53 岁），大金川格鲁瓦角人，丈夫病死，大儿子打仗战死，另两个儿子被"放夹坝"的杀死。	590/7983－39
被放夹坝者 （绿营兵丁）	萧天才，贵州遵义协兵丁，乾隆三十八年下沟砍柴遇大金川的"夹坝"，被抢进去，拘于勒乌围。	590/7984－2
被讯供者 （章木太）	自从去罗博瓦断后路的大金川土民被官兵杀了二百余人后，此后只在各卡子相近地方"放夹坝"。	590/7984－10
放夹坝者 （木耳塔等）	木耳塔（50 岁），大金川马尔诺寨人，守控卡的头人格囊叫他和另外三个守卡的土民到后路一带来看看营盘有多少兵，然后去运粮道路"放夹坝"。	590/7984－12
被放夹坝者 （麻书、理塘土民）	据鄂宝奏，麻书、里唐两处运米的土民在西山沟内牧放牲畜，忽被"夹坝"抢去牛马。	《金川档》[①] 第 1059 页
派人放夹坝者 （丹坝土舍）	五福等驾驭丹坝土舍派兵暗行抢杀以牵贼势，土舍派兵由作固顶前赴陡（兜）乌、当噶抢获贼人牛羊回来。	589/7969－8
放夹坝者 （格登蚌、卓尔甲）	格登蚌（25 岁），小金川赤力角沟人，小金川被打破后逃往大金川，乾隆三十九年间他带二十三个人在革什咱地方"放夹坝"，同大金川头人扑冷杀了革什咱四个人，抢犏牛、牦牛二十三条，马三匹。乾隆三十九年四月间同小金川头人木塔尔、大金川头人扑冷带三十个人在占固"放夹坝"，抢了子药七十五背子，伤了五个汉兵。卓尔甲（22 岁），乾隆三十九年三月间同金川小金川共十个人在喇嘛寺"放夹坝"，抢骡子一头；四月间在绰斯甲地方赤吗坐卡子，同金川六个人"放夹坝"，抢绰斯甲羊一只；又一日四人一起抢绰斯甲一匹白马；又同小金川头人木塔共七个人抢绰斯甲两条牦牛。	590/7984－60

---

① 该条史料源自冯明珠、庄吉发编：《金川档》，台北"故宫博物院"，2007 年印。

由表 3-4 不难看出，大小金川及其附近土司地区"放夹坝"几乎无处不在，上至土司，下到土民均会卷入其中。甚至土民出门打柴、背水、放牧、种地都有可能被来自其他土司的彪悍"夹坝"们劫走，以至妻离子散，骨肉分离。而且，金川的"夹坝"们甚至可以奔赴好几百里外到霍尔麻书土司境内劫掠人口和财物（见表 3-4 第 23 行第 2 列之"阿木楚"例）。并且，两金川的年轻人不仅善于"放夹坝"，还热衷于"放夹坝"，为达目的不惜杀人、伤人，皆司空见惯（见表 3-4 最末行之"格登蚌、卓尔甲"例）。借此可窥见：在川西北嘉绒土司一带，通过从外部劫掠人口和资财来弥补内部资源和劳动力不足，堪称通行法则。劫掠杀戮行为本身确实残忍。不过，必须承认，这一行为既是生活在"化外之地"的土司和土民通行的生存之道，也是他们广泛认同的价值理念的体现。对此，身处"化内"秉持完全不同观念的清王朝统治者自然难以理解。也因此，一旦土司纵容土民"放夹坝"威胁到边疆秩序的稳定，乾隆皇帝绝不会容许地方官员"不了了之"。

第一次金川战争爆发的重要原因之一，就是大金川的"夹坝"偷袭并劫掠了川藏通道上护送官员行走的汛兵，极大挑战了清廷的统治权威，乾隆皇帝一怒之下毅然抛弃"羁縻统治"策略，决心通过战争途径殄灭金川，将该地区纳入清廷的直接统治版图，一劳永逸地树立统治威权。[1] 然而，对于大金川外出"放夹坝"的"好汉子"们来说，他们根本不可能意识到这一点，在他们的思维习惯里，抢劫绿营汛兵的行动与日常外出劫掠其他人的行为，在本质上并没有什么两样。又如，第二次金川战争中震惊朝野的木果木事件，在清军看来是狡猾的两金川土司、头人精心策划的偷袭清军的军事行动，其实对金川土司一方而言，更像是一次大规模的成功的"放夹坝"行动，获得的米粮、银子、大炮、枪支、火药是他们几辈子都攒不够的。[2]

正因如此，成功袭击和劫掠清军主帅营盘，更加激发了金川土司、头人及青壮年土民们的斗志和贪欲，总想着若有机会，一定再抢掠几次清军大营才好，甚至期待与清军狠狠打上几仗，好多得些物资。[3] 也就是说，对于清廷而言，清军在两金川各处驻扎的营盘不堪土民突袭式抢掠的威胁，但对两金川以成功劫掠外部人员财物为荣的"好汉子"而言，清军跑到他们的地盘上安营

---

① 乾隆皇帝在 1748 年的一则上谕中开门见山地宣称："金川用兵一事，朕并非利其土地人民，亦并非因御极十三年来从未用兵，欲振扬威武，成此殊功，夸耀史册也。第以贼酋私放夹坝，又骚动番境，逼近炉地。"参见《清高宗实录》卷 331，乾隆十三年十二月丁酉。
② 笔者据《金川档》和《军机处录副奏折》相关奏折统计，木果木军营一共遗失米粮一万七千余石，银五万余两，火药七万余斤，大炮五尊。
③ 中国第一历史档案馆：《军机处录副奏折》，民族类，缩微胶卷号 589，档号：7955-73，题名：脱出鄂克什番人供单。

设帐,贮藏大量军需物资,简直就是为他们提供千载难逢的发财机会。

还应说明的是,"放夹坝"并非是川西北土司地区独有的现象。在地理条件相对比较封闭、经济条件十分落后的地区,人们通过劫掠共同体之外的人口和财物,以便获取更多的维持生存的资源,是一种原始、自然的选择。在古代中国的边徼地区十分常见。因此,对深受儒家传统文化价值观念熏染的清王朝统治者来说,如果不能承认和接受"西南徼外番民偷放夹坝是其长技,而金川尤甚"的历史事实,客观地视其为与当地经济环境相适应而与内地迥异的一种传统习俗,反而坚持用自己的价值标准去评价它,自然是深感无法理解,更谈不上尝试去理解这种差异背后的复杂原因,最终彼此难免隔阂愈深。颇为讽刺的是,清廷一面对以大小金川为代表的嘉绒土司酷爱"放夹坝"的行为颇为不耻,视为"化外之地""番人"野蛮行径,一面又期待"以其人之道,还治其人之身",即支持甚至派兵配合其他土司派出随征的头人和土民对金川"放夹坝"(详见表3-4倒数第2行第2列"派人放夹坝者丹坝土舍"例)。当然,苛责乾隆皇帝对"金川夹坝"竟扰及官兵的行为过于敏感,亦与当时的历史语境[1]不符。毕竟对于作为"天下共主"的乾隆皇帝而言,一个川边小部落居然敢抢劫天朝的官兵,简直毫无王法可言,若不加惩创,则国家颜面无存。

二、金川土司的财富积累状况

两金川土司,坐拥千里土境,各辖数万土民,民众须向其提供力役、缴纳官粮,他们是否因此"富可敌国"呢? 相比一年到头辛苦劳作,靠天吃饭,却难有结余的广大土民来说,土司自然是土境内最富有的人,但决不可夸大。因为,相对恶劣的自然环境和落后的生产力水平,导致土司社会经济发展迟滞,土司家族世代积累的财富必然有限。正因此,历代嘉绒土司都热衷相互攻杀,以便扩大地盘,掳掠邻近土司的人、畜和其他物资,以壮大势力,增加财富。长期物质匮乏的生存环境深刻塑造了两金川土司和土民好战、嗜利的地方文化性格。正是在这种内在驱力推动下,加上从首次金川战争中获得的政治和经济上双重利好的刺激,血气方刚的末代金川土司索诺木将与清军的持

---

① 历史语境是指某一时期某一社会的思想导向,即它是特定的历史产物。语境是人们在语言交际中理解和运用语言所依赖的各种表现为言辞的主观因素,也包括非语言因素。时间、空间、情境、对象、话语前提等与语词使用有关的都是语境因素。这表明,历史语境对理解真正意涵极重要。对此,英国剑桥学派的代表人物昆廷·斯金纳明确指出:"任何陈述都不可避免地是特定场合特定意图的体现,针对特定问题的解决方案,试图超越特定背景来理解,都是天真的。"参见 Quentin Skinner, *Visions of Politics*, vol. 1, Cambridge University Press, 2002, p. 88(〔英〕昆廷·斯金纳:《政治理论的视野》卷1,剑桥大学出版社,2002年,第88页)。因此,对"放夹坝"问题亦应放置于当时的具体历史语境中加以考察,才能明确嘉绒土司土民和乾隆皇帝对该问题产生巨大分歧的思想根源,以及双方对"放夹坝"持不同意见的真正意图所在。

久对抗,视为继续扩大自身政治声望和伺机获取军队大量物资的历史机遇。

(一) 作为土司家族财富和权力象征的官寨

正如著名的法国学者亨利·列斐伏尔(Henry Lefebvre)所言,空间是政治性的,空间也是战略性的,①清代川西北一带嘉绒土司辖地自守之"壤相错"地方格局,便是该地区政治(地方豪酋的统治威权)与地方空间之复杂关系的绝佳展示。土司的割据地盘是部落豪酋和民众生活的有形地理空间。然而,还应注意到空间的生产。即是说,土司和土民的政治、经济和文化活动赋予地方空间以鲜明的文化意义。其中,土司官寨扮演了土司家族的政治空间的生产和空间政治的展演之关键角色。通常,土司境内各处命名各异的官寨既是土司及其家族成员日常居住的地方,也是土司财富和权力的物质象征。

作为土境内最高统治者的大小金川土司及其家族成员居住在高大、雄壮的官寨里,而且土司往往不止一处官寨。这些高大坚固的官寨是土司至高无上权威的物质体现。其中,最有名的是噶喇依官寨和勒乌围官寨。据大金川土民供称,刮耳崖②、勒歪(即勒乌围)两个土司官寨的碉房建得极坚固、高大,有十七八层高的,也有二十四五层高的,碉楼外面还有石砌的围墙,围墙外约有数百家百姓居住,并且,这两个官寨内石砌仓房用来储存从百姓那里征收上来的粮食,其中,刮耳崖官寨约有 80 多间仓房,勒乌围官寨约有 60 多间仓房,其余各处寨子内也都有存贮粮食,只是多少不等罢了。③ 清军将领阿桂等在攻克大金川后发现,噶喇依碉高寨固,较之勒乌围的局面更为广大。④ 就大金川而言,噶喇依官寨是掌管军政大权的土司索诺木的日常住处,而勒乌围官寨则是掌管宗教大权的索诺木同父异母的出家兄弟(莎罗奔)之常驻地。这在一定程度上反映了末代大金川土司家族政教权力分配的空间格局。当然,这并不是说土司索诺木完全不在意土境内的宗教信仰问题,莎罗奔们不参与金川的军政事务——实际的部落上层权力运作要复杂得多,土司索诺木和莎罗奔们一般都会遇事互有商量,共同决策,并且还会受到寡居娘家的老土女阿青的影响。

为方便巡视各处头人管辖的寨落,以及收贮各处承种土司份地的百姓上缴的物产,除了勒乌围、噶喇依等大型官寨外,大金川土司广泛分布有其他官

---

① [法]亨利·列斐伏尔:《空间与政治》,李春译,上海人民出版社,2015 年,《序言》,第 4 页。
② 又作噶(刮)尔崖、噶喇依(衣),位于大金川河东岸,地势险要,悬崖峭壁如刀砍斧劈。
③ 冯明珠、庄吉发编:《金川档》,题名:幹布鲁鄂木措咯结得尔什布木得尔结甲勒噶勒克班朱尔春布木等供单,台北"故宫博物院",2007 年印,第 525 页。
④ 中国第一历史档案馆:《军机处录副奏折》,民族类,缩微胶卷号 591,档号:7990-24,题名:阿桂等奏大兵攻克喇乌喇马尔古当噶一带并抢占舍齐喇嘛寺各情,具奏日期:乾隆四十年十二月二十日。

寨。这些官寨附近有大小和数目不一的寨落。另据有关档案史料,可统计出大金川有刮耳崖官寨、马尔邦官寨、独松官寨、科思果木官寨、喀尔拉官寨、斯聂斯布罗官寨、代谷官寨、甲索官寨、卡立叶官寨、斯年木咱尔官寨、甲杂官寨、纳木底官寨、克朱布拉古官寨、巴甲官寨、拜拉官寨、甘崖官寨、伽难咱尔官寨、气石矶官寨、噶占官寨、巴斯科官寨、克巴札木什克官寨等。[①] 此外,大概是为了便于大金川土司巡视各处领地,像茹寨这般人户密集的大寨落近旁一般都会设立土司官寨。[②] 按照这种管理逻辑似可推断,大金川的乃当、阿尔古等田土众多、人口密集的大寨附近也会有土司官寨。

　　相比而言,小金川土司官寨的规模和数量都要逊色于大金川。小金川土司常住的美诺官寨占地约二三里,中间是土司官寨,两旁住的都是百姓人家,外边砌石墙,靠河一面并无战碉,靠山一面石墙角上两头俱有战碉一座;布朗郭宗官寨无城墙,砌有三座战碉;底木达官寨也有三座战碉,外边是石砌的城墙;此三处的战碉,美诺有十八层高,底木达有十五及十二层,布朗郭宗只有十层高。[③] 小金川土司僧格桑常住美诺官寨,底木达、布朗郭宗等处亦地方甚宽敞,建有大碉拱卫的官寨供土司居住,另有木波、占固等官寨。[④]

　　要言之,两金川土司辖地近千里,为便于巡视和监管各处寨落,以及就地收储官粮和其他物资,在境内各紧要地方都建有官寨,规模大小不一。其中,土司的常住官寨如大金川的噶喇依官寨、勒乌围官寨(这两处官寨之间又有数处官寨为之联络),小金川的美诺官寨均位于各自辖境的中心地带,并且规模最为宏大。其他各官寨(诸如大金川的甲索、独松等;小金川的僧格宗、底木达、布朗郭宗等)多半位于较大寨落分布的扼要位置。官寨也有功能上的区分,有的专供土司夏季避暑居住(如大金川独松官寨),有的则专门用来存

---

① 冯明珠、庄吉发编:《金川档》,台北"故宫博物院",2007 年印,第 525 页,1936 页,2695 页,2727 页,2818 页,3262 页,3487 页,3705 页,3820 页,3829 页。另见中国第一历史档案馆:《军机处录副奏折》,民族类,缩微胶卷号 591,档号:7990-25,题名:富德奏乘势将木谷赓额克舟九寨等处尽行占据并拨兵于各地方分防办理由,具奏日期:乾隆四十年十二月二十日;《军机处录副奏折》,民族类,缩微胶卷号 590,档号:7980-36,题名:明亮等奏官兵攻克甲杂官寨并巴布里盖古洛全行剿灭等由,具奏时间:乾隆四十年十二月十八日;《军机处录副奏折》,民族类,缩微胶卷号 591,档号:7990-27,题名:明亮舒常奏河西全已荡平现在噶喇依对河密布营卡会擒贼酋等由,朱批日期:乾隆四十一年正月初五日;《军机处录副奏折》,民族类,缩微胶卷号 590,档号:7983-32,题名:阿桂等奏官兵由索隆古进攻克取朗阿古斯拉瓦占据甲木尔等处直捣噶喇衣情形,具奏日期:乾隆四十年十二月十七日;《军机处录副奏折》,民族类,缩微胶卷号 591,档号:7990-24,题名:阿桂等奏大兵攻克喇乌喇马尔古当噶一带并克取得尔陇抢占舍齐喇嘛夺各情,具奏日期:乾隆四十年十二月二十日。

② 中国第一历史档案馆:《军机处录副奏折》,民族类,缩微胶卷号 591,档号:7991-42,题名:投出促浸番男妇五名口。

③ 冯明珠、庄吉发编:《金川档》,题名:萨尔甲来旺(甲尔朋)等供单,台北"故宫博物院",2007 年印,第 932—933 页。

④ 冯明珠、庄吉发编:《金川档》,题名:萨尔甲供单,题名:班达斯甲布供单,台北"故宫博物院",2007 年印,第 731 页,1878 页。

储粮食、火药等物资（如得式梯官寨）。总之，从政治空间的视角来看，扼守各要处的官寨，既是两金川土司守土安民的战略据点，也是土司的权势和财富的直观表征。或者说，官寨既是土司社会政治空间的生产和延伸的关键所在，也是土司统治威权的物质标识。

（二）作为土司家族财富积累的外在表征之畜群

作为农区土司，容易让人想到土民上缴的粮食是其主要财富来源而忽略其他。事实上，金川土司拥有相当规模的马、牛、羊等畜群，是土司家族财富构成的重要外在表征。对土司而言，牛羊肉除了供自家食用外，平常还要用来招待和赏赐头人，战争期间也要用来赏赐在前线打仗的各级头人和土民，以笼络人心。① 第二次金川战争结束前夕，梭磨老土妇和少土司甚至备 1 000 余篓酒、500 头牛呈送清军大营，以示效忠清廷，从而获取政治信任。② 显然，拥有数量众多的牛羊，对土司维系部落统治十分重要。金川虽以农耕为主，但因山林众多，亦宜发展畜牧业，土民会养牛、羊、猪、鸡、鸭等；大大小小的头人家除了养这些常见家畜外，还会根据身份等级蓄养数量不等的马匹；土司也都有专属的养马、养羊、养牛（主要有牦牛、偏牛等）人员，那些分布在土司境内各处、专供放牧土司的牛群、马群的牧场，被土民称为"牛厂""马厂""羊厂"。③

值得注意的是，两金川土司不仅拥有数量多寡不一的"牛厂""马厂""羊厂"，而且拥有的牛、羊、马头数不可小觑。据小金川土民噶答木供称："小的年三十二岁，是儹拉科纽寨人，原住牛厂放牛。"④ 又据色桑供，他原是鱼科黑帐房人（即以放牧为生，住在黑色毡账的人），妻早死，先前一家子投在革布什咱木思卡地方住了十多年，后来促浸将革什咱土司杀了，将他一家抢进去，安放在甲垄地方牛厂放牛。⑤ 关于两金川土司拥有牛只多寡，可以从其他土民的供词来感受一二。据小金川木雅寨人阿仲、札布寨人戎蚌供："从小替小金川土司放牛的，上年（即 1771 年）十一月间大兵打破了明郭宗，就叫小的们连牛赶到金川去，有四百多条，同金川的牛合放牧。原在功噶尔拉底下这边

① 据土民生格供称："前日土司（索诺木）打发人来说众百姓把守卡子很是出力，赏给牛两条，粮食八九斗，每人分了半升口粮，一斤多的牛肉。"参见中国第一历史档案馆：《军机处录副奏折》，民族类，缩微胶卷号 590，档号：7983 - 29，题名：拿获番贼供单。
② 中国第一历史档案馆：《军机处录副奏折》，民族类，缩微胶卷号 591，档号：7989 - 61，题名：乾隆四十年十一月初四日内阁奉上谕。
③ 中国第一历史档案馆：《军机处录副奏折》，民族类，缩微胶卷号 589，档号：7975 - 55，题名：供单；《军机处录副奏折》，民族类，缩微胶卷号 590，档号：7980 - 22，题名：投出绰斯甲布番人男妇七名口；《军机处录副奏折》，民族类，缩微胶卷号 590，档号：7981 - 25，题名：供单。
④ 中国第一历史档案馆：《军机处录副奏折》，民族类，缩微胶卷号 590，档号：7975 - 55，题名：供单。
⑤ 中国第一历史档案馆：《军机处录副奏折》，民族类，缩微胶卷号 590，档号：7982 - 50，题名：投出促浸鱼科等番人男妇供单。

山上放了二个多月,因为大兵进到昔岭攻打紧急,都搬在色尔立寨相近的山坡上放牧。金川派了四个人,有五百六七十条牛同小的们同管。"①另据大金川茹寨土民纳木尔加供认,土司索诺木为鼓励缺粮愈发严重的百姓好好出力打仗,口头承诺要将乃当一带某处牛厂里的六七百条牛全部用来犒赏。② 因战争和疫病,金川土司在噶喇依的大牛厂最后只剩二十多头乳牛,其余或被杀,或瘟死。③ 从大金川逃出的鄂克什土弁赓噶亦供称,在谷噶山看到金川人有三群牛,共一千余头,后来听说都瘟死了。④

除了土民供述的金川土司拥有牛厂和牛群的情况外,在《军机处录副奏折》《金川档》等档案里亦有相关记载。虽然没有一一提及每处养牛的具体数量,但可作为两家土司拥有不少牛群的旁证。笔者据民族类编号为 589 - 591 的《军机处录副奏折》缩微胶卷档案资料统计,两金川的"牛厂"有:小金川的科纽寨牛厂、甲垄牛厂、小牛厂、美诺附近的牛厂,大金川的噶喇依牛厂、勒乌围牛厂、勒布牛厂等。《金川档》中亦多处提到"牛厂",兹不详加列举。另外,笔者于 2010 年 5 月在金川县的咯尔乡开展田野调查时,发现金川土司位于咯尔的土司官寨遗址附近山梁上草木丰茂,并且从金川土民的后代口中得知,那里先前是土司养牛的牛厂,至今仍是当地民众放牧牛羊的好地方。

鉴于规模化养马比养牛羊更不易,两金川土司拥有的马匹数量很可能比不上遍布各处牛厂里的牛群数量,但也很令人瞩目。据绰斯甲布丹札木寨人霍尔加耳供称:"先前带同妻女逃到促浸有十六年了,在巴布里地方住,土司给有一分田地,……土司派我在乃当寨马厂内看马,并没有外出守卡子。那马厂内有马一百来匹,如今被人偷去的,也有走失的,只有四五十匹了。"⑤虽然不能据此估算大金川土司在乃当寨的马厂里到底有多少匹马,但这也提醒笔者其拥有的马厂应不止一处。另据投降的土民供称,大金川土司还曾将 87 匹马交给土民纳尔甲在根杂寨山上的牧场放牧。⑥ 清军在攻克大金川的

---

① 中国第一历史档案馆:《军机处录副奏折》,民族类,缩微胶卷号 589,档号:7956 - 17,题名:温福讯取阿仲戎蚌供词,具奏日期:乾隆三十八年五月二十六日。
② 中国第一历史档案馆:《军机处录副奏折》,民族类,缩微胶卷号 590,档号:7984 - 72,题名:投出促浸番人男妇十名口。
③ 中国第一历史档案馆:《军机处录副奏折》,民族类,缩微胶卷号 590,档号:7981 - 25,题名:供单。
④ 中国第一历史档案馆:《军机处录副奏折》,民族类,缩微胶卷号 589,档号:7963 - 87,题名:脱出鄂克什土弁赓噶供单。
⑤ 中国第一历史档案馆:《军机处录副奏折》,民族类,缩微胶卷号 590,档号:7980 - 22,题名:投出绰斯甲布番人男妇七名口。
⑥ 中国第一历史档案馆:《军机处录副奏折》,民族类,缩微胶卷号 590,档号:7975 - 66,题名:金川投番供单。

札乌古山梁时亦发现一处"马厂",夺取骡马 20 余匹,将其与牛羊等牲畜赏给应得之官兵。① 另据土民荣尔结供称:"萨尔里地方系索诺木马厂,共有骡马一百五十余匹。闻得噶喇依往东三四十里有德思东、苏思第两处厂,各有马约一百余匹。至促浸大头目各有马十匹、二十匹,小头目各有马四五匹不等",这不禁让清军将领发出"贼酋所有马匹颇不为少"的感慨。② 小金川土司僧格桑也有马厂,有专人替其牧马。据土民木尔结供:"小的年三十六岁,是山札寨人,向来给僧格桑放马。"③

金川山林密布,草料丰富,加上宰羊乃是激励土民出力效忠的常规手段,土司家由专人照管的羊群应当不少。据大金川格思巴尔寨人板登朋供称:"派在直古脑侧边羊厂里盘查来往的人,……这羊厂里从前有一百多个羊,被百姓抢去了大半,土司也没法了。"④另据大金川土民纳尔甲供称:"土司派我在本寨相近的博底地方放羊,天天给的口粮只是酒糟团子,又不够吃的,起初羊子有五六十只,因土司赏了些受伤的头人,如今只剩得二十来只了。"⑤

在经济发展迟缓、物质并不丰裕的土司社会,金川土司直接拥有的"马厂""牛厂""羊厂",无疑是其财富积累状况的重要体现。并且,这些利于养马、牛、羊的"厂",往往也是土境内最适合规模放养牲畜的地方,土民不得染指。但更应该看到,这些牛、马、羊群除了为土司家族提供肉食来源(牛羊肉)、出行骑乘工具(马),更是土司在战争期间凝聚人心、激励士气之最有力的恩赏物资。这样一来,土司家族专属的"马厂""牛厂""羊厂"具有经济与政治双重空间的意义。另外,在 2010 年 5 月和 2023 年 8 月的田野调查过程中,笔者清晰地感受到作为土民后代的嘉绒藏族民众在谈及这些放牧场地时依旧会流露出对土司的恭敬情感。在某种意义上讲,土司时代的"马厂""牛厂""羊厂"实际上承载了人文地理空间的地方传统。当然,这种传统被第二次金川战争和战后重建带来的急剧社会变迁彻底打破,新传统得以逐步建构。然则,土民后代关于土司的记忆和情感并不会因之迅速消逝,甚至会在口传历史里被重塑和强化。

---

① 中国第一历史档案馆:《军机处录副奏折》,民族类,缩微胶卷号 590,档号:7983 - 9,题名:明亮舒常奏扎乌古山梁全行攻克现发兵占据险要乘胜前进等由,具奏日期:乾隆四十年闰十月初八日。

② 冯明珠、庄吉发编:《金川档》,题名:乾隆四十年七月二十日阿桂明亮等奉上谕,台北"故宫博物院",2007 年印,第 3305—3306 页。

③ 中国第一历史档案馆:《军机处录副奏折》,民族类,缩微胶卷号 589,档号:7969 - 57,题名:投出僜拉番人供单。

④ 中国第一历史档案馆:《军机处录副奏折》,民族类,缩微胶卷号 590,档号:7981 - 25,题名:促浸番人板登朋讯供单。

⑤ 中国第一历史档案馆:《军机处录副奏折》,民族类,缩微胶卷号 590,档号:7985 - 5,题名:投出促浸番人男妇三名口。

（三）作为土司家族财富状况之直观呈现的仓储

土司官寨的官仓储备的各种粮食、枪支、火药、金、银、宝石，以及其他贵重器物是管窥土司富裕程度最直观的物质载体。这些重要物资是土司实施对外战争（土司之间的武力争夺，甚至与国家之间的对抗，诸如瞻对、大小金川等与清廷的多次战争）、对内笼络人心以维系统治的必要条件。仓储也因之成为两金川土司社会政治空间的集中体现。

就粮食储备而言，凡承种土司或大头人分给的份地的土民，其收获物的一半须作为官粮上缴，这是金川土司存粮的最主要来源。另外，前文已经提到在天灾人祸造成百姓遭遇粮荒时，金川土司也会向百姓放贷口粮，等到新粮收获时，除收回贷出粮食外，还要加收粮食作为利息。如果再考虑到，按当地习俗，打仗均是各出兵家户自备口粮，金川土司官寨仓库里有不少存粮也就不足为奇。据大金川土民敦把供称："至于粮食，众百姓一年所种不过尽够一年吃用。土司的田地甚多，各寨俱有存贮的余粮。"①另据大金川土民供称："至金川粮草在两个官寨内屯积得多，仓房是用石头砌成的，周围相连，中间都是放着粮食。刮耳崖约有八十多间仓房，勒歪约有六十多间仓房，其余各处寨子内也都有存的粮多少不等。"②清军火烧炮轰噶喇依官寨后仍搜出了"麦子七百九十斛、莜子十九斛"。③

小金川土司的粮食储备亦甚丰，将军温福率军攻打小金川明郭宗一处就获取"粮食无算"。④ 虽然温福在奏折中的用词较为模糊，但还是反映出小金川土司僧格桑在仓皇逃命之前依旧有不少储粮。小金川土司的美诺官寨被清军攻破前夕，土司僧格桑和头人、土民等悉数逃入大金川，但因害怕被俘，特意取道深沟密林，不便携带粮食，遂将各寨落的存粮用皮袋子装好，然后深埋窖藏，以至那些在大金川缺粮吃的小金川土民总是想要设法逃回家乡，以便刨挖这些存粮；一些大金川土民得知小金川的粮食窖藏地点后，便一心想要组织人马去抢掠。⑤ 在这种情况下，小金川土司拥有的粮食数量不好估

---

① 中国第一历史档案馆：《军机处录副奏折》，民族类，缩微胶卷号 589，档号：7955－71，题名：温福奏金川番人投诚敦把等录供，具奏日期：乾隆三十八年正月二十八日。

② 冯明珠、庄吉发编：《金川档》，题名：幹布鲁鄂木措喀结得尔什布木得尔结甲勒噶勒克班朱尔春布木等供单，台北"故宫博物院"，2007 年印，第 525 页。

③ 中国第一历史档案馆：《军机处录副奏折》，民族类，缩微胶卷号 591，档号：7990－42，题名：搜出噶喇依银两物件清单。

④ 冯明珠、庄吉发编：《金川档》，题名：乾隆三十七年十一月二十八日内阁奉上谕，台北"故宫博物院"，2007 年印，第 735 页。

⑤ 中国第一历史档案馆：《军机处录副奏折》，民族类，缩微胶卷号 589，档号：7969－10，题名：阿桂等奏令鄂克什男妇刈割促浸秋麦等由，具奏日期：乾隆三十九年六月初十日；《军机处录副奏折》，民族类，缩微胶卷号 589，档号：7970－18，题名：拿获小金番人供单；《军机处录副奏折》，民族类，缩微胶卷号 589，档号：7970－20，题名：供单。

算。不过,因小金川的人口和田亩均不及大金川,小金川土司每年从百姓那里征收的粮食数量理应要少一些。

客观地讲,对两金川土司的粮食储备情况不可估计过高。因为土民乏粮,甚至断粮,给了金川土司与清军持续作战数载终被俘获的致命一击。即是说,倘若金川土司确有庞大的粮食储备,能够源源不断地给各山梁要隘处守卡、守碉与清军对抗的土民输送口粮,而不是一味指望土民自给,那么第二次金川战争持续的时间将会更长,甚至有可能改写战争结局。

火药和枪支是土司对内维系绝对政治威权和对外作战及掳掠物资的重要军事保障。因此,土司和土民们视硝和磺为至宝,断不肯轻易与人,凭之制作铅丸和火药来保护地方,防卫身家性命,较财物更属贵重,即便遇高价亦不肯售卖。① 金川境内自产硝和磺,由土司派信得过的人看管和开采,然后由专门的工匠制作火药和炮子,据大金川的土民敦把供称:"配造火药的硝斤各处都出,惟硫磺一项我们金川地方只有两处磺厂,土司派人刨取,大小铅子甚多,现在噶喇依、勒乌围二处贮有两库。"② 也有逃住在大金川的小金土民供认,大金川产硝的地方有很多处,但磺矿主要是在正地一带,而且大金川土司在紧急情况下,还可以下令要求土民将家中的硝和磺尽数上缴以供战时需用。③ 大金川土司甚至可以给某一路抵抗清军进攻的土民们调拨十五个工匠在寨子里加紧赶造火药。④ 小金川土司的火药、铅子亦不少,僧格桑在带领头人和土民逃入大金川时带了进去,为大金川继续抵抗清军提供援助。据大金川人萨拉甲供认:"我们金川使的火药、铅子还是小金川带过来的。"⑤除自造的土炮外,土枪则堪称土司和土民们拥有的最先进武器。这些土枪的来源尚不清楚,极有可能是自造。⑥

---

① 中国第一历史档案馆:《军机处录副奏折》,民族类,缩微胶卷号 589,档号:7961-69,题名:阿桂明亮奏严禁铅药遗漏,具奏日期:乾隆三十八年五月初七日。
② 中国第一历史档案馆:《军机处录副奏折》,民族类,缩微胶卷号 589,档号:7955-71,题名:温福奏金川番人投诚敦把等录供,具奏日期:乾隆三十八年正月二十八日。
③ 中国第一历史档案馆:《军机处录副奏折》,民族类,卷 589,档号:7956-17,题名:温福讯取阿仲戎蚌供词,具奏日期:乾隆三十八年五月二十六日;《军机处录副奏折》,民族类,缩微胶卷号 590,档号:7983-29,题名:拿获番贼供单。
④ 中国第一历史档案馆:《军机处录副奏折》,民族类,缩微胶卷号 589,档号:7955-91,题名:投出金川番人萨拉甲供单。
⑤ 中国第一历史档案馆:《军机处录副奏折》,民族类,缩微胶卷号 589,档号:7955-91,题名:投出金川番人萨拉甲供单。
⑥ 之所以认为土司境内的枪支来源不甚清楚,但似可推测属自制,乃是基于这样几点考虑:其一,如果说不是自造,而是从外部购买,且不说土司是否拥有足够银两购买几百乃至上千杆枪,单就普通土民家庭而言,即便在风调雨顺之年田地所出基本仅够糊口,哪有闲钱购买并不便宜的火枪呢?更何况大金川出兵打仗者多达上万人,就算只有三分之一的出兵者持枪,剩下的仅持刀矛,也得购入三千多杆枪,在土司时代从哪里获得这样的购枪渠道呢?其二,如果说土民和土司拥有的枪支是自造,从目前掌握的大量档案史料中还未见到直接证据,只能谨慎推测,金川有能够自制土炮的炮匠,也很可能有掌握造土枪技能的匠(转下页)

　　大体而言,土民家中一般都有枪。有的土民家庭持枪数可能不止一支,特别是那些能够出"双丁"打仗的家庭。例如,清军在马尔邦和曾达两处就缴获鸟枪四十五杆,攻打额尔替一带获鸟枪二十杆。① 土枪的用途广泛,平时用来狩猎或外出劫掠,战时用于打仗。与土民拥有的土枪相比,金川土司家族储备的枪支更讲究,篆刻标识和数目号。据桂林奏称:"查看(土民衮布)所执鸟枪镌有番字,……奴才即饬通事译出,枪上所镌字样系噶喇衣二百四十三号等字。"②在攻克大金川噶喇依官寨后,清军将领缮写的物资统计清单中有"烧坏枪筒五百五十三杆"③的信息。这些均表明,大金川土司索诺木掌管的枪支数量至少有数百杆。如果考虑到经年打仗过程中难免造成损毁和遗失,噶喇依官寨有枪多达千余杆也是极有可能的。通过了解金川土司拥有为数不少的枪支、火药的史实,可以更清醒地认识到,兵不过万员的大金川土司之所以能够与大批清军长期相抗,除了占据地形、地貌及战碉等有利因素外,还与他们能熟练运用土枪进行精准射击④和自造火药供给军需甚为相关。

　　负责管理噶喇依官寨的大头人的供单,以及清军将领缮写的噶喇依官寨剩余物资清单,均以档案形式保存至今,为管窥末代金川土司大致拥有多少金、银及其他贵重物品提供了可能。大金川土司索诺木管理噶喇依官寨的大头人阿木鲁绰窝斯甲的相关供词全文如下:

　　　　我在金川替土司管理家务十几年,前郎卡手里噶喇依官寨曾失火一次,他历代留下的金银宝石,供佛的镀金银器,还有一捧大小珊瑚都被烧了,不曾抢出。到后来又逐渐积攒些金银,在雍中喇嘛寺造了二尊铜镀金的佛,有两人多高,又造了一座楼,楼上的铜瓦用金镀的。又有珊瑚

(接上页)人,也就是说金川土民可能有自制土枪的技术。但是,金川不产铁,生活所需铁锅、火塘三角铁架等铁器都靠从内地获得,且清廷对向土司地区输入铁器管制十分严厉,造土枪需用之铁的来源成为关键问题。综合考虑,与缺钱和购买渠道的难题相比,缺铁似是更易于解决的问题(例如清军从噶喇依官寨搜出烧毁的铁达 5 980 余斤),故此推测土司和土民拥有的土枪很有可能系自造。

① 中国第一历史档案馆:《军机处录副奏折》,民族类,缩微胶卷号 591,档号:7990 - 32,题名:马尔邦曾达两处得获什物单;《军机处录副奏折》,民族类,缩微胶卷号 590,档号:7980 - 38,题名:明亮舒常奏进攻额尔替山抢夺石城碉并痛歼贼众情形(附供单),具奏日期:乾隆四十年五月二十三日。

② 中国第一历史档案馆:《军机处录副奏折》,民族类,缩微胶卷号 590,档号:7984 - 13,题名:桂林奏拿获贼番滚布绰窝之讯供由,具奏日期:乾隆四十年四月初八日。

③ 中国第一历史档案馆:《军机处录副奏折》,民族类,缩微胶卷号 591,档号:7990 - 42,题名:搜出噶喇依银两物件清单。

④ 据清军将领阿桂、明亮奏称:"番寨内均有鸟枪。凡有出入必携带之以其施放连环,虽不如官兵之迅捷,然幼习打牲故施放颇属精准。"参见中国第一历史档案馆:《军机处录副奏折》,民族类,缩微胶卷号 589,档号:7961 - 69,题名:阿桂明亮奏严禁铅药遗漏,具奏日期:乾隆三十八年五月初七日。

大数珠一盘,珠身大小不能匀净。松儿石的佛头索诺木随身带着。还有小珊瑚树十六七枝,原在噶喇依放着,因大炮轰打被石块压坏了。又有珊瑚塔一个,有五六寸长也压碎了。还有珊瑚手串同零碎珊瑚、砗磲、水晶、蜜蜡等物都在噶喇依。又有镶珊瑚松儿石顶一个。至于金子,只有金盃一个,同些零碎金子约有二十两,原要带出来的,因临时慌忙遗忘带出,也在噶喇依放着。其余还有银盆三个,大小耳环、银盘、银碗、碟子、盒子等项,同佛前供奉的银灯、银瓶,我都记不清数目了。至于镶嵌碎银物件也有好些,我们投出来时不曾动他。此外并无金珠宝石的物件了。至噶喇依官寨,郎卡在日原有八百多(两)银子,到索诺木手里只剩有一百多两。自木果木之后抢来银子有三千多两,还有元宝二十多个。连年赏头人等项,零碎用去银子七百多两。索诺木出来投顺时候带了有一千来两,叫百姓们背着出来的。还有一千多两,同着元宝都留在索诺木卧房里的不曾拿出来,余外实无什么贵重东西。①

根据阿木鲁绰窝斯甲的这份供单可知,除去从清军木果木大营抢来的几千两银子,号称"嘉绒十八土司之王"的大金川,除了失火烧掉的和为苯教寺庙造像、建楼花费一些金银外,老土司郎卡在日只有八百多两银子,到少土司索诺木手上竟然仅剩一百多两银子、二十来两金子,外加一些珊瑚树、蜜蜡、水晶、银盘、银盆、银碗、耳环、碟子等贵重物品。显然,金川土司拥有的实物财富似与当时内地富甲一方的大财主或大商人的富有程度相去甚远。在清军将领缮写的从噶喇依官寨搜出的物资清单里,有关于金川土司索诺木拥有的金银器、银两、粮食、火炮、烧坏的枪支等物资的记录,说明有可能大火烧毁了一些物资。这比大头人阿木鲁绰窝斯甲的供词更精确,能够更加具体、真切地反映大金川土司的财富状况,搜出物资详见表3-5。

表3-5　清军搜出噶喇依官寨剩余银两物件列表②

金、银器及银两	碎金片一包重五钱;小金匙一个重四钱;金条一枚重九两九钱;银包金一小条重七钱;小银壶三把共重十九两;大银耳杯四十三只;小银耳杯三十四只;烧坏碎银事件三十二件;烧坏小银龛一个;银火药筒十四个;沙鱼皮银铅子筒三个;碎银物九件;小银壶三把共重十九两;元宝二十六个;银一千八百七十二两;银盆两个共重一百四十两;银碗二十一个共重一百一十八两;银盘十八个共重九十三两;银

① 中国第一历史档案馆:《军机处录副奏折》,民族类,缩微胶卷号591,档号:7991-40,题名:阿木鲁绰窝斯甲供单。
② 表中所列全部银两和物件,参见中国第一历史档案馆:《军机处录副奏折》,民族类,缩微胶卷号591,档号:7990-42,题名:搜出噶喇依银两物件清单。

	碟三十六个共重八十八两;银钟三十个共重六十七两五钱;银壶四把共重三十两零七钱;银盒一个重四两七钱;银牌五面共重十一两八钱;银小咧咧四个共重十九两;碎银丝并银筒共重十一两;银号一对共重一百两零;镶银铜号一对重十五两;银酥灯五个共重二十四两;镶银碟二个共重一两;印十二颗(内有旧银印一颗,重计十三两七钱)。 **以上银两银器共重三千八百九十五两七钱**
珊瑚、蜜蜡、砗磲珠等	烧坏珊瑚大小十六枝;小珊瑚四串;又小珊瑚二十二颗;松儿一颗;珊瑚四十一颗、蜜蜡一颗共重二两八钱;珊瑚一颗重七钱;砗磲珠子五串又六块;镶珊瑚松儿帽一顶一个;嵌砗磲蛮带三条。
其他物件	玉扳指二个;硃砂钟二个;银镶冈东一对;水晶石一块;烧坏黑石一块;白石瓶一个;折花腰刀一把;左插二把;不全马鞍一副;棉被三床;皮裸三件;皮褂甬一件;番子披衫三件;蛮裙五条;旧戏蟒一件;片锦蛮褂三件;氆氇马褂一件;皮战裙一条;纤毡二床;马褥一个;夹裤一个;细套裤一双;氆氇半捲;蓝细一块;旧细缦子一个;皮靴四双;铜镜一面;黑羊皮甬一件;蟒缎褚巴一件;片锦袈裟一件;布面皮袍一件;氆氇披单一件;小褡裢一个;红缎马褂一件。
铜铁器及铅等项	烧坏铜器共五千七百五十余斤;烧坏铁器共五千九百八十余斤;铅共两千四百五斤;铜瓶铜罐七十六个;铜盘二百三十个;铜盆二十四个;铙钹一百零六副;铜罐十六个;铁炮子三十八篓;铜炮一尊;小铁炮一尊;劈山炮九尊;小地炮十四个;烧坏枪筒五百五十三杆;炮罐十二个;烧坏腰刀一百五十七口;蛮刀五把;斧子五十一把;矛头五十四个;坐剪二把;火药七十八篓;磺一包。

需说明的是,表3-5中"金、银器及银两"项中统计出金子金器共重11两5钱(官兵实际从噶喇依官寨起获金子共重17两5钱[①]),银两银器共重3895两7钱,其中有银子1872两,似乎与大头人阿木鲁绰窝斯甲供述的土司索诺木房中存银1000余两并无较大出入。乾隆三十八年(1773)六月,索诺木命令大金川大头人带领两金川头人和土民偷袭木果木大营抢夺了3000多两银子,刨去分赏头人、三个莎罗奔兄弟、老母阿仓、老姑姑阿青,投降时带出一千来两,以及多次请喇嘛念大经外,剩下近两千两银子也是情理之中的事。借此,可窥见金川土司的实物财富确实没有什么惊人之处。更重要的是,木果木一战获得数千两银子,极大地刺激了年轻气盛的末代金川土司索诺木及追随他的青壮年土民,他们更坚信可以如祖辈莎罗奔在第一次金川战争中那般与清军好好抗衡一番,末了清军撤出,清廷还会赏赐遗留的大量军

① 中国第一历史档案馆:《军机处录副奏折》,民族类,缩微胶卷号591,档号:7990-37,题名:阿桂等奏搜出噶喇依官寨银物,具奏日期:乾隆四十一年三月初二日。

粮和其他物资。一些头人也因此变得盲目自信，以为自此可以随意伺机向清军各处营盘"放夹坝"，从而获得更多"横财"。也正因为财富有限，大金川土司世代热衷于侵占周边土司的土地和人口，以扩充势力和充实家底，为此不断挑起战争。可以说，当小金川土司僧格桑带领头人和千余名土民们搬运大量物资仓促逃入大金川，而大金川土司索诺木情愿收留他们，除亲戚关系①和拥有共同的苯教信仰外，最直接的动力就是可以趁机获得人口、牛羊、银两、火药、枪支等资财，甚至期望清军撤退后完全占有小金川土境。

究其根本，大小金川所在的嘉绒土司地区实行严格的社会等级制度，由土司家族成员世代掌控世俗和宗教大权，都离不开一定的经济条件的支撑。在某种意义上讲，正是长期相对迟缓的经济发展水平，维系了当地部落豪酋世袭统治模式的经久不衰。或者说，经济发展迟滞，是以金川为代表的嘉绒土司对外扰攘侵夺、对内实行严格阶级统治的经济基础。反之，土司世袭统治秩序的延续也为当地经济发展长期迟滞提供了制度环境。在这种严格的等级制度下，处于社会底层的百姓和奴仆阶层承担大量繁杂差役，终年劳作仍难免于饥饿困顿，而处于金字塔顶端的土司、大头人则安于收租和享受底层人民的各种服役过寄生生活，加上土司、土民都笃信苯教，鲜有发展生产力的动力。关于这一点，还可以从此后的历史事实中得到印证：乾隆朝大、小金川"改土为屯"后较土司统治时期发生了较为显著的社会变迁，而两金川周边诸土司统治地区，直到解放前仍保持旧有的社会发展速度和模式。

还应当看到的是，第一次金川战争清廷"潦草完局"让财富有限的大金川土司获得巨大的实利，极大地刺激了末代金川土司索诺木极欲"再创祖辈辉煌"的野心。这也是第二次金川战争旷日持久的重要原因之一。乾隆三十八年两金川土民劫掠清军木果木大营，让清军损兵折将之余，还丢失巨额白银和大量粮草。这促使年轻气盛的索诺木更加坚定地认为，只要如第一次金川战争那样，据山高林密的地利多建战碉和战壕，派兵分散各处山梁与清军展开持久战，不仅清军迟早要退出川西北地区，而且清廷长途运送而至的军粮物资不便运回内地，最终也要赏赐给他们。由是观之，第二次金川战争于金川土司而言，是延续和增强第一次金川战争"以少胜多"荣耀的良好战机，但对乾隆皇帝而言，该战是他一雪第一次金川战争"前耻"的历史契机。是故，战争伊始，大金川土司从容派兵增援小金川土司抗击清军，战争中期顽抗，战争后期乞降和继续抗战两面手段并用，而乾隆皇帝则对两金川土司始终坚持

---

① 大金川第一代土司就是小金川土司的土舍，因此这两家土司有共同的根子。另外，大金川末代土司索诺木的姐姐得什尔章嫁给末代小金川土司僧格桑为土妇。

"不灭不已"之决心。

须补充说明的是,在"放夹坝"问题上,不应苛求深受儒家文化传统浸染的乾隆皇帝超越时代和自身的局限,能够以超然事外的姿态去理解僻处川西北高原崇山峻岭中的两金川土司和土民的价值观念和行事方式,而应该尽可能客观地考察交战双方的理念和行为,并做出较为符合当时历史情境的阐释。

第三节　兵民合一的兵役形式和严刑峻法

《孙子兵法》之《计篇》曰:"兵者,国之大事,死生之地,存亡之道,不可不察也。"①即是说,战争是国家头等大事,关系到军民和国家的生死存亡,不可不认真对待,深入考察。对于扰攘侵夺不断的嘉绒土司来说,战争同样是关系到部众和部落兴衰存亡的大事。大小金川土司尚武图强,不断扩大地盘,成为嘉绒土司地区的豪酋,亦因不听清廷约束,不断兴兵,最终招致清军连年征讨,致使改土为屯,便是很好的例子。然则,也要看到,乾隆朝两次金川战争均显示了金川土司治下土民的军事战斗力绝不可小觑。出兵人数有限的两金川能够与清军抗衡数年之久,除了与土民尊奉誓死效忠土司之观念有关,还与土司社会实行的习惯法有关。因此,厘清金川土司社会的兵役组织形式和司法状况,有助于理解金川战争中清军面对的作战对象的复杂性。

一、寓兵于民的兵役形式

寓兵于民(农),或兵民合一,这种兵役组织形式的本质是指平时耕种、战时出征。在雇佣兵或职业军队出现之前,兵民合一在世界各地十分常见。然而,在极端好战且彪悍善战的金川土司和土民看来,他们那里只有民,根本没有"兵"。这实与其独特的兵役组织形式有关。现将大金川土民幹布鲁、鄂木措等人的供词移录如下:

> 金川并无额兵,遇着出兵时候,各寨头人挨着门户每家派一人去出兵的。如各家有成丁的人,就是十三四岁的小孩也要去充数。器械是各人家里自己带去,土司并没得给他。至所需口粮,土司也没得给发,都是出兵的人家自己预备,起身的时候先带着十五六天的粮前去,随后是各寨的头人另行派人替他背送到打仗的地方去接济的。大约一个人背得

---

① 陈曦译注:《孙子兵法》,中华书局,2017年,第2页。

八披,每披有一大碗来多,够吃十几日。那背粮的人原是各寨当夫子(背夫)的。如遇土司出门,一切东西都是他背负,到出兵时候就叫他们运粮。再火药一项,各处寨子内都有存贮的,遇着出兵也是叫夫子运送。土司每到十天或半个月赏些牛羊,平日总不给粮的。①

据这份供词可知,大金川并无常设额兵,每遇打仗,土司命各寨头人挨家挨户派兵,原则上每户出一丁,自备口粮,自带武器,火药也是各寨内有储存,由当差的夫役背送,土司十天半月给出兵打仗的人赏些许牛羊。金川土司地区实行"平时耕种,战时出兵"(或者说"寓兵于民")的兵役组织形式。对此,任乃强先生发表于1934年的《汉藏民族文化交流之历史印痕》一文亦专门提到:"(康藏地区)部落战争或'犯上作乱',皆征兵于民,军械马匹粮秣,皆百姓自备。"②

不仅如此,清代地方官员还注意到,嘉绒地区尚武,土民勇武善战且好战,对出兵一事颇为踊跃,即"夷俗尚武,咸工击刺之术,虽妇女亦解谈兵,闻有征调,殊踊跃向往,临阵奋不顾身"③,而且"夷人多膂力,类能手挽强弓","又善用火枪"④。通常只由耕种土司或大头人份地的土民家庭承担兵差,喇嘛以及土司(妇)土舍、土女等土司家族人员身边伺候的伴当等人,还有一些专门给土司官寨当差的家户,特别是承担专职差役(诸如铁匠、铜匠、炮匠等)都不用出兵。据小金川人萨尔甲供称:"我是小金川美诺人。土司僧格桑派我等五六个人往底木达老土司泽旺处听差,大约一两个月换一次班,就回到美诺来了。……美诺官寨内有七十来户人,每户人数多少不能细知,内只有三十来户是派出当兵的。"其"余都是伺候当差不派出兵"。⑤ 嘉绒地区民风彪悍,普遍勇武善战,自带武器和干粮打仗的都是百姓家抽派的精壮男子。也就是说,按惯例,承种份地的百姓家中那些被当地人称为"都是打得仗的好汉子"才有资格由头人带领出兵。⑥ 这份供词还表明,实际带领土民出战的是头人。莎罗奔兄弟和土司索诺木轻易不会出来带兵打仗,只会在没有可靠的头人带兵时,莎罗奔们才会出来,又因为百姓苦累不堪而抱怨甚深,索诺木

---

① 冯明珠、庄吉发编:《金川档》,台北"故宫博物院",2007年印,第522—523页。
② 任乃强:《汉藏民族文化交流之历史印痕》,载《任乃强民族研究文集》,民族出版社,1990年,第24页。该文节录自《西康图经·民俗篇》,原载《新亚细亚》,1934年。
③ 〔清〕李心衡:《金川琐记》卷4之《俗尚》条,中华书局,1985年,第45页。
④ 〔清〕李心衡:《金川琐记》卷4之《兵器》条,中华书局,1985年,第46页。
⑤ 冯明珠、庄吉发编:《金川档》,题名:萨尔甲供单,题名:萨尔来旺(甲尔朋)等供单,台北"故宫博物院",2007年印,第731页,932页。
⑥ 中国第一历史档案馆:《军机处录副奏折》,民族类,缩微胶卷号590,档号:7984-72,题名:投出促浸番人男妇十名口。

怕他们变心,才亲自赴山梁卡隘处弹压,吩咐众人务必严守。①

　　然而,根据战争情势变化的需要,金川土司并不会拘囿于每户出一人打仗的出兵原则,有的家庭被要求派双丁,甚至本不用出兵的喇嘛、伴当等都被派赴各山梁打仗,不过他们可以获得土司提供的口粮。据朗塔尔供:"小的年四十五岁,小金川喀勒固寨人,上年十二月初六日僧格桑逃往大金川去,就叫小的背背子跟去的。……大金川的规矩,百姓吃自己的口粮,若是和尚出兵,土司给散口粮,每日每人给面一升,共有七百五十个和尚,哪一路紧要就派出这些和尚去帮哪一路打仗。现在大金川又吩咐百姓人家若是出双丁的,也给一份口粮。"②这份供词比较可信。在用兵守御的问题上,金川土司往往会根据形势需要,表现出极为灵活的一面。一些平常原本不必承担兵役的人员,在特定情势下也会被土司临时派至前线。譬如,昔岭系大金川极为扼要之地,土司索诺木对那里防守的头人和二十几寨土民不放心,调派勒乌围官寨的莎罗奔的伴当喇嘛,以及噶喇依官寨的土司伴当千余人前去接应。③ 战争中后期,金川妇女也被卷入战争中,除了要给在各山梁守卡打仗的人背送口粮外,还被迫负担挖壕沟的苦差。她们私下忍不住抱怨:"我们男人现在守卡子,女人们又要送口粮、挖壕沟,还有什么功夫做庄稼呢?"④

　　金川土民的确十分忠于土司,亦会在头人带领下奋力与清军相抗,但在战争后期伤亡日多、粮食无继的情况下,也会变得懈怠——有的想尽办法逃避出兵守卡,有的私下商量如何投降求生。况且,更让出兵土民寒心的是,往常大金川土司还让打仗受伤的人在官寨养伤,但在战争中受伤的土民太多了,只好(重伤之外的一律)不管。⑤ 不过,也不必因此将土司视为完全不通人情的残暴统治者。前文已经提到,虽然按惯例土司并不会给打仗的土民提供武器和每日食物,但是在与清军长年累月的对抗中,金川土司也会不时赏给一些牛羊肉或酒以安抚人心。据土民生格供:"前日土司打发人来说众百姓把守卡子很是出力,赏给牛两条,粮食八九斗,每人分了半升口粮,一斤多

---

① 中国第一历史档案馆:《军机处录副奏折》,民族类,缩微胶卷号590,档号:7975-2,题名:蒙固阿什咱阿拉侧累供单;《军机处录副奏折》,民族类,缩微胶卷号590,档号:7975-15,题名:供单。
② 中国第一历史档案馆:《军机处录副奏折》,民族类,缩微胶卷号589,档号:7955-74,题名:脱回小金川番人供单,具奏日期:乾隆三十八年闰三月初二日。
③ 中国第一历史档案馆:《军机处录副奏折》,民族类,缩微胶卷号589,档号:7956-31,题名:脱出鄂克什番人供单,具奏日期:乾隆三十八年四月二十一日。
④ 中国第一历史档案馆:《军机处录副奏折》,民族类,缩微胶卷号590,档号:7985-2,题名:投出促浸番男二名、投出番人男妇五名口;《军机处录副奏折》,民族类,缩微胶卷号590,档号:7983-29,题名:拿获番贼供单。
⑤ 中国第一历史档案馆:《军机处录副奏折》,民族类,缩微胶卷号589,档号:7966-18,题名:投出促浸番人供单。

的牛肉。"①一些成功逃出来的百姓甚至供称,听说土司索诺木要将牛厂里的六七百头牛用来赏给肯出力打仗的土民。②

还须注意,大小金川土司地区有出兵资格的通常是耕种份地的百姓,而不是"家人""使女""娃子"等奴仆阶层。因为百姓出兵既是效忠土司和头人,也是保护自己的家庭。在土司和百姓看来,仆役是不可靠的。因此,他们一般不会派这些人出兵打仗。当然,在第二次金川战争后期,确实出现过"家人"为主人服兵役的特殊情况。这主要是因为主人家中已经无男丁可继续奔赴战场。即使在这种情况下,替女主人去打仗的"家人"也只是充当挖沟、设卡、筑碉的辅助角色。另外,那些早年从别的土司地盘掳掠来的、土司给予份地安顿的土民,即便按世代耕种份地的百姓一样出兵打仗,但其实也是不被信任的人。战争后期,索诺木甚至对百姓也不信任,将他们调换至不同的山梁守卡,并将最信任的噶喇依官寨附近几寨百姓调派到要紧山梁处,由信得过的头人带领打仗。③

与作为依靠力量的众百姓相比,各级头人在战争中如同在和平时期一样,依旧起着中坚作用。他们除了按照土司与其他参与军事谋划的权贵人员商议的对策,带领各寨出兵的百姓去坚守各山梁、山沟要隘处外,还负责监督和督促出兵百姓奋力抵抗,竭力防止百姓出逃。这也是战争后期濒临绝境的金川土民往往要趁头人不注意才能设法脱逃的根本原因。这些将在第八章清军难以攻克金川的"人的因素"部分予以论述,兹不赘述。

可见,以两金川为代表的嘉绒土司并没有专门的军队建制,实行平时耕种,战时出兵的兵役形式,其实质就是"寓兵于民"。只是这个"民"通常情况下指的是承种土司、头人(主要指大头人或土舍)份地的百姓。并且,按照惯例这些百姓家中有出兵资格的是骁勇善战的精壮男子,而不是全民皆兵。在当地老百姓的观念里,没有"兵"这个概念,主要是因为土司并没有条件建立和供养一支正规军队。关于按户出兵打仗,在百姓眼中完全是分内之事。这也是为什么土司相对比较看重承种份地的百姓的重要原因。也因此,每当从其他土司地盘掳来精壮男子时,金川土司会拨给份地,让其成家安业。如此,土司境内就可以多一户提供兵役和赋役的百姓。

不过,在特殊情况下,特别是诸如大金川土民与大批清军持续抗战的情

---

① 中国第一历史档案馆:《军机处录副奏折》,民族类,缩微胶卷号590,档号:7983-29,题名:拿获番贼供单。
② 中国第一历史档案馆:《军机处录副奏折》,民族类,缩微胶卷号590,档号:7984-72,题名:投出促浸番人男妇十名口。
③ 中国第一历史档案馆:《军机处录副奏折》,民族类,缩微胶卷号590,档号:7983-29,题名:拿获番贼供单。

形下,土司也会对传统的出兵规则加以变通。在打仗人手不够派拨各处堵挡时,原本一家出一人打仗的原则也会被无视:连未成年的少年和年逾六十岁的老人也会被强派到山梁守卡;甚至原本不用打仗的喇嘛、伴当等人都会被派出守御;妇女除了送军粮外,也会被迫参加防御工事的建造。由此可知,土司对属民的统治有其灵活性,远非人们想象的那样的刻板。

二、峻法酷刑之权力威慑

贪生怕死是人的本能,即便是极端忠于土司、头人的大小金川土民也会在濒临绝境时选择背主逃亡。因此,除了战争初期极少有土民携家带口或单独逃走外,战争中后期,濒临缺粮少药的绝境时,无论土司、头人如何加强监视都不能保证全体土民概不外逃。严刑峻法遂成为土司钳制土民的"紧箍咒"。即使在承平时期,土司要维系身份等级不乱,确保地方秩序安定,同样离不开严酷的习惯法(不成文法)。

就第二次金川战争而言,连年战争使得严刑峻法成为土司威慑民众的最后利器。通常土民非常情愿为土司效命,将打仗视为义务,既保护自己的家庭,也保护自己的主人(土司)。土司也会对打仗表现突出的土民予以相应的犒赏。可是,在看不到战争获胜的希望、生存濒临绝境时,出兵的土民家庭也会为活命而逃亡。为防止土民外逃,大金川土司索诺木便以更为严厉的手段,迫使土民出兵防守,并用酷刑惩治有叛逃嫌疑的百姓。据从大金川投出的小金川人喇他尔供:"小的年四十三岁,是儹拉汉瓦寨的寨首。前年(乾隆三十七年)冬官兵打到底木达,小的一时害怕逃往促浸去了,安插在毕里角寨上住。今年派在拉枯喇嘛寺等处守卡子。……如今逊克尔宗、拉枯喇嘛寺守卡子的是头人舍角、沃勒二人,其前面一带领兵的头人,小的没有知道名字,听得他们说这里一路官兵实在打得紧,如今把勒乌围、噶喇依所有的人都派来堵挡,宜喜的兵也撤了好些过来,头人、百姓、班第死的很多。地方上百姓没得吃的,土司又没有(粮食)给他们,派兵的时候百姓多躲藏不来。还有些人说得过伤,不能够打仗。土司不依,叫到官寨里来验了伤,伤重的还许调养,伤轻的就派在各卡子上去。前日噶朗噶百姓巴纳甲、巴额甲私下里说:'我们如今虽在这里守卡子,官兵打下来是拿不住的,就是拿住,与逊克尔宗、勒乌围一带也是无益的,百姓只有死的一条路了,不如投了天朝罢。'有人告诉土司,就把巴纳甲、巴额甲两个人的眼睛挖了、脚踝打断,所以百姓们不敢乱说话。"[①]小

[①]　中国第一历史档案馆、鄂温克族自治旗民族古籍整理办公室编:《清宫珍藏海兰察满汉文奏折汇编》,辽宁民族出版社,2008年,第218—219页。

金川土民郎卡尔章,被头人带到大金川后被卖给噶朗噶寨百姓本布甲做使唤娃子,被寨首派差到格尔朗挖掘壕沟,砌卡子,亲眼见到土司索诺木将逃走却又被抓回的人送到卡子上,当众将起意出逃的二人实施挖眼、断脚踝的酷刑。① 从这些供词可知,挖眼、断脚踝,既是非常残酷的肉刑,也是体现土司意志的重要手段,能够对土民起到巨大威慑作用。

毋庸置疑,严刑酷法是金川土司强制广大土民服从统治的暴力机器。换言之,严刑峻法是用来确认土司至高无上权威和维系等级秩序的重要工具。大小金川土司常住的官寨都设有土牢房,用来关押各处触犯土司社会习惯法的土民和从战争中俘虏来的不被信用的人。土牢低矮潮湿,采光很差,环境极为恶劣,被押人员要戴着镣铐关入土牢中,而且土司提供给戴罪之人的饭食粗劣不堪。战争期间,金川的普通百姓也会有随时被关进土牢的可能。只要土民表现出不愿安心守卡打仗,或有出逃之心,头人就要将其送到勒乌围官寨的土牢中关押起来;被大金川人俘虏的屯兵白日被关在噶喇依土牢里,夜里放出来给土司舂火药。② 乾隆三十八年(1773),大金川的一些"百姓见伤亡厉害,都不情愿打了,头人不依,说不打仗,土司就要杀了"③。土司在特殊情况下对土民生命的随意剥夺带来的恐惧,没在那种环境下生活过的人难以感同身受。金川土司的处置手段极端又残酷,难免让人忍不住诘问怎么土民不集体反抗呢? 对于这个问题,笔者起初也感到难以理解:土司家族成员和其他大小头人只占极少数,不堪压迫的土民为何不能为生存奋起抗争呢? 但在充分了解土司统治下从政治、经济到宗教各领域对土民的深入控制,以及带有连坐色彩的严密监视和严刑峻法之后,就不再困惑了。

2010 年 5 月初笔者在丹巴县巴底乡的田野调查中发现,在大金川紧邻的巴底土司官寨遗存建筑中仍可见到土牢,与档案文献中的描述并无二致。面对这种低矮潮湿、摆放着刑具的土牢,观者难以想象被拘禁者在条件恶劣的牢房中身心遭到怎样的创伤。至于被拘禁者的遭遇对围观百姓的心理冲击更是不言自明。土民极端畏惧土司除了社会等级的原因外,刑罚残酷是更直接的原因。据此,就能明白为何土民平日遇到土司家族成员出行,必须蹲在道边低头回避了。丹巴县聂嘎乡的嘉绒藏民拥中格西告知笔者,其祖辈曾

---

① 中国第一历史档案馆:《军机处录副奏折》,民族类,缩微胶卷号 591,档号:7991-41,题名:投出僜拉番女供单。

② 中国第一历史档案馆:《军机处录副奏折》,民族类,缩微胶卷号 590,档号:7982-34,题名:投出各番供单;《军机处录副奏折》,民族类,缩微胶卷号 590,档号:7985-15,题名:脱出屯兵供单。

③ 中国第一历史档案馆:《军机处录副奏折》,民族类,缩微胶卷号 589,档号:7955-80,题名:金川番人噶达尔甲供单,具奏日期:乾隆三十八年闰三月初八日。

说过，如果土民没有及时回避以示敬畏，就会遭到土司随从人员就地鞭笞，甚至更严厉的处罚。

战争中后期，土司索诺木依旧既不肯开仓放粮接济乏食土民，亦不愿给守卡打仗的土民发放口粮。许多出兵的土民眼看清军越打越厉害，深切感到大金川有可能要完了，就索性把家里牛、羊、猪等能吃的都杀了吃了，并私下里与人商议如何携家带口出逃。然而，这样做风险很大，如若被人发现后告到土司索诺木那里，那些起心要逃走的土民面临的处罚就不再是挖眼、砍脚踝等肉刑，而是直接被丢到大金川河里淹死。因为对于土司索诺木来说，土民不肯出力打仗就是背叛，就是对土司权威的挑战。考虑到土民与土司之间存在浓厚的人身依附关系，战争时期的叛主行为是土司断难容忍的事。据土民色朗供："我儿子要逃出，土司把大的两个都丢河里（淹死），求旧土妇杞什纳木说情，才留下这一个儿子。"[1]面对土司直接杀人警示的极端做法，土民既没有任何反抗之力，甚至也没有反抗的思想。可见，土司对百姓的控制已经深入民心。

在此，需要说明的是，土司虽然掌握生杀予夺大权，执行严酷的刑罚，但通常情况下不会轻易下令杀人。这与土司社会较为低下的社会生产水平和人口增长速度普遍较缓慢有关。土民犯罪，通常是罚做苦差或处以肉刑。在承平年代，即使犯了土司最痛恨的叛逃他处的罪行，若逃跑的人被追索回来，顶多是受刑，罚为奴仆，也不会杀掉。不仅如此，连杀人这样的重犯，也只需缴纳罚物或罚金赎罪，即"杀人者罚牛马银物，入土司赎罪"[2]。显然，这种处罚措施，既能保证不再失去人口，又能增加土司的财产收入。也就是说，土司非常清楚，如果死刑泛滥，必将面临无民可治，无民可依的境地。

越是接近战争尾声，土司索诺木对土民的监视和处罚愈加严酷。那些被疑心要逃走的土民家庭，男的或直接丢河里淹死，或先施挖眼、断脚踝酷刑再杀掉，家眷被圈禁，兄弟遭连坐被关进土牢；那些试图逃走却被拦截回来的土民家庭，先是俱下土牢关押以示惩戒，后来发展至男的扔到河里淹死，女的卖与百姓家作使唤娃子；妇女们因连年打仗没有心思种庄稼，土司索诺木对此甚是不满，派人诘问是不是起了反心，威胁再不用心劳作就要对其抄家并丢到河里处死；为了方便监视和防止出兵的土民举家逃走，不惜设法将出兵打仗的土民和他们的家眷分开，不让住一处；为达到震慑土民使之不敢叛逃的目的，索诺木还威逼众人当着苯教大喇嘛的面赌咒发誓，表示情愿为土司死

---

① 中国第一历史档案馆：《军机处录副奏折》，民族类，缩微胶卷号 590，档号：7982－50，题名：投出促浸鱼科等番人男妇供单。

② ［清］李心衡：《金川琐记》卷 2 之《夷例》条，中华书局，1985 年，第 20 页。

守、绝不叛逃,否则就要遭到诅咒,惹来厄运。① 索诺木采用严刑酷法建立的恐怖统治(肉体上和精神上的双重恐吓),确实对土民起到了相当震慑作用。清军攻克大金川前一年里很多人想逃出,但又害怕被土司发现而作罢。毫无疑问,"促浸百姓想投降但又怕投出被杀"②,是该土司兵不满万员却能抵抗清军密集进攻长达三年之久的重要原因。

还应补充说明的是,承平时期土司驭民之法亦十分严厉。土司境内尤其忌偷盗。土民一旦盗窃,只要被人告发,必遭土司严惩。例如大金川喇嘛科尔寨人撒尔甲的母亲,因没吃的,偷了邻家一只羊,被人告到头人跟前,便被捉拿到勒乌围官寨当差;又如大金川卡角寨人阿咱纳的母亲因偷了别人家的东西,被土司发落到格尔替官寨当苦差,阿咱纳的父亲迅速娶了新老婆。③ 即使偷盗的人是女性,而且偷盗行为完全是被生存所逼,为填饱肚子不得已而为,土司的处罚一样毫不手软。清人李心衡根据亲身观察指出:"夷俗最重窃盗。事发辄捆缚犯人投大江中。"④显然,严禁土民偷盗是众嘉绒土司地区通行的习惯法。另据沃日土民章木太供称:"鄂克什木兰坝人,乾隆十四年因为偷了人家的牛,害怕土司问罪,就逃到促浸去了。促浸土司把我安在筆里角寨,给田地,还配给了女人,生有四个儿子,两个女儿。"⑤这则供词表明,为扩充人口,大金川土司还会容留其他土司境内犯偷盗罪逃出的土民。可见,嘉绒地区众土司只是严禁内部土民偷盗财物,而不是对有偷盗行为的人一律零容忍。此外,"规避徭役、不遵土司饬遣者,例最严酷,籍没其家,将其人并家属,分卖各部落为奴"⑥。

之所以要通过严厉的处罚手段来禁止土民的偷盗行为,可能与金川及其附近土司地区的社会经济状况长期处于较低发展水平,底层土民普遍比较贫穷有关,即如果不能严禁偷盗,整个土司社会就难以维持稳定的秩序,土民亦不能有相对安定的生活环境。除了严禁部落内的偷盗,大金川土司对土民的

① 中国第一历史档案馆:《军机处录副奏折》,民族类,缩微胶卷号589,档号:7956－27,题名:生擒促浸降番供单;《军机处录副奏折》,民族类,缩微胶卷号590,档号:7981－11,题名:投出番人供单;《军机处录副奏折》,民族类,缩微胶卷号590,档号:7979－72,题名:投出番人番女供单;《军机处录副奏折》,民族类,缩微胶卷号590,档号:7983－29,题名:拿获番贼供单;《军机处录副奏折》,民族类,缩微胶卷号590,档号:7980－40,题名:生擒打仗贼番一名。
② 中国第一历史档案馆:《军机处录副奏折》,民族类,缩微胶卷号590,档号:7975－62,题名:供单。
③ 中国第一历史档案馆:《军机处录副奏折》,民族类,缩微胶卷号591,档号:7991－51,题名:投出番人供单;《军机处录副奏折》,民族类,缩微胶卷号589,档号:7969－37,题名:投出促浸番人供单。
④ [清]李心衡:《金川琐记》卷2之《夷例》条,中华书局,1985年,第20页。
⑤ 中国第一历史档案馆:《军机处录副奏折》,民族类,缩微胶卷号590,档号:7984－10,题名:拿获促浸细作供单。
⑥ [清]李心衡:《金川琐记》卷2之《夷例》条,中华书局,1985年,第20页。

婚外情行为和拐带已婚妇女的行为处罚亦十分严厉。该问题将在土民的婚姻和家庭一节专门论述,兹不展开。与内地迥异的是,金川及其周边土司地区对通奸行为的处罚并不严厉,而且土民对这种在儒家文化看来极其伤风败俗的事十分宽容,很少有主动告发这类事情的情况发生,即便偶尔有偷情败露者,亦不过是私自罚柴了事。①

　　总的来说,嘉绒土司地区普遍实行习惯法,而且罪名繁多,惩罚手段十分严苛,盛行残酷的肉刑。严刑酷法是大小金川等嘉绒土司维系等级社会秩序的重要制度保障。换言之,如果说苯教信仰是土司家族控制土民意识形态和精神生活的重要工具,那么严刑峻法则是土司累代维系对土民世俗统治的利器(暴力工具)。

本章小结

　　大小金川土司是其境内土民的直接统治者,拥有至高无上的权威,在土民中的政治威信远超中央王朝的皇帝。他们处于土司社会权力金字塔的顶端,对其治下土民的人身控制甚深。从某种意义上讲,两金川土司就是各自部落的"王"。这是大小金川土司害怕失去土司权力和地位拼死与清廷相抗的根本原因。不过,也不能因此将两金川末代土司拥有的部落最高统治权绝对化。就大金川土司索诺木而言,他年少继承土司之职,除掌管兵权和司法权外,在重大问题决策上都要听从同父异母的莎罗奔兄弟,以及寡居娘家的姑姑阿青的建议,完全称不上"只手遮天,政由己出";在经济上,索诺木必须同莎罗奔兄弟平分土民上缴至土司"官仓"的粮食;在宗教方面,莎罗奔兄弟除掌管全境苯教事务之外,还与红教大喇嘛关系十分密切。就小金川土司僧格桑而言,尽管他为人强势又刚愎自用,但他的行事方式也会受到世袭大头人的制约。这表明嘉绒诸土司之统治并非铁板一块,有各自的特殊性和复杂性。与此同时,土司统治权力的运转离不开各级头人的效忠。因此,大小金川各级头人是构成和维系土司社会阶级统治的中坚力量。离开大小头人和寨首对各处寨落的深度管控,土司掌管全境事务也就无从谈起。其中,为数较多的小头人和寨首是土司管理分散各处土民的得力助手——既将土司或土舍、大头人的命令下达到百姓阶层,也监督百姓们完成指令。

　　在土司社会的普通百姓之中,寨首以下的民众还可分为承种土司或大头

---

　　①　[清]李心衡:《金川琐记》卷 2 之《夷例》条,中华书局,1985 年,第 20 页。

人份地的百姓、承担各种手工业专差的百姓、为土司放牧牛羊马等牲畜的百姓,及为土司、土舍、土妇、土女、大头人、大喇嘛等贴身服务的"伴当"。这些百姓因谋生途径不一,处境也会有差别,但总体上属于维系土司社会发展的基础力量。耕种土司分给份地和承担技术专差的百姓较受土司重视,对土司的忠诚度极高,对世袭身份等级的认同堪称深入灵魂。他们是土司与清军相抗的依靠力量。与此同时,两金川的土民长期处于比较贫困的生存状态,而土司的财富积累又十分有限。这是两金川土司和土民都崇尚外出劫掠,并且对出兵打仗侵占其他土司的地盘、人口和财物不以为然的经济动因。此外,还有大量依附各阶层为生的"家人""使女""娃子"等可以被主人任意买卖处置的奴仆。这些奴仆是位于社会权力金字塔最底端的人,处境相当悲惨。一世为奴,世代为奴的等级观念,以及各种惩罚带来的百姓身份下坠,为奴仆阶层源源不断提供了观念和体制的保障。

与森严的社会等级制度一样,"兵民合一"的兵役组织形式与严酷的习惯法亦是维护土司至高无上权威的有力工具。大金川土司治下"平时耕种,战时出兵"的兵民合一的兵役组织形式,其实是与其社会经济发展状况和地方文化传统相适应的产物。同时,承种土司或头人份地的土民家庭青壮年男子自带兵粮作战时有"保家、护主(土司)、捍卫苯教"的强烈使命感。并且,在这种兵役组织形式下,大小金川土民的战斗力绝对不容小觑。他们在头人带领下转战各山梁要处,既是挖壕沟、筑碉卡的一把好手,也是据战碉和地形地貌之利、同心誓死杀敌的勇士。两次金川战争用时之久、耗费之巨便是对此最强有力的证明。

"严刑酷法"是确保大金川土司在粮食无继、瘟疫肆虐的情况下,还能较好地控制一定数量的土民坚持与清军奋力相抗的重要原因。对金川土司实行"严刑峻法"的统治必须具体问题具体分析。土司对土民拥有政治统治、经济剥削、宗教控制、司法专断等广泛的权力。因此,明清时期土司社会普遍实行的以习惯法为特征的残酷刑罚,与同时代中央王朝推行之系统、成熟的成文法判然有别也就不足为奇。同样地,金川土司实行挖眼、砍脚踝之类的残酷肉刑、将民众直接投河淹毙的暴行,以及将民户家口分散转卖各处土司的残忍处罚方式,确实有其落后的一面,不必为之遮掩,更无须竭力合理化。但是,也要看到,土司社会习惯法里也有相对宽容的部分,诸如慎用死刑,对男女偷情行为的宽容等。当然,慎用死刑并不是土司悲天悯人,尊重生命权,而是因为人口,特别是精壮劳力是土司社会财富积累的关键因素。至于对土民偷情行为的宽容,主要是因为嘉绒土司地区并没有儒家文化宣扬的"男女授受不亲""万恶淫为首"之类的价值观念,民风较为原始,土民对婚前男女媾和之事不以为意,视为自由相好之举。统而观之,土司社会的严刑酷法要放到具体的历史语境中考察,方能不致有失偏颇。

最后,要再次强调的是,对金川土司社会内部的权力结构、经济发展状况、土司之下各阶层的生存面相等问题的探讨,其落脚点是为了更好地理解在乾隆朝两次金川战争期间,为何出兵土民有限却能与大批清军长期抗衡的问题。无论是等级森严的金字塔式阶层控制,还是不成文法下的严酷刑罚,都为金川土司牢固控制土民提供了强有力的制度保障。同时,长期停滞不前的部落经济发展状况,使得土民对土司或头人的依附甚深,以致他们积极响应土司号召,竭力与粮秣、军械、银两供应富足的清军抗争之目的,除了遵循部落传统,捍卫土司统治与苯教信仰之外,还有在以"放夹坝(劫掠)"为美德的价值理念和彪悍好战的族群性格驱动下,视与清军大干一场为抢获不菲物资和银两的契机。

第四章　迥异于内地的社会习俗和宗教信仰

一般而言，风俗习惯是指某个特定文化区域内人们历代共同遵守的行为模式或规范。某一族群的社会习俗，则可理解为在一定的自然环境和社会环境中相沿积久而形成的生活方式，具体表现在生产、居住、饮食、服饰、婚姻、丧葬、节庆、娱乐、礼仪、禁忌等方面。一个地方的风俗习惯仿佛是一面镜子，映射出特定人群的复杂生活面相和独特风貌。了解大小金川的诸多社会习俗，可以更好地理解金川土司和土民的文化心理，以及他们为何会执着地将与清军抗衡视为捍卫自身传统之"理所当然"的选择。

宗教信仰是一种特殊的社会意识形态和文化现象。当特定人群全身心皈依某种特定的宗教信仰时，不仅会虔诚地投入到相关宗教仪式和宗教活动中，而且会遵从该宗教的价值理念来指导他们的日常生活和政治行为。因此，了解金川土司、土民的宗教信仰状况，既是管窥其精神世界的不二门径，也是理解他们将阻挡清军进剿视为捍卫苯教之战的原因所在。

第一节　与内地判然有别的社会风俗习惯

以大小金川土司为代表的嘉绒藏民在特定的自然环境、社会历史条件、经济活动和生活方式共同形塑下，逐渐形成了独特的社会文化习俗。它们集中体现了嘉绒藏民的生活方式、历史传统和心理感情，为管窥土司时代的金川土民的生活世界和精神世界提供了可能。鉴于清宫档案文献和地方文献的局限，在此主要就土司时代大小金川民众的居住、饮食、服饰、婚姻与家庭、丧葬、娱乐等方面展开论述。

一、寨落及其分布特点

通常，嘉绒土司住在宏伟高大的官寨，而百姓则在普通碉房生活。无论官寨还是碉房，都由碎石片砌成。据清人李心衡著《金川琐记》记载："蛮俗造屋尽用土,盖先砌石作墙,架巨木为梁,以杂木横搭之,盖土于其上,筑之令极坚,虽倾盆雨不能漏。惟淫霖连月,须加土再筑。其碉楼及一切墙垣,俱砌乱石,远望作冰裂纹,整齐如刀削。虽汉人工巧者不能及。其所用阶梯,以独木截成锯形,凹处仅容半足,汉人登之不能动寸步,彼徒负重上下猿捷如飞。"[1]李心衡对金川土民筑碉房之观察非常仔细,感受也很真切。2010 年 5 月上旬,笔者在对小金县和丹巴县的田野调查中观察到,藏民在砌房时延续了就地取材的传统,仍以石片为主要建筑材料;由粗大木材砍斫而成的独木梯依旧是建房时登高运输物料的必备工具;建成的藏式楼房虽架设高大木梁承重,但砌墙过程中石片的组合、勾缝、对接手法仍保留古风,且砌成的房屋外墙的状貌颇似碉楼。

金川土司境内的民寨,大体上或分布在河川两边的平坝,或坐落在高山的山腰处,甚至散落在山顶稍平展处,且规模不等。寨落既是土民的日常生活场所,也是金川本土文化最鲜明、恒定的载体。欲探明两金川的寨落分布情况,可以从清军将领奏折以及金川土民供单两方面入手。为便于呈现,特绘制表 4 - 1。

表 4 - 1　大小金川土司各处寨落和家户分布情况表

奏报/供述者	两金川土司各处寨落分布情形	史料来源[2]
温福奏	先已查清(小金)三十一寨共七百一十八户,男妇老幼二千余名口。	589/7955 - 52
敦把供述	"我们(大)金川共有大小寨落七十二处,一寨有百十户,也有六七十户的,大小不等。除了妇女、娃娃,出手打得仗的不过万数。"	589/7955 - 71
杞斯甲布供述	功噶尔拉山梁上有五六座碉,金川派了七寨四百多人。[3]	589/7955 - 76
萨克尔甲供述	"小的住在勒乌寨,共有一百多户人,大头人名叫策普。"	589/7955 - 83
伊什供述	当噶拉一道梁子派了卡卡角、日克落、折玛矢格朗并折木拉木等二十四寨约一千多人看守(注:若按战争初期大金川每户出单丁计,即 24 寨当有 1000 多户,平均每寨约 50 户)。	589/7955 - 114

---

① 　[清]李心衡:《金川琐记》卷 2 之《造屋》条,中华书局,1985 年,第 18 页。
② 　为方便阅读,这里只提供史料来源(中国第一历史档案馆藏《军机处录副奏折》)的缩微胶卷号和档号,省去冗长的题名和具奏日期。
③ 　如果按战争初期大金川每户出单丁计,即 7 寨有 400 多户。

续　表

奏报/供述者	两金川土司各处寨落分布情形	史料来源
阿桂等奏	小金川汗牛十四寨,由明正头人格宗带来营降,共有三百七十余户,男妇大小一千九百余名口;小金川蚌鲁尔八寨,附近明郭宗之达伊等五寨,并别思满五寨,其中蚌鲁尔八寨共有六百八十余名口被交给瓦寺土司管束。	589/7956-25; 589/7956-26;
刘秉恬奏	美诺西北之阿思通地方与金川相通,该处迤南一带小金川寨落甚多。	589/7961-68
丹巴阿太供述	"……做了萨尔尼达思迷寨的头人,管着七八十户百姓。"	589/7967-10
硁朋、忔朋供述	"从卡卡脚过去,山腿直插下河,名庚鹅(额),是一大寨,有五六十家百姓。	589/7969-44
阿脱供述	促浸四郭洛寨的头人,五十六岁,本寨二十二户,三十个百姓都派出守战碉。	589/7969-61
索尔甲木供述	五十岁,促浸蜡八索寨人,本寨上共有十一户人家,打得仗的有二十多人。	
达尔甲供述	四十一岁,促浸噶斯顶寨人,本寨有十八户,打得仗的有十五人。	
阿甲尔供述	"今年四十岁,在促浸马斯俗地方住,……我们地方有上有八寨。"	589/7969-65
克尔朋供述	"年三十岁,系金川米寨人,……共有米寨、玛尔诺两个寨子,约计有金川的一百余人,小金的二十人。"	589/7970-11
明亮奏	绰斯甲布头人称,过箐林往沟口紧锁战碉二座,过此即赴勒乌围隔江大路,其间木闳曲只克、马斯达等处地名寨落甚多,为促浸人户最稠密处。索诺木现住官寨纳木底官寨亦在斯达左侧。	590/7975-17
明亮、舒常奏	沙坝山环绕右侧,树林丛密之中,数十户为一处,周佈沿山上下。其下色格落、喀尔督俱在山坳之内,各有四十余户,上下拥衔,山势甚险要。	590/7975-30
	沙坝山有山腿四条,其中地名甚多,寨落稠密,居日旁之后。 西南沙坝山坚碉林立,一时未可力取,而下面沿山寨落甚多。	590/7975-40 590/7975-35
明亮等奏	自带石以前过石包以下即斯年木咱尔官寨,再进即得式梯官寨,附近有萨木等四处寨子,右侧山腿有寨落分布,另有喀尔西大寨。	590/7975-31
阿董供述	正地人,今年五十岁,促浸土司派我在俄坡守卡子,正地一带共有五六十户人。	590/7975-33

续　表

奏报/供述者	两金川土司各处寨落分布情形	史料来源
明亮、舒常奏	日旁民户稠密为促浸紧要门户,数日克碉寨四百余间,西斜坡有平房一百余间。	590/7975 - 35
甲太供述	二十岁,促浸热堡寨人,家里有母亲姐妹三人,无妻子。从前每寨有几十户百姓,今各路官兵都打得厉害,阵亡受伤的很多,每寨只有几户人了。	590/7975 - 45
俄尔甲供述	在促浸玛日不里寨住,本寨共有五十户人,一半是百姓,一半在土司处办事。	
木他尔供述	"僧格桑在金川住的科思果木寨很小,不过十来户人家。"	590/7975 - 70
阿桂等奏	"自勒吉尔山梁迤逦而至将近噶尔丹寺又分为两道山腿,其支处上为奄吉寨,下为达佳布寨。"	590/7980 - 10
明亮、舒常奏	斯年木咱尔沟外转过山嘴即系茹寨一片麦田,但茹寨战碉扼其险要,官兵难以迳进,惟沿河数百处寨落星罗棋布。	590/7980 - 12
明亮等奏	"查耳得谷为即为上巴布里(寨),当有中巴布里(寨),下巴布里(寨),再下即为阿尔索,沿山寨落甚多,田地极见广阔。惟耳得谷实为扼要。其山腿之上有两处大寨,有卡前后护持。"	590/7980 - 21
阿撒尔供述	(大金川)达尔卓克寨从前有六十家人,这几年打仗死的有四十多家。	590/7980 - 27
措木供述	儹拉明郭宗人,丈夫是个屠夫,住的是孤单寨子。	590/7980 - 28
明亮、舒常奏	自沿河而往则基木斯丹当噶迤逦而下,尚有旁分山腿一条,卡隘周密,即使绕过山腿而南一带平坡数百处碉房寨落错布其间。	590/7980 - 38
克尔太等供述	俄勺角十寨、克舟九寨的庄稼都被雹子打坏,百姓都跑到科布曲寨。	590/7980 - 59
明亮、舒常奏	噶西喇嘛寺之前两处寨落有平碉二十余间。	590/7980 - 63
明亮等奏	由巴舍施、甲索诸山之水汇流入河沟,南侧为丹扎木沟,北侧为达思拉木,沙尔尼为总名。寨落或五六十间,或三四十间为一处,星罗棋布,四面纵横。	590/7980 - 64
阿桂等奏	"雅玛朋一带寨落甚为稠密","阿尔古有几十寨百姓"。	590/7981 - 2
砼朋供述	"库纳寨本有四十家,如今只剩下十八个老幼男人守卡。"	590/7981 - 3
郎卡尔结供述	"甲思科寨从前有五十多人当差,如今只剩下十几个人。"按金川向来每户出一人当差来计,甲思科寨应有五十多户人家。	590/7981 - 4

奏报/供述者	两金川土司各处寨落分布情形	史料来源
阿桂等奏	官兵攻克昆色尔等各山峰处碉寨一百三十余处（含舍图枉卡沟内有寨落五处，刮耳沙坝、日尔底、格思茹等寨），占地三四十里。	590/7982 - 4
阿桂等奏	官兵将章噶两山峰俱行占据，克获寨落二十余处，将章噶上下十八余寨焚毁。	590/7982 - 5
明亮等奏	"查基木斯丹当噶向东另分山腿，地名撒撒谷，如将撒撒谷攻克，则日旁右手之沙坝山、喀尔西、色格落麻、巴布里并上连达尔图、得楞等处地方，日旁沟口之斯年木咱尔，并沟内斯聂布罗等处地方，统计周围五十余里，其间寨落数十百处，番户极为稠密。"	590/7982 - 19
	"木克什以至沙尔尼其间寨落高下散布，密如栉比，皆为此基木斯丹当噶山腿所包在内，实为扼要。"	590/7982 - 22
	自茹寨至基木斯丹当噶共有五道山腿，其沟内寨落有五十余处，而平坝一带大小寨尚有数百处	590/7982 - 28
阿桂等奏	路官兵攻克下巴木通一带珠寨、上得式梯寨等寨落二百余处，寨房一千余间。	590/7982 - 32
	官兵以三日四夜之力接连攻打噶朗噶一带寨落一百一十余处，战碉三十余座，寨房两千余间尽为夺获扫除。	590/7982 - 38
明亮等奏	巴舍施一带南北两面陡壁峭立，当路碉寨林立。	590/7982 - 42
明亮、舒常奏	纳木底大官寨已被土民焚弃，相近二十余处寨落亦弃空。惟其上斯当安周围及二十里共有寨落三十余处，星罗棋布，相互照应；曲硕木寨落隐于西面山沟之内；官兵由扎乌古抢上山梁连克五碉，烧毁得巴干谷寨落二十座。	590/7982 - 44
明亮等奏	"查其（金川）平坡寨落碉房稠密"，"从额尔替下压平坡寨落，但察看贼人以寨落高下散布，贼势易联络"。	590/7982 - 46 590/7982 - 47
札思满供述	"促浸噶尔噶木寨人，这个寨子从前有三十家人。"	590/7983 - 6
阿桂等奏	西里山下沿河一带寨落甚多，瓦喇占一处即系索隆古斜岔山腿下三处寨落中之沿河第三处，但其右手山坳尚有碉寨一处。舍勒固租鲁旁有相连之大寨二处。	590/7983 - 14
	舍勒固租鲁、瓦喇占、雅玛朋各碉寨为上科布曲索隆古山梁必由之地，该处寨落甚为稠密，又有大碉卫其前，科思果木拥其后。	590/7983 - 18

奏报/供述者	两金川土司各处寨落分布情形	史料来源
明亮等奏	达撒谷山梁迤逦回环，山半有寨落四处，每寨墙垣高厚，联络其间。下巴布里近沟口有寨落七处，其中一处与中巴布里相连。	590/7983-22
明亮等奏	官兵将中巴布里寨落焚毁，陆续投出促浸、儧拉人四十五名口。	590/7983-25
	官兵由达撒谷攻取并抢占贼人山上碉卡、寨落各数十余处，大寨落五十余处。	590/7983-26
阿桂等奏	官兵在科布曲、索隆古等一带攻克碉寨一百余处。	590/7983-31
	官兵由索隆古进攻克取朗阿古、斯拉瓦，占据库尔纳、达尔卓克、噶占、玛尔角等处地方，连日打仗克获官寨三处，碉寨四五百处。	590/7983-32
	萨尔歪寨落共有三处，对河有阿结占寨落两处。紧贴萨尔歪之东有山沟一道，不宽但隔磡壁立，数十仞不能上下。沟以东有寨落数处，即在来木得克寨之内。查看刻布曲、索隆古，山形高竣，其间道路虽多，碉寨亦属不少。	590/7983-38
戎章等人供述	达尔卓克寨原有六十家人，现在只有三十家人。	590/7983-39
明亮等奏	噶木尼布沿山二十余处寨落，高下布列，噶木尼布上至山顶为独古木思得，左侧少下为独古木思满，各有碉寨十余处。布吉鲁、达那两山上下寨落八十余处。	590/7983-41
达固拉僧格供述	舍齐喇嘛寺在噶喇依后山顶上，寨内连喇嘛共有三十多户人。	591/7989-96
	勒乌围官寨前面临河，后面靠山，山上碉卡甚多，系促浸险要地方，对面河那边系阿尔古民寨，看来百姓约有七八十户，房间甚多。	591/7989-98
	科布曲地方有四五十人户；在山上看两遍山沟内都有些零星寨落，不知名字，每寨也不过几家人家；舍齐喇嘛寺总有七八十户人家是个大寨落。	591/7989-99
富德奏	官兵将克舟九寨至曾达一带全行招安占据，除四处官寨外，有大小寨落数百处，所得山形地势周围约数百里。	591/7990-25
明亮、舒常奏	自阿尔古至底角沿河行走约有一百四五十里，绕越山顶而行几及三百里，其间数处寨落。	591/7990-27
富德奏	占据楂马克、得木□尔甲、木克楚、甲木大□尔等寨落五六十处。	591/7990-44
阿桂等奏	官兵扫清木果木、昔领、斯尼固、达札克角、功噶、卡撒以及俄匀角十寨；噶喇依碉寨高坚巩固，其旁寨落众多。	591/7990-45

续　表

奏报/供述者	两金川土司各处寨落分布情形	史料来源
阿桂等奏	噶喇依左手寨落甚多,大兵初到时虽经抢占焚烧,额森特现在驻兵围困之处相距官寨尚隔有大寨五处;紧贴噶喇依西北有许多散寨。	591/7990-50 591/7990-55
幹布鲁、鄂木措等人供述	"那勒歪(勒乌围)一带有五六十寨,每寨多有一二百户,少的有二三十户。"	《金川档》① 第524页
昆布木、僧格供述	"我们是木斯果寨人,木斯果寨有六十多户。""木斯果寨是刮耳崖官寨所管。刮耳崖这边管的约有四十多寨,每寨或一百多户,或五六十户不等。"	《金川档》 第531页
萨尔甲供述	"(小金川)美诺官寨内有七十来户人,每户人数多少不能细知,内只有三十来户是派出当兵,其余都是伺候当差不派出兵。又美诺对过绷耳地方有八寨人户,内中也有一百户的,也有六七十户的,离美诺一天或半天路不等。" "美诺官寨约二三里大,中间是土司官寨,两旁都是百姓人家周围住着","布朗郭宗地方约有三十多户,底木达地方约有二十多户。"	《金川档》 第731页、 第932页

根据表4-1第二列的内容,并结合其他资料,可以对金川土司地区的寨落分布情况总结如下:

第一,分布呈现"大分散,小聚居"态势。两金川土司辖千里之地,有七八万之众,寨落繁多,除少数零星散寨、独户外,较为常见的或是一二十户人家的小寨落,或是三四十户、四五十户的中等规模寨落(见表4-1阿董供述内容),或是六七十至七八十户的大寨落(见表4-1敦把、砬朋、扎朋等供述内容),但也有一二百户的超大寨落(见表4-1昆布木、僧格等供述内容),另有大金川的阿尔古、乃当、勒乌围,刮耳崖,小金川的绷耳等地亦民户密集。

第二,寨落的分布因地制宜,而且寨与碉密不可分。山腰平坡、崖礅之上、山沟之内、平坝开阔处、山腿上下都有可能建立寨落(见表4-1明亮、阿桂等奏报内容)。同时,寨落附近要隘处均筑碉设卡护卫,而且寨内有寨碉,各家有家碉。正因此,官兵每攻下一处,多半奏称攻克碉寨多少,罕见只有寨房、没有碉卡的寨落。不仅寨有寨碉,而且家家户户都建有家碉。据履职金川的李心衡指出:"碉楼如小城,下大巅细,有高至三四十丈者,中有数十层,每层四面,各有方孔,可施枪炮,家各有之,特高低不一耳。"②

第三,金川地区跬步皆山,寨落绝大多数以山命名(两金川寨落名称统计

---

① 冯明珠、庄吉发编:《金川档》,台北"故宫博物院",2007年印。
② [清]李心衡:《金川琐记》卷2之《碉楼》条,中华书局,1985年,第18页。

详见本章附录)。比如大金川的"上巴布里寨""中巴布里寨""下巴布里寨",其实就是坐落在巴布里山梁的高处、中部和低处的三个寨落;又如小金川的"上宅垄寨""下宅垄寨",其实就是宅垄高处和低处的寨落。笔者在小金川展开田野调查发现,今日小金县宅垄一带的民居仍然依山势分"上宅垄"和"下宅垄"。

第四,凡有大片田地的地方,就有大型聚落分布。例如大金川乃当、日旁、阿尔古等处田地广大,各有数十寨,每寨一二百户,碉房千余间密布其间。

第五,土司官寨管束附近的寨落(见表4-1昆布木供述"木斯果寨是刮耳崖官寨所管"例)。前述两金川数十处官寨,除了为土司营造"居无常处"的统治神秘感、增强土司人身安全系数外,主要是为了便于土司巡管各处田土和寨落(特别是大寨落),及时掌握各处大小头人的情况。可以说,上千寨落与几十处土司官寨一同构成金川土司统治的有机体。

在前现代社会,带有鲜明地域文化特点的民居,基本上都是适应自然环境和社会人文环境的产物,两金川的寨落亦不例外。从普通家户到中小型寨落、再到大型寨落(附近一般会有土司官寨),直至扩展到整个土司地区,土民就地取材(石片、木材、麻筋),发挥卓越的建筑技术建造的碉房(平碉为主)无处不在,成为两金川地区的重要文化表征之一。土民寨落样式和分布,对内体现了土司社会等级森严(土司的官寨最宏大、护寨碉楼也最为雄伟高大,各级头人住处亦随等级各有差别),对外则体现了强烈的防御心理。这种带有"随时准备战斗"色彩的碉房,与土民素喜"放夹坝"、土司间战争不断的人文环境颇为吻合。另外,碉房窗户既少又小,以至采光不好,但保暖和抗大风性能佳,可以帮助土民应对金川地区多大风、终年寒多暖少之恶劣气候。

对土司统治时代的金川土民而言,他们当中的绝大多数人终其一生都要在寨子里生活、劳作,直至走完各自的人生历程。因而,寨落在很大程度上几乎承载了金川土民世俗生活和精神生活的全部内容。从这个意义上讲,每处寨落不仅是构成土司统治有机体的基础性社会单元,而且是众多土民传承本土文化习俗、尊崇本土宗教信仰、演绎个人生命史的重要场所。不仅如此,两次金川战争期间,依山势高下而建、碉楼环绕、人口密集的大寨,往往也是清军最难攻克的据点。

二、日常饮食与服饰

饮食习惯是饮食文化的核心元素,必然受到地形地貌、气候、物产、传统文化、宗教等因素的影响。大小金川土司地区的饮食习惯亦不例外。金川跬步皆山,气候偏寒,耕种技术落后,所种不过青稞、荞麦、圆根(类似萝卜)之类,并不产大米;依傍大河和有泉水可以灌溉的地方有水田,可以种小麦、大麦等,旱田或山上坡地通常只能种荞麦、黍类;土民虽已知利用牛马耕地,但"牛则扼其两角,马则勾其鞍桥",以至"运犁无力",难以深耕细作,因而"劳倍功半"。① 金川土民还喜种植样子像黍粒的天星米当粮食吃。② 不过,碉房四周的荒山野岭为放养牛、羊、猪、鸡等家畜提供了便利。土民除根据家庭情况饲养牛(牦牛、犏牛)、羊外,尤其喜欢养猪以获得肉食来源。各家各户悬挂在碉房高处风干制成的猪膘也是当地饮食文化的一大特色。③

土民每日吃两顿,通常以糌粑(青稞麦炒熟后磨成面,或用大麦、小麦、豌豆磨粉炒熟,然后用酥油茶或青稞酒拌和,捏成小团食用)为主食。④ 另据《四川省阿坝州藏族社会调查》可知,金川事变("平定两金川")以前,大小金川的嘉绒藏族除普遍吃糌粑之外,食青稞馍馍也很普遍。⑤ 据从大金川逃出的明正土兵雍中太供:"(乾隆)三十七年(1772)打仗(随清军从征金川)被抓住,被卖与促浸土司小头人丹巴,只留在家下使唤。昨因他们做庄稼,隔夜做就了馍馍留到第二天吃。"⑥这份供词里提到的馍馍大概就是青稞馍馍。

即使贵为土司,食物也并不奢侈,一般吃的是比较精细的面食,常有肉食供应,但土民的食物则比较粗糙。⑦ 据大金川木斯果寨人昆布木、僧格供:"至金川地方并不出大米,就是土司常吃的也不过是面饭。百姓人家早上吃的是糌粑,馍馍,熬着茶来同吃的。晚上吃的是焦团,也是面做成的。我们金川地方吃的茶叶,是全靠内地出去的。若是茶叶不出去,不能接济,我们那里有一种树叫阿拉甲生,一种叫阿噶鲁,一种叫萨波苔木。这几种树上叶子都像茶叶,就取来当茶熬着吃,只是味道不好。所以,没有了茶叶是极不便的。"⑧另据乾隆四十八年(1783)赴金川屯署任职的李心衡观察,金川土民也会熬制酥油茶,而且习惯必须加盐⑨。因金川的食盐全靠从内地买入是稀缺品,故日常用来提味的是酸菜,是用圆根的叶子煮熟发酵制成。⑩ 当地出产

① 冯明珠、庄吉发编:《金川档》,台北"故宫博物院",2007 年印,第 525 页。另见[清]李心衡:《金川琐记》卷 4 之《百谷》条,中华书局,1985 年,第 35 页。

② [清]李心衡:《金川琐记》卷 3 之《天星米》条,中华书局,1985 年,第 30 页。

③ [清]李心衡:《金川琐记》卷 4 之《猪膘》条,中华书局,1985 年,第 39 页。

④ 冯明珠、庄吉发编:《金川档》,台北"故宫博物院",2007 年印,第 532 页。另见[清]李心衡:《金川琐记》卷 4 之《膻粑》条,中华书局,1985 年,第 31 页。

⑤ 《四川省阿坝州藏族社会历史调查》,民族出版社,2009 年,第 230 页。

⑥ 中国第一历史档案馆:《军机处录副奏折》,民族类,缩微胶卷号 590,档号:7975-64,题名:脱出明正土兵雍中太供单。

⑦ 被俘的鄂克什土都司从大金川勒乌围官寨逃出来时,只从官寨厨房里偷了几个面饼和一块猪肉,参见中国第一历史档案馆:《军机处录副奏折》,民族类,缩微胶卷号 589,档号:7956-87,题名:脱出鄂克什土弁赓噶供单。

⑧ 冯明珠、庄吉发编:《金川档》,台北"故宫博物院",2007 年印,第 532 页。

⑨ [清]李心衡:《金川琐记》卷 4 之《熬茶》条,中华书局,1985 年,第 38 页。

⑩ [清]李心衡:《金川琐记》卷 3 之《圆根》条,中华书局,1985 年,第 30 页。

的少量土盐对改善土民的盐需求问题似无甚帮助。① 与土民相比,土司、大头人等享用品质较好的酥油茶当是可能的。②

　　除酥油茶外,用青稞、大麦等酿制的酒也是土司和土民钟爱的饮品。除青稞酒外,咂酒亦是当地一大特色,即以小麦、青稞、黍子经过煮熟、发酵等工序制作而成,饮用前倒入铜瓶,加少许滚水,用细竹管插入,男女数人一起吸饮。③ 据与楞占木一同投出的妇女萨木供称:"因给土司煮酒煮的不好,土司就把我卖给小金川去。"④萨木很可能是给大金川土司煮咂酒的"使女",但因手艺不佳而被发卖至小金川。土司家粮食多,酒产量甚为可观,譬如积极向清廷表示驯顺臣服的梭磨老土妇一次送给清军一千篓酒。⑤ 另外,因为金川气候偏寒冷,百姓外出常随身带酒。乾隆三十八年(1773),被大金川人俘获的杂谷脑土守备阿结供称,因为懂医药,被派到革尔瓦角山上寻找药材,趁随行土民酒醉才得以逃出。⑥

　　金川土司地区的经济发展较落后,粮食产出极端依赖自然环境。况且,土民要给土司或头人上缴一半收获物作为耕种土地的实物租,以致圆根成为歉收之年的充饥粮食。迫不得已时还要靠酒糟、莜麦壳、麦麸等难以下咽之物果腹。据清军将领阿桂奏称:"(小金川)不可耕者十居八九,可耕者不及一二,是以一年所种之麦稞、莜麦不足供番人一年之需,又必收酒糟、莜谷、麦面尽为口食,始堪敷用。"⑦在极端缺粮情况下,即连酒糟、莜谷、圆根等都没得吃时,金川土民就会挖野菜充饥。据大金川新聂斯布罗寨人木耳甲供:"没粮吃,吃野菜,圆根没长大,大家饿不过,就连根拔起生吃了。"⑧

　　尽管可以利用荒山放养猪、牛、羊等家畜,但是平日普通百姓家里鲜见宰

---

① 金川虽然也出产所谓的土盐,土司也会派人烧制土盐,但口感无法与内地输入的盐相比,据小金川人木卡耳供:"我和哥子被番人带到促浸,土司索诺木把我哥子安在约纳咱鲁地方烧土盐。"参见中国第一历史档案馆:《军机处录副奏折》,民族类,缩微胶卷号591,档号:7991-46。另据明亮等奏称"番地土盐既不堪食用,所由内地办运脚价颇重。"参见《军机处录副奏折》,民族类,缩微胶卷号591,档号:7992-59,题名:明亮等奏办理金川屯务并停办土盐等由,具奏日期:乾隆四十一年八月二十四日。
② [清]李心衡:《金川琐记》卷4之《酥油》条,中华书局,1985年,第38页。
③ [清]李心衡:《金川琐记》卷4之《咂酒》条,中华书局,1985年,第36页。
④ 中国第一历史档案馆:《军机处录副奏折》,民族类,缩微胶卷号589,档号:7955-100,题名:金川番妇萨木供单,具奏日期:乾隆三十八年八月初三日。
⑤ 中国第一历史档案馆:《军机处录副奏折》,民族类,缩微胶卷号591,档号:7989-61,题名:乾隆四十年十一月初四日内阁奉上谕。
⑥ 中国第一历史档案馆:《军机处录副奏折》,民族类,缩微胶卷号589,档号:7955-107,题名:阿结供单,具奏日期:乾隆三十八年十一月十二日。
⑦ 中国第一历史档案馆:《军机处录副奏折》,民族类,缩微胶卷号589,档号:7974-67,题名:阿桂酌筹善后事宜办片,具奏日期:乾隆三十九年九月十九日。
⑧ 中国第一历史档案馆:《军机处录副奏折》,民族类,缩微胶卷号590,档号:7980-25,题名:投出促浸番人五户男妇十四名口。

牛杀羊，即便是较为常见的猪膘也多用于宴请亲戚。即便在金川战争的极端环境下，土民因为饥饿难忍突然杀牛羊果腹，仍引起邻里疑心其打算外逃，如被土司知悉，便难逃惩罚。据大金川思达尔寨人生格供称："小的因害了寒病告假回来两次杀羊祭神，又因牛只无人放牧渐渐疲瘦起来，不如杀了吃罢，不料寨子上人见小的将牲口都杀了，疑心小的要逃出来，小的怕土司知道要治罪（遂逃出）。"①也有土民供称，平日里为了留种，一般不会宰牛杀羊。②况且，土民饲养的牦牛和犏牛还是用来负重和耕地的重要帮手，不能随便宰杀是可以理解的。至于不轻易宰羊，笔者推测可能与土民笃信苯教和崇拜山神有关，即羊要用来延请喇嘛念经禳解，或祭祀山神。时至今日，笔者仍能在嘉绒藏民家中观察到，他们常见的肉食来源依旧是猪膘——富裕人家竟辟出专门的房间放置四五头肥猪制作的猪膘。③

此外，狩猎可以为两金川土民补充肉食来源。《金川琐记》云："夷人极耐苦，耕凿之暇，辄从事射猎，手格猛兽，虽重伤弗恤也。亦有机智，常于幽僻丛薄野兽出入必由之径，设机械潜伺，必弋获，俗称放索子。其法：取极坚树条，弯曲如弓，穿绳其间，埋浅土中，兽践其上，机发，足悬空际，虽猛兽无所用其力，且可生擒，较之掩兽陷阱，似更便捷。惟遇草豹性灵狡，辄宛转啮断绳索逸去。夷人亦无如之何，用枪箭制之而已。"④显然，两金川及其周边地区山林密布，为当地民众狩猎提供了绝佳环境。笔者2010年4月30日至5月3日在丹巴县莫洛乡莫洛村进行碉楼实地考察期间，遇到一位热心藏民文武超武先生⑤，他年轻时是狩猎的好手。他给笔者详细讲解了他和伙伴们如何利用尖利的刺树条布置陷阱，以及猎获诸如野猪这般野物时难以形容的快乐，甚至在家中大方展示了政府禁猎前他用秋天猎获的黄狐狸制作的整皮冬帽。笔者追问狩猎有何禁忌，他告知仍遵从老一辈传下来的习惯：上山前要打卦，路过海子时要屏气敛声，最重要的是懂得克制欲望，不可因为遇到的猎物多就肆意猎杀。

相比之下，大小金川土司都拥有多处"羊厂""牛厂"，规模大的有牛千余

---

① 中国第一历史档案馆：《军机处录副奏折》，民族类，缩微胶卷号590，档号：7980-6，题名：投出促浸番人供单，具奏日期：乾隆四十年三月初二日。关于两金川百姓并不能经常食肉的情况，另参见[清]李心衡：《金川琐记》卷4之《猪膘》条，中华书局，1985年，第39页。

② 中国第一历史档案馆：《军机处录副奏折》，民族类，缩微胶卷号590，档号：7983-17，题名：投出番人供单。

③ 2010年4月30日，笔者在丹巴县梭坡乡莫洛村经一位嘉绒藏族村民引导从他家登上该处唯一可供攀登的九层碉楼，有幸参观了他家挂了近十扇猪膘（每头肥猪劈做两扇）的房间，洋溢在这家主人脸上的自豪感至今难忘。随后笔者在小金县宅垄乡（后改为宅垄镇）上宅垄村做访谈时，寨子里的藏民用猪膘和酸菜煮挂面以示热心招待。在此，笔者对这些淳朴、友善的嘉绒藏民予以真挚的感谢！

④ [清]李心衡：《金川琐记》卷5之《放索子》条，中华书局，1985年，第55页。

⑤ 性格耿直洒脱的文武超武先生完全不介意他的名字出现在拙作里，故未隐去真名。在此，对他和他的家人为笔者开展田野调查提供热心支持表示最真切的感谢！

头,牧草丰盛的大型牧场则可养牛羊等牲畜多达数千头,规模小的亦有羊百余只。因此,两金川土司家中肉食供应自然较为常见。据大金川勒乌围官寨的厨子们讲,平日里头人们到土司官寨里来,土司都是拿细面做的馍馍以及酒肉招待。① 因为金川土司地区不产蔬菜(圆根虽类蔬菜,但主要是用作粮食),以至"即土僧及喇嘛事佛惟谨者,非酥油、馓粑(糌粑)及牛羊肉不食"②。不过,就是这种以糌粑为主食,饮酥油茶,杂以圆根、酸菜和肉类的饮食结构,养育了"莫不强健多力"③的金川土民。

嘉绒土司社会各阶层饮食的丰俭粗细与财富多寡直接相关。然而,"家人""使女""娃子"等最底层民众的饮食既受制于仆役身份,也受到他们服役家庭的富裕程度影响。不同境况的主家给予的食物也不同,如土司家使唤人员的饮食就比百姓家的要好。不过,糌粑这种便于携带、易于制作、耐饥的食物极大地方便了金川土民在各要隘碉卡处坚守,十天半个月轮休一次,而土司不时赏赐给打仗的人牛羊,头人也会分派百姓煮酒送去前线慰劳。④ 这对激励出兵打仗的土民的士气,帮助他们抵御山中寒气十分有用。

服饰是地方文化的产物,更是地方文化的重要载体。大小金川土司地区的男子披发,习惯穿耳洞,戴大铜耳环,喜欢随身佩戴短刀。清军将领调查后发现:"惟查川省各土司以瓦寺、木坪、沃日(鄂克什)、三杂谷各处番人原俱剃发,惟两金川人并不剃头,鬌鬓披散。"⑤耳环是金川男子的重要饰品,大头人绰窝斯甲被押解至北京后曾写信给大金川土司索诺木,还专门捎去他的耳环作为凭信。⑥ 男子穿耳洞戴耳环的习俗似凸显了金川与近邻不同之处。据从大金川逃出来鄂克什土弁赓噶供称,他被大金川土司放夹坝的人抓去后,被要求按金川的规矩穿耳洞、戴耳环。⑦ 另据李心衡访察,金川土民幼年穿耳洞,用桦树皮卷塞,不时增塞直至可以塞进拇指,佩戴的耳环中空,但比手腕手臂还要大,有时会从耳洞脱落;女子习梳数十小辫,挽结成髻,费半天功夫才能梳成,因而大约每月才梳一次,并且不好珠玉,特别看重珊瑚、宝石、绿

---

① 中国第一历史档案馆:《军机处录副奏折》等,民族类,缩微胶卷号590,档号:7982－25,题名:投出促浸番人两户男妇十三名口。
② 〔清〕李心衡:《金川琐记》卷4之《不斋》条,中华书局,1985年,第42页。
③ 〔清〕李心衡:《金川琐记》卷3之《食馓粑益人》条,中华书局,1985年,第31页。
④ 中国第一历史档案馆:《军机处录副奏折》,民族类,缩微胶卷号589,档号:7970－22,题名:供单。
⑤ 中国第一历史档案馆:《军机处录副奏折》,民族类,缩微胶卷号589,档号:7955－52,题名:温福奏为遍谕金川降众薙发以昭国制,具奏日期:乾隆三十七年十二月二十三日。
⑥ 中国第一历史档案馆:《军机处录副奏折》,民族类,缩微胶卷号590,档号:7979－52,题名:绰窝斯甲写给金川莎罗奔的信。
⑦ 中国第一历史档案馆:《军机处录副奏折》,民族类,缩微胶卷号589,档号:7956－87,题名:脱出鄂克什土弁赓噶供单。

瑰、砗磲等,用金银镶嵌作首饰。① 时至今日,嘉绒藏族女性仍保留了对这类首饰的偏好,每逢重要节日,必定盛装佩戴,以示对传统习俗的尊崇和对本族群服饰文化的喜爱。

金川土民之衣服尚黑、白二色。据从大金川逃出的绿营兵常保住供述:"贼人都是没有剃头的,有一半穿白的,一半穿黑的。"②金川土民喜欢畜养牛羊,春夏日暖时分,剪牛羊毛,先制牛羊毛线,再以之制作毛毯,天冷时在衣服外横披大幅长毯,类似僧侣披的袈裟,白日里可以用来避风雨,夜里即用作被褥御寒;男女都习惯赤脚,偶尔穿皮制形状奇特的鞋子;一般男子穿袍裤,喜在腰间佩长约尺余的刀,刀鞘视贫富程度镶嵌装饰不一,这种短刀方便割食生肉,亦是崇尚勇武的体现;女子着短衫长裙,无裤,用牛羊毛织成的裙带宽尺许并垂饰以五色流苏;除羊毛织成的毡毯和腰带之外,其余的衣服都是用自家种植的苎麻制成,故女子长裙多为白色。③ 相比之下,金川土司家族成员的服饰相对百姓而言,品类更丰富且做工更精致(据第三章金川土司财富内容部分清军在噶喇依官寨缴获物资列表就足以窥见),亦是土司社会等级森严的体现。

总而言之,饮食和服饰是由金川土司地区的气候和物产共同形塑的产物,也是该地区土司和土民共享的传统习俗之表现内容。两金川土司地处嘉绒土司地区之中,与周边的沃日、瓦寺、杂谷、明正等土司相比,极少受内地汉文化影响,在服饰上表现得尤为明显(比如男子不剃发,穿耳洞,戴大耳环),然而两金川的土民在口音和扮相上也存在些许可辨别的差异④,亦是值得关注的历史文化现象。即使在清廷平定两金川后,因改土为屯,长期驻扎绿营官兵,以及陆续有移民到来,很多内地的蔬菜和果树也被引入,但土民喜欢吃糌粑、酸菜、猪膘,以及喝酥油茶的饮食习惯迄今未变。可见,金川的饮食传统有很强的韧性。

三、家庭规模与婚俗

从人类社会的视角来看,婚姻家庭制度系被一定社会所公认并被人民普遍遵循的婚姻家庭关系的规范体系,亦是婚姻家庭的自然属性与社会属性的

---

① [清]李心衡:《金川琐记》卷 3 之《首饰》条,中华书局,1985 年,第 33 页。
② 中国第一历史档案馆:《军机处录副奏折》,民族类,缩微胶卷号 589,档号:7963 - 12,题名:常保住供单,具奏日期:乾隆三十八年五月初四日。
③ [清]李心衡:《金川琐记》卷 3 之《左插子》《披毯》等条,中华书局,1985 年,第 31、32 页。
④ 中国第一历史档案馆:《军机处录副奏折》,民族类,缩微胶卷号 590,档号:7984 - 11,题名:旺averch禄王进泰奏拿获贼番木耳塔解送阿军营办理缘由,具奏日期:乾隆四十年三月二十三日。两金川人扮相另见《皇清职贡图》,辽沈书社,1991 年,第 608—612 页。

有机结合。从个体和单个家庭来看,婚姻与家庭是世俗生活的承载与希望,是地方传统文化传承的载体,也是地方社会习俗形塑的对象。二百多年前的大小金川土司地区亦可作如是观。因史料所限,在此专门探究的金川土司治下的土民婚姻与家庭问题,只能就这些土司属民的婚姻形式、家庭规模等问题加以论述,其他从略。

就嘉绒土司的婚姻对象的选择而言,虽不排除土司个人意志,但主要涉及诸土司之间社会权力网络的建构和影响。清代大小金川土司势力在嘉绒藏族地区的强势崛起,亦与其积极利用土司之间的联姻策略至为相关。通常情况下,两金川土司与周围土司之间的政治婚姻确实在一定程度上可以起到联络感情(双方经常派人携带礼物互致问候),互通有无(诸如重要信息的共享、军政大事的共商等)的作用,亦对维系嘉绒土司之间的政治婚姻传统有裨益。不过,随着大小金川土司军事实力和政治影响力在嘉绒地区的增强,两金川的末代土司索诺木和僧格桑非常强势。他们对从实力较弱、人口较少的土司嫁入的土妇之态度,既骄横又残忍。即使如此,那些无力与金川对抗的姻亲土司在面对出嫁土女受到不公平对待时,不敢有任何怨言,遑论出兵讨伐。因此,土司之间的政治婚姻网络的建构,很大程度上是以各土司之间实力的对比为基础。也因此,土司之间政治婚姻带来个体命运悲剧在所难免。相比而言,金川土民择偶观念、婚姻解体方式与内地百姓迥异,而且家庭构成也有其独特性,彰显了族群间的文化差异。

(一) 土司的婚姻与家庭①

迄今,与嘉绒土司相关的研究成果不少,但与清代嘉绒土司婚姻问题直接相关的研究成果十分有限。早在 20 世纪 40 年代,马长寿先生和林耀华先生前往嘉绒土司地区开展学术考察,均关注了当地土司婚姻问题,各自根据田野调查资料撰写了《嘉戎民族社会史》②《川康嘉戎的家庭与婚姻》③《川康北界的嘉戎土司》④等论文。及至 20 世纪 50 年代,西南民族学院民族研究所再赴嘉绒地区调查,并以内刊形式推出《嘉绒藏族调查资料》⑤。此后直至2004 年,曾穷石发表了《清代嘉绒地区土司的婚姻初探》⑥的论文。其中,林

---

① 有关该问题的前期研究成果,详见拙文《大小金川土司婚姻问题探究——基于清代档案文献的考察》,《西北民族论丛》第 17 辑,2018 年 7 月。

② 马长寿:《嘉戎民族社会史》,载周伟洲编:《马长寿民族学论集》,人民出版社,2003 年,第123—164 页。

③ 林耀华:《民族学研究》,中国社会科学出版社,1985 年,第 408—437 页。

④ 林耀华:《民族学研究》,中国社会科学出版社,1985 年,第 387—407 页。

⑤ 西南民族学院民族研究所:《嘉绒藏族调查资料》,西南民族大学西南民族研究院编:《川西北藏族羌族社会调查》,民族出版社,2008 年,第 3—129 页。

⑥ 曾穷石:《清代嘉绒地区土司的婚姻初探》,《西藏大学学报》,2004 年第 4 期。

耀华先生根据田野调查,提炼出嘉绒藏族婚姻的六大原则。这六大原则可概括为:第一,绝对禁止家庭成员之间的婚配;第二,除直系亲属禁婚外,其他亲属在原则上皆可联姻,而且禁婚之外的血亲联姻没有辈分上的限制;第三,妻兄弟婚,即兄死,弟娶其嫂,或者弟死,兄娶弟妇;第四,夫姐妹婚,即姐妹同嫁一人;第五,阶级内婚,不同阶级就不能联姻;第六,不禁止与其他族群、阶级相同者联姻。① 马长寿先生亦在田野调查中观察到:"嘉绒婚俗不忌同姓,而重阶级。"②这与笔者在档案史料中看到的两金川土司婚姻状况确实有重合之处。如曾穷石在《清代嘉绒地区土司的婚姻初探》中强调的那样:从清代至20世纪40年代,嘉绒藏族的婚姻习惯存在历史的延续性。③ 但是,在考察清代嘉绒土司的婚姻问题时必须注意的是:其一,如果使用1940年代的人类学或民族学调查资料和相关结论来探讨清代的土司婚姻事宜,就不可避免产生时代错置④的问题;其二,如果在文献运用上因条件所限只能依赖少量的地方志,则很难深入揭示与嘉绒土司婚姻状况相关的深层问题。

由是可知,利用新近开放的大量相关清宫档案,重新探讨大小金川土司的婚姻状况,既可以细致把握清代嘉绒地区的土司婚姻特点,又可以借此管窥清帝国权力深入该地区之前,众嘉绒土司之间政治权力角逐的社会历史面相,还可以对两金川联姻土司在两次金川战争中的迥异表现展开分析,进而丰富对乾隆朝嘉绒地区的社会文化和两次金川战争的认识。

与哪个土司建立联姻关系对自己最为有利,是每个嘉绒土司都必须慎重考虑的重大问题。按照嘉绒地区多高山峡谷的地形地貌来看,似乎土司之间就近通婚更为便捷,但实际上并非如此。尽管在第一章已经交代嘉绒土司地区以马塘为界有本部、冲部之分,但是嘉绒众土司选择联姻对象时,特别是处于崛起初期的两金川土司,在遵循严格的同一阶级内通婚的原则的基础上,既没有受到"本部"和"冲部"的限制,⑤也没有表现出同一历史时期某些汉族地区的社会精英阶层偏好就近嫁娶,或世代与某一家族持续通婚的倾向。那

---

① 林耀华:《川康嘉戎的家庭与婚姻》,载《民族学研究》,中国社会科学出版社,1985年,第422—428页。
② 马长寿:《嘉绒民族社会史》,载周伟洲编:《马长寿民族学论集》,人民出版社,2003年,第146页。
③ 曾穷石:《清代嘉绒地区土司的婚姻初探》,《西藏大学学报》,2004年第4期。
④ 在史学研究上,所谓时代错置,是指用此后时代的史实(史料)来说明此前时代的问题。
⑤ 以地处嘉绒冲部的杂谷土司为例,鼎盛时期(康熙末年),为巩固在嘉绒地区的势力,土司良尔吉还与地处嘉绒本部的金川寺(后改称为小金川)、沃日、绰斯甲三土司结为姻亲;良尔吉死后,其子板地儿吉娶金川寺汤鹏的姐姐为妻,再传至色丹增娶绰斯甲土司之女雍中为妻,色丹增死,弟弟苍旺袭位娶雍中,至此,良尔吉的儿子板地儿吉、孙子色丹增和苍旺仍与嘉绒本部土司联姻;苍旺嫌弃寡嫂雍中,先另娶瓦寺土司桑郎温恺之女阿孟、阿孟妹扣思满,后又娶穆坪土妇之女朋金初,这又是与"冲部"土司建立婚姻关系。参见同治七年刻本《直隶理番厅志》卷四之《边防志》之《夷事》条。

么,嘉绒土司之间世代彼此联姻形成错综复杂的婚姻关系的原因何在呢? 有学者认为,嘉绒土司的婚姻复杂性是基于两大原因:一是由于嘉绒藏族的婚姻受到嘉绒藏族婚姻习俗的制约,二是因为婚姻是嘉绒藏族土司之间社会关系网络建构的一个重要手段,即土司之间通过联姻来达到政治上的目的。[①] 无疑,环处众嘉绒土司之中的大小金川土司的婚姻亦受这两大因素影响。

在相对封闭的地域环境里,传统婚姻习俗对人们的婚姻行为的约束(规训)十分明显。嘉绒诸土司遵循同一社会等级内婚制,可以娶多个妻子(可以是同一土司的多个女儿,也可以是多个土司的女儿,甚至是强行抢夺其他土司的土妇为妻),娶寡嫂或弟媳等。同时,基于双系继承传统,土司或土舍亡故后,他们的妻子可以在同一社会等级内招赘夫婿,或改嫁其他土司或土舍。这种传统婚俗的形成,既与土司和民众俗重"土司根根"[②]的传统文化心理相关,也与土司通过婚姻关系巩固或扩大自身利益的现实诉求有关。

不过,笔者以为,嘉绒土司社会具有浓厚的割据性和等级性,乃是其婚姻行为呈现出复杂性的深层原因。也正因此,嘉绒土司为维护自身作为部落"主人"的权威和扩大势力范围,既会彼此联姻,也会兵戈相向。对乾隆朝大小金川土司的婚姻问题亦可作如是观。因史料所限,在这里专门探讨的大小金川土司的婚姻问题,无法面面俱到,只能就两金川土司基于何种目的选择与何人缔结婚姻关系,呈现何种特点,以及影响等问题展开具体论述。

(1)严格的阶层内婚对两金川土司婚姻的制约

阶层内婚是指婚姻对象严格限制在相同身份等级范围内的通婚模式,在世界各地的等级社会中广泛且长期存在。一般而言,实行等级内婚是等级社会中人们维系等级身份不坠的重要途径,也是权贵阶层保证所谓血统纯正的常规手段。这种维系身份不坠的婚姻选择模式既是一种权利,即只要是同一阶层的成员,就有了在本阶层通婚的资格,同时也是一种限制,即意味着人们只能在同一阶层内选择婚姻对象,凡是逸出阶层之外的通婚都要受到严格限制。

---

① 曾穷石:《清代嘉绒地区土司的婚姻初探》,《西藏大学学报》,2004年第4期。

② 关于"土司根根"即土司血统的问题,在土司的继承问题上体现得非常明显,除了父死子继、兄终弟继外,在土司没有亲生子女担当继承人的情况下,土司直系亲属土舍也可以继土司位,在土司死后继承者尚幼的情况下,土司的妻子即土妇可行土司大权,在土司死后没有男性直系继承者情况下,未出嫁的土司女儿亦可继承土司位,通过招赘其他土司家的儿子维系该土司不至后继无人。不仅土司家族很重视"土司根根"问题,土司属民同样很看重。在大金川被清军彻底征服前夕,被俘的大金川老年人在给清军的供词中感慨索诺木不听劝招致大金川的"土司根根"没了。

嘉绒土司地区实行严格的身份等级制度。土司家族居于各自部落的权力金字塔顶端,而土司则被属民视为最尊贵的人。因此,欲维系"土司根根"纯正,土司家族成员必须严格遵循在土司阶层内选择婚姻对象的传统。这种婚姻传统对土司世袭罔替、延绵不绝具有极为重要的政治意义。然则,就土司或其他土司家族成员个体而言,无论男女,都要受到这一通婚原则的限制,以至他们的婚媾对象被限定在非常狭小的范围,个人的婚恋喜好、情感需求则完全被忽略。即是说,土司之间的联姻优先为政治服务,因而婚姻不幸,夫妻不和为常见现象。

在此,先以大金川最后两任土司郎卡和索诺木的婚姻状况为例。现将乾隆四十年(1775)十二月,大金川末代土司索诺木之母阿仓供单转录如下:

> "小的年四十九岁,是布拉克底土舍汪札的女儿,促浸土司郎卡的女人,生有两子两女。儿子索诺木年二十四岁,索诺木朋楚克年二十二岁,女儿得什尔章,年二十六岁,系儧拉土司僧格桑女人,自逃回促浸来已同我出了家了,得什安木楚年十六岁,还没有配人。其冈达克年二十八岁,甲尔瓦沃杂尔年二十三岁,斯丹巴年十五岁,都是莎罗奔。又女儿色纳木楚年二十四岁,已嫁与布拉克底土司安多尔为妻。这五个人是前土妇阿藏生的。阿藏已于乾隆二十五年死了。我的男人郎卡从前多事,蒙天朝饶了性命,是知道天朝王法的。后来男人死了,儿子索诺木因年小不知利害,听了头人丹巴讹杂尔、山塔尔萨木丹、当噶拉阿纳木、达尔什桑卡、达尔什纳木结、阿木鲁绰窝思甲、尼玛则迫几个人的话做出坏事来。三十六年(1771)将革布什咱土司旺多布敦哄到热水塘角洛寺杀了,把他的土妇札什纳木并印信号纸抢回来了,都是瞒着我们做的。三十八年(1773)索诺木将札什纳木做了土妇,今年生了一女儿,取名叫阿仓,如今现在噶喇依官寨里住。索诺木先娶的女人名得什章年二十岁,系布拉克底土舍登觉穆的女儿,也生了一个儿子,取名叫克勒,才八个月。"[1]

为了更清楚地呈现大金川老土司郎卡的婚姻状况和直系家庭成员构成,现据该供单,并结合其他史料,绘制老土司郎卡,以及少土司索诺木婚配关系图,分别见图 4-1 和图 4-2。

---

[1] 中国第一历史档案馆:《军机处录副奏折》,民族类,缩微胶卷号 591,档号:7991-2,题名:阿桂等讯取阿仓阿青等供词之二,具奏日期:乾隆四十年十二月二十五日。

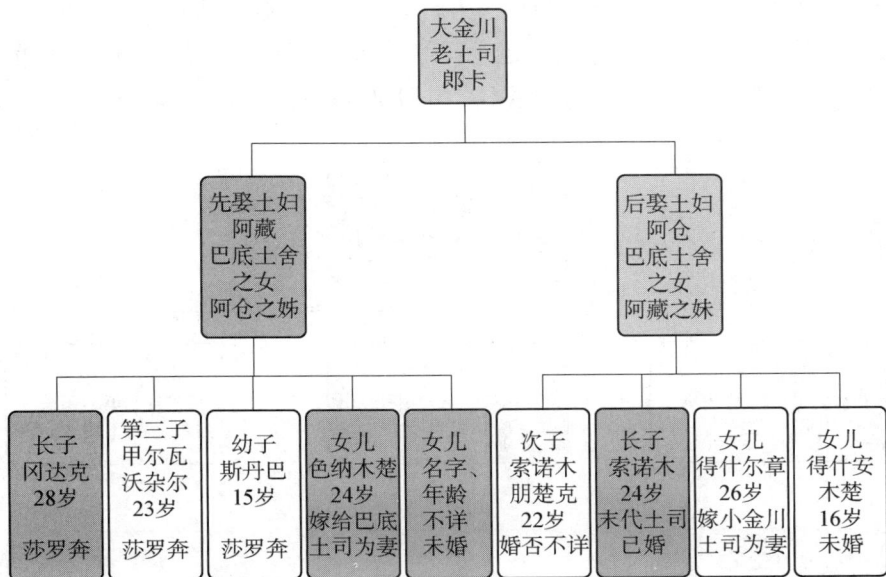

图4-1　大金川老土司郎卡之婚姻和家庭成员图示

须对图4-1进行补充说明的是：清军将领调查得知，在阿藏（也音译为阿昌）成为老土司郎卡第一个土妇之前，本系郎卡之弟，土舍拉旺得什尔结之妻（乾隆皇帝阅至此处朱批：真禽兽也），郎卡夺其弟之领地并占据其妻为土妇，既而郎卡攻打布拉克底（巴底），又抢得阿仓，遂将阿藏安置于噶喇依，而阿仓居于勒乌围，姊妹同为土妇；是以阿昌生冈达克、甲尔瓦沃杂尔、斯丹巴三子（俱出家为莎罗奔）及两名女儿，阿仓育有两子，即末代土司索诺木和索诺木朋楚克，以及两个女儿，清军再征金川前夕阿藏当已亡故。①

另有土民供称："至绰斯甲、丹坝两土司都是金川亲戚。绰斯甲娶的是索诺木妹子，丹坝娶的是索诺木姊姊，都是上年出嫁的，两家迎娶日子才隔着十天。两处土司常差人到金川来，金川也常叫人去问候。再郎卡有五个女儿，最（年）长的是小金川僧格桑的妻子，底下便是嫁在绰斯甲、丹坝的，还有两个小女儿未曾出嫁。"②这份供词与前面老土妇阿仓的供词内容有一些出入。阿仓只供出与她一同向清军将领投降的几个女儿，很可能是出于某种顾虑，有意没有提及两三年前才分别嫁给绰斯甲土司和丹坝土司的两个女

① 中国第一历史档案馆：《军机处录副奏折》，民族类，缩微胶卷号591，档号：7991-27，题名：阿桂等奏覆索诺木与异母兄弟心怀疑忌等由，朱批日期：乾隆四十一年二月廿七日。
② 冯明珠、庄吉发编：《金川档》，题名：喇叭寨甲木阿尔甲勒多尔济布木绰尔甲等供单，台北"故宫博物院"，2007年印，第528—529页。

儿。① 无论如何，作为母亲没有供出另两个出嫁之女是可以理解的。如果这种推测符合历史事实的话，那么老土司郎卡应有六个女儿。另据阿仓的供单还可以绘制末代大金川土司索诺木之婚姻和家庭成员图4-2如下：

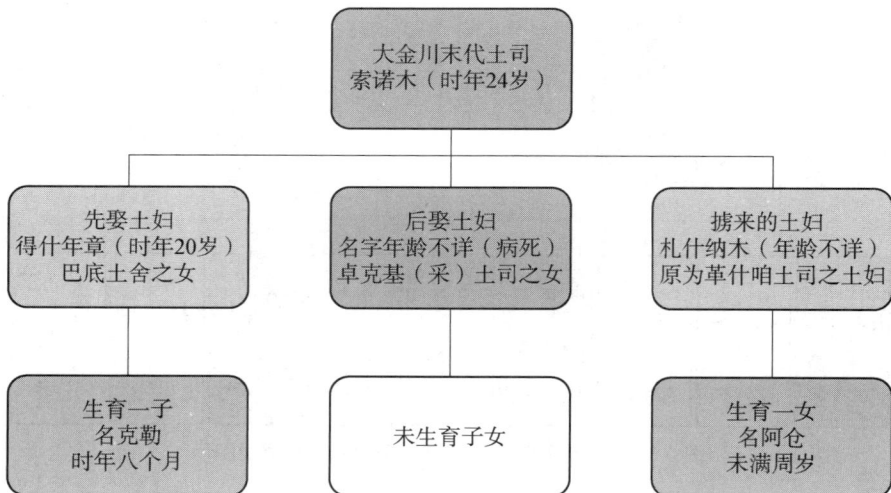

图4-2 大金川末代土司索诺木之婚姻和家庭成员图示②

根据图4-1和图4-2所示，并结合图4-1后面的补充说明文字来看，大金川老土司郎卡和其子末代土司索诺木都不止一个土妇，均是"一夫多妻"婚姻，但娶来当土妇的女子都限定在与他们同一社会等级内，都是土司或土舍之女；同时，大金川老土司郎卡的成年女儿也都嫁给土司为妻（一个嫁给巴底土司安多尔，一个嫁给小金川土司僧格桑，还有两个分别嫁给绰斯甲土司和丹坝土司），确实体现了嘉绒土司严格遵循阶级内婚的习俗。另外，老土司郎卡在其弟土舍拉旺得什尔结在世时强娶其妻阿藏（巴底土舍之女），曲折体现了前述林耀华先生提出的嘉绒藏族"妻兄弟婚"婚俗，但乾隆皇帝不了解当

---

① 阿仓供述前土妇阿藏生了五个孩子，三男两女，但只讲了三男一女的情况，有一女只字未提，再结合熟悉大金川土司家情况的土民的供词，郎卡似应一共有六个女儿，长女嫁给小金川土司僧格桑，次女嫁给巴底土司，三女嫁给丹坝土司，四女嫁给绰斯甲土司，两女年幼未嫁。据此似可推测阿仓有意隐瞒了嫁给绰斯甲土司和丹坝土司二女的情况，只供出了随她投出的三个女儿的情况。

② 索诺木还娶卓克基（采）土司之女为土妇，该土妇于乾隆三十八年（1773年）病逝，无子女。参见中国第一历史档案馆：《军机处录副奏折》，民族类，缩微胶卷号589，档号：7955-83，题名：金川投诚番人萨克尔申供单，具奏日期：乾隆三十八年闰三月二十日；《军机处录副奏折》，民族类，卷589，档号：7955-114，题名：拿获金川贼犯供单；《军机处录副奏折》，民族类，卷589，档号：7965-64，题名：金川出来卓克采头人阿结安布供单。另外，索诺木抢来的这位革布什咱土妇札什纳木系霍尔五土司之一的霍尔章谷土司之女。参见中国第一历史档案馆：《军机处录副奏折》，民族类，卷589，档号：7970-22，题名：供单。

地的这种婚俗,以儒家伦理观念为道德标尺,对郎卡强娶弟妇的行为感到十分不耻,朱批:"真禽兽也"①。不排除郎卡因贪图其弟土舍拉旺得什尔结的领地和财富而这样做。不久,郎卡又通过发动战争,从巴底土舍手中抢来阿藏之妹阿仓,使得姐妹二人同为土妇,分别安住在勒乌围官寨和噶喇依官寨。这与林耀华先生提出的嘉绒藏族"夫姐妹婚"的婚俗吻合。

清军攻克小金川前夕,小金川土司僧格桑之妻得什尔章逃回娘家大金川。稍后,她就和姑母阿青、母亲阿仓一样选择在某寺庙出家,每日念经打发日子。然而,大金川境内却传得沸沸扬扬:老土妇阿仓为了笼络土妇阿藏生的三个儿子,好让他们和自己的亲生儿子索诺木同心抗击清军,竟然不顾伦常和出家人应遵从的戒律,竟将长女得什尔章再嫁给早已出家的大莎罗奔冈达克为妻。此举遭土民私下热议"亲兄妹做夫妻,就是番子家从来也没有这样事"。② 这与林耀华先生提出的绝对禁止家庭成员之间的婚配之婚俗不谋而合。

不过,还应注意如何正确理解马长寿先生指出"嘉绒婚俗不忌同姓,而重阶级"的婚俗的问题。大金川是从小金川分出,本是同根同源。如果非要套用汉人的姓氏血统观念,两金川土司之间的联姻绝对属于"同族同姓而婚"。例如,前面已经述及,乾隆十年(1745),为扩大势力范围,大金川土司莎罗奔将侄女阿扣嫁给小金川土司泽旺为妻,以便控制为人怯懦的泽旺,进而从小金川获得更多利益。另图4-1中大金川老土司郎卡将女儿得什尔章嫁给小金川末代土司僧格桑为妻,亦属于"嘉绒婚俗不忌同姓"的例证。显然,嘉绒土司地区的"婚俗不忌同姓",指的是同一家族隔了数代的成员之间是可以通婚的,与汉族同姓不婚传统迥异。即是说,在两金川土司所在嘉绒地区,同父异母或同父母的兄妹不能结为夫妻,同根同源的土司之间却可以通婚。前者是土司境内通行的婚姻禁忌,后者是土司在不违背同一阶级内通婚的原则下,为实现扩大地盘的野心之婚姻选择。因为,无论是莎罗奔将侄女阿扣嫁给小金川土司泽旺,还是郎卡将女儿得什尔章嫁给小金川末代土司僧格桑,这种"不忌同姓的同族联姻"都与大金川土司觊觎小金川的土司印信和土地有关。更重要的是,两金川土司累代联姻,可以在各自危难时得到对方同气连枝、守望相助的支援(具例详见第五章)。

此外,同治《直隶理番厅志》卷四之《边防志·夷事》也载有土司"妻兄弟

---

① 中国第一历史档案馆:《军机处录副奏折》,民族类,缩微胶卷号591,档号:7991-27,题名:阿桂等奏覆索诺木与异母兄弟心怀疑忌等由,朱批日期:乾隆四十一年二月十七日。

② 中国第一历史档案馆:《军机处录副奏折》,民族类,缩微胶卷号591,档号:7991-43,题名:供单。

婚"和"夫姐妹婚"的实例:"(杂谷)苍旺之兄色丹增娶绰斯甲女雍中,丹增殁,苍旺纳其嫂。已而嫌之,求娶瓦寺桑朗温凯之女阿孟……而孟竟死,孟之死也,旺怜之甚,更求孟妹扣思满为妻。"①显然,杂谷土司苍旺的第一个土妇是他的寡嫂(绰斯甲土司之女),是他继承亡兄的土司之位时,一同继承而来的,并不能令其如意,很快就遭其嫌弃,转而求娶瓦寺土司之女阿孟,阿孟死后又娶其妹扣思满。这表明,在嘉绒地区,土司婚姻对象的选择局限在土司阶级内部进行,意味着可选择的婚媾对象有限,导致选择称心的婚姻对象的余地较小。在这种情况下,杂谷土司苍旺和大金川末代土司索诺木娶不同土司或土舍的女儿为土妇,似是对婚姻对象选择范围有限的补救途径。

人是有情感需求的动物,土司亦不例外。历史上确有嘉绒土司强行逾越阶级内婚的限制,坚持纳平民之女做小老婆。这种做法虽罕见,但也可以看成是对土司婚姻对象局限性的非正常补救途径。譬如,小金川土司僧格桑不顾大头人的反对,在娶大金川老土司郎卡之女得什尔章为土妇(土民称其为"僧格桑的大女人")之前,不仅先娶了梭磨土司的女儿阿随为土妇(被僧格桑残忍毒死),而且早已纳百姓之女侧累为"小女人",还将其父擢升为小头人。②据侧累供称:"小的年三十六岁,是昂俄角山扎寨人,父亲温布琐是儹拉头人,早已死了,母亲阿克素现在卡布角寨。小的跟僧格桑有二十多年。"又据有小金川土司家根子的大头人蒙固阿什咱阿拉供称:"从前僧格桑要收侧累做小女人,小的说他是百姓家的女人,为什么要收他,这是使不得的。"③虽然僧格桑"小女人"侧累的地位比"大女人"得什尔章要低得多,甚至年长十余岁,但她与僧格桑的感情要好得多。小金川被清军攻克前夜,僧格桑带了土妇得什尔章、小女人侧累、部分头人,以及千余土民逃往大金川,得什尔章并没有和僧格桑在一起,而是命人传话给侧累,让其赶紧搬到僧格桑处同住,以便照顾饮食起居。④乾隆三十九年(1774)七八月间,僧格桑还带了侧累去噶喇依官寨跳锅庄,并宽慰侧累生死由命。⑤

僧格桑死前在大金川的境遇十分恓惶(索诺木派人将他押到一个小寨子里住着,不许头人、百姓们称呼他为土司僧格桑,仅许他养两头牛和一头猪),

---

① 转引自曾穷石:《清代嘉绒地区土司的婚姻初探》,《西藏大学学报》,2004年第4期。
② 中国第一历史档案馆:《军机处录副奏折》,民族类,缩微胶卷号590,档号:7981-3,题名:投出番人供单。
③ 中国第一历史档案馆:《军机处录副奏折》,民族类,缩微胶卷号590,档号:7975-2,题名:蒙固阿什咱侧累供单;《军机处录副奏折》,民族类,缩微胶卷号590,档号:7975-3,题名:蒙固阿什咱另供单。
④ 中国第一历史档案馆:《军机处录副奏折》,民族类,缩微胶卷号589,档号:7955-73,题名:脱出鄂克什番人供单。
⑤ 中国第一历史档案馆:《军机处录副奏折》,民族类,缩微胶卷号590,档号:7975-2,题名:蒙固阿什咱阿拉侧累供单。

连金川的百姓都觉得太不像话；作为妻子的得什尔章，非但没有为僧格桑争取体面一些的生活待遇，甚至一次都没有去看望僧格桑，遑论劝阻弟弟索诺木不要对僧格桑下毒手；与母阿仓、姑母阿青一同投出后，得什尔章在接受清军将领讯问时，声称根本不清楚僧格桑为何亡故。① 很可能得什尔章为保护亲弟索诺木而不肯说出僧格桑遭毒杀的真相，但这其实透露出她与僧格桑感情淡漠。僧格桑被毒死后，得什尔章跟身边的人提到想按传统习俗去勒乌围官寨念经，但很快就因惧怕官兵打得厉害而作罢，而侧累则在见到僧格桑尸体后痛哭不止。② 透过这些档案记载，可以鲜明地感受到因政治目的结合的婚姻之冷淡，和因情爱结合的婚姻之温情。

应指出的是，小金川土司僧格桑破例纳平民之女侧累为"小女人"，并不能作为否定嘉绒土司的婚姻对象严格限制在本阶级内部的证据。因为，真正能够代表僧格桑正妻的是被土民称为"大女人"的土妇得什尔章——大金川老土司郎卡之女。况且，僧格桑的这一出格行为的确遭到大头人蒙固阿什咱阿拉的坚决反对。这恰恰反映了阶级内婚习俗之根深蒂固，并对土司婚姻对象的范围有很强的约束。

（2）两金川土司通过选择婚姻对象构建利己的政治同盟

联姻是与其他嘉绒土司建立社会关系网络，以便达到某种政治上的目的最佳手段。前引《直隶理番厅志》卷四之《边防志》中曾对杂谷土司势力消长与婚姻网络的关系作出评述："杂谷酋长良尔吉，能以智谋驭压，诸部皆拱手听命，金川、沃日、绰斯甲更以子婿尽小事大之理，传自板弟儿吉，以逐金川寺汤鹏姐绝世好，然畏杂谷，不敢与抗。苍旺袭（土司职），三易其妻，绰斯甲、瓦寺之好俱绝，大金川色勒奔细乘间与结盟，誓定婚姻，杂谷于是孤立。"③良尔吉在位时，因谋略出类拔萃，使杂谷土司的势力臻于日盛，大金川、沃日、绰斯甲等部落纷纷通过联姻依附之，而杂谷也因有了这些姻亲的支持，变得更为强大。板弟儿吉时期，杂谷土司的威势依旧炙盛。即使板弟儿吉因驱逐金川寺（即小金川）汤鹏的姐姐，使之蒙羞，但汤鹏忌惮板弟儿吉家的婚姻联盟结成的势力，不敢与之相抗。不过，汤鹏与之绝交，可以视为杂谷土司建立的庞

① 中国第一历史档案馆：《军机处录副奏折》，民族类，缩微胶卷号589，档号：7955-83，题名：金川投诚番人萨克尔甲供单，具奏日期：乾隆三十八年闰三月二十日；《军机处录副奏折》，民族类，缩微胶卷号591，档号：7991-2，题名：阿桂等讯取阿仓阿青等供词之二，具奏日期：乾隆四十年十二月二十五日。
② 中国第一历史档案馆：《军机处录副奏折》，民族类，缩微胶卷号589，档号：7974-41，题名：脱出鄂克什番人供单；《军机处录副奏折》，民族类，缩微胶卷号590，档号：7975-1，题名：阿桂等奏绰窝斯甲到营献出侧累等由，具奏日期：乾隆三十九年八月二十五日乾隆三十九年八月十七日。
③ ［清］吴羹梅修、周竺峰纂：《直隶理番厅志》（同治七年刻本）卷4《边防志·武功》，转引自曾穷石：《清代嘉绒地区土司的婚姻初探》，《西藏大学学报》，2004年第4期。

大婚姻联盟解体之肇始。

　　土司若是在婚姻问题上任情恣性则会破坏既有的婚姻网络关系，并要为之付出巨大代价。杂谷土司板弟儿吉死后，弟苍旺继位。这位末代杂谷土司三易其妻，即除前述因嘉绒土司婚姻习惯不得不娶寡嫂外，按自己的心意先娶了瓦寺土司之女阿孟，此女非常得宠，惜乎早亡，苍旺甚怜之，遂转而娶其妹扣思满，但很快又为求娶颇有姿色的穆坪土妇之女、沃日土司哈尔吉之遗孀朗金初，而毫不犹豫地将扣思满抛弃（遣回卓克基），迫使扣思满愤而另嫁。① 如此一来，苍旺不仅得罪了绰斯甲、瓦寺等老辈传下来的姻亲土司，还使大金川的色勒奔细得以趁机与绰斯甲、瓦寺等土司结婚好之盟，杂谷则因与众土司结怨成仇而被孤立。乾隆十七年（1752），苍旺为自己在婚姻大事上的任性而为买单："三易其妻"导致老辈土司建构的婚姻世交关系网络分崩离析，并招致灭顶之祸。②

　　显然，杂谷土司的强大，并非单靠军事和经济实力（相比其他嘉绒土司而言，杂谷"人口甚众，土地甚广"），通过构建土司之间的婚姻关系网络带来的权力消长亦是极为重要的影响因素。也因此，嘉绒土司大多非常注意审时度势，殚精竭虑地琢磨该娶哪家土司的女儿和该将自家的女儿嫁给哪家土司，以期在土司间权力网络争夺中保障自家的利益最大化。从这个层面上讲，嘉绒土司的婚姻在很大程度上具有政治婚姻的特点。

　　两金川土司亦通过与周边土司建立广泛复杂的政治婚姻网络来巩固和扩大自己的势力。有学者已经以小金川土司汤鹏（泽旺之父）为例指出：汤鹏一生娶四个妻子，一为寡嫂、杂谷土司之女阿妈思，一为沃日土司的妹妹阿妈桑，一为金川寺孙克宗土司的妹妹庚格安聪，一为雅南多之女葱旺错；汤鹏所娶的四个妻子中，杂谷土司之女，是汤鹏之兄浪各王折选择的婚姻对象，使小金川在势力强盛的杂谷的庇护下发展自己的势力，据说汤鹏娶阿妈思后，"谨事杂谷三十余年"，而小金川也在杂谷土司的扶持下在嘉绒藏族十八土司中逐渐强大起来；汤鹏的第二个妻子为沃日老土司之女，而沃日少土司呢嘛夅又是杂谷土司良儿吉的女婿，在这样的婚姻关系之下，杂谷、小金川、沃日结

---

①　参见曾穷石：《清代嘉绒地区土司的婚姻初探》，《西藏大学学报》，2004 年第 4 期。

②　乾隆十七年（1752）四月，杂谷土司苍旺杀害头人易沙，又与梭磨土司勒儿悟、卓克基土司娘儿吉发生争执，而且不邀请地方官调解，甚至带兵攻毁了属于梭磨、卓克基的寨落，还被告发"私造铁炮，潜蓄逆谋"。四川总督策楞、提督岳钟琪乘机调兵遣将，是为杂谷事件肇始。同年八月，四川总督策楞、提督岳钟琪，先派遣五百名士兵以剖断三家纠纷为名，乘虚直捣杂谷脑，随后又派出了二千五百名兵丁陆续进攻，同时还让苍旺仇人瓦寺土司选带士兵，随营调遣，并以一千名兵驻扎杂谷西北一带七布峨眉等处截断后路。九月下旬，策楞、岳钟琪率领大队人马殿后，清军势如破竹，直捣苍旺营寨，苍旺被缚，当众正法。参见李涛：《试论清代乾隆年间的杂谷事件》，《西藏研究》，1992 年第 1 期。

成一个有共同利害关系的婚姻集团,因而汤鹏娶第二个妻子,是他在同一婚姻集团内部的选择;汤鹏的第三个妻子为孙克宗土司之妹,也是基于政治利益的考虑,因为孙克宗拥地三百余里,界于两金川之间,战略地位十分重要,对于两金川而言,无论谁与之结为婚姻关系,都能在军事上和政治上获益;第四个妻子葱旺错是第三位妻子之侄女,显然是为了继续拉拢孙克宗之故。[①] 现绘制小金川土司汤鹏之政治婚姻图谱(图 4-3)如下:

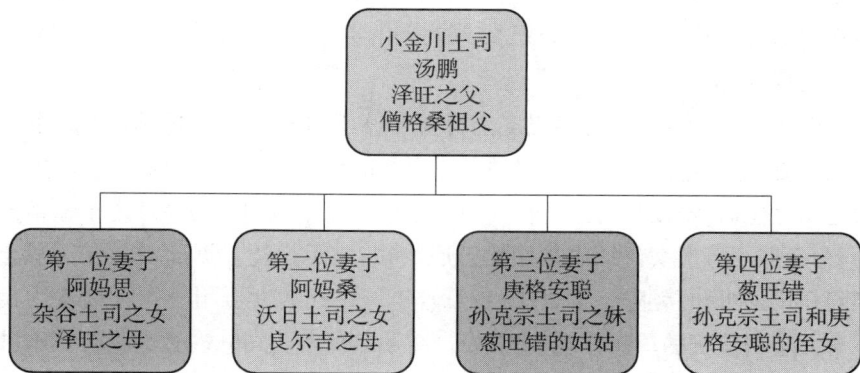

图4-3　小金川土司汤鹏的政治婚姻关系图谱

结合图 4-3 和有关学者的分析可知,小金川土司汤鹏出于不同的政治利益的考虑,选择了不同的婚姻对象,结为不同的婚姻集团,甚至互为婚姻(汤鹏娶杂谷之女,汤鹏之姐亦嫁杂谷土司)。当然,汤鹏的婚姻对象选择随着时间不断变化,也说明土司之间建立的婚姻集团并不是稳定不变的,而是会因为各土司势力的消长处于变化之中。唯一不变的是,土司之间婚姻对象的选择必须对巩固或增强本土司的政治利益有利。

大金川土司在基于政治利益选择不同婚嫁对象、构建有利于本土司的婚姻网络关系方面,有着更加令人瞩目的历史表演。譬如,前面提到的大金川土司色勒奔细[②]趁苍旺与沃日、绰斯甲、卓克基等土司断绝婚姻关系之机,立即与这些与杂谷绝交的土司"誓定婚姻""乘间结盟",在乾隆初年成为与赫赫有名的杂谷土司齐名的地方大豪酋。不仅如此,前面已经提到,大金川土司

---

① 曾穷石:《清代嘉绒地区土司的婚姻初探》,《西藏大学学报》,2004 年第 4 期。
② 雍正元年(1723),清廷以嘉勒塔尔巴之孙色勒奔(莎罗奔)随岳钟琪进藏平乱有功,授安抚司,居勒乌围官寨。乾隆八年十一月初十日,以已故大金川安抚司色勒奔之弟色勒奔细袭其兄之职。这位色勒奔细就是第一次金川战争中所说的金川娑罗奔——莎罗奔。莎罗奔是金川人称土司众子中出家的人的称呼,因此,可以不止一个莎罗奔,比如末代土司索诺木同父异母的三个兄弟都出家为"莎罗奔"。

莎罗奔为侵占小金川土地和土司印信,将侄女阿扣嫁与小金川土司泽旺,然而泽旺为人懦弱无决,很快为妻所制,于是掌印管地之权俱在阿扣;随后又发展为野心勃勃的泽旺之弟土舍良尔吉与阿扣私通,泽旺对此选择视而不见;莎罗奔见泽旺竟怯懦至如此地步,遂大胆设计劫持泽旺并夺其印信,还让阿扣改嫁良尔吉;为掩人耳目,将小金川交由良尔吉掌管。① 莎罗奔将阿扣嫁给小金川土司泽旺的政治目的过于明显,堪称助力其实现掌控小金川、夺取小金川土司印信的关键手段。同时,值得注意的是,阿扣在这场政治婚姻中表现得格外积极,不仅清楚自己要为大金川实现的政治目标,而且一一努力为之实现,遂留下"金川妖姬"②之名。

除了郎卡之妹阿青嫁给巴底土舍为妻外,郎卡还有一个妹妹嫁与绰斯甲土司为妻,即前述主动向清军将领递禀文的绰斯甲老土妇。郎卡继承大金川土司之位后,不仅将自己的长女得什尔章嫁给小金川土司泽旺之子僧格桑为妻,而且还将次女色纳木楚嫁给巴底土司,以示拉拢。据前引大金川老土妇阿仓供词可知,乾隆三十六年(1771),年轻好战的大金川土司索诺木为侵吞与大金川接壤的革布什咱土司,设计将革布什咱土司旺多布敦哄到热水塘角洛寺后袭杀之,并将旺多布敦的土妇札什纳木和土司印信号纸抢回,随即札什纳木亦成为其土妇,并且为他生了一个女儿。在这种情况下,索诺木霸占革布什咱土妇札什纳木和土司印信号纸的政治意图十分明显,可谓吞并革布什咱土地和百姓之心昭然若揭。事实上,索诺木为获取邻近土司的支持,不仅自己先后正式娶了巴底土舍之女、卓克基土司之女做土妇,而且在相隔十天的时间里,将自己的一个姐姐和一个妹妹分别嫁给丹坝土司和绰斯甲土司,而且这"两处土司常差人到金川来","金川也常叫人去问候"。③

一言蔽之,两金川所在的嘉绒土司的婚姻基本上都是在一定的政治目的支配之下进行的,婚姻幸福与否从来都不是构建婚姻关系的重点,关键在于选择的婚姻对象的家族在嘉绒土司权力关系网络中居于怎样的地位,娶(嫁)之后对本部落稳定和发展是否有帮助。即是说,包括两金川土司在内的众多嘉绒土司,在有限范围内的婚姻对象的选择,成为土司建构社会权力关系网

---

① 经川陕总督庆复等前往查办,檄谕和息,莎罗奔始将泽旺放回小金川。乾隆皇帝虑及大金川莎罗奔不仅恃强凌弱,攘夺仇杀之外,还以一个侄女嫁给小金川土司,另一个侄女嫁给巴旺土司,大有钤制地方,独自坐大之势,于是一改此前"以番制番",让土司之间互相牵制的策略,决意用兵金川。参见[清]魏源:《圣武记》卷7之《乾隆初定金川土司记》,中华书局,1985年,第298页。
② 清代佚名作者撰写了《金川妖姬志》,在这篇小说里阿扣被描画为颠倒众生的传奇"妖姬"。
③ 冯明珠、庄吉发编:《金川档》,题名:喇叭寨甲木阿尔甲勒多尔济布木绰尔甲等供单,台北"故宫博物院",2007年印,第528—529页。

络的重要手段。①

　　（3）双刃剑：金川土司政治婚姻同盟的易变性

　　在乾隆朝两次金川战争中，大小金川土司与周边土司结为婚姻关系确实为他们带来了政治和军事上的很大助益。第一次金川战争期间，清军因不了解金川地形地貌，且一直没有找到攻克战碉的战略战术，最后不得不接受莎罗奔"顶经盟誓"而草率完局，让乾隆皇帝颜面扫尽。在这次战争中，清廷动员大金川邻近诸土司派出土兵随征，希望在这些熟悉"番情"的随征土兵的帮助下找到克敌制胜的办法，奈何派兵随征的土司要么是大金川的姻亲，要么畏惧其军事实力，害怕清军撤出后遭报复，无一不是让其土民佯装攻打，实则观望，甚至向大金川土司通风报信，使清军更加狼狈不堪。也就说在大金川土司明显占上风的情况下，大金川土司的姻亲土司们和其他邻近土司无不对清军将领阳奉阴违，纷纷站到大金川土司一边。除了因为同文同种有共同的文化和信仰等因素驱动外，主要是只有这样做才能在清军撤退后免遭大金川土司报复。从根本上讲，这些土司还是为了在这场战争中确保自己的利益最大限度不受或少受损害。

　　不过，绝不能将大小金川土司的姻亲关系网络带来的助益无限夸大。实际上迫于情势，以及为自身利益考虑，这些土司在关键时刻也会选择不站在大小金川土司这边，而是听从清军将领的调遣，全力为清军助攻。第二次金川战争期间，已经在政治上得到充分历练的乾隆皇帝，汲取第一次金川战争的教训，不仅为发兵进剿两金川做了充分的准备，而且在动员两金川周边土司随征方面下足功夫，恩威并施，坚决整治随征不力的土司，用心赏赐实心出力的土司。加上小金川较快被攻克亦大壮清军军威，不断增兵增粮的态势即是向众土司宣示清廷这回是不灭金川誓不罢休。在这种情势下，那些与大金川结为姻亲的土司们很会审时度势，不再像第一次金川战争中那般敷衍了事，而是争相奋力表现，唯恐大金川被灭后得不到清廷垂青而失势。据清军将领阿桂等奏称："布拉克底（巴底）、巴旺土司发兵攻剿为各土司倡首，两三年以来从不稍存观望。"②第二次金川战争后期，在清军合围进逼、境内缺粮又瘟疫不断的内外交困中，大金川土司索诺木遣人捎话给巴底土司，希望他看在亲戚（索诺木最先娶的土妇是巴底土舍之女）份上，能够出面代为向清军将领讨饶，巴底土司则在给索诺木的回禀中趁机狮子大开口，要求要么大金川土司将早年侵占的庚额、巴甲、马尔邦、底角一带地方百姓都还回，要么将

---

① 参见曾穷石：《清代嘉绒地区土司的婚姻初探》，《西藏大学学报》，2004 年第 4 期。
② 中国第一历史档案馆：《军机处录副奏折》，民族类，缩微胶卷号 589，档号：7974－67，题名：阿桂酌筹善后事宜办片，具奏日期：乾隆三十九年九月十九日。

大金川的牛、羊、头人、百姓等全部献出来，才好代为求饶。① 索诺木对巴底土司的做法感到十分愤恨，认为别的土司迫于情势跟随清军攻打大金川都可以不怪罪，唯独巴底土司不应该且不可饶恕，誓要向其报仇，因为巴底的土司根子是大金川土司给的。②

索诺木这样讲有其内在原因。巴底原不过是巴旺土舍的封地，大金川早就觊觎巴旺、巴底之土地和人口，为分巴旺之势，将土女嫁给巴底土舍。因这层婚姻关系，巴底拥有了土司根根，并得以比肩土司之列，而且势力逐渐超过巴旺。巴底土司又为何不惜与大金川土司撕破脸呢？因为，土司之间的联姻既有积极的关系建构的一面，也隐含破坏性的一面。第二次金川战争期间，清军正式攻打大金川之前，巴底土司仍一如既往地驯服于凶悍无敌的大金川土司以求生存和发展，但时移势易，当几路清军兵锋直指噶喇依、勒乌围等地时，巴底土司虑及如今清军灭了大金川等于是助己剪除强邻，加上极其希冀通过奋力表现来获取清廷发给的土司印信而成为官方认可的"土司"。③ 这般权衡之下将"互为婚姻之情分""土司根子之恩义"弃之不顾也就不难理解了。可见，土司之间婚姻关系在承平年代有其积极建构意义，但在特殊时期，一样可以沦为破坏性的力量。

质言之，大小金川所在的广大嘉绒藏族地区的土司的婚姻一方面要受到嘉绒传统婚俗的影响，严禁直系亲属之间通婚，盛行"一夫多妻""夫姐妹婚"，"妻兄弟婚"亦十分常见，遵守土司同一阶级内互为婚姻对象的原则，以维持"土司根根"的纯正性和土司位于社会权力金字塔顶的合法性；另一方面，各土司出于政治利益考虑，通过选择婚姻对象来构建社会权力关系网络，平时互通问候，密切来往，每遇战事亦会迅速站在盟友一边，甚至出兵相助，以便在这种政治婚姻联盟中实现各自巩固和扩展本部落势力的目的。杂谷土司和两金川土司（特别是大金川）无一不是在攻伐侵占之余，借助缔结政治婚姻集团而先后成为其他嘉绒土司不敢与之相抗的"豪酋"。同时，也要看到，土司之间建立的婚姻集团并不是稳定不变的，会因为各土司势力的消长处于变化之中，唯一不变的是，土司的婚姻对象选择要为本土司的政治利益服务。一些土司在婚姻上的任性而为也会直接影响与已缔结的土司婚姻集团成员的关系，最终影响该土司的政治命运。此外，出于自身利益考虑，在关键时刻

---

① 中国第一历史档案馆：《军机处录副奏折》，民族类，缩微胶卷号 591，档号：7990－1，题名：富德奏相机筹办以图抢占要隘缘由，具奏日期：乾隆四十年三月廿四日。
② 中国第一历史档案馆：《军机处录副奏折》，民族类，缩微胶卷号 590，档号：7975－50，题名：供单。
③ 中国第一历史档案馆：《军机处录副奏折》，民族类，缩微胶卷号 589，档号：7962－72，题名：阿桂奏酌赏出力将弁，具奏日期：乾隆三十七年十二月二十四日。

土司们也会毫不犹豫地选择与姻亲土司为敌。清军将领对那些积极派出土兵一同征讨金川的诸嘉绒土司做了精准分析:"从前与促浸交界各土司惧为吞唑,咸与结婚,名虽依附,委实痛心疾首,结怨已深,是以土兵随同协剿数年而出力图报之心久而弥奋。"①这即是说,两金川土司通过选择婚姻对象建立的政治利益同盟是否真的能够为自己带来助益,取决于联姻诸土司的利弊权衡:如"出手相助"对己无不利或利大于弊,自然慨然相助;如"出手相助"对自己不利,甚至弊大于利时,会断然弃之不顾,甚至攻之伐之。

两金川土司与邻近的嘉绒藏族土司,既各自盘踞一方,又"壤相错"的政治环境,使得政治联姻成为鲜明展现众土司之间动态关系的一面镜子。通过对金川土司与其他土司之间盘根错节的婚姻关系的分析,既可以体察到诸土司对通婚对象的抉择是如何受到嘉绒地方传统文化的制约和影响,又可以感受到他们极欲通过政治联姻建立并扩展权力关系网络的努力。事实表明,土司间的政治联姻犹如一把双刃剑。联姻使土司处于复杂的关系网络中,必然影响土司在利弊权衡中做出各自的政治抉择。同时也应看到,两金川所在嘉绒土司之间的政治联姻也展现了联姻个体的形象和历史表现,即他们在地方权力纷争,乃至与中央王朝的互动中均展现出鲜明的个性特征。

追根溯源,以两金川土司为代表的清代嘉绒土司的复杂婚姻行为,是由土司社会实行严格的权力阶序制度和各部落之间浓厚割据性决定的。为维持土司阶层始终处于社会权力金字塔的塔尖不坠,土司血统即嘉绒人口中的"土司根根"的维系必然要求土司只能与邻近土司或土舍家族联姻,以保证"土司根根"血统的纯正(或土司继承的合法性)。每个土司统治的人口、区域均有限,加上经济发展相对迟滞,使得割据一方的土司欲在地方竞争中扩大优势或不被强势土司吞并,政治联姻成为增强地区影响力或自保的常用工具。因而,实力较弱的土司与实力强悍的土司联姻,甚至将多个女儿都嫁与对方,更多是被迫示弱,以及希冀借此不被侵吞罢了。同时,土司社会的割据性也决定了众土司为获取更大势力范围和人口资财而不断争竞掠杀,彼此结仇在所难免。如此,在嘉绒土司地区,通过政治联姻手段建立的政治军事联盟必然具有易变性。

另外,以大小金川为代表的嘉绒土司的婚姻行为,呈现出迥异于同一历史时期汉族社会精英的婚姻行为。正因如此,已经接受儒家伦理教化的乾隆皇帝,对大金川土司郎卡派人袭杀同族的土舍并抢占其妻的行为表示出极度

----

① 中国第一历史档案馆:《军机处录副奏折》,民族类,缩微胶卷号590,档号:7975-78,题名:明亮等奏革布什咱一路赶筑石碉等由,具奏日期:乾隆三十九年九月十五日。

鄙视。显然,这是不同文化理念之隔膜带来的误解。

(二)土民的婚姻与家庭①

鉴于大小金川土司地区土民的婚姻与家庭问题,因史料所限,学界鲜见专门论述,在此,欲借助《军机处录副奏折》《清宫珍藏海兰察满汉文奏折汇编》等档案中大量土民供词中涉及的婚姻和家庭情况,并结合其他相关史料,对该问题进行较为详细的钩沉。同时,在大小金川及其周边地区展开田野调查也为该问题的延展性研究提供了便利。透过档案文献和田野调查聚焦该问题,管窥金川土司治下的土民阶层的家庭与婚姻的丰富面相,感受其与同时期内地汉民婚姻的显著差异,有助于加深对乾隆朝嘉绒土民阶层两性关系和婚姻家庭的历史认知。

应先交代的是,因史料所限,在这里探讨金川土司治下土民婚姻与家庭问题,只能就这些土司属民的婚姻形式、家庭规模等方面加以论述,有关嫁娶的经过、仪式、陪嫁物品、家庭内部分工与权力分配等细部只能从略。另外,这里所说的"土民"泛指耕种土司份地、要给土司缴纳粮食和提供差役的百姓(含寨首),不包括"家人""使女""娃子"等居于家奴身份的人。

(1)两份供单展现的大小金川土民婚姻家庭信息

在此,先从一份小金川土民的供词入手,具体感受小金川土民家庭构成和婚姻状况。现将投出小金川寨首喇他尔及与他一同逃出的土民供词全文移录如下:

> 喇他尔供:"小的年四十三岁,是儹拉(小金川)汉瓦寨的寨首。前年(乾隆三十七年)冬官兵打到底木达,小的一时害怕逃往促浸(大金川)去了,安插在毕里角寨上住。今年派在拉枯喇嘛寺等处守卡子。夏天官兵打到逊克尔宗,把毕里角的寨子烧了。小的又带了家小到章噶寨借房子住。小的在里头没得吃的,差使又苦,看促浸的光景实在就要完了,因想得一条生路,谎说告假回家,将女人安布六、儿子得日太、家人娄太、札尔结二名,使女撒色、朗太二名,共六口人同外甥申札尔吉一家五口,并克太尔两口,商量由日尔底沟内逃出来的。如今逊克尔宗、拉枯喇嘛寺守卡子的是头人舍角、沃勒二人。其前面一带领兵的人,小的没知道名字。听得他们说这里一路官兵实在打得紧……地方上百姓没得吃的,土司又没有给他们(粮食)。派兵的时候,百姓多躲藏不来,还有些人说得过伤

---

① 该部分内容以《乾隆朝金川土司治下土民婚姻与家庭问题研究——基于档案文献和田野调查的考察》为题,发表于《西南边疆民族研究》第 30 辑,2022 年第 2 期。

不能够打仗,土司不依,叫到官寨里来验了伤,伤重的还许调养,伤轻的就派在各卡子上去。前日噶朗噶(寨)百姓巴纳甲、巴额甲私下里说:'我们如今在这里守卡子,官兵打下来是拿不住的,就是拿住(前来攻打的官兵),与逊克尔宗、勒乌围一带也是无益的,百姓只有死路一条了,不如投了天朝罢。'有人告诉土司,(土司)就把巴纳甲(和巴额甲)两个人的眼睛挖了,脚踝打断,所以百姓们不敢乱说话。……此时索诺木在勒乌围住,莎罗奔冈达(克)在噶尔丹喇嘛寺住。百姓们又说:'促浸地方不久都要被天朝拿去的,土司还叫我们搬在勒乌围去也是无用的。'"(喇他尔的妻子)安布六供:"小的是喇他尔女人,年三十二岁,这得日太是小的儿子,才两岁。"娄太供:"小的是喇他尔家人(仆役),年十六岁。"札尔结供:"小的也是喇他尔家人(仆役),年十七岁。"撒色供:"小的与朗太俱是喇他尔使女(未婚女仆),小的年二十一岁,这朗太年十九岁。"余供同。申杞尔吉供:"小的年十六岁,系喇他尔的外甥,本是偾拉阿扣寨人,如今与母亲札思满、兄弟和尔甲、妇女布班、乃章共五口人同逃出来的。"余供同。札思满供:"小的年五十三岁,这申杞尔吉与和尔甲都是小的儿子。"和尔甲供:"小的年十四岁,是申杞尔吉兄弟。"余供同。布班供:"小的年五十六岁,向来在申札尔吉家服役的。"余供同。克太尔供:"小的年二十九岁,是偾拉阿扣寨人,乃章是小的妻子,年二十五岁,一个儿子还未满月,如今同逃出来了。"余供同。[①]

　　由这篇供词不难看出:小金川汉瓦寨的寨首喇他尔年 43 岁,有一位 32 岁的妻子安布六,一个 2 岁的儿子得日太,和两名"家人"(男性仆役)和两名"使女",按他的理解,仆役等都算在内一共全家七口。不过,在这里我们不能据此就推断该夫妇二人俱系晚婚晚育。因为连年战争,加上两金川土司地区的经济发展状况相对落后,以及气候偏寒且寒冷期颇长,婴儿出生率和存活率均不容乐观。但值得注意的是,喇他尔作为丈夫比其妻子安布六年长 11 岁,而且其供词陈述语气透露出作为一家之长的权威。札思满与喇他尔系姐弟关系,似是失去了丈夫的寡妇,对娘家兄弟的依赖亦可窥一斑。

　　再来看一则大金川土民达拉的婚姻、家庭情况的供单,借以具体感受大金川土民家庭构成和婚姻状况。现将乾隆三十九年十一月清军讯问土民达拉获取的供词全文移录如下:

----

① 　本段全部供词全部引自中国第一历史档案馆、鄂温克族自治旗民族古籍整理办公室编:《清宫珍藏海兰察满汉文奏折汇编》,辽宁民族出版社,2008 年,第 218—219 页。

　　"我(达拉)今年八十岁了,是促浸玛日不里寨人,妻子叫班底,有四个女儿名叫阿勒、阿闪、阿董、木落,有一个抚养的儿子,就做我的女婿,名叫俄尔甲。现在我两个女儿阿闪、阿董都嫁俄尔甲了。大女阿勒嫁了男人退回来了,小女儿还没有嫁人。如今我们一家连女婿们大小共十口都投出来的。"班底供:"我今年七十岁,达拉是我的男人。"余供同。俄尔甲供:"我今年三十一岁,自小是从达拉抚养大的,在促浸玛日不里寨住,……我两个女人,一个阿闪,一个叫阿董,都是我丈人达拉的女儿。现生有三个儿子,大的叫生格,今年九岁,第二的叫甲噶尔朋,年六岁,第三的叫科尔甲,年四岁,俱是我女人阿闪生的。我家大小共十口人……"阿闪供:"我今年三十二岁。"阿董供:"我今年二十五岁。"阿勒供:"我今年三十四岁。"木落供:"我今年十八岁。"跟随这一家一起投出的甲噶尔斯蒲供:"我今年二十一岁,我男人阿克鲁先前在革布什咱觉落寺打仗已经阵亡了。"①

　　这则供单非常有意思,涵盖了大金川土民婚姻与家庭的诸多重要信息。与前面的喇他尔一样,作为家长的达拉80岁,其妻班底才70岁,亦是丈夫年长十来岁。不过,这则供词更值得注意的问题有:其一是以养子为女婿的招赘婚,由于达拉夫妇只有四个女儿,遂收养了俄尔甲为儿子,并将女儿许配给他;其二是"姐妹婚",即达拉将二女儿和三女儿都许配给养子俄尔甲为妻;其三是女儿"离婚"回娘家生活的问题,即达拉的长女阿勒曾出嫁,但是不知为何被夫家"退回来了";其四,妻子年长于丈夫亦不为忤,如达拉的二女儿阿闪比女婿俄尔甲年长1岁,感情似乎不错,已经生了9岁、6岁、4岁的三个儿子,而比俄尔甲小6岁的阿董尚未有孩子。此外,跟随达拉一家逃出的甲噶尔斯蒲才21岁,因为丈夫在金川战争中战死而沦为无儿无女的年轻寡妇。

　　以上两则供词以极为直观、细腻的方式呈现了两金川土司境内土民的婚姻家庭情况,但还不足涵盖该问题的诸多面相。为了更清晰地揭示金川土民的婚姻家庭特点,需要借助更多的清代相关档案史料,并结合实地田野调查资料,进行更深入的剖析。

　　(2)清代奏折透露的两金川土民婚姻家庭之特点

　　除以上供单,据笔者统计,《清宫珍藏海兰察满汉文奏折汇编》和中国第一历史档案馆藏《军机处录副奏折》共有627户大小金川土民的家庭、婚姻情

---

①　本段全部供词全部引自中国第一历史档案馆:《军机处录副奏折》,民族类,缩微胶卷号590,档号:7975-45,题名:供单。

况记录。因为篇幅限制,为了更加直观地呈现土司治下金川土民的婚姻与家庭面貌,在此特选取 627 户土民家庭中的部分家庭供词制表 4 - 2(含前引二例供单)如下:

表4-2 大小金川土民婚姻家庭情况简表

家庭成员名	家庭成员关系	年龄	本住寨名	史料出处和备注
1 喇他尔 安布六 得尔日太 娄太 杞尔结 撒色 朗太	寨首 喇他尔妻 喇他尔儿子 喇他尔家人 喇他尔家人 喇他尔家使女 喇他尔家使女	43 岁 32 岁 2 岁 16 岁 17 岁 21 岁 19 岁	僜拉 汉瓦寨	中国第一历史档案馆,鄂温克族自治旗民族估计整理办公室编:《清宫珍藏海兰察满汉文奏折汇编》,《投出僜拉番人供单》,辽宁民族出版社,2008 年,第 218 页,219 页。
2 申杞吉 杞思满 和尔甲 布班	喇他尔外甥 申杞吉之母 申杞吉之弟 在该户服役番妇	16 岁 35 岁 14 岁 56 岁	僜拉 阿扣寨	备注:以下凡引该书,俱简写为《海兰察》加供单题名和页码,省去冗长的著者、出版社名。
3 克太 乃章 尚未取名	乃章丈夫 克太妻子 克太儿子	29 岁 25 岁 婴儿	僜拉 阿扣寨	
4 达拉 班底 俄尔甲 阿闪 阿董 生格 甲噶尔朋 科尔甲 阿勒 木落	班底丈夫 达拉妻子 养子 & 女婿 俄尔甲大女人 俄尔甲小女人 俄尔甲长子 俄尔甲次子 俄尔甲三子 达拉长女 达拉小女儿	80 岁 70 岁 31 岁 32 岁 25 岁 9 岁 6 岁 4 岁 34 岁 18 岁	促浸 玛日不里寨	中国第一历史档案馆:《军机处录副奏折》,民族类,缩微胶卷590,档号:7975 - 45,题名:供单。 备注:以下凡出自《军机处录副奏折》的,只写缩微胶卷号和档号。 备注:达拉的大女儿嫁人后被丈夫退回来了,达拉小女儿尚未出嫁。 备注:甲噶尔斯蒲与达拉一家一起投出,她的丈夫阿克鲁在乾隆三十七年跟随索诺木攻打革布什咱土司时战死。
5 甲噶尔斯蒲 阿克鲁	阿克鲁妻子 甲噶尔斯蒲丈夫	21 岁 战死	促浸 寨名不详	
6 杞格太 申杞思满 雍中朋 格尔结 朗木卡	申杞思满丈夫 杞格太妻子 杞格太大儿子 杞格太二儿子 杞格太小儿子	37 岁 30 岁 23 岁 8 岁 6 岁	僜拉 马尔当寨	《海兰察》,《投出僜拉番人番妇供单》,第 234 页,235 页。 备注:还有一个弟弟申扎太,在噶尔丹喇嘛寺,未能一同逃出。

续　表

家庭成员名	家庭成员关系	年龄	本住寨名	史料出处和备注
7 班登朋 捏噶尔 格尔什中 板第 得尔日斯满 克木错 木耳斯满	板第丈夫 班登朋母亲 班登朋妹妹 班登朋妻子 班登朋女儿 班登朋儿子 班登朋儿子	36 岁 73 岁 41 岁 38 岁 9 岁 7 岁 2 岁	促浸 什布曲寨	《海兰察》，《投出促浸番人男妇十七名口》，第 280 页，281 页。 备注：班登朋看到官兵攻打得厉害，感到促浸要灭亡了，赶紧带了家口投出。
8 思丹巴 拉木 雍中甲木参 生格尔结 纳木楚 孟章 乃章 彭楚克瓦尔结	小头人 思丹巴妻子 长子（班第） 思丹巴次子 思丹巴长女 思丹巴次女 思丹巴三女 思丹巴弟弟	70 岁 65 岁 30 岁 22 岁 27 岁 24 岁 18 岁 61 岁	促浸 噶朗噶寨	《海兰察》，《投出番人供单》，第 355—356 页。 备注：斯丹巴因年老不用当差，本寨失守后，便带家眷逃到勒乌围，见促浸快要被官兵打下来，一家八口同逃出。其弟彭楚克瓦尔结在噶尔丹寺当喇嘛。
9 枉札 雅木塔尔 斯塔满	雅木塔尔丈夫 枉札大女人 枉札小女人	40 岁 不详 不详	促浸 达尔巴寨	《军机处录副奏折》，缩微胶卷号 590，档号 7981-49。
10 雍中 阿绰 雍绰 班第尔丹 丹巴彭楚克	头人、阿绰丈夫 雍中大女人 雍中小女人 雍中哥哥 雍中哥哥	37 岁 30 岁 29 岁 47 岁 40 岁	促浸 喇嘛科尔寨	《军机处录副奏折》，缩微胶卷号 590，档号 7982-11。备注：雍中带领二十户土民出降。
11 安朋 阿冗 阿谷鲁 硁朋 绰窝	阿冗、阿固鲁丈夫 安朋大女人 安朋小女人 安朋儿子 安朋女儿	44 岁 49 岁 41 岁 10 岁 4 岁	促浸 格尔替寨	《海兰察》，《投出番人供单》，第 331 页。 备注：安朋守卡没得吃的，已经有两个女儿饿死了，带了妻子儿女投出。
12 噶登朋 阿思满 得什尔章 阿扣	阿思满等丈夫 噶登朋大女人 噶登朋小女人 噶登朋儿子	38 岁 37 岁 35 岁 11 岁	促浸 荣噶尔博寨	《军机处录副奏折》，缩微胶卷号 590，档号 7981-23。

续　表

家庭成员名	家庭成员关系	年龄	本住寨名	史料出处和备注
13 生格太	安札尔丈夫	57 岁		
安札尔	生格太妻子	46 岁		
阿济	生格太大儿子	26 岁		
甲加	生格太二儿子	20 岁		《军机处录副奏折》,缩微胶卷号 590,档号:7984－33。
扣尔结	生格太三儿子	18 岁		备注:生格太供,因促浸百姓的口粮实在短少,彼此互相
噶相	生格太四儿子	16 岁		抢杀,牛马猪羊都瘟死的多
噶太	生格太大女儿	22 岁	赞拉曾头沟甲琐寨	了,官兵又打得紧,便带了一
噶思满	生格太二女儿	8 岁		家十四口投出。另外,生格
巴格太尔	生格太家家人	16 岁		太还是赞拉的一名头人。
思满太	生格太家使女	45 岁		
阿克里	生格太家使女	35 岁		
申杌尔章	生格太家使女	30 岁		
阿绰	生格太家使女	25 岁		
和尔思满	生格太家使女	18 岁		
14 得日尔甲	撑皮船的水手	33 岁		
那木	得日尔甲母亲	55 岁		《军机处录副奏折》,缩微胶卷号 590,档号:7980－66。
申札尔结	得日尔甲弟弟	19 岁	促浸斯年木咱尔寨	备注:那日尔甲妻子已经
达谷	得日尔甲儿子	4 岁		亡故。
塔思满	得日尔甲长女	11 岁		
霍尔曲	得日尔甲次女	7 岁		

从小金川人喇他尔的供词、大金川人达拉的供词、表 4－2,以及笔者掌握的 627 户土民家庭供单全部内容来看,可以总结出一些大小金川土民的婚姻家庭特点,在此分别予以论述。

第一,金川土民(含寨首、小头人)的婚姻主要是"一夫一妻"形式。比较明显的是,一般都是丈夫年长妻子数岁到十多岁不等,也有妻子年长丈夫数岁的情况。一些土民家中有"家人"或"使女"等使唤下人(如表 4－2,1 喇他尔例、13 生格太例),或者用劳役换饭吃的人(如表 4－2,2 布班例)。显然,众多承种土司份地的土民家庭并不是土司社会阶层序列的最底层,而是维系土司社会发展的中坚力量。在土民眼中,供其使唤的人也是家庭构成的一部分,只不过地位有别。

第二,妻姐妹婚,即姐妹同嫁于一人。[①] 一些土民(如表 4－2,9 枉札例、11 安朋例、12 噶登朋例)、或小头人(如表 4－2,10 雍中例)娶有"大女人"和

---

① 姐妹同嫁一个丈夫在嘉绒土司地区并不鲜见,而且延续了很长时间。20 世纪 40 年代人类学家林耀华先生赴嘉绒开展有关婚姻家庭问题的田野调查时总结出的六大婚姻原则之一就是"姐妹同嫁一人"。参见林耀华:《川康嘉戎的家庭与婚姻》,载《民族学研究》,中国社会科学出版社,1985 年,第 422—428 页。

"小女人",也有人娶姐妹两人（如表 4-2,4 俄尔甲例）,亦以"大女人""小女人"区别称呼。这种婚姻形式能否称之为"一夫多妻"还不能轻易定论。因为从目前掌握的金川土民供述的史料来看,土民或小头人家的"大女人"和"小女人"在家中的地位是否平等,是否由"大女人"掌管家中事务,而"小女人"须服从"大女人"管束从旁协助,"大女人"和"小女人"是同居一屋还是分居各处,是因为"大女人"普遍年长一些而称第二个老婆为"小女人",还是因为第二个老婆后娶而称为"小女人"等问题尚无法说清楚。不过,从常理出发,有一点可以确认的是,丈夫如果专宠某一个女人,另一个的日子自然就不好过。

第三,招赘婚,即男子入赘有女无子的人家为女婿。如前引达拉供词中,不仅将养子俄尔甲招为女婿,还将两个女儿都给了他做老婆,堪称"招赘婚"和"妻姐妹婚"的合体。尽管入赘婚在嘉绒土司地区比较普遍（多子家庭让一些儿子当赘婿很常见）,但也有土民对家人安排的入赘婚姻不情愿。据多尔札朋供称,得知安排他去大金川某百姓家当赘婿便很不高兴,赶紧设法逃出。① 从常理出发,入赘多半是不得已的选择。但凡赘婿的原生家庭有分家析产让其独立门户的能力,他就不会情愿做上门女婿。尽管从大量乾隆朝金川土民供单来看无法明确得出赘婿的地位低,易于被人嘲笑的结论,但笔者在金川及其邻近地区展开田野调查获取的信息似乎暗示了不能排除这种可能性。② 无论嘉绒的男子愿意当上门女婿与否,就笔者掌握的 600 多户土民家庭的供单来看,两金川及其邻近土司地区的招赘婚并不鲜见。

第四,丈夫可以因故迅速弃妻另娶。例如,前引达拉家 34 岁的长女阿勒,本已嫁人,但被夫家退回娘家。也就是说土民可以"退妻",但缘何被"退"就不得而知。阿勒的供词中没有提到在夫家是否生子,或许与未能生育后代有关。另据大金川卡角寨土民阿咱纳（22 岁）供称,他的母亲因为家里没有吃的,不得已偷了别人家的东西,被告发后,土司索诺木将他母亲发落到格尔替官寨当苦差（即被罚作奴婢当差）,他的父亲很快就娶了后老婆,他便投奔到母亲跟前去,仍没有吃的,头人们说要将他卖了,于是逃出。③ 阿勒被自己丈夫退回娘家和妻子触犯土司习惯法被罚作奴婢后丈夫迅速再娶的案例,似都应涉及离婚的问题。然而,这两份供词均没有直接提及离婚程序。幸运的

---

① 中国第一历史档案馆:《军机处录副奏折》,民族类,缩微胶卷号 590,档号:7985-4,题名:供单。
② 笔者于 2010 年 5 月和 2023 年 8 月先后两次在金川县、小金县、丹巴县、马尔康选取多个嘉绒藏族寨落或城镇嘉绒藏族家庭的成年男子进行访谈,几乎都对入赘一事表示程度不一的"蔑视"和"讥讽",认为只有没有本事自立门户的男子才会去当上门女婿。
③ 中国第一历史档案馆:《军机处录副奏折》,民族类,缩微胶卷号 589,档号:7969-37,题名:投出促浸番人供单。

是,根据二十世纪五十年代的《嘉绒藏族社会情况调查》[①],可以了解金川及其邻近土司地区如何对待土民离婚问题。该调查报告提到:"在松岗、绰斯甲、梭磨地区,由于男女青年恋爱、结婚自由,而且婚前还有一段很长的时间彼此接触了解,婚后有些地区尚有一定的性自由,故离婚的很少。离婚一般是较自由的,男女均可提出,但须经土司、头人判处,而且还须赔偿对方一笔遮羞钱,小金是十五六两银子,卓克基是三四十两到一百两以上。有的人可能因离婚为土司头人罚去全部财产,自己成了科巴(即奴隶),所以不到不得已时,不会轻易离婚。"[②]虽然不能据此倒推乾隆朝两金川境内土民离婚是否如此处理,但是考虑到川西北地区多高山峡谷,自然环境封闭性强,数百年来嘉绒社会文化习俗的稳定性和延续性也不容小觑。据此似可谨慎推测,为维持社会稳定,金川土司治下土民离婚亦会受到土司或头人的诸多限制。

第五,寡妇再嫁或由土司另行招夫上门亦不鲜见。这是因为土民种土司(或头人)分给的一份田地,还得承担土司(或头人、或喇嘛寺)派给的差事。不管土司社会的习惯法多么严苛,要让那些失去丈夫的妇女在种地维持生计之外,再承担繁重的差役,是非常不现实的。对处在土司社会金字塔底层的老百姓来说,寡妇再嫁或鳏夫再娶是改善生存处境和养育后代的最佳选择。据霍尔加耳供:"年四十八岁,绰斯甲布丹杞木(寨)人,先前带同妻女逃到促浸有十六年了,在巴布里地方住,土司(郎卡)给有一份田地,后来妻子死了,又娶了一个寡妇,生有儿女。……妻斯满(即再娶的寡妇)年四十八岁,大女克尔绰年十三岁,次女得日耳章年五岁,长子生格尔甲年十六岁,次子噶登朋年七岁,使唤丫头绰木曲年十二岁。"[③]除寡妇外,还有妇女带子女再嫁。据砭朋供称,讯供时,年47岁,原为梭磨土司地区的人,从前跟随土女阿随嫁(即随同伺候阿随)到小金川去,后来土妇阿随被僧格桑毒死,将随同伺候的梭磨人都安插在底木达;乾隆三十七年(1772)逃往大金川,大金川土司索诺木将他安在库纳住,并将库纳的妇女蒙章(时年37岁)配给他为妻,蒙章带过来两个儿子,大儿子生格尔结15岁,小儿子板第朋6岁,后没有吃的一同逃出。[④]

第六,阶级内婚。从笔者掌握的乾隆朝两金川627户土民家庭供词来看,尚未见一例逾矩。所谓阶级内婚,即是男女在婚姻对象的选择上仅限于

---

① 20世纪50年代,西南民族学院民族研究所赴嘉绒地区开展调查,并以内部刊印的形式推出了《嘉绒藏族调查资料》。
② 西南民族学院研究室编著:《嘉绒藏族社会情况调查》,转引自《四川省阿坝州藏族社会历史调查》,民族出版社,2009年,第228页。
③ 中国第一历史档案馆:《军机处录副奏折》,民族类,缩微胶卷号590,档号:7980-22,题名:投出绰斯甲布番人男妇七名口。
④ 中国第一历史档案馆:《军机处录副奏折》,民族类,缩微胶卷号590,档号:7981-3,题名:投番供单。

相同的阶级之内,不同阶级不能联姻。这是维系嘉绒藏区社会等级的重要原则。小金川末代土司僧格桑与自己的"大女人"得什尔章(大金川土司索诺木的姐姐)婚姻不睦,不顾大头人蒙固阿什咱阿拉的坚决反对,一意孤行娶自己喜欢的百姓之女侧累为"小女人",被视为破坏早被土司社会广泛认可的阶级内婚原则之"异动"。① 前述土民因妻子触犯土司社会习惯法被罚为奴隶而迅速另娶(其妻被罚为奴给土司当差,身份已不再是普通百姓了)的案例,亦体现了土民严格遵循阶级内婚的原则。② 并且,阶级内婚原则在川西北嘉绒土司地区有强大的生命力,那些未经改土归流的土司社会内部直至20世纪40年代仍顽强地保持这一婚嫁习俗。

(3) 土司指派和父母指婚之外的自由婚配习俗

前述蒙章被土司配给硁朋的例子还表明,大金川土司不仅给从别的土司地区投到本地区的土民一份土地,还会指给一名女子与之婚配。据土民章木太供称,讯供时他已47岁,原系鄂克什木兰坝人,乾隆十四年(1749)因为偷了别人家的牛,害怕鄂克什土司问罪(土司严禁百姓偷盗,违者惩罚极重,偷牛这般严重的偷盗行为很可能会被土司扔河里淹死,逃跑是活命的最佳选择),就逃到大金川,大金川土司将他安在笔里角寨,给一份田地,还配给了一个女人为妻,先后生了四个儿子,两个女儿。③ 大金川土司这样做显然是想通过婚配组建家庭来长期留住逃入土境的外来青壮年男子,有利于为大金川繁衍人口、耕种份地上缴官粮之外,还增加了承担兵役和其他差役的人员。因此,这种情况在嘉绒土司地区似乎非常普遍。据萨木丹供:"小的年三十二岁,是促浸勒乌围沟内卡布角寨人,从前逃往丹坝配给女人得日耳章,生了安朋、纳尔甲两个儿子。"④萨木丹的供词表明,丹坝土司也会为逃入境内的外来青壮年土民指配女子,以成家生子。供词中没有交代被土司指配的女子是何种身份,有可能是一般百姓家的女儿(如蒙章),也有可能是"使女"。

前述达拉家两女嫁给养子为妻的例子,很显然是奉父母之命的婚姻。这

---

① 据大头人蒙固阿什咱阿拉供称:"从前僧格桑要收侧累做小女人,小的说他是百姓家的女人,为什么要收他,这是使不得的。"参见中国第一历史档案馆:《军机处录副奏折》,民族类,缩微胶卷号590,档号:7975-2,题名:蒙固阿什咱阿拉侧累供单;另见《军机处录副奏折》,民族类,缩微胶卷号590,档号:7975-3,题名:蒙固阿什咱另供单。
② 土司社会是严格的等级社会,平民百姓的婚姻也遵循同一阶层内婚媾的原则。须说明的是,阿咱纳的母亲犯偷窃罪被罚为奴婢当差,如果大金川土司索诺木不予赦免,他母亲的地位就不能改变,只能从此永远为奴,那么他的父亲作为百姓地位高于其母亲,婚姻不能维系在所难免。
③ 中国第一历史档案馆:《军机处录副奏折》,民族类,缩微胶卷号590,档号:7984-10,题名:拿获促浸细作供单。
④ 中国第一历史档案馆:《军机处录副奏折》,民族类,缩微胶卷号590,档号:7979-72,题名:投出番人番女供单。

种形式似是通行的婚配形式之一。不过,并不能据此将金川土民在婚嫁问题上受父母影响的情况,视为与内地儒家文化熏陶下的"父母之命,媒妁之言"一样,认为婚嫁当事人在两性关系上毫无自主权可言。事实上,他们不仅在婚前男女关系上非常自由,未婚男女媾和并不为禁忌,而且婚后亦有很大的追求自我情感满足的空间。据给大金川守卡的小金川人丹拜供称,他的家中原本有一个老婆,也是小金川人,但夫妻关系不好,后来看中了从前鄂克什土司送给某喇嘛使唤的女子,与土民温卜克尔甲一起给了某喇嘛两头牛,"娶"过来当两人的"共妻",如今想独占这个女人,遂带了她一同逃出。① 这种因为夫妻关系不和,丈夫另与他人共同出资买一个"女人"的行为,其实折射了土司社会底层民众在男女关系上抱持相当自由开放之心态。须注意的是,在战争持续数年的特殊时期,小金川人丹拜买来的女子最多只能算同居对象,毕竟家中还有老婆。

从上述例子和分析来看,大小金川土司地区,百姓人家女子的婚配对象,不是父母指配,就是土司安排,自身似乎没有什么自由可言("使女"这类奴仆阶层的女子无婚配自由作另说),但实际上并非完全如此。

在金川土司地区,百姓家女子成年后因不喜欢父母在其年幼时指配的婚姻对象,可以主动要求退婚或逃婚。据大金川克尔木寨的阿思满供:"十九岁,老子死了,只有一个娘,一个哥哥是本寨寨首,现派在西路守卡子,我男人名叫木赖,同在一寨,是自小许的亲。"据与阿思满一同逃出的阿美亦供:"二十一岁,父母俱在,男人叫萨太,也同一寨,父母从幼许就的。"二人还一同申述:"我们都是克尔木寨人,从小许亲,那时不知人事,如今年长了知道我们的男人俱是穷寒,年纪又都幼小,我们心里都不爱。我们蛮家规矩,许了男人若心里不情愿嫁他不妨逃走得的。因此我两个商量同逃。"②小金川30岁老姑娘克斯满也称先前家里给自己许了男人,后头退婚了(但没交代为何要退婚)。③ 就这一点而言,这些身处"化外"之地的两金川土司治下的平民女子,对自身婚姻拥有的择偶自由度,显然要比同时代深受儒家文化规训的"化内"汉人家庭的女子要大得多。

除父母指配婚事外,未婚女子与未婚男子因相好而私定终身、婚前发生性关系的情况亦很普遍。据大金川俄勺木角寨的女子阿章供称:"小的与噶

① 中国第一历史档案馆:《军机处录副奏折》,民族类,缩微胶卷号590,档号:7975-46,题名:供单。
② 中国第一历史档案馆:《军机处录副奏折》,民族类,缩微胶卷号590,档号:7985-7,题名:供单。
③ 中国第一历史档案馆:《军机处录副奏折》,民族类,缩微胶卷号591,档号:7991-42,题名:投出赠拉番人四名。

豆(逃入大金川的 30 岁鄂克什男子)相好,同他私下定夫妇。"①另据李心衡在金川屯署就任期间(1783 年至 1788 年)注意到:"夷俗无问名、纳采诸礼,男女率先私合,然后婚配。男家倩喇嘛拣择吉日,通知女家。至期,两家各延喇嘛诵经礼忏,亲戚邻里,咸集女家,餍饫猪膘吸杂酒。男家倩一人前往,如媒妁礼,女家亦倩一人壶浆以迎,酌之酒,男家人长跪而后饮之,女家者端坐不动也。饮毕群拥新妇至夫家,笑言谑浪,相率跳锅装。跳毕,各侈饮啖。既醉既饱,忽如鸟兽散,而新妇亦飘然逝矣。自此往来不常,食宿无定所。迨生有子女,然后依栖夫家。"并且,"其俗男卧碉上,女卧碉下,男女分类杂处,卧无定所,无床枕衾褥,惟毛毡贴地而已。虽新婚夫妇不同室,夜间鹤步下梯,暗中摸索,未闻有以误入桃源诋谋者。相沿成俗,犹有弄明遗风。"②李心衡观察到的金川婚俗离土司统治时期十分近(他初上任时间离清军平定两金川才六年),应该能够较好地反映土司时代土民的婚恋状况。据李心衡的记载可知:第一,金川土司地区,普通百姓的婚前性关系非常开放,没有内地汉人严守的"男女授受不亲"之大妨;第二,一旦男女双方有意成婚,从提亲到完成婚礼的过程简要、形式简朴,但喇嘛在婚事进行过程中扮演必不可少的宗教角色;第三,新婚后,新娘并不马上就在夫家长期住下,仍保持婚前自由,可以继续在娘家常住,直至与丈夫生下孩子,才落夫家真正从夫居,至此这桩婚姻才算稳定;第四,即使从夫家居,夫妻并不会同卧一室,对婚后建立亲密的夫妻关系当有一定影响。这也许有助于理解前引达拉家 34 岁的长女阿勒被夫家退回娘家的例子,即不妨大胆假设阿勒被退回娘家,可能与她婚后没与丈夫建立亲密的夫妻关系、没有生下一男半女有关。

(4)土司对土民"通奸"和"拐带已婚妇女"之严惩

通奸指的是有配偶的男性或女性违背各自夫妻忠实义务,与他人发生性关系的行为。虽然在当代中国,没有将通奸入罪,即我国《刑法》及相关的法律中没有对通奸作出定罪的规定,但在古代中国,通奸定罪惩处乃是常例。对通奸行为在心理上的厌恶和行动上"欲重惩而后快",除了受道德伦理要求外,还受人类性心理的隐秘力量的推动。③ 总之,通奸是一个既不体面,又广泛存在的社会问题——古今中外概莫能外(家庭出现之前的群婚时代除外)。

---

① 中国第一历史档案馆:《军机处录副奏折》,民族类,缩微胶卷号 589,档号:7974-60,题名:脱出鄂克什番人供单。
② 〔清〕李心衡:《金川琐记》卷 3 之《婚配》《居室》条,中华书局,1985 年,第 24—25 页。
③ 在对待性的问题上,人类表面上的理性认知和骨子里的情感需求总是会发生尖锐的对立,明知女性(成年妇女)的性资源不会因遭受"强奸"或"和奸"而产生实质"瑕疵",但在内心深处却难以摆脱这种观念的纠缠。是故,即便进入现代文明社会,必须严惩"通奸"的观念和实践仍未完全消失。

聚焦僻处川西北群山耸立的乾隆朝大小金川土司地区的普通民众的通奸问题,可以深刻感受到:两性关系之自由总是相对的,偷情带来的愉悦总是充满甜蜜的危险。为什么这么说呢? 尽管金川土司治下的土民有放弃父母指婚对象另寻所爱的自由,也可以有因婚姻不和睦私下另找心仪的同居对象的洒脱不羁,但实际上金川土司对土民"通奸"和"拐带已婚妇女"的行为惩罚颇严。

据土民达塔尔供:"我今年三十六岁,是促浸百姓,住勒乌围官寨下手沟里。我的女人死了,我与达巴寨子里的女人名叫甲噶思玛,年二十五岁,私下相与了,被土司索诺木知道,抄了我的家,叫在勒乌围官寨里当差。"另据土民阿甲尔供:"今年四十岁,在促浸马斯备地方住,是促浸头人江灿管的百姓,我因为与老婆不和,又相与了同寨的一个老婆,名叫甲噶章,年三十岁,怕土司知道问罪,我们两个就商量由沙巴沟逃到绰斯甲布来的。"[①]严禁已婚男女通奸,可能与重视"根子"或"根根"(即血统)的文化习俗有关,也可能是为防止土民为此仇杀争斗,以便维护社会秩序。不过,现实生活中通奸似乎比较常见,土民也有自己的处理方式。《嘉绒藏族社会情况调查》曰:"(在嘉绒地区)一般婚后通奸,如果未在土司处告发,是无人过问的。不过妻子可以向丈夫的情人索取珍贵首饰、氆氇之类的东西和银子(一般是三十两);丈夫也可以向妻子之情人索取枪、马、氆氇和银子(一般是六十两);如果多给些东西、银两,在彼此同意的情况下,也可以离婚。……百姓如与头人的女儿通奸,要被罚做黑头;如'家人'(家内仆役)与百姓通奸,则将百姓罚做黑头。"[②]

此外,拐带已婚妇女也会遭到土司严厉处罚。绰斯甲土民山查朋 20 岁左右时因拐带已婚妇女克尔窝做妻子,害怕绰斯甲土司治罪,便携妇逃到大金川去,大金川土司安置他们住在那木底官寨地方,还分给一份田地让他耕种。[③] 山查朋的供词还透露出,为增加耕种份地并负担差役的人口,土司只是对拐带本部落已婚妇女的土民予以严厉惩罚,对犯此罪逃入辖境内别的土司的土民却是格外欢迎和宽待。这与川西北诸土司严惩境内私逃百姓,却热烈欢迎从别的土司地盘带着老婆孩子或单身逃入的人员的做法如出一辙。《嘉绒藏族社会情况调查》云:"如果男子拐带已婚妇女逃走,被告到土司处,有的被打屁股。如丈夫仍要妻子,则由土司向奸夫科取罚金,罚金由土司得;

---

① 该二例均引自中国第一历史档案馆:《军机处录副奏折》,民族类,缩微胶卷号 589,档号:7969－65。
② 西南民族学院研究室编著:《嘉绒藏族社会情况调查》,转引自《四川省阿坝州藏族社会历史调查》,民族出版社,2009 年,第 228 页。
③ 中国第一历史档案馆:《军机处录副奏折》,民族类,缩微胶卷号 590,档号:7975－65,题名:供单。

若丈夫不要妻子,(土司)则将通奸之双方罚做黑头(奴隶)。"①

　　为什么在两性关系相对自由的金川地区,作为"世有其民,世辖其地"的土司会对土民之"通奸"和"拐带已婚妇女"行为惩罚甚重呢? 这显然与维系土司社会的稳定和土司家族统治权威紧密相关。无论是承种土司分给份地的土民,还是头人、大喇嘛管下的寺庙所属的土民,都是构成土司社会的基础力量。就大金川土司而言,在末代土司索诺木统治时期,因人口众多、实力雄厚,任意侵占邻近土司地盘,掳掠人口资财,号称嘉绒十八土司之"土司王",其实能够出兵打仗的土民不过数千户,可谓兵不过万员。小金川虽然雄强一方,但其人口和户数与大金川相比,相去甚远。在这种情况下,两金川土司无论如何都不可能纵容"通奸"和"拐带已婚妇女"这样危害家庭稳定和寨落安宁的行为。同时,在阶级森严的社会,没有比严刑酷法更有效、更直观的方式以宣示土司权威,并维护阶序制度。前文提到的土司对跨阶层通奸的严惩,即普通百姓不可与头人女儿通奸,否则百姓(即本文所说的土民)要被罚做"黑头"(即奴隶),"家人"(家内仆役)与百姓通奸的,百姓也要被罚做"黑头",无一不是为了维护阶层秩序不乱。

　　金川土司在处罚土民"通奸"和"拐带已婚妇女"的问题上表现出明显的双重标准(即对内严禁,却又欢迎其他土司境内犯此罪的人逃入)。这无一不是从是否有利于本部落发展的角度出发,并且与前述嘉绒土司严禁土民对土司境内的人或者寨落"放夹坝",却鼓励土民中的"好汉子"们赴其他土司地盘大肆劫掠资财和人口的做法并无二致。因为对于金川土司而言,逃入的"罪民"可以扩充人口,增加耕种份地和承担差役的人手,只要他们在自己的地盘上安顿好后不再犯罪(主要指触犯土司社会的习惯法)即可。从根本上讲,受当时经济发展相对迟滞、人口增加较为缓慢的社会历史条件限制,金川土司不得不在这些问题上采取灵活、务实的双重标准处理策略。其他嘉绒土司亦不例外。从某种意义上讲,这无疑凸显了嘉绒土酋维护部落安定、增强部落实力的统治智慧。

　　由是观之,乾隆朝金川土司治下土民的婚姻家庭状况呈现比较复杂的面相。土民和土司都遵循严格的阶级内婚制。土司娶平民之女会遭到民众非议和大头人反对,土民与高于自己阶层或低于自身阶层的异性发生关系,都会被罚做"黑头"(奴隶)。不同的是,强势土司为了加强同其他土司的联系可以娶多个"土司家族的女性(可以是土司之女,或者有土司家根子的大头人的

---

① 西南民族学院研究室编著:《嘉绒藏族社会情况调查》,转引自《四川省阿坝州藏族社会历史调查》,民族出版社,2009 年,第 228 页。

女儿)"为"土妇",而土民家庭多是"一夫一妻"。即使少数土民既娶了"大女人",又另娶所谓"小女人",亦不能与土司拥有多个土妇相提并论。这种"小女人"多是土民夫妻不睦情况下,丈夫另外寻找情感满足的"对象",与当今社会男性婚内出轨的"外室"类似。与此同时,"妻姊妹婚"世代流行。土民无论男女均可自由再婚(寡妇带子女再嫁未婚男子亦无不可)。土司可以将适婚女子(可以是百姓家女儿,也可以是女奴)指配给从其他土司处逃入境内的青壮年男子为妻,以增加百姓家户、人口、兵(差)役和上缴的官粮来源。土民的父母习惯在女儿年幼时就为其指配婚姻对象,但女子长大后也可以根据自己意愿决定婚嫁与否,可以退婚或逃婚。土民婚前性关系十分开放,女子成婚后亦不会马上长期从夫居,直至生下孩子后才会真正安心从夫居,男子如不满意已娶的女子可以将她退回娘家。尽管土民在两性关系上拥有相当的自由,但通奸行为触犯土司社会习惯法,如被告发便要遭到土司严惩。就家庭成员构成而言,除血亲或姻亲成员外,土民也将家中买来服役的"家人""使女"等仆役都算入家庭人口总数。就家庭形态而言,一般来说父母与一个已婚孩子同住,其他未婚子女也一同生活。多子的土民家庭为了最大限度保障有限家产能够完整地代际传承下去,会只留一个儿子成婚,其余的或送喇嘛寺出家,或者给无子家庭当赘婿(尽管入赘并不受人待见)。正是这些丰富的婚姻与家庭特点共同型塑了乾隆朝金川土司治下土民的生活世界。不过,更应该看到,之所以金川土司治下土民的婚姻与家庭展现出纷繁复杂的面貌,与他们所处的自然环境,所浸染的社会政治制度息息相关。由于地缘文化的双重封闭性(高山耸立的生存环境和独特的嘉绒语言文化环境,必然带来区域封闭性,势必与内地儒家文化圈存在明显隔阂)。从空间上进行横向思考,不难发现以金川为代表的嘉绒土司治下土民的婚姻与家庭面相有其特殊性,即与受儒家文化规训的内地汉人的婚姻与家庭截然不同;从时间上进行纵向审视,嘉绒民众的婚姻与家庭习俗具有相当的稳定性和延续性。

从根本上讲,一定的婚姻习俗和家庭模式都是同其所在的自然环境和人文环境相匹配的。乾隆朝金川土司治下的土民婚姻家庭状况与受儒家文化熏染的汉人之婚姻家庭面貌迥异,实乃不同文化观念和社会习俗的产物。因此,只有将金川土民的婚姻家庭问题放到其所处的特定时空背景中加以具体考察,才能够更好地理解它何以如此,才可以据之探索其后来又因何发生何种程度的变迁,并追问其对今日嘉绒藏族婚恋态度和家庭观念的内在影响。

四、丧葬习俗

丧葬文化是与人类死亡相关的各种文化的复合体。一个文化区域的丧葬习俗是其传统习俗的重要内容之一。就个体生命而言,丧葬是人的生命走到终点之后,与今生告别的不可或缺的程序,是一个人在尘世谢幕的最后礼仪。葬礼仪式集中展现了生者对死亡的态度,或者说亲友对死者的哀悼。从文化层面而言,丧葬习俗则是某一文化区域的政治、宗教、经济、文化的集中折射,既是民俗文化的重要组成部分,也是民间死亡观的体现。每个地方的每一种葬俗都有其存在的特定时间、范围和意义。大小金川所在的嘉绒土司地区也不例外。

大小金川土司地区的土司和土民盛行火葬,辅之水葬和天葬。在乾隆朝两金川改土为屯之前,当地并无土葬,一般通过"扯索卦"的占卜结果来决定葬式:天葬,取死人脔割如泥,和面成丸,投给群鸟啄食,或以全尸喂给虎狼啃食;水葬,即将尸体投到大河;火葬,即堆柴火焚烧尸体。①

一旦家中有人身故,上至土司(土妇),下至一般百姓,除火化之外,都会延请喇嘛念经超度亡灵。例如,大金川土司索诺木一面按照清廷要求派人送出小金川土司僧格桑的尸首,一面在呈给清军将领的禀文中写道:"按我们甲垄的规矩,这僧格桑的尸首是要火化的。"②又如,索诺木土妇之一卓克基土司甲噶尔朋的女儿病死后,该土妇娘家人力主要在她婚后居住的房子上头火化,但索诺木坚决不肯,坚持在房子外面火化,还把土妇从娘家带来的陪嫁物资悉数收走,然后用土妇用剩的银子请喇嘛念经超度;卓克基土司甲噶尔朋与从噶克土司那木札商量,要遣人前往插旗烧纸。③ 给亡者念经超度是嘉绒土司地区各阶层都会遵循的丧仪,只是排场不一。大金川老土司郎卡死后,索诺木派十一人携带郎卡骸骨去西藏,并向达赖喇嘛等人布施。④ 明正土司坚参纳木灿的母亲逝世,恳请清军将领允准赴藏布施和熬茶念经,并称这是当地土俗。⑤ 绰斯甲土司禀告清军将领道:"我蛮家规矩,(我父亲老土司死后)要(请喇嘛)念经四十九日才出门办事。"⑥由此可知,土司逝世后丧事排场颇大。虽然小金川土司僧格桑是被大金川土司索诺木毒死,但索诺木还是遵照习俗请喇嘛为僧格桑念经,连僧格桑出家的妻子得什尔章也打算去勒乌

---

① [清]李心衡:《金川琐记》卷3之《夷葬》条,中华书局,1985年,第25—26页。
② 中国第一历史档案馆:《军机处录副奏折》,民族类,缩微胶卷号589,档号:7964-49,题名:译出促浸贼酋来禀,具禀日期:乾隆三十八年十一月二十日。
③ 中国第一历史档案馆:《军机处录副奏折》,民族类,缩微胶卷号589,档号:7965-64,题名:金川出来卓克采(基)头人阿结安布供单;《军机处录副奏折》,民族类,缩微胶卷号589,档号:7964-8。
④ 中国第一历史档案馆:《军机处录副奏折》,民族类,缩微胶卷号589,档号:7955-116,题名:供单。
⑤ 中国第一历史档案馆:《军机处录副奏折》,民族类,缩微胶卷号589,档号:7973-83,题名:文绶、富勒浑奏明正土司坚参纳木灿为请其赴藏熬茶念经,具奏日期:乾隆三十九年五月廿九日。
⑥ 冯明珠、庄吉发编:《金川档》,题名:乾隆三十八年十月二十九日阿桂丰升额等奉上谕,台北"故宫博物院",2007年印,第1651页。

围官寨给亡夫念经。[①] 封地在正地的大金川土舍的女儿病故,土舍立即请求与土司索诺木一同去噶喇依为逝去的亲人念经,因与清军战事正吃紧,索诺木未允准,但提出会代他向其亡女行插嘛尼旗、念经的超度仪式。[②] 大金川老土妇阿仓也曾对土民们说:"官兵围住勒乌围官寨不停攻打,看样子是守不住了,不久大家都要死了,不如把官寨里剩下的一点粮食拿来念经预先超度大家,若不拿出来念经,百姓们也是没得吃的。"[③] 土民在出兵守卡时如遇亲人亡故,亦会告假回家请喇嘛为逝者念经,领兵头人一般都会准假。

另据《嘉绒藏族社会情况调查》载:"(梭磨、卓克基、松岗、党坝四土司地区)人死了后,要通知亲友,请喇嘛念经开路。亲友送酥油或清油为死者点灯,并送嘛尼布,用以做嘛尼旗,一般念经三天,由喇嘛打索卦决定葬法,上层人死了有念经一百天的。""每寨都有一火葬场,烧时将尸体背或抬至火葬场。"[④]这与笔者在档案文献中看到的金川土司地区的葬俗非常相似。大金川所在五土,即嘉绒藏族本部之大金部、绰斯甲、促浸、巴底、巴旺、丹东革布什咱(简称革布什咱)所在的五土司地区,还流行水葬——人死后,死者家里择好日子,将尸身裸体屈膝圈身坐于木匣内,抬到急流处,打碎木匣,将尸体投入急流。[⑤] 笔者曾在阅读相关档案史料时冒昧揣测,水葬的流行大概既与金川境内大河湍流激越的自然环境有关,也可能与相较火葬更简便、节省不无关系。笔者于 2010 年 4—5 月在大小金川及其邻近地区开展田野调查,从嘉绒民众口中得知,到底该用何种葬式,确实会受到死者家庭条件的限制,但更取决于喇嘛打索卦的结果。对笃信苯教的金川土民来说,这或许是更接近历史真实的阐释。

五、大众娱乐

人类获得基本的生存(物质)保障后,还会积极探索如何满足心灵的需

---

① 中国第一历史档案馆:《军机处录副奏折》,民族类,缩微胶卷号 589,档号:7974-41,题名:脱出鄂克什番人供单。
② 大金川妇女雍中章供称:"这阿尔古地方是正地土舍雍中汪尔结带兵,听见他的女儿在家病死了,要跟着土司索诺木回噶喇衣去替他女儿念经,土司说你是阿尔古的得力的大头人,是去不得的,我如今回去替你女儿插旗、念经超度她就是。"参见中国第一历史档案馆:《军机处录副奏折》,民族类,缩微胶卷号 590,档号:7980-32,题名:投出番人供单。
③ 中国第一历史档案馆:《军机处录副奏折》,民族类,缩微胶卷号 590,档号:7980-59,题名:供单。
④ 西南民族学院研究室编著:《嘉绒藏族社会情况调查》,转引自《四川省阿坝州藏族社会历史调查》,民族出版社,2009 年,第 231 页。多尔吉亦指出,嘉绒地区的藏族在出殡时,喇嘛念指路经,为死者开路,避免亡灵游荡人间,称为"朗巴却"。参见多尔吉:《试析嘉绒地区藏族的丧葬习俗》,《中国藏学》,2002 年第 4 期。
⑤ 西南民族学院研究室编著:《嘉绒藏族社会情况调查》,转引自《四川省阿坝州藏族社会历史调查》,民族出版社,2009 年,第 232 页。

求。大众娱乐就是满足人类精神需求的产物之一，以愉悦身心为主要目的。但是，民间的娱乐也绝非纯粹为娱乐而娱乐的活动，实则包含着民众的思想感情、对自然与社会的看法、对生活的态度等因素，是民众日常生活的重要内容，也是族群文化的重要表达形式。在嘉绒土司地区，除了寺院的喇嘛跳布札（戴面具）外，跳锅庄也是十分流行的传统文化娱乐习俗。第二次金川战争期间，在大金川土司索诺木竭尽全力组织土民四处抵抗清军进攻的艰难时刻，那些暂时未出兵的土民和家人酒照喝、舞（锅庄）照跳。据从大金川逃出的被俘绿营兵丁买园正供述："今年（乾隆三十九年）五月初六日因贼人跳锅庄，吃酒醉了，乘空走脱。"①也许，跳锅庄和喝酒是当时大金川民众缓解连年战争和饥荒、瘟疫等带来的压抑心境的最好途径。乾隆三十九年（1774）七八月间，逃亡至大金川的小金川土司僧格桑带了"小女人"侧累前往噶喇依官寨跳锅庄，并对侧累讲生死由命。② 在跳完这次锅庄后不久，大金川土司索诺木就将僧格桑毒死。在跳锅庄之前，僧格桑极可能在索诺木日益侮辱待之的做法和清军将领不断要求索诺木将他交出的情势逼迫下，已预见自己命不久矣。从这两则供词可以看出，跳锅庄是两金川的土司和土民都很喜欢的娱乐活动，也是经常举行的集体活动——可以帮助他们暂时逃离现实的痛苦，得以尽情享受当下片刻欢愉。

清人李心衡曾在《金川琐记》中专门提到："（土民）俗喜跳锅装（即跳锅庄）嘉会，日里党中，男女各衣新衣，合包巾帕之属，罄家所有，杂佩其身，以为华赡（瞻）。男女纷沓，连臂踏歌，俱欣欣有喜色。"③有学者将"锅庄"视为嘉绒文化的代表性特征之一。④ 其实，清廷早就对这一点看得很明白。乾隆皇帝得知大小金川土民擅长跳锅庄后，在平定大小金川土司之际，反复谕令清军将领阿桂、明亮等，务必谨慎物色擅跳锅庄的童男、童女若干名并制作跳锅庄的服装一起带进京，既为清代宫廷宴享增加了"番子乐""番子舞"等表演内容，也借以宣示"盛世王朝定边之功"。⑤

跳锅庄确系嘉绒藏人的重要文化表征亦可在实地调查中得到印证。笔

---

① 中国第一历史档案馆：《军机处录副奏折》，民族类，缩微胶卷号 589，档号：7969-38，题名：脱出兵丁供单。

② 中国第一历史档案馆：《军机处录副奏折》，民族类，缩微胶卷号 590，档号：7975-2，题名：蒙固阿什咱阿拉侧累供单。

③ ［清］李心衡：《金川琐记》卷 2 之《跳锅装》条，中华书局，1985 年，第 21 页。

④ 李仲康提出嘉绒文化四大内涵分别为农耕文化、碉文化、宗教文化和锅庄文化（参见李仲康：《"嘉绒"文化浅说》，《西藏研究》，1993 年第 4 期）。李立将"跳锅庄"与隆重的"看花节"，以及饮"咂酒"视为独特的嘉绒藏族文化表征（参见李立：《寻找文化身份：一个嘉绒藏族村落的宗教民族志》，云南大学出版社，2007 年，第 43 页）。

⑤ 中国第一历史档案馆：《军机处录副奏折》，民族类，缩微胶卷号 591，档号：7994-11，题名：拣选备演跳锅庄番童起程送京事宜，具奏时间：乾隆四十一年二月二十五日。

者在丹巴县(巴底、巴旺、丹东革布什咱三土司所在地)开展田野调查了解到，嘉绒藏人尤其喜欢在丰收、节庆、婚姻、宗教集会时跳锅庄并歌唱。[①] 即使作为远道而来的外地人，亦可以在锅庄舞蹈现场观赏舞者有序变换的舞姿，并倾听清脆激扬、情感激越动人的歌声。笔者还在对丹巴县的嘉绒藏民拥中格西[②]的访谈中获知，其祖辈(末代巴旺土司的管家)曾讲过，马奈一带(本属巴底，但在大金川老土司郎卡时代就已经被该司占据，今为金川县马奈镇)的锅庄舞是最好的，小金川的宅垄(即今之小金县宅垄镇)一带的锅庄舞也很出色。有学者认为，在跳锅庄这种以"歌"和"舞"为表征的身体实践系统中，可以联结起嘉绒的历史记忆与当下现实，而且对于唱着歌、跳着舞的嘉绒人来说，"跳锅庄"不是游客"凝视"下的旅游文化展演或异域文化风情的商品，而是关乎其如何理解、表达传统与自我，如何在社会进程的实践情景中调整认同，从历史走向未来的根本方式之一。[③] 在笔者看来，"跳锅庄"既是嘉绒传统的延续和再塑造，也是较为克制的旅游文化展演，二者并不矛盾。

两金川土司地区还流行两种棋类游戏：一种名板带屑，设二十四棋位，二人对弈时各执十二枚子，谁的子先完谁输；一种名孔屑，与汉人玩的大马赶将军相似，但没有象棋、围棋诸棋艺。[④] 不过，这只是汉文文献记录的乾隆朝嘉绒土民的棋类游戏。实际上当时嘉绒地区的孩童或成年人的游戏种类当远不止这些。

上述内容从居住、饮食、婚姻、丧葬、娱乐等方面尽可能详细地展现了以金川土司为代表的嘉绒人民的生活世界。通过此番梳理和分析，可以深刻地感受到土司治下的金川民众的生活方式，与同时期受儒家文化熏染的内地民众之生活形态迥然不同。生活环境和生活方式的差异必然会带来思维方式和理解外部世界上的巨大差异。区域文化差异越大，或者说地方性传统之间的相似性越小，彼此之间的隔阂就越大。因此，在了解和承认差异，尊重彼此传统的基础上，交流与融合变成了消融隔阂的最佳途径。然而，在前现代中国，要做到这一点非常困难。原因主要有二：第一，地区之间的交通极大不便、族群间的文化心理差异和语言不通，均使得交流和融合存在各种不易克

---

① 笔者在丹巴县关于跳锅庄的实地调查一共有三次：2010 年 4 月 29 日至 5 月 2 日、2016 年 11 月 13 日至 11 月 19 日、2023 年 8 月 13 日至 8 月 15 日。

② 一般这个藏名会写作"雍中格西"，但是他的身份证上的名字确实是"拥中格西"。2010 年 4 月 30 日—5 月 2 日，家住聂嘎乡的格西为我在丹巴县当了 3 天司机，同时也是我的访谈对象之一，有关锅庄舞的访谈日期为 2010 年 5 月 2 日去甲居乡的途中。性格豪爽的格西同意笔者在行文时不用避讳其全名。在此，笔者对格西的热情相助表示真挚的感谢！

③ 李菲：《嘉绒跳锅庄：墨尔多神山下的舞蹈、仪式与族群表述》，北京大学出版社，2014 年，第 4 页。

④ ［清］李心衡：《金川琐记》卷 3 之《弈棋》条，中华书局，1985 年，第 33—34 页。

服的现实障碍;第二,人们总是习惯按照自己习得的知识去理解外部世界,包括与自己文化不同的他者文化,不可避免地以自身习得和认同的伦理观去评价陌生人群的行为方式,诸如乾隆皇帝对金川土司的婚姻和土民对土司极端忠诚,表露种种不理解并给予愤怒的评价,莫不与此有关。当然,作为历史研究者不能苛求久居深宫、日理万机的乾隆皇帝清楚地了解弹丸之地的金川土司和土民的文化心理和行为方式,但是可以利用清代通过战争这一暴力方式强势与金川土司和土民互动留下的档案文献来获得反思性历史新知。即乾隆朝金川战争一再爆发,于历史是已然如此,但在当时并不是必然如此。

与内地十八省的情况相比,僻处川西北地区的金川土民和土司的生活世界体现的文化差异显而易见。金川土司和土民的精神世界亦有其独特性,因而乾隆朝金川土司地区的宗教信仰的多元和复杂面貌同样值得探究。

第二节　笃信苯教氛围下的多元信仰

宗教作为人类社会发展到一定历史阶段的必然产物,在人类文化史上占有相当的历史地位。它作为一种社会文化体系,在一定的社会历史条件下,对整合社会、维系社会稳定起到了应有的作用。大小金川所在的嘉绒土司地区的土司和土民在笃信苯教之余,视"琼鸟"(也称"大鹏鸟")为苯教守护神。除了居于主导地位的苯教外,嘉绒土司地区还盛行山神和白石崇拜。就金川而言,土司家族掌管宗教事务的莎罗奔和一般土民普遍尊敬红教喇嘛;土司家族与当时在西藏地区居于主导地位的藏传佛教之黄教大喇嘛保持密切的宗教联系;土司境内除了苯教喇嘛、红教喇嘛外,还有与苯教关系密切的"道士"[①],以及专门预测吉凶的"扯索卦的人"。因此,金川土司地区的信仰仪轨,无论是形式,还是内容都呈现出较为复杂多元的面貌。

一、全民笃信苯教

苯教是西藏古老的宗教。前文已经提到,在嘉绒土司地区因苯教徒自称为"苯波",故又称"苯波教"(清代档案文献常记音为"奔布尔教")。苯教认为万物有灵,主张多神崇拜,注重当下现实人生,直接解决社会生活和生产实践中的具体矛盾,不承认有前世和来生之说,只承认鬼神对世界的主宰,限于祈

---

① 这里的"道士"极有可能就是苯教巫师,只是在相关档案中被如此记录。后文在讨论这一问题时,做了专门的注解。

福消灾、拔祛邪恶等原始仪式,风行杀牲祭祀。① 苯教信仰是很复杂的问题②,非笔者研究领域,因而在此只能就档案文献记录的两金川土司和土民的苯教信仰情况进行具体分析与总结,并在此基础上,对苯教与乾隆朝金川战争的关系展开新的探讨。

(一) 苯教对土民的生活世界和精神世界的深刻浸染

在两金川土司地区,苯教介入土司、土民的生活甚深。例如,生格供:"小的年四十八岁,是促浸思达尔寨人,原系土司跟前差使的,⋯⋯小的因害了寒病告假回来两次杀羊祭神。"③大金川土民生格从守卡地方两次告假回家杀羊祭神,就是为了求神保佑自己的伤寒病症快点好起来。因两金川缺医少药,土民、头人生病,除了杀牲畜祭神外,最常用到的办法便是延请苯教喇嘛到家里念经来祛除病邪。譬如,据土民申杞尔章供称:"丹巴讹杂尔和布笼普阿纳木两个大头人都害病,每日家里念经呢。"④又如,小金川人甘布拉阿思达被派出守卡,以身上有病要回家请喇嘛念几天经为由向土司索诺木告假,一向多疑的索诺木爽快地准了假,甘布拉阿思达则赶紧带了家眷逃出。⑤ 这个例子表明土民身体不适延请喇嘛念经缓解病情是司空见惯的事。倘若众多苯教喇嘛当中偶有一两个懂得一些医药知识,便成为两金川土司地区既擅长念经祈福,又会看病救人的稀缺人才。⑥

苯教对嘉绒土民生活的深度影响还表现在,儿子多的家庭一般会留下一子继承家业,其余除极少数入赘外,多数都送到寺庙当喇嘛(一则自己可以谋口饭吃,得以避免与兄弟们争夺极为有限的家产;二则学会念经后就有机会通过替土司、土民念经赚取粮食或其他财物,于自足之余还能资助家人)。⑦《金川琐记》亦称:"夷人不知有儒教,读书识字,皆奉藏经为授受,如

① 余仕麟:《藏族伦理思想史略》,民族出版社,2015 年,第 126 页,140 页。
② 有关苯教的专题研究,详见才让太、顿珠拉杰:《苯教史纲要》,中国藏学出版社,2012 年。另见[意]曲杰·南喀诺布著,向红笳、才让太译:《苯教与西藏神话的起源——"仲"、"德乌"和"苯"》,中国藏学出版社,2019 年。
③ 中国第一历史档案馆:《军机处录副奏折》,民族类,缩微胶卷号 590,档号:7980－6,题名:投出促浸番人供单,具奏日期:乾隆四十年三月初二日。
④ 中国第一历史档案馆:《军机处录副奏折》,民族类,缩微胶卷号 591,档号:7991－51,题名:投出番人供单。索诺木的土妇之一卓克基土司的女儿病了,也请了很多喇嘛来念经,参见《军机处录副奏折》,民族类,卷 589,档号:7955－114,题名:拿获金川贼犯供单。
⑤ 中国第一历史档案馆:《军机处录副奏折》,民族类,缩微胶卷号 591,档号:7989－79,题名:投出僜拉头人甘布拉阿思达等供单。
⑥ 中国第一历史档案馆:《军机处录副奏折》,民族类,缩微胶卷号 590,档号:7985－1,题名:投出僜拉番人男妇四名口。
⑦ 这也是土司时代金川地区人口繁衍较为缓慢的重要原因之一。据有关专家于 1958 年在小金县结思乡社会调查发现,此时小金多子藏民家庭每户仍惯只留一个男孩在家继承产业,其余大多送到喇嘛寺出家。参见四川民族调查组:《小金县结思乡社会调查》,载《四川省阿坝州藏族社会历史调查》,民族出版社,2009 年,第 341 页。

中华读四书五经然。……有延之诵经者,赠贻倍优,以故民间兄弟多者,必有一二人为僧,由俗所尚也。"①

苯教对土民精神世界的深刻浸润之直观表现,则是它作为一种普遍信仰,其空间呈现具有纵向的层次性和横向的延展性。因全民笃信苯教,两金川土司境内各重要地方都分布着规模不一的苯教寺庙。②除广建苯教寺庙外,土司境内诸如勒乌围官寨、噶喇依官寨、科布曲大寨等处,以及头人家都建有规模不等、华丽精致的经楼和转经楼。③另有"名转转经者","长三寸许,卷叠佛经数千言,贮以铜匣若竹筒,上有机捩,可以旋转,(土民)佩胸前,日夜撚动,以当宣诵,亦即转经之意也",且"(碉)顶上四围遍竖杂色布旗,旗各印刷佛经,以多为贵"④。可见,两金川的苯教信仰空间十分广阔呈现形式多样——即从土民佩戴的转经轮,碉顶的经幡,到转经楼和经楼,再扩展到遍布土司境内的大小不一的苯教寺庙。

土司家族亦与苯教纠缠甚深。土司家族的男子因出家被称为莎罗奔(即出家为苯教喇嘛),执掌宗教大权,例如前文多次提及的金川末代土司索诺木的莎罗奔三兄弟。金川土司家族的女子亦可以出家修行,建有专门的苯教寺庙供她们居住。大金川土司索诺木的姑姑阿青在丈夫死后返回娘家,出家修行度日,但仍十分关切大金川土司家一应用兵之事,为少年土司索诺木出谋划策;老土妇阿仓在老土司郎卡死后出家潜心修行,比她那年少气盛的儿子索诺木对百姓要和善得多,见百姓没吃的甚是可怜,肯开仓放粮予以救济;索诺木的姐姐得什尔章(小金川土司僧格桑的土妇)逃回大金川后亦选择出家修行;土民称她们为女喇嘛,三人都在噶喇依官寨对面的喇嘛寺里修行,并且阿仓、阿青等会不时参加勒乌围、噶喇依两大官寨举行的念经活动,每逢遇到雍中喇嘛寺里念经,她们也会去磕头以示虔信。⑤

① [清]李心衡:《金川琐记》卷3之《俗重藏经》条,中华书局,1985年,第23页。
② 参见冯明珠、庄吉发编:《金川档》,台北"故宫博物院",2007年印,第729页、872页、881页、1153页、1352页、1873页、1878页、2419页、2478页、2567页、2728页、2732页、2739页、2740页、2782页、2839页、3177页、3277页、3312页、3235页、3419页、3450页、3455页、3481页、3969页、4026~4028页、4148页、4415页;《军机处录副奏折》,民族类,缩微胶卷号589,档号:7967-11、7967-59、7968-16、7969-23、7969-36;《军机处录副奏折》,民族类,缩微胶卷号590,档号:7980-63、7980-66、7981-35、7991-1;中国第一历史档案馆:《军机处录副奏折》,民族类,缩微胶卷号591,档号:7991-40。
③ 中国第一历史档案馆:《军机处录副奏折》,缩微胶卷号589,档号:7955-73,题名:脱出鄂克什番人供单;《军机处录副奏折》,民族类,缩微胶卷号590,档号:7980-59,题名:投出番人供单。另见[清]李心衡:《金川琐记》卷2之《转经楼》条,中华书局,1985年,第18页。
④ [清]李心衡:《金川琐记》卷2之《转经楼》《碉楼》诸条,中华书局,1985年,第18页。
⑤ 中国第一历史档案馆:《军机处录副奏折》,民族类,缩微胶卷号591,档号:7991-2,题名:阿桂等讯取阿仓阿青等供词之二,具奏日期:乾隆四十年十二月二十五日。冯明珠、庄吉发编:《金川档》,台北"故宫博物院",2007年印,第1487—1490页、1994页、3373页、3417页、4423页。

（二）土司和土民对苯教大喇嘛崇敬有加

苯教是大小金川土司地区最受崇奉的宗教,有名望的苯教大喇嘛在土司、头人中享有非常高的威望,众土民们更是对其尊崇备至。小金川土司僧格桑最喜欢的是通经典、会法术(祈雨雪、咒人、禳解等)之苯教大喇嘛。[①] 大金川土司索诺木得悉革布什咱土司不信用的苯教喇嘛索诺木甲木粲熟悉经典,便请他到大金川当了堪布喇嘛,对其敬重有加。[②] 两金川土司都对德高望重的苯教喇嘛十分敬重并乐于供养,对大喇嘛提出的无关政治大局的请求基本都能一一恩准。现将乾隆三十八年(1773)二月,墨尔多山纳尔普苯教寺庙的住持喇嘛齐楚木永仲供词移录于下:

> "我年六十一岁,本系明正折木诺寨人,向在小金川边上莫尔多山(即
> 今墨尔多山)纳尔布普寺内住。官兵打到约咱时,僧格桑叫我们去念经,
> 我带了徒弟九人到美诺,又因人数不够,又叫了五个徒弟来,共十四人,念
> 完了经,僧格桑就把我们留在美笃喇嘛寺住下。我屡次相劝僧格桑投诚,
> 僧格桑不依,屡次要回到纳尔布普寺去,僧格桑也不许。想我是十八土司
> 供养的喇嘛,并不是小金川管的,况且从前天朝官弁们多有给我们寺里的
> 牌票执照,如今僧格桑抗拒大兵,……去年十一月僧格桑又叫二名(喇嘛)
> 去布朗郭宗去念经。……(僧格桑)吩咐我们同到金川去,说是必须去。
> 到了勒乌围,索诺木的哥哥莎罗奔们也是喇嘛,又与我们同教(苯教),因
> 叫我们去见了,说你们来得好,没有说别的话,就叫在大头人家里住。我
> 告诉僧格桑说:'我们纳尔布普喇嘛寺是个大道场,我祖辈在那里住持,我
> 定要回去的。'僧格桑说:'我原是不放你的,但如今我也是个穷人不能供
> 养你的,你可去告诉莎罗奔们罢。'我就去告诉莎罗奔们,起初(他们)也不
> 肯。我说:'凭你怎么样把我撩在河里也罢,杀了我也罢,我是要回到寺里
> 去的。'莎罗奔们说:'你们在此无用,就回到寺里去也好。'我又告诉(他
> 们),我的徒弟要一并带(出)去的,莎罗奔也依了。我们从勒乌围起身
> 到噶喇依,因土妇患病,索诺木没叫我们见。沿途有被金川抢去的墨垄、
> 卡垭等处人同我认识的都恳求我带出来(共男女四十一名)。我与索诺木
> 传事的人说明,劝土司做好事,这些人已经没有吃的了,不放出就是死路
> 一条,索诺木依了。又恐卡子上人不放(行),要了一个带路的人送出来,

① 中国第一历史档案馆:《军机处录副奏折》,民族类,缩微胶卷号589,档号:7955－54,题名:
阿桂查获美诺番人分别安插事,具奏日期:乾隆三十七年十二月三十日。
② 冯明珠、庄吉发编:《金川档》,题名:明正折木诺寨喇嘛簇尔齐木拥垄供单,台北"故宫博物
院",2007年印,第1361页。

走了八天到布拉克底卡子上，住了七八天，他们把我们逐一查问了，打发人送我从章谷一路来到大营的。"①

　　显然，从这份供词中既可以窥见两金川土司对德高望重的苯教喇嘛的敬重，也能清晰感受到这位纳尔普苯教寺庙的住持喇嘛在小金川土司僧格桑和大金川莎罗奔兄弟跟前不卑不亢的精神气度。据该供词还可以清楚地了解到，住持喇嘛齐楚木永仲认为，虽然纳尔普寺在小金川河边的墨尔多山上，但他是由十八嘉绒土司共同供养的喇嘛，并不归小金川土司管。言辞中确有与小金川土司僧格桑分庭抗礼之意味。前引《金川琐记》亦曰："夷人不知有儒教，读书识字，皆奉藏经为授受，……其有学业深邃者，辄远赴西藏，从班禅佛处博览群经，十数年后归来，便翘然自异，群以喇嘛目之，抗衡于土司酋长之列。徭役赋税俱捐免，亲戚朋党咸趋承恐后，不敢与抗礼。"②

　　应注意的是，金川土司虽然崇奉苯教，但苯教喇嘛亦不过是为其统治服务的宗教人员，不可以操纵政治，必须遵从宗教戒律和土司社会的习惯法。纵使莎罗奔三兄弟皆为苯教大喇嘛，举凡要事都可以与土司索诺木相商，但惩处头人、土民和喇嘛的司法权和派土民出兵打仗的兵权都掌握在索诺木手中。倘若苯教喇嘛不遵守本部落的习惯法，同样要受到严惩。据喇嘛札萨供称："我在噶喇衣的塔思丹寺里出家，师傅是个堪布喇嘛，名叫萨尔纳江参。我因同寺里（的）喇嘛说我偷了女人将来要治罪，亏得堪布喇嘛与土司商量，说我（札萨）犯了法，（不如）且免了罪名，叫我出去假投顺，打听官兵消息。"③如果喇嘛做了背叛土司的事，哪怕是往日备受器重的苯教大喇嘛，大金川土司一样会欲杀之以儆效尤。④

（三）苯教对金川土司家族成员政治生活的深度介入

　　从第三章论及的土司家族男子出家为苯教喇嘛（莎罗奔），失婚回娘家的老土女（阿青）和寡居老土妇（阿仓）也会住进专门的苯教寺庙修行的情形，足以管窥金川土司家族成员与苯教关系之密切。同样地，执掌世俗统治权的金川土司也是苯教的忠实信徒。邻近地区视苯教为根本信仰的土

---

① 中国第一历史档案馆：《军机处录副奏折》，民族类，缩微胶卷号 589，档号：7956－3，题名：喇嘛番民供单，讯供日期：乾隆三十八年二月初一日。
② ［清］李心衡：《金川琐记》卷 3 之《俗重藏经》条，中华书局，1985 年，第 23 页。
③ 中国第一历史档案馆：《军机处录副奏折》，民族类，缩微胶卷号 589，档号：7969－23。
④ 中国第一历史档案馆：《军机处录副奏折》，民族类，缩微胶卷号 591，档号：7991－4，题名：阿将军等筹办攻打情形，具奏日期：乾隆四十一年正月初六日；《军机处录副奏折》，民族类，缩微胶卷号 591，档号：7994－78，题名：迷输喇嘛等供单；《军机处录副奏折》，民族类，缩微胶卷号 591，档号：7991－5，题名：阿桂等筹办生致贼酋目并攻打噶喇依碉寨情形，具奏日期：乾隆四十一年正月初六日；《军机处录副奏折》，民族类，缩微胶卷号 591，档号：7989－35，题名：投出番人供单。

司莫不如此。苯教也因此在川西北嘉绒土司地区的政治、军事活动中均介入甚深,堪称部落土酋控制土民思想,追求统治稳固,扩大政治利益的利器。前述莎罗奔兄弟和出家修行的老土女阿青参与大金川土司重大决策的商议,体现了土司家族执掌苯教大权的成员对土司政治事务的介入。

苯教对金川土司政治生活的影响还体现在其与军事活动深度勾连上。为祈求战争胜利,乾隆朝金川苯教喇嘛进行了令人瞩目的宗教文化表演。大金川土司索诺木为了在与清军的军事抗衡中取胜,除在噶尔丹喇嘛寺、勒乌围官寨、噶喇依官寨等处杀羊宰牛设祭、组织大量苯教喇嘛念大经外,甚至在噶喇依官寨设立一个转经亭子专门咒人(主要咒清军将领)。① 第二次金川战争后期,索诺木又转而让喇嘛们在噶喇依官寨念大经,以祈求乾隆皇帝能够开恩,准许大金川土司投降,进而得以活命。② 需说明的是,因涉及土司和土民普遍相信苯教喇嘛念咒十分灵验的问题,念咒施法亦会成为引发土司间战争的口实。譬如,第二次金川战争前夕,小金川土司僧格桑得知沃克什(沃日)土司色达克拉用喇嘛诅咒他和老土司泽旺,遂以搜查咒经为名出兵攻打沃克什,并掳掠大量人口和牲畜。③ 显然,苯教在两金川土司和土民的战争生活中亦扮演了重要角色。

苯教喇嘛除了日常念祈福、禳灾、除病等经文外,还擅长诅咒镇压之术,并且因之颇受土司器重,常被召唤到官寨提供宗教服务,土司亦会赏给口粮或银钱作为供养。也因此,大小金川战争期间,苯教喇嘛都积极响应大金川土司索诺木的号召投身抵抗清军的战争。④ 据从大金川逃出的鄂克什土弁赓噶供称:"一日,有个头人将小的叫出,说(要)问话。他向小的说:'你知道我们每日念经么?是咒天朝的人。我们的经很灵,从前宋大老爷(宋天弼)是我们咒死了,如今咒的是阿(桂)将军、布拉克底(即巴底)、巴旺、革布什咱的人。阿(桂)将军心不好,在南路把我们的人杀了许多,布拉克底、巴旺是我们的亲戚,反顺着阿将军杀起我们的人来,所以每日念经咒他们。'"⑤ 该供词表明,这位头人对苯教喇嘛每日念咒经在战争中的作用抱有非常高的期许,并且言辞和语气中透着强烈的宗教文化自信。另有一名叫得觉的苯教喇嘛向

---

① 中国第一历史档案馆:《军机处录副奏折》,民族类,缩微胶卷号 591,档号:7991-43,题名:投出番人供单;《军机处录副奏折》,民族类,缩微胶卷号 590,档号:7975-51,题名:供单。
② 中国第一历史档案馆:《军机处录副奏折》,民族类,缩微胶卷号 590,档号:7985-11,题名:投出偾拉番人一户男妇五名口。
③ 《清高宗实录》卷 855,乾隆三十五年三月丁未。
④ 中国第一历史档案馆:《军机处录副奏折》,民族类,缩微胶卷号 589,档号:7955-74。另参见《军机处录副奏折》,民族类,缩微胶卷号 590,档号:7984-86、7991-39、7991-43、7992-22。
⑤ 中国第一历史档案馆:《军机处录副奏折》,民族类,缩微胶卷号 589,档号:7956-87,题名:脱出鄂克什土弁赓噶供单。

土司索诺木提议,给出兵打仗的土民每人发放两张护身符,而且坚称这般行事可避刀枪;索诺木默认了他的建议,而他在发放护身符时,还叮嘱土民不要害怕。[①]

金川土司和土民对著名苯教喇嘛念咒经的威力颇为信服。以常诵念思达拉蒙袋尔经诅咒清军的底角喇嘛为例,当噶喇依、勒乌围快要被清军攻克时,他听从土司索诺木及其出家兄弟们的指示,做了草人、面人、面塔等举行祛魅仪式,还与索诺木、莎罗奔等人一起商量,派人去独飘喇嘛寺、巴底官寨、官兵营盘等处各取一块土,以利于念经咒巴底土司和官兵们。[②]

地方口碑资料里也有关于金川土司地区的苯教喇嘛善于消灾解难的巫术仪轨,且法术辄多应验的历史记忆。任乃强先生曾于解放前在明正土司地区获悉,该土司习惯每年从金川地区延请著名的苯教大喇嘛来打箭炉行禳凶驱邪之法,并说明之所以千里迢迢招请金川的大喇嘛来本境做法事,乃是因为金川苯教喇嘛比之其他教派灵验。[③] 这其实也从侧面说明,金川土司地区的苯教喇嘛影响力之大,以及金川作为嘉绒十八土司地区的苯教大道场并非浪得虚名。因此,对于生活在土司治下的土民来说,苯教大喇嘛具有不凡的法力是经过信仰实践检验的"真实存在"。

另外,大金川的土司可以请喇嘛念经咒清军,也可以让喇嘛咒违抗土司意志的土民,以震慑民心。大头人达固拉生格和堪布喇嘛色纳木甲木灿均供称,土司索诺木因怕百姓们投出,还请了堪布大喇嘛、都甲大喇嘛两个人做主,土司家弟兄五个先赌了咒,表示要一心一意死在一处,又取了头人、百姓们的头发和指甲交给两个喇嘛,威胁说若是哪个逃了就咒哪个。[④] 及至乾隆四十年(1775),眼看巴底、巴旺、明正等土司等愈加配合清军奋力助攻大金川,情势愈加不利,土司索诺木及其莎罗奔兄弟们仍不肯投降,还努力利用苯教乃众嘉绒土司宗教信仰之根本,竭力劝说邻近土司不要协助清军攻打大金川,而应该戮力同心与清军抗衡,才能真正保种保奔布尔教(苯教),并情词恳切地指出如果再不出兵相助,清军就要灭了信奉苯教的绰斯甲、大金川两土

---

① 中国第一历史档案馆:《军机处录副奏折》,民族类,缩微胶卷号589,档号:7973－39,题名:促浸番人供单。
② 中国第一历史档案馆:《军机处录副奏折》,民族类,缩微胶卷号590,档号:7984－86,题名:投出促浸番子和尚章蚌供单,朱批日期:乾隆四十年五月十六日。这段间接引文里的"思达拉蒙袋尔经",乃是为清军将领服务的懂嘉绒语的通事(翻译)根据金川苯教喇嘛章蚌的供词音译之苯教咒经名。
③ 任乃强:《四川第十六区民族之分布》,载《任乃强民族研究文集》,民族出版社,1990年,第295页。
④ 中国第一历史档案馆:《军机处录副奏折》,民族类,缩微胶卷号591,档号:7991－38,题名:堪布喇嘛色纳木甲木灿供单。

司,那么苯教就完了。①

(四)苯教与乾隆朝第二次金川战争关系之再探

毋庸置疑,大金川土司索诺木、各级头人及众百姓一心抵抗清军,与全民笃信苯教颇有关系。卫周安(Joanna Waley-Cohen)在《中国的战争文化:帝国与清朝军事》(*The Culture of war in china-Empire and the Military under the Qing Dynasty*)一书中特别强调,据汉文和藏文资料都可以看到,苯教在金川战争中扮演了极为重要的角色。② 乾隆皇帝亦认为苯教专事诅咒镇压,实为当地土民滋事之端,在谕令中力陈"促浸喇嘛党助逆竖,抗拒王师,情罪甚为可恶",清军将领阿桂亦附和乾隆皇帝之意,奏称"促浸喇嘛原系奔布尔邪教,而现在喇嘛不守法戒,敢于助党逆,随同贼酋抗拒大兵,罪大恶极,实无可的逭之理"。③ 乾隆皇帝和阿桂等誓要将苯教灭之而后快。④ 有学者甚至据此认为乾隆朝大小金川战争其实是一场宗教文化冲突。⑤

不可否认,将乾隆朝大小金川战争视为宗教文化之战,确实突出了苯教在乾隆朝大小金川战争中的作用,有其合理之处。一方面,不管苯教喇嘛念的经咒是否真的灵验,乾隆皇帝害怕军心不稳,对施咒的喇嘛恨之入骨。另一方面,土司索诺木和莎罗奔们在战争中也确实很信赖这些喇嘛,不仅让他们念经咒清军将领、祈雨雪和大风,还让他们施咒术行恐吓之道,迫使土民不敢出逃。不过,客观地讲,大小金川土司、土民笃信苯教,的确在一定时期内对其坚持与清军长期抗战起到"同心誓死"的作用,乾隆皇帝也十分憎恶苯教喇嘛在战争中念咒施法及行镇压之术,担心苯教巫术会影响军心而不利于进剿行动,但据此将长达五年的战争定性为宗教文化之战未免有失偏颇。对此,笔者欲从这几个方面予以阐述。

首先,苯教大喇嘛在关键时刻抛弃两金川土司并不鲜见。战争初期,既有前文引述的、号称十八嘉绒土司共同供养的墨尔多山纳尔普苯教寺庙的住

---

① 中国第一历史档案馆:《军机处录副奏折》,民族类,缩微胶卷号 591,档号 7990-3,题名:阿桂丰升额奏绰斯用布将呈送噶豆朋看守等由,具奏日期:乾隆四十年五月十一日。

② Joanna Waley-Cohen, *The Culture of war in china-Empire and the Military under the Qing Dynasty*, London; New York: I. B. Tauris & Co Ltd Press, 2006, page 57.

③ 冯明珠、庄吉发编:《金川档》,题名:乾隆四十一年二月十三日阿桂等奉上谕,台北"故宫博物院",2007 年印,第 4143 页;另参见《金川案》(亨)之《有关金川地方喇嘛寺之处理事宜》条,张羽新主编:《中国西藏及甘青川滇藏区方志汇编》第 43 册,学苑出版社,2003 年,第 106 页;参见中国第一历史档案馆:《军机处录副奏折》,民族类,缩微胶卷号 591,档号:7990-11,题名:阿桂覆奏办理处置喇嘛等由,具奏日期:乾隆四十年六月初九日。

④ 中国第一历史档案馆:《军机处录副奏折》,民族类,缩微胶卷号 590,档号:7991-19,题名:阿桂等奏覆冈达克等投出情形及攻打噶喇依不至多耗军储由,具奏日期:乾隆四十一年二月初七日。

⑤ 徐铭:《苯教与大小金川战争》,《康定学刊》,1997 年第 1 期。

持喇嘛劝说小金川土司僧格桑投降,又有乾隆三十七年(1771)十二月官兵刚至小金川规模最大、最受小金川土司尊崇的苯教大寺——美笃喇嘛寺跟前,"旋有喇嘛手持铜佛出来乞降,原属内应,因得克取"①。战争中后期,大金川土司索诺木供养和信用的苯教大喇嘛聂垄喇嘛竟然要拿舍齐喇嘛寺献与天朝以换取自保,索诺木知道后要把他丢河处死,后来由索诺木早已出家的姑姑阿青出面讲情才得幸免;又如思独角克喇嘛和堪布喇嘛从前都是索诺木尊信的大喇嘛,因清军快攻克噶喇依,索诺木深感他们念的经咒也不灵了,说的话也都不准,便不再信他们;况且,苯教是面向现实人生的信仰,重生惧死,清军攻克噶喇依前夕,索诺木身边人曾商量不如喝醉了酒后再点燃火药一起炸死算了,但索诺木的弟弟索诺木彭楚克提出自杀在阴间要遭罪,又会连累寨里的生灵性命,土司和头人们听后便搁置自杀之议,各自散去;甚至连大金川噶朗噶一带的苯教喇嘛阿里因为年纪大走不动了,也要让即将逃走的徒弟姜错把他仅存的财物捎给清军将领以示诚意,并嘱咐姜错一定要为他带话,恳请将来清军打进噶朗噶时务必记得饶他性命。②

其次,金川土司对利用苯教喇嘛念经抵抗清军抱持清醒务实的态度。当大金川土民出兵人数够堵挡清军进攻时,勒乌围、噶喇依等处三天两头都有苯教喇嘛念经祈祷胜利,一旦土民出兵人数吃紧,土司索诺木和莎罗奔们就马上停止喇嘛念经,转而将土司境内向来不用出兵的喇嘛、班第派往各处守御,仅庚额特山梁一处就派出了二百多个喇嘛守卡。③ 显然大金川土司索诺木和莎罗奔们心中十分清楚,无论是延请苯教大喇嘛念咒经也好,施镇压之术也罢,关键时刻都不如将清军堵挡住来得实用。再次,撇开小金川土民在清军进攻初期抵抗甚为卖力随后则大多望风而逃不说,大金川众土民在连年战争摧残下遭受粮食无继、瘟疫肆虐、死伤不断的困厄,不少人冒着被土司按照习惯法处死的风险设法举家逃出,或抛家不顾抓住一切机会单独投出,甚至假装身体不舒服要从打仗守卡子处回家念经而逃离;那些未能投出的土民

---

① 中国第一历史档案馆:《军机处录副奏折》,民族类,缩微胶卷号 589,档号:7959 - 69,题名:阿桂奏代都喇嘛寺等情形,具奏日期:乾隆三十八年九月初一日。

② 中国第一历史档案馆:《军机处录副奏折》,民族类,缩微胶卷号 591,档号:7991 - 4,题名:阿将军等筹办攻打情形,具奏日期:乾隆四十一年正月初六日;《军机处录副奏折》,民族类,缩微胶卷号 591,档号:7994 - 78,题名:迷输喇嘛等供单;《军机处录副奏折》,民族类,缩微胶卷号 591,档号:7991 - 5,题名:阿桂等筹办生致贼酋目并攻打噶喇依石碉寨情形,具奏日期:乾隆四十一年正月初六日;《军机处录副奏折》,民族类,缩微胶卷号 591,档号:7989 - 35,题名:投出番人供单。

③ 中国第一历史档案馆:《军机处录副奏折》,民族类,缩微胶卷号 589,档号:7967 - 24,题名:绰斯甲布拿获促浸番人供单;《军机处录副奏折》,民族类,缩微胶卷号 589,档号:7967 - 11,题名:彭措供词;《军机处录副奏折》,民族类,缩微胶卷号 589,档号:7968 - 16,题名:陈擒促浸活贼供单;《军机处录副奏折》,民族类,缩微胶卷号 589,档号:7969 - 23;《军机处录副奏折》,民族类,缩微胶卷号 590,档号:7981 - 4,题名:投出番人供单。

被土司索诺木逼迫剪了指甲和头发在苯教喇嘛面前发了毒誓,虽然在当时确实是感到害怕不敢逃出,但求生欲激发土民借助赌咒发誓后土司便放松监视之机,在守卡处设法逃走;也有土民在吃不饱却要冒着生命危险抵抗清军的艰难岁月砥砺中逐渐觉醒,对土司索诺木回到噶喇衣官寨继续让苯教喇嘛念经的做法极为不屑,私下里愤而诘问:"如今吃的没得、死在头上还念什么经呢?"[1]向来极受土司、土民敬信的苯教大喇嘛思独角克,也因说过的话屡未应验,使得土民们不肯再相信他。[2]

最后,苯教喇嘛和金川土司建立的是非常现实的受施与施主利益关系。即苯教喇嘛主要靠土司供养,土司靠苯教大喇嘛为其统治提供宗教服务。擅长念咒经的底角喇嘛在听从土司索诺木吩咐进行驱魅仪式时,忽起大风把草人、面人、面塔都刮到天上去了;索诺木及其兄弟莎罗奔们惊问这是怎么回事,底角喇嘛竟然答你们原说把底角一带的田地给我一半,因没有给我这个田地,所以刮这样大风;土司则说如今给你田地就是,喇嘛你要好好地念经,把大兵咒退了才好;底角喇嘛坦言这个时候清军已经打到河沿来了,总念咒经也不中用;其他的喇嘛、百姓见此都说这不是好事,还斗胆猜测这大概预示土司索诺木将要死了。[3] 这些内容丰富的口供清晰地表明,苯教说到底是关怀现世生活中各种实际问题的宗教:当金川土民尚可以与清军相抗时,苯教是土司用来凝聚各寨落人心、增强获胜信心的绝佳精神武器,苯教喇嘛也在念咒和施法等宗教活动中获得土司的供养并赢得土民的信赖;当大金川土民的肚皮填不饱、生命安全亦得不到保障的时候,牢牢占据土民信仰世界的苯教也不能让他们继续拼死抗击清军,亦是情理之中的事。

笔者还欲补充说明的是,金川及其周边地区对苯教的崇信,并没有随着乾隆朝平定大小金川战争和之后的改土为屯而彻底销声匿迹。因为,苯教作为嘉绒本土古老的宗教信仰有持久的生命力,即使在"崇黄抑苯"宗教政策实施最为严密的乾隆朝晚期,亦有信众为之坚守,从而使得苯教在金川及其周边地区得以世代赓续。时至今天,笔者在田野调查中仍能在丹巴县、小金县的县城街道建筑上随处可见苯教卍符号(即雍仲苯教万字符)和其他与苯教

---

① 中国第一历史档案馆:《军机处录副奏折》,民族类,缩微胶卷号590,档号:7975 - 33,题名:供单;《军机处录副奏折》,民族类,缩微胶卷号590,档号:7980 - 40,题名:生擒打仗贼番一名;《军机处录副奏折》,民族类,缩微胶卷号590,档号:7983 - 36,题名:达固拉生格等供单;《军机处录副奏折》,民族类,缩微胶卷号590,档号:7981 - 23,题名:投出番人供单;《军机处录副奏折》,民族类,缩微胶卷号590,档号:7981 - 4,题名:投出番人供单。

② 中国第一历史档案馆:《军机处录副奏折》,民族类,缩微胶卷号590,档号:7982 - 34,题名:供单。

③ 中国第一历史档案馆:《军机处录副奏折》,民族类,缩微胶卷号590,档号:7984 - 86,题名:投出促浸番子和尚章蚌供单,朱批日期:乾隆四十年五月十六日。

相关的装饰图文。不仅如此,笔者还在田野调查中了解到,虽然丹巴、金川、小金三县的苯教寺庙在规模上和外表上均远没有黄教(格鲁派)寺庙恢弘夺目,但数量在缓慢增加。另据金川县一些投身重建历史上嘉绒地区最大的苯教寺庙雍仲拉定寺的地方精英告知笔者,他们已设法筹措了大笔捐赠款,有望建成规模宏大的新雍仲拉定寺,将金川县变成新时代的苯教崇奉中心。且不管这一嘉绒地区雍中苯教最大寺庙重建的愿景最终能够实现与否,[①]苯教寺庙在各县乡逐渐增加表明,自 20 世纪 80 年代以来,苯教信仰在当地逐渐显露出新发展势头。这其实再一次印证了前面提到的观点,即苯教从来没有因为乾隆朝严格推行"崇黄抑苯"的宗教政策而完全退出嘉绒人的信仰世界。

二、承载祖先记忆的"琼鸟"崇拜

由于苯教长期深入的影响,在两金川及其邻近土司地区的本土信仰中积淀了许多独特的文化元素,其中"琼鸟"崇拜颇具代表性。有研究者认为,琼鸟是苯教护法神之首,藏语称为"琼",或"夏琼";虽在藏东各地"琼鸟"(嘉绒土民习惯称为之"大鹏鸟")形象略有差异,但基本上是人面、牛角、鸟嘴、人身、臂翅、羽腿,或嘴衔一条蛇,双爪紧抓蛇身,或者未衔蛇,在该地区有着深远的历史影响。[②] 嘉绒地区诸土司家族普遍存在由西藏琼部迁徙而来、远祖降自"琼鸟"的历史记忆,带有苯教文化气息的"大鹏鸟卵生"神话便与此有关。据马长寿先生在嘉绒地区的社会调查研究可知,与大金川接壤的绰斯甲土司纳坚赞有一幅自清代传下来的彩色壁画,其中部分图画和藏文题写内容讲述了"大鹏鸟卵生"神话,并在与瓦寺土司流传甚久的"大鹏金翅鸟"神话进行比较后指出,绰斯甲人崇苯教,故大鹏鸟神话的苯教色彩颇重。[③]

马长寿先生还提到,凡嘉绒土司官寨门额上都雕刻有大鹏式"琼鸟",呈鸟首、人身、兽爪、两翼张开、矗立欲飞状,嘉绒土司、土民视为神鸟,奉供尤为虔诚。[④] 笔者于 2010 年 5 月和 2023 年 8 月奔赴金川及周边地区展开田野调

---

① 在笔者完成第一次川西北田野调查的第二年(即 2011 年),新雍仲拉定寺建设第一期工程落成,重新命名为"雍仲拉顶·广法大寺院",这是将土司时代的"雍仲拉定(顶)寺"——古老的雍仲苯教寺院与改土为屯后改奉藏传佛教格鲁派的"广法寺"二名合称,蕴含尊重历史、教派互敬互尊之寓意。可以肯定的是,新修的雍仲拉顶·广法大寺院就是依旧生活在金川及其临近地区的嘉绒土民后代心中的新"苯教大道场",寄托了新时代嘉绒人民希望佛法弘扬光大,惠益众生的美好愿景。

② 李星星:《藏彝走廊本波文化带概论》,《广西民族大学学报》,2008 年第 6 期。另见石硕、李锦、邹立波等:《交融与互动——藏彝走廊的民族、历史与文化》,四川人民出版社,2014 年,第 354 页。

③ 马长寿:《嘉戎民族社会史》,载周伟洲编:《马长寿民族学论集》,人民出版社,2003 年,第 135 页,138 页。

④ 马长寿:《嘉戎民族社会史》,载周伟洲编:《马长寿民族学论集》,人民出版社,2003 年,第 141 页。

查,发现在丹巴县巴底乡邛山村,在巴底土司官寨门楣上仍可以看到惟妙惟肖的石雕"琼鸟";在小金县宅垄乡(2019 年撤乡设镇)上宅垄村(小金川土司时代宅垄大寨所在地)百年老平碉住房的大门头上,也可以看到展翅欲飞的石刻大鹏鸟。笔者在田野调查中曾对小金县幼年出家当过十四年喇嘛、熟悉嘉绒文化和苯教信仰的杨富刚先生,就大鹏鸟崇拜问题进行了专门访谈。[1] 作为嘉绒土民后代,杨先生对当地流传至今的"大鹏鸟神话",以及藏民村寨依然可以看到的大鹏鸟石雕艺术品有自己的独到理解。他认为大鹏鸟神话的确表明嘉绒藏人祖先是西藏"琼部"迁徙而来,但更重要的是,大鹏鸟是苯教守护神,亦是家户守护神的思想深植于金川土民之心。这似乎可以印证一些学者关于"琼鸟"崇拜的观点,即"琼"(大鹏鸟)是苯教文化的象征,而且两金川所在的嘉绒土司地区存在祖先系"琼鸟卵生"的记忆可能承载了苯教自西北向东传播的历史。[2] 无论如何,在改土为屯二百多年后,仍可以在嘉绒藏民的日常生活世界里看到与土司时代无异的"大鹏鸟"石雕图像,足以窥见"琼鸟"崇拜不仅历时久远,而且会继续传承下去。

三、山神和"白石"崇拜

山神崇拜是嘉绒土司地区信仰体系中的重要内容。由于苯教具有"万物有灵"的原始宗教特点,加上大小金川的土司和土民生活在"跬步皆山"的自然环境中,无时无刻不感受到高山峻岭的雄伟气势和神性的存在,因此普遍崇奉山神。乾隆朝两次金川战争中,清军无论是后勤运输,还是军事进攻与防御,均受到高山密林环境下"雨雾雪雹"频仍天气之阻遏。第二次金川战争期间,为应对两金川地区所谓"非时雨雪"之"邪氛",压制善于"致雨雪"苯教喇嘛的"邪术",乾隆皇帝谕令前线将领诚心祷祀各处神山,企望这些神山上的山神因此不再佑护金川土司土民而是转而助力清军作战;在战争结束后筹划如何重建地方秩序时,乾隆皇帝又在上谕中力主将广受金川土民崇奉的墨尔多、甲索、索乌等神山纳入祀典,春秋秩祀(上谕中提到:"今据奏覆,金川之索乌、甲索二山,及小金川之墨尔多山,均为番众所敬奉。大军进剿时亦颇著灵应等语。")。[3] 况且,山神崇拜传统并没有随着历史演进而消退,时至今日仍能在大小金川地区各大山之间看到风马旗、嘛尼堆与山神庙、山王庙共存的人文景观。这似乎在向世人传递着"征服者"与"被征服者"之间,各自传统

---

① 访谈地点:小金县县城杨富刚先生家中,访谈时间:2010 年 5 月 2 日、5 月 3 日。
② 石硕、李锦、邹立波等:《交融与互动——藏彝走廊的民族、历史与文化》,四川人民出版社,2014 年,第 296—297 页。
③ 《清高宗实录》卷 959,乾隆三十九年五月丁丑;《清高宗实录》卷 966,乾隆三十九年九月庚申;清高宗实录》卷 1038,乾隆四十二年八月辛丑。

之相互交融、彼此共存的历史文化信息。

在众多神山之中,位于大小金河之间,南北走向,跨马尔康、金川、小金、丹巴,处于嘉绒腹地的墨尔多山,是嘉绒土司地区最负盛名的神山。因为墨尔多山被奉为嘉绒十八土司共同信仰的神山,建在该山上的纳尔普苯教喇嘛寺也被奉为十八嘉绒土司共同供奉的苯教寺庙,是一处著名的大道场。平定大小金川之后,每年春秋,都有地方官员代表清廷在墨尔多山脚下举行隆重而复杂的祭祀仪式,而嘉绒地区各处的土民也纷纷前来朝拜,举行盛大的转山和煨桑仪式,表达他们对心目中圣山的崇奉。据《嘉绒藏族社会情况调查》可知,大小金川及其周边土司地区各寨都有自己的山神,每月初一、十五都要到山神供奉处熏烟,称之为"出行";在旧历四五月,全寨各户都要去山神祭祀处插旗、堆柴烧烟,把净手后炒过的青稞和麦面撒在火上烧,以祀山神;寨民相信山神可以止冰雹、避瘟神,又把小杉树剥了皮削尖成箭杆形式插在山神石堆上,作为山神射杀瘟神的箭;祭祀山神时,有喇嘛念经,并由各家制作一定数量的嘛尼旗挂在山神塔上;下山后还要在棚内念经,然后鸣枪,寨众围着寨子念一转;祭山神时,家中最近有人死亡或去过死了人的地方的人被视为不干净的人,不可以靠近祭祀山神地方,说是去了还会下冰雹,就要再请喇嘛念经。①

有学者将嘉绒地区的山神崇拜放置到藏彝走廊多族群文化比较的视野中予以考察。例如,石硕、李锦等在《交融与互动——藏彝走廊的民族、历史与文化》一书中讲到:"山神是藏彝走廊诸多族群普遍信奉的主要神灵之一。康巴藏族、白马、羌族、嘉绒、扎巴、贵琼、木雅、尔苏、多须、里汝、史兴、普米和纳系族群中均有自己固定的山神和祭祀活动。日本学者松冈正子依据多年的实地调查,认为在祭祀方式、场所、时间和主持者等方面,羌族、嘉绒、川西南藏族、普米和纳西族在祭祀山神方面均表现出强烈的相似性。祭祀山神平时可以在自家屋顶上进行,而定期举行的隆重祭山仪式或相应的节庆活动是以村寨、联寨或家族为单位在神山山顶或神山的神林中进行的;时间一般选择在新年或季节更换期,春耕或秋收后,封山或开山时,特别是在新年期间被定期地举行;祭祀场所大多建有石头垒砌的塔,辅之以白石、树枝或竹枝等;祭祀时,点燃柏树枝,撒青稞麦、糌粑或玉米种子,边注酒边诵经;宰杀羊或牛等牺牲,以血祭祀;由本土宗教人士住持。……(如今)康巴、嘉绒和扎巴等地血祭基本被取消,以糌粑等捏制的祭品或活祭来代替,主要由寺院喇嘛住持

---

① 西南民族学院研究室编著:《嘉绒藏族社会情况调查》,载《四川省阿坝州藏族社会历史调查》,民族出版社,2009年,第219—220页。

仪式活动,煨桑念经。"①有学者认为,如今嘉绒地区一年一度的看花节也是由祭祀山神演化而来。②

除山神崇拜外,白石在藏彝走廊东部多族群的传统民间信仰与仪式中亦占有重要地位,尤其是羌族与藏彝走廊东部藏族诸支系,诸如羌族、嘉绒、木雅、扎巴、里汝、纳木依、多须、贵琼、尔苏等族群均有浓厚的白石崇拜,只是在不同族群中,白石代表的内涵略有侧重和区别。嘉绒地区普遍崇敬白石,凡房顶、窗台、地中、墙上、各山神的石堆上面均供奉白石。有学者指出,嘉绒语称白石为"扎哈尔",或"迷阿纳·扎给尔"(即土地神),"迷阿纳"有"地中"之意;每户人家的地中央都要供奉三块较大的白石,周围堆放一些小白石,每年秋收之际,都要请巫师举行隆重的仪式,更换新的白石,并插上一些树枝木条,象征山神土地爷之箭;两金川附近之革布什咱、丹东、巴旺等地藏民称白石为"惹不初",据说也有土地神之意。③

如今,在嘉绒地区还可以看到藏民屋顶四角供奉被视为神灵的白石。每当播种、收获或年节祭祖,嘉绒藏民都要对白石进行祭祀。关于白石崇拜的缘起,大金川的近邻绰斯甲土司地区流传这样一个传说:很多年前,有外族入侵,菩萨托梦用白石把敌人打退,因此家家供奉白石。④《嘉绒藏族、羌族的白石崇拜》一文则认为,嘉绒藏族信奉的白石只是作为一种吉祥物,属于白色崇拜的延伸,扮演供奉给神灵的吉祥物,有时也可以作为神灵的代表,而且与羌族不同,嘉绒藏族放置白石相对较为随意,且不放在火塘中。⑤

可以肯定的是,山神和白石崇拜在嘉绒土民的生活世界和精神世界亦占有不容小觑的位置。这些带有深厚自然崇拜色彩的信仰与金川土民的日常交织颇深。一方面,山神、白石崇拜是维系和表达他们的精神世界的途径,另一方面,这些信仰活动本身也是构成土民生活世界的重要内容。近年来小金县墨尔多山的山神崇拜活动可谓声动四方,亦可以看做是嘉绒地区古老的山神信仰文化之延续。

四、优容红教喇嘛

尽管大小金川地区的土民笃信苯教,但对藏传佛教之红教喇嘛亦很敬

① 石硕、李锦、邹立波等:《交融与互动——藏彝走廊的民族、历史与文化》,四川人民出版社,2014年,第319—320页。
② 张昌富:《嘉绒藏族的吉祥物与自然崇拜》,《西藏艺术研究》,2000年第2期。
③ 孙宏开:《试论"邛笼"文化与羌语支语言》,《民族研究》,1986年第2期;石硕、李锦、邹立波等:《交融与互动——藏彝走廊的民族、历史与文化》,四川人民出版社,2014年,第314—315页。
④ 西南民族学院研究室编著:《嘉绒藏族社会情况调查》,载《四川省阿坝州藏族社会历史调查》,民族出版社,2009年,第219页。
⑤ 张昌富:《嘉绒藏族、羌族的白石崇拜》,《民族艺术》,1999年第2期。

重。红教到底何时进入该土司地区的历史已不可考,不过仍可以就红教喇嘛在该地的活动、金川土司、土民对待红教喇嘛的态度的差异等问题展开论述,为理解金川土司地区的多样化宗教面貌提供新视域。红教是藏传佛教四大传承之一宁玛派的俗称,相较于其他三大传承(白教—噶举派、花教—萨迦派、黄教—格鲁派),是藏传佛教派别中历史最为久远的一个教派。宁玛派自称以传承并弘扬吐蕃时期所译的莲花生、无垢友、遍照护等人的密咒教法为主,传授密法也是秘密地单独传授,因而在朗达玛灭佛时,非但未遭到毁灭性打击,反而凭借在家族中以父子、叔侄或兄弟相传的方式延续下来;这种在民间传承下来的藏传佛教密宗,采取与苯教合作的方式,并将苯教的咒语、仪式和神祇融入佛教活动中,因而红教喇嘛宏传之密法带有显著的本土色彩,与后宏期新译密法有一定的区别。显然,红教具有将苯教与佛教杂糅在一起的特点。对此,有学者指出,红教虽然遵循佛教教义和仪轨,但在其遵奉的祖师经典以及具体的宗教活动中,仍然带有浓厚的藏族原始自然崇拜和苯教的遗俗;并且红教在善恶观上,除了佛教教义所强调的行善利他、普度众生之外,与苯教十分类似地将崇拜的诸神视为善,将妖魔鬼怪视为恶,带有格外朴素的原始文化特点。[①]

　　明确红教与苯教之间的关系,对理解为何在笃信苯教的两金川地区仍不乏红教喇嘛的活动身影十分有帮助。据将军阿桂奏称,在清军攻破小金川美笃喇嘛寺和美诺各寨后一共查获喇嘛22名,其中翁古尔垄喇嘛察尔甲系红教喇嘛,60多岁,不仅能祈雷雨,而且被小金川土司僧格桑邀请至美诺官寨参与每年的念大经活动。[②] 另据僧格桑倚重的通事虎儿之兄弟八儿供称,与僧格桑一同逃去大金川的曾头沟聂龙(垄)喇嘛,还有布朗郭宗的老喇嘛纳木卡都是红教大喇嘛,被大金川土司的兄弟莎罗奔们分别安置在勒乌围的两个喇嘛寺里,专门负责教大金川的小喇嘛念经。[③] 另据大金川堪布喇嘛色纳木甲木灿供称:"(我)六十二岁,原是革布什咱人,促浸请我来念经,就叫我在雍中喇嘛寺住,没有放我回去,有八九年了。前日同土妇、土女一同投出来的。我的徒弟雍中朋楚克是德尔格特人,纳木楚斯丹增是革布什咱人,噶什沃杂尔、板巴舍拉、壬占、甲木楚是促浸人,同我们一路出来的。小的是奔布尔教(即苯教),后来学了红教的经,头人们说我改了教,土司也不喜欢,唯有莎罗

① 有关苯教与红教之间关系的探讨,详见余仕麟:《藏族伦理思想史略》,民族出版社,2015年,第254页、272页。
② 中国第一历史档案馆:《军机处录副奏折》,民族类,缩微胶卷号589,档号:7955-54,题名:阿桂查获美诺番人分别安插事,具奏日期:乾隆三十七年十二月三十日。
③ 中国第一历史档案馆:《军机处录副奏折》,民族类,缩微胶卷号589,档号:7956-14,题名:脱出小金川番人供单,具奏日期:乾隆三十八年三月二十七日。

奔们待小的还好。莎罗奔们的经典都是小的教的。"①从这些供词可以看出，小金川的翁古尔垄、曾头沟、布朗郭宗等地都有红教喇嘛（表明土民笃信苯教，但也不排斥红教），而且因通经典、会祈雨、祈雷电等法术，很受小金川土司的信用，既可以参加在小金川土司僧格桑在美诺官寨每年举办的念大经之苯教宗教活动（表明红教喇嘛出现在苯教宗教活动场所毫不违和），也会被大金川的莎罗奔们安排教授小喇嘛们学习宗教经典，甚至连莎罗奔们通晓经典都是由红教喇嘛教的，足见红教喇嘛与金川土司地区苯教徒之间的关联之深。不过，从这些供词还可看出，虽然大金川的莎罗奔们对红教喇嘛们很是敬重，但土司索诺木则对原系苯教喇嘛出身的堪布喇嘛转信红教表示明显的厌恶。由是可知，索诺木作为执掌大金川军政大权的主人，视苯教为全土信仰之根本，对红教喇嘛的态度比他那些出家为喇嘛的兄弟们要保守得多。

对于生活在大小金川地区的土民来说，作为普通信众对宗教派别的感受比较淡然，不会刻意地去强调这个喇嘛是什么教派，那个喇嘛又是什么教派，具有不分派别的包容性。笔者于 2010 年、2016 年、2023 年三赴丹巴县开展田野调查均发现，丹巴县中路乡仍存有数座红教寺庙，尽管规模不大，但宗教文化氛围浓厚，还可以看到红教喇嘛穿着本派僧袍活跃在村寨中从事宗教活动的身影。询问当地嘉绒藏民对苯教喇嘛和红教喇嘛的看法，都说他们其实在生活中并不会特别刻意思虑某个喇嘛是什么教派，往往既会请红教喇嘛念经祈福禳灾、驱魔祛病，也会找苯教喇嘛预测未来祸福、超度亡灵，毕竟这两个教派的喇嘛举行的宗教活动有许多相似之处。也许，这对理解土司时代笃信苯教的两金川土民亦能优容红教喇嘛有所启发。

此外，两金川土司地区通经典、擅施咒和祈雨雪的红教喇嘛也和苯教喇嘛一样，必须遵从最主要的供养者——土司或土司家族成员的命令，积极参与对抗清军的活动。因此，在第二次金川战争期间，乾隆皇帝认定"该处番人及红教喇嘛内，多有习其术者，著温福、桂林留心访觅精通扎答之人，随营听用，使贼番技无所施"②，并对大小金川地区的红教喇嘛格外憎恶。这也从侧面反映了红教喇嘛在金川地区的活跃性和受重视程度。

要而论之，红教喇嘛凭借其教义与苯教思想有诸多相似之处，既可以出现在金川土司举行的大型苯教宗教活动中，也可以借助通晓佛典的优势教授金川的苯教喇嘛们诵习经典，甚至是教习莎罗奔们学习经文，因而受到金川土司家族成员和土民的优容和敬重。不过，对金川土司而言，苯教地位远高

---

① 中国第一历史档案馆：《军机处录副奏折》，民族类，缩微胶卷号 591，档号：7991－38，题名：堪布喇嘛色纳木甲木灿供单。

② 《清高宗实录》卷 907，乾隆三十七年四月甲午。

于其他宗教,只有守住了苯教的根本地位不动摇,才是真正掌握了维护土司家族世袭统治的思想利器,因而决不能容忍苯教喇嘛转信红教。相比之下,对土民而言,并不存在最崇苯教喇嘛、次崇红教喇嘛的排位观念,只要喇嘛会念经、禳灾、治病、祈福等,都是特别值得尊崇的出家人。

五、"道士"与"扯索卦的人"

在与金川战争相关的档案中还出现了"道士"和"扯索卦的人"的记载。有学者认为,他们是更经常参与到两金川土司和土民生活中的本土宗教人士。① 虽然大小金川及其周边地区的"道士"擅长卜卦问吉凶,"扯索卦的人"亦承担卜问吉凶的宗教活动,但据有关学者考证"扯索卦的人"其实与"道士"无关,完全是由另外的术士担任,其主要特点是"扯索卦的人"有一套自己的法术和咒语,最紧要的施法工具是羊毛线和皮袋,疾病或运气均可卜问。② 那么,"道士"在乾隆朝金川地区到底扮演了怎样的宗教人员角色呢?现据《军机处录副奏折》相关内容,绘制有关金川"道士"③情况简表4-3如下:

表4-3　金川土司地区"道士"情况简表

供述人	《军机处录副奏折》中载金川土司地区"道士"情况	缩微胶卷号/档号④
拉章	"番女,年二十五岁,儹拉曾头沟人,先前与父母哥子同投出来,被促浸人赶转去了,将父母哥子都扔了河,(土司)叫我跟着一个道士彭卡当娃子使唤,(道士)派我砍柴,趁空逃出。"	590/7980-32
撒甲	"促浸阿尔古寨人,母死,父已投出,我那时跟着一个道士彭克时格尔中使唤,不在一处,道士现随土司索诺木在甲杂官寨。"	590/7980-58
阿奈	"我阿奈是个道士,只在官寨念经,没有派过卡子。"	590/7983-20

① 还须交代的是,能否将他们归结为土司地区的"巫"或"巫术表演者"不是笔者关注的焦点,在此只想就档案文献记录的两金川的"道士"和"扯索卦的人"的历史展演和对金川战争的影响做实事求是的讨论,以期对以苯教为根本信仰的两金川土司地区信仰多元化有较深入的了解。

② 凌立:《丹巴嘉绒藏族的民俗文化概述》,《西北民族学院学报》(哲学社会科学版),2000年第4期。

③ 应加以说明的是,这里的"道士"极有可能是通事根据其从事的活动而意译的叫法,当时的金川人的嘉绒语是如何称呼这类人已不可考,在此只能根据档案文献一律称其为"道士"。不过,按照这些"道士"的具体行为来看,他们似应是活跃在嘉绒土司地区的苯教喇嘛们,故不能将其等同于汉人观念里的道士。

④ 为方便阅读起见,这里只提供史料来源(中国第一历史档案馆藏《军机处录副奏折》)的缩微胶卷号和档号,省去冗长的题名和具奏日期。

供述人	《军机处录副奏折》中载金川土司地区"道士"情况	缩微胶卷号/ 档号
铿朋	"三十岁,促浸喀甲寨人,先前卖在屯兵地方上孟董阿及家……被促浸拿回美诺转带回促浸去,安放在勒乌围官寨后伺候一个道士钟累家,砍柴看牛。如今牛羊都没了,道士一家都搬到丹札木去住,叫我背青稞到磨房里去。"	590/7991-50

　　从表4-3中可以看到金川土司地区确实有"道士"这类本土宗教人员在土司官寨念经(有可能是土司组织的"念大经"法事),一般不被派出打仗;土司也比较看重他们,不仅让其随侍身边同赴土司官寨提供宗教服务,而且还会给他们赏赐奴仆以供使唤。但是,单从这些档案史料既无法得知金川土司地区的"道士"在什么样的宗教场合念经,也无法获悉除念经外还给土司、土民提供哪些宗教服务。不过,有地方民俗研究者指出:清代大小金川和丹巴地区,男女恋爱后,男方家里先要请媒人带哑酒一瓶前往女家说合,若女方家里同意婚事,男方家人就要请"道士"卜卦择定吉日,好让媒人带了男方家准备的礼物再次去女番家里将婚事定下来;迎娶吉日仍要请"道士"卜卦择定,而且娶亲时道士也随同新郎的姐妹一起前往,并且"道士"在新娘来新郎家的路上要诵念经咒攘除不详,导引新娘至新郎家中见公婆;"道士"亦参与为死者送葬过程中的开路念经仪式,烧化后的骨灰和零碎骨头也要由喇嘛或道士打卦来决定如何处理。[①] 事实上,远不止婚丧嫁娶需要擅长占卜的"道士"参与。任乃强先生曾指出:"康人病不求医,求于巫觋,或于喇嘛。岁之凶丰,军行进退,皆倩术者占卜祈禳之。"[②]

　　由上可知,清代档案中记载的所谓"道士",确实在金川及其邻近地区土民婚丧事宜中扮演了极为重要的宗教角色。那么,乾隆朝金川土司地区的"道士"到底指的是哪一类本土宗教人士呢? 有学者指出,明代文献中川西北地区的"道士"与苯教有关,其活动主要是与苯教相关的各类民间宗教信仰。[③] 从笃信苯教的金川土司索诺木格外看重"道士",以及他们要赴土司官寨念经的情况来看,这一解释似乎也能说得通。

　　至于"打索卦的人"或"扯索卦的人",可以确定是大小金川土司、土民生

---

① 凌立:《丹巴嘉绒藏族的民俗文化概述》,《西北民族学院学报》(哲学社会科学版),2000年第4期。
② 任乃强:《康藏民族之由来及其细分》,载《任乃强民族研究文集》,民族出版社,1990年,第24页。
③ 邹立波:《明代前期川西北"族姓"、边政与宗教关系》,《西南民族大学学报》(人文社会科学版),2012年第5期。

活中专事占卜吉凶的宗教人士。"扯索卦"或"打索卦",是一种较为复杂又耗时较长的占卜方法。尽管有学者指出"扯索卦"的占卜方法在嘉绒藏族地区和汶、茂、松潘一带羌族中广泛流传,但存在较大争议,有关社会调查更倾向于"扯索卦"是嘉绒的传统,羌族懂多种占卜术,却不懂"扯索卦"。① 笔者以为,很可能清军俘获供称为"扯索卦的人"之后,没有精力厘清他们到底是何种本土宗教人员,索性就机械地记录在案。不过,根据其他地方文献,完全可以确定嘉绒地区的喇嘛常为土司和土民提供"扯索卦"占卜服务。②

大小金川土司及其邻近地区"扯索卦的人",主要利用牛(羊)毛线、羊骨、皮袋等卜问吉凶。早在第一次金川战争期间,清廷就注意到大金川人习惯"灼羊脝扯索卦以卜吉凶"。③ 不过,有关档案并没有"扯索卦"操作过程的记载。幸好李心衡在《金川琐记》中对此有记录,曰:"索卦即蓍卜之法。地上先布土石杂物,卖卜者手持牛毛绳八条,每绳两端各有散毛如流苏,即于散毛上随手挽结掷地卦成。取土或取石,分行标识,如是者三以定吉凶。"④有学者考证,与嘉绒相邻的羌人扯索卦用的羊毛线系绵羊毛制成,长尺余,共八十八枝,捆成一束,下面悬挂五彩布条;"扯索卦"用的皮袋内放置很多杂物(谷物、碗片、木刻、女人用的线板等);一般都是将"扯索卦的人"请到家里来问吉凶或问病,基本仪轨表现为:一面在火塘上方高声念咒语,将神佛偶像(白石神、碉神、西藏铜佛像等)摆出,设香敬酒,再将皮袋内的各种杂物倒在筛子里,一面拿羊毛线在手中打结,口中仍念咒语不断,然后又把羊毛线结打开察看羊毛线的形状,并察看筛内杂物成堆或成行的种种关系,综合一起判断吉凶状况。⑤

在此,笔者并无意纠缠嘉绒和羌这两个生活于川西北的相邻族群在扯索卦的用具、手法、占卜内容、解读方式等方面的具体差异,主要对两金川"扯索卦的人"的占卜内容进行具体考察,进而发现土司时代金川的"扯索卦的人"之占卜主要涉及战争、"放夹坝""出行""问病""吉凶"等方面。因此,钩沉改土为屯之前土司统治时代"扯索卦的人"的宗教文化活动,分析其对金川土司和头人的重要决策之影响,对丰富和加深对以两金川土司为代表的嘉绒地区

① 邓宏烈:《羌族释比占卜考略》,《阿坝师范高等专科学校学报》,2013 年第 1 期。但也有地方社会调查资料提到,汶川绵虒一带羌族的释比懂十余种占卜术,唯独不懂"扯索卦",坚称"索卦"不是羌族的传统,而是嘉绒"四土藏族的东西"。参见王康、李鉴宗、汪青玉:《神秘的白石崇拜——羌族的信仰和礼俗》,四川民族出版社,1992 年,第 171 页。
② 〔清〕吴德熙辑:《章谷屯志略》,载《中国西南文献丛书第一辑·西南稀见方志文献》第 48卷,兰州大学出版社,2003 年,第 696 页。
③ 〔清〕来保总撰:《平定金川方略》之《金川图说》。
④ 〔清〕李心衡:《金川琐记》卷 3 之《索卦》条,中华书局,1985 年,第 33 页。
⑤ 胡鉴民:《羌族之信仰与习为》,《边疆研究论丛》,1941 年,转引自邓宏烈:《羌族释比占卜考略》,《阿坝师范高等专科学校学报》,2013 年第 1 期。

的地方信仰状况的认知颇有裨益。现根据清代有关档案中两金川土司地区
"打索卦的人"情况制表4－4。

表4－4　大小金川土司地区"打索卦"情况简表

供述人	《军机处录附奏折》和《金川档》中所见金川土司地区"扯索卦"情况	缩微胶卷号/档号①
纳尔甲木等人	大金川莎罗奔欲用敦把三兄弟诈降,引诱清军入其陷阱,因扯索卦显示敦把不好,于是莎罗奔等决定用敦把两个兄弟去诈降。	589/7956－12
雅木楚	"小的年二十岁是鄂克什日隆寨人,乾隆三十六年小金川打破日隆,把小的拿去送与大金川,金川土司把小的分给达札克角山下马勒罗寨会扯索卦的直札家使唤。"	589/7956－31
拉塔尔	拉塔尔年二十五岁,僧拉木波寨人,他的哥哥木尔甲尔会打索卦,同木塔尔的父亲萨尔甲尔在布朗郭宗被小金川土司僧格桑杀了。	589/7974－23
阿蚌	"小的年五十岁,是瓦寺卧龙关人。木果木失事被促浸人拿住,后逃出,又被僧拉人扣住,卖给促浸木波尔寨番人色朗使唤。……前日莎罗奔们又商量去别思满放夹坝,因扯索卦不好,没有得成。"	589/7974－41
克阿	"我今年十八岁,是促浸思尔木寨人,派在日旁山防守战碉,跟着促浸扯索卦的叫策立有二年了。……扯索卦的策立已被官兵杀了。"	590/7975－45
丹拜	"小的是金川厄尔苏寨的人。……至于打仗,我们那里有个会索卦的名叫测朗,他说几时官兵要来,我们就预备,多有应他的话。就是他说官兵不来的日子,我们的头人也是不时的查,教我们严严的防守。"	590/7975－46
山查朋	"十月间土司们念完大经后曾派人到宜喜山梁大营盘后身看地方要去放夹坝,后来又商量要断西路格鲁瓦角的后路,打索卦俱是好的,又因西路格鲁瓦角打得厉害又耽搁住。"	590/7975－65
松加朋	"二十五岁,促浸克尔玛寨人,父母死,无妻子,在头人尼玛跟前伺候他扯索卦,阿尔古大头人叫我去扯索卦,问地方失不失,巴鲁拔是头人派来伺候我的,我带他同出。"	590/7980－25

---

① 　为方便阅读起见,这里只提供史料来源(中国第一历史档案馆藏《军机处录副奏折》)的缩微胶卷号和档号,省去冗长的题名和具奏日期。

续　表

供述人	《军机处录附奏折》和《金川档》中所见金川土司地区"扯索卦"情况	缩微胶卷号/档号
阿塔尔	"二十五岁，僜拉泽耳角寨人……又听见老土妇阿仓叫人扯索卦看乃当一带地方还保得住么？那扯索卦的人说看这个卦，乃当地方是万万不能保守的，官兵是必要打破的，头人们听了这话催赶百姓快快搬家。"	590/7980 - 32
班第塔尔父子	"我们父子守卡子，失了卡子后怕（大金川）土司怪罪僜拉人没用，丢河处死，不敢回本寨去。因有一个同守卡子的僜拉人扎太会扯索卦，我请他扯一卦，他说逃得脱的，我就悄悄带了家口投出。"	590/7983 - 20
不详	乾隆皇帝上谕：将以扯索卦为业的促浸降番，著押赴成都交文绶解京。	590/7983 - 54
班达尔结	19 岁鄂克什（沃日）拉西尔寨人。乾隆三十五年僜拉围鄂克什，将全家抢去了，后来就被卖给扯索卦的克塔尔使唤，如今土司的粮食也少了，打卦的人也不给口粮了。	590/7985 - 9
和尔结	34 岁，僜拉曾头沟人，原是僜拉大头人没利阿什咱跟前扯索卦的人。	590/7985 - 12
生根	21 岁，促浸拉底寨头人泽旺所管的百姓，父母兄弟都没了，跟一个打索卦的名叫莫密甲的在思底博堵住。	591/7991 - 37
土兵萨克甲穆	本系杂谷脑土兵，在与清军一起攻打小金川墨垄沟时被大金川人抓进去，安置在噶喇依官寨对面河岸上由大金川土司索诺木姑姑阿青掌管的喇嘛寺里，后因女喇嘛阿青手下一位大喇嘛名叫额哩格的害病，看索卦说要放生病才能好，阿青就差了两个小喇嘛将他送出大金川。之所以选萨克木作为放生对象，是因为扯索卦显示得病的大喇嘛一定要寻找一个属龙的放生病才能好，而萨克甲木刚好三十八岁，正是属龙，于是领着他去见了害病的喇嘛，给了件麻布衣服，众喇嘛一齐念经赶着送出来。	《金川档》[1]第1487—1490 页
不详	乾隆皇帝上谕：促浸降番鄂松加朋以扯索卦为业，著令解京。	《金川档》第 3637 页

---

[1]　此表凡引用《金川档》史料，均出自冯明珠、庄吉发编：《金川档》，台北"故宫博物院"，2007 年印。

表4-4展示了乾隆朝大小金川土司地区"扯索卦的人"、为何事"扯索卦"、"扯索卦"灵验与否,以及报酬等丰富内容,为管窥两金川土司地区盛行的带有明显巫术色彩的占卜术提供了可能。

在具体分析两金川土司地区"扯索卦的人"的占卜活动之前,先交代一下这一宗教从业者的经济状况和社会地位。两金川土司地区有不少从事"扯索卦"职业的人,为土司、头人、土民,乃至喇嘛提供各种占卜吉凶的服务,不仅可以赚取"口粮"生活得比普通老百姓要好,而且在土司社会中享有较高地位,身边有土司赏赐的供使唤的仆役,或头人派给贴身伺候的人(分别见表4-4第3行第2列雅木楚供述内容和第9行第2列松加朋供述内容),或者自己买来仆役随身伺候(见表4-4第13行第2列班达尔结供述内容)。当然,如果"扯索卦的人"得罪土司,也会被杀掉(见表4-4第4行第2列拉塔尔结供述内容),如果"扯索卦的人"占卜的结果多数不能应验,也会失去土司或头人的信任。

清军攻打小金川战争初期,土民丹拜供称,小金川土司境内有个叫测朗的"扯索卦"十分灵验,打仗都是他看卦后告知官兵什么时候会打来,土民就赶紧预备,还多半应了他的卦兆,但是他看卦说官兵不会打来的时候,头人们也不肯放松警惕,仍教土民们严加防守(见表4-4第7行第2列丹拜供述内容)。清军征小金川初期,遭遇了小金川人奋力抵抗,清军的军事行动进展极为不顺,因此,这时候测朗为小金川的领兵头人们"扯索卦"预测清军会来、土民们多能抵抗得住,并不神奇。何况领兵的金川头人们大多都是得力能干之人,很清楚用心防御才是抵抗清军最实在的做法,因而他们在测朗"扯索卦"预测清军不会打来时,亦会吩咐土民务必严加防守,并不时进行检查。这是典型的既要"听天命",更要"尽人事"的处事做派。譬如,与清军交战伊始,大金川囊素莎罗奔冈达克谋划派出土民诈降清军,在行动之前慎重地请了"扯索卦的人"来占卜吉凶,得出被用来做诱饵的三兄弟之一敦把不好的兆示,于是莎罗奔决定只用敦把的两个兄弟去实施这一诈降计划(见表4-4第2行第2列纳尔甲木等供述内容)。

有意思的是,大金川土民敦把确实如"扯索卦的人"预见那般不堪信用。乾隆三十八年(1773)正月土民敦把主动投降清军,并将自己知道的有关大金川土司带兵头人、寨落人口等情况悉数供出。① 当然不能因此夸大"扯索卦"如何神奇,只能谨慎推测,有可能当时"扯索卦的人"本来就认识敦把,知晓他

---

① 中国第一历史档案馆:《军机处录副奏折》,民族类,缩微胶卷号589,档号:7955-71,题名:温福奏金川番人投诚敦把等录供,具奏日期:乾隆三十八年正月二十八日。

平时为人就不是很踏实、早就流露出欲投降清军的倾向，也有可能"扯卦"前已经看出莎罗奔对敦把不信任，于是告知莎罗奔"敦把不好"。战争后期，大金川老土妇阿仓也请"扯索卦的人"来卜问大金川人口密集、田土广阔的乃当地方能否保得住，"扯索卦的人"直言卦兆显示乃当地方绝对保不住，官兵一定会攻破，头人们听说后赶紧催赶这里的百姓们搬家（见表4-4第10行第2列阿塔尔供述内容）。这是因为：大批清军打到乃当大寨跟前的时候，已经离清军攻破噶喇依、勒乌围的日子不远了，而且此时大金川境内既缺粮，又瘟疫肆虐，许多土民思谋举家逃走，人心已经不齐，加上连年战死、染伤寒病死、被土司处死的人很多，以至能够出兵的人日渐减少，自然是难抵挡住各路清军的锐利进攻。"扯索卦的人"直言乃当是万万保不住，不过是符合此时交战双方力量对比的大实话罢了。

莎罗奔还曾谋划派出土民去小金川别思满地方"放夹坝"（主要是抢掠粮食或清军营盘），在行动之前也通过请人"扯索卦"来预测结果好坏，结果因"扯索卦"显示不好，便放弃这次劫掠行动（见表4-4第5行第2列阿蚌供述内容）。别思满系小金川土司要地，也是清军进剿大金川的重要后路之一。因而，在攻克小金川全境后，特别是经历乾隆三十八年（1773）六月的木果木大败后，清军通过大量增兵来强化各处防守。在这种情况下，莎罗奔们幻想通过派人"放夹坝"再次取得类似抢掠木果木大营的胜利，则无异于白送青壮年土民赴死。从这个层面来讲，"扯索卦的人"的确帮助大金川土司避免了无谓的人员伤亡。事实上，即使"扯索卦的人"看卦后认为"放夹坝"的结果对大金川是有利的，土司也不一定会真的立即实施"放夹坝"行动。

另据山查朋供称，土司们（即大金川土司和莎罗奔们）在十月里念完大经后曾派人到宜喜山梁大营盘后身察看地方打算去"放夹坝"，即打算如偷袭木果木营盘那样再来一次劫掠北路宜喜军营的行动，后来他们又商量要断西路格鲁瓦角的后路，"打索卦"俱说可行，但又因西路格鲁瓦角一带清军攻打得厉害而放弃（见表4-4第8行第2列山查朋供述内容）。在"打索卦"俱显示是吉兆的情况下仍放弃劫掠宜喜军营和断格鲁瓦角的行动，更加说明大金川土司决策层在对待战争问题上虽然看重"打索卦"的结果，但即使是吉兆亦不会轻易盲从，而是根据实际情况做出审慎的决定。至此，还有一个问题需要思考，既然土司和大头人们对"扯索卦"做不到"信而不疑"，那他们为什么还是每遇大事仍要"扯索卦"呢？或许，可以尝试这样解释：一方面，应当是出于地方传统习惯，不如此，不能安心；另一方面，也有可能确实拿不准，一时难以决定，需要通过神明的提示，便于他们做出最终决断。

两金川土司的大头人跟前亦有"扯索卦的人"提供占卜服务。例如，年仅

25 岁的松加朋系促浸克尔玛寨人,父母已经死了,没有妻子,本来在大头人尼玛跟前扯索卦,又被阿尔古大头人叫去扯索卦,问阿尔古地方会不会被清军攻克,松加朋却带了头人派来伺候的巴鲁拔一同逃出(见表 4-4 第 9 行第 2 列松加朋供述内容)。又如 34 岁的和尔结系小金川曾头沟人,是小金川大头人没利阿什咱跟前"扯索卦的人"(见表 4-4 第 14 行第 2 列和尔结供述内容)。大头人尼玛给在自己跟前的"扯索卦的人"派一名伴当贴身伺候,表明"扯索卦的人"因为有占卜吉凶的本事,是土司社会中享有较高地位的百姓。阿尔古大头人希望通过"扯索卦"预知自己管辖的地方会不会打破,而这名"扯索卦的人"却带着伺候自己的伴当一同逃走,无疑是用实际行动告知大头人该地守不住。不久,清军悉数攻克阿尔古一带寨落。

两金川土司的百姓也会请"扯索卦的人"占卜问吉凶。小金川人班第塔尔父子在大金川守卡失了卡子后,怕土司索诺木怪罪而被丢入河中处死,遂不敢返回居住的寨子里,因一同守卡子的小金川人扎太会"扯索卦",便请他扯一卦,据卦象说是可以逃脱,于是悄悄带了家口投出(见表 4-4 第 11 行第 2 列班第塔尔父子供述内容)。班第塔尔父子面临被索诺木丢入大金川河里溺毙之绝境,除了奋力出逃别无活路,扎太在"扯索卦"时显然对此了然于胸。因此,他对班第塔尔父子说卦兆显示可以成功出逃,既符合现实境况,又合乎情理。前面多次提到的丹巴县梭坡乡莫洛村藏族村民文武超武亦跟笔者讲述,按照他家祖辈流传下来的说法,大小金川及其邻近土司地区的土民在出远门、打猎、婚嫁、丧葬方式的选择、建房选址等诸般事宜上,都习惯一定要先请来"打索卦的人"占卜吉凶,卦兆好才会安心去办这些事,卦兆不好则要想办法禳解再行事,或者索性暂时搁置,等改日占卜了好卦再行动也不迟。显然,"扯索卦"宗教活动曾广泛而持久的印刻在两金川土司和土民的生活里。这一历史事实,既作为金川土司地区的传统生活方式而存在,也深刻地塑造着当地土民的生活世界和精神世界。

前文提到有学者指出嘉绒藏民和汶茂以及松潘地区的羌族均有习惯请"打索卦的人"问病的传统,实际上土司时代大金川的苯教大喇嘛生病也会请人"扯索卦"问病,并认真按照"打索卦的人"提供的禳除疾病办法行事。因为,一般而言,苯教喇嘛中本就不乏会看病和懂医药的人。据杂谷脑土兵萨克甲穆供述,他在与清军一起攻打小金川墨垄沟时被大金川人俘获,然后被安置在噶喇依官寨对面河岸边上由大金川土司索诺木姑姑阿青掌管的喇嘛寺里,后因女喇嘛阿青手下一位名叫额哩格的大喇嘛害病,"扯索卦的人"说要放生病才能好,阿青就差了两个小喇嘛将他送出大金川;之所以选中萨克甲穆作为放生对象,乃是因为索卦显示得病的大喇嘛一定要寻找一个属龙的人放生，病才能好，而萨克甲穆这年刚好三十八岁，正是属龙，于是领着他去见了害病的大喇嘛，然后赏了一件麻布衣服，众喇嘛一齐念经赶着送出来（见表4-4第16行第2列萨克甲穆供述内容）。在金川土司地区喇嘛生病也通过"扯索卦"问病原本就是司空见惯的事，大可不必惊讶。因为，很可能大喇嘛额哩格病得很厉害，已有喇嘛为其治病，但没有好转，于是阿青转而请擅"扯索卦的人"占卜，以便找到祛除疾病的新办法。"扯索卦的人"也确实根据卦兆，为额哩格大喇嘛给出了祛病的建议，即选一个属龙的人放生，阿青、额哩格等亦照办，将属龙的俘虏——杂谷脑土兵萨克甲穆送出大金川。萨克甲穆被放生的例子实际上还涉及"问卜人"在"扯索卦"仪轨完成后要继续做什么的问题。有学者通过田野调查指出，在嘉绒藏族地区，占卜后需要完成的仪轨和经文大致可以分原始宗教（或巫术性质）与藏传佛教性质两类，主要有三大功能。一是原始宗教功能（或巫术的功能），即占卜之后，会建议做一些诸如驱邪、禳灾、治病、建宅等方面的巫术性质的仪轨；二是佛教功能，占卜之后，建议当事人做佛教方面的善事，包括放生、念经、乐善、好施等；三是世俗功能，包括提供心理安慰、维持社区秩序和帮助制定与养成一种按部就班的生活规划与生活风格。[1] 笔者以为，这种分析不无道理，同样适用于"扯索卦"这种占卜形式。对于生病的大喇嘛额哩格来讲，"扯索卦"之后，找一个属龙的俘虏放生，不仅是为治病做的具有佛教意味的"善事"，而且会给他带来"做了（善事）总比不做要好"的心理安慰。

综上可知，"扯索卦"这种本土宗教广泛介入两金川土司、头人、土民的现实人生，在两金川土司地区信仰体系中占有重要地位。借助清代档案史料对两金川"扯索卦的人"展开探讨，可以弥补以往有关两金川土司地区宗教信仰研究中对这类占卜人员全无涉及的遗憾，扩展对两金川土司地区宗教信仰的多元面相的认识。首先，在金川土民看来，"扯索卦"占卜吉凶辄有灵验，在出行、建房、婚娶、选葬地、问病等诸多事宜上都需要察看"扯索卦"的结果来做决定。其次，金川土司、莎罗奔和大头人们等土司社会精英很看重"扯索卦"的占卜结果，但在实际决策时并不会盲从卦兆。在诸如战争这样的重大事情上，土司、大头人们（含莎罗奔）会请"扯索卦的人"来占卜吉凶，即使"索卦"显示为吉兆，亦会谨慎根据实际情况通盘考虑再决定是否采取军事行动，并且在军事防御上也不会因此而掉以轻心，如若"索卦"显示为凶兆，则会更加谨慎行事，避免无谓的损失。再次，尽管苯教喇嘛中不乏给人看病的人，但在病

---

[1]　李立：《寻找文化身份：一个嘉绒藏族村落的宗教民族志》，云南大学出版社，2007年，第184页。

情得不到缓解的情况下,亦会期望通过"扯索卦"找到新的祛除疾病的办法。最后,两金川土司境内那些"扯索卦的人"是土生土长、经验老到、富有智慧的专家,即掌握"扯索卦"仪轨的专家和提供各种生活指导的专家,后一角色是由前者派生而来,问卜者对"扯索卦的人"的信任又建立在前一角色先行的权威之上。[①]"扯索卦的人"通过一整套复杂的仪轨,综合考虑问卜者面临的实际处境,审时度势地给出占卜解释,当是两金川土民对"扯索卦"秉持"信而不疑"的态度的重要原因。

是故,绝不能把"扯索卦"简单粗暴地归结为迷信行为,而应当尽可能地将"扯索卦"理解为盛行于嘉绒土司地区的一种既有巫术色彩,又充满人生智慧的地方宗教文化表演。此外,"扯索卦"也应当被看做是两金川土司所在的嘉绒地区与内地汉人核心文化区域之差异的文化表达之一。例如,金川人甲噶尔朋善索卦,每次出兵前占卜胜负竟能十不爽一,故土司每用兵必定征召之;乾隆四十八年(1783)从内地赴金川任职的李心衡起初不肯相信世间有这等事,后来趁甲噶尔朋前来谒见之机,"姑留试占之,俱近而可验者殊不缪妄"。[②]笔者以为,也许正视并承认这种历史上真实存在的宗教文化差异,才不失为尝试理解该地区之迥异于内地的宗教文化面貌的前提。

关于大小金川土司地区的宗教信仰问题,除了以上有关苯教、红教、大鹏鸟崇拜、山神崇拜、白石崇拜,以及喇嘛之外的"道士"和"扯索卦的人"的论述,呈现了当地多元宗教面相之外,实际上还有许多其他诸如"天神""水神""树神"等饱含万物有灵文化意蕴的原始信仰。可见,绝不可以用苯教作为标签覆盖两金川土司地区的宗教信仰,而应当看到,苯教虽然居于主导地位,但红教喇嘛亦备受敬重,其他各种本土信仰与苯教、红教亦能相安无事地共存,共同出现在某一宗教活动场所亦颇为常见。对两金川土民而言,只要这些本土宗教能够解决生活中遇到的现实问题,可以为自己或家人禳灾、祛病、祈福、求财,都值得依赖和崇信。相应地,这些形形色色的本土宗教活动的确为土民获得内心安宁、追求现世安稳提供了多元信仰通道。

本章小结

通过上述有关大小金川土司地区的碉寨、习俗、宗教等方面的论述,既可

---

① 李立:《寻找文化身份:一个嘉绒藏族村落的宗教民族志》,云南大学出版社,2007年,第157页。

② [清]李心衡:《金川琐记》卷3之《医卜》条,中华书局,1985年,第30页。

以了解两金川土司、土民的迥异于内地汉族人民的生活世界和精神世界,也能借此对其与乾隆皇帝为代表的中央王朝之间的"隔膜"进行深刻的文化反思,形成具有历史启发意义的新知。

碉楼与寨落密不可分,可以合称为"碉寨",是大小金川土司地区最具特点的人文建筑景观,有其深刻的地方文化意蕴。它们既是金川土司、土民的生活世界的基本载体,也是形塑土司、土民的精神世界的重要场域。金川地区星罗棋布的"碉寨"是土民运用自身智慧,适应"跬步皆山""山高林密"的自然环境的产物。大寨落是较小寨落的集合,而土司则通过各级头人和寨首将各寨的家户凝聚为稳定、团结的部落共同体。以"护寨保境"的姿态矗立在寨子内外和各山梁要隘处的高大坚固的战碉或战碉群,既是土民勇敢尚武精神的直观呈现,也是土司和土民借以营造心理安全的保障。在这种相对封闭的区域文化影响下,嘉绒地区各土司之间既世代相互通婚,又彼此构衅斗争不已,难以形成宽广的政治眼界,遑论以"统一诸土司"为目标的战争实践。即便是以彪悍善战著称的大金川土司,所谋亦"不过灭得一处,占一处,只求多些百姓(上缴的)粮食,不曾算定能够将这些土司尽行灭去"①,势难形成乾隆皇帝忧心不已的独霸一方的政治格局。然而,乾隆朝瞻对之役和第一次金川战争均以清军仓皇撤出不了了之结束,使清军在康巴土司地区和嘉绒土司地区颜面扫尽,不但没有树立起中央王朝的统治权威,还使两金川土司更加不服清廷的羁縻约束,恣意恃强凌弱。这使得原本已通过战争清楚认识到当地碉坚地险、易守难攻、不可轻启战端的乾隆皇帝,决意再次用兵,力求不惜代价剿灭两金川土司,以便一劳永逸地在该地区建立大一统政治秩序。因此,两金川统治者从嘉绒土司地区传统习惯思维出发难以理解乾隆皇帝的政治意图,也就不可能因之收敛不断侵略邻近土司的行径,而乾隆皇帝在极欲加强对川西北土司地区的统治,以及务必挽回朝廷颜面的政治逻辑推动下,愈加没有耐心对两金川土司不断与周边土司构衅的行为进行冷处理。最终,两金川土司与中央王朝之间的政治隔膜加深导致第二次金川战争便如箭在弦上。

"碉寨"作为主要的物质载体构建了土民相对封闭的生活世界,在相当程度上限制和形塑了土民的观念认知。金川土司和土民在这样的生活世界里有自己独特的语言、生活方式、宗教信仰,而且他们极少出嘉绒十八土司地界,对土司之外的世界知之甚少,有自己固守的行为价值理念。在这种情势

---

① 冯明珠、庄吉发编:《金川档》,题名:大头人丹巴沃杂尔供单,台北"故宫博物院",2007年印,第4465页。

下,沉浸在不断侵占周边土司的土地、掳掠人口的胜利之中的两金川土司,根本没有意识到,他们自以为再寻常不过的"土司间构衅",已为自己招来灭顶之灾。况且,第一次金川战争的胜利,让两金川土司土民幻想即便再与清廷打一仗仍不过是清军撤出作罢。为此,在清军到来之前,土民们在两金川境内各要隘处加筑连环战碉、修建木楼、广挖战壕,彪悍好战的年轻土民甚至叫嚣等清军来了要狠狠地打几仗,认为凭借严密军事防御体系和得天独厚的地利条件,再次打败清军不成问题。也因此,当大批清军进攻小金川时,遭到小金川土民长达一年多的激烈抵抗;待清军进剿大金川时,遭遇更激烈持久的全民抵抗,不仅百姓、头人积极参战,连喇嘛都出兵助战。可是,乾隆皇帝对此甚是愤恨,认为土民和苯教喇嘛们不应助恶两金川土司,因为他们都是清帝国的子民,理应与清军一起讨伐不遵朝廷约束的两金川土司才对。显然,这不过是乾隆皇帝一厢情愿罢了。因为,在大批清军以暴力方式强势进入金川地区之前,土民对中央王朝政治威权的认识十分模糊——土民们多半"只知有土司,不知有皇帝",土司和大头人等对如何遵奉和服从清王朝的威权并无经验。[①] 土司、土民共享的社会习俗、生活方式和本土信仰,是促使他们上下一心与清军长期抗战的内在凝聚力。也就是说,大小金川土司土民的彪悍好战的天性和善于在林深菁密的山地作战的禀赋、建立于各处要隘的土司官寨和民寨组成的坚固军事防御体系、各级头人和底层土民对土司的政治效忠,以及全民笃信苯教形成的向心力,对长途跋涉而来的清军的确具有极强的还击力,迫使清军长期陷入进退维谷的境地也就在情理之中了。

在嘉绒土司地区,土司之间习惯通过政治联姻建立复杂的婚姻关系网络,或以之攀附最有实力的大土司以自保,或借以扩大在嘉绒地区的社会影响力。两金川土司亦不例外。第一次金川战争爆发前夕,清廷多次鼓动众嘉绒土司联合起来攻打大金川未能成功,其实与土司之间这种既相互联姻,又互有攻伐的社会传统有关。第一次金川战争期间,乾隆皇帝一心指望其他嘉绒土司协助清军一同攻剿大金川,结果他们表面驯服清廷出兵从征,实际上为了不得罪大金川土司,无不遇战即溃散,或干脆暗中给大金川土司通风报信,使清军进剿行动更为不利。乾隆皇帝只看到大金川土司与周边土司的矛盾的一面,幻想可以凭此鼓动绰斯甲、鄂克什等土司奋力从征,实心作战,反映了当时的乾隆皇帝对嘉绒土司地区政治、军事、文化状况缺乏基本认

---

① 第一次金川战争结束后举行纳降之际,大金川莎罗奔专门向傅恒等请求差官先行抵达大金川勒乌围官寨,对其"教以迎接叩见之礼"。参见[清]来保等撰:《平定金川方略》卷 23,乾隆十四年二月己丑。

知。① 第二次金川战争爆发后,清军进剿小金川土司时,乾隆皇帝一再幻想大金川土司索诺木能识大体站在清军一边助剿。这显然高估了清军的威慑力,并对大小金川土司之间的复杂关系十分隔膜。其一,有清军首次征大金川失利的前例,年轻气盛的大金川土司索诺木根本不怕清军再次兵临碉下;其二,大小金川本系一家,本就有斩不断的血缘关系,而且小金川土司僧格桑又是大金川土司索诺木一母同胞的姐姐得什尔章的丈夫,二者系郎舅关系;其三,小金川与大金川"地多接壤",小金川堪称清军进剿大金川的门户,索诺木绝对不会坐视小金川被平定。不过,在最大限度保障自身利益的考量面前,姻亲土司关系也会被弃之不顾。②

苯教大喇嘛和红教喇嘛善于禳解和施咒术,这引起乾隆皇帝极大不满,以致在荡平金川后竭力要将这些著名喇嘛一并押解京城处置。但是,还应看到,两金川土民笃信苯教,非常重视对当下人生现实问题的解决,无论土司、土民均"重生恶死",这对第二次金川战争进程产生了很大影响。当清军锋芒实在难以抵抗时,小金川不少头人、土民不再坚持抵抗,纷纷弃寨投出,或望风而逃。当各路清军进剿愈加激烈,而大金川土司境内又粮食匮乏、瘟疫肆虐时,不少大金川土民不再坚持对土司索诺木和莎罗奔们的愚忠,也不再相信苯教大喇嘛的咒经能够保境安民,于是或设法举家出逃,或干脆独自出逃;一些头人为自保则带领自己管辖的寨民一同投出;甚至连老土妇阿仓、老土女阿青、僧格桑的土妇得什尔章、索诺木的妹妹,以及莎罗奔三兄弟等都带了随身伺候的人员主动到清军大营投降,以求保住性命。另外,笔者在田野调查中发现,在两金川土民后代的历史记忆中,第二次金川战争让土民认识到"乾隆王"确实厉害,认定是两金川土司僧格桑和索诺木做了不好的事,惹来灾祸,不仅带累百姓受苦,还丢了土司的根子。

苯教虽然是金川土司和土民共同崇奉的宗教③,土司甚至视之为嘉绒地区的信仰根本,但不是生活在这里的人们的唯一的信仰。除"琼鸟"、山神、白石崇拜外,"道士""扯索卦的人"同样扮演了重要的宗教角色,并深度卷入金川战争,为土司服务。强调这一点,远不止为了说明嘉绒土司地区的信仰实

---

① 一则,大金川土司此时的军事实力尚没有哪一家土司可以对抗,因而这些慑于清廷兵威不得不派出土兵随征的土司,必须考虑清军撤出后免遭大金川土司挥兵报复的问题;二则,这些土司当中有不少与大金川土司之间存在复杂的婚姻关系,本就彼此来往密切;三则,嘉绒土司俱笃信苯教,共享相似的社会文化习俗,很容易倾向于同情大金川土司,根本没有要借清廷之手灭掉大金川土司的意愿。

② 当清军彻底平定小金川开始挥师攻打大金川时,两金川周边的土司们就开始转变风向,待大金川土司势穷,连巴底、绰斯甲等姻亲土司都与之断绝往来,并积极出兵助清军进剿。

③ 本章在论述两金川土司、土民笃信苯教和敬信苯教喇嘛时,主要以大金川为例,实则小金川同样如此。据《皇清职贡图》(辽沈书社,1991 年,第 608 页)载,小金川之美诺、章固各寨土民"以耕牧为生,崇信喇嘛"。

际呈现多元化的面貌,而是想说正因为这里多元的宗教信仰空间,使改土为屯后的土民仍能拥有苯教之外的传统信仰。也就是说,对面对急剧政治、宗教变迁的战后重建时期的土民来说,在面对苯教被禁、强制改宗黄教的压抑、不安境况时,除苯教之外的其他信仰没有退出嘉绒民众的精神世界,无疑是一种巨大的安慰,让他们继续维系和表达自身传统,以及安顿身心有了可能。

第五章　基于清代官书和档案的金川战争述论

　　乾隆朝两次金川战役均以历时久、耗费巨、损兵多、调夫众而著称于世。自清代以来就有不少学者对两次战争过程加以叙述。两次金川战争大致可以概括为：乾隆十二年（1747）正、二月，大金川土司发兵侵占邻司地方，甚至一度逼近打箭炉，坐汛官兵不能抵御；鉴于清廷统治威权遭到挑衅，加上结束不久的瞻对之役"虽胜实败"之耻如鲠在喉，乾隆皇帝便改变此前的羁縻策略和慎战思想，决意用兵金川；该战役耗时近两年，糜饷两千万两，最后以莎罗奔和郎卡出降而潦草收场；随着时局的发展，大金川土司又不断与邻司为敌，小金川亦与其近邻沃日构衅，大有两司联手侵吞四邻之势；于是，乾隆三十六年（1771）清廷又发兵先后进剿小金川、大金川；此战历时五载，以费银七千余万两、损兵数万员的巨大代价，彻底平定二司，并去土为屯。在此，笔者欲以有关官书和档案为依据，对两次金川战争之始末进行钩沉。借此，不仅可以对两次金川战争的具体进程和结果有较为清晰的了解，而且可以从中管窥交战双方在川边地方秩序的认知上存在极大偏差。

第一节　虽胜犹败：乾隆朝清军首征金川

　　土司制度具有浓厚的割据性质。诸土司各自盘踞一地，彼此间既相互联姻，结成复杂的社会关系网络，同时又因资源和人口有限而争竞攻杀、劫掠不断。坐拥嘉绒核心地带的大金川土酋莎罗奔，自雍正元年（1723）被授予安抚司头衔后，随着势力渐增，与邻近土司争斗不已。雍正初年，大金川与沃日之间因美同等寨子的归属问题连年攻杀不断。[①] 乾隆四年（1739），大小金川恃强劫掠、侵犯邻司，杂谷、梭磨、木坪、沃日等土司联合起来围攻大小金川，川省布政使方显饬官前往化诲；此事平息不久，杂谷、梭磨、沃日等土司又联合

---

① 《清世宗实录》卷33，雍正三年六月庚午。

起来围攻小金川,大金川土司趁机发兵攻打与之接壤的革布什咱土司;面对川西北土司之间杀伐扰攘不断的混乱局面,此时身兼四川布政使和署理巡抚二职的方显认为,不宜对大金川等强悍土司强制实行改土归流之策,而应采取既不任其争竞,亦不强其和协的中庸策略。①

清廷对川省布政使方显的提议亦颇为认同。乾隆九年(1744),巴底、巴旺二司内讧,大金川和革布什咱各以护亲为名,再次兴兵。② 乾隆十年(1745),大金川土司莎罗奔为便于控制小金川,将侄女阿扣嫁给小金川土司泽旺为妻,而泽旺一向为人怯懦,遂为阿扣所制,以至小金川一应事务均由阿扣说了算,莎罗奔见此状况竟设计将泽旺劫至大金川,夺去土司印,后经川陕总督庆复严厉申饬,才肯将泽旺放回小金川。③ 川西北连年爆发土司争斗,让地方大员对此甚是不满,希望对最桀骜不驯的土司予以打击。乾隆十一年(1746),川陕总督庆复奏称,川西地少山多,“番蛮杂处”,其中以杂谷、金川二司最为“顽梗难驯”,希望予以惩治;乾隆皇帝起初面对大小金川等土司间仇杀争竞之事颇为淡定,认为这不过是土司内部纠纷,让庆复不必过分紧张。④ 有关清军首次征金川之前金川土司与各嘉绒土司构衅情况,及清廷的“克制”处理方式,详见下表5-1。

表5-1　清军首征金川前金川土司构衅及清廷处置情况表

时间⑤	金川与周边土司的紧张关系及清廷的处理方式	参考文献
乾隆四年七月甲戌	杂谷土司苍旺及梭磨土司⑥勒儿恪等欲联合其他土司共击大小金川,经川省布政使方显饬官前往化诲解散。乾隆皇帝亦认一切事宜务以持重为要。	《清高宗实录》卷97
乾隆四年九月癸酉	杂谷⑦、梭磨、沃日等土司于七月十四、十七、十九等日发兵攻小金川土司。大金川土司亦于七月十四、十七八等日三次发兵与革布什咱土司构衅。乾隆皇帝谕令地方官员须对之恩威并施。	《清高宗实录》卷101

---

① 《清高宗实录》卷97,乾隆四年七月甲戌;《清高宗实录》卷101,乾隆四年九月癸酉;《清高宗实录》卷105,乾隆四年十一月壬申。
② 《清高宗实录》卷219,乾隆九年六月乙亥。
③ 《清高宗实录》卷252,乾隆十年十一月丙子;另参见[清]来保总撰:《平定金川方略》卷1,乾隆十二年二月癸酉。
④ 《清高宗实录》卷279,乾隆十一年十一月辛酉;《清高宗实录》卷284,乾隆十二年二月癸酉。
⑤ 该表标示时间以中华书局1985年版《清高宗实录》内乾隆皇帝谕令时间或军机大臣议覆时间为据。
⑥ 梭磨土司左邻卓克基,右屏大雪山,南接杂谷脑。
⑦ 杂谷土司属松茂道,有三杂谷土司之称:上孟董、下孟董及杂谷脑,与金川接壤。

时间	金川与周边土司的紧张关系及清廷的处理方式	参考文献
乾隆四年十月癸卯	杂谷、梭磨、沃日、大小金川、革布什咱等土司已于八月二十一、二十四、二十五等日撤兵，表示愿意遵朝廷约束，各安住牧。	《清高宗实录》卷103
乾隆四年十一月壬申	鉴于金川强悍，而杂谷人多势众，川省布政使方显奏"固不可任其争竞，亦不必强其和协"，并强调可利用这些接受朝廷封衔的土司为维系边疆安宁效力。	《清高宗实录》卷105
乾隆五年十二月丙寅	川省边备"番"情时刻牵动清廷的神经。针对大小金川仇夺等事，封疆大吏已遵从皇帝旨意罢兵。上中郭罗克部落又肆意劫掠。	《清高宗实录》卷133
乾隆六年二月己酉	虑及乾隆五年末至乾隆六年初川西"番"地雪大严寒，牛羊多冻死，清廷免除金川土司例贡折价。	《清高宗实录》卷136
乾隆八年十一月己丑	四川故大金川安抚司色勒奔之弟色勒奔细、结藏①土百户蒙塔尔之子松正邦、沙卡②土百户洛藏林琴之子纳处巴袭职。	《清高宗实录》卷204
乾隆九年四月丁丑	川陕总督庆复于三月初十日自成都起程，道经郫县、崇宁、灌县、汶川、保县、茂州等境，于十九日行至松潘③，实地了解川西北土司地势、人情风俗。	《清高宗实录》卷215
乾隆九年六月乙亥	巴旺遭灾疫，大金川遣发人夫运送各种物资，还为其婿巴旺土司纳旺赏赉百姓。巴底土舍汪札害怕金川乘机夺占巴旺地方，于是调兵堵御。纳旺又怀疑汪札要截馈饷，亦派人御敌而向金川借兵。革布什咱听闻后，立即带兵来援汪札。于是，这些土司互相争斗，仇杀不止。	《清高宗实录》卷219
乾隆九年八月甲戌	因巴底土司与打箭炉（今康定）④相近，而后者是由川入藏的重要门户所在，大金川介入巴底、巴旺之争，引起清廷戒备。	《清高宗实录》卷223

---

① 结藏属明正宣慰司所管四十八土百户之一，全名鲁密结藏。
② 沙卡为明正宣慰司所管四十八土百户之一。
③ 松潘位于今四川阿坝藏族羌族自治州东北部，清置松潘厅和松潘直隶厅并设松潘镇，有总兵驻守。
④ 雍正朝置打箭炉厅，位于今四川康定。据嘉庆《四川通志》卷8《舆地》可知，打箭炉为川藏大道重要门户，东南至落壤交宁远府冕宁县界六百里，西南至喇衮抵桑江边界四百八十里，东北抵小金川土司界四百五十里，西北至甘孜宜隆界六百四十里。

时间	金川与周边土司的紧张关系及清廷的处理方式	参考文献
乾隆十年十一月丙子	以四川故金川寺土司汤鹏之子泽旺袭职，即泽旺为小金川土司。然而泽旺为人懦弱，金川土司莎罗奔将其侄女阿扣嫁给泽旺，企图变相控制小金川。	《清高宗实录》卷252
乾隆十一年四月庚午	庆复主张将川省三齐等三十六寨番民脱离原属瓦寺宣慰司，归茂州管辖，并于缴纳赋税之外，还将户民造册送州稽查，鼓励垦荒，新垦地免升科，设立讲约所，宣讲圣谕。	《清高宗实录》卷264
乾隆十一年五月丙午	乾隆皇帝认"番"地荒僻险远，不但不可改为郡县，即便改设流官亦不妥，仍倾向于以羁縻之策管束川西北各土司。	《清高宗实录》卷266

　　据上述文字和表5-1可知，乾隆朝初年，清廷最初面对大金川、沃日等嘉绒土司之间的纷争时，表现得比较克制，甚至堪称淡漠。及至第一次金川战争前夜，乾隆皇帝面对封疆大吏奏报大金川土司与周边土司的扰攘争夺时，仍认为不过是"苗蛮易动难驯，自其天性"罢了，并指示"但如小小攻杀，事出偶然，即当任其自行消释，不必遽兴问罪之师"，只要"无犯疆圉，不致侵扰，于进藏道路、塘汛无梗，彼穴中之斗，竟可置之不问"；同时预先警告边吏和营弁不必"过于张惶，因小酿大"，而应当"修缮守御，厚蓄声威，令其畏惮奉法"，此之谓"恩抚威怀，各得其道，先事预筹，无致轻有举动"。[①] 此时，乾隆皇帝继承大统不过十来年，心存不愿轻易在僻远之地用兵的顾虑是可以理解的。不过，他在对待金川与周边土司"构衅"问题时显得十分理智，其实与不久前瞻对之战推进颇不顺利不无关系。然而边情复杂，形势变幻莫测，远不是乾纲独断的乾隆皇帝高居庙堂之上想象的那样可以预为筹对。

　　乾隆十年（1745）至乾隆十一年（1746），清军征瞻对之役[②]潦草完局，使得

---

① 《清高宗实录》卷284，乾隆十二年二月癸酉。
② 瞻对，在今天的甘孜藏族自治州新龙县境，清代土司统治时期，分为上、中、下瞻对土司，史称"三瞻"。乾隆十年至乾隆十一年的瞻对之役主要是征讨下瞻，时任土司为班衮。此次瞻对之战大致起因和战事推进过程可概括为：乾隆九年十月，从西藏东部的江卡塘汛换防回撤的清军把总张凤，及其率领三十六名兵丁在路过里塘土司境内的海子塘汛时，被瞻对外出放夹坝（即劫掠）的"番众"抢去了马匹、军械、钱粮、衣物等物资；川省地方官员派人查缴，但下瞻对土酋班衮不仅藏匿此番劫掠官兵的头目，而且拒绝交还抢去的"贼赃"；四川总督庆复、巡抚纪山见班衮如此顽梗不服朝廷约束，就启奏乾隆皇帝，请求出兵惩创，以示国威，以全国体；乾隆皇帝也认为瞻对之事有不得不办之理，但考虑到雍正朝两次用兵瞻对都因为山高路险，后勤补给不易，而瞻对人彪悍善战而不得不草草收场，遂提出此次用兵务必谨慎，办理务必妥当，千万不能给"番蛮"留下朝廷办理边务因循了事的恶劣印象，使（转下页）

清廷在川边土司地区凭羁縻统治树立的本就不深厚的威严近乎荡然无存。加上川省地方官员习惯以因循了事的姿态处理土司纷争,导致川边土司更加肆无忌惮。实际劳而无功的瞻对之战,却被清廷以封赏所谓有功将弁的方式予以粉饰。这对嘉绒诸土司,特别是对一向恃强凌弱、侵占攻伐邻封的强势土司之刺激颇大,随即川边形势突变。

也就是说,清军首次征讨大金川实与刚结束的瞻对之战有密切关系。乾隆朝进士程穆衡在《金川纪略》中指出,大金川土司莎罗奔趁清廷用兵瞻对无暇他顾之际,煽动部众攻打和劫掠小金川、沃日、革布什咱、巴旺等土司,使得嘉绒土司地区更加动荡不安。[①] 然而,清军首征金川的目的并不限于"禁遏凶暴,绥辑群番"[②]。因为,此前用兵瞻对,劳师糜饷,但草率收场,有损天威,乾隆皇帝始终耿耿于怀。遂在第一次金川战争撤兵前夕,他直截了当地指出,大金川土司敢于挑衅国家权威与瞻对之战不了了之甚为有关。他在给内阁的上谕中曰:"朕思督抚身任封疆,关系綦重。从前瞻对之役,庆复若实心办理,金川必不敢复生反侧。"[③]

乾隆十二年(1747)正月,大金川土司莎罗奔再次出兵围攻革布什咱的正地寨,二月又进攻明正土司之鲁密、章谷等地;四川巡抚纪山以章谷距离军事要地打箭炉仅四日路程,急令泰宁协副将张兴带兵前往弹压,不料官兵伤亡颇众;考虑到大金川四面环山,军粮和大炮馈运艰难,纪山奏请采取"以番攻番"的策略;乾隆皇帝见大金川土司格外嚣张,联想到此前朝廷大举用兵瞻对草率收场而颜面尽失,决意出兵对大金川大加惩创,借以"宣示皇威,以全国体"。[④] 该年三月,大金川土司莎罗奔勾结党羽围攻霍尔章谷土司,千总向朝选率兵前往压制却不幸阵亡,随后莎罗奔又派兵侵犯毛牛寨,游击罗于朝也在领兵弹压过程中受枪伤;经军机大臣合议,令川省督抚等速派官兵,遴选将弁,前往大金川相机进剿,并特调熟悉苗疆事务的张广泗任川陕总督,负责调

(接上页)桀骜者更为不驯;乾隆十年七月,川省提督李质萃率领汉、土官兵12 000多人,兵分三路进攻瞻对,结果上瞻对土酋肯朱很快投顺,而下瞻对土酋班衮则率众据险隘和碉卡拼死抵抗,以致战事推进十分艰难,直至乾隆十一年二月才攻至班衮常居的如郎大寨,但班衮已经逃到了鲁河西面的尼日寨藏匿不出;这年四月二十三日,松茂协副将马良柱率兵攻打尼日寨,趁风势放火焚烧寨子并发动攻势,然而班衮已经逃往他处;提督李质萃、总督庆复等为了早日了局,坚称班衮和尼日寨头目姜错太等都已经烧死在寨内,乾隆皇帝在存疑虑的情况下不得不宣布此战结束,并论功行赏。

① [清]程穆衡:《金川纪略》,载张羽新主编:《中国西藏及甘青川滇藏区方志汇编》第43册,学苑出版社,2003年,第189页。

② [清]程穆衡:《金川纪略》,载张羽新主编:《中国西藏及甘青川滇藏区方志汇编》第43册,学苑出版社,2003年,第229页。

③ [清]来保总撰:《平定金川方略》卷23,乾隆十四年二月丁亥。

④ 《清高宗实录》卷284,乾隆十二年二月癸酉。另见[清]来保总撰:《平定金川方略》卷1,乾隆十二年二月癸酉、乾隆十二年二月丁亥、乾隆十二年二月丁酉、乾隆十二年三月戊戌。

度一切机宜。① 由此,清廷陷入了一场艰苦异常的山地战争,难以自拔。

新任川陕总督张广泗抵达前线后,仔细揣摩川省剿抚边地旧案后认为:"现调汉土官兵,虽有二万余名,但土兵各怀二心,非逡巡观望,即逃匿潜藏,此土兵之不足恃也。而官兵又单弱,将来深入贼巢,或攻剿碉寨,或押护粮饷,或沿途防守,断难支持。"②于是,清廷准许在汉土官兵 22 000 名基础上,再从贵州省各营官兵中增调 2 000 员以供派拨。③ 清军进剿之初,进展似乎不错,先解沃日(乾隆二十年清廷更名为鄂克什)之热笼之围,后又快速收复大金川占据的毛牛、马桑等地;小金川土司泽旺、土舍良尔吉亦呈递禀文,力陈情愿将以前占据的沃日三寨退还,并承诺愿意听候清军将领调遣,派土兵攻打大金川;渴望速战速决的乾隆皇帝在得悉大金川周围土司都望风投诚,纷纷表示俯首听命的消息后,顿时欣喜地以为不日即可剿灭大金川。④ 很快,乾隆皇帝的速胜梦便在攻打大金川腹地的过程中化为泡影。

为克取大金川的勒乌围、噶喇依两大官寨,张广泗决计分兵两路:西路由松潘镇总兵宋宗璋统领,进攻河东地方;南路由建昌镇总兵许应虎统领,进攻河西一带。⑤ 西路又兵分四路:一路由总兵宋宗璋统汉土官兵 4 500 名,由党坝进攻勒乌围;一路由参将郎建业、副将永柱带汉土官兵 3 500 名,由小金川的曾头沟、卡里进攻勒乌围;一路由副将马良柱领汉土官兵 3 500 名,从逊克尔宗方向进攻噶喇依;一路由参将买国良、游击高得禄率兵 3 000 余名,自党坝进攻噶喇依。⑥ 南路兵分三路:一路由总兵许应虎统领参将蔡允,带汉土官兵 2 700 余名,由革布什咱攻夺正地、古交一路前进,拟与西路宋宗章、郎建业两路官兵会合夹攻勒乌围;一路由副将张兴、游击陈礼领汉土官兵 3 200名,由巴底娘蛊一路前进,拟与马良柱、买国良二路会合,夹攻噶喇依;一路由游击罗于朝带兵 1 000 名,同绰斯甲土司雍中汪尔结带领的土兵 1 000 名,由绰斯甲方向前进,攻取大金川河西各寨。⑦ 七路官兵定于乾隆十二年六月二十八日齐进,而张广泗也从杂谷脑移驻小金川美诺官寨亲自指挥、策应。⑧

川陕总督张广泗自恃有黔东南苗疆用兵经验,盲目轻敌,以为胜券在握,在给乾隆皇帝的奏折中信心十足地声称:"征剿大金川,现已悉心筹划,分路

① 《清高宗实录》卷 287,乾隆十二年三月己西。
② 《清高宗实录》卷 291,乾隆十二年五月己未。
③ 〔清〕来保总撰:《平定金川方略》卷 2,乾隆十二年五月丁未。
④ 《清高宗实录》卷 291,乾隆十二年五月乙巳;《清高宗实录》卷 293,乾隆十二年六月丙子。
⑤ 《清高宗实录》卷 295,乾隆十二年七月甲寅。另见〔清〕来保总撰:《平定金川方略》卷 3,乾隆十二年七月甲寅。
⑥ 〔清〕来保总撰:《平定金川方略》卷 3,乾隆十二年七月甲寅。
⑦ 〔清〕来保总撰:《平定金川方略》卷 3,乾隆十二年七月甲寅。
⑧ 〔清〕来保总撰:《平定金川方略》卷 3,乾隆十二年七月甲寅。

进兵,捣其巢穴,附近诸酋,输诚纳款,则诸业就绪,酋首不日即可殄灭。"①乾隆皇帝亦盲目乐观,先宣称"军前有张广泗一人,足资办理",后强调"该督娴于军旅,熟谙机宜,必使实奏肤功"。② 不料,各路官兵发起进攻后,大金川土司莎罗奔为保存实力,不愿与官兵进行正面交战,遂将各处土兵陆续撤至以勒乌围、噶喇依为中心的险要之地密集固守。因此,战事开启之初,西、南各路清军似乎"进展顺利"。据诸将领奏报,共克获碉寨数百处,但官兵一入大金川腹心地带,便处处受阻,势难寸进。③ 面对大金川民众据坚固战碉和险隘山势抵死相抗,清军采用火攻、掘地道、挖墙孔、断水道、大炮昼夜轰摧等办法,奈何均未奏效。清军深陷"战碉险峻,枪炮难施"之窘境,令张广泗不禁哀叹:"攻一碉,不啻攻一城!"④

乾隆十二年(1747)九月,乾隆皇帝谕诸军机大臣曰:"金川地近雪山,恐冰霜严冷,兵丁坠指裂肤,难以取捷","或且暂行退驻向阳平旷之地,令得稍为休息,俟气候融和,再加调官兵,厚集军威,以成一举扫除之计。"⑤张广泗不同意此时撤出官兵,理由是:"官兵现已渡越雪山,进抵贼巢不远,若复退驻,贼必前往夺据,明春攻取为难。"⑥张广泗又奏探得昔岭山梁高峻,可以俯瞰勒乌围,直下噶喇依,便决计从昔岭进攻,并承诺九十月可以大功告成,而乾隆皇帝亦指望从该路进剿能大获成功,竟敕令不准接受莎罗奔请降。⑦ 然而,这只是纸上谈兵的设想罢了。九月初,原先归降清军的大金川土目恩错,因不满建昌总兵许应虎之专横跋扈,复行反水,带领金川土民千余名,迅速抢占了驻扎在马邦的游击陈礼军营后面的山梁,截断粮运;张广泗见势不妙,立即由昔岭返回小金川美诺;大金川土民则趁机向张兴、陈礼部发动猛攻,于是张、陈二部陷入断粮被围的绝境,而奉命前来救援的官兵因害怕与骁勇善战的大金川土民展开正面拼杀,竟然只是遥呼而未采取任何实质性行动;乾隆十二年十二月二十四日,张、陈中计,遭到大金川人伏击,所率官兵几乎全覆灭。⑧

张兴失事对清军军心和战局走向影响甚大:一来奉调从征之各司派出之土兵本就是望风行事,并非真心助剿,见清军虚浮难恃,很快产生动摇,其中如小金川僧格宗的土兵随大金川土兵渡河而去;二来河东一路清军因张、陈失守,顿失犄角之势,大金川人则乘胜渡河进攻河东,游击孟臣兵败被杀,参

---

① 《清高宗实录》卷293,乾隆十二年六月丙子。
② 《清高宗实录》卷295,乾隆十二年七月甲寅;《清高宗实录》卷299,乾隆十二年九月丁巳。
③ 〔清〕来保总撰:《平定金川方略》卷3,乾隆十二年八月辛巳。
④ 《清高宗实录》卷300,乾隆十二年十月丙寅。
⑤ 《清高宗实录》卷299,乾隆十二年九月丁巳。
⑥ 《清高宗实录》卷305,乾隆十二年十二月丁卯。
⑦ 《清高宗实录》卷300,乾隆十二年十月辛酉;《清高宗实录》卷301,乾隆十二年十月癸未。
⑧ 〔清〕来保总撰:《平定金川方略》卷5,乾隆十三年正月丁未。

将郎建业被迫退往丹噶，守备徐克猷退至巴底，副将马良柱已退往纳贝山下的刺布，而且官兵纷纷败退，各处军械丢弃无算。①

更值得注意的是，张兴、陈礼兵败被杀，对统帅张广泗亦造成沉重打击，由先前盲目自信变得意志消沉、情绪几近失控。他一面将"阖营将弁一概谩骂鄙薄，至不能堪"，一面向乾隆皇帝请罪，请求增派官兵。② 然而，奉命前往督办粮运的兵部尚书班第抵达前线后，亲见五万汉土官兵不能对付兵不满万员的大金川之现状，认为增兵不如选将，遂奏请重新起用熟悉川边事务、在诸嘉绒土司中颇有信誉的岳钟琪统领军务；乾隆皇帝因担心张广泗、岳钟琪不和，没有同意此议，但随即命他信赖的皇亲国戚讷亲携带经略大臣印信驰往前线，侍卫内大臣傅尔丹、护军统领乌尔登等人亦随同前往。③

乾隆十三年(1748)四月下旬，为了打破僵持的战局，遂将岳钟琪调赴大金川军前，增调官兵亦陆续抵达；张广泗与岳钟琪商定兵分十路，定期五月初八日同时进剿。④ 然而，此次进剿并无实质性进展。乾隆皇帝见此情形，进而推断攻打大金川断不易成功，非常担心再迟一两月仍不能攻克，则天寒又不能进兵，必将糜费军饷，坐待来年。⑤ 讷亲既不懂军事，也不了解金川战争的实际情况，到川省后却以经略身份乱发号令，未抵军营便下令三日内攻下噶喇依，并将进攻该处之五路官兵合为三路，重点由山高路险的昔岭一路进攻，结果遭到大金川人之猛烈阻击，总兵买国良、署总兵任举阵亡。⑥

讷亲初次督师便损兵折将，从此锐气大减，不再轻言进兵，甚至命令众官兵日夜筑碉，采取"以碉逼碉"之术，企图"与之共险"，遭到乾隆皇帝严厉斥责。⑦ 张广泗既轻视讷亲不知兵，明知筑碉为下策，仍随声附和，以便推卸责任，又极力排挤岳钟琪，不肯对其派拨堪用之兵，致使岳钟琪一路兵单力薄，难以深入。⑧ 然而，张广泗一路虽厚集兵力，但顿兵不前，且屡有伤亡。乾隆十三年闰七月下旬，卡萨一路官兵攻打喇底二道山梁，张广泗亲自督战，用数日才将双碉之下石卡和旁碉攻下，而且将弁怯懦至极——数十名大金川人从山梁呐喊直冲而下，三千余官兵竟不战而溃。⑨ 各路官兵陷入前不能进，后不能退的境地。经略讷亲遂闭营不出，只一味向乾隆皇帝奏请增兵，而侍卫

---

① 王戎笙主编：《清代全史》第4卷，方志出版社，2007年，第260—261页。
② 《清高宗实录》卷311，乾隆十三年三月癸丑。
③ 《清高宗实录》卷309，乾隆十三年二月甲申；《清高宗实录》卷312，乾隆十三年四月甲子、乾隆十三年四月戊辰。
④ 《清高宗实录》卷315，乾隆十三年五月甲辰、乾隆十三年五月庚戌。
⑤ 《清高宗实录》卷317，乾隆十三年六月己巳；《清高宗实录》卷318，乾隆十三年七月戊子。
⑥ 《清高宗实录》卷318，乾隆十三年七月壬辰。
⑦ 《清高宗实录》卷318，乾隆十三年七月乙未、乾隆十三年七月癸巳、乾隆十三年七月甲午。
⑧ 王戎笙主编：《清代全史》第4卷，方志出版社，2007年，第262页。
⑨ 《清高宗实录》卷323，乾隆十三年八月庚子；《清高宗实录》卷325，乾隆十三年九月庚午。

内大臣傅尔丹、护军统领乌尔登等人也一筹莫展，其奏折除了请安外，并未见任何出力督战的行文，使乾隆皇帝深感愤懑。①

乾隆皇帝决心大规模出兵大金川，本为宣示清王朝的皇威，以靖边圉，不料用兵年余，竟至如此狼狈地步：数万大军顿兵不前，将帅互相推诿。乾隆十三年九月，乾隆皇帝恼怒之余，认定大金川用兵一事，张广泗和讷亲俱不能成事，于是急命由傅恒暂管川陕总督印务，速往军营悉心调度，并拟"选派满兵数千前往"。②傅恒于该年十二月下旬抵达军营，先设计将小金川土舍良尔吉、土目苍旺、土妇阿扣及汉奸王秋等处死，以断内应，然后查察地形，分析战局形势，将军前各种失误及困难如实奏报乾隆皇帝，认为强行攻碉乃最下之策，应俟大兵齐集，四面布置，出其不意，直攻中坚，取其渠魁，定于来年四月取捷。③

清军第一次征金川的曲折遭遇和尴尬收场给乾隆皇帝带来巨大的心理冲击和精神压力。乾隆皇帝见到傅恒的如实奏报后，顿时"深悔从前不知其难，错误办理"④，害怕战争再拖延下去派役不断会引发民变，进而威胁到大清的统治，因而迫切希望，要么清军能在乾隆十四年四月中旬前告捷，要么大金川土司于此期限内投降，从而有颜面班师回京。⑤随后，乾隆皇帝见傅恒详细奏称进取不可专事攻碉，攻碉则经年亦难克捷，便认为金川一事乃上年错误办理所致，万无可望成功之理，决意撤兵，急召傅恒还朝。⑥

值此之际，大金川土司境内粮食日益吃紧，土民因分拨各处防守亦有伤亡，而且近两年来全民抗击清军根本不能安心耕种，长此以往将难以为继。在这种情况下，莎罗奔也有乞降之意，曾于乾隆十四年正月派人到党坝求见在此督兵的四川提督岳钟琪，提出"惟愿贷以不死，诸事如命"，同时"卡撒军营现在亦屡有头人乞降"。莎罗奔及其得力大头人选择的乞降时机非常好，正好赶上清廷陷入进退两难的境地。大金川头人得食阿朗（也写作得什阿拉）"恳切"陈词曰："莎罗奔从前只与邻近土司仇隙，误犯天朝，原不敢有一毫叛逆之意。惟马邦一事，实系头人之罪，并非莎罗奔本心。后来屡次乞命，奈何张总督必欲剿灭，我等以此顾惜性命死守，亦并不敢与大兵对敌。"⑦这等极力撇清自己且并无真正诚意的"乞降"言辞显然不足信。只是恰好此时，清廷已经对这场糜费无功、旷日持久的战争感到焦头烂额，而且对"实奏肤功"

① 《清高宗实录》卷321，乾隆十三年闰七月辛未、乾隆十三年闰七月丁丑。
② 《清高宗实录》卷325，乾隆十三年九月己卯。
③ ［清］魏源：《圣武记》卷7，《乾隆初定金川土司记》，中华书局，1984年，第299—301页。
④ 《清高宗实录》卷332，乾隆十四年正月甲子。
⑤ 《清高宗实录》卷332，乾隆十四年正月壬子。
⑥ 《清高宗实录》卷333，乾隆十四年正月乙丑、乾隆十四年正月丙寅。
⑦ 莎罗奔派人乞降及头人面禀的具体内容，参见［清］来保总撰：《平定金川方略》卷23，乾隆十四年正月乙酉。

信心严重不足,受降成了赶紧从战争泥淖中抽身的最快捷的办法。

乾隆十四年(1749)正月十五日,莎罗奔遣大头人来军营,为表诚意还特意送还此前抢去的三名绿营兵丁,所递禀文更加情词恳切;乾隆皇帝见有这样一个台阶可下,有如绝望中抓住一根救命稻草,谕令军机大臣,"不若昭布殊恩","告布群番","令知王师有征无战,降者不杀"。^①正月二十日,莎罗奔遣头人呈献甘结,立誓遵依清廷提出的六规;二月初五日,土司莎罗奔、土舍郎卡等在傅恒军营外设坛除道,带了喇嘛、头目多人,焚香、顶经、作乐,并行跪迎之礼,誓言愿遵清廷教诲,永不敢再有违犯。^②　第一次金川战争宣告结束。

概言之,第一次金川战争,清廷调汉土官兵近七万,费银二千万两,进剿近两年之久,始终未能如愿进抵大金川土司之勒乌围、噶喇依二官寨,最后借莎罗奔乞降之机,匆忙撤军,草率了事。由此可见,清廷此次大规模出兵金川,非但没能一雪此前瞻对之役之耻,更未达成"宣示皇威,以全国体"的目的,反而使得乾隆皇帝颜面尽失,用"虽胜犹败"来评价再合适不过。关于这一点,将会在清军征金川失利的主观失误部分予以充分讨论,兹不展开。

第二节　战后川西北地区的形势及清廷的策略

如果说在第一次金川战争之前,嘉绒土司尚且由于自身传统思想的局限,对地方督抚的政治认同十分有限,为了自身的利益习惯阳奉阴违,那么乾隆十二年(1747)至乾隆十四年(1749)清军与大金川之间的大规模军事冲突,使得他们原有的川西北土司与中央王朝之间的互动理念受到不小的冲击。清廷在战后尝试建立川边新秩序的努力,确实在一定程度上推动嘉绒土酋在地方与国家政治秩序的认知层面与实践层面均发生了不应忽视的"转变"^③。只不过这种转变很有限,更多的是以大金川土司为代表的嘉绒土酋,为自身利益考量而暂时做出的"低调政治姿态"。

一、战后川边地区新政治关系格局的形成

尽管清廷在历时两年的第一次金川战争中得不偿失,乾隆皇帝也在班师回朝之前深悔"从前错误办理",但也让当时的大金川土酋莎罗奔(他的继任

---

① 《清高宗实录》卷333,乾隆十四年正月丙子。
② 《清高宗实录》卷334,乾隆十四年二月癸巳。
③ 尽管第一次金川战争结束后,嘉绒土酋针对清廷提出的约束条款做出的"改变"有限,甚至流于表面,但毕竟在川西北土司地区真切地发生了。

者系郎卡)在战争末期愈发感到人手不足派拨,粮食供应告急的巨大压力,所以才有后面顶经盟誓表示"愿遵清廷教诲"的"受降"场面。客观地讲,这场战争确实让大金川土司与土民在嘉绒地区挣足了面子(边徼土司竟让天朝军队无可奈何),从此各嘉绒土司更不敢轻易与之抗衡,但大金川土司也从中明确了不可轻易招致官兵前来攻打的教训。毕竟兵力、武器和粮食供给有限,确实使得弹丸土司无法与大批清军长期抗战到底。与其被清廷灭了,还不如见好就收,保住土司既有利益。这种教训不可谓不深刻,以致大金川土司和土民此后在清廷的官员面前,都懂得尽力表现出"恭顺"和"畏惧"的态度。

清军首征金川结束后的数年间,好战成性的大小金川与邻近土司保持相对和睦即是明证。即便后来金川土司卷入周边土司的扰攘争夺的事件慢慢增多,也大多在清廷可以忍耐的限度内。在面对川省地方官奉谕居间调解土司间的纷争时,大金川土司莎罗奔和土舍郎卡表现得甚是恭敬。例如,乾隆二十年(1755)孔撒、麻书二土司发生争斗,大金川、绰斯甲布、革布什咱、德尔格等土司各以护亲为名发兵助战自己的姻亲土司,但很快经川省督抚派人前往调解,暂时得以平息。① 又如,乾隆二十三年(1758),大金川在"吉地之围"案件中确实展现出了非常强硬的一面②,但在必须与川省督抚派往其地的官员进行正面"交锋"时,大金川土司和土舍马上表现出非常"驯服"的政治姿态。乾隆二十四年(1759),时任川陕总督③开泰、四川提督岳钟璜奏称:"至金川土司与革布什咱构衅一案,臣等派员前往金川,见莎罗奔、郎卡词甚恭顺。"④开泰和岳钟璜均为熟悉边情的老练之辈,很清楚这不过是莎罗奔和郎卡的权宜之计,遂在奏折中坦言:"该酋最为狡黠,应外示羁縻。"⑤

不过更应该看到,莎罗奔的继任者郎卡甘愿韬光养晦是识时务的明智之举。雄心勃勃、格外热衷于扩大势力范围的郎卡,确实做出了遵从朝廷约束、退还侵占的土地和人口的实际行动。至少与此前莎罗奔惯于与清廷"虚与委蛇"的态度大有区别。从这个意义上讲,郎卡在政治野心上的"克制"和外在态度上的"恭顺"实属难得,的确值得肯定。乾隆三十一年(1766)十月乾隆皇帝在给军机大臣的上谕中提到,四川总督阿尔泰等奏曰:"自杂谷亲至金川康

---

① 《清高宗实录》卷493,乾隆二十年七月乙亥。
② [清]阿桂总纂:《平定两金川方略》卷1,乾隆二十三年四月乙丑。另见《清高宗实录》卷560,乾隆二十三年四月乙丑。
③ 乾隆元年(1736),川陕合并,再设川陕总督,继兼辖甘肃;乾隆十四年(1749),甘肃另置,川陕总督名称未变;乾隆二十五年(1760),陕甘合并,更名为陕甘总督,四川另置,即始设四川总督。
④ 《清高宗实录》卷593,乾隆二十四年七月丁丑。
⑤ 《清高宗实录》卷593,乾隆二十四年七月丁丑。

八达地方,郎卡畏惧,率众跪迎叩吁,业经退还额碉人口。"①尽管乾隆皇帝苛责如此办理有"将就了事"之嫌,②但在阿尔泰等深入嘉绒腹地调停巴底、巴旺两土司之间地盘纷争期间,大金川土司郎卡不仅恭敬地退还了帮助巴底占据的巴旺土司地方,还主动撤出守卡帮兵,甚至劝巴底土司退还卡卡地方。这实与战前动辄四处出兵攻掠的大金川土司形象判然有别。有关情况转录如下:

> 四川总督阿尔泰等奏:"查布拉克底与巴旺争界,郎卡帮兵,据占卡卡地方。兹郎卡,经臣等亲至夷巢宣谕,当即退还党坝额碉,及灭金岭,并遵从差遣头人,跟随委员,前至布拉克底夷巢,撤退防兵,劝令退还卡卡。布拉克底土舍安多,见郎卡不能为力,又经委员严切责谕,遂将卡卡地方,退还巴旺收领,并求准其盟誓和好。报闻。"③

及至第二次金川战争爆发前夜,小金川土司僧格桑在面对地方官员问责其与邻近土司构衅事宜时,也如大金川土司一样,极力保持"驯服"姿态。乾隆三十五年(1770),小金川桀骜好战的少土司僧格桑出兵攻打沃日,四川总督阿尔泰亲赴达木巴宗展开调停,僧格桑亦遵命归还了侵夺的土地和人口。关于僧格桑遵令退地时的具体情形,阿尔泰、董天弼向乾隆皇帝奏曰:"据僧格桑亲来叩见,臣等尊奉上谕,剀切开导,僧格桑面赤汗流,叩头谢罪。据称:'我父子深受大皇帝厚恩,从来安分,不敢与邻封滋事。因沃克什土司欲以咒诅之术,害我父子性命,由是发兵攻夺。色达克拉自知理短,愿将地方给我,以为禳解之资。'……臣等察看僧格桑神气辞色,尚知感激,惧取罪戾,其愧悔实出诚心,当日即将附近达木巴宗地方,及所抢沃克什母舅、番民,一并交出。"④对于此事,乾隆三十六年(1771)八月,乾隆皇帝还在上谕中专门提到:"昨岁小金川与沃日构衅,经阿尔泰等前往晓谕,该土舍僧格桑随即遵约退还。"⑤当然,川省官员对僧格桑畏惧情状的奏报不可尽信,不然就不会有清军再征金川首攻小金川之事。

此外,还可以从第二次金川战争初期金川土民的供词来具体感受川边地方秩序带来的"新气象"。据小金川土民达邦供称:"我在小金川时候,那时土司泽旺还没有卸事,事情都是他掌管,是极知道法度的。如四川大人们打发

---

① 《清高宗实录》卷770,乾隆三十一年十月甲辰。
② 《清高宗实录》卷770,乾隆三十一年十月甲辰。
③ 《清高宗实录》卷771,乾隆三十一年十月丙寅。
④ 《清高宗实录》卷866,乾隆三十五年八月庚辰。
⑤ 冯明珠、庄吉发编:《金川档》,题名:乾隆三十六年八月初八日温福奉上谕,台北"故宫博物院",2007年印,第23页。

人来,就是外委也十分敬重,差人出去远远迎接,并吩咐下人不可怠慢,这是我知道的。"①大金川噶凌噶寨的土民也在供词中提到:"我们老土司郎卡在的时候,常叫人到内地来见上司、做买卖,知道天朝的法度,甚是安静。"②两则土民的供词均揭示出:第一次金川战争确实给两金川土司和土民烙下深刻的教训。刨去因被俘后害怕被杀而不得不表示惧怕的因素,两位土民的供词并非都是虚饰之辞。因为,其措辞与第一次金川战争结束后两金川土司曾努力克制不与清廷发生冲突的做法是一致的。

然而,无论大金川的郎卡,还是小金川的僧格桑其实都满怀侵占其他土司地盘、掳掠人口以扩大自身势力范围的"雄心壮志"。他们对川省封疆大吏等介入土司间地盘纷争的调解表现出来的"恭顺"情状,以及明确表示愿意尊奉朝廷约束的言辞,确实含有政治表演成分,不过是为了尽可能避免刺激清廷再度出兵征讨罢了。地方文武向乾隆皇帝呈报相关情形的措辞亦表达了"不愿深究"的态度。乾隆皇帝对此自是心中有数,亦不愿轻启战事。即使如此,仍须承认的是,与第一次金川战争之前嘉绒的强悍土酋几近藐视地方官员的情形相比,毕竟在态度上有了明显的改观。那些或主动或被动卷入争斗的土司们亦会态度谦卑地表示愿遵国家法度,听从地方官员调解,确实在一定程度上实现了"嘉绒土酋—川省地方官员—皇帝"关系之再塑。不过,决不可因此夸大川省督抚调停嘉绒土司纷争的实效。因为,清廷与嘉绒土司之间仍是羁縻统治关系,各土酋才是各部落的"主人"。

应当肯定的是,第一次金川战争带来的巨大冲击,以及国家与羁縻土司在双向互动中各自做出的调适,使清廷在川西北土司地区建立起"嘉绒土酋—川省地方官员—皇帝"的新政治秩序。然而,新秩序的根基并不牢固。一方面,如时任川陕省总督策楞在第一次金川战争刚结束后奏陈的那样,即"番性难驯,睚眦启争,互相倾陷。或亲戚微嫌,或疆场未析,仇杀攘夺,数十年不解",而且"川省官疲民玩,抚番应办之事,竟不相知,档案无稽,章程久敚。守令一日可延,簿领不问。地方休戚,漠然罔闻"③;另一方面,一如乾隆三十八年(1773)乾隆皇帝就阿桂奏"金川土司差大头人丹巴沃杂尔喊卡求见等情一折"谕曰:"金川土司平日见内地文武官弁,皆叩头尽礼。今此两次所具之禀,直斥为你们我们,尤属毫无忌惮,阅之益增愤恚,阿桂等自当切齿痛

---

① 冯明珠、庄吉发编:《金川档》,题名:达邦供单,台北"故宫博物院",2007年印,第940—941页。
② 冯明珠、庄吉发编:《金川档》,题名:干布鲁鄂木措等供单,台北"故宫博物院",2007年印,第525—526页。
③ 《清高宗实录》卷334,乾隆十四年二月癸巳。

恨",至于"称土司等要想赎罪并欲来请安磕头,不过信口支饰之词"①。清廷对金川土酋的"驯顺表态"并不信任的情绪跃然纸上。据此不难窥见:川省官员对边务长期懈怠,积弊甚深;嘉绒土司恃强好战成习,且从未在内心深处真正接受土司纷争有违"天朝法度"的训诫;乾隆皇帝对土司或头人力表忠顺之言行亦缺乏信任和耐心。因此,第一次金川战争结束后清廷竭力建构的川边新秩序便岌岌可危。一旦新秩序轰然解体,乾隆皇帝和地方督抚势必面临不易措置的川边土司构衅问题。从这个意义上讲,第一次金川战争并未能真正起到"震慑诸嘉绒土司"的作用,遑论一劳永逸地"宁谧川边"。这也是乾隆皇帝后来决心再次用兵金川的重要原因所在。

二、清廷对川边新关系格局的认知和应对

乾隆十年(1745)至乾隆十一年(1746)的瞻对之役,已让乾隆皇帝颜面尽失,朝野上下不乏讥议。清军进剿大金川又劳而无功,引起民怨沸腾,天家颜面再度受损。乾隆皇帝对此更是心中有数,只是碍于帝王尊严,不得不在舆论上大肆宣称首征金川告捷,并在忍辱吞恨的心境下,违心地大办"凯旋筵宴",表演"德胜舞",并刻意"论功行赏",聊以粉饰,但内心颇为不甘。因为,在此战之前,乾隆皇帝自登基以来尚未有如此大规模出兵平叛或开疆拓土的军事行动。与他的皇祖康熙帝、皇考雍正帝的战功彪炳相比,初次出兵瞻对已属草率完局,实在有损天威。接踵而来的首征金川之战,不仅与乾隆皇帝极欲一雪瞻对之战的耻辱有关,而且与清廷希望在川西北土司地区牢固树立统治权威的宏愿休戚相关。不料,征大金川之难完全出乎乾隆皇帝和张广泗这般久历戎行的封疆大吏之预想,最终被迫尴尬收场。因此,乾隆皇帝欲借助大规模征服战争,让金川这般桀骜不驯的土司彻底服从清廷约束的政治目的并未实现,更多停留在"土司莎罗奔与土舍郎卡顶经盟誓、情愿接受清廷教诲、表示永不再违犯"之"乞降"表演层面。由是可知,第一次金川战争结束后,清廷与以金川土司为代表的嘉绒土酋之间建立的新政治秩序并不牢靠。

就第一次金川战争对川边形势的影响而言,该战虽然让大金川也遭受了一定的人员和物质损失,但是在政治上和军事上给僻处嘉绒核心地带的大金川土司莎罗奔营造了不容小觑的"地方声誉"。在崇尚勇武、仰慕战功、视对外劫掠资财和侵占土地为"好汉行为"的嘉绒土司地区,大金川以"兵不足万员"、地不过数百里的弹丸土司之力量,抗拒数万清军长达两年之久,对其相

---

① 冯明珠、庄吉发编:《金川档》,题名:乾隆三十八年九月二十七日将军阿桂副将军丰升额等奉上谕,台北"故宫博物院",2007年印,第1499—1500页。

邻诸部落来说,都堪称史无前例的"英雄战绩"。因此,附近的巴旺、巴底、绰斯甲布诸土司,以及梭磨、卓克基等姻亲土司愈加慑于大金川之威势,不敢轻易与之相抗。同时,这场不了了之的战争极大地刺激了早就不服川省文武管束、热衷于侵占掠夺的大金川最后两任土司郎卡及索诺木——他们不可能真心谨记"和睦邻封"的"天朝教诲",至于"遵奉朝廷约束"之表态,则恰如前引乾隆皇帝指斥之"不过信口支饰之词"。显然,乾隆皇帝和地方督抚对川边新形势均有清醒的认知。

那么,清廷对川边情势有清晰的认知,是否就有较好的应对策略呢?答案是否定的。因为,清廷面对的川边现实远比其预想的复杂得多。第一次金川战争结束后,清廷在嘉绒地区着力推进"以番攻番"的策略,希望以此遏制大金川土司如日中天的势头,结果却使得众土司间的矛盾加剧,尤其是大金川和革布什咱的关系日益恶化,不惜兵戎相见。[1] 乾隆二十三年(1758),大金川与革布什咱构衅,革布什咱土民与大金川勾结,将革布什咱土司色楞敦多布,以及小金川土司泽旺之子僧格桑共土兵三十余人追至吉地官寨,实施围攻。在处理这起土司构衅问题时,暴露了清廷在川西北土司地区的管控仍力不从心。时任四川总督开泰和提督岳钟璜等赶紧采取措施以期缓和局势:"臣等译写番谕飞饬金川,令将番兵速撤,毋得擅自攻击。复令副将陆天德前在打箭炉驻扎弹压,一面派署游击杨青、都司夏尚寅、守备王智酌带土兵分往章谷、泰宁等处相机排解;一面谕令鄂克什、杂谷各土司派兵分助小金川防范。又分兵赴革布什咱救援,又委候补守备温钦、把总袁国琏前往绰斯甲布,驾驭该土司出兵攻击,使金川不能专力于革布什咱,然后可以徐为剖断"。然而,大金川土司却一意孤行,断不肯因封疆大吏介入而罢手——"嗣据川西、川南文武各员禀报,金川所困吉地,攻打甚急,意在必破革布什咱。革地番民十有七八,多为金川胁诱,并据金川郎卡禀复,总以向小金川报仇为词,不肯即退"。这让开泰、岳钟璜陷入被动。最终,因为绰斯甲土司工噶诺尔布派出1500名土兵"前往革布什咱之格嘉塔地方,截断金川归路",小金川派出1000名土兵"已由革布什咱进发",大金川土司这才肯从革布什咱的吉地撤至丹东一带,并且在撤出时还嚣张地"焚烧(吉地)官寨","将色楞敦多布之母及其祖母,并其叔庸中旺嘉勒带同遁去"。[2] 从"吉地之围"事件可以强烈感受到,尽管川省文武官员对大金川土司强行围剿革布什咱土司的行径迅速做出反应,

---

① 第一次征金川结束后,在大学士策楞所奏办理大金川善后事宜十二条中,单是扶持革布什咱土司的就有三条。这种有意扶持革布什咱土司的做法,自然令本就觊觎革布什咱领土和人口等资源的大金川土司十分不满。参见《清高宗实录》卷335,乾隆十四年三月壬戌条。

② 该段有关"吉地之围"的大段直接引用史料均出自阿桂总纂:《平定两金川方略》卷1,乾隆二十三年四月乙丑条。另见《清高宗实录》卷560,乾隆二十三年四月乙丑。

既快速传谕藏文饬令，又立马派官兵前往弹压，但大金川土司根本不愿撤兵，坚称是为报土司间的私仇才出兵攻打革布什咱。奉命前往竭力处置的官员不得不借助邻近土司派出数千土兵分路阻截，最终在多方施压下才得以解"吉地之围"。毋庸置疑，代表清廷对嘉绒土司实施羁縻管辖的川省官员（除了像岳钟琪这般因熟谙边情和独特的个人魅力颇受诸土酋敬重外），在面对诸如大金川这般强横不肯遵从饬令的土司时，可谓既尴尬又威严扫地。这也表明，所谓"嘉绒土酋—川省地方官员—皇帝"战后新秩序，实不堪细窥。

　　除大金川土司不安住牧外，小金川土司亦趁机与近邻鄂克什土司构衅，以扩大地盘。因此，川西北土司地区再次陷入持续的动荡和纷争之中。两次金川战争之间的20多年间，两金川土司扰攘杀伐的情况，详见表5-2。

表5-2　乾隆二十年至乾隆三十六年两金川恃强构衅情况一览表

时间	大小金川土司与邻司构衅情况	参考文献
乾隆二十年七月己亥	孔撒、麻书两司构衅，大金川、绰斯甲布、革布什咱、德尔格等土司各以护亲为名发兵，经川督调解，暂时平息。	《清高宗实录》卷493
乾隆二十三年二月乙酉	大金川郎卡欲夺取革布什咱土司地方，小金川发兵援助革司，大金川占领革全境以及小金川部分地区。	《清高宗实录》卷557
乾隆二十三年四月乙丑	革布什咱四郎多博登和色刚桑之围刚解，大金川土司又带兵回攻丹东吉地。	《清高宗实录》卷560
乾隆二十三年五月丙戌　乾隆二十三年五月戊子	四川总督开泰遵照"以番攻番"的谕令，让明正等土司会攻大金川，将金川土司占据革布什咱官寨夺回。	《清高宗实录》卷562
乾隆二十七年十一月丙子	郎卡与党坝土舍、头人勾结，一起围攻党坝官寨。乾隆皇帝力主"以蛮攻蛮"。	《清高宗实录》卷675
乾隆三十一年六月甲寅	九土司会攻大金川多年相持不下，"以番攻番"之策难奏效，乾隆帝大为不满。	《清高宗实录》卷763
乾隆三十二年正月甲午	郎卡将其女得什尔章许配给小金川土司泽旺之子僧格桑为妻，两土司重归于好。	《清高宗实录》卷777
乾隆三十五年三月丁未	僧格桑得知鄂克什土司色达克拉用喇嘛诅咒他父子俩，遂以搜查诅经为名出兵强攻，掳掠人口和牲畜。	《清高宗实录》卷855
乾隆三十五年闰五月甲子	清廷委员宣谕，僧格桑撤出土兵，但未归还占领的数处大寨落。是故，清廷令各土司进攻小金川土兵，以示惩儆。	《清高宗实录》卷861

时间	大小金川土司与邻司构衅情况	参考文献
乾隆三十五年七月壬子	经屡次派员晓谕无果，清廷便明确要采取剿抚并用的办法处理小金川和鄂克什构衅一案。	《清高宗实录》卷864
乾隆三十五年九月壬子	鄂克什官寨被小金川围攻日久，粮尽寨残。沃克什土民所种之麦被蹂躏，其民乏食。	《清高宗实录》卷868
乾隆三十六年五月丙寅	川督奏革布什咱头人勾结大金川占据革地官寨，革土司下落不明。乾隆帝谕令遣员晓谕逞凶土司。	《清高宗实录》卷885
乾隆三十六年六月甲午	郎卡请求将革布什咱百姓赏给当差，等于是确认大金川对革布什咱的侵占，遭清廷严厉拒绝。	《清高宗实录》卷887

据表5-2不难发现，在战争结束后最初几年里，大金川土司表现得还算收敛。原因无非是，一来确实需要休养生息来恢复战争时期遭受的人员和物质损失，积蓄力量，以便重新战斗；二来刚与清廷达成协议，已发誓不再寻衅滋事，至少表面"驯服"也得有所表现。然而，大金川土司的好战个性和对土地、人口资源的渴望，以及第一次金川战争带来的"战无不胜"之强大自信的加持，足以推动大金川土司再次在川西北地区四出攻伐，大展兵威。

同时，表5-2亦表明，自乾隆二十年（1755）至乾隆三十六年（1771）夏，面对大小金川不断与邻近土司构衅，清廷起初表现出极大克制，不愿轻易出兵，欲通过策动众土司环攻（即所谓"九土司环攻大金川"）达到剿灭大金川土司之目的。然而，限于嘉绒土司之间盘根错节的姻亲关系和他们对部落间世代相互构衅的传统认知的掣肘，清廷力推的"以番攻番"边疆治理策略长期未能取得实效。览表5-2可知，乾隆三十二年，大金川土司郎卡将其女得什尔章嫁给小金川老土司泽旺之子僧格桑为妻，两家重归于好，大有二司联手称霸川西北土司地区之势；乾隆三十五年，小金川借故出兵围攻鄂克什，大举抢掠人口和牲畜，占据人口稠密的寨落数处，清廷派员晓谕无效。

不仅如此，即使在清廷已经决定大举进攻小金川之际，大金川土司索诺木在面对清廷的利诱和化导时依然是面顺心违。据《金川档》载："据称，游击宋元俊业已前往面谕索诺木，该土舍（应是土司）礼貌虽极恭顺，而以弟兄五人商明再复为辞，显系推阻之意。"[①]索诺木兄弟阳奉阴违的态度让清廷颇无颜面。对此，乾隆皇帝认为："看来索诺木顽劣不即遵教，总因僧格桑甫受约束，旋与沃日构衅，又复侵及明正土司，尚未加以惩创，遂致无所忌惮。今惟

---

① 冯明珠、庄吉发编：《金川档》，题名：乾隆三十六年八月二十六日阿桂董天弼等奉上谕，台北"故宫博物院"，2007年印，第57页。

有将小金川上紧攻剿，擒获凶渠，削平其地而分属之，则金川自必闻风畏惧，不敢复行梗化。"①至此，第一次金川战争后建立的清廷与川西北土司之间的新秩序轰然倒塌，第二次金川战争拉开帷幕。

第三节　不灭不已：乾隆朝清军再征金川

乾隆三十六年(1771)，大金川土司索诺木极欲吞并革布什咱土司地方和人口，竟和革司头人一同设计袭杀了革布什咱土司，抢走土妇和土司印信。② 同年七月，小金川土司僧格桑先出兵占领瓦寺土司之巴朗拉地区，后又出兵攻占明正土司之纳顶等寨。③ 大小金川同时滋事，尤其是实力有限，原本驯服的小金川也敢挑衅清廷的统治威权，让乾隆皇帝大怒，不再坚持"以番制番"的羁縻策略。④ 乾隆三十六年七月，乾隆皇帝在给四川总督阿尔泰上谕中指出用兵小金川刻不容缓，谕曰："试思僧格桑于去岁甫受约束，曾未逾年，复敢围攻沃日(鄂克什旧称)，且又侵及明正土司，难以更为宽宥，即宜兴师问罪，以儆凶顽。尚何所用其迟疑缓待，必欲纵令鸱张，坐遗养痈之患耶！"⑤对清廷而言，"小金川之敢抗颜行则不可不急加声讨，其于国体边情，甚有关系"⑥。经调兵遣将，军粮辎重运输等准备，大批清军陆续挺进川西北地区。此番先用兵小金川，再征大金川的战程历时五年。这场战争的进程大致可以分为初定小金川、再定小金川、平定大金川三个阶段。结果，经连年鏖战，清军得以最终彻底平定两金川。

与第一次征金川相比，无论在战争策略，还是善后问题上，占据充分主动权的清廷之表现俱大为不同，表明清朝鼎盛时期国家机器确实具有不俗的运转效率。不过，与战争过程和结果的事实陈述相比，更值得进一步探究的是，两次金川战争期间的二十余年里，土司和清廷之间的来回拉锯，的确展现了土

---

① 冯明珠、庄吉发编：《金川档》，题名：乾隆三十六年八月二十六日阿尔泰董天弼等奉上谕，台北"故宫博物院"，2007年印，第57页。

② 冯明珠、庄吉发编：《金川档》，题名：乾隆三十六年八月初六日副将军温福奉上谕，台北"故宫博物院"，2007年印，第23页。

③ 《清高宗实录》卷888，乾隆三十六年七月丁未。

④ 乾隆皇帝曾在上谕中明确指出："至此次办理小金川一事，本非得已。小金川以服属土司，敢于跳梁肆恶，抗拒官兵，非捣穴擒渠，不足以示惩创。"参见《清高宗实录》卷898，乾隆三十六年十二月甲戌。

⑤ 冯明珠、庄吉发编：《金川档》，题名：乾隆三十六年七月廿四日阿尔泰董天弼等奉上谕，台北"故宫博物院"，2007年印，第7页。

⑥ 冯明珠、庄吉发编：《金川档》，题名：乾隆三十六年九月十二日阿尔泰温福等奉上谕，台北"故宫博物院"，2007年印，第106页。

司与清廷之间关系远比官书或档案文献单向记录要复杂得多的历史图景。可以说,正是嘉绒土司与乾隆皇帝对川西北边徼地区政治秩序的构想大相径庭,导致彼此之间的认识鸿沟逐步拉大,最终引爆大规模的清军再征金川战争。

一、平定小金川之曲折过程

相比第一次金川战争而言,清廷为征讨两金川做了更充足的准备,而且乾隆皇帝也因为政治上的多年历练,在面对小金川和大金川土司同时与邻近土司构衅时,再也没有表现出第一次金川战争时的惶恐、焦虑,而是充分发挥乾纲独断的政治手腕,不惜举全国之物力人力、调遣逾十万之师进行征剿,以期在川边土司地区一劳永逸地树立国家统治权威。即便如此,在具体的战争中,因清军依旧不得不面对两金川地僻路远、山高林密、战碉卡隘遍布、民众彪悍善战的地理和人文环境,使得平定两金川之过程依旧十分艰难。无可置疑的是,清廷此番用兵,大批夫役和官兵承受的后勤压力、军事进剿压力至少堪称乾隆朝诸多战争之最。从这个角度讲,平定大小金川之役耗费人力物力之多、用时之久均位居"乾隆朝十大武功"①之首,确实名副其实。

此外,乾隆皇帝和清军将领对小金川的地理环境十分陌生。在这方面,乾隆皇帝作为清军攻打两金川的幕后最高决策者表现尤为典型。进兵之初,他对攻打小金川的难度认识不足,甚至是想当然地以为该司环境远不如大金川险阻。譬如,乾隆三十六年七月给四川总督阿尔泰、四川提督董天弼的上谕曰:"小金川介众土司之间,势非强盛,又非若金川有险可凭。此前进剿金川时,我师曾取道小金川,经行并无艰阻。"②此外,对"番民降而复叛"缺乏思想准备和应对措施等主观失误③,使得战事进程一波三折。某些局部战争损失之沉重、伤亡之惨烈给当时和后世留下了难以磨灭的印记。

(一) 初定小金川

考虑到第一次金川战争用人不当之惨痛教训,为了能迅速平定小金川土

---

① 所谓"乾隆朝十大武功",即乾隆朝十次军事行动。乾隆皇帝曰:"十功者,平准噶尔二,定回部一,打金川为二,靖台湾为一,降缅甸、安南各一,即今受廓尔喀降,合为十。"参见《清高宗实录》卷 1414 之《御制十全记》。

② 冯明珠、庄吉发编:《金川档》,题名:乾隆三十六年七月廿四日阿尔泰董天弼等奉上谕,台北"故宫博物院",2007 年印,第 5 页。

③ 言语不通、习俗不同导致清军将弁不知如何妥善处置"降番"(档案文献如此记录,此处如实引用并无歧视之意),加上"降而复叛"这种事在土司土民的价值观念里是很常见的事,也就是说只要你最终给土司带来好处和利益,此前投降清军的事可以视为保存有生力量的权宜之计。因此,在第二次金川战争期间,大小金川土司策划的联络降民复行反水的计划均得以取得巨大的成功,绝非偶然,而是与其传统的军事智慧息息相关。这对初到迥异于内地的陌生地带经年累月奋战的清军来说,无疑极具挑战。因此,不宜过度苛责清军的这类失误,而应思考清军失误背后的深层原因。

司,乾隆皇帝此次在选将问题上格外用心。乾隆皇帝认为川省总督阿尔泰系部员出身,未娴于军旅,且自任川督以来,专事调停和解,加之年老力衰,剿抚向无定见,恐难当大任,遂免去阿尔泰总督之职,仅以大学士衔留川省办事,同时调云贵总督德福任川督,令其速赴打箭炉与阿尔泰会商军务。① 乾隆三十六年(1771)八月,乾隆皇帝命理藩院尚书温福为定边右副将军,统领满洲劲旅和黔兵驰赴川西,并命五岱、阿桂等人随往;九月,命军机处行走、户部侍郎桂林、副都统常保柱等前往军营,全力协同阿尔泰、温福办理军务;福德因借滇省军情讽喻小金川之事被革职,阿尔泰奉谕接管四川总督事务;随即又宣称阿尔泰茫无定见②,遂急调行事谨慎稳妥的文绶补四川总督。③

　　清军欲进剿小金川势必经鄂克什(沃日)、明正等土司地区,方可深入小金川腹地。然而,小金川在攻占鄂、明二司部分寨子后,为有效阻挡清军的进攻,早已加紧修筑碉卡,加固境内各处的防守。在各地奉调官兵抵达前线之前,时任四川总督阿尔泰曾会同提督董天弼商议分两路进攻:董天弼带领汉土屯练兵丁 5 000 名,原计划由瓦寺进入鄂克什地区,但清军很快就在巴朗拉山一带受阻,又由山神沟觅间道进至德尔密,克碉卡数处,后又改从甲金达、曾头沟进兵亦无实质进展;乾隆皇帝以为小金川力量不算强盛,不像大金川有险可凭,清军直捣美诺官寨不是什么难事,实际上小金川亦碉卡环立、险隘重重,进剿绝非易事;如董天弼自乾隆三十六年六月十五日由打箭炉起身前往西路办理进兵事宜,五十天过去了却没有任何实质进展;又如,乾隆三十六年八月,游击宋元俊密约巴旺、巴底土司带兵 1 000 名,由纳顶山后进攻,宋本人和李天佑则率兵渡甲楚河,两面夹击,一举收复明正全境700 余寨,并占据小金川之噶中、拉莫、茹纳、札功拉四处地方,逼近小金川的约咱大寨,然而约咱一带坚碉林立,小金川人又据险死守,官兵长期未能攻克。④

　　① 《清高宗实录》卷 888,乾隆三十六年七月癸亥。

　　② 事实上,鉴于第一次金川战争的狼狈过程和尴尬结局,如阿尔泰这样不情愿出兵的大臣当不在少数,而乾隆皇帝此时已经坚定了势必剪灭小金川土酋的决心,自然会拿阿尔泰这样的仍希图因循行事的大臣开刀,刻意惩罚,以彰显自己的出兵意图,以便起到"杀一儆百""堵住悠悠之口"的目的。要言之,阿尔泰作为封疆大吏,深悉川边事务,绝不会茫然无定见,只不过是太懂得进剿两金川之不易,不愿重蹈第一次金川战争川省总督张广泗之覆辙罢了。

　　③ 《清高宗实录》卷 890,乾隆三十六年八月丙子;《清高宗实录》卷 891,乾隆三十六年八月丁酉;《清高宗实录》卷 893,乾隆三十六年九月丁卯。

　　④ 冯明珠、庄吉发编:《金川档》,台北"故宫博物院",2007 年印,第 23、33、50、75、126、189、199页。[清]王昶:《蜀徼纪闻》,载张羽新主编《中国西藏及甘青川滇藏区方志汇编》第 43 册,学苑出版社,2003 年,第 334 页。[清]阿桂总纂:《平定两金川方略》卷 8,乾隆三十六年九月辛酉、乾隆三十六年九月丙寅、乾隆三十六年十月庚午;《平定两金川方略》卷 9,乾隆三十六年十一月丁酉、乾隆三十六年十一月已亥、乾隆三十六年十一月乙己;《平定两金川方略》卷10,乾隆三十六年十一月辛亥。

乾隆皇帝从小金川人敢于添碉防守的行为中认识到,"其抗拒官兵之意已属显然",进而推测"必系僧格桑与索诺木早先联络,狼狈为奸",深感"若不急行剪除(僧格桑)",将不成事体,强调决不可只图姑息了事。① 乾隆三十六年十月初一日,乾隆皇帝在给内阁的上谕中尽数罗列数年来小金川不遵约束、侵扰邻司之罪状之后,着力强调此次兴兵理由的官方"正当性"和"必要性",谕曰:"小金川乃九土司之一,久隶内地,向为金川侵扰摧残,特兴师命将征服金蛮,二十年得以安居乐业。数年前,金川间与绰斯甲各土司交哄,节经督提等遣员诫谕,随即辑和。朕知番俗蠢顽,穴斗乃其常事,原可无庸过问。去年春间,小金川土司指称沃日土司用法诅咒,致其父子同时染病。僧格桑遂借搜取经咒为名,引众前往攻杀。……小金川以内地土司,敢作不靖,暴侮邻疆,弁髦国法,此而不声罪致讨,朝廷威令安在?况抚驭番蛮,怀畏自当并用。若于梗化之人不大加惩创,则懦弱无以自存,而犷悍者必效尤滋甚,渐至徼内土酋跳梁化外,何以绥靖边圉?……若令僧格桑之冥顽不率,非擒僇无以肃宪典,而欲擒凶竖,非攻剿无以抵贼巢,是此时小金川之兵诚有不得不用者。……此朕审慎筹度之衷与,必应剪刈之势,更无不可共白于天下也。"② 至此,清廷大规模进剿小金川遂成不可逆转之势。

乾隆皇帝原来以为只要慑以兵威,小金川便可以速定,是建立在不断强化小金川无险可凭的虚幻想象之上。实际上,小金川境内和大金川一样,高山耸立,后路绵长,除少数河坝地方,用"在在皆山"来形容亦不为过。因此,欲擒拿小金川土司僧格桑,大规模用兵势在必行。不过,即便大量增兵,长距离行军进剿亦非易事。

乾隆三十六年十月,奉调满汉官兵到营后,阿尔泰采取分兵三路进攻之策略:南路7000人,由总督阿尔泰督兵进攻约咱;西路1700人,由总兵福昌带领,从山神沟进攻鄂克什官寨达木巴宗;中路5300人,由提督董天弼统领,由木坪进攻达木巴宗;三路分进,表面上颇具声势,实则漫无成算,以致进兵月余,军事进展极为有限。③ 董天弼于十月二十四日已攻得甲金达山梁并占据牛厂等处,下一步准备攻取达围,算是三路清军中稍有起色者,但十一月初七日董天弼一路便遭到小金川人从山梁向下冲杀,结果官兵受伤者及迷失者

---

① 冯明珠、庄吉发编:《金川档》,题名:乾隆三十六年八月十六日温福奉上谕,台北"故宫博物院",2007年印,第39页。
② 冯明珠、庄吉发编:《金川档》,台北"故宫博物院",2007年印,第161—164页。
③ 《清高宗实录》卷896,乾隆三十六年十一月乙亥、乾隆三十六年十一月甲辰。冯明珠、庄吉发编:《金川档》,题名:乾隆三十六年十一月二十日内阁奉上谕,台北"故宫博物院",2007年印,第252页。

众多,还丢失了枪炮及其他辎重,不得不从牛厂营盘撤出。①

定边右副将军温福抵达川省后,认为进剿小金川,应当以西路为正路,直取中坚,南路应由章谷进攻,并奏请添调陕甘绿营兵。② 随后,温福亲率八旗、绿营官兵 2 000 名奔赴西路,于十一月二十一日攻占巴朗拉山右侧碉卡六处,占据东面碉后高峰,但很快碉卡又被小金川人抢回,且官兵损伤甚众;此时南路官兵在巴底、巴旺土兵协助下攻克约咱,进逼卡丫。③ 待增调官兵到达后,温福重新部署,于十二月十二日夜再次向巴朗拉发起猛攻,于十五日终于拿下巴朗拉,随后又带兵赴鄂克什之日隆宗;中路官兵也于该月解达木巴宗之围,救出鄂克什土司,并攻得木耳宗。④至此,战局才开始出现些许转机,原来被小金川占领之邻司碉寨基本上得以全行收复,各路官兵开始进入小金川境内。桂林一路欲夺取碉密路险之僧格宗以进抵美诺,并计划焚烧喇嘛寺东面墨尔多山以廓清前进道路;温福则命将弁带兵速赴曾头沟捣小金川后户,以便直取底木达及布朗郭宗,并令副将色伦泰领西宁兵 1 000 名径至鄂克什。⑤截至乾隆三十六年十二月,为征剿小金川,清廷已累计调满汉兵 16 000 名。⑥

小金川土司僧格桑原本以为清军会如首次进剿大金川时那样遇碉即受阻,只要多挖壕沟广筑碉,于要隘处派兵防守,当不难阻挡。不料,清军自宣战以来不断增兵,急欲锐意直进,僧格桑自然不免担心以小金川之有限兵力难以对抗,遂接连恳求大金川土司索诺木派出人手援助,甚至不惜以清军退出后献出小金川地方作为获取援兵的条件。⑦ 小金川土司僧格桑的求助和回报条件可谓正合大金川土司索诺木之意。为了能够尽快得到小金川地方和人口,扩大势力范围,进一步增加自身在嘉绒土司地区的军事和政治影响力,索诺木先是派心腹头人庸中到总兵宋元俊军营投递禀帖并送礼,表示愿意出面调停,希望清廷可以就此撤兵,从而达到不战而获得小金川地方的目的,但在该建议遭到清廷明确拒绝后,年轻气盛的索诺木便露出真面目,公然以护亲(前文已经交代索诺木的姐姐得什尔章嫁给僧格桑为土妇)为名,多次派出数寨土民往援小金川,于要隘处挖沟筑碉,极大地强化了小金川的防御

① 冯明珠、庄吉发编:《金川档》,题名:乾隆三十六年十一月二十四日董天弼奉上谕,台北“故宫博物院”,2007 年印,第 265 页。
② 《清高宗实录》卷 896,乾隆三十六年十一月丁酉。
③ 《清高宗实录》卷 898,乾隆三十六年十二月庚午。
④ 《清高宗实录》卷 899,乾隆三十六年十二月庚寅、乾隆三十六年十二月癸巳。
⑤ 《清高宗实录》卷 900,乾隆三十七年正月壬寅、乾隆三十七年正月乙巳。
⑥ 冯明珠、庄吉发编:《金川档》,题名:乾隆三十六年十二月二十三日朱批奏折,台北“故宫博物院”,2007 年印,第 416 页。
⑦ 冯明珠、庄吉发编:《金川档》,题名:乾隆三十七年十一月初四日温福阿桂丰升额等奉上谕,台北“故宫博物院”,2007 年印,第 621 页。另见《清高宗实录》卷 904,乾隆三十七年三月乙巳。

能力,并试图截断清军粮运归路。① 自此,大金川土司便以姻亲土司出兵护亲之名义公开卷入清军与小金川土司的战争之中,也因此成为清军的下一个进剿对象。先征小金川,再图大金川便成为清廷开启此次战争的最终目标。

乾隆三十七年(1772)正月,待清廷增派的陕西、甘肃、贵州等地官兵陆续到达军营后,温福、桂林各领一路分头进攻。温福一路攻围资哩大寨一带。资哩乃小金川之重要门户,碉坚壕深,加之小金川土民拼死抵抗,官兵攻之甚为不易,在相当长的时间里一直处于屡屡受挫的境地,并且一再为之损兵折将,直至乾隆三十七年三月中旬,清军才攻破资哩大寨,共计用兵逾万人,歼灭小金川人数百名;资哩大寨失守后,小金川人随即将美美卡、木兰坝、鄂克什(沃日)官寨等尽行焚弃,退回路顶宗一带防守;随即温福集中兵力攻克阿喀木雅山梁,才得以逐渐逼近小金川土司的心腹地带——美诺。② 桂林一路自乾隆三十七年正月至四月,以官兵付出巨大伤亡为代价,先攻取卡丫等处碉卡,接着多次设法进取达乌(也记载为兜乌)、噶尔金山梁均未果,又转而设法攻打东山梁、墨垄沟,均未成功,所幸此后桂林派兵趁间克复革布什咱土司地方数百里,才趁机得以逼近小金川的达乌、僧格宗等紧要地带。③ 是年四月初六日,桂林命薛琮带汉土官兵 3 000 余名,携五日口粮,从墨垄沟绕至前敌山梁接应夹攻;四月初九日,薛琮率部抵达预定地方,但被小金川人截断后路,而桂林、铁保等慑于小金川土民的锐利攻势,竟然只是隔河放炮呼应,并未渡河展开救援;薛琮部被围七日,弹尽粮绝,而援兵始终未至,以致除了战死、坠崖、被俘之官兵外,几乎全军覆没,仅有泅水逃脱者 200 余人生还;与此同时,清军遭遇如此重大伤亡,桂林却隐而不报,希图掩饰自己的罪责,后经宋元俊等参劾,乾隆皇帝愤而下令将桂林革职,发往伊犁赎罪,并令阿桂驰赴南路代董天弼接办军务。④ 此为清军征小金川遭遇的一次重创。

---

① [清]阿桂总纂:《平定两金川方略》卷 13,乾隆三十六年十二月丙戌。另见[清]王昶:《蜀徼纪闻》,乾隆三十六年十二月二十八日条、乾隆三十七年正月初六日条,载张羽新主编:《中国西藏及甘青川滇藏区方志汇编》第 43 册,学苑出版社,2003 年,第 336、337 页。

② 《清高宗实录》卷 900,乾隆三十七年正月戊申、乾隆三十七年正月庚戌;《清高宗实录》卷902,乾隆三十七年二月丁卯、乾隆三十七年二月乙亥;《清高宗实录》卷 903,乾隆三十七年二月癸亥、乾隆三十七年二月甲申、乾隆三十七年二月癸巳;《清高宗实录》卷 904,乾隆三十七年三月壬寅;《清高宗实录》卷 905,乾隆三十七年三月乙卯、乾隆三十七年三月乙丑。另见冯明珠、庄吉发编:《金川档》,题名:乾隆三十七年十月初六日温福阿桂等奉上谕,台北"故宫博物院",2007 年印,第 510 页。

③ 《清高宗实录》卷 900,乾隆三十七年正月庚戌;《清高宗实录》卷 901,乾隆三十七年正月丙辰;《清高宗实录》卷 902,乾隆三十七年二月甲戌、乾隆三十七年二月巳卯;《清高宗实录》卷904,乾隆三十七年三月庚戌;《清高宗实录》卷 905,乾隆三十七年三月壬子、乾隆三十七年三月丁巳;《清高宗实录》卷 906,乾隆三十七年四月丙寅、乾隆三十七年四月壬申。

④ 《清高宗实录》卷 908,乾隆三十七年五月辛丑。另见阿桂总纂:《平定两金川方略》卷 28,乾隆三十七年五月辛丑。

墨垄沟失事之惨烈状况造成军心震动，极大地挫伤了将弁的斗志，南路将领甚至两月按兵未动。阿桂抵营后，经过一番仔细考察，认识到该路比西路山势更险峻，道路更狭窄，但官军既已越过约咱、卡了，距离美诺不远，撤出自是可惜，决计仍以此路作为进兵之径。然而，南路继续发起进攻，亦不过是相持消耗而已。① 西路自五月进至拉木布楚后，亦因山势绵长，林深菁密，兵丁被迫分散守卡，以致数月来同样阻滞不前。② 及至该年八月，僧格桑因力不能支，多次遣人在玛尔迪克卡外喊叫求饶，表示愿意尽数退还鄂克什地方，甘心请罪；云南提督哈国兴等将计就计，令其将南北两山、美美卡、木兰坝、鄂克什玛尔迪克等处全行退出；二十六日，小金川土兵焚烧卡栅，自行退出鄂克什旧地，退守登龙、兜乌等处；哈国兴等趁机率部进驻鄂克什旧寨。③

官兵占据作为小金川屏障的鄂克什各要地后，得以长驱直入。董天弼于乾隆三十七年九月二十四日至九月二十八日，带兵攻得木阳岗及木丫山梁等处，克取石卡三十余座，大卡木城三座，歼灭小金川人百余名。④ 温福一路于该年十月二十二、二十三等日攻克小金川路顶宗及哈木色尔处寨落，共破大小卡寨五十余座、碉房三百余间、歼灭小金川人数百名，生擒九人，夺获大炮三座及不少其他军械、火药、粮食。⑤ 阿桂一路于十一月初三日率领将弁趁黑夜渡河，分路攀援，占据山顶以及各处险隘，攻破翁古尔垄西面的布拉尼得拐及钮寨，共计夺获大木城一座、碉寨一百余间、石卡五十余处，歼灭小金川人二百余名，生擒一名，并军械、口粮等物。⑥ 温福、阿桂于西、南两路厚集兵力同时挺进，小金川土司僧格桑势穷力竭。这年十二月初，阿桂一路攻克僧格宗，随后收服日古洛、僧木则等大寨，十二月初三、初四日克尺木，初六日寅刻攻取美诺周围各碉寨；十二月十一日，温福一路进至明郭宗，距离美诺不过十余里，但僧格桑及其家人已从后山美卧沟逃往大金川，老土司泽旺由底木达官寨出降，随即被解京监禁；在此期间，小金川别思满一带的大小头人和土民全体出降，大板昭一带亦可传檄而定。⑦ 清军初步平定小金川全境。截至

---

① 《清高宗实录》卷912，乾隆三十七年七月癸卯。
② 《清高宗实录》卷910，乾隆三十七年六月癸丑；《清高宗实录》卷911，乾隆三十七年六月庚辰、乾隆三十六年六月癸巳；《清高宗实录》卷912，乾隆三十七年七月丁酉。
③ ［清］阿桂总纂：《平定两金川方略》卷38，乾隆三十七年九月壬寅。
④ 冯明珠、庄吉发编：《金川档》，题名：乾隆三十七年十月十一日内阁奉上谕，台北"故宫博物院"，2007年印，第537页。
⑤ 冯明珠、庄吉发编：《金川档》，题名：乾隆三十七年十一月初二日温福阿桂等奉上谕，台北"故宫博物院"，2007年印，第617页。
⑥ 冯明珠、庄吉发编：《金川档》，题名：乾隆三十七年十一月十六日四川总督文绶奉上谕，台北"故宫博物院"，2007年印，第665页。
⑦ 《清高宗实录》卷923，乾隆三十七年十二月丙子、乾隆三十七年十二月丁丑、乾隆三十七年十二月庚辰、乾隆三十七年十二月辛巳、乾隆三十七年十二月丁亥。另见冯明珠、庄吉发编：《金川档》，台北"故宫博物院"，2007年印，第785页、795页、831页、833页、869页。

乾隆三十七年(1771)十二月,为荡平小金川,清廷从各省征调的兵员实际抵营者已达 38 000 余名,所拨军饷高达 1 400 余万两。[①]

纵观清军初定小金川过程,不难看出,该地绝非乾隆皇帝起初想象的那样易于攻打[②],相反,各路清军在进剿时均遭到小金川人凭险拒守,战事推进十分艰难,不仅未能如乾隆皇帝所愿取得"速胜",而且迫于形势不得不频繁远距离调兵增援,为初步攻克小金川全境付出了极大代价。在此,笔者欲强调的是,以往涉及清军征两金川战争的问题时,不少学者习惯不加考证地认为清军进攻小金川颇为容易。这种看法不仅与史实相去甚远,而且不利于对第二次金川战争做出相对客观的总体评价。

同时,还要看到,年轻好战的小金川土司僧格桑和大金川土司索诺木,对此次清军进攻势头的判断也不准,以为清廷此番征讨不过是重蹈首征金川之覆辙,因而在使用持久战战术对抗清军的问题上颇为自信,甚至有点自信过头。这也是导致第二次金川战争难以尽快收场的重要原因之一。

(二) 再定小金川

考虑到大金川之难以攻克的历史教训,乾隆皇帝一开始并不打算攻打大金川,只想通过进剿不遵约束的小金川"以儆凶顽",一度乐观地幻想大金川土司能够看清形势,"闻而知畏","不待征剿,敛迹归巢",甚至以为只要充分利用"番夷贪利"的心理,谕令大金川土司纵兵劫掠小金川,并在恩赏利诱之下助力清军捉拿小金川少土司僧格桑,可以轻易实现小金川地方"仍还内地管辖"的愿景。[③] 这显然是远在深宫里的乾隆皇帝,对嘉绒土司之间复杂的社会政治关系缺乏深刻认识,同时又急切希望战争能够快速向有利于清廷的形势发展的一厢情愿之设想。前文已提到,觊觎小金川地盘和人口已久的大金川土司索诺木,早已趁机以护亲之名派出百姓进入小金川协助抵御清军,企图在清军退出后获取小金川部分地盘来扩大势力范围。两金川土酋的做法彻底激怒了乾隆皇帝,不禁在乾隆三十六年秋给阿桂、温福的上谕中发出三大诘问:"(小金川僧格桑经总督阿尔泰)晓谕受约,归巢曾未数月,复敢与金川狼狈为奸,乘间攻围沃日,且及明正土司,岂可仍以口舌化导? 若不急事剿擒,使番蛮稍知惩儆,朝廷威令安在? 且何以绥靖边方?"[④]

小金川初定后,乾隆皇帝又对前线官员的职分进行了新的调整,期待趁

---

①　冯明珠、庄吉发编:《金川档》,题名:乾隆三十七年十二月二十三日温福阿桂等奉上谕,台北"故宫博物院",2007 年印,第 816 页。

②　冯明珠、庄吉发编:《金川档》,题名:乾隆三十七年十二月二十七日温福阿桂等奉上谕,台北"故宫博物院",2007 年印,第 887 页。

③　冯明珠、庄吉发编:《金川档》,台北"故宫博物院",2007 年印,第 3—9 页,第 23—24 页。

④　冯明珠、庄吉发编:《金川档》,台北"故宫博物院",2007 年印,第 70 页。

胜进攻大金川。原来负责督办粮饷事宜的侍郎刘秉恬被擢授为四川总督,进驻小金川美诺官寨,着手办理安插和监督小金川降民事宜,兼催粮运。① 因为道路险远,粮运格外艰难,督办粮运必须是经验丰富、勤勉任事的干吏。提督董天弼等留驻小金川之明郭宗、底木达等处防范后路。温福由定边右副将军升格为定边将军,阿桂、丰升额擢为左右副将军,各领一路官兵,欲趁胜进剿大金川。温福一路由功噶尔拉进逼喀尔萨尔,意图直捣大金川噶喇依官寨;阿桂一路自僧格宗、纳围、纳扎木至当噶尔拉进取噶喇依;丰升额一路由俄坡进攻卡立叶,希图克取莎罗奔兄弟居住的勒乌围官寨。② 单从字面上看,清军分路挺进合围的设想似是颇为完美,但在山高林密、沟谷遍布的地形条件下,从作战指挥图到作战实况往往相去万里。尽管清军曾在二十多年前已经进入大金川外围地带作战,但因为当时迁延两年之久几无尺寸之功可言,并未留下多少可供军事参考的资料,以致清军第二次进兵金川之初,仍对大金川十分陌生,对作战的地理环境依然缺乏基本认知。

由是,自乾隆三十七年(1772)十二月底至乾隆三十八年(1773)六月,因大金川境内山高林密、碉坚路险,该司土民或据险力守,或趁间多路出击,以致三路官兵奋力攻杀,仍进展缓慢,且伤亡甚众,其中温福一路自二月便转由昔岭一路进剿,西、南、北三路官兵半年不得寸进。③ 正当各路清军进剿大金川均遭受挫折之际,小金川已降土民和逃往大金川的头人们在索诺木、僧格桑的支持下,经过精心谋划,瞅准清军在小金川防守薄弱之处,然后纷纷反水,导致小金川迅速失守。④ 令清军上下更受打击的是,乾隆三十八年六月初十日,千余大金川人进逼清军木果木大营,从山梁大喊冲杀而下,数千绿营官兵闻声溃散,结果将军温福身亡,官兵战死及被俘4 000多人,并且丢失巨

---

① 冯明珠、庄吉发编:《金川档》,台北"故宫博物院",2007年印,第887页,899页。
② 冯明珠、庄吉发编:《金川档》,台北"故宫博物院",2007年印,第919页。
③ 《清高宗实录》卷924,乾隆三十八年正月戊戌;《清高宗实录》卷925,乾隆三十八年正月癸丑、乾隆三十八年正月乙卯、乾隆三十八年正月己未;《清高宗实录》卷926,乾隆三十八年二月乙丑、乾隆三十八年二月丙寅、乾隆三十八年二月己巳、乾隆三十八年二月甲戌;《清高宗实录》卷927,乾隆三十八年二月乙亥、乾隆三十八年二月壬午、乾隆三十八年二月甲申;《清高宗实录》卷928,乾隆三十八年三月辛卯、乾隆三十八年三月丙申、乾隆三十八年三月丁酉、乾隆三十八年三月壬寅、乾隆三十八年三月甲辰;《清高宗实录》卷929,乾隆三十八年三月丙午、乾隆三十八年三月丁未、乾隆三十八年三月己未;《清高宗实录》卷930,乾隆三十八年闰三月壬申;《清高宗实录》卷931,乾隆三十八年闰三月丁丑、乾隆三十八年闰三月己卯;《清高宗实录》卷932,乾隆三十八年四月己丑、乾隆三十八年四月丁酉、乾隆三十八年四月壬寅;《清高宗实录》卷933,乾隆三十八年四月庚戌;《清高宗实录》卷934,乾隆三十八年五月丁卯;《清高宗实录》卷935,乾隆三十八年五月乙亥、乾隆三十八年五月丙子;《清高宗实录》卷936,乾隆三十八年六月丙申;《清高宗实录》卷937,乾隆三十八年六月甲辰。另见冯明珠、庄吉发编:《金川档》,台北"故宫博物院",2007年印,第971页,1260页。
④ 《清高宗实录》卷937,乾隆三十八年六月甲辰、乾隆三十八年六月乙巳、乾隆三十八年六月丙午、乾隆三十八年六月乙酉;《清高宗实录》卷938,乾隆三十八年七月庚申。

额军事物资和数万两白银。① 六月二十三日,绿营兵遇金川土兵冲杀,纷纷溃散,海兰察等退至日隆宗驻守,美诺、明郭宗全部失守。② 因此,清军不得不暂时停止进攻大金川,转图再定小金川。

木果木大败比此前的墨垄沟失事更为惨烈,令一心切盼清军"扫荡擒歼"的乾隆皇帝大为震惊,思虑再三,盛怒之下忍不住感慨"自将领至兵丁三千余人同时陷没,不惟心恻,亦且颜赧,国家百余年用兵多矣,从无此事"③,并认定此次清军失事,除了将军温福乖方偾事、提督董天弼疏于防范,主要是因为"绿营兵率多恇怯轻退,总由营中无满洲兵在彼,绿营无可倚恃,遂尔见贼即溃,此实温福等从前倡议不调满洲兵以致自误"④,于是转而寄希望于派出满洲八旗劲旅能够挽回战局。

虽然部分绿营官兵恇懦不堪任用的情况属实,但这并不是木果木失事的全部原因。此时已共拨军需银2900万两,进剿行动势难中止,乾隆皇帝已无耐心去斟酌战争受挫的综合因素。国体和帝王颜面,都迫使其只能聚焦于如何扭转战局一事。于是,乾隆皇帝紧急下令从京师健锐营、火器营,吉林、黑龙江、伊犁、成都、西安等地满洲八旗驻防兵丁中,选最精劲者8000名,后又加派荆州八旗驻防兵1000名,迅速开赴前线,再从云南、贵州、湖北、湖南、陕甘各省增调绿营兵9000名,加上在营的满汉官兵及随征土兵,共计七万余人,预备在乾隆三十八年(1773)冬天再行进剿。⑤

待此次新增满汉官兵陆续到齐后,阿桂、明亮等拟分路剿复小金川各处,定于乾隆三十八年十月二十九日子刻数路齐发;随后因小金川乏粮乏人,阿桂等进展极顺,依次攻克资哩南北山梁、阿喀木雅、美美卡、木兰坝,并收复鄂克什官寨;及至十一月初一、初二日,清军连克路顶宗、明郭宗等寨落众多之紧要处,又乘胜克复美诺并攻得别思满、兜乌、八卦碉等处,接着又连克底木达、布朗郭宗,与南路官兵会合;十一月中旬收复大板招、曾头沟,汗牛一带十四寨土民主动投顺,小金川全境悉数底定。⑥

清军再定小金川时势如摧枯拉朽,乃因小金川经清军此前猛攻早已残破不全,各处碉卡俱来不及修筑,而且所剩能打仗的土民数量亦有限,储备的粮

---

① 《清高宗实录》卷937,乾隆三十八年六月辛亥。另见[清]阿桂总纂:《西南史地文献·平定两金川方略》卷63,乾隆三十八年六月辛亥。

② 冯明珠、庄吉发编:《金川档》,台北"故宫博物院",2007年印,第965页。

③ 冯明珠、庄吉发编:《金川档》,台北"故宫博物院",2007年印,第1015页。

④ 冯明珠、庄吉发编:《金川档》,台北"故宫博物院",2007年印,第971页。

⑤ 《清高宗实录》卷938,乾隆三十八年七月癸亥,乾隆三十八年七月乙丑;《清高宗实录》卷939,乾隆三十八年七月癸酉,乾隆三十八年七月甲戌。另见冯明珠、庄吉发编:《金川档》,台北"故宫博物院",2007年印,第982—983页,第1001页。

⑥ 冯明珠、庄吉发编:《金川档》,台北"故宫博物院",2007年印,第1673页—1691页,1733页。

食不够持久战之需,因而难以对数万清军构成实质性威胁。当然,也应当承认,以破竹之势迅速再定小金川,确实极大地鼓舞了清军的士气。不过,更要看到,平定小金川,意味着接下来七万余清军的兵锋将直指大金川。这也使得大金川土司和土民更加注意严防死守。

二、平定大金川之持久战

大金川土司原本打的算盘是拿小金川作为抵抗清军的主力,因而既愿意暗中出兵相助,也甘愿代小金川乞求清军将领允降,企图凭此获得小金川的土地和人口来增强本部落的实力。因此,在替僧格桑乞降遭到拒绝后,就公开助力小金川对抗清军。大金川土司索诺木正值血气方刚的年纪,彪悍好战,加上第一次金川战争期间清军的狼狈表现,足以使之不服官兵再次进剿。不仅索诺木如此,就是大金川的年轻土民,也认为应当狠狠打几仗,好多抢些东西。从这个层面上看,木果木失事,不但增强了大金川土司土民大败清军的信心,还更加刺激了他们从战争中获利的欲望。

对清廷而言,为一劳永逸地在嘉绒土司地区树立国家政治权威,势必要荡平金川。首先,清军彻底平定小金川后,阿桂、明亮等将该部落近万降民全部迁出,各处寨落尽数焚毁,大小碉卡尽行拆毁,整个小金川形同废墟。① 紧接着,兵分三路,定于乾隆三十九年正月初十日同时进剿大金川:阿桂一路共有一万五千人,由小金川之布朗郭宗起程,直抵谷噶;明亮一路共一万二千人,由格藏桥分为两路,进攻马奈、博堵;丰升额一路六千人,由党坝一带进攻凯立叶。② 与小金川相比,大金川土司自乾隆十二年至乾隆十四年与清军抗战以来,"增垒设险,严密十倍于小金川"③,而且其属众打仗"比小金川的人凶狠"④。因而,清军进剿大金川自然更加艰难。不过,由于各路官兵事先做好了充分准备,并汲取此前长期攻碉不克的沉痛教训,重新调整进兵路线,加之有大金川邻近土司的土兵引路,同时大金川土司索诺木和其兄弟莎罗奔们

---

① 中国第一历史档案馆:《军机处录副奏折》,民族类,缩微胶卷号 589,档号:7955-66,题名:阿桂等奏筹办各处降番事宜,具奏日期:乾隆三十八年十一月二十三日;《军机处录副奏折》,民族类,缩微胶卷号 589,档号:7956-20,题名:阿桂筹办降番等由,具奏日期:乾隆三十八年十一月二十二日;《军机处录副奏折》,民族类,缩微胶卷号 589,档号:7956-25,题名:小金川西路降番事宜,具奏日期:乾隆三十八年十二月初三日;《军机处录副奏折》,民族类,缩微胶卷号 589,档号:7956-26,题名:阿桂等奏安插偿拉降番,具奏日期:乾隆三十八年十二月初九日。
② 《清高宗实录》卷 948,乾隆三十八年十二月癸卯、乾隆三十八年十二月己酉、乾隆三十八年十二月辛亥;《清高宗实录》卷 950,乾隆三十九年正月己未。
③ [清]魏源:《圣武记》卷 7 之《乾隆再定金川土司记》,中华书局,1984,第 305 页。
④ 中国第一历史档案馆:《军机处录副奏折》,民族类,缩微胶卷号 589,档号:7956-14,题名:脱出小金川番人供单。

为最大限度保存战力,将有限兵力的绝大部分都布置在将清军阻遏于噶喇依官寨、勒乌围官寨之外的扼要之处,因而各路清军起初的进展还算顺遂。阿桂督率西路清军先后攻占了谷噶山梁丫口、喇穆山、赞巴拉克山、色依谷山;明亮统领南路清军攻占了拉绰、斯底、马奈、绒布寨、思底博堵等地;丰升额带领北路清军抵达凯立叶山梁下,虽未能取得如明亮、阿桂二路的战绩,但亦派极富战斗力的索伦兵占据了达尔扎克部分山梁。①

鉴于乾隆三十八年(1773)六月木果木失事的惨烈教训,官兵此次进攻大金川各处山梁时都非常注意防范后路,以防备大金川土民不时袭杀,同时并未放松任何一路的进攻节奏。因此,数万满汉官兵大举压境,足以让大金川土司索诺木面临的军事压力日渐增大。大金川兵力有限,物资亦有限。因而开战伊始,索诺木只能依靠各寨的得力战斗力量,在清军欲攻取之处进行更加严密的防守。这种相持状况给交战双方都带来了极大挑战:一方面,自木果木事件后近一年的时间里,各路清军的军事进展不一,进抵噶喇依官寨和勒乌围官寨的途中,还有大量道路崎岖、林深菁密的山梁,沟壑深切的山谷等险阻处待攻克;另一方面,大金川境内人畜均遭瘟疫肆虐,加上土民长期无暇耕种以致粮荒加剧,促使索诺木迫切希望清廷允准投降,以便赶紧摆脱困局。然则,对于清廷而言,绝对不可能就此罢手。因为,如果清廷在战争胶着情况下"准降",那么清军几年的进剿努力便全都功亏一篑。更重要的是,此时"准降"绝对难逃重蹈第一次金川战争之覆辙(损兵折将之外,还糜饷几千万两)的嫌疑,而这是乾隆皇帝最不愿意看到的。即是说,到了这个阶段,不管清军进剿大金川怎样难于措手,其势断难终止。

乾隆三十九年(1774)二月至乾隆三十九年秋,阿桂和明亮两路经过艰难鏖战,均有一定克获,但丰升额一路在卡立叶一带的进兵仍无任何实质进展。譬如,阿桂一路先后攻下罗博瓦、日则丫口、色溯普、格鲁瓦角等地,进而围剿大金川重地逊克尔宗(也写作孙克宗)遇到了不少阻遏;明亮一路也先后攻克了穆谷、达尔图、俄坡、格勒古等地,但他带兵从正地一带觅路进攻久久未能得手,转而欲进攻庚额特山梁,亦因大金川土民据险死守而无处措手;至于丰升额一路因凯立叶一带山势极高、道路极险仄,屡次发起进攻都未能成功。②逊克尔宗一带地势极为险要,大金川属众又在此地广修战碉、石卡和

---

① 《清高宗实录》卷951,乾隆三十九年正月丁丑、乾隆三十九年正月戊寅;《清高宗实录》卷952,乾隆三十九年二月甲申、乾隆三十九年二月丁亥。另见冯明珠、庄吉发编:《金川档》,台北"故宫博物院",2007年印,第2003—2008页,第2015—2016页。
② 冯明珠、庄吉发编:《金川档》,台北"故宫博物院",2007年印,第1983页,2003页,2004页,2015页,2016页,2027页,2035页,2036页,2041页,2045页,2047页,2059页,2067页,2069页,2085页,2113页,2136页,2155页,2191页,2227页,2243页。

木城,官兵仅能从一面设法绕路仰攻。为扫除进剿障碍,阿桂一路先行攻下逊克尔宗前面的碉卡,竭力歼毙大金川的有生力量,并烧毁其近旁寨落的数百间平碉,同时明亮一路亦加紧攻打达尔图处战碉,杀死或杀伤土民甚众。[1]

大金川土司索诺木见势不妙,便狠心毒死小金川土司僧格桑(索诺木的亲姐夫),并差大头人绰窝斯甲于乾隆三十九年八月十五日携僧格桑尸匣并带上僧格桑小妾侧累、小金川大头人蒙固阿什咱等一同到阿桂军营乞降;阿桂坚不允降,将绰窝斯甲扣营,并割取僧格桑尸首。[2] 索诺木这样做确实有一箭双雕的目的:一则期待以此表诚心,获得清廷的宽恕,以便尽快从战争中抽身,保全土境;二则借此剪除小金川少土司(老土司泽旺已被俘),一旦清军准降撤出,小金川之民众和土地就可轻易归大金川所有。乾隆皇帝对此看得十分明白,因而对索诺木的请降十分愤怒。显然,如果清廷此时受降并撤兵,等于此前不过是大费周章地帮大金川打仗,助其拓展地盘、扩势扬威,岂不是比第一次征金川草草了事更为尴尬? 如此,后果不堪设想。于是,乾隆皇帝再三谕令阿桂等决不可允降,必须对大金川保持"不灭不已"的决心。

索诺木见送出僧格桑尸体和小金川大头人等仍乞降未遂,便更加严厉地督促属众拼死拒守。阿桂一路自该年八月至十月间多次攻打逊克尔宗,始终未能攻破,而且官兵伤亡不小;直至十月十六日,阿桂抽兵分队进剿索诺木疏于防范之墨格尔山梁,奋力烧杀各处民寨,遂得以绕出日尔巴当噶和荣噶尔博山各碉卡之前,距离噶尔丹喇嘛寺不过十余里,前抵勒乌围官寨亦不过二十余里,不久又将日尔巴当噶全行攻克,遂接通凯立叶。[3] 在此期间,明亮一路终于攻下了日旁碉卡及其寨落,并将日旁东西沿河一带寨落攻克,已与阿桂一路相距不远,形成呼应之势。[4] 乾隆三十九年(1774)底,阿桂一路进攻得式梯、噶尔丹喇嘛寺、甲纳等地,均遭到大金川人奋力抵御,久攻未克,转而奉上谕改为攻打桑噶斯玛特山下碉栅,以及康萨尔、逊克尔宗等处碉卡,亦未能得手;明亮一路焚烧沙坝山坡寨落,与阿桂一路进攻之得式梯相去不远,两路大军会合在望;大金川土司索诺木及其兄莎罗奔在组织土民抵抗之余,还

---

① 《清高宗实录》卷 964,乾隆三十九年八月庚寅。
② 中国第一历史档案馆:《军机处录副奏折》,民族类,缩微胶卷号 590,档号:7975-1,题名:阿桂等奏绰窝斯甲到营献出侧累等由,具奏日期:乾隆三十九年八月十七日;《军机处录副奏折》,民族类,缩微胶卷号 589,档号:7975-7,题名:莎罗奔等与绰窝斯甲字。
③ 《清高宗实录》卷 967,乾隆三十九年六月辛未、乾隆三十九年九月丁丑、乾隆三十九年九月庚辰;《清高宗实录》卷 968,乾隆三十九年十月甲午;《清高宗实录》卷 969,乾隆三十九年十月戊申;《清高宗实录》卷 970,乾隆三十九年十一月乙卯。
④ 《清高宗实录》卷 970,乾隆三十九年十一月癸丑;《清高宗实录》卷 971,乾隆三十九年十一月丙寅。

忙于将勒乌围、纳木底等处粮食和其他物资用皮船转运至噶喇依官寨。①

　　因为有第一次大金川战争和进剿小金川的深刻教训在前,乾隆皇帝在清军攻打大金川的问题上一点也不敢掉以轻心,时刻不忘在上谕中提醒清军将领注意后路不被抄截,务必不要掉入土民诱敌深入的陷阱等等。即便如此,陆续投入近十万兵力(含两金川周边土司派出的随征土兵)进剿大金川,并未形成所谓摧枯拉朽之势。② 这实与两金川山高林密、碉坚路险、土司与土民齐心抗拒有莫大关系。面对艰难的战局,在具体的进剿过程中,各路清军将领也只能根据实际情况稳健而谨慎地进行战术调整。同时,乾隆皇帝让各路清军将领随时奏报在每一处山梁,乃至每条山腿的进兵情况,然后他在上谕中对战况进行事无巨细的分析,并提出新的指示。正是在君臣一体高度关切下,再征大金川之战得以艰难地逐步朝着清廷预想的方向迈进。

　　乾隆三十九年末至乾隆四十年四月初,阿桂、明亮、丰升额等各路官兵因金川地区天气恶劣、该司土民死守要隘,战事进展俱颇为不顺。阿桂一路先在荣噶尔博山梁及沿河各处遭到大金川人竭力死守,官兵只能趁间进攻,未能取得突破。接着,该路官兵虽拼死攻克康萨尔山梁、堪布卓寨、甲尔纳寨,以及沿河之莫斯达碉寨,但于勒吉尔博、逊克尔宗等要地均无实质性突破;明亮和丰升额两路官兵长期株守,在宜喜和达尔图俱因碉坚地险,且大金川土民早已做好防守,竟至经年累月未能寸进,乾隆皇帝对此极为不满,在上谕中愤而催促明亮带兵赴丰升额大营一起合攻宜喜,及至乾隆四十年四月中旬,明亮带兵奋力抢占甲索一带山梁和碉卡,这才暂时消解了乾隆皇帝的怒气。③ 此时,各路官兵经过拼死攻杀,得以逐步向大金川核心地带推进。战争后期,明亮、舒常于达尔图、木克什等处分头督率,攻碉夺卡之外,杀死杀伤很多大金川土民,随后又将日旁、宜喜一带山梁,以及茹寨前的平坝寨落尽行攻克,但在进攻巴布里地方碉寨时进展不顺;海兰察、奎林等分路从萨克萨谷同时并进,将该处山梁全部攻克;福康安等带兵攻下斯年木咱尔及斯聂斯布罗两处大寨;阿桂一路官兵攻克下巴木通碉栅,将勒吉尔博一道山梁上下碉卡扫清,并夺取得式梯官寨,又分兵攻克荣噶尔博山梁碉卡,焚抢噶朗噶、勒

---

① 《清高宗实录》卷972,乾隆三十九年十二月壬午、乾隆三十九年十二月庚寅;《清高宗实录》卷973,乾隆三十九年十二月甲辰、乾隆三十九年十二月乙巳。
② 冯明珠、庄吉发编:《金川档》,台北"故宫博物院",2007年印,第1805页。
③ 冯明珠、庄吉发编:《金川档》,台北"故宫博物院",2007年印,第2369页。另见《清高宗实录》卷974,乾隆四十年正月乙卯、乾隆四十年正月己未;《清高宗实录》卷975,乾隆四十年正月甲戌;《清高宗实录》卷976,乾隆四十年二月己卯、乾隆四十年二月丙戌、乾隆四十年二月己丑;《清高宗实录》卷977,乾隆四十年二月乙未;《清高宗实录》卷978,乾隆四十年三月癸丑、乾隆四十年三月庚申;《清高宗实录》卷979,乾隆四十年三月甲戌;《清高宗实录》卷980,乾隆四十年四月戊寅;《清高宗实录》卷981,乾隆四十年四月壬寅。

赤尔等处寨落，又于乾隆四十年五月初七日占据思古各寨，五月初十日拿下赤布寨，随后分兵攻下噶尔丹寺庙周边寨落，并焚毁该寺；五月十四日成德等带兵分路潜行，抵达垭口，攻下四座木城及逊克尔宗一带的众多碉卡。①

尽管愈是接近勒乌围官寨，大金川土民的阻挡愈加严密，官兵进剿行动的推进便愈加困难，但是大金川此时因瘟疫、饥荒和连年战争之消耗，真正能够分派各处防守的兵力也愈加有限，这使清军分路强攻能够找到一些突破口，得以逐步向大金川核心地带推进。明亮一路发现甲索山腿直插河流且后路散漫，不可轻进，只好从曲硕木下压以便径攻杷乌古山梁，但大金川头人、土民已严密设防，难以觅间进取，只好于乾隆四十年五月十九日发兵进攻额尔替山梁，与大金川土民展开激烈争夺，最终因后者据战碉死守，不得不撤出；随后该路清军又侦知石真噶一带防御的大金川人较少，遂由该处分路下压，才得以连克木城和碉卡，并攻下噶西喇嘛寺；同年七月初三日，官兵攻克石真噶之下截山腿；七月初九日官兵一举攻克沙尔尼沟达思拉木一带寨落；随后官兵在攻打紧连勒乌围之杷乌古山梁时受阻，不过，随后又在土兵帮助下，将丹杷木所有寨落层层攻破、悉数焚烧。② 在这种情势下，大金川土司索诺木仍期待清廷能够如第一次金川战争那样准降，先是请求巴底土司看在大金川是亲戚且曾有恩于巴底的份上，出面代为向清军将领请降，后又写信给绰斯甲土司，请求看在既是姻亲又都信奉苯教的份上能够派兵相助，一同击退清军，但都未能成功，只好继续利用严刑酷法威胁土民全力死守。③

阿桂一路试图攻打勒乌围之门户巴占地方，但同样遭到大金川头人和土

---

① 冯明珠、庄吉发编：《金川档》，台北"故宫博物院"，2007 年印，第 2433 页、2435 页、2443 页。另见中国第一历史档案馆：《军机处录副奏折》，民族类，缩微胶卷号 590，档号：7979－62，题名：明亮舒常攻克宜喜之达尔图一带山梁碉卡现筹趋胜进取情形，具奏日期：乾隆三十九年七月初五日；《军机处录副奏折》，民族类，缩微胶卷号 590，档号：7979－82，题名：明亮等奏攻克甲索宜喜等处情形，具奏日期：乾隆四十年四月十四日；《军机处录副奏折》，民族类，缩微胶卷号 590，档号：7980－12，题名：明亮舒常奏茹寨以前平坝寨落尽行攻克官兵已截出沿河等由；《军机处录副奏折》，民族类，缩微胶卷号 590，档号：7980－18，题名：明亮等奏攻巴布里地方碉寨情形，具奏日期：乾隆四十年五月初七日。另见《清高宗实录》卷 981，乾隆四十年四月癸卯、乾隆四十年四月乙巳；《清高宗实录》卷 982，乾隆四十年五月壬子、乾隆四十年五月甲寅、乾隆四十年五月辛酉；《清高宗实录》卷 983，乾隆四十年五月甲子、乾隆四十年五月戊辰、乾隆四十年五月乙亥。

② ［清］阿桂总纂：《平定两金川方略》卷 119，乾隆四十年六月辛巳；《平定两金川方略》卷 120，乾隆四十年六月己丑、乾隆四十年六月乙巳；《平定两金川方略》卷 121，乾隆四十年七月己未、乾隆四十年七月癸亥、乾隆四十年七月己巳、乾隆四十年七月庚午；《平定两金川方略》卷 122，乾隆四十年八月丁丑。

③ 中国第一历史档案馆：《军机处录副奏折》，民族类，缩微胶卷号 591，档号：7990－1，题名：富德奏相机筹办以图抢占要隘缘由，具奏日期：乾隆四十年三月廿四日；《军机处录副奏折》，民族类，缩微胶卷号 590，档号：7990－3，题名：阿桂等奏绰斯甲布将呈送噶豆园看守等由，具奏日期：乾隆四十年五月十一日。关于土司索诺木利用严刑酷法威慑土民不敢投降并继续为之效命的内容，详见第三章"兵役组织形式和严刑酷法"部分。

民舍命抗拒,久攻不克,随后阿桂令一部分官兵日夜轰摧巴占以牵制大金川人,再分兵从舍图枉卡进兵,夺取昆色尔山梁、果克多山碉卡,旋即命部下率兵攻克拉枯喇嘛寺以及菌则大海等处碉卡;海兰察、丰升额等于乾隆四十年七月初八、初九两日将章噶山梁上下十余寨一并焚烧、袭杀;随后,清军又将直古脑、荣噶尔博一带碉寨,以及棱角喇嘛寺等处全行克获,得以直压勒乌围之上;七月十八、十九日,阿桂率兵将布达什诺、甲得古、色溯普山腿碉卡悉行攻克,并焚烧格鲁瓦角各处寨落,杀死不少大金川人,进抵大金川要地逊克尔宗;八月十六日清军合力攻克勒乌围官寨及转经楼、喇嘛寺,克获碉房、寨落、木城、石卡六十余处,歼灭数百名大金川人,夺获枪炮、刀矛无算。①

应当说明的是,进入乾隆四十年(1775)后,清军之所以能够进攻较为顺利,除了将帅指挥得当、士兵攻碉得法的主观因素外,大金川全境连遭瘟疫,加上因缺粮、缺可以出兵打仗的土民而濒临绝境,也为各路清军的推进创造了有利条件。反观之,在如此高强度的内外压力下,不少大金川头人和百姓仍旧拼死抵抗,其忠于土司、不畏兵威的精神由此可见一斑。在这样的局势下,大金川土司索诺木当然希望通过极富诚意的"乞降"表现获得清廷的宽宥。因为,对索诺木而言,保住土司权力和地位才是最重要的。然而,清廷不愿意再次看到清军撤出后大金川土司又肆意侵占邻近土司地盘的动荡局面。因此,乾隆皇帝命各路将领决不理会大金川请降一事贯穿再征金川战争整个过程。相关论述详见第八章第三节"抵抗与'乞降'并举"部分。

清军攻下勒乌围之后,便乘胜进剿噶喇依,而大金川人则士气大减。尽管土司索诺木严命各处土民拼死固守碉卡,但其境内缺粮乏兵,已无法扭转败局。这一阶段,阿桂和明亮两路,特别是阿桂率领的西路官兵推进十分迅速。自乾隆四十年(1775)九月至乾隆四十年年底,西路官兵攻克大小碉寨千余处,杀死、杀伤不少大金川人,亦有不少土民投降;为围攻大金川土司索诺木常住的噶喇依官寨扫清了障碍。② 至该年十二月中旬,两路官兵已将噶喇

---

① 中国第一历史档案馆:《军机处录副奏折》,民族类,缩微胶卷号 590,档号:7980-48,题名:阿桂等奏攻打巴占并觅间绕截等情形,具奏日期:乾隆四十年七月初一日。冯明珠、庄吉发编:《金川档》,台北"故宫博物院",2007 年印,第 2477、3229、3273、3277、3285、3287、3297、3298、3309、3310、3314、3317、3235、3328、3435 页。另见[清]阿桂总撰:《平定两金川方略》卷120,乾隆四十年六月壬午、乾隆四十年六月己丑、乾隆四十年六月甲辰、乾隆四十年六月丁巳;《平定两金川方略》卷121,乾隆四十年七月壬戌、乾隆四十年七月丁卯、乾隆四十年七月庚午;《平定两金川方略》卷122,乾隆四十年八月丁丑、乾隆四十年八月甲午;《平定两金川方略》卷123,乾隆四十年八月己亥。

② 冯明珠、庄吉发编:《金川档》,台北"故宫博物院",2007 年印,第 3469、3485、3509、3543、3585、3595、3601、3617、3632、3633、3637、3639、3681、3689、3705、3725、3789、3794、3795、3805、3819、3829、3847、3848、3879、3899、3903、3931、3932、3938 页。

依四面围住,广架大炮,实施日夜轰击。① 乾隆四十年十二月二十日,老土妇阿仓、老土女阿青及索诺木姊妹得什尔章、得什尔安楚四人带领役人、喇嘛等前来阿桂大营投降;不久,索诺木彭楚克(阿仓所生次子)及大头人达尔什桑卡尔、雅玛朋阿苦鲁三人陆续投出。② 老土妇阿仓、老土女阿青等人之所以肯主动投出,与各路清军已将大金川土司逼至绝境有关。富德带兵攻得马尔邦、思角博堵,明亮一路攻得独松、卡拉尔等处,拟直捣马尔邦;阿桂一路攻得舍齐喇嘛寺,分路攻克喇乌喇、玛尔古当噶一带碉卡,克取得尔陇、抢占舍齐喇嘛寺、雍中喇嘛寺,又将噶喇依周围之碉卡、寨落五百余处全行扫荡,从而形成四面围攻之势。③ 乾隆四十一年(1776)二月初四日,在清军大炮日夜轰摧下,走投无路的大金川土司索诺木手捧印信,率莎罗奔兄弟、妻子、头人和属众2000余人,出寨投降,乞求免于诛戮。④ 至此,清军彻底平定大金川。

综上可知,清军两次攻打金川均十分不易。在这两次战争中,大小金川的土司、头人和土民都表现出极为强悍的气势和卓越的山地作战能力。他们充分利用当地险峻且复杂的地形地貌,终年多雨雪的气候,灵活展开防守和袭杀,迫使大批清军难以迅速推进,甚至长期顿兵不前。与之相比,大批清军既不熟悉当地复杂的自然环境,又不擅长山地战争,还特别受制于遍布各要隘的高大战碉,因而进剿行动处处受阻。同时,乾隆皇帝和清军将领的失误以及绿营兵的怯懦畏战也极大影响了战争的进程。两次金川战争好比两面镜子,映照出当时国家机器运转过程中的诸多面相,为中国今天处理边疆问题提供了不少警示。

表面上看,再征金川和第一次进剿大金川没有本质上的差别,都是清廷为在川西北边徼地区树立国家统治威信而不得不开战,是为了地方秩序回归宁谧的国家行为。实际上,这是乾隆皇帝在国力更加昌盛时期,经过深思熟虑,决心对旧有的中央王朝与嘉绒土司地区的统治秩序进行大力整治与规范的举措。因此,必须将两次金川战争放置在更长的历史时段相互联系起来加以探究,才有可能有助于对战争背后的深层问题的考察。为何弹丸之地的大小金川土司,特别是大金川土司如此执着于与清廷大规模的进剿行动进行对抗,同时又不放弃被招降的幻想和主动乞降的行为? 清廷在到底该如何处置

---

① 冯明珠、庄吉发编:《金川档》,台北"故宫博物院",2007年印,第3963—3969页。另见《清高宗实录》卷1000,乾隆四十一年正月甲戌。

② 冯明珠、庄吉发编:《金川档》,台北"故宫博物院",2007年印,第4006—4007、4089页。

③ 冯明珠、庄吉发编:《金川档》,台北"故宫博物院",2007年印,第3963、3969、3971页。

④ 冯明珠、庄吉发编:《金川档》,台北"故宫博物院",2007年印,第4121、4129页。另见中国第一历史档案馆:《军机处录副奏折》,民族类,缩微胶卷号591,档号:7990-55,题名:阿桂等奏噶喇依贼巢已克,具奏日期:乾隆四十一年二月初四日。另见《清高宗实录》卷1002,乾隆四十一年二月甲寅。

两金川地盘的问题上经历了哪些认识上的转变？这些转变又是基于何种条件才发生的？这些问题同样值得探讨。

本章小结

在此，笔者欲专门强调的是，本章的主旨不在于揭示两次金川战争的起因、经过和结果，而是力求以多元视角来重新诠释乾隆朝大小金川之战，以期改变长期以来仅从大一统国家的立场来凸显战争之宏大历史意义的单一化研究范式。现代价值判断和主流文化观念在时间和空间两个维度重新塑造了大小金川战争，在相当程度上造成了对战争发生地具体历史情境和交战另一方（他者）文化的历史遮蔽。也因此，以往有关金川战争的研究只能根据清代相关官书的记载去了解与战争有关的钦定"历史记忆"，而对清军的作战对象——金川土司和土民对战争的看法，及其真实的遭遇和反应甚少涉及。故此，笔者欲秉持对历史"理解之同情"的理念，打破旧有的研究思路，借助大量相关档案文献，并结合田野调查，努力进入当地族群的本土文化认知体系，从清帝国和嘉绒部落双向互动的视域重新探究这两场战争。这也是本题研究的要义所在。

通过本章的论述，可以这样理解发生于乾隆年间震惊朝野的大小金川之战：川西北嘉绒地区原本的政治等级秩序大致围绕"土司—皇帝"关系格局或羁縻统治结构展开。在这种关系格局下，川省地方官员很难真正介入土司事务管理，也不易获得土司对其政治权威的认可，甚至前者公然遭到后者阳奉阴违以对，乃至鄙薄。这显然不利于清朝统治者在川边土司地区确立"大一统"政治威权。甚至可以说，割据一方的土司占据极大主导权。而这并不是清廷想要的边徼治理局面。清廷原本希望地方督抚能够通过对边徼事务的管理，树立应有的政治权威。双方差异较大的认知势必会引发矛盾。最终通过乾隆朝第一次金川之战重新塑造了"皇帝—地方文武官员—土司"的川边政治秩序。与此同时，清廷与金川土司双方对这一新关系格局的不同理解、各自打算，导致第一次金川战争结束后确立的嘉绒诸部和睦相处之新秩序充满了脆弱性。乾隆朝第二次金川战争的爆发正是新秩序缺乏稳定性的极端体现。该战期间，金川土司在嘉绒地区地位的政治定位成为双方矛盾的焦点。金川土司认为自己已经是"诸部之长"，侵占周边土司地方，得一处是一处，没有什么大不了，土司之间扰攘侵夺乃是习以为常的事。乾隆皇帝则始终不甘于在川西用兵的失败，随着国力的增强，愈加不满金川土司的嚣张和日渐坐大，遂希望将其改土为流，从而以儆效尤。双方存在难以调和的矛盾。最终，在清帝国的综合实力碾压下，金川土司不得不一面积极抵御清军的进攻，一面不断表示愿意投降，以免于土司统治权力的迅速崩溃。

历史是主导国家话语权的"我们"书写的，也是所有卷入时代洪流的"他者"创造的。至少在乾隆朝金川战争这一问题上，如果不能从交战双方进行整体考量与全面探讨，只站在某一方做单向研究势必存在显著缺陷，必然难以揭示历史的复杂性、多面性，难免有失偏颇。由此观之，基于同等观照交战双方的研究视角可以发现：乾隆皇帝先后两次发动金川战争都是为了"全国体""树威严""定一统"，但因为两次战争的发动时机和作战准备差异甚大，导致两次战争的进程和结果也相去甚远；与此同时，金川土司从自身的政治文化传统出发，始终认为自己是"诸酋之长"，在边徼地区的政治地位上和部落整体实力上（尤其是属众的作战能力方面）都要高于其他嘉绒土司，认定对相邻土司的侵占和劫掠并未违反嘉绒土司社会传统；基于这样一种思维定势，他们对乾隆皇帝发动清军大举进攻，以示对其侵占邻封行为的惩创，既不理解，也不服气；当清廷和金川土司基于不同的政治立场和文化认知对彼此的期许南辕北辙，以致酿成难以调和的矛盾时，战争一触即发。

第六章　地形地貌和战碉与清军
进剿金川的关系

清军两征金川殊为不易，实与大小金川境内山多林密的地形地貌，以及碉卡林立的防御设施有着莫大关系。清军两征金川，均因地形险隘、跬步皆山且林深菁密而遭受多重阻遏：清军首次进剿大金川几乎难以寸进，再次征讨亦速胜无望且所克地方俱须仰攻。此外，特别值得注意的是，千百年来大小金川民众利用险隘地形修建了密集、高大、坚固的战碉，亦成为清军进剿之最大阻碍。在此，笔者欲据相关史料，深入分析大小金川之地形、地貌及战碉的特点，进而细致阐述它们对清军进剿行动造成的诸般阻碍，以便丰富和加深我们对清军难以攻克两金川的客观原因之认识。

第一节　地形地貌特点及其对清军的诸多掣肘[①]

古往今来，地形地貌都是战争中交战双方必须格外关注的重要因素。在一些局部战争中，地形地貌的影响甚至贯穿战争始终，有时会对战争的胜负起到决定性的影响。大小金川土司地区僻处川西北一隅，与中央王朝的直接往来极其有限。因此，除了在两次金川战争期间的互动之外，清廷对两金川土司地区的地形地貌实况甚为陌生。借助战争推进带来的频繁接触，乾隆皇帝和前线将领才逐渐认识到，金川地区环睹皆山，陡峭无比，险隘情状比之西南苗疆更甚。

"在在皆山""道路险阻""林深菁密""崖礙陡立""河道深切"的地形地貌为大小金川土司和土民提供了绝佳的防御环境。因而地利成为他们顽强对抗清军大规模进剿的有力武器。实际上对于远距离、长时期作战的清军来

---

① 有关该问题的前期研究成果，详见拙作《从清代档案看金川地形地貌特点及其对清军的影响》，《藏学学刊》第 15 辑，2016 年 12 月。

说，这种极为不利的自然地理环境的影响远不止表现在具体的军事进攻和防御等问题上，还涉及紧张的后勤运输和大批兵丁、夫役的处境等方方面面。在此，笔者主要以两次平定金川战役中清军将领有关奏折，及相关上谕为依据，结合田野调查资料，聚焦两金川及其邻司境内的地形和地貌特点，并分析其对清军后勤运输和战事进程造成的诸多掣肘。

一、"跬步皆山"且"地多负险"

地形地貌是指挥作战所依据的重要条件，是影响军队作战行动的基本因素之一。因此，如何有效地利用地形为战争服务向来为历代军事家所重视。《孙子兵法·地形篇》曰："夫地形者，兵之助也，料敌制胜，计险厄远近，上将之道也。知此而用战者必胜，不知此而用战者必败。"①这是说，地形乃用兵之辅助条件，将领必须准确判断敌情，谋划取胜策略，研究地形之险厄，道路之远近，懂得这些并用以指导作战，则必定获胜；反之，则必定失败。清军两次进剿金川无不极大地受制于当地山高地险之不利地形。

首征金川期间（1747—1749 年），川陕总督兼前敌统帅张广泗先后向乾隆皇帝奏报："查蛮境寸步皆山，高出云表，故盛夏犹有积雪，然地处西南，与北塞稍异……即金川贼境四面皆有雪山"，"本省暨滇楚苗疆，因皆系高山密菁，不利驮载"，"今川省出师金川，自打箭炉与维州两路出口则跬步皆山，较之苗疆之险实为更甚"，"臣自入番境，经由各地所见尺寸皆山，陡峭无比。"②乾隆皇帝亦根据前线诸多奏报在上谕中总结道："至若金川，正在众番蛮土司之中，深邃幽险"，且"尺寸皆山，菁深沟隘"，"雪山重叠。"③战后清廷编纂的《平定金川方略》之《金川图》则更为直观地反映了该地千沟万壑、崇山叠岭的景观（如图 6 - 1）。④

据《平定金川方略》之《金川图说》载，"金川为氐羌种类，与董卜韩胡宣慰司同族。……其地距保县五百九十里，东与木坪董卜土司接壤二百四十里，南与沃日接壤三十里，西与扣色吉生番接壤一百二十里，北与杂谷接壤三百里，皆崇山峻岭，鸟道羊肠"；"自勒歪（勒乌围官寨所在地）至党坝约五十里，中有木耳金冈、革什戎冈、当噶、日旁诸山"；"自刮耳崖桥至卡撒约四十余里，其间有左梁、右梁、阿利丹噶、木冈、昔岭、色尔力、木达诸山，俱干宵蔽日、壁立万仞，在在皆番碉番卡为守御"；"近巢穴（指大金川噶喇依官寨）十余里道

① 《新编诸子集成：十一家注孙子校理》（增订本），中华书局，1999 年，第 226 页。另见孙武著、陈曦译注：《孙子兵法》，中华书局，2011 年，第 183 页。
② ［清］来保总撰：《平定金川方略》卷 4，乾隆十二年十二月乙亥。
③ ［清］来保总撰：《平定金川方略》卷 3，乾隆十二年七月甲寅、乾隆十二年九月乙未。
④ ［清］来保总撰：《平定金川方略》之《金川图》。

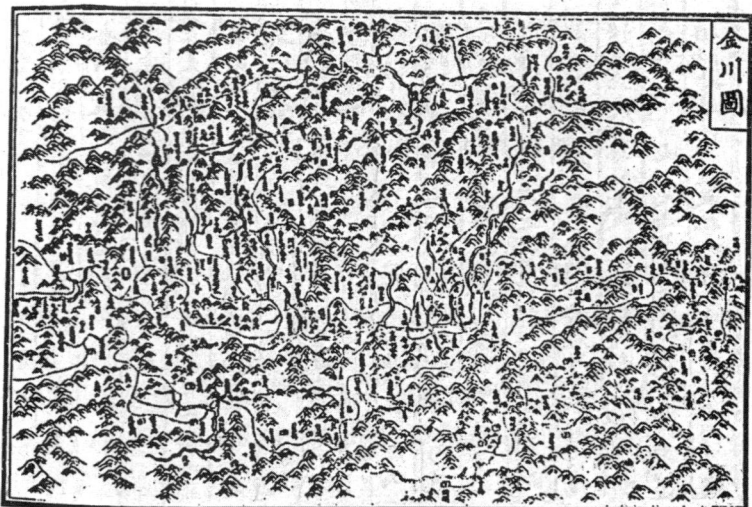

图6-1　金川图

路尤险,于石崖之上架木为栈,仅容一人,马骡则去鞍以绳悬系扶拽而行"。① 据此不难想见该地山多地险之概况。

清军再征金川历时五载,前线将领对两金川及其周边土司山形地势的了解更为详细,相关奏报亦更丰富。乾隆三十六年(1771)八月,乾隆皇帝在上谕中责问阿桂等:"小金川地界虽与金川毗连,其路径并非若金川险隘,昔年官兵进剿,取道安行,未闻小阻,何至今日忽变为崄巇难于采入?"②事实上,求胜心切的乾隆皇帝如此诘责阿桂毫无道理。第一次征金川时清军经过小金川没有受阻,是因为当时的小金川土司主动配合了清军欲打击金川的需要,而不是其地不如金川险阻。相反,笔者于2010年5月上旬抵达两金川进行田野调查发现,小金川所在的小金县远没有大金川所在的金川县开阔,高山之逼仄连绵和崖礠陡立的状况并不在大金川之下(见图6-2)。乾隆三十六年十二月,乾隆皇帝看了四川提督桂林等呈送的嘉绒各土司地图后,不禁发出"竟系跬步皆山,略无平地"③的感慨。乾隆三十七年(1772)三月十六日,王昶跟随阿桂登普尔玛山,观察山形地势,发现沃日以东形势阻隘,山势西折

---

① ［清］来保总撰:《平定金川方略》之《金川图说》。
② 冯明珠、庄吉发编:《金川档》,题名:乾隆三十六年八月十六日阿尔泰等奉上谕,台北"故宫博物院",2007年印,第44页。
③ 冯明珠、庄吉发编:《金川档》,题名:乾隆三十六年十二月初四日温福桂林奉上谕,台北"故宫博物院",2007年印,第321页。

后则山址交错,极险峻,北折皆雪山照耀、林立云际。① 乾隆三十七年十二月,在清军进剿小金川经历多次溃败后,乾隆皇帝不得不在上谕中承认:"其(小金川)地多山负险。"②

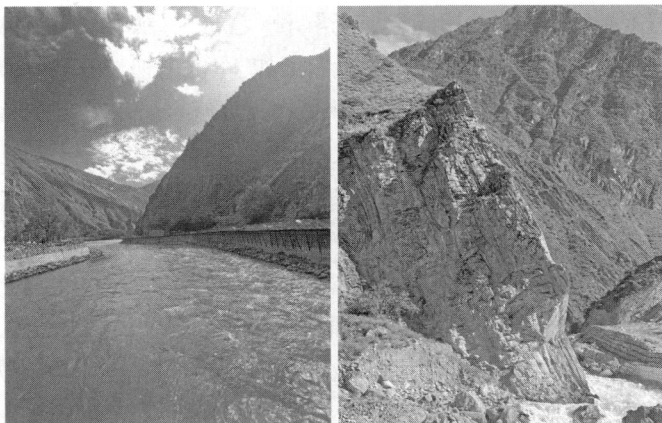

图6-2　小金川之陡峭山势③

待清军逐渐抵达川西时,前线将帅很快发现小金川等地不仅多高山,而且地势陡削,进兵形势不容乐观。乾隆三十八年(1773)闰三月温福奏:"伏查番境多山,有险足恃,而两金川多出要隘,大有一夫可守之势。"④阿桂等亦奏:"臣等查金川贼境形如釜底,四面环以高岭,俱系雪山。"⑤乾隆四十年(1775)三月刘秉恬密陈:"办理(大)金川一事……未能迅即捣穴擒渠者,差以贼境跬步皆山,处处有险可据。"⑥金川南面之卡卡角(又名赓额特),与之隔沟正西面壁立千仞,前后虽有可攻道路,实为一夫当关,万难措手,正面山脚直插河流,惟半山腰羊肠一线。⑦乾隆四十年二月阿桂等奏:"番地重山复岭、峰峦起伏之处,在在皆然",如"自日尔巴旁噶陡玛当噶以至沿河,已属自高而下,其实支脉纵横,一大山之左右辄有山腿数道,而一山腿左右又各有小

① 〔清〕王昶:《蜀徼纪闻》,乾隆三十七年三月十六日条,载张羽新主编:《中国西藏及甘青川滇藏区方志汇编》第43册,学苑出版社,2003年,第341页。

② 冯明珠、庄吉发编:《金川档》,台北"故宫博物院",2007年印,第816页。

③ 笔者2023年8月15日摄于小金县原名新格乡之河谷狭窄处。该乡已于2019年12月撤销,现归宅垄镇管辖。因此前实地考察期间均遭遇天气欠佳,拍摄的照片清晰度较差,笔者遂于2023年8月再赴川西北,重走两金川及其周边地区,重新拍摄了地形地貌及战碉。

④ 中国第一历史档案馆:《军机处录副奏折》,民族类,缩微胶卷号589,档号:7965-62,题名:温福奏分赏地方一节遵旨断不肯假借由,具文日期:乾隆三十八年闰三月二十七日。

⑤ 中国第一历史档案馆:《军机处录副奏折》,缩微胶卷号589,档号:7966-26,题名:阿桂等奏官兵攻过谷噶丫口杀贼情形。

⑥ 中国第一历史档案馆:《军机处录副奏折》,民族类,缩微胶卷号590,档号:7987-35,题名:刘秉恬密陈造船进剿机宜,具文日期:乾隆四十年三月初十日。

⑦ 〔清〕阿桂总纂:《平定两金川方略》卷89,乾隆三十九年二月癸巳。

山腿数道",又如"当噶山势逶迤,自郎车尔宗已为上山之路,计至山巅约有八九十里",而"木果木一带山势更高。"①乾隆四十年七月,阿桂等再次强调:"查促浸、僧拉地方峻岭崇山,在在无非险隘。"②

此外,王昶参加了第二次金川战争,其《金川纪事诗》中不乏记载瓦寺、小金川、大金川等土司地区山崖险绝、道路崎岖之句。譬如,《奉旨移师往讨金川启程途中有作》云:"雪山玉垒又绝险",又如《军抵山神沟》曰:"层崖远迈羊肠恶,骏马十步九步却。岂无健儿好身手,尚恐虚沙崩欲落。生平豪气老不除,挥鞭径上凌崎岖。垂堂之言宁足戒,但恨奇险难为书。"③王昶还在《蜀徼纪闻》中详载其经行斑斓山时所见,云:"过斑斓山,山石巉岈荦确,无数尺平者……崖陵步步须人扶掖。"④

第二次金川战争结束不久,赴绥靖屯任职的李心衡曾亲历金川一带关山重叠、险峻难行的自然环境,亦不禁发出这般感叹:"(金川)与十八家土司部落毗连,犬牙相错,然重关叠隘,山路险巇,马蹶不能驰,人喘不能骋,分疆而守,若天有以限绝,使不得兼并者。自灌郫至金川,……而牛头巴郎诸山,石仄水横,尤难投足,危坡绝壁,架偏桥飞跨百余丈,通一线路偶被雨潦冲圮,咫尺前途,不能飞跃,坐待修葺。伐木椎石,动经旬余,常有绝粮患。丁未戊申间有余姓道士董其事,凿山开道,余亦捐助俸银,……然其地险仄者,未可枚举,不能尽钱而平之,亦一憾事!"⑤2010年4月29日至5月9日,笔者由成都经泸定、康定亲赴丹巴、金川、小金开展田野调查,一路饱览文献中所载"崇山峻岭、在在无非险隘"的景象,深感震撼,也因此能深刻体会当年清军进剿之不易。

无论是前线将领不厌其烦的奏报,还是战争亲历者及战后赴任者的亲笔记述,均反映了他们对大小金川所在地区山多路险地形特点的深刻、具体认识。倘若清廷能够在战前对两金川的地形特点有较为准确的认知,乾隆皇帝大概也不会盲目自大地以为"兵多粮足"就能速战速决而轻启战端,也就不会有大批清军长期不能速进,陷入战争泥淖不能自拔的窘况。

二、"沟深林密"且"崖磡陡削"

大小金川及其邻近土司地区不仅高山耸立、道路险隘,而且诸多山梁和

---

① 中国第一历史档案馆:《军机处录副奏折》,民族类,缩微胶卷号590,档号:7983-34,题名:阿桂等奏拟进攻噶口并调拨内省兵由,具文日期:乾隆四十年二月初四日。

② 中国第一历史档案馆:《军机处录副奏折》,民族类,缩微胶卷号590,档号:7987-38,题名:阿桂、丰升额奏于成都另觅画工绘出历次战功进呈由,具文日期:乾隆四十年七月初一日。

③ 〔清〕王昶:《金川纪事诗》之《奉旨移师往讨金川启程途中有作》《军抵山神沟》,载张羽新主编:《中国西藏及甘青川滇藏区方志汇编》第43册,学苑出版社,2003年,第251、256页。

④ 〔清〕王昶:《蜀徼纪闻》,乾隆三十六年十二月十七日条,载张羽新主编:《中国西藏及甘青川滇藏区方志汇编》第43册,学苑出版社,2003年,第335页。

⑤ 〔清〕李心衡:《金川琐记》卷2之《入金川路》条,中华书局,1985年,第11页。

深沟遍布深林密菁,亦成为清军进剿之重大障碍。除前引乾隆皇帝上谕和前线将领明亮奏报中分别提到"菁深沟隘""密菁深沟"外,大小金川被俘头人的供词亦专门提到当地树林深密的地貌。大金川的大头人尼马噶喇克巴对不肯交出小金川土司僧格桑一事进行辩解时称:"我们地方也大,林菁也深,僧格桑藏在哪里不得知道,……我如今派人遍山菁林里找寻。"①大金川喇嘛达固拉僧格供称:"我两年前曾跟莎罗奔自勒乌围往噶喇依去,因河内发水,是从科布曲上山走的,山顶上地名叫则朗噶克,一路都是树林。"②小金川的著名头人七图安都尔亦供:"逊克尔宗这一路山梁路径本来险窄,从逊克尔宗至科思果木这一条路我原只走过一次,是一道沟还是两道沟实在记不清。那路径虽比逊克尔宗略好些,但是树林也是深密,山道也是险仄的。我们番子走惯山路是可以走的,至内地官兵走不惯,是难走的。"③此外,战争期间两金川人投诚时亦多经山林逃出。④鄂宝派员弁查大金川模子沟磺矿出产情况时获悉:"(模子沟)界连明正境,惟前面林内仅有人行仄径,……模子沟往北百余里系正地山口,山后即系贼境,山前高岩密林,并无产矿之所。"⑤

《川西北嘉绒藏族羌族社会调查》一书对金川所在的嘉绒十八土司地区深林密布的情形有这样的叙述:"嘉绒区森林较多,如巴朗山、虹桥山、牛头山及绰斯甲上寨、四土(卓克基、从噶克、丹坝和梭磨四土司)的北部都有较大的森林区。"⑥《阿坝州志·林业志》亦云:"阿坝州因地形、地貌、气候等多种因素的制约,形成以亚高山暗针叶林为主的多种森林类型,其分布以海拔、坡向等在水平方向上由西北向东南呈规律性变化,大致以松潘、龙日坝、观音桥一线为界。其西北部森林类型和树种组成较为单一,向东南侧较为复杂多样。森林主要分布于各大山脉主山脊及大小山脊两侧。各大河流上游及支沟尾部较集中,尤其阴坡和半阴坡,是亚高山暗针叶林的集中分布地带。"⑦另据四川省林业厅森林调查队 1954 年 12 月的专业调查数据可知,仅大金和绰斯

---

① 中国第一历史档案馆:《军机处录副奏折》,民族类,缩微胶卷号 590,档号:7989-25,题名:张坤忠供单。

② 中国第一历史档案馆:《军机处录副奏折》,民族类,缩微胶卷号 590,档号:7989-99,题名:达固拉僧格供单。

③ 冯明珠、庄吉发编:《金川档》,题名:七图安都尔供单,台北"故宫博物院",2007 年印,第 2835页。

④ 中国第一历史档案馆:《军机处录副奏折》,民族类,缩微胶卷号 590,档号:7980-43,题名:投番克塔尔等供单。这类例子很多,可详见附录三《两金川部分投诚或被俘土民情况表》内"备注栏"。

⑤ 中国第一历史档案馆:《军机处录副奏折》,民族类,缩微胶卷号 589,档号:7960-52,题名:鄂宝奏覆现在办理模子沟磺矿情形由,具奏日期:乾隆三十八年七月十三日。

⑥ 西南民族大学西南民族研究院编:《川西北藏族羌族社会调查》,民族出版社,2008 年,第 16页。

⑦ 阿坝州志编纂委员会:《阿坝州志》(中),民族出版社,1994 年,第 971 页。

甲中、下寨地区就共有森林面积 156.462 万亩,蓄积 28 932 457 立方米。① 由相关社会调查报告之记载和这些林业调查数据亦可推测,大小金川及其相邻土司地区的森林覆盖率当十分可观。

大小金川所在的川西北土司地区不仅跬步皆山,菁林丛深,而且境内沿河地带崖碉壁立,河谷地势险仄,亦为清军进剿两金川之天然阻碍。首征金川结束后,清廷在《平定金川方略》之《金川图说》中这样描述道:"其巢穴(土司官寨)有二,一在勒歪(即勒乌围),一在刮耳崖(指噶拉依),相距约一百二十里,泸河经其中,沿河崇山峭耸,不容驰骤。……泸河发源,志乘无考,由郭罗克会绰斯甲布之水,绕日旁山入金川界,过勒歪与小金川诸山至章谷会合,由木坪大河入泸定桥,水势不一,平处则用皮船,过滩则负船盘滩沿岸而过,方可乘舟。……近巢数里皆土崖夹石,临河陡立。"②尽管大金川的寨落和耕地主要分布在河坝地区,清军急于扫平这里的寨落并破坏田畴,却因河道狭窄、河水汹急,且河岸崖碉陡立而不能迅速推进。

第二次征金川期间,清军刚进入作战区,乾隆皇帝便命前线将领留心考察当地河川形势。乾隆三十八年十月,定边将军阿桂奏称:"小金川之河,东南一支发源于巴朗拉,由资哩、鄂克什而西,其东北一支发源于沙木角拉、孟拜拉尔两山之间,又底木达、布朗郭宗而西,南流至明郭宗会合,又西流经美诺、达乌至章谷等处,始与金川之河会合。其金川之河,发源于丹坝境外西北地方,由绰斯甲布竹孜官寨一带流入金川,经勒乌围、噶喇依寨之西南,又经巴旺、布拉克底及革布什咱境至明正章谷之甲木楚河,而合于小金川河之下游,归入打箭炉河。两河皆系经流千万万壑,所汇波涛汹涌,断无可决可塞之法。"③战争末期(乾隆四十年正月),阿桂等又奏:"伏查促浸(金川)河流系从绰斯甲布、丹坝之间流入其境,缘番地濒河之处两山逼迫,是以崖碉更为陡削,非如内地河身两边皆有宽平大道可比。前此绘图仅能将山梁、山腿之情形画出大概,而于沿河崖碉不能给出其实。沿河一带陡削不能行走之处甚多。"④

阿桂等所奏绝非浮言,王昶《行碉草坡间作》诗云:"碉头之路如蚁旋,陡削翠壁千寻悬。怪石林林万刀剑,下护绝底蚊龙渊。行人一望头目眩,骏马哀鸣蹄流汗。"⑤《金川县志》亦载:"境内山高谷深,谷坡陡峭。"⑥乾隆皇帝遣

① 金川县地方志编纂委员会:《金川县志》,民族出版社,1994 年,第 529 页。
② [清]来保总撰:《平定金川方略》之《金川图说》。
③ [清]阿桂总纂:《平定两金川方略》卷 78,乾隆三十八年十月辛巳。
④ 中国第一历史档案馆:《军机处录副奏折》,民族类,缩微胶卷号 590,档号:7980-1,题名:阿桂等奏现在不能过河夹击由,具文日期:乾隆四十年正月廿七日。
⑤ [清]王昶《金川纪事诗》之《行碉草坡间作》,载张羽新主编:《中国西藏及甘青川滇藏区方志汇编》第 43 册,学苑出版社,2003 年,第 256 页。
⑥ 金川县地方志编纂委员会:《金川县志》之《自然环境》,民族出版社,1994 年,第 167 页。

人向金川河边的甲索山神致祭曰："徼靖蚕丛，犄角重夹河之势，崖旋螺迳。"①《阿坝州志》之《金川水路》亦云："大金川为大渡河上游正流，自北向南流过金川县，长 100 余公里。其上游有麻尔曲河、梭磨河和杜柯河三条支流"，"抚边河和沃日河在小金县猛固桥汇合后称小金川"，而"小金川河谷地势陡峻，河道险窄，行舟困难。"②

时至今日，大小金川、绰斯甲布、三杂谷、明正等嘉绒土司所在的各县或乡镇沿河一带已修筑柏油公路，交通状况大为改善，但两岸仍是高崖耸立，山上皆羊肠小道，一遇大雨即不免飞石自山上滚落路面，甚至频频暴发可怕的泥石流，河中则黄浪击石形成湍急的旋涡，令人观之目眩心惊。2010 年夏，笔者在小金县宅垄乡（现已改为宅垄镇）上宅垄村开展田野调查时，亲历了高山"崖礌陡削"、谷底"河水咆哮"（见图 6-3）的地理环境带来的身心震撼。③ 如果不是亲自去当地踏勘，很难对二百多年前官书和档案文献记录的大小金川河道及两岸的地理环境有真切的感受。也正是基于这样的实地体验，才能对这种地形特点给清军造成的巨大阻遏有更为真实的理解。

图 6-3　小金川河水势及崖岸景观④

三、地形地貌对清军的多重掣肘

大小金川所在的川西北地方多崇山峻岭，山上沟深林密，河道狭窄，沿河地带崖礌壁立，险隘异常，实属易守难攻之地。那么，大小金川及其邻近土司

---

① ［清］李心衡：《金川琐记》卷 1 之《恭录钦颁山川祭文》，中华书局，1985 年，第 5 页。
② 阿坝州志编纂委员会：《阿坝州志》（中），民族出版社，1994 年，第 1381 页。
③ 参见附录一《川西北田野调查日志辑要》。
④ 笔者 2023 年 8 月 15 日摄于小金县宅垄镇。

地区如此险隘的地形地貌对乾隆朝清军两次大规模的征剿行动造成了何种程度的阻遏和压力呢？

首先，长距离、大规模的军需转运因当地山险路仄而艰难倍至。清军首征金川，草率深入腹地，两年间承受了极大的军需压力，并为此付出了沉重的代价。乾隆十二年（1747）三月，四川总督庆复在接到出兵金川上谕后奏言："臣愚以为金川四面环山，羊肠鸟道，用兵之际馈运艰难，止可令镇将带兵各据要害，仍用以蛮攻蛮之法，使小金川、革什咱、巴旺各伸报仇之心。……我兵既无深入之忧，可行可止，操之在我，似为得策。"[1]只是乾隆皇帝已决心借金川战争来洗刷瞻对之役草率了事的耻辱，从而不予采纳。战争伊始，乾隆皇帝便谕令张广泗等应以瞻对之役为前事之鉴，注意山峻林密导致长途馈运艰难的问题，谕曰："逆酋敢于侵扰，伤及官兵，猖獗若此，总由此前瞻对之事办理未善，无所惩创，不足以震摄蛮心，且所遣将弁轻率寡谋，不知用兵节制，兼之崇山密菁，馈运艰难，旷日失时，乌拉死伤甚众，此皆前事之失，可为炯鉴。"[2]纪山等亦积极筹办各项后勤运输工作，如设立台站、设置粮务、派兵护运等，但庆复、纪山不久便会奏："川西一路事属草创，挽运尤难。臣纪山于未接廷议以前，已派拨新都、重庆等处仓谷碾米二万石起运，因党坝、沃日二路中隔雪山，背夫多有灶坏，及雪气伤目者。现在雪尚未消，若不增加台站，蛮夫皆裹足不前"，又"今热笼围解，运道已通，但计算止杂谷闹一路转运，恐粮石不敷支给"，而"自泰宁至革什咱之吉地，甚属荒凉，难安短站"，"明正所属番民"已经"不敷挽运"。[3] 此后又增设台站，以缩短站与站的距离，并大规模雇佣汉夫和乌拉帮运，却因天寒冰冻，山路更为难行，以致"运饷进兵俱难得济"[4]。比之粮饷运输之难，沉重的军需炮位更因道路崎岖、林木丛杂而解送匪易。[5] 为保障军需无虞，清廷为之费尽周折，且耗费不菲。及至大兵撤出金川前夕，乾隆皇帝亦不得不在给军机大臣等的上谕中承认："川省军兴以来，一切夫马粮饷供亿浩繁，内地民情，疲困殊甚。……（金川等地）艰苦视内地倍甚。……挽运军需，全资民力。"[6]

殆及清军再征两金川，比首征金川投入的人力、物力更多，战时拉得更长，军需挽运的压力更甚，亦不避免当地山险路长之阻遏。乾隆三十六年（1771）十二月，军营主事王昶曰："四川行兵旧例，以山径峭仄，不可用马驮

① ［清］来保总撰：《平定金川方略》卷1，乾隆十二年三月戊戌。
② ［清］来保总撰：《平定金川方略》卷1，乾隆十二年三月己酉。
③ ［清］来保总撰：《平定金川方略》卷1，乾隆十二年五月丁未。
④ ［清］来保总撰：《平定金川方略》卷4，乾隆十二年十月癸未。
⑤ ［清］来保总撰：《平定金川方略》卷5，乾隆十三年三月丙戌。
⑥ 《清高宗实录》卷331，乾隆十三年十二月戊申。

载,故皆役州县民背运粮米、火药、铜铁诸物,谓之站夫。(进剿小金川之)西路兵万余人,日支粮百余石,须夫三百人运之。又应运火药、铜铁之夫称是。自草坡至向阳坪十四站,已须站夫万人,而凡绿营兵一千人,须长夫四百人,合计满汉兵万余人,又须夫四千余人。前此军需局虽派各州县民一万二千以应西路之用,然地方官只令乡保率领以行,沿途无程限、无检验,往往迟留停滞,甚有逋逸者。是以兵抵达汶川时,夫用不足。查君礼撤站夫为长夫以应之,而站夫又缺。及是,兵至达围距向阳坪三站,复须站夫几二千人,无可拨者。粮缺乏,军中啜粥三日。是晚,督粮事、重庆府君一嵩以粮数百石至,众心始定。"[1]此时距清廷宣战才半年,军需运输便因道路险远而如此不堪,最终粮运趋紧又会导致军心不稳。不仅如此,一旦粮运受阻,必然会影响战事进程。譬如,乾隆三十七年(1772)十月上谕:"据温福奏,沈宽于六月初六日至梦笔山,初七日即至纳云达,因粮运不敷,裹带稍为等候,又因山路逼仄,必须修开(道路),未能速进。"[2]

　　乾隆三十七年正月,军需局奏报西、南、北三路官兵与夫役共约计八万人,此前所运粮十四万石已经消耗过半,必须再从各州县征派米十六万石以为半年之用。[3] 军需运输压力之大可见一斑。此后,各路军营兵力和夫役不断增加,而金川一带运道和气候俱恶劣,使得军需运输十分不易,其中粮运尤为艰难。乾隆三十八年(1773)九月前线奏称南路一带山险路长,天寒雪早,而转运尤为吃紧。[4] 同年十二月,负责粮饷运输的颜希深奏称:"丹巴所需米粮距省站远,且多高山险路,时值寒冬,挽运维艰。"乾隆三十九年(1774)正月,富勒浑等奏:"安设粮台,随阿桂大营前进,按站接济,……谷噶军营一路树木丛杂,道路险仄,冰凌难行。"[5]这年十月,日尔拉山一带气候极寒,风雪甚大,难以行走,造成粮运阻隔。[6] 乾隆四十年(1775)正月,天气日渐和暖,而积雪亦渐消融,粮道更为泥泞。[7] 可见,清军再征金川数年间,因道路险恶,粮运的压力未曾须臾缓解。

　　其次,两次金川战役均因地形险恶而难以速进。首征金川伊始,乾隆皇

---

① ［清］王昶:《蜀徼纪闻》,乾隆三十六年十二月二十二日条,载张羽新主编:《中国西藏及甘青川滇藏区方志汇编》第 43 册,学苑出版社,2003 年,第 335 页。

② 冯明珠、庄吉发编:《金川档》,题名:乾隆三十七年十月初四日温福等奉上谕,台北"故宫博物院",2007 年印,第 473 页,477 页。

③ ［清］王昶:《蜀徼纪闻》,乾隆三十七年正月二十日条,载张羽新主编:《中国西藏及甘青川滇藏区方志汇编》第 43 册,学苑出版社,2003 年,第 337 页。

④ 《清高宗实录》卷 942,乾隆三十八年九月庚申。

⑤ 冯明珠、庄吉发编:《金川档》,题名:乾隆三十九年正月二十八日阿桂富勒浑等奉上谕,台北"故宫博物院",2007 年印,第 2041 页。

⑥ 《清高宗实录》卷 969,乾隆三十九年十月壬寅。

⑦ 《清高宗实录》卷 975,乾隆四十年正月庚午。

帝本以为起用治苗有功的张广泗率部进剿,定能速灭金川,张广泗亦自视甚高,以为年内即可奏捷,但很快因金川人负险顽抗而无法"迅奏肤功"①。乾隆十二年张广泗奏请调兵三万,兵分两路,一由川西攻(金川)河东,一由川南攻(金川)河西,而河东又分为四路,以两路攻勒乌围,以两路攻噶尔崖,河西亦分三路攻赓(特)额诸山,以为当年即可告捷,不料"险阻不前",只好"复请增兵万"②。及至乾隆十四年春,清军损兵折将却仍未能攻克大金川。乾隆皇帝迁怒讷亲、张广泗未早实奏"其地险力艰不足殚师旅",遂借"屡奉皇太后'息武宁边'之谕",命傅恒班师回朝,而傅恒亦奏:"金川军事,误于初起之时,蛮酋本在化外,止可略惩以威,不必深入其阻,一误再误,以迄于今。"③乾隆皇帝亦承认此次"用兵金川","辗转乖谬","久未成功","实为大不称心"④。

清军再征金川亦频遭川西北土司地区崇山峻岭之险阻,进剿殊为不易。起初,乾隆皇帝以为小金川不比大金川险隘,不难长驱直入,不料竟费时一年多才彻底平定该司。乾隆三十六年(1771)八月,四川提督董天弼带兵从山神沟进讨小金川,迅速溃败;松潘镇总兵福昌攻斑斓山亦败,面对如此战况,主事王昶已认识到这与金川等地路险不可攻有关。⑤ 该年九、十月,董天弼领兵五千四百余名,因西路山险峻,而不得不决计从山神沟往木坪绕道进剿小金川之甲金达。⑥ 是年十二月三十日,清军与小金川人在沃日南山激战,亲历战争的王昶不禁感慨"(金川)殆非人境!"⑦乾隆三十七年正月,参赞大臣至别思满与小金川人相遇,因"雪深山险,未得进"。⑧ 是年二月下旬,乾隆皇帝见官兵攻围日耳月余,担心师老气疲,命将领觅间道绕行,以期速捷,但因各处山梁要隘俱为小金川人设卡立碉死守,导致清军兵力不敷分拨,同时,阿桂所率官兵抵墨垄沟,亦因山险路窄、土民固守,且雨雪多而不能前进。⑨ 温

---

① 详见本章附录之表6-1。有关第二次战争难以速胜情况详见表6-2。
② [清]魏源:《圣武记》卷7之《乾隆初定金川土司记》,中华书局,1984年,第298页。
③ [清]魏源:《圣武记》卷7之《乾隆初定金川土司记》,中华书局,1984年,第301页。另参见程穆衡:《金川纪略》卷2,载张羽新主编:《中国西藏及甘青川滇藏区方志汇编》第43册,学苑出版社,2003年,第100页。
④ 《金川案》(元),乾隆十三年十二月辛卯,上谕诸王大臣共议讷亲张广泗之置,载张羽新主编:《中国西藏及甘青川滇藏区方志汇编》第43册,学苑出版社,2003年,第13页。
⑤ [清]王昶:《蜀徼纪闻》,乾隆三十六年九月条,载张羽新主编:《中国西藏及甘青川滇藏区方志汇编》第43册,学苑出版社,2003年,第328页。
⑥ [清]王昶:《蜀徼纪闻》,乾隆三十六年十月二十一日条,载张羽新主编:《中国西藏及甘青川滇藏区方志汇编》第43册,学苑出版社,2003年,第331页。
⑦ [清]王昶:《蜀徼纪闻》,乾隆三十六年十二月三十日条,载张羽新主编:《中国西藏及甘青川滇藏区方志汇编》第43册,学苑出版社,2003年,第336页。
⑧ [清]王昶:《蜀徼纪闻》,乾隆三十七年正月十六日条,载张羽新主编:《中国西藏及甘青川滇藏区方志汇编》第43册,学苑出版社,2003年,第337页。
⑨ [清]王昶:《蜀徼纪闻》,乾隆三十七年二月十八、十九日条,载张羽新主编:《中国西藏及甘青川滇藏区方志汇编》第43册,学苑出版社,2003年,第339页。

福率部攻打小金川资哩南北山梁等处、桂林进攻东山梁和墨垄沟,俱因地险路窄导致兵力难施,累月不克。① 乾隆三十七年六月,福隆安等奏报:"阅看达乌一带,路径险峻,势难进攻。若从东山绕道前进,仍须于墨垄沟一带夹攻,自非多兵不可",面对如此困境,上谕曰:"此处正路,既极险恶,自不宜令兵丁冒险攻坚,用力于无可著力之地。至觅径绕道,固为胜算,亦难必其果出万全。"②乾隆三十七年十月阿桂一路攻打甲尔木山梁各峰,官兵必须下至山坳向上仰攻,至为不易。③ 直至该年十二月才得以进抵小金川美诺官寨及岱多喇嘛寺,而僧格桑已带领千余土民从美卧沟逃往大金川。

　　清军平定小金川后,全力进剿大金川却因地势险阻,未能长驱直入,西、南各路几乎都靠绕道仰攻,才得以缓慢推进。乾隆三十八年正月,阿桂一路攻打金川当噶尔拉山未克,丰升额等率部进攻金川之达尔图、日旁等处,亦因山高路险受阻。④ 据阿桂、明亮奏:"臣等统兵前抵当噶尔拉相机进取……惟是当噶尔拉,山高路险,官兵虽俱踊跃思奋,而从纳围纳札木进抵贼碉尚有二十余里,步步仰攻,究不免于疲顿",而且"查当噶尔拉山形,贼碉愈近,崖势愈陡,官兵步步仰攻,殊为费力。"⑤因处处需要仰攻导致清军疲顿不堪,极大地阻碍了清军的进剿行动。譬如,乾隆三十八年七月,清军分兵数路进剿金川后,亦很快就察觉"昔岭、当噶及宜喜三路皆系仰攻,未必有益"⑥。清军逼近逊克尔宗后发现,该处只有一面可以仰攻,或断其水道,或从拉库(枯)喇嘛寺绕袭。⑦ 乾隆三十八年九月,丰升额等仍奏称日旁、宜喜两山乃金川北部门户,仰攻颇为费力,难觅易于进兵之路。⑧ 乾隆三十九年八月,阿桂进奏金川地形图,荣噶尔博近在逊克尔宗之下,但荣噶尔博与逊克尔宗隔着山沟,过沟仰攻不能得势,必须斜上攻取日尔八当噶,再由此上通卡立叶,然则大金川人据险力守,加上道路丛杂,使得清军既要严防后路被截,又不能迅速剿洗各要处,各路攻剿俱殊为不便。⑨

① 《清高宗实录》卷 901 至卷 905,乾隆三十七年正月戊午、乾隆三十七年二月丁卯、乙亥、己卯、癸未、甲申、癸巳等条;乾隆三十七年三月庚子、壬寅、癸丑、乙卯、甲子、丁巳等条。
② 《清高宗实录》卷 911,乾隆三十七年六月癸巳。
③ 《清高宗实录》卷 919,乾隆三十七年十月壬午、乾隆三十七年十月乙酉。
④ 《清高宗实录》卷 925,乾隆三十八年正月乙卯、乾隆三十八年正月己未。
⑤ [清]阿桂总纂:《平定两金川方略》卷 49,乾隆三十八年正月己未、乾隆三十八年二月丙寅。
⑥ 冯明珠、庄吉发编:《金川档》,题名:乾隆三十八年七月十六日阿桂奉上谕,台北"故宫博物院",2007 年印,第 1069 页。
⑦ 冯明珠、庄吉发编:《金川档》,题名:乾隆三十九年七月三十日阿桂明亮等奉上谕,台北"故宫博物院",2007 年印,第 2478 页。
⑧ 冯明珠、庄吉发编:《金川档》,题名:乾隆三十八年九月十二日阿桂等奉上谕,台北"故宫博物院",2007 年印,第 1445 页。
⑨ 冯明珠、庄吉发编:《金川档》,题名:乾隆三十九年八月二十日阿桂丰升额等奉上谕,台北"故宫博物院",2007 年印,第 2537—2540 页。

况且,清军每兵一人,计所带火药、铅丸各二百,鸟枪一杆,腰刀一把,火绳十盘,即已不下三十斤,又须带十天口粮,合计几及四十余斤,官兵如此负重,越险攀高,自然颇为费力,难以速行。① 乾隆四十年正月,乾隆皇帝亦不得不承认:"现在官兵攻剿促浸,距贼巢不远,迩日急盼捷音,而各路进兵惟阿桂一路更为吃紧,望捷尤切。乃阿桂前日奏到尚须觅路再办,则是阿桂等亦无法可施,甚为焦急。……自谷噶进兵以来,系处处仰攻。"② 几乎同时,明亮一路进攻正地一带未得尺寸,乾隆皇帝闻之甚为烦闷。③ 乾隆四十年九月,上谕:"阿桂自进攻促浸以来,所攻险隘,俱系设法绕攻而得。"④

再次,大小金川等地深林密菁的地貌,为该二司土民伺机趁间进攻或秘密往来联络提供了天然屏障,并使得清军进退均受掣肘。乾隆三十七年正月十七日,侍卫乌什哈达率200人循北山阴西行,与小金川土兵相遇,经力战占据山巅,但小金川人趁夜潜行林莽间,突然奔出,反据山巅,官兵纷纷溃逃。⑤ 是年正月二十八日,牛天畀等率1400人分三队,欲再夺阿喀木雅,当此之时,小金川人突从松林中袭出,前两队官兵溃败,虽有最后一队官兵坚持作战,但小金川人下山后仍据卡以守。⑥ 同年二月初十日,侍卫三达尔率兵占据南山山巅,因小金川人断绝官兵水道,粮食亦不继,只好慢慢撤出,小金川人便趁机从树林中用火枪发起攻击,侍卫三达尔中枪身亡,另有数十人受枪伤,官兵在一片恐慌中争相下山,又有200余人"蹶而触木石伤",狼狈不堪。⑦ 将军温福等亦称"路险菁深,加之雪冻,更非急切可以着力"⑧。同年十二月初三日,五六百名小金川人分三路从东涧密林潜出滋扰舒常一路官兵;次日小金川人又由西涧林中分队来袭。⑨

乾隆三十八年正月,丰升额、舒常一路连日攻打达尔图山梁,俱因坚碉难

① [清]阿桂总纂:《平定两金川方略》卷86,乾隆三十九年正月壬申。
② 冯明珠、庄吉发编:《金川档》,题名:乾隆四十年正月十七日阿桂等奉上谕,台北"故宫博物院",2007年印,第2975页。
③ 冯明珠、庄吉发编:《金川档》,题名:乾隆四十年正月二十日阿桂丰升额明亮等奉上谕,台北"故宫博物院",2007年印,第2983页。
④ 冯明珠、庄吉发编:《金川档》,题名:乾隆四十年九月二十一日阿桂丰升额明亮舒常等奉上谕,台北"故宫博物院",2007年印,第3538页。
⑤ [清]王昶:《蜀徼纪闻》,乾隆三十七年正月十七日条,载张羽新主编:《中国西藏及甘青川滇藏区方志汇编》第43册,学苑出版社,2003年,第337页。
⑥ [清]王昶:《蜀徼纪闻》,乾隆三十七年正月二十八日条,载张羽新主编:《中国西藏及甘青川滇藏区方志汇编》第43册,学苑出版社,2003年,第338页。
⑦ [清]王昶:《蜀徼纪闻》,乾隆三十七年二月初十日条,载张羽新主编:《中国西藏及甘青川滇藏区方志汇编》第43册,学苑出版社,2003年,第339页。
⑧ 冯明珠、庄吉发编:《金川档》,题名:乾隆三十七年十月二十四日温福等奉上谕,台北"故宫博物院",2007年印,第583页。
⑨ [清]阿桂总纂:《平定两金川方略》卷46,乾隆三十七年十二月戊子。

扑未能得手,又有二三百金川人从东坡密林中袭出,截中间一队官兵后路。①
阿桂一路所在的纳围地方,周边树林深密,遂有百余金川人潜出偷劫营
盘。② 乾隆三十八年三月,小金川人按叭喇供:"美卧沟到勒乌围有一百六七
十里路,僧格桑去年从美卧沟去的时节雪很大,路又难走,七十多里路全是大
树林。"③乾隆三十八年夏,小金川投降民众复叛,此乃先前逃往大金川之头
人等夜间从树林深密处行走,往来联通各处土民所为,竟从未被官兵发觉。④

乾隆三十九年二月,金川降民策旺、土守备阿拉禀称:"查得达尔扎克对
面有山名摩尔敏,沿山穿林行二三十余里,过沟一道即系卡立叶中间山梁,其
地名底噶喇木咱,上有一大碉、数小碉,由下向上亦穿树林而行。"⑤明亮在马
奈一带探明可由骆驼沟发兵取卡卡角,但路远山高,林深菁密,须逐步攀越而
上绕出,最为不易。⑥ 丰升额一路进剿卡立叶不顺,正欲退兵便遭大金川人
从林内潜出袭击。⑦ 乾隆三十九年六月,阿桂一路在色溯普山梁遭遇大金川
土民构筑的群碉阻遏,而且碉楼前后及两旁均树林蒙密,官兵须负重穿林前
进,必须佝偻而行,加之天气恶劣,路途陡险异常,官兵不能攻取。⑧ 乾隆三
十九年七月初五,明亮、舒常奏:"达尔图一带山梁子东北以至西南横亘数
里……实为至险恶之地,由此直至俄坡垭口……,其陡碉之下俱系深林密菁
围绕其间。"⑨乾隆三十九年十一月,明亮奏称:"木克什以下菁林深密,左右
两旁贼人皆可抄截,非多兵不足接应"⑩不久,清兵赴水卡取水,二十余名大
金川人便从菁林沟内冲出袭击取水弁兵。⑪ 乾隆三十九年十二月,颜希深
奏:"大兵移驻带石军营已及一日,其地虽系新克贼疆,菁林深密。"⑫官兵"因

① 〔清〕阿桂总纂:《平定两金川方略》卷49,乾隆三十八年正月乙卯。
② 〔清〕阿桂总纂:《平定两金川方略》卷50,乾隆三十八年二月甲戌。
③ 中国第一历史档案馆:《军机处录副奏折》,民族类,缩微胶卷号589,档号:7956-14,题名:
脱出金川番人供单,具文日期:乾隆三十八年三月二十七日。
④ 中国第一历史档案馆:《军机处录副奏折》,民族类,缩微胶卷号590,档号:7991-24,题名:
七图甲噶尔思布供单。
⑤ 冯明珠、庄吉发编:《金川档》,题名:乾隆三十九年二月初八日阿桂丰升额明亮奉上谕,台北
"故宫博物院",2007年印,第2079页。
⑥ 〔清〕阿桂总纂:《平定两金川方略》卷86,乾隆三十九年正月乙丑。
⑦ 〔清〕阿桂总纂:《平定两金川方略》卷87,乾隆三十九年正月戊寅。
⑧ 〔清〕阿桂总纂:《平定两金川方略》卷98,乾隆三十九年六月丁未。
⑨ 中国第一历史档案馆:《军机处录副奏折》,民族类,缩微胶卷号590,档号:7979-62,题名:
明亮舒常攻克宜喜之达尔图一带山梁碉卡先筹趁胜进取情形,具文日期:乾隆三十九年七
月初五日。
⑩ 中国第一历史档案馆:《军机处录副奏折》,民族类,缩微胶卷号590,档号:7975-40,题名:
明亮等近日筹办对敌情形,具文日期:乾隆三十九年十月二十日。
⑪ 中国第一历史档案馆:《军机处录副奏折》,民族类,缩微胶卷号590,档号:7975-43,题名:
架浆取水弁兵金川番人袭击,具文日期:乾隆三十九年十二月初八日。
⑫ 中国第一历史档案馆:《军机处录副奏折》,民族类,缩微胶卷号590,档号:7976-7,题名:颜
希深覆奏防范周叟军营后路由,具文日期:乾隆三十九年十二月十一日。

菁深路窄，必须鱼贯前行"，又因"道路险恶延长，运送火药、口粮甚难接续"。① 阿桂等则奏："查番地山高路仄，林菁丛深，其衣服稍长趋步每不便，是以战裙一项，官兵从不备用。"②

乾隆四十年正月，清军分路由日尔巴越沟过河，须穿出菁林潜往攻打喀尔西碉寨，但喀尔西、科拉木达两路均山陡林密，夜间尤难行走，结果延宕至该年二月，明亮一路官兵因该处山险林密，小径蜿蜒，乃至功败垂成。③ 阿桂等亦奏："从日旁而至沙坝、宜喜山，半绕行，路遥约有三十余里，该处峦壑起伏，林菁丛深，非多兵不能接续。"④这年正月阿桂率部进至勒吉尔博山梁时亦发现："该处菁林丛深，坡磡陡削，较之空萨尔（山梁）尤为甚。"⑤富德亦奏："贼地自拉窝、马尼、绒布……及沈角太约山梁占据地面绵长、陡仄不下二百余里，且重山叠嶂，深沟险涧，更兼菁林丛杂。"⑥乾隆四十年三月下旬，明亮等自日旁奔赴宜喜，遭遇数尺深大雪，官兵仍须穿林入菁，几乎无路可寻。⑦ 事实上，"各路（官兵）绕道深入，沿途菁林丛密"，以致"贼人俱可从旁抄截"。⑧ 乾隆四十年五月，明亮一路官兵先在驻守基木斯当噶时夜遇藏于深林密菁中的大金川人四出滋扰，后进攻额尔替山，因甲索山梁下拖山腿直插河流，横截去路，只好从敖成所驻头敌统兵前进，不料"彼处林密山深"，致使"后路极为散漫"。⑨ 乾隆四十年七月，阿桂领兵克获形势最为扼要的昆色尔各处碉寨后，火速攻至舍图枉卡，发现在此守御的金川土民便藏在菁林中间的一处岩洞内，随后又发现蚌噶有两座碉寨对峙路旁，却因其遮蔽于林菁

---

① 中国第一历史档案馆：《军机处录副奏折》，民族类，缩微胶卷号 590，档号：7982－1，题名：特成额等穿林越菁堵御情形，具文日期：乾隆三十九年十二月廿五日。

② 中国第一历史档案馆：《军机处录副奏折》，民族类，缩微胶卷号 589，档号：7972－56，题名：阿桂等奏制备战裙不必解送等由。

③ 中国第一历史档案馆：《军机处录副奏折》，民族类，缩微胶卷号 590，档号：7981－36、7981－37，题名（相同）：明亮舒常奏进攻喀尔西科拉木达等处寨落，具文日期：乾隆四十年正月初九和十三日；档号：7981－38，题名：明亮舒常筹办进攻喀尔西、科拉木达等处情形，具文日期：乾隆四十年二月初二日。

④ 中国第一历史档案馆：《军机处录副奏折》，民族类，缩微胶卷号 590，档号：7980－1，题名：阿桂等奏现在尚不能过河由，具文日期：乾隆四十年正月廿七日。

⑤ 中国第一历史档案馆：《军机处录副奏折》，民族类，缩微胶卷号 590，档号：7981－54，题名：阿桂等攻克甲尔纳堪布卓沿河各碉寨等由，具文日期：乾隆四十年正月二十日。

⑥ 中国第一历史档案馆：《军机处录副奏折》，民族类，缩微胶卷号 590，档号：7983－3，题名：富德奏绒布一鲁现在占据各山梁要隘情形，具文日期：乾隆四十年正月廿六日。

⑦ 中国第一历史档案馆：《军机处录副奏折》，民族类，缩微胶卷号 590，档号：7979－78，题名：明亮等奏覆改至初二日会攻并声东击西由，具文日期：乾隆四十年三月廿七日。

⑧ 中国第一历史档案馆：《军机处录副奏折》，民族类，缩微胶卷号 590，档号：7979－82，题名：明亮等奏攻克宜喜等处情形，具文日期：乾隆四十年四月十四日。

⑨ 中国第一历史档案馆：《军机处录副奏折》，民族类，缩微胶卷号 590，档号：7980－18，题名：明亮等奏攻获巴布里碉寨情形，具文日期：乾隆四十年五月初七日；档号：7980－38，题名：明亮舒常奏进攻额尔替山抢夺石城碉卡并痛歼贼众情形，具文日期：乾隆四十年五月二十三日。

之中,竟至"从上下视未能看出"。① 乾隆四十年十月二十日、二十一日大雪,大金川人占据西里山梁阴坡,因其上菁林深密,以致积雪尚存,难以进攻。② 乾隆四十年闰十月,清军推进至日斯满山梁一带,"其间山峰层层陡起,险峻异常","向阳南坡另拖山腿一条,地名日得谷,西面下有深沟一道,均系菁林周匝",而"守碉贼人即从沟内菁林中间密为上下"。③ 乾隆四十年十一月,阿桂率部上攻科布曲山梁,原以为"扪觑斯、索隆古等处菁林广大",不料"西里山梁一带林木幽深,峰峦迴合,道路亦甚丛杂"。④ 乾隆四十年十二月,阿桂率领西路官兵由索隆古前进,将朗阿古、布哈尔、则朗噶克、垭口、丹札布六寨逐一攻克,即于噶占等处发兵直捣噶喇依官寨,在攻打马尔古当噶时,不仅要仰攻,官兵还须从菁林丛深之中潜行并设法爬越山梁。⑤ 此外,为防范金川土民藏匿深林密菁之中伺机偷袭官军或抢夺粮台,清军不惜采取搜山、烧山等措施。⑥

由是观之,大小金川地区林木丛杂的地貌为该处土民潜伏并伺间袭击官兵、抢掠物资和夫役提供了极好的掩蔽,而清军则因之难以侦查大小金川二司攻守异动之实情,进而严重阻碍了后勤运输及军事进剿行动的进程。

最后,清军因金川等地河道狭窄、河水汹急、且河岸崖碉陡立而不能迅速推进。第二次征金川期间,清军刚进入两金川地区,乾隆皇帝便命前线将领留心考察该区河川形势。乾隆三十八年十月,定边将军阿桂奏称:"小金川之河,东南一支发源于巴朗拉,由资哩、鄂克什而西,其东北一支发源于沙木角拉、孟拜拉两山之间,由底木达、布朗郭宗而西南流至明郭宗会合,又西流经美诺、达乌至章谷等处,始与金川之河会合。其金川之河,发源于丹坝境外西北地方,由绰斯甲布竹孜官寨一带流入金川,经勒乌围、噶喇依官寨之西南,又经巴旺、布拉克底及革布什咱境至明正章谷之甲木楚河,而合于小金川之河下游,归入打

①　中国第一历史档案馆:《军机处录副奏折》,民族类,缩微胶卷号590,档号:7982-4,题名:阿桂等奏攻克昆色尔各处碉寨,具文日期:乾隆四十年七月初六日;档号:7982-5,题名:阿桂等攻克章噶等处碉寨及相机戕截情形,具文日期:乾隆四十年七月十一日。
②　中国第一历史档案馆:《军机处录副奏折》,民族类,缩微胶卷号590,档号:7981-1,题名:阿桂等分路攻打西里山梁筹议必克情形,具文日期:乾隆四十年闰十月初一日。
③　中国第一历史档案馆:《军机处录副奏折》,民族类,缩微胶卷号590,档号:7980-21,题名:明亮等奏攻克上巴布里截断日斯满后路情形,具文日期:乾隆四十年闰十月十九日。
④　中国第一历史档案馆:《军机处录副奏折》,民族类,缩微胶卷号590,档号:7983-13,题名:阿桂等奏大兵攻克舍勒固租鲁等寨即抢上科布曲山梁等由,具文日期:乾隆四十年十一月十二日。
⑤　中国第一历史档案馆:《军机处录副奏折》,民族类,缩微胶卷号590,档号:7990-24,题名:阿桂等奏大兵攻克喇乌马尔古当噶一带并克取得尔陇抢占舍齐喇嘛寺各情形,具文日期:乾隆四十年十二月二十二日。
⑥　中国第一历史档案馆:《军机处录副奏折》,民族类,缩微胶卷号590,档号:7976-4,题名:派定巡哨搜山员弁兵丁数目清单。

箭炉河。两河皆系经流千万万壑，所汇波涛汹涌，断无可决可塞之法。"[1]

阿桂所奏绝非浮言。王昶《行碉草坡间作》一诗云："碉头之路如蚁旋，陡削翠壁千寻悬。怪石林林万刀剑，下护绝底蚊龙渊。行人一望头目眩，骏马哀鸣踯流汗。"[2]乾隆皇帝遣人向金川河边的甲索山神至祭曰："徽靖蚕丛，犄角重夹河之势，崖旋螺迳。"[3]《阿坝州志》之《金川水路》篇亦云："大金川为大渡河上游正流，自北向南流过金川县，长一百余公里。其上游有麻尔曲河、梭磨河和杜柯河三条支流"，"抚边河和沃日河在小金县猛固桥汇合后称小金川"，而"小金川河谷地势陡峻，河道险窄，行舟困难。"[4]笔者经实地考察发现，昔日大小金川、绰斯甲布、三杂谷、明正等嘉绒土司所在的各县或乡镇沿河一带，如今已修筑了柏油公路，交通状况大为改善，但两岸仍是高崖耸立，山上皆羊肠小道，一遇大雨即不免飞石自山上滚落路面，甚至频频暴发可怕的泥石流，河中则黄浪急漩，观之目眩心惊。

两金川河道窄而水势不一，以及临河处崖岸耸立的地理环境为大金川土司官寨增加了防御筹码，还提供了迅速转移物资的通道[5]，而清军却难以通过船只转运军需及官兵。首先，两金川人在两崖礅立碉设卡，占据要隘，清军欲渡河往来须冒很大风险。其次，两金川河道与内地河道不同，一般只能以皮船载二三人过渡，且须掌握专门技术的水手才能驾驭，这样一来，大批清军若靠皮船渡河，自然给两岸据险守御之大小金川人以绝佳战机。乾隆三十六年八月，据阿尔泰奏称，小金川与明正交界，隔有大河，因用皮船渡河不能多载，须赶造木舡，最终因担心小金川人从河道两岸施加枪炮，致使船只难于顺利过渡而作罢。[6] 又据王昶《蜀徼纪行》载："章谷距约咱二十余里，中隔河，夷人用皮船往来，今造舟以渡"，结果因预备不足没有下文。[7] 乾隆三十九年三月，明亮一路进攻喀咱普大碉，用大炮逼近轰摧，然大金川人死命守御，官兵难以乘船径渡。[8]乾隆四十年正月上谕："带石左手沿河一带俱系陡碉峭壁，

---

① ［清］阿桂总纂：《平定两金川方略》卷78，乾隆三十八年十月乙巳。
② ［清］王昶《金川纪事诗》之《行碉草坡间作》，载张羽新主编：《中国西藏及甘青川滇藏区方志汇编》第43册，学苑出版社，2003年，第256页。
③ ［清］李心衡：《金川琐记》卷1之《恭录钦颁山川祭文》，中华书局，1985年，第5页。
④ 阿坝州志编纂委员会：《阿坝州志》(中)，1994年，第1381页。
⑤ 如金川土司还利用皮船日夜转移重要物资，又如勒乌围、纳木底、茹寨所有东西、粮食俱用牛皮船日夜运往噶喇依。参见中国第一历史档案馆：《军机处录副奏折》民族类，卷590，档号：7981-49，题名：投出促浸番人供单。
⑥ 冯明珠、庄吉发编：《金川档》，题名：乾隆三十六年八月十六日阿尔泰等奉上谕，台北"故宫博物院"，2007年印，第43页，44页。
⑦ ［清］王昶《蜀徼纪闻》，乾隆三十六年十月二十一日条，载张羽新主编：《中国西藏及甘青川滇藏区方志汇编》第43册，学苑出版社，2003年，第331页。
⑧ 《平定两金川方略》卷92，乾隆三十九年三月壬申。

间有小径均经贼人碉卡分布据守,难展兵力。"①乾隆四十年夏,据富德奏称,金川河水陡涨且浑浊,担心已交夏令,不无毒瘴,只得"通饬兵人等不得汲饮大河之水"。② 这样一来,众多官兵和沿山夫役取水更为艰难。乾隆四十年九月,金川河水暴涨,若非清军早一步移营,则沿滩搭建的木栅、拒马等防御设施必被冲淹。③ 乾隆四十年十二月,明亮、舒常奏:"独松一道山梁木营插河流,三面俱系陡壁峭立,仅一线上通之路建有贼碉,凭高阻拒。"④乾隆四十一年正月明亮等奏:"甲索下拖山腿直插河流,横截去路。"⑤

综上可知,乾隆朝两次征讨金川,数以十万计的满汉官兵以暴力方式强势进入嘉绒土司地区,首战两度春秋,再战五易寒暑,均与乾隆皇帝和主战官员设想的速战速决之战争预期相去甚远。正是在经年累月的残酷战争中,前线将领和乾隆皇帝逐渐认识到,大小金川土司如此难以攻克实与其独特的自然地理环境紧密相关。作为清军远征主战场的大小金川处处有高山险隘可凭,山中沟谷多深林密菁作天然掩蔽,而濒河处崖礕陡立、河道狭窄且水势不一则会造成舟行困难。在两次金川战役中,两金川土民可谓占尽地利。相比之下,远距离奔赴两金川作战的大批清军和数十万夫役则饱尝山险路仄、沟深林密、河道难渡之艰辛,在军需运输、军事进剿及防守等方面均遭到深重阻碍,以致陷入持久战的泥淖难以自拔。

第二节　战碉及其对清军进剿行动的巨大阻遏

阻遏清军进剿速度的客观原因远不止地形地貌这一因素,附着在如此不利于清军的地形地貌之上的战碉,亦是特别值得关注的阻遏因素。在清军两征金川期间,大小金川土民除了凭借有利地形地貌坚持抵抗外,还充分利用当地石料丰富的自然条件,以及处处有险可凭的卓越地势,在原有碉楼的基

---

① 中国第一历史档案馆:《军机处录副奏折》,民族类,缩微胶卷号590,档号:7981-39,乾隆四十年正月二十二日上谕。

② 冯明珠、庄吉发编:《金川档》,题名:乾隆四十年七月初三日阿桂等奉上谕,台北"故宫博物院",2007年印,第3253页。

③ 冯明珠、庄吉发编:《金川档》,题名:乾隆四十年九月十一日阿桂丰升额等奉上谕,台北"故宫博物院",2007年印,第3502页。

④ 中国第一历史档案馆:《军机处录副奏折》,民族类,缩微胶卷号590,档号:7990-23,题名:明亮等奏攻克独松并卡拉尔舍斯满一带地方现拟直捣甲尔木马邦以便接通南路扫尽河西贼境由,具文日期:乾隆四十年十二月二十日。

⑤ 中国第一历史档案馆:《军机处录副奏折》,民族类,缩微胶卷号590,档号:7980-38,题名:明亮舒常奏进攻额尔替山抢夺石城碉卡并痛歼贼众情形,具文日期:乾隆四十年五月二十三日。

础上大量增砌战碉和卡隘,遂成万夫莫前之地。第一次金川战争历时二载、耗银两千万两,却未能取得实质胜利,很大原因就是大金川土司和土民据险设碉,使得不熟悉这一情况的清军处处受阻。第二次金川战争同样因为两金川土民特别擅长筑碉挖壕,清军处处需仰攻,以致战争耗时长达五年之久。然则,大小金川土司地区的密集碉楼虽是当地最显著的地域文化特色,却非为两次金川战争而创设。因此,笔者认为有必要先对该地区碉楼的起源、类型及功能加以说明,进而结合有关史料具体分析该地碉楼密布且易守难攻的特点,及其给清军进剿带来的巨大阻遏。

一、川西北碉楼的起源、类型及功能

有学者研究指出,碉楼在中国作为一种以防御为主的多层塔楼式建筑,至迟在汉代已经广泛分布,只不过在不同的民族和不同的地区,其称呼、建筑材料、建筑造型和建筑风格有所不同。[①] 嘉绒藏区的各种传统碉楼实物以及有关文献记录较为集中[②]。享誉中外的丹巴县梭坡乡,现存保存较好的四角碉、五角碉、八角碉等各式高大战碉约四百余座,成为了解嘉绒地区高碉文化的最佳文化遗存。

据笔者在川西北进行田野考察所见,该地区较为常见的碉楼有四角碉、五角碉、六角碉、八角碉四种,此外还有稀见的十三角碉(丹巴县境内 2 座),气势非凡,造型绝美。现存石碉中以四角碉最为常见(见图 6 - 4,图 6 - 5),其平面通常呈方形或近方的"回"字形,立面呈由底向上逐渐内收的方锥形高台,低者十来米、高者近五十米(如金川县马尔邦的"中国碉王",见图 6 - 5),其中以高二十多至三十多米者居多。五角碉则多因建碉地点为斜坡地,为增强石碉临坡地下方一面墙体的受力强度,将该面墙体逢中线部位砌出一道突

---

① 张国雄:《中国碉楼的起源、分布与类型》,《湖北大学学报》,2003 年第 4 期。
② 中国古代汉文文献中较早记载了今天川西北藏族、羌族少数民族地区的碉楼状况。《后汉书·西南夷列传》载:"冉駹夷者,武帝所开。元鼎六年,以为汶山郡。至地节三年,夷人以立郡赋重,宣帝乃省并蜀郡为北部都尉……土气多寒,在盛夏冰犹不释……皆依山居止,累石为室,高者至十余丈,为邛笼。"唐李贤注:"(邛笼)按今彼土夷人呼为'雕'也。"参见《后汉书》卷 86,《西南夷列传》,中华书局,1965 年,第 2857—2858 页。有学者研究认为"邛笼"是羌语音译的借词,其意就是碉楼。参见蓝勇:《西南历史文化地理》,重庆师范大学出版社,1997 年,第 371 页。《北史·氏传》曰:"附国王字宜缯……近川谷,傍山险。俗好复仇,故垒石为巢,以避其患。其巢高至十余丈,下至五六丈,每级以木隔之,基方三四步,巢上方二三步,状似浮图。于下级开小门,从内上通,夜必关闭,以防贼盗。"参见《北史》卷 96,《列传第八四》,中华书局,1974 年,第 3193 页。在这里,"石巢"除了保持"邛笼"的基本特征外,还有"碉"的具体形态以及居家之外的防御功能。南宋《舆地纪胜》卷 149 之《茂州·夷居》载:"其村皆垒石为巢以居,如浮图数重,门内以梯上下,货藏于上,人居其中,畜图于下,高二三丈者谓之'笼鸡'。"参见王象之编纂:《舆地纪胜》卷 149,《茂州·夷居》,中华书局,1992 年,第 4012 页。

出墙面,以一定的角度支撑墙体中部,实属于四角碉的变形,第五角位于临坡地下方的长边中部(见图6-4)。六角碉通常较高大,低者二十余米、高者三十余米,内部分隔为九至十三层。八角碉(如松岗直波八角古碉)是各种石碉中造型最美且最具建筑艺术水平之一种。丹巴县梭坡乡藏民文武超武认为八角碉是碉楼建筑的精华。其外部造型平面呈正八角形,立面呈下大上小的八棱柱形,碉楼外部八角突出,内部却呈圆形,结构与六角碉相似。

图6-4　丹巴县梭坡乡四角碉及五角碉①　　图6-5　金川县马尔邦四角碉②

　　此外,笔者还在考察中注意到,各种石碉除个别在底层开设碉门外,大多在第2至第4层设碉门,且碉楼中、上部各层不同方向的墙面上错位开设通风口、射击孔、投石窗,而每一层楼板都由整根的树木架在碉楼各边内侧来支撑,然后在上面铺架木板、木条,再铺一层黏土的混合物即成,层与层之间架设有粗大树木(多为松树)砍斫而成且可以抽撤的独木梯。笔者登上一座九层的四角碉楼,从里面的瞭望口向外望去,"敌在明处,我在暗处"的感觉甚为强烈。可以说,只要亲登战碉,其易守难攻的卓越军事防御功能不言自明。

　　据丹巴县的嘉绒藏民讲,这些碉楼的主要建筑材料是石头、泥巴、麻筋等,其中麻筋由红麻秆或青稞秆制成,然后与泥土相和成为黏性很强的建筑材料;建碉楼讲究石料的上下左右组合和错缝、勾缝,外观棱角分明如刀砍斧劈却光洁、平整,尤其是碉角线由下至上极为端直,颇为壮观。丹巴县梭坡乡莫洛村藏民文武超武告诉笔者,碉楼若按具体功能细分,则类型繁多,大致有家碉、官寨碉、寨碉、界碉、战碉、哨碉、风水碉等。其中,家碉最为常见,多修建在居屋(土司时代多为平碉)前后,一般不会建得太高大,既能起防匪盗作

---

① 笔者摄于2023年8月14日。
② 笔者摄于2023年8月13日。该四角碉保存完好,通高达49.9米,顶宽3米,被誉为"中国碉王"。

用,也可以圈畜、储物。如遇战事,家碉也可以用作战争防御设施。官寨碉则是土司权力的象征,往往是以战碉群的形式拱卫土司官寨及其附近的寨落;战时可以成为土司及其家族成员,乃至部分土民的避难、藏物之处,如金川的勒乌围官寨碉、噶喇依官寨碉。寨碉多半建在寨口或寨旁,是保护寨落的军事工程,也有寨碉建在进入寨落途中的崖礅险要之处,成为遏制外来势力攻打寨落的第二道屏障。界碉,顾名思义,即用来标识地理分界,也是边界的关卡和防御工事。战碉,通常看起来格外宏伟高大,多建在交通要隘、高山隘口,或山涧深沟交叉处,在视线开阔地带也有战碉矗立,常以燃狼烟、鸣枪、放炮、吹号等方式报警和传递信息。战碉有单碉、双碉,或数个相连,互为犄角,相互呼应,构成极为严密、高效的军事防御系统。风水碉,一般建于寨落附近,造型美观,形体较小,用于驱魔镇邪,保境安民。哨碉,多立在高处,主要用于寨与寨之间传递各种信息,白天用烟雾,夜晚用明火,战时也可以用来御敌。

要言之,正如杨嘉铭先生在《丹巴古碉建筑文化综览》一文中所讲:"在一个部落、一个土司或一个村寨区域内,由若干座家碉和寨碉有机地组合在一起,便成为高山峡谷地区抵御外来侵扰的一个完整防御体系,一座古碉就是一个火力点,若干古碉便形成一片火力网,在冷兵器时代,因古碉坚不可摧,易守难攻,故有'一夫当关,万夫莫开'之奇效,其防御性和战斗性均能得以充分体现。千百年来,人们因袭相传,久盛不衰。"[1]

二、大小金川土司境内"坚碉林立"

川西北地区石碉的产生和应用与军事防御密切相关,特别是战碉,皆碉高墙厚,且多依山守险,呼应灵便,易守难攻。在嘉绒土司地区,与寨落交相辉映的是那些矗立在各要隘处的雄壮坚固的战碉(群)。它们是土民保护土司官寨、民寨的安全,以及捍卫土司辖地之最为易守难攻的军事堡垒。尽管两金川土司境内的所有碉楼经由第二次金川战争被清军销毁殆尽,但是跟随清军征讨金川有功的革布什咱土司(今丹巴)境内的部分碉楼幸运地保存下来,遂有"千碉之国"[2]美名。事实上,在嘉绒十八土司地区,两金川土司,尤其是大金川凭借人口最多、势力最雄强的优势,为保护分布各处的寨落,更为了与清军长期对抗,奋力修建了比革布什咱、巴底、巴旺等邻近土司地区更为密集、更加高大坚固、分布范围更加广泛的碉楼,是历史上西南"徼外"地区真

---

[1] 杨嘉铭:《丹巴古碉建筑文化综览》,《中国藏学》,2004 年第 2 期。
[2] 丹巴县现存碉楼近千座,主要集中在梭坡乡、中路乡;仅存的十三角碉在蒲角顶村。

正的"万碉王国"。笔者在丹巴开展田野调查时,专门询问当地藏民们对碉楼的看法,印象非常深刻的是,梭坡乡莫洛村的一位颇为关注本土文化的老年藏民①非常认真地谈到,他的祖辈曾对他讲过,土司时期金川土民建造的碉楼比丹巴的碉楼更有名,不仅各式战碉密布,在数量上占优势,而且在大金川境内矗立着最为高大的碉王,象征"十八土司之雄长",莫与争雄。

在首征金川之前,清廷已经通过乾隆朝瞻对之役对川西北地区的住碉和战碉的外形和功能,特别是高大战碉的强大防御功能有了一定的了解:"(川)西北垒石为房,其高大仅堪栖止者,曰住碉,其重重枪眼,高至七八层者,曰战碉。各土司类然","缘碉坚道险","(清军)未能前进","班衮所恃者,战碉坚固,高至七八层,重重枪眼,藉为战守之资。"②乾隆朝瞻对之役结束后,随即首次金川战役爆发,清军与大金川人展开了长达两年的"攻碉"和"守碉"之残酷对垒,使得清军将领对大小金川所在地区碉楼的基本情况,尤其是战碉之卓越战争防御及射杀功能有了更为深刻、具体的认识。乾隆十二年(1749)九月,时任陕甘总督张广泗奏:"臣自入番境,经由各地,所见尺寸皆山,陡峻无比,隘口处所则设有碉楼,垒石如小城,中峙一最高者,状如浮图,或八九丈十余丈,甚至有十五六丈者,四围高下皆有小孔,以资瞭望,以施枪炮,险要尤甚之处,设碉倍加坚固,名曰战碉。此凡属番境皆然,然而金川地势尤险,碉楼更多。"③乾隆十三年八月、乾隆十三年十二月,上谕(军机大臣等):"金川用兵……今皆坚碉林立,险峻逾常。"④乾隆十四年正月,乾隆皇帝谕曰:"卡撒坚碉林立,且系前次失利之处。"⑤及至乾隆十四年二月,清军即将撤出大金川,乾隆皇帝谕(军机大臣等)曰:"贼境坚碉林立,若仍蹈前辙,徒事攻扑。"⑥清人程穆衡著《金川纪略》亦载:"刮耳崖四山环抱……四围山顶坚碉百座环之","贼径既险,碉楼如林,我师仰攻难以必胜。"⑦程穆衡亲自参与了这场战争,所言当可信。前线将领还注意到,不单是大金川地方多坚碉,"小金川地方,处处有碉楼"⑧。

第二次金川战争期间,大小金川土司仍处处设碉立卡相抗。乾隆三十六

---

① 笔者对该藏民的访谈时间为 2010 年 4 月 30 日,5 月 1 日,并且在他的热心带领下参观了多种战碉。

② 《清高宗实录》卷 280,乾隆十一年十二月丙子;《清高宗实录》卷 253,乾隆十年十一月乙酉;《清高宗实录》卷 269,乾隆十一年六月戊子。

③ [清]来保总撰:《平定金川方略》卷 3,乾隆十二年九月庚子。

④ 《清高宗实录》卷 331,乾隆十三年十二月乙巳。

⑤ 《清高宗实录》卷 332,乾隆十四年正月壬子。

⑥ 《清高宗实录》卷 334,乾隆十四年二月辛巳。

⑦ [清]程穆衡:《金川纪略》,载李羽新主编:《中国西藏及甘青川滇藏区方志汇编》第 43 册,学苑出版社,2003 年,第 199 页。

⑧ 《清高宗实录》卷 332,乾隆十四年正月辛亥。

年(1771),清军进剿小金川约咱一带时,便因"坚碉林立,贼众固守"而"未能攻克"①。同年十二月,小金川人在斑斓山(巴朗山)正峰建有四十座坚碉,中间两座宛如城阙,东西山岭则设石卡以向外联络,清军分路进攻,未能克碉制胜,溃而下山。② 小金川要地布朗郭宗大寨周围不过五六里,然战碉房屋千余。③ 另据前述第二次金川战争始末亦可知,乾隆皇帝之所以下决心在平定小金川后再进剿大金川,一个非常重要的原因就是得悉大金川暗中派出大批土民前往小金川,协助该司土民广筑碉卡抵抗清军的进攻。

第一次金川战争期间,清军始终没有找到攻碉良策,大军撤出之前也没有销毁战碉,让大金川土司莎罗奔和土舍郎卡等深知"据碉守御"之重要性。因此,大金川土司为了自保,趁清军先行集中兵力攻打小金川之机,早早组织人力在各险处增碉设卡,④以致境内坚碉林立,大大加强了战争防御能力。待清军着手全力进剿大金川时,很快发现:"贼番所设碉卡多在峰峦之上,故碉外沟壕之底比官兵攀越之路尚高,且将刨出之土堆积如墙,其上挖有枪眼,贼番不必露出头面已可击打,又且一线细路,陡峭险仄,仅能鱼贯而登其上,其四面可顺沟两头轰击者,百不一遇,此用兵之难,实不能以言语形容"⑤;"西南沙坝山坚碉林立,一时未可力取","达尔图前敌坚碉林立,既难得手"⑥;"甲索下拖山腿直插河流,横截去路,……沿河岸而往,自基木斯丹当噶迤逦而下,尚有旁分山腿一条,贼人卡隘周密,即使绕过山腿而南一带平坡,数百处碉卡寨落错布其间,官兵四面受敌"⑦,而且"自甲索而西突起一峰,形如虎踞,为碾占第一层险要门户,贼于其上建立大碉五座","自南而北至敖成头敌,连有平碉五座,再迤逦而东复又另起一峰挡踞,其上亦有贼碉五座,地势极为扼塞",并且"自碾占而西即与柔七儿相通,贼人亦早于沿山上下布列九碉"⑧;

① 《清高宗实录》卷894,乾隆三十六年十月辛巳。
② [清]王昶:《蜀徼纪闻》,乾隆三十六年十一月二十一日条,载张羽新主编:《中国西藏及甘青川滇藏区方志汇编》第43册,学苑出版社,2003年,第334页。
③ [清]阿桂总纂:《平定两金川方略》卷46,乾隆三十七年十二月庚辰。
④ 例如,乾隆三十七年十二月,据小金川番人讲,两金川原以工噶尔拉山为界,原本金川只在丫口两旁修有大战碉两座,因三十六年冬大兵攻过巴朗拉山,于是又添修碉卡数十座为防守之用。参见[清]阿桂总纂:《平定两金川方略》卷47,乾隆三十八年正月戊戌。
⑤ [清]阿桂总纂:《平定两金川方略》卷61,乾隆三十八年六月乙未。
⑥ 中国第一历史档案馆:《军机处录副奏折》民族类,缩微胶卷号590,档号:7975-35,题名:明亮舒常续行攻克日旁相接一带地方碉寨并连日攻打情形;《军机处录副奏折》民族类,缩微胶卷号590,档号:7975-40,题名:明亮等近日筹办对敌清形,具文日期:乾隆三十九年十一月二十日。
⑦ 中国第一历史档案馆:《军机处录副奏折》民族类,缩微胶卷号590,档号:7980-38,题名:明亮舒常进攻额尔替山抢夺石卡城碉并痛歼贼众情形,具文日期:乾隆四十年五月二十三日。
⑧ 中国第一历史档案馆:《军机处录副奏折》民族类,缩微胶卷号590,档号:7980-26,题名:明亮舒常奏筹办袭取碾占等处情形,具文日期:乾隆四十年十月初二日。

"至科布曲山腿形势,地方既陡,地方亦窄","碉卡甚密"①;又有"菑则大海各碉","碉墙坚厚"②。另据大金川喇叭寨土民甲木、阿尔甲、甲噶尔等人供称:"(大金川与党坝、绰斯甲连界的地方)山上碉卡甚多,平常时候每座碉房内有四五个土兵看守,到打仗时候便在要紧路口筑起碉楼,也有十几层到七八层不等,最高的一层要安下四五个兵,下面每层各放下十几个兵在内防守,碉外又造起木城,另派兵丁守着,极是严紧的。"③

据上述史料不难看出,坚碉险卡实乃大小金川土司的绝佳战守工事。更重要的是,碉卡互为联络,极具体系。《平定两金川方略》载:"三百官兵一呼而上,跃登碉顶,将石板遮盖之地窖同时踏塌,……察看窖内,西北有地穴一道,穴顶用木板上托,旁用大木挡柱,颇为宽大,步行无烦伛偻,系潜与第二碉卡相通之路。……至第二、三贼碉其外皆护以木城,而第二碉之外又筑有石卡接应。"④战碉之易守难攻让清廷颇感无奈:"贼人碉墙,皆系斜眼,贼在碉内,由上望下,窥视我兵放枪,甚便而准,我兵在外放枪击打,为上口里层斜墙所挡,不能直透。是攻碉之法,徒令士卒轻冒枪石,不能得手,实为非计,只可相机而办。"⑤单纯从有关官书和档案文献来感受"战碉林立""易守难攻"的情状,对于没有在这种环境中生活的人来说易于感到十分隔膜。笔者甚至因为反复读到这般记载,有时难免怀疑这些历史表述是否为前线将领的虚饰之辞。为此,笔者专门去丹巴县梭坡乡莫洛村对不同战碉进行实地考察,不仅仔细观摩了依山势高下密布的各种形制的战碉,还亲自登上了该村唯一可以攀登的九层高的碉楼,真切感受何谓"一夫当关,万夫莫前"的气势。

尽管今天已不能在金川地区看到当年清军进剿时坚碉林立的实景,但第二次金川战争期间,乾隆皇帝出于记载和宣示武功的目的,以前线将领进呈的攻克要隘处碉卡的草图为依据,由专业画师绘制了《阿桂奏报收复小金川全境图》《阿桂奏报攻克喇穆喇穆等处图》《阿桂奏报攻克罗博瓦山碉寨图》《明亮奏报攻克宜喜达尔图山梁图》《明亮奏报攻克日旁碉寨图》《阿桂奏报攻克康萨尔碉寨图》《阿桂奏报攻克木里工噶克丫口碉栅图》《明亮奏报攻克宜喜甲索碉卡图》《明亮奏报攻克石真噶碉寨图》《阿桂奏报攻克菑则大海昆色尔等处图》《阿桂奏报攻克勒乌围图》《阿桂奏报攻克科布曲索隆古碉寨图》及

---

① 中国第一历史档案馆:《军机处录副奏折》民族类,缩微胶卷号590,档号:7981-2,题名:阿桂等奏官兵分路攻打西里山梁并攻打科布曲各情形,具文日期,乾隆四十年闰十月初九日。

② 中国第一历史档案馆:《军机处录副奏折》民族类,缩微胶卷号590,档号:7982-2,题名:阿桂等奏攻克昆色尔各处碉寨,具文日期:乾隆四十年七月初六日。

③ 冯明珠、庄吉发编:《金川档》,题名:甲木阿尔甲勒多尔济等番民供单,台北"故宫博物院",2007年印,第528页。

④ [清]阿桂总纂:《平定两金川方略》卷112,乾隆四十年正月甲戌。

⑤ 《清高宗实录》卷939,乾隆三十八年七月癸未。

《阿桂奏报攻克噶喇依图》等十三幅图版[①]，以写实风格的图像形式为我们展示了大小金川土司地区"负险处坚碉林立"的具体景象。[②] 通过这些碉寨图可以更加真切地理解，第一次金川战争期间没攻碉经验的川陕总督张广泗何以无奈发出"攻一碉不啻攻一城"之感慨，也能借此更加直观地理解，为何准备充分的大批清军再征两金川亦历时五年之久。特列三幅清军攻克两金川碉寨战图复制图以证。

图 6-6 清乾隆年间绘制清军收复小金川全境图
(此图源自台北"故宫博物院"官网已授权仅供学术研究使用的公开资料；统一编号：平图021192-02107；编目类型：图组；版式类型：铜版墨印；该图为平定金川图组之第1幅)

由上述文字内容、笔者在丹巴县、金川县拍摄的古碉楼图片和三幅清代两金川碉寨图版复制图可知，大小金川土司境内各要处确实是战碉密布，易守难攻。就交战双方而言，清军面临的作战难度要大得多。因为，两金川人在众多高大、坚固的战碉内据守，随时监视各路来敌，远则箭射枪击，近则滚木擂石，可谓进可攻，退可守，以逸待劳，以守待攻，伺机而动，而清军则长途

---

① 参见庄吉发：《清高宗十全武功研究》，中华书局，1987年，第603—615页。
② 乾隆皇帝特别重视两金川绘图事宜，对前线将领进呈的草图进行认真审核，会严肃指出某处地名与此前奏折中说的不一致，要求仔细核对，再重新绘制，另行进呈。对此，可以在与金川战争相关的《军机处录副奏折》中看到很多记载，在此就不一一列举。因此，尽管这些战图只能描摹实际战争场地情形的万分之一，但仍可以从中清晰地感受清军进剿的两金川"跬步皆山""碉楼密布"的情况。再联系乾隆皇帝在彻底平定两金川后，除了让一些官兵先行撤出，减少军粮运输压力，还留下不少官兵专门摧毁两金川各处战碉，而且要求务必夷为平地的做法，亦可以想见战碉对清军进剿行动阻遏之大。

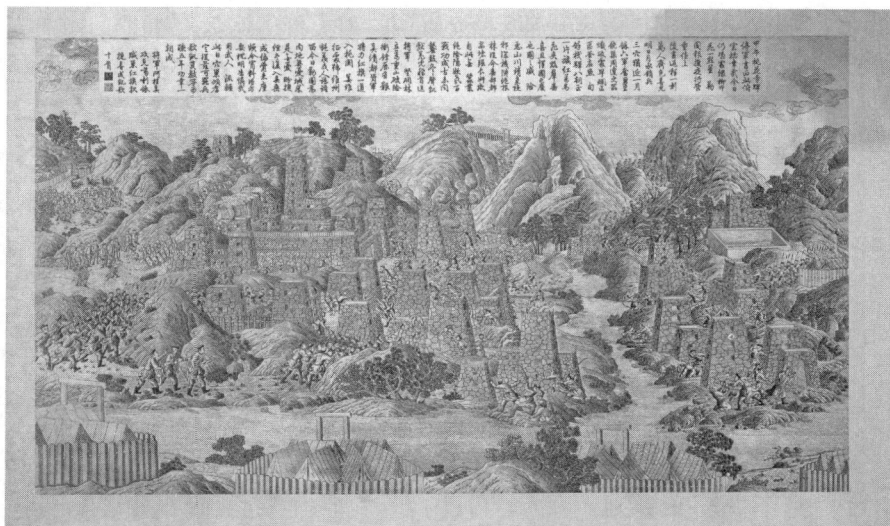

图6-7　清乾隆年间绘制将军阿桂等攻克噶喇依图
（此图源自台北"故宫博物院"官网已授权仅供学术研究使用的公开资料；统一编号：平图
021192-02107；编目类型：图组；版式类型：铜版墨印；该图为平定金川图组之第13幅）

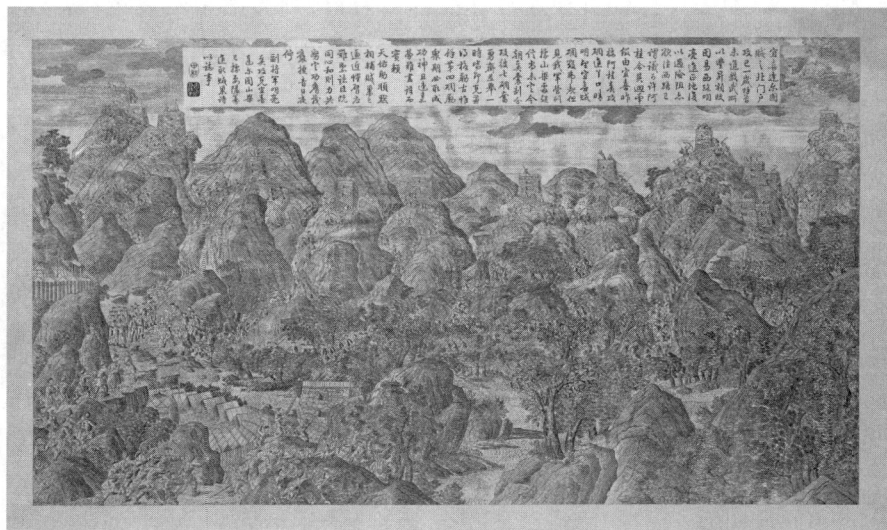

图6-8　清乾隆年间绘制副将军明亮等攻克宜喜达尔图山梁图
（此图源自台北"故宫博物院"官网已授权仅供学术研究使用的公开资料；统一编号：平图
021192-02107；编目类型：图组；版式类型：铜版墨印；该图为平定金川图组之第4幅）

跋涉而至,面对各处坚碉险阻,俱须费力仰攻,于进剿和防守都至为不利。可以说,两次金川战争难以速战速决,主要是因为大批清军的军事行动遭遇无处不在的战碉的强力阻遏。

三、战碉对清军进剿两金川的巨大阻遏

大小金川地区广布战碉,而且两金川人又均以之为战守之资,而清军一再受制于战碉,不能迅速推进。为什么这么说呢?主要因为,大小金川土司地区险隘处坚碉林立,互为犄角,土司属众以之为攻守利器。清军本来因崇山峻岭的地形地貌而不得不处处仰攻,加上战碉都扼要处矗立,高大坚固,不仅枪炮难施,火攻亦无损。是故,难怪前线将领感慨,官兵"攻一碉,不啻攻一城","攻一碉伤数十百人","攻一碉卡动辄经时"。①

然而,战争是极为耗费财力、人力的事,大规模、远距离作战更是要遵循"兵贵胜,不贵久"的原则。因为,打仗的目的是为了获胜,而不是越久越好。战争每天耗费的器械物资、官兵给养数量巨大,战争一天不停止,就有可能造成国家财力空虚,甚至造成社会动荡,影响国家政权的稳定。《孙子兵法·作战篇》早已指出,"其用战也胜,久则钝兵挫锐,攻城则力屈,久暴师则国用不足";而"善用兵者,役不再籍,米食不三载",因为"国之贫于师者远输,远输则百姓贫"。② 即用兵打仗贵在速战速决,旷日持久则会使军队疲惫、锐气挫伤、军力耗尽、国家财力枯竭。乾隆皇帝亦非常重视这一用兵原则,多次在有关大小金川战争的谕令中强调"兵贵神速"③,特别是在清军首征金川的两年间,乾隆皇帝不厌其烦地向军机大臣和前线将领谕令此战须"迅奏肤功"(详见本章附录之表6-1和表6-2),并且为此一再增兵选将,甚至派出满洲劲旅和满洲重臣,却因大金川地险碉坚而处处受阻,致使速胜终无望。第二次金川战争期间,清军虽改变策略,不再以攻碉为要务,仍因该地碉多而难以速胜。

首征金川伊始,清廷定于乾隆十二年(1747)六月二十八日数路齐进,西路官兵攻克正地车寨后,张广泗随即派参将蔡允、游击保怀智、总兵许应虎率兵攻独松,然而,"独松碉险固,官兵自(乾隆十二年)七月初一起环攻不克,初三日应虎避归正地大营,派世爵带兵往协攻,至下午仍未克,允世爵等回营禀应虎为黑夜扑碉之计划,请挑兵三百名,携带地雷,于半夜至碉下大攻,应虎

---

① 《清高宗实录》卷300,乾隆十二年十月丙寅;《清高宗实录》卷312,乾隆十四年正月甲寅;《清高宗实录》卷910,乾隆三十七年六月癸酉。
② 陈曦译注:《孙子兵法》之《作战篇》,中华书局,2011年,第23页,26—27页。
③ 笔者仅据《清高宗实录》统计,在两征金川期间,乾隆皇帝先后在十余件上谕中对前线将领反复强调"兵贵神速"。

以原攻兵已疲,撤回防营,于存营内挑兵付之,拨营管炮千总马继押兵护卫,把总刘海等带兵于左右山压梁。是夜五更摧攻,贼已有备,仍不克",而且"就贼沟口左右相地势砌安炮之所,昼夜竟未抬口,致贼于碉顶看明","初四日辰刻,贼乘隙突出,由西山直下","抢九节大炮一、劈山炮二,汉兵阵亡及带伤者甚众,应虎在营,贼已于左右山梁直冲入,遂败退"。① 随后,许应虎等以独松难克,便避而不攻,转欲攻取甲木寨,仍未克。同年七月,宋宗章一路夺获作固顶山梁,自八月以后攻打木耳金冈及康八达两处大碉,仅仅炮毁康八达碉顶,木耳金冈之碉虽被击毁,但金川人很快于碉外修砌石卡、掘土塘藏身并以枪炮抵御,该路官兵亦不得前进。② 该年八月,南路官兵中仅泰宁协张兴督兵进攻马奈山梁有所斩获,得官寨一处,碉房四十余座,战碉四座,及守备徐克猷率部兵分三路,夺得战碉二十座,又攻取达脚直木碉楼三十余座,尚有五处大战碉未克,另有守备金容、王珩等仅克大碉数座,乾隆皇帝深感失望。③

此后清军又接连失利,并在面对金川各处战碉时陷入束手无策的境地。川陕总督张广泗奏称:"至攻碉之法,或穴地道以轰地雷,或挖墙孔以施火炮,或围绝水道以坐困之,种种设法本皆易于防范,可一用而不可再施。且上年进攻瞻对,已尽为番夷所悉,逆酋皆早为预备,或于碉外掘壕,或于碉内积水,或附碉加筑护墙,地势本居至险,防御又极周密,营中向有子母、劈山等炮,仅可御敌,不足攻碉。抚臣纪山制有九节劈山大炮二十余位,每位重三百余斤,马骡不能驮载,雇觅长夫驮抬运。以之攻碉,若击中碉墙,腰腹仍屹立不动,惟击中碉顶,则可去石数块,或竟有击穿者,贼虽颇怀震惧,然即筑补如故。"实在没有办法了,张广泗又想到火攻,即"饬官弁多派兵丁砍伐柴薪,临时运至碉下应用,又恐贼人发枪下石,势不能近,因令豫砍大木作排如挡牌式,进攻时先以排御其枪石,使负柴者随其后,火发之后,排亦可助力,仍使放枪炮以绝敌之扑救。……惟是此项,举运柴木兵丁,倍须奋勇舍命争先,当酌加赏赉。……自六月二十八日进兵以后,各路克碉寨虽不下数百,而其极险紧要之碉不过十余处"④。

乾隆皇帝见出兵近一年,张广泗并未能如最初期待的那样"速奏肤功",而是劳师糜饷、屯兵不前,便命军机大臣、大学士讷亲为经略,前往金川督战。

---

① 〔清〕程穆衡:《金川纪略》卷1,载张羽新主编:《中国西藏及甘青川滇藏区方志汇编》第43册,学苑出版社,2003年,第190页。

② 〔清〕程穆衡:《金川纪略》卷1,载张羽新主编:《中国西藏及甘青川滇藏区方志汇编》第43册,学苑出版社,2003年,第195页。

③ 〔清〕来保总撰:《平定金川方略》卷3,乾隆十二年八月辛巳。

④ 本段张广泗奏文之直接引文,均出自〔清〕来保总撰:《平定金川方略》卷3,乾隆十二年九月庚子。

毫无实际作战经验的讷亲到军营后,竟然天真地提出以碉攻碉之策,即"贼径既险,碉楼如林,固而且强,我师仰攻难以必胜","请于要害处亦筑一碉与贼共险,以持久毙之"①。此等荒唐计策遭到乾隆皇帝强烈斥责。为了克服金川坚碉之巨大阻碍,乾隆皇帝于八旗前锋护军内挑兵一千名,以及"汉仗好者"一千名操演云梯,专事登碉作战,并选派数千满洲兵和索伦兵奔赴金川。② 王柔于乾隆十三年六月四日到营后,先称欲"觅汉奸前往间谍,难保必擒贼酋,久之终称不得其人,又欲祈请终南山道士,用五雷法击碉"③,虽被斥为荒诞不经,但乾隆皇帝请章嘉胡图克图国师做法事诅咒,以利清军进剿。这亦从侧面反映出金川之坚碉给清军的征剿行动带来巨大阻力。

乾隆十三年九月,提督岳钟琪在奏折中犀利地指出:"虽贼众不难次第剪除,无如深沟高垒,形势便于拒守。沟中又挖土穴藏身,且于土孔中暗施枪炮,伤及官兵。每攻一碉一卡,大者官兵阵亡带伤不下数百人,小者亦不下百数十人。现今出阵带伤官兵,每百名中竟有数十,且有身带四五伤者,以有数之官兵攻无穷之碉卡,且无挡牌以御枪石,率多肉搏而前,以致伤亡过多,气皆怯懦。若不兼用奇兵,止以正兵逐碉逐卡渐次扑灭,势难奏功。"④

清廷撤军前夕,经略傅恒对金川战碉的巨大阻遏作了深刻总结:"查攻碉之法,贼已熟悉,防备甚周,我兵虽众,枪炮所及,惟抵坚壁,于贼无伤。贼不过数人,从暗击明,枪不虚发。是我惟攻石而贼实攻人,我无障蔽而贼有藏匿,且多掘土坑,急则深伏其中不见人形,而能自下击上。又于碉外开壕,人不能越。战碉锐立,高于中土之塔,建造甚巧,不逾数日而成,其余随缺随补,顷刻立就。且人心坚固,至死不移。碉尽碎而不去,炮方过而人起。客主形殊,劳逸势异。攻一碉难于克一城。即臣现驻之卡撒,亲阅左右山梁,二道、三道梁上有碉三百余座,以半月、十日得碉一座计算,必待数年始尽,且得一碉辄伤数十百人,以此计算,尤不忍言。"即是说,正面攻碉实为下策,注定难以成功。鉴于此,傅恒提出"惟有使贼失其所恃,而我兵得展其所长",才有望取胜,并指出官兵应"裹粮直入,逾碉勿攻,绕出其前",避实就虚,"我兵既遮道前进"则"守碉各番皆有恋家之念,无固守之心,均可不攻自溃。"⑤应当说,傅恒基本上找到了清军连续失利的症结所在,也提出了新的制胜策略,但乾隆皇帝已无心恋战,不再相信清军有必胜把握,认为"即令别有坦道,可直趋

---

① [清]程穆衡:《金川纪略》卷1,载张羽新主编:《中国西藏及甘青川滇藏区方志汇编》第43册,学苑出版社,2003年,第199页。
② 《清高宗实录》卷325,乾隆十三年九月己卯。
③ 《清高宗实录》卷321,乾隆十三年闰七月辛未。
④ [清]来保总撰:《平定金川方略》卷13,乾隆十三年九月庚午。
⑤ 本段与傅恒直接相关的引文,均见[清]来保总撰:《平定金川方略》卷22,乾隆十四正月丙寅。

贼巢,而贼巢仍是坚碉,舍攻碉计将安出? 是贼据地利,万无可望成功之理",执意班师回朝。① 最后,该战以接受莎罗奔请降而草率收场。

及至第二次金川战争,清廷吸取首征金川劳而无功的教训,不再以攻碉为要务,但两金川险隘处碉楼密布,特别是大金川又趁清军攻打小金川期间继续增设碉卡,清军仍无法回避与该司土民进行激烈的争碉夺卡之战事。因此,两金川之坚碉石卡仍是清军此番进剿过程中面临的最大障碍。

清廷决意进剿小金川后,先期任务为分兵数路解沃日之围,但俱为碉卡所阻,进展颇为不顺。② 乾隆三十六年六月初五日半夜,小金川千余人围攻沃日土司重地达围,并抢占寨外水卡,土兵羊满太与土目阿吉得尔宝率兵百余人三次出战,夺回水卡并生擒三十四人,小金川人迅速于东、北、西三面筑碉卡四十九座,又建起木城横亘于南,一时难展兵力。③ 同年八月十三日,温福带兵千余进攻巴朗拉,仅夺得石卡三座,攻打碉楼,又因连日大雨而枪炮难施,而该处在在坚碉,口隘甚多,均须派兵分布,尚待继续增兵,进剿仍需时日。因此,上谕军机大臣等:"贼人所以拒守巴朗拉者,原因攻围沃克什,遂于要隘设筑碉卡,扼我援兵。贼既倚为负嵎之势,且图自卫其死,守之必固,而番人之碉卡,其料皆取于近地,集众合作,不难终日而成,无论大炮轰击,未必能顷刻摧坚。即幸藉大炮之分,攻破一碉,贼即乘其残垒,退而复筑,势岂能层层攻击? 若于用炮之外,令士卒轻冒矢石,奋力攻取,倘或稍有挫损,更觉不成事体。"④董天弼于乾隆三十六年(1771)十一月二十一日五鼓分兵进攻斑斓山,而小金川土司已命土民在斑斓山南面正峰立四十座大碉,甚为坚固,特别是中间两大战碉宛如城阙,又在东西山梁设石卡,聚乱石为墙壁,互为犄角,加之雾大雪重,清军渐次攻下东岭各石卡和四座石碉后,因整日未吃饭且手足俱冻僵,不能抵御从日隆穿小路来突袭之数百名小金川人,只得溃散下山,逃回向阳坪。⑤ 乾隆皇帝据各路奏报攻碉情形,指出:"朕总以为攻取要策,必当避其碉卡,越道而进,使贼人失其凭恃,官兵得以乘间捣虚。若能径抵贼人巢穴,擒获凶渠,则两路虽有坚碉,不攻自破,如此方为制胜之道。"⑥该年十二月二十五日,清军"攻斯当安,碉不克",此"时小金川乞兵于

---

① 《清高宗实录》卷333,乾隆十四年正月乙丑。
② 至乾隆三十六年十二月初,清军才解小金川之达围之围并收复被扰各寨。参见冯明珠、庄吉发编:《金川档》,台北"故宫博物院",2007年印,第447页,448页。
③ [清]王昶:《蜀徼纪闻》,乾隆三十六年十二月十八日条,载张羽新主编:《中国西藏及甘青川滇藏区方志汇编》第43册,学苑出版社,2003年,第335页。
④ 《清高宗实录》卷896,乾隆三十六年十一月丁酉。
⑤ [清]王昶:《蜀徼纪闻》,乾隆三十六年十一月二十一日条,载张羽新主编:《中国西藏及甘青川滇藏区方志汇编》第43册,学苑出版社,2003年,第334页。
⑥ 《清高宗实录》卷896,乾隆三十六年十一月丁酉。

金川，索诺木以六寨助之，筑木城于南山巅，与日耳犄角，而斯当安碉楼筑在岩纤曲处，炮不直中，又下俯仄路如线，错以乱石，颇为险峻"，"(二十八日)及夕，马彪兵复越其后，贼出拒，杀百余人，遂弃碉走"。① 可见，清军直接攻碉效果甚微，只好设法绕道碉后，并引敌出碉再行进剿。即便如此，亦因"所得碉卡，均须留兵防守，及至约咱，兵力既分"，"遂难深入"。② 譬如，桂林一路虽然攻克大碉，并设法绕攻甲木一带，距小金川美诺官寨已不远，实际处境却尤为吃紧，断难锐意进取。③ 此外，清军因直接扑碉不克，转为绕攻亦非常难以实施。据桂林奏称："臣于攻克山梁之后进取卡丫，因该处层列坚碉，贼番固守，未便轻于扑取，且西山梁尚有碉卡，必须攻夺喇嘛寺，……然后分兵绕截，实为稳便。昨探路人回，据禀喇嘛寺三面俱属陡险难行。"④

乾隆三十七年(1772)，清军已经进入小金川腹地，面对占据地险碉坚之利的小金川人时，已知如何避实就虚，扬长避短。然而，小金川土民聚于高山群碉间，全力拒守，以致绕碉避卡之策言之甚易，行之实难矣！该年正月二十四日，乌什哈达二次攻打北山山巅，小金川人在半山石突起处筑卡，并在卡中举火枪以待，官兵俱须绕出其下，然而旁路如线，仅容一人鱼贯而行，遂官兵极易受伤；小金川人又于山下连筑五座石卡，东南立碉，北援山半之卡，中间筑石墙以为联络；该日卯刻，官兵攻之，小金川人据碉卡抵死抗拒，导致官兵四十余人，受伤者达一百五十余人。⑤ 是年二月初一日，桂林报称因小金川人死守东山梁，当日晚间清军转攻达乌，大炮虽中寨中大碉，但仅摧毁一半，且小金川人藉存粮尚多愈加固守，而南山、北山驻兵共计七千人，围之月余仍未能攻克；初二日，北山兵又攻山半石卡，仍未克；参赞大臣丰升额遣人据山梁已久，攻石卡始终未克。⑥ 二月中旬，眼见清军已围攻日耳月余，乾隆皇帝担心师老气疲，谕令当觅间道绕行，以期速捷。对此，清军将领奏称："今各处山梁险要处所，贼人无不设立碉卡死守，若分兵绕道而进，非四五千人不能得利，且多有积雪未消陡险难行之处，而北山五岱先后带去四千一百名，南山各镇将分去三千数百名，中路攻击日尔之兵不过二千，实不敷再行分拨。"⑦

① 〔清〕王昶：《蜀徼纪闻》，乾隆三十六年十二月二十五日条、乾隆三十六年十二月二十八日条，载张羽新主编：《中国西藏及甘青川滇藏区方志汇编》第43册，学苑出版社，2003年，第336页。
② 《清高宗实录》卷897，乾隆三十六年十一月丙辰。
③ 《清高宗实录》卷898，乾隆三十六年十二月丙子。
④ 〔清〕阿桂总纂：《平定两金川方略》卷13，乾隆三十六年十二月乙酉。
⑤ 〔清〕王昶：《蜀徼纪闻》，乾隆三十七年正月二十四日条，载张羽新主编：《中国西藏及甘青川滇藏区方志汇编》第43册，学苑出版社，2003年，第338页。
⑥ 〔清〕王昶：《蜀徼纪闻》，乾隆三十七年二月初一、初二、初三日条，载张羽新主编：《中国西藏及甘青川滇藏区方志汇编》第43册，学苑出版社，2003年，第338页。
⑦ 〔清〕王昶：《蜀徼纪闻》，乾隆三十七年二月十八日条，载张羽新主编：《中国西藏及甘青川滇藏区方志汇编》第43册，学苑出版社，2003年，第339页。

　　乾隆三十七年(1772)三月十二日,小金川人撤出阿喀木雅,转守木兰坝和美美卡二处,清军则赶紧移营阿喀木雅,察知该处大概位于得尔密山址,其山形隋寨正在隋处巉岩下,碉楼层叠,径路陡仄,以致力攻亦断不能取;阿桂等进抵普尔玛山,见四面山址交错,极为险峻,形势险阻,而美美卡为北山之最,木兰坝在得尔密外拉布木楚山麓,山上林莽丛密,卡栅层列,一线仄路从山脊蜿蜒而下,巅上碉房甚壮,仄路中凡陂陁突起处,小金川人无不筑卡以守。① 是年四月,温福一路拥兵一万二千名攻打美美卡,小金川人恃地险碉坚以抗,官兵一时难以克获。② 及至五月,温福及桂林等奏两路攻剿均未能寸进。③ 殆及六月,温福等奏在南北两山打仗,虽击败此处据守的小金川人,并夺获碉卡,但仍未攻克地势甚险、碉楼甚众之美美卡和木兰坝;乾隆皇帝览奏深感烦闷。④ 温福等率军继续攻打数月,仍因小金川人据险死守而未能迅速集事。⑤ 九月,乾隆皇帝谕军机大臣等:"贼众据险负嵎,悉力抗拒,官兵攻围虽久,并未能得其要害。"⑥温福则奏称兜乌一路虽远可直抵美诺,近可绕出路顶宗,但山顶碉楼林立,攻之甚难。⑦ 温福一路曾围攻资哩大寨三月之久,小金川人弃寨而走,官兵始能据有其地。⑧ 清军进剿小金川资哩大寨费时如此之久,打破了乾隆皇帝此前对该土司不像大金川有险可凭的幻想。其根本原因就是该大寨分布了密集的防御碉卡,特别是高大战碉群的互为联络,让清军难以施展兵力。直至该年十月底,清军才攻克路顶宗及哈色木尔寨,共破大小卡寨五十余座,碉房三百余间,杀小金川人数百名,俘获土民九名;十一月初三日,阿桂一路攻破翁古尔垄,布拉尼得拐及纽寨各险隘。⑨ 同年十二月底,小金川土司僧格桑携众由小路逃往大金川。⑩ 因为山高碉坚,清军历时近一年半,糜饷二千余万两,才得以初定小金川。

　　占领小金川后,清军便积极着手分西、南、北三路进剿大金川,所到之处,

① 〔清〕王昶:《蜀徼纪闻》,乾隆三十七年三月十二日条、乾隆三十七年三月十六日条,载张羽新主编:《中国西藏及甘青川滇藏区方志汇编》第43册,学苑出版社,2003年,第341页。

② 《清高宗实录》卷906,乾隆三十七年四月壬申。

③ 《清高宗实录》卷909,乾隆三十七年五月癸丑。

④ 《清高宗实录》卷911,乾隆三十七年六月庚辰。

⑤ 《清高宗实录》卷914,乾隆三十七年八月丙子。

⑥ 《清高宗实录》卷916,乾隆三十七年九月癸卯。

⑦ 冯明珠、庄吉发编:《金川档》,题名:乾隆三十七年十月初六日温福丰升额奉上谕,台北"故宫博物院",2007年印,第485页,486页。

⑧ 冯明珠、庄吉发编:《金川档》,题名:乾隆三十七年十月初六日温福阿桂等奉上谕,台北"故宫博物院",2007年印,第509页,510页。

⑨ 冯明珠、庄吉发编:《金川档》,题名:乾隆三十七年十一月初四日内阁奉上谕,乾隆三十七年十一月十六日内阁奉上谕,台北"故宫博物院",2007年印,第617页,665页。

⑩ 冯明珠、庄吉发编:《金川档》,题名:乾隆三十七年十二月二十四日温福阿桂等奉上谕,台北"故宫博物院",2007年印,第853—855页。

碉卡比之小金川更为稠密。温福带兵抵达功噶尔拉山下之牛厂地方,察看形势,只见牛厂之前,功噶尔拉之下,大金川人已立有大卡十五座。随即,温福派兵四千,分两路趁夜雪迷漫直前攻扑,大金川人遂撤至功噶尔拉碉卡之内力拒,而功噶尔拉层峦峥嵘皆如剑锋刀刃,与巴朗拉、路顶宗相似,唯中有一丫口如一线羊肠,而碉卡排立,尽据险要之处,仰攻实属非易,官兵奋进抵丫口扑碉,屡屡不能得手。① 阿桂一路自当噶尔拉一路进剿,此处不但山势险峻,又有坚碉排立两峰丫口,大金川人守御甚严,且十四碉形势联络,皆可互为援应,碉外又筑有石墙围绕,甚为坚固,一时尚无胜算。② 丰升额、舒常一路连日攻打达尔图山梁大碉和卡隘亦未能得手。③ 乾隆三十八年二月,温福等督兵攻扑功噶尔拉战碉,屡次直抵碉基,然而墙坚冻滑,难于得手,欲放弃该处,改从昔岭一路进剿,并移营木果木,不料昔岭山势陡险,战碉环列,其扼险要者自东而西共有大碉十座,第十座之下山腿上又有碉四座,墙一道,横截路面,官兵仍须仰攻,难以得手。④ 是年三月,阿桂、明亮等仍在督兵进剿当噶尔拉山梁,欲引诱大金川人出碉而歼之,但后者于碉内放枪死守,坚不出碉,官兵只好以大炮分头轰击,碉虽残毁,但天气恶劣、坡碛陡险、路滑泥泞,兵力难展,未能攻克该处碉卡;丰升额一路在达尔图一带亦毫无进展。⑤ 六月初,木果木失事,继而小金川降而复叛,美诺、明郭宗等地失守,清军只得撤出大金川,全力布置再剿小金川,直至该年年底才再次平定小金川。年底,清军再次通盘筹划攻打大金川路线,决计不再从功噶尔拉、当噶尔拉、昔岭、宜喜等碉多路险处入手,改为西路由阿桂统兵从谷噶、卡立叶进攻,南路官兵从马奈、马尔邦进取,丰升额一路则尝试从丹坝进兵。⑥ 也就是说,大金川之功噶尔拉、当噶尔拉等路山险碉坚,官兵攻剿半年之久,没有取得实质性进展。⑦

各路清军因无胜算把握,月余未能投入战斗。及至乾隆三十九年正月初十日黎明,丰升额始率兵进抵卡立叶山梁脚下,官兵正欲觅路上山,以便四面直扑战碉,但碉在山峰上,雪后路滑,未能攀越,而大金川人已在碉内察明官

① [清]阿桂总纂:《平定两金川方略》卷47,乾隆三十八年正月戊戌;《平定两金川方略》卷48,乾隆三十八年正月癸丑。
② [清]阿桂总纂:《平定两金川方略》卷48,乾隆三十八年正月庚子、辛亥。
③ [清]阿桂总纂:《平定两金川方略》卷49,乾隆三十八年正月乙卯。
④ [清]阿桂总纂:《平定两金川方略》卷51,乾隆三十八年二月辛巳;《平定两金川方略》卷52,乾隆三十八年三月丁酉;《平定两金川方略》卷56,乾隆三十八年闰三月壬申。
⑤ [清]阿桂总纂:《平定两金川方略》卷52,乾隆三十八年三月庚寅;《平定两金川方略》卷53,乾隆三十八年三月壬寅。
⑥ [清]阿桂总纂:《平定两金川方略》卷83,乾隆三十八年十二月丙申。另参见冯明珠、庄吉发编:《金川档》,题名:乾隆三十九年正月初五日富勒浑奉上谕,台北"故宫博物院",2007年印,第1921页。
⑦ [清]阿桂总纂:《平定两金川方略》卷84,乾隆三十八年十二月壬寅。

兵动向,遂用枪石抵御,官兵不能久驻,撤退时又遭大金川人从林内冲出袭击,且官兵所据达尔扎克山梁尖峰乱石,路径极险,不通卡立叶,只好暂时筑卡驻守;此时明亮所在马奈一路亦遭到大金川人据碉卡抵死冲压;舒常奏称达尔图一带大金川人死守日久,未能攻克;阿桂督兵分攻打喇穆喇穆,仅克取石卡四处,第五峰碉卡因峰高石大未经攻克。① 乾隆三十九年二月,各路官兵积极进攻,寻找一切可以突破的机会,但大金川人据坚碉死守,加上天寒地冻,雪大路险,以致仍无甚进展。例如,阿桂和色布腾巴尔珠尔督率官兵攻打登古对面的高峰罗博瓦,“直攻殊难得手”;“访得高峰阳坡之旁有路可通出贼碉之后,而此一路石大沟深,积雪极厚”,以致多日未能找到适合进攻的策略。② 是年三月,因大金川人据高山大碉力抗,丰升额一路进剿卡立叶无望,其余各处亦不过是用大炮轰开一些要隘,万难达到乾隆皇帝盼望的速进态势。③ 四月,各路进剿情况仍无甚起色:明亮一路全无进取之计,要求增兵并改由正地进剿,而正地一带亦险隘重重;阿桂一路欲攻日尔巴碉,以便与卡立叶官兵形成夹攻之势,却无必胜把握。④ 五月,西路官兵虽克获一些地方,但南路官兵欲从正地进剿,因地形险僻,大金川人已防守甚严,仍未能就绪。对此,阿桂等奏称:“伏思攻剿金川为时已久,尚未能尅日扫犁,臣等焦切弥深,寝食俱废。”⑤结合前述战况可知,此乃前线将领肺腑之言也。

乾隆三十九年六月,明亮一路从黄草坪进至正地一带,须穿林越菁,旋即发现大金川人早于甲尔垄坝和斯喀尔两山之间设立九座石碉、一座木城,未敢轻进,先撤回绒布寨大营,后决计放弃正地,移赴卡立叶;阿桂一路在罗博瓦山岗下色溯普山梁遭遇六大战碉阻碍,一时进退俱难。⑥ 及至七月,清军进剿情况稍有好转:阿桂一路用了近二十天时间才将布达什诺嘉德古、色溯普山腿碉卡、木城等悉行攻克,欲进围逊克尔宗;明亮一路费尽周折才攻克宜喜坚碉。⑦ 自该年八月初至十月底,阿桂一路都未能攻下大金川碉多兵众之逊克尔宗,最后只得设法绕出荣噶尔博山后,夺取卡立叶下截山梁,以之接通卡立叶山梁上截之兵,再行设法进抵勒乌围。⑧ 距大金川土司官寨愈近,碉卡愈多,大金川土民的守御更为严密。因此,尽管各路官兵拼死杀敌攻碉,亦

① ［清］阿桂总纂:《平定两金川方略》卷87,乾隆三十九年正月戊寅、己卯等条。
② ［清］阿桂总纂:《平定两金川方略》卷90,乾隆三十九年二月丙申;《平定两金川方略》卷91,乾隆三十九年二月壬子。
③ ［清］阿桂总纂:《平定两金川方略》卷92至卷94。
④ ［清］阿桂总纂:《平定两金川方略》卷95至卷96。
⑤ ［清］阿桂总纂:《平定两金川方略》卷97,乾隆三十九年六月庚寅。
⑥ ［清］阿桂总纂:《平定两金川方略》卷98,乾隆三十九年六月甲辰、丁未;《平定两金川方略》卷100,乾隆三十九年七月己未。
⑦ ［清］阿桂总纂:《平定两金川方略》卷102,乾隆三十九年七月辛巳。
⑧ ［清］阿桂总纂:《平定两金川方略》卷110,乾隆三十九年十一月壬戌。

未能在该年年底进至勒乌围官寨前。①

乾隆四十年(1775)春,明亮处官兵因带石地方一条山脊形势险窄、大金川人设卡刨沟据守,难于直入,且兵力已分,一时无从措手;阿桂一路努力设法攻打沿河寨落及勒吉尔博、逊克尔宗,俱未能得利;面对数路官兵几同株守的战局,身为将军的阿桂一筹莫展,只好请求再增加兵力,以便于迅速成功之局更有把握。② 清军正是依靠大炮轰摧、兵海战术,以及得一处,推进一处,才得以步步进逼。即便如此,亦直至乾隆四十年八月十六日,西路官兵才得以攻下碉坚墙厚、高磡陡立的勒乌围官寨。③ 接下来各路清军还须继续攻坚夺险,以便进剿噶喇依官寨。当此之时,大金川人因连年征战,既无暇耕种,又伤亡日多,兼饥荒、瘟疫肆虐,人心逐渐涣散,清军遂得以较快攻克大量碉卡,占据多处要隘。至乾隆四十年十二月,阿桂一路已由索隆古攻克朗阿古斯拉瓦等碉卡,占据甲木尔、库尔纳、达尔卓克、噶占、马尔角等处;明亮一路攻克甲杂官寨及其后路巴布里大寨,直抵独松。④ 乾隆四十一年(1776)正月,官兵四面围剿噶喇依官寨,二月初四日索诺木率众出降。⑤

无疑,大小金川各要隘处矗立的高大战碉是大批清军进兵的巨大障碍。关于战碉,要强调的是,它并不是孤立地发挥战争防御作用。战碉除了高大坚固,易守难攻外,它还与其他诸如烽火碉、水碉、木楼、石卡、壕沟等防御工事一起组成系统的防御体系。事实上,在战碉内的守御者,凭借碉楼四面分布的射击孔,对仰攻的清军"以逸待劳",具有极大的杀伤力,并非人们想象的主要发挥防守功能。结果,一方面,这些坚固战碉使得清军在进剿过程中不断损兵折将,另一方面,战碉极大地影响了清军的士气,这在第一次金川战争中表现得尤为明显。相反,大小金川的头人和属众则以之为战守之资,给清军以重创。

总而言之,大小金川地区跬步皆山且道路险仄、山梁山沟深林密布给清军之军需运输和具体进剿行动均带来极大的阻遏;同时,大小金川地区负险处坚碉林立给清军的具体进剿造成巨大阻碍,而清军则因之在两次金川战争中付出了沉重的代价。就第一次金川战争而言,此战历时两年之久却最终不了了之,主要因为乾隆皇帝根本不了解在崇山峻岭攻打密集分布的战碉之难度,乐观地以为只要有张广泗这样在云贵地区有足够改土归流治边经验的干将,就不愁"速奏肤功"(详见本章附录表6-1),而实际上张广泗、讷亲等清军

---

① [清]阿桂总纂:《平定两金川方略》卷112,乾隆四十年正月乙卯。
② [清]阿桂总纂:《平定两金川方略》卷113,乾隆四十年二月壬辰。
③ 冯明珠、庄吉发编:《金川档》,乾隆四十年八月二十四日阿桂等奉上谕,台北"故宫博物院",2007年印,第3435页;另见[清]阿桂总纂:《平定两金川方略》卷122,乾隆四十年八月己亥。
④ 冯明珠、庄吉发编:《金川档》,台北"故宫博物院",2007年印,第3931、3955页。
⑤ 冯明珠、庄吉发编:《金川档》,台北"故宫博物院",2007年印,第3971、4121页。

将领一直没有找到克碉制胜之策，以致大军压境却难以寸进。至第二次征金川，乾隆皇帝和清军将领虽然都主张吸取第一次金川战争攻碉不克的教训，不再强行直扑碉卡，避免不必要的伤亡，转而积极设法绕攻并多次增兵增炮，甚至为之专门训练云梯兵，但仍无法回避两金川地区众多战碉带来的巨大阻遏，以致再次速胜无望（详见本章附录表6-2）。

毋庸置疑，大小金川地区险隘的地形和坚固的战碉极大制约了清军的进剿行动，是大批清军难以攻克大小金川的至为重要的原因。不得不承认，大小金川民众充分发挥建筑防御工事的卓越才智，因山设险、因险筑碉、立卡围栅，以及勤挖壕沟、广布陷阱，是他们能够长期抵抗大批清军的进剿的关键所在。相应地，清军只有找到克碉制敌良策，才有可能推进战事进程，否则不过是坐地相持，徒耗粮饷罢了。

本章小结

通过对大小金川地形地貌和战碉与清军进剿关系的讨论，可以较为清楚地感受到，清廷对战争爆发地的了解十分有限，甚至说非常陌生都不为过。之所以如此，至少有这样几个方面的原因：一则，大小金川土司地区僻处川西北一隅，而且被绰斯甲、革布什咱、沃日等九嘉绒土司环绕，与内地的联系本来就没法与那些邻近汉区的土司可比，因而清王朝对其知之甚少也就不足为奇[1]；二则，大小金川地区崇山峻岭、战碉密布、民众彪悍善战的自然和人文环境，亦不利于内地民众进入该地区，遑论深入交流和频繁往来，相互了解更无从谈起；三则，在羁縻统治秩序下，以金川为代表的嘉绒土司对川省文武官员阳奉阴违，川省地方官员亦对嘉绒土司事务持因循了事的态度，对金川这样地处嘉绒中心地区的土司亦缺乏深入的了解[2]。正因为清廷对大小金川

---

[1]　金川战争之前汉文史书对金川等土司的记载几近阙如即与此有关。乾隆朝金川战争以暴力的方式强势进入该地区，朝廷因战事需要，不得不加强对当地的关注，这才留下大量官书和档案文献记载。其中第一次金川战争因为一直没有取得实质进展，张广泗等对记录相关档案不甚上心，加上此次战后大金川土司组织人员添筑更多碉卡，使大金川成为更加易守难攻之地。

[2]　乾隆朝平定两金川后，赴金川屯地任职数年的李心衡撰写了六卷本的《金川琐记》从侧面印证，朝廷要想深入了解该地区，得有朝廷命官长期浸润其中才有深入的观察和认识。川省地方文武喜欢和明正、穆坪这样与内地靠近且较为熟悉如何与地方官员打交道的嘉绒土司接触，因而对这些所谓近内地土司的了解相对多一些。不过，还须承认，第一次金川战争前夕，川省督抚诸如庆复、纪山并不主张轻易出兵金川，并不全是因循了事，也有基于对金川土司的情况有一定的了解的成分在内。然而，一心想雪此前瞻对之役耻辱的乾隆皇帝执意开战，最终因缺乏统治经验，准备并不充分而陷入战争泥潭不能自拔。

"跬步皆山""山高林密""崖磴陡削""河道深切""水势不一"的地形地貌特点，以及境内"战碉林立""石卡密布"的防御设施缺乏必要的了解，导致大批清军强势进入后，在后勤运输和具体的军事进攻和防御上吃了很大的苦头，以致战争迟迟未能按计划推进。

尤为值得注意的是，第一次金川战争几乎就是因为清军攻碉始终不得法，导致劳师糜饷，陷入战争的泥潭不能自拔，最后不得不接受大金川土司莎罗奔"请降"而草草收场，以致乾隆皇帝深悔从前不知办理金川之事如此之难。不过，在第二次金川战争中，正因为前线将领找到了对战碉实施绕攻的办法，在不惜代价投入兵力和物力的情况下，清军才在四年多的持久战中得以逐步推进，最终艰难地平定两金川。因此，了解地形地貌和战碉与清军进剿两金川的关系，是理解乾隆朝第一次金川战争难于克捷而第二次金川战争却能够取得胜利的关键所在。

此外，前线将领和乾隆皇帝在两次金川战争中面对攻碉克敌表现出全然不同的面貌。第一次金川战争期间，山险碉坚让乾隆皇帝和清军统帅张广泗都为之焦虑不堪，清军也因之消极怠战。这既与张广泗剿抚苗疆的手段不适用于嘉绒土司地区有关，也与乾隆皇帝对大金川缺乏必要了解有关。统观第二次金川战争，阿桂、明亮等前线将领大多数时候都能不急不躁地展开攻碉克寨的军事行动，乾隆皇帝在镇定地关注战争进程之余，还对战图的绘制、进攻路线的选择、各路官兵后路之防范等问题格外留心。

本章附录

表 6-1　乾隆朝第一次金川战争"未能速奏肤功"情况表

时间	速（迅）奏肤功/肤功早成（奏）	史料来源①
乾隆十二年四月乙丑	上谕军机大臣等："（当）计出万全，迅奏肤功为要。"	卷288
乾隆十二年四月乙酉 乾隆十二年四月己丑	庆复得旨"速奏肤功，歼灭真正渠魁，朕所欣望耳。" 张广泗得旨"……朕惟待肤功之早成耳。"	卷289
乾隆十二年五月甲午 乾隆十二年五月己未	着庆复、张广泗遵前旨"殄灭群丑，迅奏肤功"。 张广泗得旨"惟应克奏肤功，仍当以班滚为戒。"	卷290 卷291

---

① 表6-1的史料来源均为《清高宗实录》，中华书局，1985年印。

时间	速（迅）奏肤功/肤功早成（奏）	史料来源
乾隆十二年六月癸酉	谕军机大臣等："其鉴瞻对前车，迅奏肤功。"	卷 292
乾隆十二年七月乙巳	谕军机大臣等："但迅奏肤功，必当先筹成策。"	卷 295
乾隆十二年九月辛丑 乾隆十二年九月丁巳	上谕："金川之役，兴师运饷劳费已烦……以奏肤功。" 上谕："……尚未见奏捷音……必使实奏肤功。"	卷 298 卷 299
乾隆十二年十二月丁卯	谕军机大臣等："应乘机直捣巢穴，可以迅奏肤功。"	卷 304
乾隆十三年正月丁未	谕："可传谕张广泗……迅奏肤功，以慰朕西顾之念。"	卷 307
乾隆十三年二月甲申	班第奏："倘肤功不能速奏，非特蜀民输挽难支……。"	卷 309
乾隆十三年四月甲子	上谕："四川大金川军务，历时许久，尚未就绪……应特遣重臣前往……可期迅奏肤功。" 又谕："皆缘瞻对用兵之后，川省将弁兵丁……不能速奏肤功。"	卷 312
乾隆十三年四月乙亥	上谕："（岳钟琪）如果能迅奏肤功，更当从优奖叙。"	卷 313
乾隆十三年五月甲辰	班第奏："据（岳钟琪）云：'庶人皆勇战，肤功迅成。'"	卷 315
乾隆十三年六月辛酉	上谕军机臣等，如果不能迅奏肤功，应如何图制胜良策。	卷 316
乾隆十三年七月癸巳 乾隆十三年七月乙未 乾隆十三年七月癸卯	谕军机大臣等督令张广泗等各施谋猷，以图速奏肤功。 设令肤功不能立奏，经秋涉冬，不如撤出大军相时再举。 "朕心日深盼望……必系期于速捷，以待奏报肤功。"	卷 318 卷 319
乾隆十三年闰七月辛未	讷亲奏："若以迅奏肤功而论，仍不如明年接办之速。"上谕："原以金川一隅小丑，大兵云集，不难犁庭扫穴，速奏肤功……今观前后奏折，知一时难于克捷。"	卷 321

时间	速（迅）奏肤功/肤功早成（奏）	史料来源
乾隆十三年八月庚子 乾隆十三年八月丙午 乾隆十三年八月丁未	乾隆皇帝以为可奏肤功，览奏后颇为失望，大军被金川战碉阻遏。 上谕："若能早奏肤功，则何须用朕许多絮语耶！" 上谕军机大臣等，将帅无良策，不能早奏肤功。	卷323
乾隆十三年九月辛酉 乾隆十三年九月庚午 乾隆十三年九月己卯	又谕："金川之役，办理日久，未克迅奏肤功，总因绿旗兵丁羸弱成习所致，朕意欲添调满洲兵。"谕："……迁就苟安，一无筹办，何怪肤功之不克奏耶？" 谕：傅恒等会同班第等妥协办理，务期犁庭扫穴，迅奏肤功。 谕：若选派满兵数千前往，必能速奏肤功。	卷324 卷325
乾隆十三年十月壬午 乾隆十三年十月庚寅 乾隆十三年十月乙未	谕："……傅恒惟当服膺朕旨……迅奏肤功。" 谕曰："……务令踊跃前驱，锐师采入，迅奏肤功。" 谕傅恒专一经理进剿事宜，"俾肤功早奏，以副朕怀。"	卷326
乾隆十三年十一月甲子 乾隆十三年十一月丁卯 乾隆十三年十一月己卯 乾隆十三年十一月庚辰	（傅恒）奉上谕：西安成都兵三千名并京兵二千名，计算可冀速奏肤功。 谕曰："我满洲心诚气壮，勇往向前，必能使肤功速奏。" 谕：若不能一举而迅奏肤功，不如息事宁人，专意休养。 谕傅恒："惟望开春早奏肤功，迅速来京，赞襄左右也。"	卷328 卷329
乾隆十三年十二月甲申 乾隆十三年十二月壬辰 乾隆十三年十二月丙申	谕："……务期供亿完备，军旅遄行，俾得早奏肤功。" "朕益不得不望经略大学士之早奏肤功，迅速还朝矣。" 谕军机大臣等，"总以急图于三月内成功，若过三月，便应许其求降，以省糜费，以惜人力。"	卷330 卷331
乾隆十四年正月庚戌 乾隆十四年正月辛亥 乾隆十四年正月甲寅	谕军机大臣等："元旦天气清朗……必能一月三捷。迅奏肤功也。" 着传谕经略大学士傅恒，统领提督岳钟琪，督率官兵，刻期进剿，迅奏肤功。 谕军机大臣等，"经略大学士三月初旬，果能迅奏肤功，则朕自当特举祭告之礼，行幸五台。"	卷332
乾隆十四年二月丁亥	谕："金川用兵一事，今允降班师……皆由经略大学士忠勇公傅恒……故能肃军纪而靖边徼，迅奏肤功。"	卷334

表6-2　乾隆朝第二次金川战争"未能速奏肤功"情况表

时间	速（迅）奏肤功/肤功早成（奏）	史料来源①
乾隆三十六年十一月丁酉	谕温福等奏："况小金川蕞尔蛮陬……设法招诱，使其自相解体，可望速奏肤功。"	《清高宗实录》卷896
乾隆三十六年十一月丙辰	谕曰："现督将领相机进攻，与木坪、巴朗拉两路，遥为声应，俾贼酋首尾不能相顾，以期迅奏肤功。"	卷897
乾隆三十七年二月丙寅	谕："再此时书明阿、张大经、所带之兵……军威愈盛尔等其一乃心力，共图灭贼，速奏肤功。"	卷902
乾隆三十七年五月乙未	谕："朕酬勋从重，众所共知，温福亦当感激思奋，督励将士，竭力进功，擒获逆竖……迅奏肤功。"	卷908
乾隆三十七年十二月癸酉	谕："一俟平定小金川，即相机分道进剿金川，以期迅奏肤功。"	卷922
乾隆三十七年十二月丙子	谕："今温福等督兵进剿……乘胜直捣美诺，自可迅奏肤功。"	卷923
乾隆三十八年正月丁酉	谕鄂宝、刘秉恬："至现在三路军粮，总在伊二人因地制宜，善为区画，俾军装裹带宽余，肤功应时速奏。"	卷924
乾隆三十八年二月己巳	谕："今温福既坚持定见……分道进剿，自能迅奏肤功。"	卷926
乾隆三十八年三月丁未	谕："总之三路之兵，不拘何路得手，其余各路贼众，势将自溃，便可迅奏肤功。"	卷929
乾隆三十八年五月丁卯	谕："温福等当深体朕意，俾众将士，及各土司咸得闻知，共相奋勉，迅奏肤功。"	卷934
乾隆三十八年六月丙申	谕："朕日望各路将军迅奏肤功。"	卷936
乾隆三十八年七月癸亥	谕："今通计所调兵，共一万七千……统俟到川后，阿桂等悉心妥议，另筹分路进剿，迅奏肤功。"	卷938
乾隆三十八年八月己丑	谕："因即授阿桂为定西将军，并将爱星阿曾用之清字原印，交兵部由驿遄送……迅奏肤功。"	卷940
乾隆三十八年八月己酉	谕："定西将军尚书阿桂……奏：'……惟在筹备齐全，始可迅奏肤功。'"	卷941

———————————

① 表6-2的史料来源均为《清高宗实录》，中华书局，1985年印。

时间	速(迅)奏肤功/肤功早成(奏)	史料来源
乾隆三十八年九月壬申	谕:"征剿两金川之役,势难中止……因拣派健锐火器二营劲旅,及吉林、索伦精锐,并西安、荆州驻防兵,分起前往备用,以期迅奏肤功。"	卷943
乾隆三十九年正月丙寅	谕:"阿桂奏分路进兵情形……所办俱合机宜","相机会剿,迅奏肤功。"	卷950
乾隆三十九年三月壬申	谕军机大臣等:"惟在将领弁兵等,努力前进,迅奏肤功。"	卷955
乾隆三十九年五月丁丑	谕:"……阿桂自当相机速进,以期迅奏肤功。"	卷959
乾隆三十九年六月庚寅	谕:"阿桂务须从长妥计,迅奏肤功以膺茂赏。"	卷960
乾隆三十九年七月戊辰 乾隆三十九年七月辛巳	谕军机大臣等:"今土兵等,既知推重吉林索伦劲旅,使众闻之,更足令其鼓舞奋勇,可期迅奏肤功。"谕:"大兵屡次攻克要隘……早奏肤功。"	卷963
乾隆三十九年十月甲午	谕:"著传谕明亮等,相机速办,迅奏肤功。"	卷968
乾隆三十九年十一月丙寅 乾隆三十九年十一月甲戌	谕:"明亮等奏克日旁东西沿河一带寨落","务即相机进取,迅奏肤功。" 谕:"朕……是以屡催将军等相机速进,今阿桂亦见及此,尤望其乘胜采入,迅奏肤功。"	卷971
乾隆三十九年十二月乙巳	谕:"阿桂等所派官兵等奋勇直前,可期迅奏肤功,……攻剿自不免稍难。"	卷973
乾隆四十年二月己丑	谕:"凡有益于进攻之事,朕不肯稍为惮烦惜费","迅奏肤功,以纾朕宵旰悬念。"	卷976
乾隆四十年七月己未	谕:"惟在各路将军等,设法上紧妥办,迅奏肤功。"	卷986
乾隆四十年闰十月甲子	谕:"阿桂调度得宜,自可乘势席卷,迅奏肤功。"	卷995
乾隆四十年十一月丙申	谕:"计阿桂日内必当得手……惟当努力妥办,迅奏肤功,以膺懋赏。	卷997
乾隆四十一年二月乙巳	谕:"著传谕阿桂等,速即上紧攻打,务期迅奏肤功。"	卷1002

第七章 气候对清军进剿金川
土司的多重影响

气候对人类的生产生活具有不容忽视的影响。战争作为一种社会现象，且战场往往具有很大的随机性，又多在露天环境下进行，因而同样要受到各种气候的制约。在战争中双方如何利用天气和气象条件，趋利避害、克敌制胜尤为关键，历来便是古今中外军事专家们极为重视的问题。[①] 有时，在某些局部战争中，极端天气甚至会决定战争的最终走向。[②] 即使在科学技术高度发达的今天，恶劣的气候在影响人类生存环境的同时，也在挑战着国家的军事安全。因此，在战场上，军事指挥者必须根据天气变化，积极部署并展开有效的军事行动，才有可能避免陷入困境。清军两征金川殊为不易，在军事进攻和军需供应等方面，除了饱受该地"尺寸皆山""跬步皆山"[③]之险恶地形和战碉林立之巨大阻遏外，还频遭这一地区迥异于内地的气候之困扰。[④]

换言之，清军虽然以暴力方式一步步进入川西北土司地区，但也迫使数十万官兵和夫役（其中夫役调拨累计达40余万人次）不得不直面当地的陌生环境，遭受当地诡异多变天气的严酷考验，这必然会对清军的进剿行动造成种种不利影响。本章欲以《金川档》《宫中档乾隆朝奏折》等相关史料为基础，具体考

---

① 竺可桢:《天时对于战争之影响》，载《竺可桢全集》第2卷，上海科技教育出版社，2004年，第112—116页；另参见张家诚:《气候与人类》，河南科学技术出版社，1988年，第271—279页。

② 兹以二战中的"莫斯科保卫战"为例，该战是苏德战争中的一次著名的会战，即发生于1941年10月至1942年1月之间的苏联军队保卫首都莫斯科及其后反击德军的战役。在这次战役中，苏联之所以能够在防御战和反击战中取得胜利，特别是反击战的胜利与莫斯科冬季持续的极端寒冷的天气有着巨大关系，因为德军原计划在寒冬到来之前迅速拿下莫斯科，又没有做好冬季作战的各项准备，结果士兵在恶劣天气的阻遏下战斗士气大为受挫，而苏军恰好利用天气对德军的遏制发起绝地反攻，最终获胜。

③ 《清高宗实录》卷295，乾隆十二年七月甲寅；《清高宗实录》卷298，乾隆十二年九月庚子。

④ 迄今，国内学界仅见戴逸、华立在《一场得不偿失的战争》(《历史研究》，1993年第3期)一文中简要论及天时对清军作战不利的问题，其他研究金川战争的论著即便涉及，亦不过三言两语带过。笔者于2017年发表了《金川天气对清军军需运输的制约及清廷的应对》(《西南边疆民族研究》第23辑)一文，对该问题展开了专题探讨。2020年，笔者在天气对清军军需运输影响一文的基础上，发表了《气候与乾隆朝金川战役的关系及清廷的应对——基于清代档案史料的考察》(《生态民族学评论》第2辑)一文，就气候与乾隆朝金川战争的关系的议题做了更为宽广、深入的讨论。

察大小金川及其邻司地区迥异于内地的天气状况和特点,探讨两金川等地的特殊天气给清军行动造成的多重影响,并揭示乾隆皇帝及前线将领对这种恶劣气候①的持久而艰难的应对,从而加深我们对清军难以攻克两金川的原因之认识。

第一节　大小金川及其邻近土司地区的气候特点

现存史料极少涉笔乾隆朝之前大小金川土司状况,遑论对这一时期当地气候状况的记录。直到清军两征金川,连年深入川西北地区,清军将领不断向朝廷报告当地天气状况,这些内容才以奏折或实录等形式保存至今,使笔者得以深入了解两次金川战争期间该地长达数年间的气候具体特点。借此,可以更好地理解气候对清军进剿大小金川造成的多重不利影响。

一、金川及其邻近土司的天气状况

在具体论述金川土司地区的气候特点之前,笔者先以《清高宗实录》为据,将战时两金川及其邻近土司的天气状况及其对战事的影响,绘制了本章表7-3和表7-4(详见本章附录)。为简便起见,特以表7-3和表7-4的第2栏"金川天气状况"为基础绘制表7-1、表7-2。

表7-1　清军首征金川期间的天气状况(1747 年—1749 年)

天气情况　年　月	二月至四月	五月至七月	八月至十月	十一月至来年正月
乾隆十二年（1747 年）	《清高宗实录》无相关记载。	《清高宗实录》无相关记载。	九月天已转寒,党坝等俱九月中旬连降大雪。	十一、十二月严寒。
乾隆十三年（1748 年）	三月山路积雪泥泞;桃关、保县等处春夏间积雪尚多。	五月常有大雨,甚至阴雨连旬;草坡一带有瘴气;六月沃日一带积雪消融;七月暑雨不断;伏天无酷暑,高寒低处暖。	入秋近半月,雨雪渐频繁,多阴雨天气;九月即奏天寒多雪。	十一月冬雪甚大,冰雪难耐,局部突降大雪,而党坝一路天气晴明无积雪;十二月多雪,甚至连下大雪,偶晴好亦甚寒。十四年正月风雪不断。

---

① 鉴于天气是某地距离地表较近的大气层在短时期内的具体气象表现,气候则是较长时间的某地区大气特征的平稳状态,时间尺度可以是月、季、年,乃至数年、数十年、数百年,而两次金川战争分别长达两年和五年之久,故用"气候",而不用"天气"。

表 7-2　清军征两金川期间的天气情况(1771 年—1775 年)

天气情况　月 年	二月至四月	五月至七月	八月至十月	十一月至来年正月
乾隆三十六年 (1771 年)	《清高宗实录》无相关记载。	《清高宗实录》无相关记载。	八月连日大雨；九月雨雪交加，雾雨弥漫。	十一月冰雪凝结，且雪后冰冻。
乾隆三十七年 (1772 年)	二月雪深；三月开始晴暖；冬雪凝积；四月果洲一带连日雨雪；四五月间尚有大雪。	五月初连阴雨雪；七月下旬，雨雹交作。	八月风雪雨雹，天气寒冷；九十月有雨雪天气，大雪，石头被雪冻住。	十二月晴雾和暖；次年正月连日严寒，积雪深厚。
乾隆三十八年 (1773 年)	二月多大雪；三月连日雪雾；闰三月仍风雪雨雾不断；入四月连日雨雪。	五月雨雾，偶有天晴，亦会下大雨。	八月宜喜山高风大现已下雪。	《清高宗实录》无相关记载。
乾隆三十九年 (1774 年)	二月冰雪严寒；三月天气晴朗冰雪渐消，但又冰雪弥漫，月底更下大雪；四月初放晴。	五月日尔巴碉山阴雪雾时作，是月又雨雪连绵，甚至雨雪大作；六月初一降大雪，后雾气转大，月底有大雨、大雾；七月有大雨、大雾。	八月先雪雨连绵，后晴；九月忽风雨大作，阿桂一路天晴，明亮一路却非雨即雪；十月日尔拉大风雪，福德一路连日雨好，凯立叶冰雪严寒。	年里晴天月余；第二年正月思觉、凯立叶一带雪深冰滑，初二日甚至大雪封山，阿桂处月底天晴；总体看来正月雨雪颇多。
乾隆四十年 (1775 年)	三月至四月宜喜大雪；四月初九日放晴；明亮一路四月十六日进兵后遇连日大雪。	明亮一路五月初五日突遇大雪，阿桂一路初九日遇风雪；遭雨阻遏，少晴；六月多大雨。	八月甲索一带雨雪；先阴雨，自九月初四日午后渐晴，后又风雨交作。	秋冬到初春冰雪载途。

以上两表所反映的两金川及其附近地区气候的季节性变化大体相同，但表 7-1 涉及的年份更长，包含的各月份天气信息更丰富。同时，这两份表格涵盖的时段都缺两次战争初期和扫尾阶段，如表 7-1 缺乾隆十二年二月至八月、乾隆十四年二月至三月的相关天气史料，表 7-2 缺乾隆三十六年七月至八月和乾隆四十年十一月至乾隆四十二年二月的天气资料，二表都是集中展现战争中间阶段当地气候的气象表现。之所以出现这种情况，可能存在这样几个方面的原因：其一，从清廷宣战到大兵压境投入实战需要一段时间；其

二,官兵认识金川地区的特殊天气状况也有一个过程;其三,两次战争临结束时的中心任务是受降与善后事宜,不像中间阶段无论战、守都密切受制于天气状况,此时清廷对当地阴晴雨雪情况不再特别上心亦在情理之中。

据表7-1和表7-3中内容可以清晰感受到:从乾隆十二年九月至乾隆十三年三月,金川及其周边土司地带天气严寒,党坝等地甚至在乾隆十三年九月中旬已连降大雪;及至来年三四月,仍山路积雪泥泞,四五月间山间积雪始消融;入夏则多大雨,且盛夏部分山地依旧寒冷难耐;立秋后雨水不断,亦会下雪;冬日多大雪,颇寒冷,偶有晴天;春多雨雪,少晴日。表7-2和表7-4的内容则为我们提供了金川等地相对长时段里更加丰富的天气史料。除了表7-1和表7-3中常见的冬春雨雪频仍,夏秋大雨不断的天气状况外,还频繁出现"大雾""雾雨""连日雪雾""风雪雨雹齐至"等气象记录。

二、以金川为代表的嘉绒土司地区气候特点

在具体论述气候与清军进剿金川土司的关系之前,本节欲在充分运用表7-1、表7-2,及表7-3、表7-4之第1、第2栏内容的基础上,结合相关档案和官书,以及地方志、文人笔记等资料,并与国内其他地区的气候状况进行对照,以便深入、仔细地考察金川及其周围土司地区的气候特点。

(一) 寒多暖少且夏无酷暑

在我国,就入冬时间来说,淮河秦岭以南大多于11月中旬才秋尽冬来。[1] 然而,据表7-1、表7-2可知,金川土司等地则早寒,入秋半月即雨雪频繁,有些地方甚至九月中旬连下大雪,入冬则冰雪严寒,二月更是雨雪频仍,三四月依旧雨雪不止,四五月间许多地方尚多积雪,局部甚至突降大雪,六月飞雪亦不为怪。面对这种迥异于内地的气候特点,《平定金川方略》中这样总结道:"(金川)崇山叠嶂,雾重风高,山岚瘴气,多寒少暑。"[2]

台北"故宫博物院"藏《宫中档乾隆朝奏折》中亦有不少有关金川等地早寒且寒冷期长的奏报。乾隆三十八年九月初六日勒尔谨奏称:"奉将军阿桂谕令制办长袖短皮袄一万件并套裤、羊皮帽各项,立候需用。"[3]清代《小金川竹枝词》亦云:"蛮天九月寒霜重,大雪千山路途赊。"[4]乾隆三十九年三月贵州巡抚觉罗图思德奏:"现在进剿大金川,该地天气尚寒。"[5]乾隆三十九年七

---

① 林之光、张家诚编著:《中国的气候》,陕西人民出版社,1985年,第32页。

② [清]来保总撰:《平定金川方略》之《金川图说》。

③ 《宫中档乾隆朝奏折》第33辑,台北"故宫博物院",1985年印,第190页。

④ 王利器、王慎之、王子今辑:《历代竹枝词》,陕西人民出版社,2003年,第3994页。

⑤ 《宫中档乾隆朝奏折》第35辑,台北"故宫博物院",1985年印,第139页。

月阿桂复称:"塞外天气早寒,初秋已如严冬。"①乾隆三十九年八月初二日陈祖辉奏:"据参赞暨各镇将来文,军士尚需皮衣御寒。"②同年九月初九日负责后勤运输的文绶奏:"一交十一月,雪大草枯,乌拉归巢,更难挽运。"③十月十七日鄂宝奏:"目今时届冬令,冰雪载途。"④十月二十六日,文绶又奏:"富勒浑等咨送奏稿内称:'日尔拉山遇风雪交加,不无积滞。'"⑤又"近日北路滚运稍稀,查系碧雾山雪大风高所致"。⑥《金川档》亦载,"自(乾隆四十年十月)二十日子时至二十三等日连有密雪,山梁积雪至四五寸",又"(同年闰十月)黄草坪一带冰雪坚凝,官军皆履险而登"。⑦

此外,我国幅员辽阔,各地冷热差异很大,季节差别明显,伏天暑热是我国长江中下游及其附近地区夏季的重要天气现象,而两金川及其周边地区却"伏天无酷暑",⑧五月仍"风雨雪雹交作"。⑨例如,乾隆三十七年金川一带四月间尚有大雪,甚至连阴雨雪。⑩又如,乾隆三十九年五月,日尔巴碉山阴雪雾时作,罗博瓦山坡雨雪连绵,甚至雨雪大作,及至六月初一日"复降大雪"。⑪再如,乾隆四十年,明亮一路五月初五日突遇大雪,阿桂一路初九日遇风雪。⑫李心衡于乾隆四十八年赴金川屯署就任,对当地盛夏亦寒冷的诡异气候感受颇深。他在《金川琐记》中这样写道:"控卡山绝顶为崇化(在大金川)、懋功(在小金川)两屯分界处,高出云表,虽盛夏,积雪逾尺";"予于甲辰八月抵任,见控卡一路积雪不断,四望皓如玉山,……若自严冬至二三月,密雪层积高及数丈,压房屋且不见",而"昔岭在绥靖屯治(今金川县)东一百一十里,……积雪袤丈,虽三伏日,山径常封";"予尝于六月间,因公事路入雪山,至绝顶,密雪乱飘,风冷如刀割,赖身穿重裘,得以无害,然足趾冻裂欲堕"。⑬台湾学者庄吉发先生曾在《清高宗十全武功研究》中扼要指出:"大小

① 《宫中档乾隆朝奏折》第36辑,台北"故宫博物院",1985年印,第205页。
② 《宫中档乾隆朝奏折》第36辑,台北"故宫博物院",1985年印,第236页。
③ 《宫中档乾隆朝奏折》第36辑,台北"故宫博物院",1985年印,第611页。
④ 《宫中档乾隆朝奏折》第37辑,台北"故宫博物院",1985年印,第280页。
⑤ 《宫中档乾隆朝奏折》第37辑,台北"故宫博物院",1985年印,第396页。
⑥ 《宫中档乾隆朝奏折》第37辑,台北"故宫博物院",1985年印,第405页。
⑦ 冯明珠、庄吉发编:《金川档》,题名:乾隆四十年闰十月初六日二十日阿桂等奉上谕,台北"故宫博物院",2007年印,第3661页,3689页。
⑧ 林之光、张家诚编著:《中国的气候》,陕西人民出版社,1985年,第34页。
⑨ 中国第一历史档案馆、鄂温克族自治旗民族估计整理办公室编:《清宫珍藏海兰察满汉文奏折汇编》,辽宁民族出版社,2008年,第317页。
⑩ 《清高宗实录》卷909,乾隆三十七年五月丙辰。
⑪ 《清高宗实录》卷959,乾隆三十九年五月戊辰、乾隆三十九年五月丁丑、乾隆三十九年五月壬午;《清高宗实录》卷960,乾隆三十九年六月丙申。
⑫ 《清高宗实录》卷983,乾隆四十年五月甲子、乾隆四十年五月戊辰。
⑬ [清]李心衡:《金川琐记》卷2之《控卡山海子》《雪墙》《耐寒》诸条;《金川琐记》卷4之《雪鱼》条,中华书局,1985年,第12页,25页,41页。

金川地方,因地势较高,气候寒多暖少。"①另据《中国的气候》书中《我国四季类型分区简明示意图》亦可知,两金川及邻司所在地即属"长冬无夏"②地区。

事实上,清军征剿两金川的南路大后方,亦是终年寒多暖少。例如,《雅州府志》曰:"(木坪土司)春夏温和,秋冬严寒,七八月即降霜雪",又"(松坪土司)四面高山,有寒无暖"。③《章谷屯志略》亦云:"凡近懋功,山多溪谷,天气极寒,自八九月至二月积雪皑皑无从耕作,清明后积雪渐消,秋初稿事未毕而严霜先损,阳坡尚微暄,阴壑危峰积雪经年不化。寨内番夷履冰蹈冷习以为常,夏多冰雹大如拳石,若遇成熟之时,一经雹击,大损禾稼,竟有颗粒无存者。"④道光朝《巴塘志略·巴塘竹枝词四十首》曰:"四山积雪消融尽,不识边城五月寒。"⑤光绪二十年《川督锡良议复川边能否试办垦屯商矿情形折》亦称:"徼外地非不广,而树艺不生,草木不长者恒多。间有可耕,仅产稞麦,非番属之甘荒弃也。冰雪弥望,风沙蔽天,盛夏犹寒,弗利稼穑。"⑥

(二) 咫尺间天气各异

清人王培荀著《听雨楼随笔》之《四川气候》条载:"四川幅员辽阔,气候不齐风俗亦异。……省城岁除,或桃花盛开,茂州则六月下雪。……登大蓬山者亦六月雨雪",以及"杨荔裳咏《高日山》云:'冈峦起还伏,时节春徂夏。绝壑声琤琤,冬冰未全化。却从深雪底,时见花朵亚。莹白挂殷红,被径足娇姹。'"⑦此乃王氏亲历川省及杨氏履步川西后吟咏所记。他们都注意到川西的茂州和大蓬山一带与成都平原的气候相差极大——茂州和大蓬山六月雨雪,成都则甫过春节即有可能桃枝烂漫;还观察到高山地带因气候的垂直变化,在春夏间呈现"山下花开山上雪"的奇异景观。茂州紧邻四土和沃日等土司地区,尚且与内地气候差异如此之大。由是不难想见,地处嘉绒中心地带的大小金川与成都平原的气候差异当更大。

两金川及其邻司地区,亦因山峦叠起,海拔落差大,一年之中或一日之内沟谷与高山之间天气差异显著。第一次金川战争期间,张广泗夏日过斑斓山

---

① 庄吉发:《清高宗十全武功研究》,中华书局,1987 年,第 111 页。
② 林之光、张家诚编著:《中国的气候》,陕西人民出版社,1985 年,第 32 页,35 页。
③ [清]曹抡彬修、曹抡翰纂:《雅州府志》(乾隆四年修,嘉庆十六年补刊本)卷 11,《土司》目,载《中国西南文献丛书第一辑·西南稀见方志文献》第 48 卷,兰州大学出版社,2003 年,第 327 页,329 页。
④ [清]吴德熙辑:《章谷屯志略》,载《中国西南文献丛书第一辑·西南稀见地方志文献》第 48 卷,兰州大学出版社,2003 年,第 681 页。
⑤ [清]钱召棠辑:《巴塘志略》,载《中国西南文献丛书第一辑·西南稀见方志文献》第 36 卷,兰州大学出版社,2003 年,第 373 页。
⑥ 四川省民族研究所编:《清末川滇边务档案史料》(上)0003 号,中华书局,1989 年,第 4 页。
⑦ [清]王培荀:《听雨楼随笔》,巴蜀书社,1987 年,第 245 页。

(即巴朗山)身衣重裘尚觉寒冷。① 清军将领还逐渐认识到该地伏天无酷暑，高处寒，低处暖的气候特点。大体而言，各处高山自山腰以下稍低之处秋冬尚和，雪不多积。② 事实上，金川一带高山或背阴沟底积雪多会在入四月后渐渐融化，局部地区积雪到六月才消融，还有一些高山背阴坡或背阴沟底处积雪终年不化。《宫中档乾隆朝奏折》中有更加细致的记载，如乾隆三十九年二月初四日文绶、刘秉恬奏："臣等率同查礼由楸砥前赴新路，……惟中间翻过日尔拉山，气候阴寒，上下数十里，雪深数尺，山顶丫口高峰对峙，路出其中，两山积雪时复坠落，压塞路径。询之土蛮，佥称需至三月望间，水雪方可渐融。"③该年三月中旬刘秉恬又奏："臣现与松茂道查礼轮流前赴日尔拉一带，往返查催，……惟是日尔拉雪多风大，其气候之寒凉甚于他处，臣往来其间仅止一趟，尚不胜其寒。"④同年八月底，刘秉恬奏："日内秋雨连绵，日尔拉一带业已积雪。"⑤《金川档》亦载："据丰升额等奏，宜喜山高风大，现在即已下雪"，"欲移驻日旁就暖"。⑥ 乾隆三十九年二月，上谕曰："据(阿桂奏筹办攻剿情形一折)称登古对面高峰而下，不十余里即出积雪之地，由此前抵贼巢，只有此层险隘，过此则地势渐平，天气渐暖。"⑦

在多山地区，除海拔高差外，坡向对气温的影响同样不容忽视。第二次金川战争初期，清军大营主事王昶在日记中详细记载了他经行川西北各高山阴坡时的艰险遭遇。乾隆三十六年十一月初八日，王昶"登天舍山，山上下六十里，路本峻，又皆在山阴，为日色所不到，是以冰雪冻结，其坚如铁，光如镜，健马辄仆而下，步行者亦无可置足。余易布鞋踏石罅，援枒枝，或先登者引以手，始得稍蚁附上"，后于初九日"登纳凹山，细路如线，略通骑，……陟山顶则积雪冰层不减天舍山矣。山阴峭险冻滑"，及至十二月十七日又"过斑斓山，……其阴积雪二三尺，往往没膝，崖陵步步须人扶掖"。⑧ 很多清军将领在行军、作战及军需运输过程中均发现，金川境内高山阴坡和阳坡的天气状

① 《清高宗实录》卷322，乾隆十三年八月己丑。
② 《清高宗实录》卷321，乾隆十三年闰七月辛未。
③ 《宫中档乾隆朝奏折》第34辑，台北"故宫博物院"，1985年印，第481页。
④ 《宫中档乾隆朝奏折》第34辑，台北"故宫博物院"，1985年印，第865页。
⑤ 《宫中档乾隆朝奏折》第36辑，台北"故宫博物院"，1985年印，第491页。
⑥ 冯明珠、庄吉发编：《金川档》，题名：乾隆三十八年八月十三日阿桂等奉上谕，台北"故宫博物院"，2007年印，第1305、1306页。
⑦ 冯明珠、庄吉发编：《金川档》，题名：乾隆三十九年二月初六日阿桂等奉上谕，台北"故宫博物院"，2007年印，第2073页。
⑧ ［清］王昶：《蜀徼纪闻》，乾隆三十六年十一月初八日条、乾隆三十六年十一月初九日条、乾隆三十六年十二月十七日条，载张羽新主编：《中国西藏及甘青川滇藏区方志汇编》第43册，学苑出版社，2003年，第333页，335页。

况差别很大:当噶尔拉山阳坡因日照雪不过数寸,但岭下险坡冰雪很厚;[①]凯立叶一带山阴积雪冰冻;[②]日尔拉山气候阴寒,雪深数尺;[③]日尔巴碉地在山阴,雪雾时作;[④]又如负责粮务的刘秉恬奏称:"梦笔山系两金川与三杂谷交界之处……,臣查看该处山势颇为险要,上下约有山十余里。现在阳坡积雪无多,尚可策马而上,阴坡全系冰雪凝积,非独骑马难下,即彼此扶掖而行,亦时时有扑跌之虞。"[⑤]清军移驻时亦会考虑到金川等地向阳平展处暖,背阴山高处寒的现实。[⑥]前引《章谷屯志略》提及"阳坡尚微暄,阴壑危峰积雪经年不化",亦是坡向不同天气各异的明证。

川西北土司地区纵横不过千里,却咫尺间阴晴雨雪各异,易让人联想到"十里不同天"的俗谚。清军在首次征金川期间就常遇到这种天气状况。例如表7-1中第2行第4列,金川邻局"党坝等俱九月中旬连降大雪";再如同表第3行第5列,"十一月冬雪甚大,冰雪难耐,局部突降大雪,而党坝一路天气晴明无积雪"。第二次攻打金川时,清军更是屡遇这种天气。据表7-2第4行第4列可知,乾隆三十八年八月宜喜一带"山高风大现已下雪",乾隆皇帝获悉这一路难以进兵后,只好以"番地冬间不甚有雪"聊以自我宽慰。[⑦]乾隆三十九年,阿桂奏"九月初二日后已晴,同一时间明亮一路却非雨即雪"。[⑧]乾隆三十九年十月,当"日尔拉气候过寒,风雪甚大"时,"富德军营却连日晴霁"。[⑨]乾隆皇帝便再也按捺不住满心疑惑,在谕令中诘问:"(明亮一路攻打的)达尔图山梁距阿桂军营不远,何以两处阴晴迥殊若此?殊不可解。或晴霁自南而北,亦不可知。"[⑩]

前引王培荀《听雨楼随笔》录李心衡《金川四时词》中有"谁知六月荒山里,尚有千年雪未消",以及"甲索山空木叶稀,金川水冷雪花飞"[⑪]的诗句,既凸显了金川早寒的特点,又指明了该地河谷和高山天气殊异。曾在金川履职的李心衡对这一带迥异于内地的气候特点有切身体会。他在《金川琐记》中

---

① 《清高宗实录》卷924,乾隆三十八年正月庚子。
② 《清高宗实录》卷951,乾隆三十九年正月己卯。
③ 《清高宗实录》卷953,乾隆三十九年二月癸丑。
④ 《清高宗实录》卷959,乾隆三十九年五月戊辰。
⑤ 《宫中档乾隆朝奏折》第34辑,台北"故宫博物院",1985笔印,第389页。
⑥ 《清高宗实录》卷301,乾隆十二年十月癸未。另据《清高宗实录》卷299,乾隆十二年九月丁巳条载,乾隆皇帝谕军机大臣:"或暂行退驻向阳平旷之地,令得为休息,俟气候融和,再加调官兵。"
⑦ 《清高宗实录》卷940,乾隆三十八年八月庚子。
⑧ 《清高宗实录》卷967,乾隆三十九年九月丙寅。
⑨ 《清高宗实录》卷969,乾隆三十九年十月壬寅、乾隆三十九年十月丁未。
⑩ 《清高宗实录》卷967,乾隆三十九年九月丙寅。
⑪ 〔清〕王培荀:《听雨楼随笔》,巴蜀书社,1987年,第241页。

这样概括道："金川气候,一日之间,寒暖倏殊,咫尺之地,阴晴各异。严冬天晴时,日中可穿春服,盛夏天阴时,朝晚亦可披裘。四时无大寒大热,然倏忽变幻如此。不必烟瘴为厉,稍不自谨,中之立病。"①《绥靖屯志》亦曰："大金川地势,较省会约高数万丈,节候仅差黍累而气机大异。一日之间,寒燠顿殊。咫尺之地,阴晴各别。冬晴日中可著春服,夏阴朝暮亦可披裘。"②

金川周边地区亦呈现咫尺间天气各异的情况。《章谷屯志略》载："章谷屯所管宅垄及各屯寨寒暖不一。离章谷署(在今丹巴县境内)东三十里之约咱汛数里内地颇平整,气候甚暖,种植黍豆,岁可再获。凡近懋功,山多溪谷,天气极寒,自八九月至二月积雪皑皑无从耕作,清明后积雪渐消,秋初稿事未毕而严霜先损,阳坡尚微暄,阴壑危峰积雪经年不化。寨内番夷履冰蹈冷习以为常,夏多冰雹大如拳石,若遇成熟之时,一经雹击,大损禾稼,竟有颗粒无存者。""章谷所管明正土司地方,天时和暖,平整处无酷暑严寒,峻岭崇山亦有经年积雪。"③此外,其东邻汶茂地区,据《汶川县志·风土》载："县自平沙关以上,多风,常患旱,自映秀湾以下,多雨,常患涝。""旧志云:'天无时不风,地无处宅土。冬春积雪,早晚生云,霾雾弥沦,烟岚横罩,雷生屋角,雨起山腰,怒浪奔涛,扬沙飞石,无异沙漠。'"④其西邻康藏地区,《打箭炉志略·土俗》云:"口内外气候,四时惟泸定桥、咱里及巴塘燠寒与内地无异,蔬菜果实应时更新,余长年多风,夏无盛暑。炉城五六月多雨,南北诸山皆雪。冬多晴日,至春雨雪寒沮尤甚,稻谷不生。"⑤

(三)一年之中雨雪频仍

据表7－1和表7－2可知,首次征金川期间,清军很快体会到,金川及其邻司地区入秋不久便有雪,甚至是连下大雪,不仅冬季天寒冰雪难耐,春间亦雨雪不断,一届四月便进入多雨时节,五月更是阴雨连绵,六七月多大暴雨,以致河谷地带洪水泛滥,八九月又阴雨连天,该地长期多雨甚至使清军帐房尽皆破烂;清军第二次征金川的五年间更是频遭雨雪天气,正月里大雪封山,二月仍多雪,三月继续雪雾弥漫,闰三月便连日雨雪,一到四月即连阴雨雪,五月间或是大雨,或是雨雪连绵,六月多大雨兼有大雾天气,局部地区亦会下雪,七八月间雨雹交作,八九月则雨雪交加、雨雾弥漫,甚至连日大雨。清廷

---

① [清]李心衡:《金川琐记》卷2之《气候》条,中华书局,1985年,第14页。
② [清]潘时彤主纂,蔡仁政校释:《绥靖屯志》卷1之《气候》条,2001年,第63页。
③ [清]吴德熙辑:《章谷屯志略》,载《中国西南文献丛书第一辑·西南稀见方志文献》第48卷,兰州大学出版社,2003年,第681、682页。
④ 祝世德编:《汶川县志》卷5之《风土》条,载张羽新主编:《中国西藏及甘青川滇藏区方志汇编》第42册,学苑出版社,2003年,第154页。
⑤ 佚名辑:《打箭炉志略·土俗》,载张羽新主编:《中国西藏及甘青川滇藏区方志汇编》第40册,学苑出版社,2003年,第20页。

在首征金川草草收场后仍不忘在《平定金川方略》中,将金川及其周边土司地区的气候总结为:"春夏雨雪经旬累月,罕有晴时,每雨则霹雳大作,电光中皆有声,至八九月间始得晴霁,隆冬积雪丈余,山谷弥漫,坚冰凝结,道路不通。"①

另据《宫中档乾隆朝奏折》可以对金川及其邻近地方的雨雪频繁的天气特点有更明晰的认知。乾隆三十八年九月富勒浑奏:"本年五月二十一日夜,桃关口内外山水陡发","淹毙在站各县长夫七十二名,……淹浸之火药、火绳,……各处冲坏之索桥、木桥"。②乾隆三十九年三月郝硕奏:"伏思自春徂夏,雨水渐多,……查自桃关至楸底旧路久经开修平坦,但往来日久或因雨水冲塌,……将来一入夏令雨水连绵。"③乾隆三十九年四月文绶奏:"其口外桥梁道路现当雨水时行之候,业经通饬随时修补,以利遄行。"④同日刘秉恬奏:"因连日雨雪,转运不及,是以积米未得疏通。"⑤乾隆三十九年四月二十一日富勒浑、郝硕奏:"现值阴雨连绵。"⑥乾隆三十九年五月富勒浑、郝硕奏:"惟近日雨雪过多,山水间发,沿途桥梁道路不无冲损。"⑦乾隆三十九年五月十九日刘秉恬亦奏:"口外自春夏以来雨水颇多,……立秋始复阴雨连绵。"⑧乾隆三十九年六月颜希深奏:"两月以来雨水过多。"⑨乾隆三十九年七月十一日,张依仁、王宓禀称:"各该县境内于六月二十八九日,及七月初一二三等日连日大雨,山水陡发,桥道多被冲损。"⑩乾隆三十九年八月十三日钱镠奏:"自入秋以来雨水较多,山路偏桥间有坍损。"⑪乾隆三十九年八月十四日鄂宝、颜希深亦奏称:"时值深秋不时雨雪。"⑫乾隆三十九年八月二十七日刘秉恬奏:"不意是日夜间大雨,次日仍复连绵未住",又"日内秋雨连绵,日尔拉一带业已积雪"。⑬

根据《清宫珍藏海兰察满汉文奏折汇编》相关史料,可以窥见金川等地夏季降水强度之大。阿桂等于乾隆四十年六月初二奏:"(五月)二十九、三十两日连夜大雨滂沱,至今尚未开霁。"⑭是年六月十六日阿桂等奏:"初四、初六、

---

① 〔清〕来保总撰:《平定金川方略》之《金川图说》。
② 《宫中档乾隆朝奏折》第33辑,台北"故宫博物院",1985年印,第201页。
③ 《宫中档乾隆朝奏折》第34辑,台北"故宫博物院",1985年印,第765页。
④ 《宫中档乾隆朝奏折》第35辑,台北"故宫博物院",1985年印,第165页。
⑤ 《宫中档乾隆朝奏折》第35辑,台北"故宫博物院",1985年印,第189页。
⑥ 《宫中档乾隆朝奏折》第35辑,台北"故宫博物院",1985年印,第367页。
⑦ 《宫中档乾隆朝奏折》第35辑,台北"故宫博物院",1985年印,第494页。
⑧ 《宫中档乾隆朝奏折》第35辑,台北"故宫博物院",1985年印,第521页。
⑨ 《宫中档乾隆朝奏折》第35辑,台北"故宫博物院",1985年印,第580页。
⑩ 《宫中档乾隆朝奏折》第36辑,台北"故宫博物院",1985年印,第58页。
⑪ 《宫中档乾隆朝奏折》第36辑,台北"故宫博物院",1985年印,第358页。
⑫ 《宫中档乾隆朝奏折》第36辑,台北"故宫博物院",1985年印,第363页。
⑬ 《宫中档乾隆朝奏折》第36辑,台北"故宫博物院",1985年印,第490页、491页。
⑭ 《清宫珍藏海兰察满汉文奏折汇编》,辽宁民族出版社,2008年,第333页。

初七等日阴雨,……初九、初十日尚属时雨时晴,而十一、二、三,三日大雨倾盆,入夜更为滂沛,直至十四日雾雨稍收。"①

《金川档》也记录了金川等地多连日大雨(雪)的信息,如乾隆三十九年秋上谕:"据称(八月)十九至廿二雨雪连绵,实觉可恨","看来番地气候,春秋雨雪每甚"。② 乾隆四十年正月阿桂等奉上谕:"至番地气候冬令多晴,入春即多雨雪……原虑春令或有雨雪阻滞,今甫交春令即已如此,恐愈雨雪愈多。"③乾隆四十年秋富勒浑奏:"(八月)廿四五连日大雨。"④

以上史料充分说明金川及其周边地区终年雨雪频仍。此外,本章附录表7-3和表7-4中多处提到乾隆皇帝或者急切盼望前线天气晴好以利进兵,或者对当地雨雪不断天气甚是恼怒的内容,也从侧面反映了清军在金川等地作战期间雨雪频繁。

(四) 六月雪·雹·雾·大风

农历六月,我国大部分地区气温较高,一般不会下雪。清军征两金川期间却曾多次遭遇六月飞雪天气。⑤ 前引《金川琐记》亦称:"尝夏日行过控卡,正值阴霾密雪,登陟颇艰。及跻山巅,晴日晃耀无织翳。""予尝于六月间,因公事路入雪山,至绝顶,密雪乱飘,风冷如刀割。"⑥《绥靖屯志》也曰:"(金川)天阴不雨即雪,六月亦然。"⑦两金川所在土司地区主要是以邛崃山脉为脊梁,支脉四处蔓延构成的山地。邛崃山由北而南,亚克夏山、巴朗山等诸峰耸立其间,都在海拔4 200—4 700米。⑧ 若一座山峰相对高差为4 000米,那么山顶和山脚的温差可达24摄氏度,其山顶六月飘雪亦不足为奇。

表7-2和表7-4之第2栏中还涉及金川等地降冰雹的天气信息。例如,乾隆三十七年"七月下旬雨雹交作,天气寒冷""八月风雪雨雹"等。乾隆三十八年,从大金川逃出的鄂克什土弁赓噶供称:"小的在勒乌围时,见日旁以东一带民寨的男妇,纷纷来向土司哭诉说:'我们今年种的田地都被雪弹打

---

① 《清宫珍藏海兰察满汉文奏折汇编》,辽宁民族出版社,2008年,第343页、344页。

② 冯明珠、庄吉发编:《金川档》,题名:乾隆三十九年九月初七日阿桂等奉上谕,台北"故宫博物院",2007年印,第2606页。

③ 冯明珠、庄吉发编:《金川档》,题名:乾隆四十年正月二十二日阿桂等奉上谕,台北"故宫博物院",2007年印,第2989页。

④ 冯明珠、庄吉发编:《金川档》,题名:乾隆四十年九月初十日阿桂等奉上谕,台北"故宫博物院",2007年印,第3497页。

⑤ 据《清高宗实录》卷960,乾隆三十九年六月丙申条载:"又据(阿桂)奏,天气仍不时阴雨,且六月初一日,尚然下雪。"

⑥ [清]李心衡:《金川琐记》卷2之《夏雪》、《耐寒》条,中华书局,1985年,第13、25页。

⑦ [清]潘时彤主纂,蔡仁政校释:《绥靖屯志》卷1之《气候》条,2001年,第63页。

⑧ 《川西北藏族羌族社会调查》,民族出版社,2008年,第14页。

得普平,风也大,雪弹子也大,树叶都打落,鸡鸭羊只打死的不少。'"①前引《金川琐记》载:"(控卡)山脊凹处有水盈盈,……苟一叩声,风雹立至。"②《绥靖屯志》亦载:"(金川冰雹)大如弹丸小如豆,著禽畜辄毙,田禾无收。"③《章谷屯志略》亦云:"夏多冰雹大如拳石,若遇成熟之时,一经雹击,大损禾稼,竟有颗粒无存者。"④

据表7-2还可看到清军第二次征金川期间多次遭遇雨雾天气,而且当地大雾或雨雾、雪雾交作天气多出现在每年三月至九月。乾隆三十六年秋,据四川总督阿尔泰奏称,小金川人趁雾雨迷漫之时,蜂屯蚁至毕旺拉一带左右山梁,以致守碉的瓦寺土兵皆惊溃。⑤乾隆三十七年七月二十一日,阿桂一路官兵由墨垄沟一路昼夜进兵,于二十二日五更至甲尔木,当是时,山梁间大雾弥漫。⑥乾隆三十八年三月,乾隆皇帝谕军机大臣等:"阿桂等奏用炮轰击,贼碉已渐颓毁,因连日雪雾,稍俟晴霁进剿。"⑦阿桂等督兵进剿当噶尔拉山,该处山高雪大,且连日雪雾,兵力难施,随后阿桂一路分攻纳围、纳札木,又一再遇到雪雾天气。⑧紧接着,温福等攻打昔岭一带又遇雨雾。⑨乾隆三十九年春,九百余名大金川人趁雪雾迷漫之际,分为四股,潜来偷劫军营。⑩乾隆三十九年五月,阿桂一路欲攻位于凯立叶一道山梁中的日尔巴碉,该处崖礤陡立,林深菁密,且雪雾时作。⑪乾隆三十九年六月初一日,阿桂一路抬炮轰摧大碉,雪后雾气转大,大金川土民则趁雨雾将碉座修整好,该路官兵又于六月二十五日早上遇大雾迷漫天气;随后,额森特带兵在雨雾中进攻木城。⑫乾隆三十九年九月,和隆武带兵携炮摧碉,是日大雾迷蒙。⑬乾隆四十年五月,阿桂督率官兵冲雾越险进攻逊克尔宗山梁丫口处碉座;同年深秋,丰

① 中国第一历史档案馆:《军机处录副奏折》民族类,缩微胶卷号589,档号:7963-87。该供词题名和录供日期均阙如,从笔者掌握的数百份两金川土民供单来看,这种情况并不罕见。
② [清]李心衡:《金川琐记》卷2之《控卡山海子》条,中华书局,1985年,第12页。
③ [清]潘时彤主纂,蔡仁政校释:《绥靖屯志》卷1之《气候》条,2001年,第63页。
④ [清]吴德熙辑:《章谷屯志略》,载《中国西南文献丛书第一辑·西南稀见方志文献》第48卷,兰州大学出版社,2003年,第681页。
⑤ 《清高宗实录》卷892,乾隆三十六年九月戊申。
⑥ 《清高宗实录》卷914,乾隆三十七年八月己巳。
⑦ 《清高宗实录》卷928,乾隆三十八年三月庚寅。
⑧ 《清高宗实录》卷931,乾隆三十八年闰三月己卯;《清高宗实录》卷932,乾隆三十八年四月己丑。
⑨ 《清高宗实录》卷934,乾隆三十八年五月甲子。
⑩ 《清高宗实录》卷955,乾隆三十九年三月丙子。
⑪ 《清高宗实录》卷959,乾隆三十九年五月戊辰。
⑫ 《清高宗实录》卷960,乾隆三十九年六月丙申;《清高宗实录》卷962,乾隆三十九年己未;《清高宗实录》卷963,乾隆三十九年七月甲戌。
⑬ 《清高宗实录》卷966,乾隆三十九年九月辛亥。

升额带领官兵涉险冲泥克取当噶克底、绰尔丹等处碉寨时值风雨交作。[①]

　　多大风也是大小金川等地的一大气候特点。检《清高宗实录》可知：乾隆十四年正月，经略傅恒"兼程抵营，冲冒冰雪"，随后亲自督战，"连宵达旦，露立风雪之中"；[②]乾隆三十八年春，丰升额一路也"风雪迷漫"，阿桂一路于闰三月十八日遇风雪；[③]乾隆三十八年秋天，金川宜喜一带"山高风大"，而明亮一路等正围攻两碉紧要时突遇大风大雨；是年冬间，日尔拉气候过寒，风雪甚大；乾隆四十年秋，官兵正攻碉卡之际，又值风雨交作。[④]《金川档》亦载："外委孙琰开门取药，值狂风暴发。"[⑤]乾隆四十年十一月阿桂等奏："初二三等日，复派调官兵，赴山腿尽处，合力攻打。……时及大风，火势蔓延，烧及木城。"[⑥]李心衡著《金川琐记》曰："金川春日率多大风。风发时，偶一失检，屏障图轴，辄有卷裂患。若懋功、章谷二屯尤甚，每至午后，风声飕飕，彻夜不止，盖山多风穴云"；"间有木板盖房，上置碎石压之，衙署处处皆然，陡发狂风，走石飞板，从空击下，剧足怖人"；又"尝因公事赴懋功（屯治在小金），坐姜石霞署中，日亭午，忽同云密布，如欲雪状。稍焉狂风大发，梁椽震震有声，势欲倾压，急走庭院中，风猛不能行立，为坚抱木棚不敢动。久之，雨来，风渐息，始得从容"。[⑦]《章谷屯志略》则云："屯署附近数十里，多东风，四时无少间，怒吼之声，通宵达旦，遇雨后稍息，春间更甚。北风不多作，每岁只三四次，作时则折木颓垣，屋多倾塌，经二三时而止，最为猛烈。"[⑧]

　　综上所述，清军两次征讨金川，当地气候呈现"长冬无夏，春秋相连"的季节性特征，并因当地海拔高差大，一日之内，咫尺间阴晴雨雪不一。此外，该地区终年雨雪频繁，隆冬季节晴日相对较多，亦会出现盛夏飘雪、冰雹及大雾、山风肆虐天气。归根结底，气温偏寒又终年多雨雪的天气状况，势必给清军在"跬步皆山"的地区作战带来诸多不利。

① 《清高宗实录》卷983，乾隆四十年五月乙亥。
② 《清高宗实录》卷333，乾隆十四年正月丙寅、乾隆十四年正月戊辰。
③ 《清高宗实录》卷928，乾隆三十八年三月癸巳；《清高宗实录》卷930，乾隆三十八年闰三月辛酉。
④ 《清高宗实录》卷940，乾隆三十八年八月庚子；《清高宗实录》卷966，乾隆三十九年九月庚申；《清高宗实录》卷969，乾隆三十九年十月壬寅；《清高宗实录》卷983，乾隆四十年五月戊辰；《清高宗实录》卷991，乾隆四十年九月戊辰。
⑤ 冯明珠、庄吉发编：《金川档》，题名，乾隆三十九年七月初二日阿桂等奉谕，台北"故宫博物院"，2007年印，第2330页。
⑥ 《清高宗实录》卷997，乾隆四十年十一月己丑。
⑦ ［清］李心衡：《金川琐记》卷2之《风穴》条、《瓦板》条，《金川琐记》卷5之《风变》条，中华书局，1985年，第14、18、51页。
⑧ ［清］吴德熙辑：《章谷屯志略》，载《中国西南文献丛书第一辑·西南稀见方志文献》第48卷，兰州大学出版社，2003年，第682页。迄今，章谷屯署所在的丹巴县城仍以多风沙闻名，笔者于2010年5月在当地开展田野调查期间多次亲历陡发风沙天气。

第二节　迥异于内地的气候对清军征两金川的阻滞①

清军首征金川,伤亡惨重,所费不菲,不仅未能速灭金川,反而长期陷入进不能前、退则失已据守之地的困境。大批清军陷入这般狼狈境地,固然有金川地势险恶、碉卡防守严密、枪炮难于攻击,以及将帅对用兵金川的困难估计不足等主客观原因,但清军在金川等地极少遇到天晴、气温适宜、道路硬实便于官兵攀爬山岭作战的有利天时,亦是这次进剿颇为不易的重要原因。至第二次进剿金川,清军在作战心态上远比首征金川时更坚定、自信,且投入的人力、物力也多得多,但官兵从初定小金川,继而进剿大金川受挫,到再定小金川和最后平定大金川,过程仍极为曲折艰难,数万兵丁和多达几十万的夫役在此五度寒暑,遭到风雪雨雹之摧残比首征金川的人员有过之而无不及。在此,笔者欲借助有关史料,具体考察大小金川地区多雨雪的气候对清军的后勤运输、军事进攻和防御,以及兵丁和夫役的各种影响。

一、雨雪频繁导致军需挽运格外艰难

俗话说"兵马未动,粮草先行",可见后勤运输之重要。还须认识到,大兵压境固然气势逼人,但军需供给压力贯穿战争始末。② 是故,"善用兵者,役不再籍,粮不三载;取用于国,因粮于敌,故军食可足也"。③ 这是说,善于用兵的人,兵员不一再征集,粮秣不多次运送;武器装备从国内取用,粮秣在敌国就地解决,这样,军队的粮食就可以充足供应。大小金川等地出产的青稞和圆根等粮食仅勉强够这里的土民果腹之需,数万清军和数十万夫役绝无可能在金川境内就地解决军粮,而只能依靠长距离运输来保障各路军营粮饷不绝。而长期远距离运输又使得国帑糜费惊人,广大百姓也不堪役使,疲于奔命。要避免因远道运输使国家财政陷入危机、百姓疲困不堪,就应遵循"兵贵胜,不贵久"④的用兵之道。两次金川战役分别历时两年和五年之久,第二次征金川的后勤压力居乾隆朝"十大武功"之首。⑤ 在此,先探讨两次战争期间,金川及其邻司地区早寒且寒冷期长,以及雨雪频繁的天气对清军后勤运

---

① 有关该问题的前期研究成果,详见拙文《金川天气对清军军需运输的制约及清廷的应对》,《西南边疆民族研究》第 23 辑,2017 年 11 月。
② 《孙子兵法·作战篇》:"凡用兵之道,驰车千驷,革车千乘,带甲十万,千里馈粮,内外之费。宾客之用,胶漆之材,车甲之奉,日费千金,然后十万之师举矣。"参见陶汉章编著:《孙子兵法概论》,解放军出版社,1985 年,第 80 页。
③ 陶汉章编著:《孙子兵法概论》,解放军出版社,1985 年,第 81 页。
④ 陶汉章编著:《孙子兵法概论》,解放军出版社,1985 年,第 83 页。
⑤ 赖福顺:《乾隆朝重要战争之军需研究》,台北"故宫博物院",1984 年,第 433 页。

输带来的诸多困难。

乾隆十二年三月至乾隆十四年二月,清军首征金川匆促行事,数万名官兵进入"尺寸皆山"的川西北土司地带,各项后勤运输始终牵动这次战争的神经。因山地极难行走,清军后勤供给全靠民夫背负和乌拉驮载(然川省严重缺马),加之路途遥远,辛苦异常。不幸的是,战时金川及其相邻土司地区寒多暖少,且多雨雪和大风的天气状况,使清军本已艰难的长距离后勤运输雪上加霜。事实上,早在乾隆皇帝决意用兵金川前夕,时任川陕总督庆复就在奏折中明确指出大金川四面环山,馈运困难,不便用兵,但他未予理会。①

该战伊始,清廷虽不把大金川土司放在眼里,但在战术上还是很重视后勤筹备工作。乾隆十二年(1747)四月,军机处议复原川陕提督纪山在川省调度粮饷,将提督印信交武绳谟。随后军机处又议复纪山条奏粮饷事宜:决议先从金川附近军营及州县筹办军粮,再由成都解到补还;南路于打箭炉现存军米内动支,西路于温江等处动支常平仓谷碾米五千石,并将保、茂二处军糈案内存余青稞办成炒面挽运;为加快粮饷运输,特额设站台,由杂谷脑向西至党坝十二站,又自杂谷脑向南至沃日七站;沃日一路六台七站,地尤险峻,酌设管台文官三员督催粮米,稽查文报;打箭炉、杂谷脑、章谷、沃日、党坝为粮运总处,每处设护粮外委一名,兵十名。② 即便有了较为明确的军需运输安排,乾隆皇帝也一直对如何保证粮运接济无虞忧心不已。不久,残酷的现实证明其担忧绝非多余。

清兵一入大金川腹地便处处受阻,在相当长的时间内不仅战局没有任何转机,粮饷运输亦不断受到当地恶劣天气的挑战。乾隆十二年,党坝等处九月中旬已连降大雪,致使粮运堪虞。③ 乾隆十三年(1748)三月,班第抵达小金川军营,便报闻西路粮台因山路积雪泥泞,乌拉难行,附近各司土民出征后,所余民众不敷供役,只好添调汉夫。④ 乾隆十三年四月,桃关、保县等处春夏间仍有很多积雪,使得西路运夫往往顿足不前,只好给民夫增加回空粮以示激励。⑤ 乾隆十三年五月,川西地区频下大雨,草坡一带有瘴气,夫役们多逃亡病故。⑥ 同年五六月间气温回升,积雪消融,道路难行,且绰斯甲一路粮运遭雪阻,只好将乌拉驮载改用夫役,同时西路沃日等处军需运输亦因雪

---

① 王戎笙主编:《清代全史》第4卷,方志出版社,2007年,第258页。
② 《清高宗实录》卷284,乾隆十二年四月乙丑。
③ 《清高宗实录》卷301,乾隆十二年十月癸未;另见[清]来保总撰:《平定金川方略》卷4,乾隆十二年十月癸未。
④ 《清高宗实录》卷311,乾隆十三年三月癸丑。
⑤ 《清高宗实录》卷313,乾隆十三年四月庚辰。
⑥ 《清高宗实录》卷314,乾隆十三年五月戊子。

融受阻滞。① 另据马良柱供称,其率兵驻守曾达时粮运为雪所阻达半月之久。② 此外,负责后勤的官员考虑到草坡一带运路因地近雪山,盛夏亦寒冷不堪,遂将该运路改由南路章谷,后因骡马遭大雪倒毙,又将运路再次改回草坡。③ 至此,乾隆皇帝逐渐认识到金川冬春多雨雪,军需挽运艰难,并谕令须于十月以前预备好至明年四月的兵粮。④ 入冬后,两金川地区天寒冰雪难耐,面对这种不利天气情况,乾隆皇帝颇为焦虑,遂谕令不可因天气恶劣延迟军粮运输。⑤ 乾隆十三年十二月,前线官员奏报一出桃关(位于今四川省汶川县南岷江东岸)便雪深结冰,乾隆皇帝终于承认金川等地"艰苦视内地倍甚,挽运军需,全资民力"。⑥ 乾隆十四年(1749)正月,大金川土司莎罗奔投降前夕,乾隆皇帝既无奈又准确地总结道:"番境水土恶薄,春雪夏涝","跋履维艰,天时地利,皆非人力所能强违"。⑦

一言以蔽之,首征金川期间,清军后勤运输受到长年雨雪频繁等天气的严酷挑战:一方面,大批夫役于艰难攀爬山路外,还饱受冻馁乏食、风餐露宿、瘟疫之苦;另一方面,战争期间朝廷曾数次更换负责粮务的官员,却无一例外总是奏报军营暂不缺粮,实际上各路粮运十分困难,枪炮、船只等军需物资亦严重不足。⑧ 不难想见,这种恶劣天气也会使运到的大量粮食之储藏和保管颇为不易。而且,正是考虑到金川等地恶劣天气状况使得后勤转运艰难,乾隆帝欲派出京旗作战的计划也随之流产,前方将领一再提出的增兵请求也被军机大臣否决。⑨

虽然清廷再征金川做了更好的准备,但是军需运输仍受到金川及其附近地区气候的掣肘。乾隆三十六年(1771),清廷正式向小金川土司宣战前的几个月里,四川总督阿尔泰漫无调度,所奏接运粮石各折不中肯綮。⑩ 不久,乾隆皇帝谕令紧急办理粮运一事,前线将领自然不敢怠慢,但要保障全军各路官兵粮食无虞亦绝非易事。据《清高宗实录》乾隆三十六年十月辛卯条可知,桂林于十月十三日抵成都,西、南、北三路共调汉土官兵 16 500 名,碾运食米127 300 余石,运送粮米药弹等项共雇用民夫 12 200 余名,采买马 1 532 匹。⑪

---

① 《清高宗实录》卷 317,乾隆十三年六月庚辰。
② 《清高宗实录》卷 319,乾隆十三年七月癸卯。
③ 《清高宗实录》卷 322,乾隆十三年八月己丑。
④ 《清高宗实录》卷 323,乾隆十三年八月丙午。
⑤ 《清高宗实录》卷 329,乾隆十三年十一月戊辰。
⑥ 《清高宗实录》卷 331,乾隆十三年十二月戊申。
⑦ 《清高宗实录》卷 332,乾隆十四年正月己未。
⑧ 《清高宗实录》卷 317,乾隆十三年六月乙卯。
⑨ 《清高宗实录》卷 300,乾隆十二年十月辛酉。
⑩ 《清高宗实录》卷 894,乾隆三十六年十月丙子。
⑪ 《清高宗实录》卷 895,乾隆三十六年十月辛卯。

嗣后清廷还陆续增派官兵,因此粮饷及马匹等跟进任务只会越来越重。实际上,除去马、牛、羊等军需物资外,笔者据《清高宗实录》《宫中档乾隆朝奏折》和《乾隆朝上谕档》中相关记载大致统计出:乾隆三十六年四月至乾隆四十一年二月,清廷累计调兵129500名,共拨国库银71600000两,实际支银逾1亿两,运米2963527石,运火药4271400斤,运制铅、铁炮子3000000斤,运制铜、铁炮650位,雇用民夫462000名。这些数字表明此战清军的后勤运输压力非比寻常。

　　和首征金川一样,再征金川五年间清军所需军粮、饷银及军用辎重等物资,主要靠驱使夫役在崎岖山地和雨雪不断的恶劣条件下完成。乾隆三十八年秋,南路山险路长、天寒雪早,该处军粮亟须预筹,转运亦尤为吃紧。① 乾隆三十八年十二月阿桂等奏:"前此桃关、卧龙关一带水发,运道即阻滞半月,军营及沿途各站若非稍有积储,恐致贻误。"②乾隆三十九年深秋,日尔拉一带气候过寒,风雪很大,使粮运阻隔。③ 乾隆四十年正月天气和暖,积雪渐消,粮道泥泞。④ 另据《宫中档乾隆朝奏折》,乾隆三十八年十二月二十日颜希深奏称,"丹巴所需米粮距省站远,且多高山险路,时值寒冬,挽运维艰",为保障军营军粮无虞,只好"将内地运道米石源源滚运,并截留附近丹巴之甲角粮站存贮"。⑤ 乾隆三十九年七月十一日前线官员合奏:"查本年七月初七日,据摄理汶川县事署打箭炉同知张依仁、署灌县事涪州知州王宓禀称,各该县境内于六月二十八九日,及七月初一二三等日连日大雨,山水陡发,桥道多被冲损,粮运军火不无阻滞。"⑥

　　此外,各路粮台不是固定不变的,要随军营移动而变化。大批夫役负重往来各站台之间,于道途险远之外,再遇冰雪冻滑天气,其艰难自不待言。据《金川档》载:"(乾隆三十九年正月)富勒浑等奏安设粮台随阿桂大营前进,按站接济,……谷噶军营一路树木丛杂,道路险仄,冰凌难行。"⑦即使雇佣大批夫役持续不断转运粮草,亦难免贻误。乾隆三十九年二月,"据阿桂等奏:'新开楸底运路夫粮贻误。'""文绶等折稿称:'山高雪大,须待春深。'"⑧乾隆三十九年十一月上谕:"据称现准富勒浑等咨送奏稿内称,日尔拉山风雪交加,(粮

---

① 《清高宗实录》卷942,乾隆三十八年九月庚申。
② 《宫中档乾隆朝奏折》第33辑,台北"故宫博物院",1985年印,第625页。
③ 《清高宗实录》卷969,乾隆三十九年十月壬寅。
④ 《清高宗实录》卷975,乾隆四十年正月庚午。
⑤ 《宫中档乾隆朝奏折》第34辑,台北"故宫博物院",1985年印,第17页。
⑥ 《宫中档乾隆朝奏折》第36辑,台北"故宫博物院",1985年印,第58页。
⑦ 冯明珠、庄吉发编:《金川档》,题名:乾隆三十九年正月二十八日阿桂富勒浑等奉上谕,台北"故宫博物院",2007年印,第2041页。
⑧ 冯明珠、庄吉发编:《金川档》,题名:乾隆三十九年正月二十八日阿桂文绶奉上谕,台北"故宫博物院",2007年印,第2161页。

运)不无积滞,应另备饷道,分供协济。""查前据刘秉恬奏,至日尔拉督催粮运,见该处气候过寒,风雪甚大。""业经奉有谕旨,令富勒浑等,趁此晴霁,上紧赶运。"①

各路军营存粮一旦趋紧,军心必然会受到影响,进而便会影响到战事进程。是故,乾隆皇帝和前方将领对金川战役后勤运输一事不敢稍有懈怠。负责后勤的官员唯有不断督促大批夫役栉风沐雨、履冰冒雪赶运,并竭力开拓新运道、修砌因雨雪而受损的道路。以《宫中档乾隆朝奏折》相关记载为例,乾隆三十九年二月初四日文绶、刘秉恬奏:"臣等率同查礼由楸砥前赴新路,……惟中间翻过日尔拉山,气候阴寒,上下数十里,雪深数尺,山顶丫口高峰对峙,路出其中,两山积雪时复坠落,压塞路径。询之土蛮,佥称需至三月望间,水雪方可渐融。"②是年三月郝硕奏:"伏思自春徂夏,雨水渐多,沿途道路桥梁恐有坍损之处,背夫难以跋涉。查自桃关至楸底旧路久经开修平坦,但往来日久或因雨水冲塌,自应及时修砌以利遄行。"③同年三月十三日刘秉恬奏:"臣现与松茂道查礼轮流前赴日尔拉一带,往返查催,设法鼓励众夫,务使人各踊跃争先,将上站滚到米石,随到随运,迅速前进。"④该年四月初二日文绶奏:"其口外桥梁道路,现当雨水时行之候,业经通饬随时修补,以利遄行。"⑤又七月十一日奏称:"查本年七月初七日,据摄理汶川县事署打箭炉同知张依仁、署灌县事涪州知州王宓禀称:'各该县境内于六月二十八九日,及七月初一二三等日连日大雨,山水陡发,桥道多被冲损,粮运军火不无阻滞,现在赶紧修理,文报溜索过渡等。'"⑥这些奏报鲜明地反映了清军的各项后勤运输工作,除了要面对路途险远这一不利因素外,还不时遭遇恶劣天气阻滞。

随着战时拉长,负责军需供应的官员也不再讳言后勤运输不断遭遇雨雪天气阻遏的事实。乾隆三十九年九月初九日署四川总督文绶奏:"一交十一月雪大草枯,乌拉归巢,更难挽运。"⑦乾隆三十九年九月十六日四川总督富勒浑奏:"伏查西路军粮本属充裕,缘六月二十八至七月初三等日大雨连绵冲塌桥道,粮运稍稽阻。"⑧乾隆三十九年九月十七日署四川总督文绶又奏:"时

---

① 冯明珠、庄吉发编:《金川档》,题名:乾隆三十九年十一月初六日富勒浑等咨送奏稿朱批,台北"故宫博物院",2007 年印,第 2767、2768 页。
② 《宫中档乾隆朝奏折》第 34 辑,台北"故宫博物院",1985 年印,第 481 页。
③ 《宫中档乾隆朝奏折》第 34 辑,台北"故宫博物院",1985 年印,第 765 页。
④ 《宫中档乾隆朝奏折》第 34 辑,台北"故宫博物院",1985 年印,第 865 页。
⑤ 《宫中档乾隆朝奏折》第 35 辑,台北"故宫博物院",1985 年印,第 165 页。
⑥ 《宫中档乾隆朝奏折》第 36 辑,台北"故宫博物院",1985 年印,第 58 页。
⑦ 《宫中档乾隆朝奏折》第 36 辑,台北"故宫博物院",1985 年印,第 611 页。
⑧ 《宫中档乾隆朝奏折》第 36 辑,台北"故宫博物院",1985 年印,第 746 页。

已秋杪，口外严冬，冰雪载道，挽运倍艰。"①乾隆三十九年十月二十六日颜希深奏："近日北路滚运稍稀，查系碧雾山雪大风高所致。"②还须指出，即便将米面等军需物资运到营地，也未必万事大吉，山地雨雪多，稍不注意，粮食就会因潮湿而霉变。乾隆三十九年四月二十一日富勒浑等奏："现值阴雨连绵而乘时赶运亦足以资接济。第雨水过多，恐存站之米不无霉变之虞。复将续行调到垫席、棕单分拨各站，加厚遮盖，俾免潮湿。"③

二、不利天时对清军进攻行动的阻遏

金川多雨雪的气候特点的确给清军的后勤运输带来巨大的困难，甚至一度出现某路军粮储备不足旬日等紧急情况，但清廷还是通过大量征调内地民夫及金川附近诸司擅长负重行山路的土民，同时征用乌拉驮载（实际上很多台站之间无法使用畜力）等措施，基本保障了粮米、银两、军事辎重等物资供应。也就是说，后勤运输所遭遇的恶劣气候的挑战，清廷最终都以大量人力、物力为代价加以克服。而具体到大批清军在两金川等地行军打仗就没有这么顺利了。不利天时使得官兵的多次进攻受阻，防守也更加困难，并且影响了军心和士气，以致上至乾隆皇帝，下至军队统帅都为之愤懑不已。

首征金川期间，新任陕甘总督和清军统帅张广泗抵达小金川美诺寨后，于乾隆十二年六月底决计分兵十路进剿大金川。不想，金川土司莎罗奔为避免与清军正面交战，将土兵撤至勒乌围和噶尔崖官寨周围固守。大金川腹地山高碉密，各处要隘防范甚严，以致枪炮俱不能迅速攻破。鉴于以碉逼碉、挖地道之术均无效，张广泗转而改用火攻（即令兵丁砍柴，堆积在碉楼附近，临攻时，用巨木做挡牌迅速将柴木运至城下，点火焚烧，再同时施放枪炮），然则，不是冬春冰雪覆盖，便是夏秋阴雨连绵，以致火攻仍不能奏效。④ 迫使张广泗忍不住在奏折中哀叹："攻一碉，不啻攻一城。"⑤

首征金川期间，除火攻因天时不利而未能达成预期效果外，清军还因金川等地雨雪不断而长期陷入进退无措的局面。乾隆十二年九十月间，鉴于金川地险碉坚，天气转寒，难于速战速决，乾隆皇帝曾考虑是否要派出作战能力更强的旗兵，但也因天寒路远，一路难以料理而作罢。⑥ 面对清军一时进退

①　《宫中档乾隆朝奏折》第36辑，台北"故宫博物院"，1985年印，第771页。
②　《宫中档乾隆朝奏折》第37辑，台北"故宫博物院"，1985年印，第405页。
③　《宫中档乾隆朝奏折》第35辑，台北"故宫博物院"，1985年印，第367页。
④　王戎笙主编：《清代全史》第4卷，方志出版社，2007年，第259页、260页。
⑤　《清高宗实录》卷300，乾隆十二年十月丙寅。
⑥　《清高宗实录》卷299，乾隆十二年九月丁巳。另见《平定金川方略》卷3之乾隆十二年九月丁巳条载："览纪山所奏党坝九月中旬已连降大雪，复以彼地情形冬令严寒，运饷进兵均难得济。"

无措的窘况,乾隆皇帝只好让大军以防守为主,谕令或应暂行退驻向阳平旷之地,同时酌留官兵防守,等春间雪融再进兵。① 这样一来,清军顿兵不前,自然要坐费粮饷,并将失去已占据的要隘,待开春再进攻便更困难,还可能造成军心不稳,士兵斗志低迷,因此张广泗坚持不肯移营至暖和处,承诺来年二三月间可以克捷。② 乾隆十二年年底张兴失事后,战局对清军更为不利。乾隆十三年四五月间,清军须待山雪充分消融后才能分路攻碉,速战速决亦无从谈起。入夏后又多雨,七月仍因暑雨水不断,进剿金川之事一时难以就绪,无奈之下只好驻待秋晴。③ 然则,入秋近半月,两金川等地又雨雪频繁,以致"官兵将作何行止,尚无计划"④。乾隆皇帝对这种坐守战局的状况感到愤懑不已,抱怨大金川等地夏秋淫雨,冬春冰雪覆途,而官兵则夏秋动辄坐守竟日,冬间不能日事攻战。⑤ 岳钟琪欲带兵做一番努力,于乾隆十三年十一月二十一日兵分五路夜攻塔高山梁,但木城被冰冻住。⑥ 令乾隆皇帝尤为恼火的是,乾隆十三年五月间阴雨连旬,竟使清军原拟在大金川土民收麦时进攻并踩踏、焚烧麦地的计划亦未能实施。⑦ 他一心盼望清军能趁天晴可进则进,然而转眼冬寒雪大,官兵不能发动进攻,只好修碉日夜固守。⑧

金川及其邻司地区雨雪不断的气候使得清军无论进攻还是防守均倍加困难。讷亲作为经略初抵军营,便遭到大金川人昼夜冒雨进攻军营。⑨ 大金川人原本就熟悉地形,善于攀山越岭,还积极利用雨雪、大雾天气向清军营盘发动袭击,只会令官兵更加被动。甚至,清军在无风雪时攻木耳金冈,夺取正酣之际,又因突降大雪,只好待天晴再图进取。⑩ 乾隆十三年五六月间,清军奋力攻入碉卡前,或因大雨如注火绳尽湿,以致难以施战,或因大雪收兵。面对如此难以措手的战局,乾隆皇帝不禁叹曰:"至川省大金川之事,调集如许重兵,不以为崇山密箐,地险难攻,则以为暑雨雪寒,天时失利,以致经时历久,顿师不前。"⑪乾隆十三年八月,清军进剿阿利山似稍有起色,有四处碉楼俱应攻取,却"正在布置间,适值天雨,迄今数日雨雪昼夜连绵,以致不能攻扑",因为"凡我兵扑碉,必先用枪炮绝其外援,及扑至碉下,多用火攻方可奏

---

① 《清高宗实录》卷299,乾隆十二年九月丁巳。
② 《清高宗实录》卷305,乾隆十二年十二月乙亥、乾隆十二年十二月甲申。
③ 《清高宗实录》卷318,乾隆十三年七月乙未。
④ 《清高宗实录》卷319,乾隆十三年七月庚戌。
⑤ 《清高宗实录》卷324,乾隆十三年九月己未。
⑥ 《清高宗实录》卷330,乾隆十三年十二月乙未。
⑦ 《清高宗实录》卷321,乾隆十三年闰七月辛未;《清高宗实录》卷322,乾隆十三年八月戊子。
⑧ 《清高宗实录》卷328,乾隆十三年十一月丙辰。
⑨ 《清高宗实录》卷328,乾隆十三年十一月己未。
⑩ 《清高宗实录》卷330,乾隆十三年十二月辛卯。
⑪ 《清高宗实录》卷318,乾隆十三年七月辛卯。

效。一遇阴雨,则火绳尽湿,一切火具难施,而贼在碉内仍可施放枪炮,我兵徒致损伤。且地势陡峻,土性胶粘,加以雨雪,则冻滑难行,是以不能进攻"。① 乾隆十三年冬,因天气寒冷难耐,各路清军进兵无望,坐待春晴。乾隆十四年正月,乾隆皇帝在上谕里表示深悔:"从前不知其难,错误办理。"②

由上述史料可知,在很大程度上,正是金川及其邻近地区雨雪频仍的不利天时,使得清军首次进剿金川的过程非常被动、难堪。乾隆十二年至乾隆十四年初,当地不是仲夏暑雨,不利进兵,便是冬寒雪大,不能发动进攻。即便是待到晴日发动进攻,也会被突降大雨、大雪或寒冰、融雪所阻,不得不中止行动。正因如此,负责进剿金川的统帅张广泗倍感进退维谷,战事难于措手,遂坦言:"至天时地利,皆贼所长。"③经略讷亲被处死前曾直截了当地称:"番蛮之事,如此难办,后来切不可轻举妄动。"④当俱是肺腑之言。

二十多年后,乾隆皇帝再次用兵金川,目的是要将两金川全部纳入直接统治版图,以便确立清王朝在川西土司地区的绝对权威。清军此次进剿行动几乎重蹈前次用兵金川之覆辙——再次饱受不利天时的多重阻遏。

乾隆三十六年,清军先攻打小金川,但小金川土司在清廷正式进兵之前,已经占据巴朗拉山要隘,并修筑碉卡据险防守。该年八月十三日至十九日连日大雨,清军正进攻巴朗拉,不得不因之撤回山神沟,又因雨雾迷漫,小金川人趁机蜂拥进攻,守碉的瓦寺土兵受惊溃散。⑤ 随后董天弼奏由山神沟进兵德尔密地方,虽有克获,但该地雨雪交加,使得官兵疲乏,只好分兵毕旺拉一路,待机合攻。⑥ 是年冬,两金川等地冰雪凝结、雪后冰冻,致使福昌所领官兵不能速进,并且巴朗拉一带尤难进兵,然而若巴朗拉不能攻克,官兵进援之路便被隔绝。⑦ 该年十一月初九日,小金川人趁大雪劫掠董天弼军营,董被迫率兵撤退至甲金达山,牛厂一带再一次被小金川人占据。⑧

乾隆三十七年初,面对金川地险雪深难以进攻的情况,乾隆帝只得谕令各路将领不可不顾一切催促进兵,免失军心。⑨ 这年三月天气偶有晴暖,但许多地方四五月间仍有大雪或连阴雨雪,于是寄望夏秋进兵较易,然则,到了七八月间竟雨雹交作,并因风雪雨雹,天气寒冷,官兵只好放弃已得之甲尔木

① ［清］来保总撰:《平定金川方略》卷12,乾隆十三年九月己未。
② 《清高宗实录》卷322,乾隆十四年正月甲子。
③ 《清高宗实录》卷321,乾隆十三年闰七月辛未。
④ 《乾隆朝上谕档》第2册,第265页。另见《清高宗实录》卷330,乾隆十三年十二月壬午。
⑤ 《清高宗实录》卷892,乾隆三十六年九月戊申;卷896,乾隆三十六年十一月丁酉。
⑥ 《清高宗实录》卷892,乾隆三十六年九月辛丑。
⑦ 《清高宗实录》卷890,乾隆三十六年八月己卯。
⑧ ［清］王昶:《蜀徼纪闻》,乾隆三十六年十一月十六日条,载张羽新主编:《中国西藏及甘青川滇藏区方志汇编》第43册,学苑出版社,2003年,第334页。
⑨ 《清高宗实录》卷902,乾隆三十七年二月丙寅。

山梁。① 当地十月下大雪，而大雪之后清军又难以仰攻，于是令官兵修木栅，却因冰冻难以掘取石头。② 该年年底出现晴雾和暖天气，军中士气倍扬，这也表明严寒多雨雪的气候对士气影响甚深。③

乾隆三十八年正月，当噶尔拉山岭下险坡冰雪很厚，清军一时难以夺取。④ 是年二三月之际，阿桂一路山高雪大、连日雪雾，兵力实难施展，只有待晴日方能进兵。其中昔岭自二月二十七日后大雪数日，高处积雪二三尺，雨雪不止，冰滑雪深，该处官兵进攻大碉时难以措手，竟至徒手逼挖碉根，亦因雨雪不止而不得不结卡歇息；丰升额一路趁夜进剿却为风雪所阻，而且当噶尔拉山崖下正午融冰，道路难行，于是官兵不得不撤退。⑤ 乾隆皇帝一心盼望从此天时渐暖，冰消雪化，进攻易于得手，⑥但是阿桂一路于闰三月初九日进攻遇雪阻，又于闰三月十八日遇风雪后又连日雪雾，不得不暂时撤兵。⑦ 四月，乾隆皇帝感慨："近来各路进攻，俱为冰雪所阻。"⑧五月，温福等攻打昔岭又遇雨雾，阿桂等分两路进攻，亦因遇大雨撤兵。⑨ 入秋，南路天寒雪早，北路宜喜一带山高风大，七八月便下大雪，仍难以进剿。⑩

乾隆三十九年正月大雪封山，以致大军不能辨路径，不得不撤回藏格桥，而凯立叶山深、雪大、路滑，官兵未能攀越。日旁、宜喜一带官兵则因山阴积雪冰冻未能前进。伍岱等亦因路险雪滑暂撤兵。自开年以来，两金川等地一直冰雪严寒，乾隆皇帝令阿桂速祈晴，诚邀上天眷佑以利进兵，足见当地寒冷天气对清军进剿的阻碍之深。⑪ 然而，三月初七日该地又雪雾迷漫，大金川人乘机偷劫营盘；五月中旬仍雨雪大作，甚至六月初一日下大雪，随后雾气转

---

① 《清高宗实录》卷907，乾隆三十七年四月癸未、乾隆三十七年四月甲午；《清高宗实录》卷909，乾隆三十七年五月丙辰；《清高宗实录》卷915，乾隆三十七年八月戊寅。
② 《清高宗实录》卷919，乾隆三十七年十月乙酉。
③ 《清高宗实录》卷923，乾隆三十七年十二月丙子。
④ 《清高宗实录》卷924，乾隆三十八年正月庚子。
⑤ 《清高宗实录》卷928，乾隆三十八年三月庚寅、乾隆三十八年三月甲辰；《清高宗实录》卷929，乾隆三十八年三月丁未、乾隆三十八年三月己未；《清高宗实录》卷930，隆三十八年闰三月辛酉、乾隆三十八年闰三月壬戌。
⑥ 《清高宗实录》卷930，乾隆三十八年闰三月甲戌。
⑦ 《清高宗实录》卷931，乾隆三十八年闰三月己卯；《清高宗实录》卷932，乾隆三十八年四月己丑。
⑧ 《清高宗实录》卷932，乾隆三十八年四月壬寅。
⑨ 《清高宗实录》卷934，乾隆三十八年五月甲子；《清高宗实录》卷935，乾隆三十八年五月丙子。
⑩ 《清高宗实录》卷940，乾隆三十八年八月庚子；《清高宗实录》卷942，乾隆三十八年九月庚申。
⑪ 《清高宗实录》卷951，乾隆三十九年正月壬申、乾隆三十九年正月戊寅；《清高宗实录》卷952，乾隆三十九年二月甲申。

大，大金川人又趁雾修复石碉。① 秋间，明亮一路正围裹两碉紧要时，突遇大风大雨，只得停止进攻，要等山路微微干燥后，才能督同进剿。② 海兰察一路，因七月初八日寅丑之交忽降阵雨，"胶泥滑溜更甚"，只好撤兵。③ 八月二十五日子刻，正当官兵围裹两碉紧要之时，忽然猛雨狂风大作。④

乾隆四十年正月，战事已经进入第五个年头，清军的进剿行动常常受当地雨雪天气制约的状况依旧。该年春间多雨雪，官兵坐待晴日，乾隆皇帝亦别无他法，只好屡屡催促将军阿桂、副将军明亮等上紧筹办，不可以雨雪等不可抗力为托词；自三月至四月宜喜沿河一带大雪；四月十六日后连日大雪，明亮一路进兵受阻；五月间仍不时下大雪、大雨，西路、南路进兵均受阻遏；进入六月，清军进剿又遭大雨阻滞，阿桂一路发起进攻未能如计克敌；秋后雨水不断，各路作战计划多受阻，乾隆皇帝只好以"番地冬令天气多晴"自我宽解。⑤

《金川档》亦载："（乾隆三十九年正月）据丰升额奏官兵至卡立叶山顶，正欲觅路上山，官兵由林内四面仰攻，直扑贼碉，此碉在山峰上，又值雪后路滑，贼人知觉，用枪石抵御，官军不能久驻。"⑥同年二月"上谕：'据称自登古进攻，只有一层险隘，实可望其得手，但现在雪深冰冻，难以措足。'"⑦又谕："（乾隆三十九年二月）阿桂正拟于次日派兵进攻，而是晚雷雪大作，继复连日大雪，甚为可厌。"⑧不久，再谕："惟昒雪止天晴，官兵得以努力直进，……惟望其（阿桂）迅速成功，以邀茂赏。所嫌番地春月雨雪较多，用兵适当其时，致稍羁阻。"⑨所谓雨雪多"致稍羁阻"，显然是遥坐帝都深宫中的乾隆皇帝聊以安慰的措辞。实际上，此时正值进剿大金川初期，几个月来因连日下雪，清军诸多进剿行动均受到极大制约，没能如期制胜。即便是乾隆四十年清军攻克大金川勒乌围官寨后士气高昂，欲趁势进攻噶喇依，却又遭连日大雨，给西、南

---

① 《清高宗实录》卷955，乾隆三十九年三月丙子；《清高宗实录》卷959，乾隆三十九年五月丁丑；《清高宗实录》卷960，乾隆三十九年六月丙申。
② 《清高宗实录》卷966，乾隆三十九年九月庚申、乾隆三十九年九月丙寅。
③ 冯明珠、庄吉发编：《金川档》，题名：乾隆三十九年七月二十三日阿桂等奉上谕，台北"故宫博物院"，2007年印，第2459页。
④ 冯明珠、庄吉发编：《金川档》，题名：乾隆三十九年九月初十日阿桂等奉上谕，台北"故宫博物院"，2007年印，第2617页。
⑤ 《清高宗实录》卷974，乾隆四十年正月庚戌；《清高宗实录》卷975，乾隆四十年正月庚午；《清高宗实录》卷981，乾隆四十年四月甲午；《清高宗实录》卷982，乾隆四十年五月壬子。
⑥ 冯明珠、庄吉发编：《金川档》，题名：乾隆三十九年正月二十四日阿桂丰升额等奉上谕，台北"故宫博物院"，2007年印，第2015页。
⑦ 冯明珠、庄吉发编：《金川档》，题名：乾隆三十九年二月十三日阿桂丰升额等奉上谕，台北"故宫博物院"，2007年印，第2113页。
⑧ 冯明珠、庄吉发编：《金川档》，题名：乾隆三十九年二月二十九日阿桂丰升额等奉上谕，台北"故宫博物院"，2007年印，第2200页。
⑨ 冯明珠、庄吉发编：《金川档》，题名：乾隆三十九年三月初二日阿桂丰升额等奉上谕，台北"故宫博物院"，2007年印，第2215页。

两路清军之行动均造成极大阻滞,乾隆皇帝愤而认为是大金川人因情势窘迫,用扎达巫术求雨所致。①

由是观之,清军首征金川,当地雨雪频仍气候造成军需运输压力巨大,官兵进剿和防守亦备受雨雪或大雾掣肘,以致劳师糜饷,长期顿兵不前。至第二次金川战争,清军虽然在物质上和心理上做了更好的准备,但在进剿两金川的五年间遭遇风雪雨雹之多重阻遏比首征金川更甚。

三、大批兵丁和夫役连年遭雨雪摧残

行军打仗从来都是苦差事。清军经年累月在山高路险、长年多雨雪的露天环境中与大小金川人作战,自然更加辛苦。当讷亲以经略身份抵达军营督办军务时,乾隆皇帝不忘关照曰:"山寒气恶之区,首以保重身体为要。"②实际上,军中将领有自己的专属大营,各方面的条件比普通军士要好得多,倒是大量兵丁和为其服务的余丁,以及数十万在粮台和塘站之间经年服役的夫役,长期暴露在金川及其周边土司境内雨雪频仍、寒冷难耐的恶劣气候环境中,他们的处境必定相当可怜。这种糟糕的处境又会影响到清军的后勤运输进度和军心、士气,最终会对战争进程产生诸多不利影响。一些兵丁和夫役不堪忍受这种生存处境的折磨而选择铤而走险,不惜亡命徼外为奴。③

首先,具体考察首征金川期间夫役和兵丁受天气之摧残的状况。进兵金川头一年秋天,张广泗奏报川省早寒,部分地方已经连下大雪,乾隆皇帝根据这一奏报,又联想到金川地近雪山,推想前线已经冰霜严寒,担心官兵堕指裂肤,难于取捷;一年之后,乾隆皇帝又据各路奏报逐渐总结出金川所在地为冰雪沍寒、瘴疠暑毒之区,不禁感叹"士卒两年以来,重罹锋镝饥寒之苦"。④ 另外,从大小金川地区长期多雨,以致军中帐房尽皆破烂的情形,不难想见,逾十万计的士兵宿营时当饱尝风寒雨雪侵袭之苦。⑤ 张广泗等还奏称马良柱驻兵曾达时,粮运不继,常缺粮二三日及四五日不等,大雪时竟有缺至七八日

---

① 冯明珠、庄吉发编:《金川档》,题名:乾隆四十年九月初十日十一日十三日阿桂丰升额明亮等奉上谕,台北"故宫博物院",2007 年印,第 3497 页,3501 页,3505 页。
② 《清高宗实录》卷 320,乾隆十三年闰七月己未。
③ 目前笔者还没有从相关档案史料或官书的记载中获得这方面的证据,但在田野调查中屡次听到嘉绒藏人谈到,有一些清军兵丁和被迫前往军中服役的夫役逃到两金川没有被清军攻打的僻险寨落当"娃子(奴隶)"谋生。笔者以为,这种说法不一定完全没有根据,但更多的人应当是设法逃回内地。毕竟在言语不通、习俗不同的地方当"娃子"与在雨雪中转运军需物资相比,并无多大吸引力可言。
④ 《清高宗实录》卷 299,乾隆十二年九月丁未、乾隆十二年九月丁巳;《清高宗实录》卷 326,乾隆十三年十月庚寅。
⑤ 《清高宗实录》卷 329,乾隆十三年十一月丁丑。

并十余日。① 乾隆十三年年底,署理川陕总督的傅恒在赴金川途中看见受伤遣回的陕西、云南兵丁,个个敝衣垢面,几无人色,问知其在军营及打仗时亦穿此衣,亦感慨这些士兵甚可怜悯。② 众多士兵不仅要面对强悍善战的金川土兵,还要长期遭受冰雪风雨之摧残,于是不少人不惜冒死当逃兵。③

其次,比之兵丁,那些为保障军需而被强行征调的大批夫役遭到雨雪和大风天气之摧残更厉害。西路粮台,俱峻岭偏坡,其中如天舍山、纳凹山、斑斓山最为陡险,积雪泥泞,乌拉难行,不得不用夫负运。南路则向用乌拉,却因不堪驱使,连年倒毙。近处各司土民半数被调出征,所余土民,即使尽数供役,仍不敷用,以致川省产米丰饶,不患米谷不充,而患运送不继。内地民人,令赴军营,便惮艰险。川西草坡一路,因雪山险隘异常,兼有瘴气,结果夫役多逃亡或病故。④ 另有沃日和党坝两路背运粮食的夫役因途经雪山,身体被冻裂,甚至被强烈的雪光伤及双目。⑤ 应指出的是,一开始各路夫役只有背负物资的一面路程才有口粮,回空路程没有任何补贴,唯有空腹返回转运台站。然而,背负重物爬山涉险非常耗费体力。经年暴露在多雨雪的山地环境中,又缺衣少食,无栖身歇息的处所(多住自行搭建的简陋窝棚),导致许多夫役逃走。不仅内地民人则视入川服役为畏途,而且巴塘土民亦不服因清军征金川而承担的兵役和夫役,不惜毁桥挖路相抗。⑥

为确保后勤供应无虞,乾隆皇帝严令负责军粮运输的官员,务必严密监督各台站夫役的运输工作,不得因天寒路远稍有懈怠。起先,面对内地民夫和各司派夫均不堪役使的现实,乾隆皇帝辩称"川省军兴以来,挽粟飞刍,动支正项,并不丝毫扰累闾阎,但一切夫马支应,未免有资民力",甚至粉饰道:"该处小民,踊跃应募,奋勉急公,殊可嘉尚。"⑦为顺应乾隆皇帝的心思,署川抚班第呈请将"极诉民情之疲惫,夫马之艰难"的川北道按察副使鹿迈祖罢斥,乾隆皇帝不仅谕令将鹿氏革职,并在成都枷号示众,而且再次声称:"一切供亿,即派之民间,亦分义所当然。况现在俱系发价,丝毫不以累民。"⑧这显然只是乾隆皇帝乾纲独断之辞,与当时的真实境况不符。最后,乾隆皇帝亦不得不在残酷的现实面前承认挽运军需,全资民力,其艰苦视内地倍甚。⑨

---

① 《清高宗实录》卷 321,乾隆十三年闰七月丁丑。
② 《清高宗实录》卷 331,乾隆十三年十二月丁酉。
③ 《军机处录副奏折》(民族类,缩微胶卷号 589—591)中有不少关于金川战役逃兵的奏报。
④ 《清高宗实录》卷 314,乾隆十三年五月戊子。
⑤ [清]来保总撰:《平定金川方略》卷 2,乾隆十二年五月丁未。
⑥ 《清高宗实录》卷 318,乾隆十三年七月辛卯。
⑦ 《清高宗实录》卷 331,乾隆十三年十二月己亥。
⑧ 《清高宗实录》卷 332,乾隆十四年正月壬子。
⑨ 《清高宗实录》卷 331,乾隆十三年十二月戊申。

至清军首征金川受降前夕,乾隆皇帝深恐数万兵丁和所征大批内地民夫,因不堪恶劣天气及繁重劳役的摧残,进而铤而走险,引发大规模变乱,也因此,乾隆十四年(1749)正月乾隆皇帝决意从金川撤出新集聚的包括旗兵在内的数万官兵。① 不无讽刺的是,为了节省运费,乾隆皇帝不得不谕令将大批夫役冒雨雪、履寒冰拼死赶运到各路官兵驻扎营地的大量军粮,就地赏给跟随清军打仗的川西北土司和土民。②

二十多年后,清廷又因大小金川侵占邻司土地,攘夺不已而再次发兵进剿。此番进兵,兵丁和夫役更是长期经受严寒、多降水天气之严酷考验。乾隆三十六年九月,德尔密地方雨雪交加,官兵裹带干粮,已经八日未生火做饭;乾隆三十七年四五月间尚有大雪,有的地方连阴雨雪,官兵单帐栖身,为之疲困,还要时刻严防小金川人劫营。③ 将军温福亦承认:"官兵由功噶尔拉翻山而过,冲雪凝冰,颇为不易,兼以山高气冷,扑碉防卡尤属艰苦。"④乾隆三十八年十月初四日,乾隆皇帝在给前线将领的上谕中曰:"(阿桂曾私下)询之刘秉恬,据称在木果木军营,见其地气候恶劣,兵丁未免过苦。"实际情况比之更糟糕,"木果木兵丁疲困,衣履不堪"。⑤ 此外,因地方办解御寒衣物迟延,以致隆冬季节,大部分兵丁连单夹衣都没有。乾隆三十九年十一月舒赫德具奏:"据马尼一路现有楚兵二千三百四十名,衣履御寒之具,前于本年三月间即行该省赶办,去后待至九月间仍无来信。该省本年夏间既奏明办解单衣夹物尚未解到,复于八月间又奏解饷来川、赶办皮衣等项,直至十月初八日,仅止解到单夹衣物四百七十余副,散给尚不及现兵十之二三,时已即单夹衣具与兵丁等毫无所补,必须赶办皮棉衣物,以资御寒。"⑥攻打大金川碉寨极为不易,官兵经受锋镝之苦外,冲锋陷阵之际还要忍受雨雪天气的折磨,如阿桂率兵"攻克如许碉寨,亦系夜雨泥涂,层层破险而进"。⑦ 军中频发的逃兵问题亦表明军行之苦实在难耐。阿桂曾奏川省逃兵多至八九十名。⑧

① 《清高宗实录》卷 332,乾隆十四年正月壬子。
② 《清高宗实录》卷 333,乾隆十四年正月乙丑。
③ 《清高宗实录》卷 892,乾隆三十六年九月辛丑;《清高宗实录》卷 909,乾隆三十七年五月丙辰。
④ [清]阿桂总纂:《平定两金川方略》卷 54,乾隆三十八年三月己未。
⑤ 冯明珠、庄吉发编:《金川档》,题名:乾隆三十八年十月初四日阿桂等奉上谕,台北"故宫博物院",2007 年印,第 1540—1541 页。
⑥ 冯明珠、庄吉发编:《金川档》,题名:乾隆三十九年十一月二十四日军机大臣奉朱批,台北"故宫博物院",2007 年印,第 2853 页。
⑦ 冯明珠、庄吉发编:《金川档》,题名:乾隆四十年九月二十二日阿桂等奉上谕,台北"故宫博物院",2007 年印,第 3546 页。
⑧ 冯明珠、庄吉发编:《金川档》,题名:乾隆三十九年二月二十三日文绶奉上谕,台北"故宫博物院",2007 年印,第 2223 页。

　　与专事攻剿和防御之兵丁相比,这五年间负重而跋山涉水的众多夫役之境遇更加不堪。乾隆三十九年初,日尔拉山一带气候阴寒,积雪深达数尺,附近夫役歇宿的松棚便搭盖在积雪上;乾隆四十年正月,天气稍微和暖,积雪渐消,粮道泥泞,夫役们运送粮草及其他军需物资当十分艰辛;清廷亦不得不承认,每遇秋冬初春时节冰雪载途,背运物资的人夫多致失足,伤亡时有发生。① 由此,征夫之苦可见一斑。另据《金川档》可知,"(乾隆三十七年九月负责后勤官员奏报)各站原设人夫,多有逃亡、疾病者,现在存站之夫甚少,粮米每至停留";乾隆皇帝览此奏后并未对背夫有丝毫同情,反而提出更苛刻的服役要求,以致"以三月更换一次,各夫仆仆于道途",不如"酌定五月一换"。② 可见,为了平定两金川,乾隆皇帝已经到了对被征调的百姓实不堪过度服役视而不见的地步。

　　据《宫中档乾隆朝奏折》可以更深入地了解第二次打金川时各站夫役的悲惨遭遇。乾隆三十八年九月十五日富勒浑奏:"跟达桥、格节萨二站共被水之店民舒在等二百九十名","内有仅存身命之店民李先毓等二十四名","又在站被水各县长夫六百五十三名","又淹毙在站各县长夫七十二名。"③乾隆三十八年十二月初八日富勒浑奏:"西路大兵乘胜长驱直抵美诺、鄂克什,粮台随后赶紧安设,夫棚、粮房赶建未及,所有接收滚到粮食暂贮碉楼之内,到站人夫即在碉下栖止。十一月十七日四更时分,碉下站夫因天气严寒向火,一时睡熟,火延碉内朽木,以致碉楼底板被焚。"④乾隆三十九年三月初一日刘秉恬奏:"新开道路沿途卖食铺户稀少,商人等所雇背夫到彼买食维艰,夜间又无住宿之所,背过一次之后,或不免生畏阻之心。"⑤乾隆三十九年十月十二日刘秉恬奏:"(日尔拉站)气候恶劣,道路险峻,不无疾病跌伤之人。"又奏:"该处连日风雪交作,人夫背运维艰,过山之米比前减少。""但闻该站人夫因背米过山冒寒疾者甚多,而逃亡者亦不少。""惟是日尔拉山势本为陡峻,气候更加凛冽,目下自山脚至山顶,一望遍山皆雪,行至山腰即有非常之风,而粮运道路冰雪凝结,甚为险滑。虽不时开修阶梯,不过半日一经人迹行走,仍复淹没,是以运粮人夫,每每有冒寒成病,并失足跌伤者。"⑥在这种境遇下,

　① 《清高宗实录》卷953,乾隆三十九年二月癸丑;《清高宗实录》卷975,乾隆四十年正月庚午;《清高宗实录》卷993,乾隆四十年十月甲午。
　② 冯明珠、庄吉发编:《金川档》,题名:乾隆三十九年二月二十三日刘秉恬文绶呈奏,台北"故宫博物院",2007年印,第2177页。
　③ 《宫中档乾隆朝奏折》第33辑,台北"故宫博物院",1985年印,第201页。
　④ 《宫中档乾隆朝奏折》第33辑,台北"故宫博物院",1985年印,第673页。
　⑤ 《宫中档乾隆朝奏折》第34辑,台北"故宫博物院",1985年印,第747页。
　⑥ 《宫中档乾隆朝奏折》第37辑,台北"故宫博物院",1985年印,第233页,234页。

甚至"(不仅)人夫五十一名肆行散去,押差夫头亦俱潜逃"。①

　　因雨雪过多,运输道路或途经之桥梁不时损坏,一些夫役不得不在空隙时间参加开挖或疏导运路的工程,这势必加重他们的劳动量,侵占其休息时间。刘秉恬奏查看楸底新开饷道一折内称:"松茂道查礼亲身督率各员,冲风冒雪,领夫役上紧赶办,将八站新道均修理工竣。"②乾隆三十九年三月初一日刘秉恬又奏:"臣自谷噶前赴楸坻查办新路一切事宜,因日尔拉山下之山脚站地土过于阴湿,拟于站基周围挖壕一道,以资宣泄之处。当经奏明在案,嗣即派令弁兵,督同该处夫役于背米之暇上紧开挖。"③乾隆三十九年三月郝硕亦奏:"惟梭洛柏古前至谷噶一路,中有从沟内行走十数里始抵山坡,其间树木丛杂、溪流曲绕,虽前经拨夫修整,因彼时水雪在途未曾消化,现在晴明日久,天气和暖,两山及沟内雪水渐次消融,不但路多泥泞,亦且水势渐长,将来一入夏令,雨水连绵,虑多阻滞。奴才即督率梭洛柏古站员、人夫前往相度形势,砍伐树木,改建高桥,并于山腰逼窄处开削宽平。"④乾隆三十九年五月十一日富勒浑、郝硕奏:"现在大板昭一带后路并无贼人窥伺,臣等仍督饬将弁等昼夜严密巡防,以免疏虞。惟近日雨雪过多,山水间发,沿途桥梁道路不无冲损。臣等业经分饬该管道府督率各站员逐段查勘,重加修理,以利遄行。"乾隆三十九年六月初二日颜希深奏:"两月以来雨水过多,桥梁道路杞饬各站员遇有冲刷即修整。"⑤

　　无疑,在两征金川的山地持久战中,处境最为悲惨的是十余万处于军队金字塔最底层的兵丁和内地被迫应征的四十余万夫役。前者除了面临战死或负伤致残的危险外,还得连年忍受异乡雨雪频繁天气带来的诸多困难;后者白日里不论风霜雨雪必须在极难行走的密林仄道中负重前行,夜间只能在用松枝搭建的破陋窝棚里歇息,且食不足果腹,衣不足御冷,冒寒得病及跌伤之余,还可能因道险路滑失足而命丧悬崖。

　　在很大程度上,正是因为大小金川及其周边土司地区多雨雪、寒冷期长的不利天气极大地影响了清军的各项后勤运输工作,并严重阻碍了清军的进剿行动,才使得清军不仅难以迅速取胜,甚至一再陷入狼狈不堪的境地。

---

①　冯明珠、庄吉发编:《金川档》,题名:乾隆三十九年十一月十七日内阁奉上谕,台北"故宫博物院",2007年印,第2799页。
②　冯明珠、庄吉发编:《金川档》,题名:乾隆三十九年二月初十日内阁奉上谕,台北"故宫博物院",2007年印,第2089页。
③　《宫中档乾隆朝奏折》第34辑,台北"故宫博物院",1985年印,第746页。
④　《宫中档乾隆朝奏折》第34辑,台北"故宫博物院",1985年印,第765页。
⑤　《宫中档乾隆朝奏折》第35辑,台北"故宫博物院",1985年印,第494页、580页。

第三节　清廷对金川"非时雨雪"的艰难应对

在清王朝对两金川进行武力征服并实施"改土归屯"之前,一直将这一带视为"徼外""化外"①之地,对该地的自然环境的了解十分有限,甚至可以说是相当陌生。正是随着战争的逐步推进,清军慢慢深入到大小金川腹地,乾隆皇帝和前线将领才日渐认识到当地气候与内地迥异,即所谓"番地冬三月尚有晴霁之日,交春以后雨雪渐多,至夏不止"②,并深刻感受到当地特殊天气状况对清廷征剿行动造成多重制约。面对当地恶劣天气对两次征讨行动的掣肘,乾隆皇帝依靠前线将领在奏折中对当地天气的描述,将其与内地气候作比照,并根据已有的统治经验,提出各种应对不利天时的策略。前方将领则根据其亲身经历总结作战地区的天气特点,视当时的情况采取具体措施去应对恶劣天气对后勤、战争进程等造成的不利影响。然而,在两征金川战役中,特别是第二次金川战争期间,乾隆皇帝提出的种种应对当地不利天时(即谕令中的"非时雨雪"③)的措施几乎毫无成效。这也从侧面反映了天气几乎成了清军进剿金川难以克服的障碍。同时,这些"非时雨雪"又成了金川土司和土民对抗清军的有利条件,为其防御和偷袭官兵提供了便利。

一、派善扎达者赴军营止雨雪

乾隆皇帝在面对金川等地所谓反常的雨雪天气状况时,特别是这种天气阻遏了清兵战绩时,除了倍感愤怒,无奈之余便认定这种邪门天气乃金川人行使邪术所为,即施扎达(札答)巫术所致,并从京城派出善扎达术的人员到西、南两路军营施法回阻敌方。《清高宗实录》卷907,乾隆三十七年四月甲午条曰:"又桂林奏果洲一带山沟,四月初有连日雨雪之事,此必贼番扎答所致。其法在番地山中用之颇效,然亦可用扎答阻回。现派善用扎答之三济扎布、萨哈勒索丕二人,令翼长富虎、章京扎勒桑带领,驰驿分往温福、桂林军营备用。该处番人,及红教喇嘛内,多有习其术者。盖温福、桂林,留心访觅精通扎答之人,随营听用,使贼番技无所施。"显然,在面对金川与内地迥异的气候时,乾隆皇帝只能尝试用自己已经习得的文化认知和熟知的方式去应对。面对金川土司地区所谓"非时雨雪",他首先联想到系巫术所为,应对的办法

---

① 《清高宗实录》卷332,乾隆十四年正月辛亥。
② 冯明珠、庄吉发编:《金川档》,乾隆三十八年十一月十八日阿桂丰升额明亮奉上谕,台北"故宫博物院",2007年印,第1714页。
③ 《清高宗实录》卷959,乾隆三十九年五月丁丑。另见冯明珠、庄吉发编:《金川档》,乾隆三十九年九月初十日阿桂等奉上谕,台北"故宫博物院",2007年印,第2617页、2618页。

就是派为朝廷服务的善于祈晴、致雨雪的术士前往军营施法阻回,为清军创造利于进剿的天时条件。

有关扎达祈雨、雪、阴、晴之术,我国正史最早的记载见《北史》卷九七《西域》之"悦般国"条云:"其国(悦般国)有大术者,蠕蠕来抄掠,术人能作霖雨、盲风、大雪及行潦,蠕蠕冻死漂亡者十二三。"①蒙元史料《黑鞑事略》曰:"蒙古人有能祈雨者,辄以石子数枚浸于水盆中玩弄,口念咒语,多获应验。石子名曰'酢答',乃走兽腹中之石,大者如鸡子,小者不一,但得牛马者为贵,恐亦是牛黄狗宝之类。"②元陶宗仪之《南村辍耕录》亦载:"往往见蒙古人之祷雨者,非若方士然。至于印令、旗剑、符图、气诀之类,一无所用。惟取净水一盆,浸石子数枚而已。其大者若鸡卵,小者不等。然后默持密咒,将石子淘漉玩弄,如此良久,辄有雨。岂其静定之功已成,特假此以愚人耳。抑果异物耶? 石子名曰'鲊答',乃走兽腹中所产,独牛马者最妙,恐亦是牛黄狗宝之属耳。"③清人椿园(又名七十一)在《西域总志》(嘉庆朝纂修)中曾提到喇嘛行札答之事,书云:"回民及土尔扈特额鲁特人多于暑天长行用以解烈日之酷,谓之下札答。喇嘛下之尤捷。""其札答红色者置水盂中水尽赤,取札答出则依然清水耳。他色皆然。"④霍渥斯在《蒙古史》一书中直接指出这种喇嘛巫术无疑来源于萨满之祷雨。⑤

不得不承认,金川等地六月飞雪、大雾弥漫、突然风雨大作的诡异天气,以及金川人笃信苯教的现实,的确容易让人联想到扎达祈雨雪之事。况且,早在首征金川时,经略大学士讷亲于乾隆十三年七月曾奏报:"查马良柱移营缺粮一案,为雪阻滞属实。……又称其人能占卦、弄风雨,遣雷击人。查军中多雨,或诡术所致。至兵被雷击,偶然之事,非其伎俩。"⑥虽然当时乾隆皇帝未立即对此做出明确批谕,但他已经获得了金川有善致雨雪之人的信息。

乾隆三十八年八月,原在小金川纳尔普寺,后被小金川土司携往金川的喇嘛簇尔齐木拥垄在供词中提到,念经咒人、做扎达是要成了大喇嘛的人才会,现在金川大喇嘛名叫索诺木甲尔粲,是一只眼,听说他都会这些法术。⑦ 该喇嘛的这番供词必会促使乾隆皇帝坚信所谓"非时雨雪"乃当地会扎达喇嘛为之。于是,前方将领在审讯俘虏时,总不忘问扎达一事并呈奏给

---

① 《北史》卷97《列传第八十五·西域》之"悦般国"条,中华书局,1974年,第3220页。
② [宋]彭大雅:《黑鞑事略》,《内蒙古史志资料选编》第3辑,1985年,第46页。
③ [元]陶宗仪:《南村辍耕录》卷4之《祷雨》条,中华书局,2004年,第52页。
④ [清]椿园:《西域总志》卷1,转引自《准噶尔史略》,广西师范大学出版社,2007年,第234页。
⑤ 霍渥斯:《蒙古史》卷4,第16页,转引自《准噶尔史略》,广西师范大学出版社,2007年,第234页。
⑥ 《清高宗实录》卷321,乾隆十三年闰七月丁丑。
⑦ 冯明珠、庄吉发编:《金川档》,题名:刑部讯问进解到金川番人供词,台北"故宫博物院",2007年印,第1361页。

乾隆皇帝,例如,乾隆三十九年九月刑部讯问(萨克甲木):"你该知道并闻金川贼人那里有种咒人、做扎答的喇嘛,你见过没有?"(萨克甲木)供曰:"小的住在那里一年,见女喇嘛同众喇嘛只是终日念经,也不晓得他们念的是什么经。至害病的喇嘛,寺里的人都敬他,不知他有什么本事,并没有见过会做扎答、念咒人经的。"①

清廷急于知道金川境内到底有哪些喇嘛会扎答,只是没能从这名从金川逃出的杂谷土兵口中获得确切信息。由是可知,乾隆皇帝一再将大小金川等地"非时雨雪"归结为喇嘛行扎达术所为亦在情理之中。事实上,直至乾隆四十年八月,清兵正围攻勒乌围官寨时,刑部才从金川人口中得知当地堪布喇嘛确实会祈雨之术。② 笔者在丹巴县和小金县进行田野调查时,曾专门就扎达致雨雪一事询问当地藏民。前文多次提到的丹巴县梭坡乡莫洛村藏民文武超武认为,世间之事,有可解的,有不可解的,苯教高僧祈雨雪很灵验便属于我辈俗人不可解之事,不必大惊小怪。小金县的杨富刚先生,自幼学习苯教经典,当过十四年的喇嘛。他告诉笔者,苯教经典中有专门祈雨雪的经文,但只有造诣甚高之僧人祈雨雪才能成功。这表明,迄今大小金川地区的藏民仍相信苯教僧人具有祈雨雪的本事。

不过,乾隆皇帝本人对扎达祈雨之事并不陌生,甚至在清军征两金川之前多次命巴雅尔以扎达术祈雨缓解农业旱情。乾隆十三年(1748)三月,"上命侍卫巴雅尔驰驿来山东祈雨"。③ 蒙古侍卫巴雅尔又于乾隆十九年(1754)四月奉上谕前往顺德府沙河县、内邱县用扎达术祈雨,成功地缓解了山东、天津、顺德府等处的旱情;此次祈雨事毕,乾隆皇帝更加珍视颁给巴雅尔使过用的宫中珍藏的扎达石。④ 不论巴雅尔在沙河、内邱二县施展的扎达术是否真如直隶总督方观承在奏折中所言的那样"辄有灵验"⑤,有一点毋庸置疑,即乾隆皇帝和大臣不仅对扎达祈雨一事有一定了解,还非常敬信扎达石的法力。可以说,乾隆皇帝在第二次攻打金川之前的统治实践中已经采用过扎达祈雨。这既为他将金川"非时雨雪"归咎于当地善扎达之人提供了历史经验,也为其坚持派出善扎达人员(即前述蒙古术士三济扎布和回回术士萨哈勒索丕)到军营阻回金川人之扎达术,提供了实践依据。

---

① 冯明珠、庄吉发编:《金川档》,题名:乾隆三十八年九月二十五日刑部讯问金川脱出番人供单,台北"故宫博物院",2007 年印,第 1485—1490 页。

② 冯明珠、庄吉发编:《金川档》,题名:达固拉僧格等人供词,台北"故宫博物院",2007 年印,第 3418 页,3428 页,3432 页。

③ 《清高宗实录》卷 310,乾隆十三年三月甲午。

④ 《清高宗实录》卷 462,乾隆十九年闰四月壬戌;《清高宗实录》卷 463,乾隆十九年闰四月丁丑。

⑤ 《清高宗实录》卷 463,乾隆十九年闰四月丁丑。

至于乾隆皇帝派遣善扎达者到军营止雨雪这一策略的效果如何,史料阙如。笔者据《清高宗实录》相关记载推测,此举极有可能没有取得实质效果。因为,两年之后乾隆皇帝再次声称,大小金川等地五六月雨雪连绵实属邪氛,仍认定此乃金川会扎达者所为,却不再提及用善扎达者施法加以阻止。同样地,乾隆三十九年秋明亮一路正围裹两碉时,忽然猛雨狂风大作,乾隆皇帝览奏后,认为这是大金川境内善扎达术者所为,随即命令官兵将大金川会扎达者拿获,并重治其罪,还特别指出对抗扎达术的办法,即扎达术不过是邪法,特命将军阿桂等人除了要对此保持镇静外,还应晓谕将佐、弁兵等对其不予理会,从而使大金川人的扎达术自然无从施展。① 乾隆四十年九月清军西、南两路进剿行动因连旬大雨而受阻,乾隆皇帝仍认定此乃大金川善扎达术者求雨所致,但不再提到用会扎达者赴营阻回,仅寄希望于九月之后多晴日,以利于清军彻底剿灭金川。② 这似乎也从侧面反映了乾隆皇帝殚精竭虑地派出擅长"扎达术"的人员赴军营行"阻回之术"并未能真正奏效。因此,尝试别的"祈晴"和"止雨雪"的办法势在必行。

二、祈晴·祷祀高山·炮轰雨雪

根据前文对大小金川等地天气状况和特点的分析可知,农历五六月该地区的降水强度非常大,除大雨倾盆外,还不时下雪,但乾隆皇帝坚持认为盛夏时两金川等地应大雪始停,如果盛夏飘雪定是邪术所致。相比之下,一些前线将领看待金川地区雨水过多的问题似乎比乾隆皇帝要更加理性一些,不肯轻易将大雨持续不断的糟糕天气与两金川喇嘛施扎达术联系起来。例如,乾隆三十七年五月,桂林、明亮等在奏折中专门提到"南路军营自四月初旬以来雨雪交加,势极绵密",而且"十四日至十八等日复大雨如注,昼夜不停",但依然冷静地向乾隆皇帝指出"察看云气所布极为广远,若系贼番诡施扎答似不能绵密如此",当下能做的不过是祷告祈晴,"惟盼雨势稍停",再"督促官兵进剿"。③ 不过,更能揣摩乾隆皇帝心思的将军温福和副将军阿桂却在奏折中提出了与桂林等完全相反的看法,奏曰:"查南路军营,于四月初间连日雨雪,实因番地气候寒多暖少。臣等自过巴朗拉而抵资哩,时届春初,每日有疾风暴雨倏来倏止,即疑小金川地方素习红教,必系扎答所为。……天朝师出有名,邪术岂能胜正?"同时承认"今已交夏令,而北山之营盘连日雷电交作,继

---

① 冯明珠、庄吉发编:《金川档》,题名:乾隆三十九年九月初十日阿桂等奉上谕,台北"故宫博物院",2007 年印,第 2616 页。
② 冯明珠、庄吉发编:《金川档》,题名:乾隆四十年九月阿桂等奉上谕,台北"故宫博物院",2007 年印,第 3497 页,3501 页,3505 页,3509 页。
③ [清]阿桂总纂:《平定两金川方略》卷 29,乾隆三十七年五月癸丑。

以大雪积至盈尺,虽无妨碍,而道路泥泞行走不便,夜间守卡之兵不无少累",继而提出"自应破其邪术方于军营有益",随即在感恩乾隆皇帝"厪念戎行,派令三济扎卜、萨哈尔索丕二人分往西南两路军营备用"之余,不忘表示"伊等素有法术自能著效"。① 随即,乾隆皇帝在给军机大臣的上谕中曰:"番地虽与雪山相近,然四五月间尚有大雪,其为扎答无疑。"虽然乾隆皇帝一口认定雨雪过多是善施扎答者所为,也派出擅长巫术的三济扎卜、萨哈尔索丕赴西路和南路二营,以备不时之用,但他还是在同一道上谕中很务实地指出:"此等邪术不过欲使人怖畏,人若见而生怯,则其术愈逞,惟能处以镇定,视之淡然,其技穷而法亦不灵。所谓见怪不怪,其怪自败也。"② 由此不难窥见乾隆皇帝在面对清军屡遭金川多雨雪天气掣肘时复杂又矛盾的心理。

乾隆皇帝派去西路和南路军营的三济扎卜、萨哈尔索丕二人的法术似乎并未能起到"止雨雪"的作用。于是,祈晴以便进攻之事变得愈加不容拖延。乾隆三十八年八月十三日,新任将军阿桂和副将军丰升额奉上谕曰:"向闻番地冬间不甚有雪,必俟正月以后雨雪始多,至夏深始止。"③ 因此,乾隆皇帝在得知夏日清军在战事紧要当口屡被雨雪所阻,盛怒之余,为止雨雪以利进兵,先后提出祈晴、祷祀高山以及炮轰雨雪等措施。

乾隆三十九年二月,阿桂等筹度进剿登古,因雪深冰冻难以措手,企盼有两三天晴日使冰雪稍为融化,好秘密发兵抢占大金川人后路,然后长驱直入。乾隆皇帝同意如此办理,但特别指出:"此等攻战,胜机全赖上苍鉴佑,以逆酋之罪大孽重,实为天地所不容。""该处正值冰雪凝寒,自当速祈晴霁,阿桂宜秉诚致敬,以邀眷佑。惟望阿桂等迅速办妥。"④ 八日之后的上谕又称:"(阿桂、明亮等在奏折里提到)此一带虽系雪山,下雪固其常事,而雨雪既久,自必有四五日快晴。一俟冰雪稍消,即便决机直入,必能迅速摧破。"乾隆皇帝还特别指示:"该处既有此情形,自不可不为持重之见,但番地春雪素多,实为可厌,急宜设法求晴,以期遄进。"⑤ 显然,这次奉圣意祈晴未见灵验。

乾隆三十九年五月,定西将军尚书阿桂、定边右副将军尚书公丰升额、参赞大臣领侍卫内大臣色布腾巴勒珠尔奏:"自本月初二日后,雨雪连绵,官兵靡不愤急。初五日,贼于雨雾之中,在罗博瓦山坡,添建新碉二座。当经海兰

---

① [清]阿桂总纂:《平定两金川方略》卷29,乾隆三十七年五月丙辰。
② [清]阿桂总纂:《平定两金川方略》卷29,乾隆三十七年五月丙辰。
③ 冯明珠、庄吉发编:《金川档》,题名:乾隆三十八年八月十三日阿桂等奉上谕,台北"故宫博物院",2007年印,第1306页。
④ 冯明珠、庄吉发编:《金川档》,题名:乾隆三十九年二月十三日阿桂等奉上谕,台北"故宫博物院",2007年印,第2113页,2114页。
⑤ 冯明珠、庄吉发编:《金川档》,题名:乾隆三十九年二月二十一日阿桂等奉上谕,台北"故宫博物院",2007年印,第2155页,2156页。

察、额森特、福康安密派兵八百名，直扑碉根，毁墙而入，砍死数贼，余俱逃溃，即将贼碉拆毁。现今已交夏至，此后雨雪稍稀，自当各路合攻，以期迅速集事。"①据此奏可知，乾隆三十九年五月初，阿桂一路遭遇连绵雨雪天气，进攻受阻，阿桂等将领深感愤懑和焦急。

乾隆皇帝阅奏后便谕军机大臣等："连日盼望阿桂进兵之信甚切。今据阿桂等奏，近日军营情形，尚因雨雪，未能采入，实为愤懑，而贼人复乘雨雾，添建新碉，更堪切齿。海兰察、额森特、福康安等，即于大雨中歼戮数贼，拆毁其碉，足以壮我军之气，而破贼人之胆，于军务甚为有益。福康安，正当幼年，藉此练习成人，于彼亦属甚好。计阿桂拜折次日，即交夏至。向后雨雪，谅必渐稀。阿桂自当相机速进，以期迅奏肤功。从前曾谕阿桂等，凡遇经过高山，务当竭诚祷祀，冀山神之默为相佑，利我军行。且以金川用兵情事而论，朕实本无欲办之心，乃逆酋索诺木等，敢于负恩反噬，罪恶贯盈，实有不得不办之势，并非朕黩武穷兵，是曲在贼而直在我。仰邀上天照鉴，自必嘉佑官军，而潜褫逆贼之魄。至所在山神，代天司化，亦当助顺锄逆，上体昊苍。若非时雨雪，必贼扎达所为，岂有正神转听贼人驱使，为此背理妄行之事？况将军等，既已虔祷而不应，即属邪氛。从来邪不胜正，或于雨雪来处，用大炮迎击，如韩愈之驱鳄鱼，亦属正理。著阿桂斟酌行之。"②

由该则上谕可知，乾隆皇帝读了前线奏报后颇为愤懑，但仍希望夏至以后金川等地雨雪渐稀，便于各路官兵合攻，并对海兰察等在大雨中歼敌、拆碉的行为大加赞赏，以激励士气。不过，这并不意味着乾隆皇帝内心深处对战事受阻之忧虑得以减轻——他在谕令中喋喋不休地强调此次用兵金川并非穷兵黩武，而是不得已为之，且清朝占理、罪在两金川，倘若上天明鉴则应保佑官军翦除金川。实际上，令乾隆皇帝颇为难堪的是，夏至后金川等地仍"非时雨雪"不断，身为天子不便厉言谴责上苍，只好再次认定当地恶劣天气乃大金川会祈扎达术者所为。同样，阿桂等祈祷山神却不曾灵应，乾隆皇帝只有将所谓"非时雨雪"归结为邪气，转而极力建议前方将领仿照"韩愈驱鳄"③，用大炮对准下雨雪处的天空加以轰击，以压制邪氛，从而达到止雨雪的目的。

此外，阿桂、明亮等虽按乾隆皇帝谕令诚心祷祀路过的高山，但当地山神

---

① 《清高宗实录》卷959，乾隆三十九年五月丁丑。
② 《清高宗实录》卷959，乾隆三十九年五月丁丑。
③ 《旧唐书》卷160之《韩愈传》载："初，愈至潮阳，既视事，询吏民疾苦，皆曰：'郡西湫水有鳄鱼，卵而化，长数丈，食民畜产将尽，于是民贫。'居数日，愈往视之，令判官秦济炮一豚一羊，投之湫水，呪之曰：'前代德薄之君，……'呪之夕，有暴风雷雨起于湫中。数日，湫水尽涸，徙于旧湫西六十里。自是潮人无鳄患。"参见《旧唐书》卷160之《列传第一百一十·韩愈传》，中华书局，1975年，第4202—4203页。

并没因之护佑清军,立止雨雪。乾隆三十九年秋,明亮一路正攻碉紧要时,突然猛雨狂风大作,阻遏了战事进程。乾隆皇帝对此感到万分恼怒,并再次声称:"若风雨之故由山神所为,亦属非理。"①理由是他作为"天下共主",乃"不得已命将申讨,师直理正","且所至之地,谕令将军等祭山祈赛,山神有知,自应效灵助顺,早佑藏功,以膺国家秩祀,若转袒护逆酋,甘为邪术驱遣,妄行雨雪,即属违理悖常,必干天谴。昔日韩愈以一州刺史尚能正辞发弩驱除鳄鱼,矧大将奉天子命征剿不庭,岂山神所得相抗乎? 将军等设遇非时雨雪,即当视其来处用大炮迎击,纵有邪魔亦当退却,此亦代天宣化之正道也。"②明亮此次进兵途中突遇大风大雨,乾隆皇帝竟不惜对当地山神大加谴责,又提出仿照韩愈驱鳄之旧例,用大炮轰击雨雪处以镇邪氛。实际上,此时乾隆皇帝已心知肚明,祈晴也好,祭山神也罢,甚至是炮轰"非时雨雪",都不过是"但尽人事"而已。他已经清楚地认识到"番地常时气候,大约冬令晴日居多,前岁、昨岁屡次获胜,皆以冬月计"。③

三、延请喇嘛赴军营念经止雨雪

当清军将领按照乾隆皇帝的指示,采取祭山神、用擅长扎达术者赴营作法反击、仿韩愈驱鳄而用大炮轰击等方法均没能止雨雪时,主动投顺清军的其他嘉绒土司的喇嘛成了清廷应对大金川等地雨雪天气的"新武器"。

乾隆皇帝对金川等地自土司至土民都笃信喇嘛念经之法力早已耳闻,如乾隆三十五年(1770)春,小金川土司僧格桑得知沃日土司用喇嘛诅咒他父子,便与沃日寻衅。④ 正是考虑到大金川人笃信喇嘛,为起到震慑作用,乾隆皇帝对川西北大喇嘛自愿到清军大营念经助灭金川的行为表示欢迎。乾隆三十九年(1774)三月,明亮等奏:"德尔格特(即德尔格土司)境内斯(思)都胡图克图具禀:'闻促浸、儹拉逆酋造作罪恶,不遵王法,我情愿邀同白玉寺大喇嘛甘玛扎什(亦写作噶尔玛噶什)等前赴军营念经,这促浸等坏人可以立时咒得灭的'。在南路,番民闻知,倍加踊跃。已敕令沿途站弁,照料来营。俟南路经事毕,如视其精力尚佳,闻三杂谷土司尤为敬顺,即令其前赴西路念经。"乾隆皇帝览该奏报后以为"此亦甚好",并马上提出"俟其到营后,如何出力,再行奏闻,酌加恩赏。其西路军营,应否令其前往念经,著阿桂等,就近询明酌定"。斯都胡图克图自荐到清军大营念咒经助战,实为"恳求大为施恩",乾隆皇帝不过是考虑到该喇嘛"为诸番所敬信",希望借助他来营念经迫使金川

---

① 《清高宗实录》卷 966,乾隆三十九年九月庚申。
② 《清高宗实录》卷 966,乾隆三十九年九月庚申。另参见《金川档》,第 2618 页。
③ 冯明珠、庄吉发编:《金川档》,题名:乾隆三十九年九月初十日阿桂等奉上谕,第 2617 页,2618 页。
④ 《清高宗实录》卷 855,乾隆三十五年三月丁未。

"番众听闻,人人隐怀疑惧",达到"更足以懈其拒守之心"的效果。①

另据《清高宗实录》卷 960,乾隆三十九年六月丙申条载:

> 定西将军尚书阿桂、定边右副将军尚书公丰升额、参赞大臣领侍卫内大臣色布腾巴勒珠尔奏:"臣等于二十七日,派兵将炮位运赴炮台,轰毙番众,摧毁贼碉,颇为得力。但天气仍不时阴雨。初一日,复降大雪,即有一半日稍停,而雾气转大,贼复乘雨雾中,将碉座修整。臣等思逊克尔宗之贼,既日加增,喇穆喇穆之贼,复不见少,自应于此二处,一齐攻扑。现又赶铸炮位,设于别斯满丫口轰击。俟贼碉一有摧毁,即乘其未及修补之先,立时攻打。……谕军机大臣等:"……又据奏,天气仍不时阴雨,且六月初一日,尚然下雪,虽番地气候异常,亦不应乖舛若此。似系贼人扎达所为。但扎达本非正道,只须众人不以为事,法即不灵。所谓见怪不怪,其怪自灭,亦邪不胜正之定理也。将军等,当谕知营中将领弁兵,使皆明于正理而不惑于怪异,其技自无所施。至喇嘛噶尔玛噶什,前经明亮等奏,于五月初六日,前赴西路军营念经,距阿桂拜发此折时,已将一月,该喇嘛曾否到营,何以未见阿桂奏及?前曾发往新造利益铃杵一分,令其看噶尔玛噶什,如道行果好,并能实心出力,即将铃杵赏给。阿桂接奉前旨,必更留心察看。噶尔玛噶什若实系有道力之人,则令其破贼番扎达邪法,以止雨开雾,自非所难。"

由引文可知,金川等地六月飞雪,使乾隆皇帝更加坚信系所谓"扎达邪术"所为。乾隆皇帝指出两条破解的办法:第一,在战略上予以藐视,即视其为非正道而不予理会,笃定邪不能胜正,"其技便无可施";第二,在战术上则积极应对,利用当地有道行的喇嘛到军营念经,并御赐密宗法器为之助威,力求破扎达术,以便止雨散雾。结果未能如其所愿,虽然喇嘛噶尔玛噶什立即赶赴阿桂大营念经,但一个月后乾隆皇帝未再接到念经灵验与否的消息。

随后,一些相关谕令从侧面告诉我们,当地资深喇嘛到军营念经,亦未能立止雨雪。乾隆三十九年九月庚申,谕曰:"明亮等奏,进攻木克什山腿两碉,正当围裹紧要之时,雨风大作,甚为可恨。看此情形,贼中必有善用扎达者。但此等究属邪法,不能胜正,将军等总以镇静处之。并晓谕将佐弁兵,不必视以为事,其术自然无所施。所谓见怪不怪,其怪自败也。若风雨之故,由山神

---

① 冯明珠、庄吉发编:《金川档》,题名:乾隆三十九年三月十三日阿桂等奉上谕,台北"故宫博物院",2007 年印,第 2255 页,2256 页。

所为,亦属非理。朕奉天承运,为天下共主,兹以金川逆酋负恩反噬,罪大恶极,为覆载所不容,不得已命将申讨,师直而理正。……至番地常时气候,大约冬令晴日居多,前岁昨岁屡次获胜,皆以冬月。计此旨到军营,已是九月下旬,转瞬初冬,天晴气煦,定能扫穴擒渠,克日奏绩,将军等惟当勉力为之。"[1]这则谕令告诉我们,乾隆三十九年自入夏以来,先是接连雨雪、雨雾天气,随后又迎来了秋日突然风雨大作的"不利天时"。这让自开战以来便日夜盼望清军能够早日奏捷的乾隆皇帝颇为不怿。然而,在这则谕令中乾隆皇帝反复叮嘱应对金川之"非时雨雪"的办法仍是"不予理会,镇静以待,以及大炮轰迎击退邪魔天气"的老法子。而且,乾隆皇帝在气愤之余,除了再次将这些极其可恨的雨雪天气归为金川善用扎达者所为之外,又对金川等地的山神厉加责怪。值得注意的是,乾隆皇帝在此则谕令中不再提及用当地投顺喇嘛念经来中止雨雪一事,转而寄希望于该地冬日多晴天,以利于进军。据此似可以推断,噶尔玛噶什喇嘛赴营念经应无甚实效。

由上可知,乾隆皇帝对金川之役战时天气的关注可谓殚精竭虑,但天时终非人力可违。在当时的社会历史条件下,乾隆皇帝只能根据自身的统治经验,费尽心力地提出祭祀高山、祈晴、大炮轰击、请喇嘛赴营念经等多种措施,以便应对金川及其邻近地区寒多暖少、雨雪频作的天气情况,结果都一一失败了。这让乾隆皇帝无比愤恨,却又无可奈何。为了解恨,乾隆皇帝一再要求各路将领务必抓获当地有影响的僧人,并解京严惩。除此之外,乾隆皇帝还提出将当地的一些神山纳入国家祭祀体系,即希望通过神山祭祀国家化来摆脱神山对当地土司和土民的护佑,转而使其成为国家"正义之战"的助力。

相比之下,倒是身处前线的一些官员,在面对大小金川等地恶劣气候给清军造成的种种不利影响时,竭力采取一些务实的措施,反而取得了一定成效,部分解决了当时面临的具体困难。乾隆三十九年三月十三日负责在西路督办粮运的钦差大臣刘秉恬奏:"臣现与松茂道查礼轮流前赴日尔拉一带,往返查催,设法鼓励众夫,务使人各踊跃争先将上站滚到米石,随到随运,迅速前进,惟是日尔拉雪多风大,其气候之寒凉甚于他处。臣往来其间仅止一趟,尚不胜其寒,常住该处之夫尤当善为筹计。前已将站基周围掘堑泄淤,使之栖息得所,复于附近各站采买生姜,每次发给数十斛均匀散与各夫分食,庶可翼御寒祛痰,便于赴公趋事。至新设各站虽已有人夫,尚未充裕,且附近日尔

---

① 《清高宗实录》卷 966,乾隆三十九年九月庚申条。另参见冯明珠、庄吉发编:《金川档》,题名:乾隆三十九年九月初十日阿桂丰升额等奉上谕,台北"故宫博物院",2007 年印,第2617—2618 页。

拉粮站间有患病之人,口外亦有蛮夫,可雇为数无多,去来无定。现值耕种之时,茂州一带蛮民多有恳请回籍耕田者。"①

本章小结

统观之,乾隆朝两征金川,以暴力方式强势进入川西土司地区,首战两易寒暑,再征五度春秋,均遭到金川及其周边土司地区"寒多暖少""雨雪频仍"天气带来的诸多掣肘,众官兵和夫役亦因之饱尝艰辛。清军第一次金川战争期间,无论是在官兵作战、防守,还是大规模的后勤运输方面均极大受制于当地的恶劣天气,几乎因之陷入战争的泥潭不可自拔。尽管在撤军之前,乾隆皇帝一再表示深悔从前不知办理金川战事之难,但日益乾纲独断的乾隆皇帝根本没有吸取第一次金川战争期间清军遭受"不利天时"掣肘甚深的教训,反而被复杂的现实政治需要拽入再征金川的战争旋涡。也因此第二次金川战争期间,清军几乎重蹈覆辙。在该次战争期间,各路清军的进攻和防御行动屡经当地多雨雪天气的阻遏。此外,大小金川及其邻司地区迥异于内地的天气状况,常让乾隆皇帝感到无比愤懑,却又没有有效措施加以应对。因此,乾隆皇帝虽长期为如何解决金川地区多雨雪的问题殚精竭虑,但徒劳无功。通过考察大小金川天气的特点及其对清军征剿行动的各种影响,以及清廷对该地天气的艰难应对,可以对乾隆朝清军两征金川至为不易的客观原因有更加丰富、细致、深刻的认识。

就气候对金川战争的阻遏而言,除暴露了清廷对当地自然环境缺乏必要认识,没有行之有效的应对措施外,也表明金川土司和土民具有积极利用恶劣天气展开防御和袭击的军事智慧。土民在其世代生活的土地上,早已养成耐寒的体质和善于征战的本领。这让他们在对抗大批清军时,至少在战争中前期占有相当优势。从这个意义上讲,"寒多暖少""雨雪频繁"的气候对金川战争的影响并不是孤立发生的,而是与两金川及其附近地区的山高林密、战

---

① 《宫中档乾隆朝奏折》第 34 辑,第 856 页。另据乾隆三十九年四月二十一日富勒浑、郝硕奏:"窃照楸底饷道通行,长运滚运之粮络绎到站,臣福勒浑于本月十四日前赴军营沿途清查米数,并稽查后路各卡隘官兵……查计自大板昭至登古存米一万余石,足供一月有余之需。现值阴雨连绵而乘时赶运亦足以资接济。第雨水过多,恐存站之米不无霉变之虞。复将续行调到垫席、棕单分拨各站,加厚遮盖,俾免潮湿。"见《宫中档乾隆朝奏折》第 35 辑,第 367 页。乾隆三十九年九月十六日富勒浑等奏:"再查山脚站挽运一切系由日尔拉雪山行走,现在天气严寒,时有雨雪,该站人夫负重跋涉较为寒苦。臣随饬该站员傅世卓设法雇集蛮夫帮同背运,复购买棉衣五百件分赏在站出力人夫,以为御寒之具。并于山顶备办姜汤,召集客民借给资本于山坡稍可驻足之处开设食物铺面数间,俾各夫中途得资温饱。仍另拨夫三十名扫雪斫冰,时加休整,务使道路不至冻结,以利遄行。"见《宫中档乾隆朝奏折》第 36 辑,第 752 页。

碉林立的特殊地形地貌一起都对清军造成了至为不利的掣肘。不过,还应看到,战争中占尽"天时地利"的一方,如果离开非常关键的"人和"因素,作战优势也就无从谈起。因此,在关注地形地貌和战碉,以及气候与清军征金川的关系外,还必须充分关注利用这些客观条件与清军开展长期抗战的土民的情况,剖析两次金川战争中将大批清军拖入持久战泥淖的"人的因素"。

本章附录

表7-3　首征金川期间的天气状况及其对战事的影响(1747年—1749年)

时间	金川天气状况	对战事的影响	参考文献[①]
乾隆十二年九月丁未	张广泗奏金川天气已渐寒。	旗兵自京抵营需数月之久,故暂不发京兵。	卷299
乾隆十二年九月丁巳	乾隆帝据奏折推想前线已冰霜严寒。	乾隆帝担心官兵堕指裂肤,难于取捷。	卷299
乾隆十二年十月癸未	川省气候早寒。	谕或应暂行退驻向阳平旷之地,稍为休息。	卷301
	党坝等处九月中旬已连降大雪。	粮运堪虞,酌留官兵防守,俟春融再进止。	
乾隆十二年十一月壬辰	冬令严寒。	拟先撤出土兵,再招募新兵。	卷302
乾隆十二年十二月乙亥	冬令严寒。	官兵已渡雪山,若撤出则不利春间进剿。	卷305
乾隆十三年三月癸丑	班第抵小金川军营,报闻西路粮台,山路积雪泥泞。	乌拉难行,近"番"出征所余"蛮夫蛮妇"不敷供役,又添调汉夫。	卷311
乾隆十三年四月庚辰	桃关、保县等处,春夏间尚多积雪。	西路运夫往往顿足不前,不得不增回空粮。	卷313
乾隆十三年五月戊子	夏天常有大雨。草坡一带有瘴气。	两河口过渡遇大雨易为阻隔。山险兼有瘴气,夫役多逃亡病故。	卷314
乾隆十三年六月庚辰	沃日一路积雪消融,难于行走。	绰斯甲粮运遭雪阻,改用夫役。沃日等处因雪融受阻滞。	卷317
乾隆十三年七月乙未	暑雨不断。	天气糟糕,进剿金川之事一时难以就绪。	卷318

---

① 表7-3的参考文献均来自《清高宗实录》,中华书局1985年印。

时间	金川天气状况	对战事的影响	参考文献
乾隆十三年七月癸卯	近半月未奏前线天气情况。	马良柱供称守曾达时粮运为雪所阻半月	卷319
乾隆十三年七月庚戌	入秋近半月,雨雪渐频繁。	官兵将作何行止,尚无计划。	卷319
乾隆十三年闰七月辛未	伏天无酷暑,高处寒,低处暖,阴雪寒,晴则暖。	自山腰以下稍低之区秋冬尚和,雪不多积。仍可进攻。	卷321
	五月间阴雨连旬。	原拟刈麦时进攻处未能前进蹂躏。	卷321
乾隆十三年八月戊子	多阴雨天气。	"番"人山上田禾可望而不可践路,亦难焚烧。	卷322
乾隆十三年八月己丑	张广泗夏日过斑斓山身衣重裘尚觉寒冷,谓冬月必不堪。	因此草坡运路改由南路章谷,后因骡马遭雪倒毙,又改回草坡。	卷322
乾隆十三年八月丙午	冬春雨雪,挽运艰难。	须十月以前,预备明年四月兵粮。	卷323
乾隆十三年八月丁未	四五月间山雪消融。	奏请加兵,待雪消融后分路攻碉。	卷323
乾隆十三年九月己未	乾隆抱怨夏秋淫雨,冬春冰雪覆途。	夏秋动辄坐守竟日,冬不能日事攻战。	卷324
乾隆十三年九月庚辰	天寒多雪。	望官兵趁天晴可进则进。	卷325
乾隆十三年十月庚寅	乾隆帝视金川所在地为冰雪沍寒、瘴疠暑毒之区。	乾隆帝感叹士卒两年以来重罹锋镝饥寒之苦。	卷326
乾隆十三年十一月丙辰	眼下冬寒雪大。	清军不能发动进攻,只好修碉日夜固守。	卷328
乾隆十三年十一月己未	讷亲初到卡撒军营即遇雨。	"番"人昼夜冒雨进攻军营。	卷328
乾隆十三年十一月戊辰	天寒冰雪难耐。	上谕不可因天气恶劣延迟军粮运输。	卷329
乾隆十三年十一月己巳	党坝一路天气晴明无积雪。	趁时进剿,则可使贼无休息。	卷329
乾隆十三年十一月庚午	"蛮"地初春冰雪比冬令更甚。	乾隆帝不再一心催促速期攻剿。	卷329
乾隆十三年十一月丁丑	长期多雨。	军中帐房尽皆破烂。	卷329
乾隆十三年十一月己卯	入夏雨多。	清军夏日进取不便。驻待秋晴又非上策。	卷329
乾隆十三年十二月乙酉	经略傅恒赴营途次冲冒风雪。		卷330

时间	金川天气状况	对战事的影响	参考文献
乾隆十三年十二月辛卯	十一月十八日黄昏突降大雪，二十日尚未晴好。	攻木耳金冈，夺取正酣，因突降大雪，只好待天晴再图进取。	卷330
乾隆十三年十二月乙未	十一月二十一日天气稍晴，但天气甚寒。	岳钟琪拨兵分五路夜攻塔高山梁，但木城被水冻住不能动摇。	卷330
乾隆十三年十二月壬寅	初八日至初九日连下大雪。	雪后路冻滑，十数匹马坠山涧。	卷331
乾隆十三年十二月癸卯	一至四月以后，暑雨淫毒。	乾隆帝担心满兵不堪忍受，绿营兵暴露经年则可能生变。	卷331
乾隆十三年十二月戊申	一出桃关便雪深结冰。	艰苦视内地倍甚，挽运军需，全资民力。	卷331
乾隆十四年正月辛亥	乾隆帝总结：金川等地仲夏暑雨。	不利进兵。	卷332
乾隆十四年正月己未	乾隆认为"番"境水土恶薄，春雪夏涝。	跋履维艰，天时地利，皆非人力所能强违。	卷332
乾隆十四年正月乙丑	傅恒去往军前，侵冒风雪。	乾隆帝催促傅恒还朝。	卷333
乾隆十四年正月丙寅	傅恒兼程赴营，侵冒冰雪。	王大臣议：人力难施之荒徼，应请撤兵。	卷333
乾隆十四年正月戊辰	傅恒到营后亲身督战，露立风雪中连宵达旦。	攻克碉卡，"番"人穷蹙乞命。但傅恒意欲锐师深入，荡平金川。	卷333

表7-4　征两金川期间的天气状况及其对战争的影响(1771年—1775年)

时间	两金川天气状况	对战事的影响	参考文献①
乾隆三十六年九月辛丑	德尔密地方，雨雪交加。	官兵裹带乾粮，已八日未生火做饭。	卷892
乾隆三十六年九月戊申	雾雨迷漫。	"番"人趁机蜂拥进攻，守碉瓦寺土兵惊溃。	卷892
乾隆三十六年十一月丁酉	八月十三日至十九日连日大雨。	攻巴朗拉，因连雨不得不撤回山神沟。	卷896
乾隆三十六年十一月壬戌	"番"地山高路险，眼下正当冰雪凝结。	福昌所领兵不能速进。	卷897

---

① 表7-4的参考文献均来自《清高宗实录》，中华书局，1985印。

时间	两金川天气状况	对战事的影响	参考文献
乾隆三十六年十一月庚午	雪后冰冻。	巴朗拉一路因之尤其难进兵。	卷 898
乾隆三十七年二月丙寅	地险雪深、山险雪深。	难进攻,不可一味催促进兵,以免失军心。	卷 902
乾隆三十七年三月乙巳	天气已开始晴暖。	乾隆帝要求温福等趁此相机熟筹。	卷 904
乾隆三十七年四月癸未	"番"地冬天冰雪凝积,行军不易。	乾隆帝便寄望夏秋进兵较易,敦促早谋划。	卷 907
乾隆三十七年四月甲午	果洲一带山沟四月初连日有雨雪。	皇帝疑扎答所为,派会此术者阻回雨雪。	卷 907
乾隆三十七年五月丙辰	四五月间尚有大雪。连阴雪雨。	官兵单帐栖身,为之疲困。严防"番"人劫营。	卷 909
乾隆三十七年八月戊寅	七月下旬雨雹交作,八月风雪雨雹,天气寒冷。	官兵因气候寒冷从甲尔木山梁退回不守。	卷 915
乾隆三十七年十月壬午	有雨雪天气。	明亮等带领官兵,不避雨雪,破卡杀"贼"。	卷 919
乾隆三十七年十月乙酉	大雪,石头被雪冻住。	大雪后难以仰攻,修筑木栅,难掘取石头。	卷 919
乾隆三十七年十二月丙子	晴霁和暖。	士气倍扬。	卷 923
乾隆三十八年正月戊戌	牛厂一带连日严寒,积雪深四五尺。	清军乘夜雪攻扑碉卡。	卷 924
乾隆三十八年正月庚子	当噶尔拉山阳坡因日照雪不过数寸,但岭下险坡冰雪很厚。	仍难夺取。	卷 924
乾隆三十八年正月癸丑	功噶尔拉了口,雪深路险。	必须分路进攻。官兵不避冰雪,夺取碉卡。	卷 925
乾隆三十八年二月丙寅	当噶尔拉正月二十日有风雪。	阿桂分路派兵趁风雪进兵,夺碉杀敌。	卷 926
乾隆三十八年二月己丑	"番"地二月多雪乃地气使然。	乾隆帝期待交三月日就暄和,雪当渐少。	卷 927
乾隆三十八年三月庚寅	阿桂一路报告山高雪大,连日雪雾。	兵力实难施展,待晴日才能进兵。	卷 928
乾隆三十八年三月癸巳	丰升额一路风雪迷漫。	趁机攻得"贼番"水泉二处。	卷 928
乾隆三十八年三月甲辰	昔岭自二月二十七日后大雪数日,高处积雪二三尺。	难以仰攻,昼夜用炮轰击,"贼番"蚁聚死守。冻滑中冒险无益。	卷 928

时间	两金川天气状况	对战事的影响	参考文献
乾隆三十八年三月丁未	雪深冰滑。	官兵进攻大碉,难以措手。	卷929
乾隆三十八年三月己未	昔岭雨雪不止,冰滑雪深。	官兵逼挖碉根又因雨雪不止而结卡歇息。	卷929
乾隆三十八年闰三月辛酉	丰升额一路遭风雪阻遏。	该路趁夜进剿,为风雪所阻。	卷930
乾隆三十八年闰三月壬戌	当噶尔拉山多积雪。	崖下有积雪,日午冰融,官兵不得不撤退。	卷930
乾隆三十八年闰三月甲戌	乾隆帝盼望从此时渐暖,冰消雪化,进攻易于得手。		卷930
乾隆三十八年闰三月己卯	阿桂初九日进攻遇雪雾。	仍寄望于交夏令后积雪消融,便于进兵。	卷931
乾隆三十八年四月己丑	闰三月十八日遇风雪,又连日雪雾。	阿桂等不得不暂时撤兵。	卷932
乾隆三十八年四月丁酉	温福一路先遇连日雨雪。	夜乘大雨、二十五日冒雪雾突袭敌人。	卷932
乾隆三十八年四月壬寅	章嘉呼图克图报闻"番"地四月十一日以后即不复有雪。	近来各路俱为冰雪所阻。	卷932
乾隆三十八年五月甲子	温福等攻打昔岭又遇雨雾。	清兵既不能前进,而"番"人又匿于碉卡之内,虽枪炮击轰无益。	卷934
乾隆三十八年五月丁卯	阿桂奏近日天气已晴。	乾隆帝以为官兵自更易于用力。	卷934
乾隆三十八年五月丙子	五月初二日遇大雨。	分两路进攻,因雨大撤兵。	卷935
乾隆三十八年七月丁丑	乾隆帝根据奏报总结:两金川的气候反而是冬令尚多晴雾。	敦促阿桂根据这一气候规律竭力筹办。	卷939
乾隆三十八年八月庚子	宜喜山高风大,现已下雪。	乾隆帝认为:"番"地冬间不甚有雪,必正月后雨雪始多,夏深止。	卷940
乾隆三十八年九月庚申	南路山险路长,天寒雪早。	该处军粮急需预为筹划,而转运尤为吃紧。	卷942
乾隆三十八年九月丙子	牛厂一带春冬雪大,夏时雪化。	雪大不能行走,雪化又须下到山沟从两旁登山,难以进兵。	卷943

时间	两金川天气状况	对战事的影响	参考文献
乾隆三十八年十一月癸酉	乾隆帝强调"番"地冬三月尚有晴日，交春雨雪渐多至夏不止。	推测阿桂等进兵，趁此天气晴暖，进攻更易为力。	卷 947
乾隆三十九年正月乙丑	思觉一带雪深冰滑，倍难行走。	土兵等情愿先取博堵，以便夺思觉。	卷 950
乾隆三十九年正月壬申	初二日大雪封山。	不辨路径，大兵撤回格藏桥。	卷 951
乾隆三十九年正月戊寅	凯立叶山雪深路滑。	官兵未能攀越。	卷 951
乾隆三十九年正月己卯	山阴积雪冻冰。	日旁、宜喜官兵因之未能前进。	卷 951
乾隆三十九年二月甲申	积雪深厚。	正月十五日因路险雪滑暂撤兵。	卷 952
乾隆三十九年二月辛卯	阿桂奏正月二十三日天气已晴。	乾隆以为官兵进剿自易为力。	卷 952
乾隆三十九年二月丙申	"番"地正值冰雪严寒。	上令速祈晴，命阿桂秉诚致敬以邀眷佑。	卷 952
乾隆三十九年二月癸丑	日尔拉山气候阴寒，雪深数尺。	日尔拉附近夫役的松棚搭盖在雪上。	卷 953
乾隆三十九年三月庚申	丰升额奏近日天气晴朗，冰雪渐消。	拟从达尔扎克东北沟内，早晚觅路进攻。	卷 954
乾隆三十九年三月丙子	三月初七日雪雾迷漫。	金川"番"人乘机偷劫营盘。	卷 955
乾隆三十九年四月辛卯	舒常奏三月二十一、二十二两日渐晴朗，二十三日三更大雪。	遇雪即发兵前进，但"番"人数量颇众，只好撤出回。	卷 956
乾隆三十九年四月壬寅	四月初八日天已放晴。	阿桂等奏再过两三日即督兵进攻勒乌围。	卷 957
乾隆三十九年五月戊辰	日尔巴碉地在山阴，雪雾时作。	如不能如约夹攻，即不免有失利之处。	卷 959
乾隆三十九年五月壬申	阿桂前奏"番"地夏至当晴霁。	乾隆帝深望速战速捷，却屡为雨雪所阻。	卷 959
乾隆三十九年五月丁丑	五月初二日后雨雪连绵。今已交夏至，此后雨雪稍稀。	官兵靡不愤急。初五日"贼"于雨雾之中添建新碉二座。	卷 959

时间	两金川天气状况	对战事的影响	参考文献
乾隆三十九年五月壬午	十四日雨雪大作。	海兰察等带兵不避雨雪。	卷959
乾隆三十九年六月戊子	近日冰雪渐化，非冬春可比。	大板昭贮粮总汇地亟需巡逻兵员，防偷袭。	卷960
乾隆三十九年六月丙申	不时阴雨，六月降大雪，雾气转大。	"番"人又乘雨雾中将碉座修整。	卷960
乾隆三十九年七月己未	六月二十三日晚大雨。二十五日早大雾迷漫。	成德等带兵冒雨攻碉得手。海兰察等亦趁大雾弥漫之机出击。	卷962
乾隆三十九年七月己巳	达尔图一带大雨。	七月初四日明亮一路冒雨进攻，多有克获。	卷963
乾隆三十九年七月甲戌	大雨，有雾气。	海兰察等遇雨撤兵。额森特等率兵于雨雾中攻得木城。	卷963
乾隆三十九年九月丁巳	八月十九至二十二雪雨连绵。八月二十三晴霁。	阿桂于八月二十三日晴霁之后即于是夜派兵进攻。	卷966
乾隆三十九年九月庚申	突然雨风大作。	明亮等正围裹两碉紧要时，突遇大风大雨。	卷966
乾隆三十九年九月丙寅	阿桂奏九月初二日后已晴，同时间明亮一路却非雨即雪。	明亮一路要等山路微微干燥后，才能督同进剿。	卷967
乾隆三十九年九月辛未	乾隆帝再次声称："番"地气候，十月以后晴日多。	乾隆帝认为只要天气晴霁，便可得手。	卷967
乾隆三十九年九月癸酉	乾隆帝仍寄望："番"地冬令雨雪较少，可冀天气多晴。	阿桂奏官兵攻逊克尔宗情形，只须晴霁数日，便可得手。	卷967
乾隆三十九年十月壬寅	日尔拉气候过寒，风雪甚大。	粮运难免阻隔，须预筹转运之法。	卷969
乾隆三十九年十月丁未	富德军营十四五等日连晴霁。	阿桂初十日奏称：待天气晴霁即可进取。	卷969
乾隆三十九年十月戊申		官兵不避冰雪攻得凯立叶山下截山梁。	卷969
乾隆四十年正月庚戌	岁内晴天月余为"番"境未有之事。但春间多雨雪。	已立春，乾隆帝命各路抓紧进攻。	卷974

时间	两金川天气状况	对战事的影响	参考文献
乾隆四十年正月乙卯	谕令趁现在雨雪少赶紧进剿,春间雨雪多难办。		卷 974
乾隆四十年正月庚午	"番"地气候冬令多晴,入春即多雨雪。历次进攻雪中雪后胜者多。	目下天气和暖,积雪渐消,粮道泥泞。皇帝屡促将军等上紧筹办,不可以雨雪为辞。	卷 975
乾隆四十年正月壬申	时届春令,"番"地雨雪方多,已下大雪。	乾隆皇帝认为,清军若是长此坐待,即使再守数月亦不过如是。	卷 975
乾隆四十年四月甲午	三月至四月宜喜一带大雪。	官兵冒雪攻打,勿使"番"人休息。	卷 981
乾隆四十年四月癸卯	四月初九日放晴。	敖成带兵于十二日先攻甲索。	卷 981
乾隆四十年五月壬子	明亮一路遇连日大雪。	十六日受阻,二十一日再进兵。	卷 982
乾隆四十年五月甲子	明亮一路突遇大雪。	攻杀中突遇大雪,冒雪抢夺碉卡。	卷 983
乾隆四十年五月戊辰	阿桂一路初九日遇风雪。	官兵雪中设伏防范,毙"番"甚众。	卷 983
乾隆四十年五月辛未	遇雨。	现遭雨阻遏,待稍晴后整兵速进。	卷 983
乾隆四十年六月丙申	大雨阻滞。	阿桂一路进攻未能如计克敌。	卷 985
乾隆四十年六月乙巳	"番"地六月多大雨。	乾隆帝便寄希望秋天"番"地雨水少晴天多。	卷 985
乾隆四十年八月戊戌	甲索一带雨雪。	和隆武所带官兵半途雨雪阻滞。	卷 989
乾隆四十年九月壬戌	阴雨,自九月初四日午后渐晴。	前拟从达思里、噶拉宇进兵,因阴雨阻滞。	卷 991
乾隆四十年九月戊辰	值风雨交作。	官兵涉险冲泥克取当噶克底等各碉卡。	卷 991
乾隆四十年十月甲午	每遇秋冬初春时冰雪载途。	背运人夫,多致失足。	卷 993
乾隆四十年十月丙辰		上谕:"番地冬令天气多晴"。	卷 994

第八章 土司和土民与清军两次征金川的关系

清军难以攻克大小金川土司地区,固然与其地险碉坚以致枪炮难施、多雨久雪致使进剿举步维艰等不利因素极为相关,但也应当看到,这两次战役乃是大批清军和当地土司和土民之间展开的长期殊死战斗。换句话说,其人心之同恶誓死,据险凭碉而抵死抗拒,乃是清军难以迅速获胜的关键所在。没有了人的因素,再艰难的作战环境都无法起到遏制战争进程、影响战争最终走向的作用。在此,笔者欲具体考察两金川土司、头人如何组织和保证属众为之殊死抵抗,以及众土民如何据险攻守,以便进一步了解大批清军难以进剿大小金川之客观原因,并剖析两金川土司采取抗战和请降两手都硬策略的根本目的。

第一节 土司强力抗御与清军难以速胜的关系

大小金川土司虽然占尽天时地利,且不惧怕与清军作战,但其兵力十分有限,其中小金川能出兵的人数更是少的可怜。于是,在面对大批清军多路进剿时,两金川的土司和众头人们坚持誓死抗战(特别是大金川土司),并采取各种措施保障各重要隘口有兵防守,还努力防止本境土民设法外逃,以致清军虽在兵力上和后勤供应上占绝对优势,非但不能迅速推进,反而陷入持久战的泥淖中难以抽身。

在这两次战争中,大金川土司和头人为保证自身利益最大限度不受损害,采取了坚持长期抵抗和不断请降并举的灵活策略,小金川土司僧格桑和部分头人则坚持与清军抗衡,甚至不惜以割地相赠为代价请求大金川索诺木出力相助,却始终不肯向清军将领实心表示臣服,个中缘由亦值得深究。

一、金川土司"恃强好战"

土司制度带有浓厚的割据性。众土司各自盘踞一方,自成势力,彼此间相互攻杀掳掠习以为常。地处川西北崇山峻岭包围之中的大金川土司尤为恃强好战，不吝展现"尚武伐谋，扬威图势"之野心，遂与众嘉绒土司扰攘不断，凭借武力和谋略肆意侵占邻封土地和人口，以增强部落实力。同时，他们对清廷的羁縻统治和化诲之策普遍采取阳奉阴违的态度。乾隆二年（1737），时任大金川土司莎罗奔派兵占革布什咱丹津罗尔布、盖古交地方，经川省地方官断令退还，然而大金川土司长期拒不交还。① 乾隆四年（1739）七月，四川巡抚布政使方显密奏，据护理木坪土司王氏禀称金川土司从来不遵约束，以致各土司愿自备土兵粮，征服报效，但清廷不愿事态扩大，派员前往化诲，命各土兵解散。② 不久，大金川土司色勒奔（莎罗奔）于乾隆四年七月十四、十七、十八等日三次发兵，与革布什咱土司丹津罗尔布开战，清廷获报后颇为恼怒，派调汉土兵四千名前往震慑、化诲，直至八月二十一、二十四、二十五等日，各土司才陆续撤兵回各境。③ 同年，小金川亦与梭磨等土司互争必色满旧地。④ 乾隆五年（1740），大小金川土司之间发生仇夺之事。⑤ 乾隆九年（1744），巴旺土司境内遭灾疫，大金川土司遣发人夫运送各种物资，并打算赏赉巴旺土司纳旺（系金川土司女婿）一批百姓，而巴底土舍汪扎（系革布什咱土司外甥）害怕金川土司趁机多占巴旺地方，于是派兵堵御，巴旺土司赶紧向金川土司借兵，又附近之革布什咱土司出兵援助巴底土舍汪扎，遂纷争四起，仇杀不已。⑥ 追根究底，乃大金川从前抢占革布什咱地方，如今各土司以护亲为名发兵相争。⑦ 乾隆十一年（1746）十一月，四川省总督庆复在给乾隆皇帝的奏报中专门提到，"川西地少山多，番蛮杂处，就中顽梗者，杂谷、金川为最"，且"大金川土司色勒奔细，性更凶悍，前年与巴底相争，又屡与革布什咱土司争地，近更欺压小金川，去年竟有将小金川土司拿去"。⑧

乾隆十二年（1747）正月至三月，大金川土司又先后发兵围攻革布什咱之正地寨，明正土司之鲁密、章谷地方，以及霍尔章谷地方；对清廷派员前往劝谕、弹压置若罔闻，甚至抗拒前往弹压的官兵；乾隆皇帝决意对之大加惩创，以宣示皇威。⑨ 然而，即便是大批清军压境，金川土司和头人们毫不畏惧，早于四境险隘处派兵严防死守，以致清军粮运受阻且长期顿兵不前，即使有所

① 《清高宗实录》卷 219，乾隆九年六月乙亥。
② 《清高宗实录》卷 97，乾隆四年七月甲戌。
③ 《清高宗实录》卷 101，乾隆四年九月癸酉；《清高宗实录》卷 103，乾隆四年十月癸卯。
④ 《清高宗实录》卷 105，乾隆四年十一月壬申。
⑤ 《清高宗实录》卷 133，乾隆五年十二月丙寅。
⑥ 《清高宗实录》卷 219，乾隆九年六月乙亥。
⑦ 《清高宗实录》卷 223，乾隆九年八月甲戌。
⑧ 《清高宗实录》卷 279，乾隆十一年十一月辛酉。
⑨ ［清］来保总撰：《平定金川方略》卷 1，乾隆十二年二月丁亥、乾隆十二年三月戊戌、乾隆十二年四月癸亥。

克获亦不过打破数碉,克获数寨而已,而且,距离金川土司官寨愈近,头人们率领属众多拒守愈固。①　此外,金川土司之所以敢长期与清军对抗,与乾隆十年六月至乾隆十一年六月用兵瞻对,却草草收场不无关系——这场战争极大地暴露了清军在川西北山区作战的各种弊病,让人力数倍于瞻对的大金川土司更加无惧清军之进剿。

更重要的是,第一次金川战争不了了之,给嘉绒土司地区带来了极大震动,大金川土司则声势更盛。至今两金川及其邻近地区还流传着很多有关大金川土司打败乾隆皇帝(当地人称"乾隆王")的故事。数年后,大金川土司又大肆侵占邻近土司地方,以扩大地盘、增加属众。与此同时,当清军撤出大金川后,清廷在面对大小金川等土司相互争杀掳掠的问题时,倾向于采取保守的劝解,或"以番攻番"等策略,不再轻言出兵,这也使得大金川等土司更为有恃无恐。乾隆二十年,打箭炉外孔撒、麻书二司因昔年旧事争竞构衅,大金川、绰斯甲布、革布什咱、德尔格特等土司各以护亲为名,出兵助战,后经川省总督调解,得以暂时平息纷争。②　乾隆二十三年(1758),大金川土舍郎卡将一女嫁给革布什咱土司色楞敦多布,并与革司吉地头人相勾结而夺取该处,小金川土司则发兵援助革布什咱,最后,大金川土司一举占领革司全境和小金川部分地区;为此,时任川省总督开泰采取"以番攻番"之策对付大金川。③　乾隆二十六年(1761),众土司与大金川相抗已有两年,仍相持不下,双方俱已疲惫,大金川土司郎卡入禀请求息兵,四川总督开泰借机与金川等众土司会商,最后达成妥协,即大金川退还所有其侵占的党坝山地,拆除其与党坝边界上所筑碉卡,各土司陆续撤兵。④　乾隆二十七年(1762),大金川与党坝一二头人相勾结,于该年九月初十日半夜突然围攻该司官寨,遭到党坝土民拼死抵抗,大金川人便沿途抢掠,并占据玛让地方,川省总督等饬令各土司出兵往助党坝土司。⑤　随后,清廷寄希望于绰斯甲布等九土司环攻大金川,以期借力剿灭该司,然而双方多年相持不下。⑥

乾隆三十六年(1771),革布什咱的头人与大金川土司相勾结,后者出兵占据革司官寨,而且革土司下落不明,小金川土司则趁机再次出兵围攻近邻鄂克什,占据寨落,掳掠人口,大有不灭沃日不罢休之势,于是乾隆皇帝决计

---

①　[清]来保总撰:《平定金川方略》卷3,乾隆十二年八月辛巳;《平定金川方略》卷4,乾隆十二年十月辛酉。
②　《清高宗实录》卷493,乾隆二十年七月已亥。另见《西南史地文献·平定大小金川方略》(上册)卷1,乾隆二十年七月已亥,第197页,198页。
③　《清高宗实录》卷557,乾隆二十三年二月乙酉。
④　[清]阿桂总纂:《平定两金川方略》卷2,乾隆二十六年四月癸丑。
⑤　《清高宗实录》卷691,乾隆二十七年十一月丙子。
⑥　《清高宗实录》卷763,乾隆三十一年六月甲寅。

发兵小金川,大加挞伐,以儆效尤。① 然则,小金川土舍僧格桑不但不畏清军之进剿,而且积极出兵占领瓦寺土司之巴朗拉地方和明正土司纳顶等寨,并于巴朗拉一带广修碉卡,派兵严阵以待,欲悉力相抗。② 并且,在清军进剿小金川时,大金川亦多次暗中出兵相助。③ 清廷为速灭小金川,以小金川之地为诱饵,希望大金川土司索诺木要么主动绑献僧格桑,要么安守己地,切勿暗中往助小金川,大金川土司不为所动,④仍派四五个头人带领七八寨百姓在小金川南路、七八个头人带更多百姓在小金川西路帮助抵御清军进剿。⑤ 在清军先行进剿小金川期间,大金川土司已于各要隘增修碉卡,密为防守。⑥ 又据金川色达里寨土民楞占木供称:"我们那里山多地少,山梁是狭窄的多,土司也各处派人防守。"⑦

由上述史料不难看出,两金川土司十分好战,特别是大金川土司堪称川西北嘉绒土司一霸,数十年来一直不断侵掠邻司,急欲吞并革布什咱土司地方,以扩张地盘,增强本司势力,而小金川土司亦不甘落后,十分觊觎沃日土司之地。即便清廷决意出兵惩创,他们不但不畏惧,反而积极做好各要隘处防守工作,派出土兵严阵以待。

众所周知,土司执掌全土政治、军事、经济、司法大权。土司是土民的主子,即"济雅勒布"⑧。大小金川土司亦不例外,是其属众的领导核心,只要他们坚持要拼死抗拒清军,那些忠于土司且十分骁勇善战的大小头人自然会带领众多土民竭力守御。为激励领兵头人和属众一心抵抗,大金川土司索诺木亲往卡隘(按当地俗,土司不亲赴战场),吩咐众人务必严守碉卡。⑨ 索诺木

① 冯明珠、庄吉发编:《金川档》,题名:乾隆三十六年八月初八日副将军温福奉上谕,台北"故宫博物院",2007 年印,第 23—27 页。另见《清高宗实录》卷 885,乾隆三十六年五月丙寅;《清高宗实录》卷 888,乾隆三十六年七月甲辰。

② 《清高宗实录》卷 888,乾隆三十六年七月丁未。另见[清]王昶:《蜀徼纪闻》,乾隆三十六年十一月二十一日条,载张羽新主编:《中国西藏及甘青川滇藏区方志汇编》第 43 册,学苑出版社,2003 年,第 334 页。

③ [清]王昶:《蜀徼纪闻》,乾隆三十七年正月初六日条,载张羽新主编:《中国西藏及甘青川滇藏区方志汇编》第 43 册,学苑出版社,2003 年,第 336 页,337 页。

④ 冯明珠、庄吉发编:《金川档》,题名:乾隆三十六年八月四川总督阿尔泰奉上谕,台北"故宫博物院",2007 年印,第 236 页。关于索诺木暗助小金川之具体表现,另见[清]王昶:《蜀徼纪闻》,乾隆三十七年二月初九日条,载张羽新主编:《中国西藏及甘青川滇藏区方志汇编》第 43 册,学苑出版社,2003 年,第 339 页。

⑤ 冯明珠、庄吉发编:《金川档》,题名:供单,台北"故宫博物院",2007 年印,第 934 页。

⑥ [清]阿桂总纂:《平定两金川方略》卷 47,乾隆三十八年正月戊戌。

⑦ 冯明珠、庄吉发编:《金川档》,题名:楞占木供单,台北"故宫博物院",2007 年印,第 1641 页。

⑧ 中国第一历史档案馆:《军机处录副奏折》,民族类,缩微胶卷号 589,档号:7964 - 14,题名:温福遵旨有贼番与文樾将逆酋痛加斥詈等由,具文日期:乾隆三十八年二月初七日。

⑨ 中国第一历史档案馆:《军机处录副奏折》,民族类,缩微胶卷号 590,档号:7975 - 15,题名:供单。

兄弟五人甚至赌咒要一心一意死在一处,均取指甲、头发等施咒,以示团结。① 可以说,正是两金川土司恃强好战且不惧大兵压境,使大批清军难以避免遭遇持久山地战。譬如,大金川土司索诺木一面紧密团结异母兄弟(莎罗奔们),一面派遣各寺喇嘛等人上前敌守卡、积极联络与之有姻亲关系的邻司、安排自己信任的伴当或得力头人带领土民修碉挖壕,以便长期同清军持续对抗。②

以上只是从组织头人和土民作战层面,揭示金川土司好战且不惧与大批清军兵戎相见的一面。事实上,金川土司与清军相抗并非一味野蛮抵抗,即使坚持誓死相抗也是有着基于嘉绒部落土酋传统思维的复杂原因所致。

根据前文关于两次金川战争过程的梳理和其背后反映的金川土司的心理的分析可知,至少大金川土司并非是始终顽抗之“土酋”,而是非常懂得灵活应对的地方首领。清军首征金川的两年里,大金川土司莎罗奔展现了既不放弃抵抗清军进剿,也会选择恰当时机表示愿意请降的智慧,为大金川土司在嘉绒地区赢得“虽败犹胜”的巨大声誉。第二次金川战争期间,大金川末代土司索诺木再次效仿祖辈的应战策略,只是最终因此次清廷做好了持久战的准备而未能如愿以偿。无论是抵抗,还是请降,都是大金川魁首在维系勇武传统和确保土司地位不坠而做出的决策。

相比之下,小金川末代土司僧格桑则显得似乎有些有勇无谋,只知抵抗而不知妥协。倘若如此理解,则未免太过肤浅。不似小金川老土司泽旺为人怯懦无甚主见,少土司僧格桑年轻气盛,坚持认为沃日土司诅咒他们父子是不可饶恕的行为,不仅坚称出兵攻杀名正言顺,而且对清廷要求退兵退还地盘和人口的调解方案并未心悦诚服。因为,按照嘉绒土司地区的传统,小金川对近邻沃日的扰攘仇杀并非局外人看到的那样只是寻衅滋事,换作别的强势土司也会同样不肯轻饶施咒的一方。更何况在沃日诅咒小金川土司期间,僧格桑唯一的儿子恰好病死。僧格桑直至离开人世前仅有这一个孩子。这等于是断了小金川土司的骨血,自然会增强僧格桑侵占沃日土司“师出有名”的念头。清廷出于平衡诸嘉绒土司势力的考虑,也因视沃日这样相对靠近内地的土司为较为服从中央王朝约束的“内地土司”,因而在处理僧格桑出兵攻占沃日土司地盘的问题时,即使不能说有意偏袒沃日,也确实没有顾及小金川土司坚持出兵的深层原因,只是简单粗暴地归结为小金川贪利而行吞并之

---

① 中国第一历史档案馆:《军机处录副奏折》,民族类,缩微胶卷号 590,档号:7991-39,题名:堪布喇嘛色纳木甲木灿供单。

② 分别参见《军机处录副奏折》,民族类,缩微胶卷号 589,档号:7967-24、7968-16、7973-59;缩微胶卷号 590,档号:7975-15、7985-11、7990-36、7990-39 等。

暴行,一味责令其退还土地和人口。以小金川土司僧格桑心浮气盛的个性,如何肯服从这样的调停和劝谕呢?所以,欲理解僧格桑为何一面强调小金川为"天朝内属土司",一面又坚持抵抗清军进剿,就必须将该问题放置到当时该土司与沃日之间仇杀攘夺的具体历史语境中加以认真考察。唯其如此,才有可能管窥其顽梗不驯、拼死抵抗的深层原因。

二、大小头人"拼死效命"

如果说身为部落"主人"的大小金川土司"恃强好战"是土民敢于与清军长期相抗的关键所在,那么,绝大多数拼死效命头人(大金川头人尤为突出),堪称二司各要处战守之精干力量。因为,世袭大头人和众多小头人的地位和权力是依附于土司而存在的。很多大头人的祖上乃是土司家族析出人员,即土民口中"有土司家根子的头人"。为土司尽忠效力也是为了保住其自身利益。在很大程度上,正是两金川的得力大小头人忠于土司或莎罗奔,利用天时地利之便,发挥他们多谋善战的才能,积极带领各寨土民依高山、傍大碉与清军长期对抗,才导致清军难以速胜。

清军进剿小金川期间,土司僧格桑凡遇出兵之事都同大头人们商量。① 七图安堵(都)尔和蒙固阿什咱是小金川地区最著名的大头人,一向在美诺官寨为土司出谋划策。② 僧格桑在各要隘处都派出头人率土民抵御。乾隆三十六年(1771)冬,据小金川投出土民供述,带兵死守巴朗山的是大头人没利阿什咱,把守日隆的是鲁勒尔,守御日尔一带的是别思满土舍安笃尔,与僧格桑谋事的人除了蒙固阿什咱兄弟,还有通事虎儿,以及大金川派来的头人。③ 另据蒙固阿什咱供称,在清军进剿期间小金川真正主事的大头人是七图安堵尔和金川派来的大头人丹巴沃杂尔,他本人只负责一些杂事。④ 蒙固阿什咱的供词并非只是为了得到清廷饶恕而故意称自己负责的事务不多。前述土司婚姻部分已经提到,大头人蒙固阿什咱非常不满僧格桑作为土司在婚姻方面任性而为,二人因此生嫌隙,僧格桑不肯再信用他。即使如此,蒙固阿什咱为了保住土司的权力和地位,除了组织土民抵抗清军外,还积极吩咐

---

① 冯明珠、庄吉发编:《金川档》,题名:簇尔齐木拥垄供单,台北"故宫博物院",2007 年印,第 1357 页。
② 《清高宗实录》卷 923,乾隆三十七年十二月辛巳。
③ [清]王昶:《蜀徼纪闻》,乾隆三十六年十二月初一日条,载张羽新主编:《中国西藏及甘青川滇藏区方志汇编》第 43 册,学苑出版社,2003 年,第 334 页。
④ 丹巴沃杂(咱)尔系大金川著名得用大头人。参见《清高宗实录》卷 904,乾隆三十七年三月壬寅;《清高宗实录》卷 912,乾隆三十七年七月癸卯;《清高宗实录》卷 944,乾隆三十八年十月乙未;《清高宗实录》卷 946,乾隆三十八年十一月丁卯。

土民前往清军军营投送禀文,希望清廷能够放小金川一条生路。①

清军攻破小金川官寨后,七图安堵尔和蒙固阿什咱都携家眷随僧格桑逃往大金川,但当七图安堵尔及其侄子七图甲噶尔思甲布等人看出大金川土司索诺木欲吞并小金川时,仍竭力策动小金川各处降人伺机复叛,那些已投降的小头人亦极力配合。② 乾隆三十八年(1773)夏,震惊朝野的小金川降而复叛及偷袭木果木大营事件,便是在索诺木与莎罗奔兄弟支持下,由逃往大金川的头人和留在小金川的各寨头人们里应外合、精心策划的结果,而大头人七图甲噶尔思甲布亦直言因大家太想念土司才拼命干成这些事。③ 甚至已降的小金川头人木塔尔在军营见到索诺木派人送出的僧格桑尸首后,亦忍不住心痛落泪。④ 当然,也有望风投降者,譬如小金川宅垄头人萨尔吉、安朋、安本,以及管辖美诺相近之帛噶尔角克及萨纳木雅地方头人木塔尔,均在关键时刻先后投顺清军,并积极带兵攻打大金川。⑤ 又如清军刚抵美诺,章谷以北东山梁后的汗牛一带大头人便立即率十四寨土民投降。⑥

相比而言,大金川的各管事大头人则称得上更加拼死效命土司索诺木和莎罗奔兄弟们。也正因为这些大头人率领属众抵死效力,大金川才得以与大批清军抗衡近三年之久。

大金川土司可用大头人较多,并且十分得力。据金川年近六旬的大头人达什阿苦鲁供述,老土司郎卡在日他已是受重用大头人,少土司索诺木管事后,亦派其守卡、打仗,但遇事索诺木只与大头人丹巴沃杂尔、阿鲁绰窝斯甲商量,而且索诺木得用的大头人是阿木鲁绰窝斯甲、阿木鲁尼玛仄迫;莎罗奔们器重的则是丹巴沃杂尔、当噶拉阿拉木。⑦ 大金川人楞占木亦供:"至第一个大头人名叫丹巴沃杂尔,土司都听他的话,其次名叫三塔尔萨木丹,也是

① 冯明珠、庄吉发编:《金川档》,题名:小金川番人供单,台北"故宫博物院",2007年印,第937页。
② 中国第一历史档案馆:《军机处录副奏折》,民族类,缩微胶卷号590,档号:7991-24,题名:七图甲噶尔思布供单。另见《清高宗实录》卷1008,乾隆四十一年五月壬申。
③ 冯明珠、庄吉发编:《金川档》,题名:七图甲噶尔思甲布供单,台北"故宫博物院",2007年印,第4483页,4484页。
④ 中国第一历史档案馆:《军机处录副奏折》,民族类,缩微胶卷号590,档号:7975-1,题名:阿桂等奏绰窝斯甲到营献出侧累等由,具文日期:乾隆三十九年八月十七日。另见冯明珠、庄吉发编:《金川档》,小金川番人纳木塔尔供单,台北"故宫博物院",2007年印,第1153页。
⑤ 冯明珠、庄吉发编:《金川档》,台北"故宫博物院",2007年印,第1369页,2510页,4267页。另见《清高宗实录》卷1004,乾隆四十一年三月癸未。
⑥ 中国第一历史档案馆:《军机处录副奏折》,民族类,缩微胶卷号589,档号:7956-40,题名:阿桂等奏筹办汗牛十四寨头人降番,具文日期:乾隆三十八年十二月初一日。另见冯明珠、庄吉发编:《金川档》,题名:乾隆三十七年十二月二十九日阿桂等奉上谕,台北"故宫博物院",2007年印,第599页。
⑦ 中国第一历史档案馆:《军机处录副奏折》,民族类,缩微胶卷号590,档号:7991-28,题名:金川大头人达什阿苦鲁供单。

用事的。"①又据索诺木弟弟手下的班达斯甲布供称："金川共有四个管事的大头目、丹巴沃杂尔、三塔尔萨木丹住在勒乌围、达拉讷木锡、达拉噶尔果住在刮耳崖，其余俱是小头目了。"②班达斯甲、楞占木的供述基本上是可信的。另有刑部讯问之大金川人安卜鲁供词可以与之互证，供曰："金川的大头目丹巴沃杂尔、三塔尔萨木丹、达拉讷木锡，小的曾见过的，还有阿克初也是管事头目。四个人又是丹巴沃杂尔大些，索诺木听信他，有事就与他商量的。有听见有头目叫俺布鲁绰斯甲、噶什把拉、布杂桑济、阿布聪，四个里俺布鲁绰斯甲大些，索诺木信用他。"③

大致而言，大金川的大头人们既位高权重，又能十分沉着、坚定地应对清军长期而大规模的进剿，其中丹巴沃杂尔尤为突出。④据大金川小头人干朋供称："土司索诺木同莎罗奔俱是年轻的人，向来诸事俱由头人作主。这几年向天朝打仗都是众头人同索诺木的姑娘阿青商量。头人虽多，勒乌围是丹巴沃杂尔，噶喇依是阿木布鲁绰沃斯甲，还有喀什巴塔尔甲为首，作主一切都是他们三个人向阿青商议办理。如今大兵打的厉害，听见说索诺木、莎罗奔很害怕，头人们还是照旧拒守，并没听见头人有害怕的话。他们还怕底下的百姓私自出来，如今管的更严了。至我们知道阿青作主的缘故，前年（乾隆三十六年）大兵向偿拉打仗时，就是阿青向头人们商议，叫人传各寨百姓帮着偿拉向大兵打仗的。"⑤直至乾隆四十一年（1776）正月，索诺木的兄弟和大头人达尔什桑卡尔、雅玛朋阿苦鲁被俘。⑥乾隆皇帝不知大金川的大头人们与土司索诺木、莎罗奔兄弟凡遇大事都要盟誓，团结异常，竟多次命阿桂对其实行反间计，结果均未能如愿。⑦直至清军攻克大金川噶喇依官寨前夕，才先有大头人达固拉得尔瓦（喇嘛达固拉僧格的弟弟）、大头人思达尔结等率领属众赴营投降。⑧

大金川相对其他土司地广人多，大小头人数目自然远不止上面提到的这

① 冯明珠、庄吉发编：《金川档》，题名：金川番人楞占木供单，台北"故宫博物院"，2007年印，第1645页。
② 冯明珠、庄吉发编：《金川档》，题名：班达斯甲布供单，台北"故宫博物院"，2007年印，第1877页。
③ 冯明珠、庄吉发编：《金川档》，题名：金川番民安卜鲁供单，台北"故宫博物院"，2007年印，第1995页。
④ 《清高宗实录》卷1001，乾隆四十一年正月己丑。
⑤ 冯明珠、庄吉发编：《金川档》，题名：金川小头人干朋供单，台北"故宫博物院"，2007年印，第3373页。
⑥ 中国第一历史档案馆：《军机处录副奏折》，民族类，缩微胶卷号590，档号：7991-9，题名：阿桂等奏俘获索诺木朋楚克及大头人达尔什桑卡尔雅玛朋阿苦鲁现在用炮轰贼巢由，具文日期：乾隆四十一年正月十七日。另见冯明珠、庄吉发编：《金川档》，题名：乾隆四十一年正月二十八日阿桂明亮等奉上谕，台北"故宫博物院"，2007年印，第4089页。
⑦ 冯明珠、庄吉发编：《金川档》，题名：乾隆三十八年九月十八日阿桂奉上谕，台北"故宫博物院"，2007年印，第1467页。
⑧ 中国第一历史档案馆：《军机处录副奏折》，民族类，缩微胶卷号590，档号：7989-72，题名：明亮等奏达固拉得尔瓦擒献雍中瓦尔结等由，具文日期：乾隆四十年十二月十八日。

些。他们受土司派遣带领属众赴各处要隘打仗,成为抗拒清军的重要力量。乾隆三十八年正月,大金川被革头人敦把供:金川土司在空喀山上派了四个大头人,一个叫僧格,一个叫三蚌,一个叫纳木尔甲,一个叫木克萨,底下还有好几个小头人,一共带领了一千多人在垭口上把守,另一边还有五六百人接应。① 据大金川章噶寨人瞎喇供:"领兵的大头人三塔尔绰窝斯甲同了小头人撮木耳甲带着四寨的百姓在这四碉分开把守。"② 另据噶达尔甲供:达尔图碉卡处有两个大头人,一个叫阿克书,一个叫阿扣,从各寨攒集了三千多人,每日修碉挖壕,要紧之碉外则挖有三道深壕。③ 又自大金川脱出小金川人朗塔尔供:大金川土司派了四个大头人带九寨人在控喀山上把守,昔岭处亦派了大头人色达拉带领九寨人把守。④ 又据大金川俘虏占朋供,先前在章噶带兵的是颇会打仗的大头人凌噶雅哩资、得尔日思桑、格雅阿布克输被官兵杀死,思独角寨头人温布萨尔甲也被打穿了腿,后来该处便由大头人什宗、雅克苏兄弟俩带三十多寨人把守。⑤ 大头人七图安堵(都)尔被大金川土司送出后,其子七图阿申也被派出带兵打仗。⑥

还须指出的是,在面对清军长达三年的分路进剿行动时,大金川的众多一般头人几乎都能严格遵守土司、阿青等人要求坚决抵抗清军的命令,积极组织土民奔赴各个军事要点顽强抗战,其中一些头人或战死,或受重伤而亡。⑦ 他们往往率众白天躲藏在碉前有石墙和木栅防护的深沟(类似防御壕沟)内避开清军大炮轰击,夜晚则回碉内死守,严命各土兵不许卸下武器,随时准备战斗。⑧ 相比之下,在各山梁碉卡处据守的大金川土民见伤亡甚多,也会直接向统领他们的头人表示不愿打仗,但头人不依,并威胁说若不打仗,土司就要将他们都杀了。⑨ 如头人安卜噜因无法突围而不得不主动投降,但

① 中国第一历史档案馆:《军机处录副奏折》,民族类,缩微胶卷号589,档号:7955-71,题名:温福奏投诚金川番人敦把等录供,具文日期:乾隆三十八年正月二十八日。
② 中国第一历史档案馆:《军机处录副奏折》,民族类,缩微胶卷号590,档号:7975-1,题名:瞎喇供单。
③ 中国第一历史档案馆:《军机处录副奏折》,民族类,缩微胶卷号589,档号:7955-80,题名:噶达尔甲供单,具文日期:乾隆三十八年闰三月初八日。
④ 中国第一历史档案馆:《军机处录副奏折》,民族类,缩微胶卷号589,档号:7955-74,题名:脱回小金川番人供单。
⑤ 中国第一历史档案馆:《军机处录副奏折》,民族类,缩微胶卷号590,档号:7975-60,题名:拿获金川夹坝贼番供单。
⑥ 中国第一历史档案馆:《军机处录副奏折》,民族类,缩微胶卷号590,档号:7991-26,题名:七图阿申供单。
⑦ 冯明珠、庄吉发编:《金川档》,题名:阿桂等乾隆四十一年二月初一日奉上谕,台北"故宫博物院",2007年印,第4097页。
⑧ 中国第一历史档案馆:《军机处录副奏折》,民族类,缩微胶卷号590,档号:7975-60,题名:拿获金川夹坝贼番供单。
⑨ 中国第一历史档案馆:《军机处录副奏折》,民族类,缩微胶卷号589,档号:7955-80,题名:噶达尔甲供单。

仍然在接受讯问时毫不讳言：“原想替金川把守住。”①又如巴甲庚额头人都瓦尔普鲁为邀截清军后路而假投降，被小头人拉尔结告密后仍坚持战斗，最后宁愿全家数十口一齐被烧死，也不肯投降。②当众多百姓因为战争拖延太久而忍不住抱怨官兵再打半年就没有粮吃时，大金川的头人们仍豪横地宣称：就是天朝的大兵，我们也还挡得两三年！③当然，到了清军进剿后期，大金川遭遇粮食严重不足、人心动荡、战局每况愈下等诸多挑战，一些头人为求生存，也就不再遵守土司等要求继续抵抗的命令，先后率众投出。④

大金川的重要头人除战死外，大多数于清军彻底平定金川后遭到严厉惩处。这也从侧面反映出这些头人在力抗清军进剿过程中起到了重大作用。乾隆四十一年（1776）五月，据刑部奏，“逆酋索诺木，及其兄弟大小头人等，暨各犯家属，二百五十余人，械送至京，历蒙廷鞫”；其中“山塔尔萨木坦、丹巴沃咱尔、雍中旺嘉勒、七图甲噶尔思甲布、阿木鲁绰窝斯甲，俱系用事大头人”，“罪大恶极，均经凌迟处死”；另有“头人尼玛噶喇克巴、阿布颇鲁、格什纳木喀尔结、达什色格桑、达尔什纳木甲、达尔什桑卡尔、喀什巴拉木、布笼普占巴、雅玛朋阿库鲁、达什温布策旺、沙巴租普、阿布穆木里撒思、丹扎布僧格、格布尔章、阿杉车斯局斯达拉等，或党恶与谋，或领兵抗拒，……均经处斩”。⑤

三、牢固控制境内属民

大小金川土司是其属众的主子，每遇战争，可命各寨头人挨户派兵，且由各兵自备武器和粮秣。尽管金川土司治下的土民表现出极端忠于土司和头人的特性，但是属民人数毕竟非常有限，能够抽丁出兵的则更有限。据幹布鲁、鄂木措、喀结、得尔什、布木得尔结、甲勒噶勒克、班朱尔春布木等土民同供：“金川并无额兵，遇着出兵时候，各寨头人挨着门户每家派一人去出兵的。如各家有成丁的人，就是十三四岁小孩也要派去充数。器械是各人家里自己带去，土司并没得给他。至所需口粮，土司也没得给发，都是出兵的人家自己预备，起身时候带着十五六天的粮前去。随后是各寨头人，另行派人替他背

① 冯明珠、庄吉发编：《金川档》，题名：金川头人安卜噜供单，台北“故宫博物院”，2007 年印，第2024 页。
② 冯明珠、庄吉发编：《金川档》，题名：乾隆四十一年正月初六日阿桂等奉上谕，台北“故宫博物院”，2007 年印，第 3991 页，3992 页。
③ 中国第一历史档案馆：《军机处录副奏折》，民族类，缩微胶卷号 590，档号：7975－50，题名：自沈角沟投出促浸番人杜尔金朋等供单。
④ 中国第一历史档案馆：《军机处录副奏折》，民族类，缩微胶卷号 590，档号：7982－9，题名：阿桂等奏促浸头人等投出缘由（附供单二），具文日期：乾隆四十年七月十一日；《军机处录副奏折》，民族类，缩微胶卷号 590，档号：7990－26，题名：富德奏乘势将木谷庚额克舟九寨等处尽行占据并拨兵于各地办理由，具文日期：乾隆四十年十二月二十日。
⑤ 《清高宗实录》卷 1008，乾隆四十一年五月壬申。

送到打仗地方去接济的。大约一个人背得八披,每披有一大碗来多,够吃十几日。那背粮的人,原是各寨当夫子的,如遇土司出门,一切东西都是他背负,到出兵时候,就叫他们运粮。再火药一项,各处寨子内都有存贮的,遇着出兵,也是叫夫子运送。土司每到十天或半个月赏些牛羊,平日总不给粮的。"①尽管如此,大小金川二司可以抽拨的土兵总数,即使含平常不用出兵的喇嘛、伴当等人,大金川出兵者当不满万员,小金川能够出兵者大约不足大金川之六成。②

两金川土司如何凭借这样少的兵力与几路清军长期顽抗,值得深究。除前面提到的天时、地利、坚碉、土民善战等有利因素外,两金川土司、头人竭力防止土民外逃,并迫使其"甘愿"忍饥挨冻,长期在深沟密林和碉卡中拼死抵御清军,亦是他们得以阻碍清军速进的重要原因之一。因史料所限,在此只能以第二次金川战争中的大金川土司为例来探讨该问题。③

在该战初期,绝大部分金川土兵锐气十足,粮食、弹药均无虞,又十分渴望能通过劫掠清军营盘、粮台获取财物,④或者俘虏士兵(含随征土兵)为奴,于是对出兵之事十分踊跃。尽管一些经验丰富的大金川老人声称此次大兵压境与前次大不相同,大金川的人迟早要吃大亏,但是一些年轻土民却极其自信,都认为官兵来了大家就应狠狠地打几仗,到时候官兵自然会退出去。⑤ 显然,大金川的年轻人和他们的年轻土司索诺木(历五年抗战,被俘时仅24岁)一样,仍笼罩在第一次金川战争的胜利光环(明"降"实"胜")中,坚信清军万无可能剿灭他们,终会如上次战争一样无奈撤兵。

---

① 冯明珠、庄吉发编:《金川档》,题名:斡布鲁鄂木措喀结得尔什布木得尔结甲勒噶勒克班朱尔春布木等番民供单,台北"故宫博物院",2007年印,第522页、523页。另当说明的是,尽管前面第四章已经就这种"平时耕种,战时出兵"的兵役组织形式展开论述,指出其与两金川当时的经济发展状况是相适应的,但要看到这种出兵形式只适合短期战争,遇到连年征战普通土民家庭难以支撑。

② 据大金川土民敦把供:"除了妇女、娃娃,出手打得仗的不过万数。"详见中国第一历史档案馆:《军机处录副奏折》,民族类,缩微胶卷号589,档号:7955－72,题名:投诚金川番人供单,录供日期:乾隆三十八年正月二十八日。小金川能出兵的人数大约只有大金川一半多一点,最多不超过六千精壮土民。

③ 据《平定金川方略》之相关记载可知,第一次金川战争中,金川采取收缩防御战略,因此有一些寨落的土民因无法抵御清军攻势而投降,甚至一些头人主动来降。当然,这并不能改变清军长期不能进抵官寨的战况。在该次战争后期,打仗土民的家属俱为土司莎罗奔等拘禁于官寨中,以为人质,迫使大金川土兵不敢投降;及至第二次金川战争时,情况已经大不相同,金川土民见清军剿灭小金川为保种保教(苯教)而奋起抗击,认为死也要死在金川本地,加之土司头人设法控制,举寨投诚之事十分少见。另参见附录二《两金川部分投诚或被俘土民情况表》。

④ 庚噶供曰:"小的在勒乌围、噶喇衣听见贼们尝议论……年小的都说大兵来也好,我们又可得东西了。"中国第一历史档案馆:《军机处录副奏折》,民族类,缩微胶卷号589,档号:7963－87,题名:脱出鄂克什土弁廐噶供单。

⑤ 中国第一历史档案馆:《军机处录副奏折》,民族类,缩微胶卷号589,档号:7955－73,题名:脱出鄂克什番人供单。

为了增加兵力,大金川土司索诺木在派兵时做了一些调整,吩咐那些出双丁的人家也可分得一份口粮,甚至派数百名喇嘛到各紧要处打仗,每日散给一升口粮。① 一些打仗受伤的土兵也会被安置在土司官寨里养伤,随着土民伤亡增多,当按常规出兵原则根本不敷派拨时,为了堵挡宜喜一带的官兵,索诺木等甚至强行将原本没有出兵义务的铁匠、银匠、画匠等承担专差的百姓强行派出防守。② 同时,为了让缺粮的守卡土民安心抵御,大金川老土妇阿仓叫土司索诺木把勒乌围官寨里一仓官粮发放给最穷的、没吃的土民,还赏给庄稼被冰雹砸坏的人家三斗苦荞,再借给他们三斗粮食。③ 战争中后期,大金川土司索诺木为了鼓励土民作战,在官仓储备不如往常的情况下,将拿不上台面的粗劣粮食拿出来赏给出力打仗的土民,即“凡遇打仗,每人给酒糟一碗,圆根三个作口粮”。④ 当可靠的、能带兵的头人死伤过多时,为防止因苦累抱怨不已的土民变心,土司索诺木和莎罗奔兄弟们也会亲自前往各卡隘弹压。⑤ 到了实在无男丁可派时,妇女、儿童也被强行派到卡隘上当差。⑥ 土司社会对土民人身控制之深,由此亦可略窥一二。

然而,随着战时的拉长,大金川人死伤增多,加之庄稼歉收,瘟病流行亦使不少人畜毙命,使得大金川百姓粮食不够吃、人心惶惶。⑦ 面对如此光景,金川的一些妇女也在私下里议论将来怕是活不成了。⑧ 日益加剧的物资匮乏和精神恐慌迫使不少土民极欲设法随时逃离大金川,但又慑于大金川土司之淫威,不敢轻易与他人商量出逃。⑨ 一些外逃未遂者遭到土司残酷惩治,如大金川人科尔巴金巴额同萨木丹的二哥巴拉罗朗想逃出去,被人告发后,

① 中国第一历史档案馆:《军机处录副奏折》,民族类,缩微胶卷号589,档号:7955-74,题名:脱出小金川番人供单,供述日期:乾隆三十八年闰三月初二日。
② 中国第一历史档案馆:《军机处录副奏折》,民族类,缩微胶卷号589,档号:7966-18,题名:投出促浸番人供单。
③ 中国第一历史档案馆:《军机处录副奏折》,民族类,缩微胶卷号589,档号:7955-83,题名:金川投诚番人萨克甲供单;档号:7970-18,题名:脱出木坪土兵供单。
④ 中国第一历史档案馆:《军机处录副奏折》,民族类,缩微胶卷号589,档号:7967-60,题名:自金川脱出李文进供词。
⑤ 中国第一历史档案馆:《军机处录副奏折》,民族类,缩微胶卷号590,档号:7975-2,题名:蒙固阿什咱阿拉侧累供单。
⑥ 中国第一历史档案馆:《军机处录副奏折》,民族类,缩微胶卷号590,档号:7983-21,题名:活捉番人供单。
⑦ 中国第一历史档案馆:《军机处录副奏折》,民族类,缩微胶卷号590,档号:7975-45,题名:金川番民甲太等供单。另见冯明珠、庄吉发编:《金川档》,题名:乾隆三十八年七月二十日阿桂等奉上谕,台北“故宫博物院”,2007年印,第1111、1112页。被俘的随征土兵也对这种情况甚是了解。参见中国第一历史档案馆:《军机处录副奏折》,民族类,缩微胶卷号589,档号:7969-54,题名:脱出鄂克什番人供单。
⑧ 中国第一历史档案馆:《军机处录副奏折》,民族类,缩微胶卷号589,档号:7970-18,题名:脱出木坪土兵供单。
⑨ 中国第一历史档案馆:《军机处录副奏折》,民族类,缩微胶卷号590,档号:7975-33,题名:金川番民阿董供单。

他们便被打断了腿、挖掉眼睛，然后被杀，其亲戚则因之受牵连，被捉拿到勒乌围官寨，关在地牢里。① 一些全家逃跑的土民在途中被截回，成年男子一律杀死，女人和小孩则都分散了。② 此前成功逃出的土民敦把潜回本寨招降，被土司索诺木杀死，其家人都被抓去官寨，关进地牢，而另外四家与其相约投降者也都被绑去下地牢。③ 可是，酷刑并不能阻止土民的求生欲望，仍有一些土民举家成功出逃。④

为了阻止境内土民逃走，土司索诺木还让各处守卡之土兵注意搜寻外逃者，并利用土民极为恋家的心理，将在外打仗土民之眷属统统移往别处，并让出兵之父子兄弟亦分散各处，使之不能相聚（害怕他们一同商量出逃），而且土司和头人们还押住众百姓，让其赌咒死守，使之"甘愿"继续打仗。⑤ 即使如此，兵差苦累，加之没吃的，迫使一些守卡土民设法让家属先行逃走，自己再行投出；一些土民则想办法先与亲人相聚，再一起设法投出；一些妇女则因丈夫战死，儿子守卡，便自己带了女儿先投出。⑥战争后期，土司索诺木让勒乌沟的土民搬至噶喇依官寨附近的舍齐喇嘛寺住，以便加强控制，但这时他们都已经明白大金川是保不住了，便不肯如从前那般听命了，甚至情愿住在岩洞里或树下，因而每日都有人饿死；不肯就此罢手的索诺木还威胁各寨妇女，如不肯种庄稼，就要抄家并将其扔到河里淹死，妇女们亦敢当土司面抗辩。⑦

总体而言，大金川土司通过严刑峻法、隔离家属和打仗土民、逼迫属众赌咒发誓等措施，相当牢固地控制了境内属民，使之不敢轻易外逃。乾隆四十年（1775）七月十一日，阿桂等奏称："奴才等思去年促浸（大金川）人投出数甚属寥寥，及至本年上半年间投出虽多，亦仅两三家及数口不等，（已投出者）偿拉（小金川）之人十居六七，从未有促浸全寨数十户连日陆续来投。"⑧当然，

---

① 中国第一历史档案馆：《军机处录副奏折》，民族类，缩微胶卷号 590，档号：7979－72，题名：投出番人番女供单。
② 中国第一历史档案馆：《军机处录副奏折》，民族类，缩微胶卷号 590，档号：7983－6，题名：拿获番妇供单。
③ 中国第一历史档案馆：《军机处录副奏折》，民族类，缩微胶卷号 590，档号：7975－60，题名：拿获金川夹坝贼番供单。
④ 中国第一历史档案馆：《军机处录副奏折》，民族类，缩微胶卷号 590，档号：7981－9，题名：投出促浸番人六户男妇十六名口。
⑤ 乾隆四十年八月，索诺木见境内火药短缺、粮食不够吃，很是着急，于是让头人、百姓都起誓，即取下头发、指甲，交与两个喇嘛，如果那一个敢逃散，就叫喇嘛咒他。参见冯明珠、庄吉发编：《金川档》，题名：达固拉僧格等供单，台北"故宫博物院"，2007 年印，第 3418 页。
⑥ 中国第一历史档案馆：《军机处录副奏折》，民族类，缩微胶卷号 590，档号：7980－40，题名：投出促浸番人三户男妇七名口。
⑦ 中国第一历史档案馆：《军机处录副奏折》，民族类，缩微胶卷号 590，档号：7981－3，题名：投出番人供单；档号：7983－29，题名：拿获口贼供单。
⑧ 中国第一历史档案馆：《军机处录副奏折》，民族类，缩微胶卷号 590，档号：7982－9，题名：阿桂丰升额奏促浸头人等投出缘由，具文日期：乾隆四十年七月十一日。

到了战争接近尾声时,饿殍遍地,一些大金川土民便顾不上分散在各处的亲人,自个儿先逃出来。① 须特别指出的是,大金川人不仅打仗分外凶狠,还十分看不起逃往大金川的小金川人,认为后者轻易丢了自己的地方,实属没良心,并且十分硬气地表示,即便死也要死在自己的土地上;事实上也确如此,直到清军快要攻下噶喇依官寨前夕,不少大金川人仍坚持顽强抵抗,那些没有亲赴前线打仗的土民也多半是饿死或病死在寨子里,只有少数人或投诚、或从深林密菁逃走。②

毋庸置疑,牢固控制属民,使之全力以赴为土司奔走效劳,乃是土司和头人能够长期与清军相抗衡的重要原因。换言之,如果没有底层百姓的忠诚和坚守,前面提到的雨雪频繁、战碉林立、山高路险等"天时地利"也罢,各级头人肯"拼死效命"也好,都不能转化为两金川土司抗拒各路清军的"有利因素"。不过,这并不是说土民为土司效力全仅靠自律而不用监管。特别是在连年战争的极端情况下,土民也会疲惫不堪,在看不到生存希望时,设法逃亡也是常事,此时土司对土民的控制和监管体现得尤为明显。

第二节　土民彪悍善战与清军难以速胜的关系

诚然,在面对清军大规模进剿时,土司和头人们坚持拼死抵抗,并努力限制有限的属民外逃以保证兵源,此乃两金川(特别是大金川)得以经年累月与清军相抗衡的重要因素。不过,在双方对垒的战场上,两金川土民性素好战(前引《皇清职贡图》称其"性强勇,好仇杀"),不仅善于据险死守,还不时趁机袭杀官兵,当是清军难以迅速推进的关键因素。换句话说,大小金川人特别擅长山地战争,给清军进剿带来了极大的阻碍。因为,乾隆朝大小金川战争,说到底是大批清军和两金川土民之间展开的长期殊死拼杀。当地多山环境和多雨雪的气候固然给清军进剿带来极大的阻碍,坚固的战碉亦使清军倍受掣肘,但若没有彪悍善战的土民据险拼死抗拒,山高、天寒、碉坚便都不能真正阻遏各路清军迅速推进。在此,笔者欲专门探讨两金川人良好的身体素

① 中国第一历史档案馆:《军机处录副奏折》,民族类,缩微胶卷号590,档号:7982－26,题名:投出番人供单。
② 中国第一历史档案馆:《军机处录副奏折》,民族类,缩微胶卷号589,档号:7955－74,题名:脱回小金川番人供单;《军机处录副奏折》,民族类,缩微胶卷号590,档号:7983－29,题名:拿获口贼供单;《军机处录副奏折》,民族类,缩微胶卷号590,档号:7983－21,题名:活捉番人供单;《军机处录副奏折》,民族类,缩微胶卷号590,档号:7982－9,题名:阿桂丰升额奏促浸头人等投出缘由,具文日期:乾隆四十年七月十一日。

质、高超的筑碉修壕技艺，及其凶悍、高效的山地作战能力，以便进一步了解何以为数甚众的清军竟难以攻克兵不满万员的弹丸之地。

一、惯行山道·耐寒·善筑碉挖壕

大小金川土民不仅占尽天时地利，还具备良好的身体素质——既擅长行山路又耐寒，因而在山地战争中极占优势。譬如，清军在跬步皆山、林深菁密、路途险远的大小金川地区举步维艰，遑论长驱直入，而大小金川土民不仅熟悉路径，而且登山涉险如履平地。据小金川大头人七图安都尔供称，当地树林深密、山道险仄，但土民走惯了便不觉得难走，官兵便走不惯。[①] 乾隆皇帝也在前线将领的密集奏报中深刻领会到："（官兵）势不得不自行背负，未经遇敌，力已先疲，何能锐战？"[②]

2010 年 4 月底至 5 月初笔者在丹巴县、小金县、金川县考察时也发现当地藏民走山路健步如飞。譬如，丹巴县梭坡乡莫洛村五十多岁的藏民文武超武带领笔者由小路登山观摩战碉，一路上无论笔者怎样竭力加快攀爬速度仍无法跟上其步伐。而且，待笔者气喘吁吁抵达目的地时，他早已神闲气定地坐在石块上抽烟，还笑称因怕笔者找不见他而故意放慢了脚步。又如，文武超武的亲家母及其妯娌也五十多岁了，她们住在海拔极高的山腰上面的寨子里，清早背几十斤山货下到河坝，稍歇息后继续背着沉重的背篓步行去丹巴县城，然后将山货卖掉，再采买油、盐、大米等生活必需品由陡峭山道背回高山上的家中。然而令人难以置信的是，她们负重前行的速度亦令笔者望尘莫及，她们却说从小就习惯负重行走，根本不觉得有多累。这完全与档案和官书所载相印证。由此亦可想见，在调兵布局的机动性上，金川土民自然比不善行山路的清军（少数索伦兵及黔兵除外）更为灵活、迅速。

再者，大小金川土民颇耐寒冷。乾隆四十八年赴金川任职的李心衡对此有一番生动的记载："儿生不洗浴，以手拭之，寝之地而裸体焉。不知襁褓绷裹，然亦未尝感冒风寒。行旅往来，深携裹粮，托宿长林丰草间，蒙以披毯。虽遇冰雪，坐卧其中，曾不致疾，盖垢腻既多，腠理自密，风寒不得而入也。予尝于六月间，因公事路入雪山，至绝顶，密雪乱飘，风冷如刀割，赖身披重裘，得以无害，然足趾冻裂欲堕，而彼徒衣不加增，行歌自得，殊无蹙缩之象。岂其莫不知寒？亦由自幼习惯使然也。"[③]前引清代《小金川竹枝词》亦有"十五丫头生冻惯，一双赤脚立冰花"之句。另外，2010 年 5 月 1 日笔者还从前述丹

---

① 冯明珠、庄吉发编：《金川档》，七图安都尔供单，台北"故宫博物院"，2007 年印，第 2835 页。
② ［清］来保总撰：《平定金川方略》卷 5，乾隆十三年正月丁未。
③ ［清］李心衡：《金川琐记》卷 3 之《耐寒》条，中华书局，1985 年，第 25 页。

巴县梭坡乡莫洛村嘉绒藏民文武超武口中得知,其爷爷辈以上平常都是赤脚,下身无裤,上身只有前后两片羊毛毡遮身,称之为前片和后片,只有富裕的人家在冬日以毡毯、皮靴保暖,穷人并无多少衣衫御寒,世代习以为常。令笔者更加吃惊的是,在山风随时肆虐的室外环境里,笔者身穿冲锋衣,他家才十个月大的孙子竟寸缕未挂,仰面躺在院子里的一块羊毛毡毯上欢腾地蹬胳膊蹬腿儿。细问之下才得知他自己那一辈和儿女辈小时候都是这样养大的,习惯了就不会感冒。这也与二百多年前在金川履职的李心衡之记载甚是吻合。正因为如此,当地雨雪频繁,寒多暖少的气候给官兵进剿带来诸多阻碍,但大小金川人却素习严寒,甚至赤脚行走于冰雪之上亦不以为意,往往趁雪雾对清军发动突袭,或冒雨雪修补碉卡以加强防御。

况且,大小金川土民擅长就地取材,快速垒砌战碉、石卡,以及挖掘战壕等军事工程。乾隆皇帝通过前线将领的奏报认识到:"(两金川人)筑碉所用,惟山中顽石,取材甚易而施工不劳,非若内地之构茸屋宇,坐需岁月者可比。"[1]而且,当地男女老少均谙筑碉技术。据从金川脱出土民舍猛供,土司索诺木害怕官兵从别路抄进来,叫噶喇依的百姓不论老小男女到木果木、昔岭一带,每一寨民众要修一座碉,并在碉外挖起壕沟防堵官兵。[2]由此,便不难理解为何大小金川坚碉林立,及清军好不容易攻破一碉,两金川土民均能趁间快速将之修复。时至今日,在丹巴、小金等地到处可见村寨里男女老少一起垒石修建藏式民居。他们垒砌石片的技艺堪称碉楼修筑技术的局部呈现。尽管无法与难度极高的砌碉楼技术相媲美,但今人仍可从中感受到昔日当地人民筑碉的历史印记。此外,大小金川人还能迅速挖掘极为深阔之战壕,专门用来阻挡清军攻碉。据土民占朋供:"各碉外都挖了深沟,沟外立了木栅,插了木簽,又有石墙、木栏围住,又在沟沿挖了枪眼,预备拒敌,白日里都藏在沟里躲避大炮,晚间进碉去。"[3]一些"要紧的地方,碉外有三道深壕"。[4]不仅如此,他们甚至还于深壕里挖地窖藏身,于壕沟外堆树木拦阻,并埋下尖利的鹿角,而且地窖内又挖有宽敞的地穴,穴顶用木板上托,旁用大木作撑柱,经此可从容通往别的碉楼。[5]由是可见,两金川土民具有修建并

① 冯明珠、庄吉发编:《金川档》,题名:乾隆三十八年十二月初十日阿桂等奉上谕,台北"故宫博物院",2007年印,第1778页。

② 冯明珠、庄吉发编:《金川档》,题名:乾隆四十年八月二十八日阿桂等奉上谕,台北"故宫博物院",2007年印,第3460页。

③ 中国第一历史档案馆:《军机处录副奏折》,民族类,缩微胶卷号590,档号:7975-60,题名:拿获金川夹坝贼番供单。

④ 中国第一历史档案馆:《军机处录副奏折》,民族类,缩微胶卷号589,档号:7955-80,题名:噶达尔甲供单,录供日期:乾隆三十八年闰三月初八日。

⑤ 中国第一历史档案馆:《军机处录副奏折》,民族类,缩微胶卷号590,档号:7975-15,题名:瞎喇供单。另见[清]《平定两金川方略》卷112,乾隆四十年正月甲戌。

高效运用综合性军事防御体系之非凡智慧。

另据丹巴县藏民超武讲，老一辈人都称大小金川人不仅据碉卡、木城以守，还擅长挖陷阱，在陷阱内铺埋当地特有的一种硬刺树枝，官兵一旦跌入陷阱中，必被扎成重伤。笔者在超武带领下在丹巴县梭坡乡河坝头观看这种刺树，满树枝粗大尖利的、密集排列的长硬刺让人望之胆寒。此外，超武和小金县的藏民杨富刚（其先祖在乾隆朝末期从大金川搬迁至小金川宅垄）均提到，当地流传的、有关金川战争的传说认为，尽管清军人多、炮多，却不足以与当地土民长期对抗，若不是借助同样擅长山战的黑水一带土兵之力，绝难攻破大金川两处主要土司官寨。无论如何，这些传说传递了这样的历史信息，即当年十万清军在此地遭遇的对手，绝非仅长于据险固守之辈，而是攻守兼备，颇有谋略。当笔者亲访当年金川战争所在地，并与昔日土民的后代进行交谈时，仍能感受到有关官书、档案中所谓"番性难驯"的历史氛围。

二、素喜劫掠且尤其擅长山地战

大小金川山多地少，且地苦寒，所种不过青稞、胡豆、苦荞、圆根之类，另畜养牛、羊，即便在年成好时，众百姓一年所种粮食亦不够一年之需，须辅以酒糟、荞壳、麦麸等，方得以维持。[①] 这种艰难的生存环境造就了土民性悍贪利，以劫杀为美事，尤长于山地战。[②] 可以说，大小金川土民不惧与清军长期抗衡，确实与其好战贪利的气性不无关系。前文已经提到，第一次金川战争历时两年，清军几乎难以寸进，还须四处防止两金川土兵劫掠，撤出时又不得不留下大量军米赏赐给各司属众，让其尝到了与清军作战的甜头；及至第二次金川战争爆发，许多年轻土民都抱着可以狠狠打几场仗并可趁机获取财物的愿望，期望与清军再次对抗。同样地，前文在谈及地形、碉楼、天气等对清军的阻碍时，所举战例无不体现出两金川人特别擅长据险力守、伺机攻杀（大金川土民更为突出），在山地战争中可谓游刃有余。

清人李心衡在《金川琐记》中对金川人之好战的性格特点有精彩记载，曰："夷俗尚武，咸工击刺之术，虽妇女亦解谈兵，闻有征调，殊踊跃向往，临阵

---

① 中国第一历史档案馆：《军机处录副奏折》，民族类，缩微胶卷号589，档号：7974-67，题名：阿桂酌筹善后事宜办片，具文日期：乾隆三十九年九月十九日。

② ［清］魏源：《圣武记》卷11之《武事余记·兵制兵饷》，中华书局，1984年，第482页。此外，两金川森林密布，动物资源非常丰富，土司和属众均擅长狩猎，且这些属众几乎家家都有火药、枪支，并非只为部落间相互攻杀而备，也为狩猎之用。而这种常年在崇山峻岭中追杀猎物的活动，对土司属众培养和保持彪悍善战的气性具有举足轻重的作用。笔者多次提到的丹巴县藏民文武超武指出，直至20世纪80年代末，大小金川及丹巴一带的许多藏民仍上山打豹、野猪、土猪、狐狸等，后来政府收枪、封山禁猎才罢。令笔者印象颇深的是，他在讲到年轻时随父辈在高山上追杀猎物的场景时流露出无限怀念之情，并感慨：不会打猎、只会种地的藏民算不得好汉子。

奋不顾身",而且"夷人多膂力,类能手挽强弓,然弓小如箕,弦控牛筋,复粗笨不相称,箭簇利甚,却无翎羽,是以射近能饮石,不能及百步之远。又善用火枪,枪制亦与中华小异。"①

嘉庆末年进士谢兴峣任四川叙州知府期间,曾随官军进剿雅州马湖生番,战毕归来对魏源曰:"金川屯练之可用,曰川兵。以金川屯练为强,尤长于山战。……人皆悍鸷贪利。自乾隆间平定后,设屯练士兵五百名,分给大小金川两路,为千兵钱粮,每人岁饷不足十金,而春夏训练,秋冬搜猎,四时不间。……其兵皆著虎皮帽、牛皮靴,胸前挂小藏佛,背负火枪、腰刀械、火药、糗糒,约又二三十斤,登山越岭如平地。火枪较营枪重而坚,能命中及远,无虚发。每行军必争前锋,耻落后。如大小金川同队,必按日轮派前锋,否则哗然争先。惟撤兵时,可留以殿后。每日安营毕,即演火枪,角胜负,昼以小石为的,夜则燃香为的。闻有贼,奋臂前驱,十数人辄辟易千人。夜搜夷巢,谓之摸樁,每路只三四十人,多不过百人,悬崖密菁,各携一枪,以火绳挥映,辄离营三四十里,或五六十里,冥搜力捕,黎明必斩数十级,并获粮物牛羊马匹若干,呈献邀赏。最善仰攻,专于有石处取路。每队不过三人,贼或滚木擂石,隐身山石以避木石,过则复进,迨枪可及,始轰击之。若数十队登山,随以大队疾登,贼众无不望风而靡矣。……倘当事允行,实攻灾疾之鸟喙。然后知前此以弹丸抗四海全力者,非仅恃险而已。"②

由以上史料可知,大小金川土俗尚武且精于攻杀之术,遇战十分凶悍,能够以一当十,即使在协助清廷进剿桀骜不驯的生番时,亦人人奋勇争先,渴望在战争中展现英武气概,并获得物资,袭杀近乎所向披靡。那么,他们在据险对抗前来进剿之不习山战的官兵时,表现得凶顽异常,自是理所当然。

三、拼死守御与趁间袭杀

第一次金川战争伊始,大金川人不仅在各要处严密防守,并在官兵进抵该司境之前,便先行出兵围攻沃日土司热笼官寨,官兵亦被围困于此。清廷赶紧派威茂协副将马良柱领兵一千五百名于乾隆十二年(1747)四月初一日进发救援,四月十二日抵达巴朗拉地方,在高处扎营驻扎,四月十三日,大金川土兵便趁大雪前来劫营。③ 解热笼之围后,清军见大金川人防守颇严,一时不敢轻进。待增兵、增粮饷工作到位后,统帅张广泗这才决计将数万清军兵分七路,定于乾隆十二年六月二十八日齐进。张广泗自恃有苗疆用兵经

---

① [清]李心衡:《金川琐记》卷 4 之《俗尚》《兵器》条,中华书局,1985 年,第 45 页,46 页。
② [清]魏源:《圣武记》卷 11 之《武事余记·兵制兵饷》,中华书局,1984 年,第 482 页。
③ [清]来保总撰:《平定金川方略》卷 2,乾隆十二年五月乙巳。

验,以为"酋首不日即可以殄灭"。① 乾隆皇帝见如此部署,也盲目乐观,以为"军前有张广泗一人足资办理"。② 然而,大金川土司莎罗奔见此情景,为保存实力,不愿与清军正面交锋,遂将各处土兵陆续撤至以勒乌围官寨、噶喇依官寨为中心的极险要之地固守,结果,清军进至大金川腹地后便遭到各要处防守的土民之顽强抵抗。③

就西路清军进剿情况来讲,几乎处处受到大金川土民之顽抗,还不时遭遇他们的伏击或截杀。金川土司莎罗奔派其侄郎卡率兵踞守上逊克尔宗地方,闻知下逊克尔宗地方有变,便迅速出兵攻打该处清军,副将张兴派守备司廷佐等领兵前往堵御,但因大金川土兵据险力拒,仅能攻毁数碉,杀死数名大金川土兵,后在总兵许应虎、游击保怀智等率部先后策应下,费时近半月,经多次力战后才攻下上、下逊克尔宗地方。④ 乾隆皇帝对这样的战况深感不满,但又束手无策,而张广泗等又急欲快速攻下金川土司官寨,于是不可避免要与众多大金川土民在勒乌围、噶喇依等官寨附近要隘处交手。譬如,乾隆十二年六月,得知木耳金冈碉寨极为坚固,乃金川勒乌围官寨之门户,另有康八达、作固山二处为犄角,张广泗等派三路官兵分别攻打这三处地方,然而大金川人凭险死守,以致清军连日未能攻破;又乾隆十二年七月,察知丹(当)噶山距刮尔崖仅四十余里,该处颇为紧要,于是分派游击潘文郁、陈上才等领兵左右共击,马良柱率兵为之策应,进至松林便遭到大金川人截杀;又据参将买国良等呈报,该年七月初派守备杨耀斗等分攻空卡关隘,大金川人分路抗拒并于晚间潜来劫营,相互均有杀伤,转攻大战碉又遭到顽抗,未能攻破;与西路相比,清军在南路进剿时亦遭到大金川人殊死抵抗,仅能攻克数十处碉卡、杀死、杀伤一些大金川土兵,并未取得实质性战果,如正地乃南路进剿之要地,大金川人占据其东山梁并设卡抵御,清军分路夹攻,仅攻得三处碉卡,转攻正地山口之要隘独松,清军遭大金川土兵冲杀,丢失炮位,阵亡汉兵九名,伤二十二名;此后又不时有数百名大金川土兵突袭,如马奈一带土民亦在各险要处俱修战碉和石墙,并于马奈官寨施放滚木礌石,清军拼死攻下马奈官寨后,却发现大金川土兵早已撤往他处,尚有战碉五座、喇嘛庙一处未能攻得;另据游击罗于朝呈报,领兵进攻上纳龙山梁,仅得战碉一座,碉房石卡二十余处。⑤

---

① 《清高宗实录》卷293,乾隆十二年六月丙子。
② 《清高宗实录》卷295,乾隆十二年七月甲寅。
③ 〔清〕来保总撰:《平定金川方略》卷3,乾隆十二年七月甲寅。
④ 〔清〕来保总撰:《平定金川方略》卷3,乾隆十二年七月甲寅。
⑤ 〔清〕来保总撰:《平定金川方略》卷3,乾隆十二年八月辛巳。

乾隆皇帝对乾隆十二年六七月间清军由西、南两路多处同时进剿之战果颇为不满,谕曰:"自汝等定期会剿之奏之,朕日夜望捷音之来,迟至今日亦不过小小破碉克寨,何足以慰朕耶!"①乾隆十二年九月张广泗亦奏,自六月二十八日进兵以来,各路所克极险紧要之碉不过十余处,汉兵阵亡已八十余名,土兵一百三十余名,汉兵带伤者三百五十余名,土兵带伤者四百九十余名。②乾隆皇帝没有想到,清军几乎未受大阻便进至离土司常住官寨不远之处后,竟处处顿兵不前,还死伤甚众,但仍幻想能速灭大金川,对张广泗等所奏其地极险、碉极坚、兵极悍之实况并不上心,只一味催促早日奏凯。③

然而,乾隆十二年七八月间,清军虽克获一些碉寨并招降数十名大金川土民,但没能占据要隘,如勒乌围附近之木耳金冈、康八达等处仍久攻不克,作固山碉卡亦未能克;七月十五日夜又有四五百名大金川土兵前来劫营;官兵在甲木官寨一带遭到大金川人拼死抗拒,而马邦、曾达周围石城、战碉俱未攻得;罗于朝带兵攻打乃当山梁木城、石卡,杀死、烧死一些成年土民,但进至马牙冈第二道卡便没能再前进;宋宗璋率部由党坝进攻,不料自七月二十三日攻克作固山梁革什戎冈之后,月余仅获石卡数处而大碉未克,汉土弁兵死伤甚众;郎建业等进攻卡里一路,历时两月,伤兵失炮,仅夺取石卡二处,这两处所谓进攻勒乌围正路均遇阻;张广泗等亦承认诸路镇将俱无出奇制胜之策,而且意识到离土司官寨愈近,大金川人守御愈顽固。④

随后,张广泗又奏如果从昔岭凭高进剿,大约可于(乾隆十二年)九十月间就绪,实则并无成算,各路进剿情况十分糟糕。先是马邦、马奈一带先行抚定的头目复叛,于九月初五日带领土民千余名占据驻扎马邦之游击陈礼、守备王珩营盘后山梁,昼夜围攻,并将许应虎军营的粮石、火药、铅子俱行抢去;前日便有八九百名大金川土兵从山沟树林内冲出,乱砍护送运粮的官兵,后又有五六百名大金川土民逼近马奈营盘,这让清军将领感到"贼势颇炽,急切难除"。⑤清廷认识到若不能破险突进,仅厚集兵力不过徒增粮运压力,糜费军饷而已,但又一时找不到攻坚杀敌之妙策;及至乾隆十二年十月底,乾隆皇帝传谕,此番用兵务期剿灭金川,今年不能,至明年、后年,绝不能似瞻对之役草草了事;张广泗接谕后即称若增兵增炮,多路出击,来年二三月间当可擒获

① [清]来保总撰:《平定金川方略》卷3,乾隆十二年八月辛巳。
② [清]来保总撰:《平定金川方略》卷3,乾隆十二年九月庚子。
③ [清]来保总撰:《平定金川方略》卷3,乾隆十二年九月辛丑。
④ [清]来保总撰:《平定金川方略》卷4,乾隆十二年十月辛酉。
⑤ [清]来保总撰:《平定金川方略》卷4,乾隆十二年十一月己丑。

金川土司莎罗奔。① 年底，各路仍毫无实质进展。宋宗璋党坝一路攻打康八达、木耳金冈二处仅用大炮轰塌碉之一角或小碉半截；永柱一路围攻绒布寨一个多月，十一月十五日大金川数百名土兵趁夜突出，遭官兵截杀又退回；许应虎一路炮轰大碉亦未能克，反于十二月二十三日五更撤营遭袭，互有死伤；十一月二十九日，大金川人趁夜凿断山岩窄径，修砌石卡，由山上用礌石下击粮夫，并厚集土兵袭击驻守马邦、马奈之副将张兴、游击陈礼之营盘，以致粮运遭阻截，还设计诱杀张、陈及其所率官兵。② 令驻守党坝之总兵宋宗璋等颇为吃惊的是，官兵于乾隆十二年十二月二十四日将木耳金冈大战碉并西北耳碉均轰成石堆，大金川人逃进地穴后竟继续与之相抗。③

张兴失事后，驻守河东曾达之参将郎建业、游击潘文郁的营盘便失去了对岸犄角之势，而大金川土司属众则可以水陆并进对清军展开攻杀。乾隆十三年正月初二日，五六百大金川人发起围攻，副将马良柱等派拨官兵前往应援，但未能将其击退；正月初七日，帮助清军守碉之土兵亦与大金川人讲和并与之渡河而去；正月二十一日，莎罗奔用事头人生噶尔结等带领土民千余逼近总兵许应虎等营盘之下，白日遭清军猛击而散去，夜间他们再次前来围攻劫营。④ 面对如此棘手的战况和军心涣散、颓靡之势，张广泗作为统帅除了一味苛责各绿营将弁并一再请求继续增兵外，并无他策应对。乾隆皇帝闻知大金川人气势日盛，殊为难攻，情急之下便决定遣派重臣讷亲携经略印信驰驿前往督战，以鼓舞军心，以期早日完局。⑤

乾隆十三年正月至四月，清军各路专事驻守，并未主动攻击，川督张广泗亦不催令进剿，惟静待所调各省官兵，而金川人乘势不断发起进攻。该年三月初五日，他们前来攻扑参将永柱一路驻营地方之左水卡，及河东申达沟之日角碉寨，河西一带又约五六百名大金川人修理石卡二十余处，官兵反攻却未能退敌；十四日他们又从卡卡脚蜂拥而来扑营，遭官兵奋力抗拒才退去；十七日黄昏又有数十名大金川人来扑卡隘；二十二日三更，他们又前来连扑水卡二次，直至二十三日约有二三百名大金川土兵陆续撤去；据驻营卡撒领兵之高宗瑾等报称，三月十六日曾经设计使张兴一部沦陷之金川大头人生格又

---

① ［清］来保总撰：《平定金川方略》卷4，乾隆十二年十二月辛亥。
② ［清］来保总撰：《平定金川方略》卷5，乾隆十三年正月丁未。
③ ［清］来保总撰：《平定金川方略》卷5，乾隆十三年三月丙戌。
④ ［清］来保总撰：《平定金川方略》卷5，乾隆十三年三月丙戌。
⑤ 乾隆十三年四月甲子，上谕："金川军务历时许久，尚未就绪。总督张广泗历练军情，尚书班第专司筹饷，现在竭力办理，各省官兵亦已调集，但此番狡寇，负固猖獗，非寻常小丑可比，应特遣重臣前往提挈纲维，相机商度，乘时策励，则军声振而士心一，及锋而用，可期迅奏肤功。"参见［清］来保总撰：《平定金川方略》卷6，乾隆十三年四月甲子。另见《清高宗实录》卷312，乾隆十三年四月甲子。

率众假装前来投诚,高宗瑾等将计就计将其擒获,跟随属众欲将其抢回,经官兵枪炮轰击才溃去。① 由此可见,各营驻扎之处与大金川人驻守之碉卡甚近,屡被侵犯,官兵虽努力反击,却未能对其造成大创。与此前情形相比,此时大金川土兵由据险扼守,以逸待劳,转为乘间多处袭击,以寡扰众,使各处清军应接不暇,不仅不能制服对方,反为对方所制。

乾隆十三年五月,川省总督张广泗又提出以四万之兵分十路于五月初八日同时齐进。② 五月初八日重庆镇总兵任举等率部在昔岭东适中地方驻扎,派汉土官兵五百名夺取石卡,十二日直抵昔岭山梁占据险要,然而山北约二里名叫木冈地方,孤峰壁立,为昔岭一带大金川土兵碉卡和纳喇沟二处总路,且大金川人在各隘口连设大卡数处并砌石城与官兵营垒相对,双方激战数日,至十七日官兵不得不鸣金收兵;高宗瑾等亦报称,自五月初八日至五月十九日,官兵数次进攻无不遭碉内外土民死命抵抗,又拨兵据守谷里碉以通右山梁粮运,大金川人则连夜建木城据险拒守;据松潘镇总兵哈攀龙呈报,五月初十日领兵至撒雪山占据山梁,于十三日派外委马世年带兵探路,至牛厂地方,松林内约三百余名大金川人突然冲出袭杀,官兵奋力厮杀方将其击退,俟后该路官兵又在密林处遭多方伏击,只好收兵暂驻;提督岳钟琪报称党坝一路官兵先因大雨阻滞,至五月十五日才分兵三路进剿康八达,官兵虽踊跃攻杀,亦为坚碉深壕所阻,随攻之杂谷土兵被大金川人阻拒而未能前进;副将王世泰等率部进攻甲索、乃当二路无大进展;其余数路几乎没有切实进剿行动。③乾隆十三年六月十三日,任举会同哈攀龙、唐开中等,令各兵砍木竖城步步为营,十四日分兵三路进剿,激战之中,买国良战死,大金川人亦死伤百余名,至十六日再战,唐开中等俱受枪伤,任举则在率兵抵御时遭林中猛然奔出的三百余名大金川人袭击而阵亡;昔岭一带官兵于六月初九日夜连续进攻,大金川土兵遁走,但坚碉未克,官兵亦有伤亡;五月底至六月初,党坝、甲索二路俱发动进攻,杀死不少大金川人,但未能克取要隘;南路正地一带官兵仅用大炮于山坡上连日轰撼战碉,没有实效。④

经略讷亲抵达军营后与督臣张广泗一同前往昔岭,经二人仔细会商,将哈攀龙、王恺两路官兵归并昔岭一路,因屡次攻碉未克,遂提出以碉逼碉之策,并指出以目前进剿情况来看,是年能否告竣,尚难预定;乾隆皇帝亦意识

---

① 〔清〕来保总撰:《平定金川方略》卷6,乾隆十三年四月乙亥。
② 〔清〕来保总撰:《平定金川方略》卷7,乾隆十三年五月丙午。
③ 〔清〕来保总撰:《平定金川方略》卷8,乾隆十三年六月己巳。
④ 〔清〕来保总撰:《平定金川方略》卷8,乾隆十三年七月辛卯。

到任举战亡已使得军务更成骑虎之势,如果不彻底剿灭大金川,恐其他各司效尤。① 然而,经略讷亲显然缺乏实战经验,所谓建碉之策不仅费时费力,也难以达到逼克战碉之目的。川陕总督张广泗则老于戎行,借机袖手旁观,使得乾隆皇帝览奏后为之寝食难安,在承认"大金川实难措置"的同时,甚至幻想不惜重金诱使大金川土民将莎罗奔直接缚送军营,或用大臣提出的所谓离间计。② 至此,数万清军陷入进退两难境地,即进无一可乘之机,退则已据险要必被大金川人占据,且可能会造成军心涣散。③

清军进退维谷之际,大金川人亦因长期拒守而牺牲颇大,粮食不够吃,已无力像此前那般频繁四处出击,偷袭战术便成为其常用手段。④ 党坝一路于乾隆十三年闰七月二十三日进攻康八达,烧耳碉一座,平房八间,枪毙大金川土民百余名;卡撒一路,因右梁双碉屡攻未克,改攻喇底二道山梁,张广泗亲往督战,始将双碉下石卡及周围旁碉于该月二十九日全克;乾隆皇帝对数千官兵进剿仅得如此战果深感失望。⑤ 四万官兵既不能分路并攻,又不能长驱直入,不过为得寸则寸、得尺则尺之计,动辄坐守数日,进则仅能杀数名大金川土兵、克数处碉卡,并未获大捷。更令乾隆皇帝气愤的是,二三十名大金川人乔装为革布什咱土兵夜袭马奈军营,竟大获成功。时值汉土官兵均已经熟睡,以致官兵突遭袭杀、炮位被抢,并且官兵已据卡隘也全都失去。⑥ 乾隆十三年九月,乾隆皇帝将讷亲和张广泗分别治罪,决定派傅恒和五千名满洲兵前往军营,以图大捷。⑦ 傅恒抵军营之前数月,除了党坝一路官兵锐气尚盛并有所克获外,其他各路士气持续低迷,不过镇日坐守而已。⑧

傅恒携经略印信于乾隆十三年十二月下旬抵军营,迅速摸清前线情况,决计不再正面扑碉,得一碉即派兵防守,避免兵力分散,预备待新添满汉官兵到齐后,四面布置,出其不意,直捣大金川土司官寨,还定于乾隆十四年四月奏捷。⑨ 然而,面对繁重的军需供应、种种难以料想的困厄、经费浩大,以及进剿困难之事实,乾隆皇帝明确表示对厚集兵力攻打大金川已经无必胜之信心,决意撤兵。⑩ 难以扛住持久战的大金川土司莎罗奔恰有乞降之意,乾隆皇帝旨

① 《清高宗实录》卷318,乾隆十三年七月壬辰。
② 《清高宗实录》卷318,乾隆十三年七月癸巳。
③ 《清高宗实录》卷321,乾隆十三年闰七月辛未。
④ 《清高宗实录》卷322,乾隆十三年八月戊子、乾隆十三年八月己丑。
⑤ 《清高宗实录》卷323,乾隆十三年八月庚子。
⑥ 《清高宗实录》卷325,乾隆十三年九月庚午。
⑦ 《清高宗实录》卷325,乾隆十三年九月庚辰;《清高宗实录》卷326,乾隆十三年十月壬午。
⑧ 《清高宗实录》卷327,乾隆十三年十月己亥、乾隆十三年十月己酉;《清高宗实录》卷328,乾隆十三年十一月丙辰;《清高宗实录》卷330,乾隆十三年十二乙未。
⑨ 〔清〕魏源:《圣武记》卷7,《乾隆初定金川土司记》,中华书局,1984年,第299—301页。
⑩ 《清高宗实录》卷331,乾隆十三年十二月癸卯。

令大宣兵威的同时,亦可纳降抚绥。① 最终,在新调大兵尚未齐集大金川之前,便匆忙结束了这场让清廷上下焦灼不已的战争。

纵观清军首征金川之进程,我们不难发现,清军始终没有找到有效的进攻方式,且军营防守亦欠严密,诸将领措置多有不当,而大金川人则进退俱异常灵活。当清军发动多路进攻时,大金川民众则以固守为主,偶尔趁间出击或设伏林莽之中,伺机袭杀;当清军士气低迷专事据守时,大金川土兵便成群结队四处侵扰,令官兵措手不及、防不胜防。总之,在对抗清军期间,大金川土司和土民十分齐心协力,凭借地险碉坚,拼死拒守并伺机攻杀,使得清军难以破险并长期陷入进退两难境地,并最终不得不匆匆撤出大金川。

四、据险死守且降而复叛

清军将领在进剿大小金川期间(乾隆三十六年六月至乾隆四十一年二月)充分吸取前次战争的教训,不再拘泥于正面攻碉杀敌,而是采取绕出碉后,诱大小金川人出碉,然后再多路夹击,尤为注意集中优势兵力逐处攻破,且剿抚并用。即便如此,官兵仍遭到当地民众的拼死抵抗和降而复叛,使得清军此次进剿之诸般行动仍多方受阻,再次难以迅速获胜。

乾隆三十六年五月,乾隆皇帝虑及前次进剿大金川时曾经行小金川之地,臆测其地不如大金川宽广,山势亦不比大金川险阻,只要调拨成都满洲兵及绿营精锐,联合各司派出的随征土兵两面夹攻,并怂恿大金川纵掠小金川,如此则小金川土司僧格桑当无路可逃。②

不料,小金川攻占鄂克什、明正以后,为阻挡官军进剿,便于这二司要处加紧修筑碉卡,挖掘战壕,而官军要攻克小金川,势必先收复鄂、明等地,然后才可以进抵小金川境内。清廷正式向小金川宣战后,奉调到营之一万五千名满汉官兵,一路进剿小金川南面的约咱大寨,一路由山神沟觅路进攻鄂克什达木巴宗官寨,一路从木坪进攻达木巴宗,但遭到小金川人据碉力守,以致攻打月余却无实质性进展;乾隆三十九年十一月副将军温福抵达成都后分析认为,进剿小金川,南路本非正路,清军不应主攻约咱一带,而应该从西北一路径直推进,遂亲率满汉官兵突袭巴朗拉;官兵奋力攻打,曾一度占领巴朗拉数处碉卡,但小金川人防守颇为严密,投入精壮土民人数亦较多,很快便从清军

---

① 《清高宗实录》卷 332,乾隆十四年正月辛亥。
② 〔清〕阿桂总纂:《平定两金川方略》卷 6,乾隆三十六年五月戊午。

手中夺回这些碉卡,并且使后者损伤很大。① 及至该年十二月中旬,待新增调的贵州官兵到营后,温福重新部署,再次向巴朗拉发起进攻,经过数日炮击,终于将该处山梁大小碉卡全部攻克,且被小金川人围困七月之久的达木巴宗(达围)亦得以解围。② 至此,各路清军才扫清进入小金川之重重阻碍。

乾隆三十七年正月,温福一路以一万余清军攻打资哩。资哩乃小金川门户,距离土司官寨美诺不过数十里。因此,小金川人在这一带广立碉卡死守。而且,为拒清军枪炮攻击,土民既挖掘曲折深厚的地道,又在寨子外面掘有深沟,沟内填荆棘、尖利石块,致使清军难以逾越。鉴于这种情势,温福命赶铸大炮、昼夜轰摧,迫使小金川人不能趁间修补碉卡,直至该年三月中旬才将资哩大寨攻破,为进攻美诺官寨打开局面。③ 与温福一路的战况相比,桂林一路在该年正月至四月虽以官兵重大伤亡为代价,克复革布什咱数百里地,逼近小金川要地僧格宗,但四月初六日至十二日,南阳镇总兵薛琮所带官兵3 000人在墨垄沟敌后山梁被小金川人围困七日之久,最后力不能支,全军覆没,南路官军因之士气大伤;此后桂林一路数月按兵未动,阿桂到营后继续发起攻剿亦不过相持消耗而已;西路自五月进至拉布木楚后亦因山势绵长,林深菁密,被阻滞数月;是年八月,小金川土司僧格桑派人投禀,表示愿意撤出鄂克什旧寨,但求不死,清军将领哈国兴将计就计,得以趁机进驻鄂克什要地,随后官兵较为顺利地攻占了小金川各处要地;僧格桑等见势不好,便率众携财物逃往大金川;乾隆三十七年十二月底,西、南两路大军在美诺会合,随后老土司泽旺出降,小金川得以初步平定。④

清军攻下小金川后,除了处理降民、严密设防后路、周密安排粮运外,温福、阿桂、丰升额各领一路官兵,乘胜进剿大金川。温福一路由控卡山进攻卡撒;阿桂一路由纳围纳札木、当噶尔拉进剿噶尔崖(也写作刮耳崖);丰升额一路由绰斯甲布进攻勒乌围。乾隆三十八年正月初,三路按照预定路线同时进攻,奈何大金川山高雪深、碉楼坚密,而且大金川人尤为凶悍,各路进展缓慢,伤亡甚众,如阿桂一路历时三个月仅推进二十余里,分兵数路进攻,日夜炮

---

① [清]王昶:《蜀徼纪闻》,乾隆三十六年十一月二十一日条,载张羽新主编:《中国西藏及甘青川滇藏区方志汇编》第43册,学苑出版社,2003年,第334页。另见《平定两金川方略》卷8,乾隆三十六年九月辛酉;《平定两金川方略》卷9,乾隆三十六年十一月丁酉、乾隆三十六年十一月己亥、乾隆三十六年十一月乙巳等条;《平定两金川方略》卷10,乾隆三十六年十一月辛亥。

② [清]阿桂总纂:《平定两金川方略》卷14,乾隆三十六年十二月辛卯、甲午条。

③ [清]王昶:《蜀徼纪闻》,乾隆三十七年正月初三日条、乾隆三十七年正月十八日条、乾隆三十七年二月二十六日条,载张羽新主编:《中国西藏及甘青川滇藏区方志汇编》第43册,学苑出版社,2003年,第338页,339页,340页。

④ 参见王戎笙主编:《清代全史》卷4,方志出版社,2007年,第269页,270页。

轰，仅克当噶尔拉众碉卡之一座；丰升额进攻达尔图山梁碉卡，因碉外壕沟深险，大金川土兵死力抗拒，竟至三个月未能寸进；大金川人则趁机频繁出击，或劫营垒，或设法抄截后路，或从林中奔出袭杀，使清军疲于奔命；面对如此战况，主帅温福一筹莫展，甚至重蹈第一次金川战争中讷亲之覆辙，命官兵修筑石碉千余座，以便与大金川人共险，并且温福身为主帅，竟因进剿不顺，消极怠战，有关战事的诸般布置，毫无胜算可言。①

当清军三路进剿大金川难以寸进之际，清军在小金川设防之军营遭金川土民潜袭，以致底木达、布朗郭宗等与大金川接壤之要处俱失守，喇嘛寺粮台沦陷，运道遭阻截，阿桂等不得不暂停攻打大金川，转赴小金川收拾乱局。② 清军初定小金川后，有千余名小金川降民被安置在温福军营，每当官兵外出作战，这些降民多半留下守营。两金川土司索诺木、僧格桑见有机可乘，便从大金川派人前往联络，劝说他们随时提供军情，待机而动，又派出头人潜回美诺等各地，煽惑各寨降民复叛，使得驻防小金川的官兵措手不及。

乾隆三十八年六月初一日夜，僧格桑等带领两金川土民秘密回到底木达，乘官兵不备，与小金川降人里应外合，迅速攻破董天弼大营，放火烧毁全部营帐，随后布朗郭宗一带亦失守；初二日夜喇嘛寺粮台亦被围，至初三日清晨沦陷，站台粮员遇害，大板昭（清军在小金川设立重要粮台所在地方）营盘亦被占据，官兵多被杀伤；初三日早间参赞海兰察等前去救援时，大小金川人已占据木波桥及登春附近十余碉寨，并前往袭击帛噶尔角克碉卡，及至初四日刘秉恬所住营盘河口十五座碉寨俱为小金川人占据。③ 可见，小金川已降之人亦十分齐心，乘驻守小金川的官兵防范不严，分路袭杀，极具谋略。

小金川人并不满足于重新占据各要地和清军粮台，还设法逐步逼近将军温福所在的木果木营盘，肆行冲杀。据《平定两金川方略》可知，乾隆三十八年六月初七日夜，德尔森保等所守山梁木栅已经被金川人占据，至初九日夜，温福所在木果木大营东北山上木栅亦被其夺去；初十日黎明大营后面山上木栅亦被这拨人夺获，即木果木大营后路已被切断；温福等人非常担心金川土民从山顶向下冲杀，遂与海兰察一同率部突围后路，结果众多金川土民由山顶呼喊冲压而下，温福战死，官兵死伤及被俘四千多人；海兰察率残部连夜逃

---

① ［清］阿桂总纂：《平定两金川方略》卷47，乾隆三十八年正月戊戌，《平定两金川方略》卷48，乾隆三十八年正月癸丑、庚子、辛亥诸条；《平定两金川方略》卷49，乾隆三十八年正月乙卯；《平定两金川方略》卷52，乾隆三十八年三月庚寅；《平定两金川方略》卷53，乾隆三十八年三月壬寅。

② 《清高宗实录》卷937，乾隆三十八年六月甲辰、乾隆三十八年六月乙巳、乾隆三十八年六月丙午、乾隆三十八年六月乙酉；《清高宗实录》卷938，乾隆三十八年七月庚申。

③ ［清］阿桂总纂：《平定两金川方略》卷62，乾隆三十八年六月辛丑、乙巳、丙午诸条；《平定两金川方略》卷63，乾隆三十八年六月己酉。

至工噶尔拉牛天界军营；木果木失事，丢失粮米近二万石，银五万余两，火药七万余斤，大炮五门，九节劈山炮七门，其他军械、营帐等物资难以计数。①

木果木大营败溃，不仅主帅温福毙命，而且八十多位将领力战而亡，三千余名士兵殒命，上千人被俘，加上巨额军需物资遭哄抢，使得大金川土民气势更盛，小金川各处降民则趁乱纷纷反水。美诺、明郭宗等处亦被金川土民复行占据，迫使海兰察等移兵至鄂克什地方，一度与阿桂一路失去联系。② 大金川土司索诺木则趁机派人向南路清军发起反击，因阿桂早有防范而未能得手，但阿桂亦为形势所迫，不得不率领全军赶紧撤出大金川。③

据从大金川逃出土兵供称，大金川土司索诺木兄弟曾携僧格桑占据底木达、布郎郭宗等地（这两处地方皆有小金川土司的其他重要官寨分布，且民寨密集，土民众多），所得地方随派金川头目监领小金川人驻守，又据前线将领奏报，小金川全境除僧格宗以南尚为官军驻守外，其余均失守；面对这种窘局，清廷擢升阿桂为定西将军，预备再增调绿营兵一万二千名，以及满洲八旗兵一万名，拟于冬间再集中兵力进剿小金川；待一切布置妥帖后，阿桂、明亮、丰升额等督率西、南、北三路官兵于乾隆三十八年十月二十九日一齐发兵分路进攻小金川，十一月初迅速平定该土司。④ 这次清军能够势如破竹般彻底剿灭小金川，乃因清军拥有七万大军，兵力上占据绝对优势，也与小金川土司境内碉卡经一年多攻打多已残破、能打仗的男丁锐减有关。

在筹办小金川善后事宜之余，清军趁胜再攻大金川。进攻之初，各路官兵做了认真准备，并汲取木果木事件的教训，十分留心后路，以防止被土民袭杀或抄后路为要务，因而半年间各路官兵进展有限，特别是丰升额一路进至凯立叶山下便屡攻不前，而阿桂和明亮二路虽相对有所克获，但因大金川人据险拼死相抗，不能较快推进。⑤ 及至乾隆三十九年六月底至七月初，阿桂和明亮两路出现转机，各自先后夺取不少碉卡，杀死众多大金川人，但自八月至十月，阿桂一路多次进攻金川门户逊克尔宗，因金川人抵死拼守而始终未能攻破，且官兵伤亡颇多，只得另觅可进之地以占据要隘。⑥ 乾隆三十九年

---

① ［清］阿桂总纂：《平定两金川方略》卷 63，乾隆三十八年六月辛亥；《平定两金川方略》卷 64，乾隆三十八年六月甲寅。另见王戎笙主编：《清代全史》卷 4，方志出版社，2007 年，第 271 页。

② ［清］阿桂总纂：《平定两金川方略》卷 65，乾隆三十八年七月乙未。

③ 王戎笙主编：《清代全史》卷 4，方志出版社，2007 年，第 272 页。

④ 《清高宗实录》卷 938，乾隆三十八年七月乙丑；《清高宗实录》卷 939，乾隆三十八年七月乙酉；《清高宗实录》卷 944，乾隆三十八年十一月丁卯；《清高宗实录》卷 946，乾隆三十八年十一月己巳；《清高宗实录》卷 947，乾隆三十八年十一月戊寅。

⑤ 有关乾隆三十九年上半年清军三路进剿大金川战况在前面已有专论，在此不再重复。

⑥ 《清高宗实录》卷 962，乾隆三十九年七月己未、乾隆三十九年七月己巳、乾隆三十九年七月辛巳；《清高宗实录》卷 964，乾隆三十九年八月庚寅；《清高宗实录》卷 968，乾隆三十九年十月戊申；《清高宗实录》卷 970，乾隆三十九年十一月甲寅。

年底，阿桂一路进攻得式梯、甲尔纳，久攻不克，转攻康萨尔、逊克尔宗等处碉卡，仍因遭到大金川属民极力抵御而未能得手；明亮一路则苦寻可以突破之地，尚无进兵之机。[①]

乾隆四十年初，阿桂一路认真筹备攻打沿河寨落及勒吉尔博、逊克尔宗等要处，官兵奋勇异常，但因金川人舍命顽抗，进展极为不顺，不得不暂行撤兵；明亮一路奋力进攻西科拉木达，虽杀死大金川土兵十多名，但没能向前推进。[②] 该年四五月天气稍晴暖，阿桂、明亮二路进剿形势才有所好转，攻下不少寨落，但愈近金川土司官寨，愈加遭到大金川人死命抵抗，进攻愈加困难，是年八月才攻克勒乌围官寨；及至乾隆四十一年二月初土司索诺木率众由噶喇依官寨出降前，官兵仍遭到官寨外各民寨民众死力拒守。[③]

综上所述可知：其一，大小金川土司和众头人恃强好战，大金川土司尤其突出，在面对大批清军时，丝毫不畏惧，并在清军抵达之前，便命本司民众认真设防，坚信假以时日便可将清军逐回内地，他们是领导两金川土民长期与清军殊死抗争的核心力量；其二，考虑到能打仗的土民人数终归有限，而清军枪炮杀伤力亦不可小觑，两金川的土司和头人们既灵活指挥各要处土民进行机动战守，又竭力防止属众向清军投诚，以保证在相当长一段时期内有兵可用，此乃金川土司得以与大批清军长期相抗的重要因素；其三，大小金川民众生于斯、长于斯，占尽天时地利，还惯于行走险仄山路，并且体质耐寒，性喜劫掠攻杀，尤其擅长山地战争，在两次金川战争中，他们长年在各要隘处奋力攻守，迫使不习山战且不熟悉当地环境的官兵为这两场战争付出了巨大的人力、物力之代价。当然，乾隆朝两次金川战争也给当地民众带来了深重的灾难，诸如土地日渐荒芜、精壮男子数量锐减、大量碉房被毁，饥荒和瘟疫亦夺去不少老弱妇幼的生命。

总而言之，大小金川土司和属众，特别是大金川人在两次金川战争中的表现十分顽强。他们非常忠于自己的土司，并坚守苯教信仰。为此，他们不惜与大批清军拼死相抗，并在两次金川战争表现出了非凡的作战智慧和极强的韧性。这无疑给清军的进剿和防守行动带来了极大阻碍。也因此，他们迫使清廷不得不设法组织并投入大量的人力、物力以资应对。

---

① 《清高宗实录》卷972，乾隆三十九年十二月壬午、乾隆三十九年十二月甲辰；《清高宗实录》卷974，乾隆四十年正月庚戌。
② 《清高宗实录》卷976，乾隆四十年二月己丑、乾隆四十年二月乙未；《清高宗实录》卷978，乾隆四十年三月癸丑。
③ 《清高宗实录》卷981，乾隆四十年四月壬寅、乾隆四十年四月癸卯；《清高宗实录》卷982，乾隆四十年五月甲寅、乾隆四十年五月丁巳；《清高宗实录》卷989，乾隆四十年八月己亥；《清高宗实录》卷1002，乾隆四十一年二月甲寅。

第三节　金川土司对川边秩序的理解及其抵抗清军之实质

就乾隆朝第二次金川战争而言,尽管大小金川土司和土民依旧占尽"天时地利",在对抗清军上有不言自明的外在优势,还有"土民同心誓死"之"人和",但他们毕竟是僻处川西北徼外人口有限的小部落,在后勤物资供应、枪炮武器装备等方面均无法与清廷相抗衡。为何他们还是想要与前来征讨的大批清军抗争到底呢?这要从金川土酋对川边关系的认知和他们对将抗击清军的实质的理解两个方面予以分析。

一、金川土司对川边秩序与国家之间关系的认知

倘若站在大小金川土司的立场便不难发现,乾隆皇帝急欲建构的国家与川边土司之间的新秩序,显然与他们渴望不断扩大地盘,以及加强在嘉绒地区的影响力的利益诉求之间,存在不可避免的矛盾。或者说,清廷在第一次金川战争后暂时奠定的"土司—地方文武官员—皇帝(朝廷)"统治秩序对金川土司的权力和地位的约束,与两金川土司(特别是大金川)迫切希望在嘉绒地区扩大地盘和增强区域影响力的野心"严重错位"。曾参加过第一次金川战争的程穆衡在《金川纪略》中明确指出:"色勒奔细勇服诸部落,雍正中有功,给土司印(实际只颁给号纸),数侵蚀邻封,窥伺炉地,诸部称为莎罗奔。莎罗奔者,番语犹云诸酋之长。虽未敢显称名号,而夜郎自大,并吞番众,抗拒天朝之意蓄之已非一日。"①可见,在嘉绒地区,早在乾隆朝初年,大金川土司已经不肯遵从清廷约束,更愿意凭借军事实力四处侵占攘夺来赢得"诸酋之长"地位。实事求是的讲,在被清军彻底平定之前,大金川土司靠强悍的军事实力,加上前述土司之间通过阶级内婚原则构建复杂联姻关系,已建立起嘉绒"地方豪酋""十八土司之王"的声誉。

更何况,第一次金川战争清廷"虽胜犹败"的尴尬收场,使得大金川土司在嘉绒地区更加处于如日中天的势头。这更增加了大金川土司对自己在国家和地方关系新定位中的自信心。也因此,在第二次金川战争中,起初面对清军再次压境,大金川土司索诺木及其莎罗奔兄弟们都十分淡定,根本不认为自己侵占邻近土司地方,以及暗中帮助小金川有何不对。并且,在与清廷

---

① [清]程穆衡:《金川纪略》,载张羽新主编:《中国西藏及甘青川滇藏区方志汇编》第43册,学苑出版社,2003年,第185页。莎罗奔,乃大金川土司家族出家男子的称谓。如兄弟几人都出家,则有大、细(小)莎罗奔之区别。身为莎罗奔,可以做部落土酋,也可以只是出家的大喇嘛,主要掌管土司境内的苯教事务。因此,程穆衡所称"莎罗奔者,番语犹云诸酋之长",可能是听信传言所致。但这一讹传之言,仍反映了大金川酋首在嘉绒居雄长之政治地位。

的连番交涉中,不论乾隆皇帝和军机大臣们多么气愤不解,索诺木和大头人等确实表现出极大的政治自信和军事自信。

在川边地方秩序与王朝国家的关系认知层面,两金川土司始终不认为自己四处侵占其他土司地盘,造成川边土司地区持续动荡不安有何不妥之处。即使莎罗奔在第一次金川战争"乞降"仪式上同意与清廷达成和解,发誓愿意"尊奉朝廷教诲",也确实在此后十多年基本上维持了嘉绒土司地方的宁谧,但这并不是好战嗜利的金川土司的本意,无非是慑于清廷的兵威而暂时做出的政治妥协罢了。第二次金川战争期间,小金川土司僧格桑在清军进剿初期就不断派人递送禀帖亦是很好的例子。面对清军的大规模进剿,小金川土司僧格桑一面组织土民顽强抵抗,一面多次派人向清军将领投禀"剖白",无非是基于嘉绒土司社会的传统思想,要为自己出兵沃日几乎灭了该土司的行为进行辩解,竭力辩称自己没有做错,力陈出兵沃日不过是土司间常见的仇杀问题,根本不算不遵清廷约束,理应得到清廷的宽宥。[①] 同样地,大金川土司索诺木和其兄弟莎罗奔们投递的禀文,亦折射出对其与周边土司构衅根本不以为意的心态。[②] 况且,禀文措辞在清军将领和乾隆皇帝看来甚是"无礼"。这显然与清廷向来追求的保持川边土司地区的宁谧之政治目标相违背。甚至可以说,作为地方割据势力的大小金川土酋,并不能真正理解清帝国在川边秩序上追求部落均势与宁谧和谐的政治意图。他们始终认为土司之间的缠斗,不过是世代习以为常的事,毕竟嘉绒地区每一个强势部落的崛起都离不开武力扩张。

更加令乾隆皇帝颇为气愤的是,索诺木根本不忌惮向清廷暴露大金川土司就是嘉绒之"王"的政治野心。乾隆三十八年(1773),索诺木派人投送给清军将领温福一份藏文禀文,措辞毫不掩饰他认定大金川强于周边诸土司的傲娇态度。在这份藏文禀帖里,索诺木对僧格桑携众逃往大金川一事绝口不提,转而"自夸其兵力强于各土司","甚至请内地大臣或差官员往彼议事",更让乾隆皇帝怒火中烧的是,索诺木在禀文内"称其父郎卡为纳木喀济雅勒布,……即西番语之天汗"[③]。在乾隆皇帝和他的臣僚看来这一禀文的内容极不尊重朝廷威权,自然感到十分愤懑,直斥索诺木自称大金川老土司郎卡

---

① 僧格桑不仅差自己人向清军将领多次投禀帖为自己辩解,还请求大金川土司索诺木代为投禀,以求宽贷。具体可参见《清高宗实录》卷 897,乾隆三十六年十一月丁巳;《清高宗实录》卷 903,乾隆三十七年二月乙酉。另见[清]阿桂总纂:《平定两金川方略》卷 21,乾隆三十七年二月戊子。
② 中国第一历史档案馆:《军机处录副奏折》,民族类,缩微胶卷号 589,档号:7964－32,题名:金川土司莎罗奔等具禀。
③ [清]阿桂总纂:《平定两金川方略》卷 49,乾隆三十九年正月甲寅。

为"纳木喀济雅勒布"实属"妄诞悖逆,更为覆载所不容"①。然则,就索诺木而言,其在禀文中展露的骄矜自傲的态度,与大金川当时在嘉绒土司地区如日中天的地位确实是相匹配的。前文已专门提到笔者 2010 年在丹巴县开展田野调查期间,当地嘉绒土民后代仍习惯称索诺木为"金川王索诺木"或"土司王索诺木",并将乾隆皇帝称为"乾隆王"而不是"乾隆帝",这其实也从侧面反映出大金川在在嘉绒地区拥有极为强势的地位并且影响深远。

索诺木给将军温福的禀文表明,大金川土司不仅乐于承认自己凌驾于嘉绒众土司之上,而且他作为土司可以与清廷的大臣比肩齐声——"请内地大臣或差官员往彼议事"。持这种想法的并不限于土司,大头人亦如是。例如,大金川著名大头人丹巴沃杂尔一面让茹寨的百姓干朋和拉尔结携带土司禀帖前往将军大营求饶,一面不忘嘱咐他们道:"天朝如肯开恩,求照西藏一例,派一位大人来驻扎管理我们,我们也差大头人到成都轮班值宿。再我促浸犯了法,情愿受罚。又(土司的)地土原是天朝的,情愿上纳青稞。这四条,你们好好禀明将军大人。"②在生死关头,大金川土司和大头人能够想到免于剿灭的办法,仍是第一次金川战争期间莎罗奔与大头人们使用过的那一套,即主动求饶、认错认罚,以及输诚纳款。除此之外,他们能想到或者说情愿接受的就是所谓效法西藏之例,请朝廷派员驻扎其地。显然,大金川土司和大头人勉强接纳的"土司-皇帝"关系中,可以楔入清廷任命的羁縻管辖官员,乃至主动纳贡表示臣服都没所谓,但绝不可能接受像嘉绒地区曾以雄强著称的杂谷土司那般被改土归流的命运。

大金川土司在嘉绒地区"诸酋之长""众土司之王"地位的取得与巩固,实际上是数代大金川土酋在内外政治互动中(包含前述金川土司通过部落政治联姻建立社会关系网络来巩固、扩展自身影响力)逐渐形成的。也就是说,从莎罗奔、郎卡再到索诺木,三代金川土司的强势地位并非都是凭借武力在嘉绒地区扰攘侵夺的结果。须注意的是,除了与梭磨、卓克基、绰斯甲、巴底、小金川等嘉绒土司广泛联姻获得不可小觑的地区影响力外,金川与清廷的政治与军事互动亦是促其在嘉绒一带成为"地方豪酋"的重要原因。金川数代土司都对朝廷敕令阳奉阴违,从不肯真心遵从川省文武节制,而且总是能够为自己四处扰攘侵夺各土司的行为找"理由"向清廷辩解。第二次金川战争末期,金川大头人丹巴沃杂尔情辞恳切地供称:"我做天朝土司的头人,帮了土司做下不知好歹的事情。如今到了这样田地,就拿我碎尸万段,也是应该的,

---

①　[清]阿桂总纂:《平定两金川方略》卷 49,乾隆三十九年正月甲寅。

②　冯明珠、庄吉发编:《金川档》,题名:干朋等供单,台北"故宫博物院",2007 年印,第 3369 页。

还有什么事情敢狡赖呢？从前郎卡抄闹各土司，因听见老人传说革布什咱、明正等处原是金川旧地方，后来才分做众土司的，想要恢复过来。原是要开拓地土，得一处是一处，并无别的想头。"①供词里称革布什咱、明正等处原为金川旧地，明显与历史实况不符。丹巴沃杂尔强调这些地方后来才分做众土司，应当是指金川投顺清王朝要早于其他土司。考诸文献可知，金川演化禅师投顺清廷是在顺治七年(1650)，而且在嘉绒众土司中，只有瓦寺(顺治九年归顺)、沃日土司(顺治十五年投诚)、绰斯甲(康熙三十九年投顺)等土司确实要早于大金川获封土司职衔的雍正元年，但都晚于小金川世代承袭之金川演化禅师归顺清廷的时间。② 大概出于这样的原因，索诺木才会在清军正抓紧进攻小金川之际，在向清军将领投送的禀文中自豪地宣称："我金川系大皇帝家旧土司。"③大体上，这些史料实际反映了金川自恃先于众嘉绒土司投顺清廷，努力追求在川西北地区对其他晚归诚的土司拥有某种政治优越感。事实上，并不止大金川土司一家持这种想法。德格土司在给清军将领的禀贴内也特别强调："我德尔格特土司，自古以来是口外所属的，后来投降天朝，土司内我是头一家。"④由是观之，归附清廷，获得新王朝政治上的认可，给大金川、德格等土酋带来的远不止一纸土司封号和象征国家赋予部落土酋权力合法性的土司印信，更多的是大金川、德格等酋首努力利用朝廷给予的认可和支持，结合自身强悍的军事实力，以及在盘根错节的嘉绒地区土司阶层内通婚建构的复杂社会关系网络，竭力谋求超越其他土司的权势，最终成为嘉绒十八土司地区的"土司王"(即其自称之"纳木喀济雅勒布")。

综上，不难发现清廷和金川土司长期处于既微妙又矛盾的关系中。一方面，清廷推行"以番治番"策略以竭力保持嘉绒各土司间力量的均势，并尽力维护所谓国家"服属土司"之间的平等地位，防止某一土司独大，而且大金川土司本身就是"众建土司而分其势"的产物。另一方面，面对大小金川总是不顾清廷约束，藐视地方文武伤令，特别是第一次金川战争让清廷颜面全无，使得乾隆皇帝看似纠结又反复无常的内心深处从没真正抛弃"驻兵金川、安营设镇"的想法。事实上，这一可以一雪前耻并震慑川边的执念，随着大规模征剿战争的逐步推进而不断强化，直至清军彻底平定大小金川土司后得以全面

---

① 冯明珠、庄吉发编：《金川档》，题名：丹巴沃杂尔供单，台北"故宫博物院"，2007 年印，第 4473 页。
② 赵尔巽总撰：《清史稿》卷 513，《土司二》，中华书局，1977 年，第 14217—14218 页。
③ 《清高宗实录》卷 939，乾隆三十八年七月癸酉。
④ 中国第一历史档案馆：《军机处录附奏折》，民族类，缩微胶卷号 589，档号：7965 - 47，题名：乾隆三十八年五月初四日德格土司呈送禀帖。须说明的是，德格土司确实历时久远，在元初就获封土司职衔，且有"天德格，地德格"的康区土司之雄长的声誉，但是该部是在康熙五十八年接受年羹尧招抚才归顺清朝，并非如其宣称的"土司内我是头一家"。

付诸实践。因此,当清廷欲将改土归流的设想在"诸酋之长"的金川土司地方推行时,必然使第一次金川战争后建立的"嘉绒土司—地方文武官员—皇帝"之脆弱关系格局趋于瓦解。从这个意义上讲,乾隆朝金川战争本质上就是交战双方各自坚守的不同政治理念引发的军事冲突。

由上可知,乾隆皇帝为了在川西北树立国家威权,保证土司地区相对宁谧的政治环境,以利于国家的安定,确实有不得不大规模派兵出征两金川的理由。相应地,金川土司基于自身的思维认知,以及地方割据统治的局限性,为了扩大势力范围,增加人口和资财而四处侵掠,这必然会与清廷秉持的川边秩序理念相左。当冲突不可避免,清军大举进剿时,两金川土司为保住既有的地位和权力,采取"求饶"和"抗战"两手并进的措施。

二、抵抗与"乞降"并举:保住土司地位和权力

第一次金川战争期间,大金川土司莎罗奔通过组织土民长期抵抗,以及在土境粮食供应严重不足、土民伤亡增多的关键时刻向清廷请降,得以保全土司地位和权力,并因此在川西北土司地区声望更隆。抵抗和"乞降"双管齐下的策略成为莎罗奔在与清廷进行战争互动中取得"虽败犹胜"战绩之法宝。

然而,随着第二次金川战争的推进,局势逐渐朝着清廷对嘉绒土司地区新秩序的预期方向迈进。特别是再定小金川后,乾隆皇帝剪除大金川的决心愈加坚定,改土设屯的筹划也随之频繁进入清廷议事日程。乾隆三十九年(1774)八月,清军进剿大金川正酣之时,将军阿桂已经在给乾隆皇帝的多份奏折中回复金川善后之计:"至军事告竣,两金川地方善后事宜自当先事熟筹……经久可行之计。"[1]同年九月十二日,阿桂等载奏:"今查促浸、僧拉地方,前此接奉谕旨不可赏给各土司,扫穴犁巢之后自均当设汛安营。"[2]七日后,阿桂又遵照乾隆皇帝密旨,首次呈奏金川善后诸条款。[3]乾隆四十年(1775)闰十月,舒赫德等陈奏更为详细的川省土司轮班入觐、改设成都将军、提督驻扎地方并设镇安营诸事宜,乾隆皇帝朱批"依议"。[4]由此不难体会,在离战争完结尚有时日时,清廷早已迫不及待预为筹划在何处驻军弹压、嘉绒诸土司轮番进京朝觐等善后事宜。实现这一川边新秩序设想的前提是彻

---

[1] 中国第一历史档案馆:《军机处录副奏折》,民族类,缩微胶卷号589,档号:7974-64,题名:阿桂覆奏办理善后事宜,具奏日期:乾隆三十九年八月初九日。

[2] 中国第一历史档案馆:《军机处录副奏折》,民族类,缩微胶卷号589,档号:7974-65,题名:阿桂丰升额请议善后折,具奏日期:乾隆三十九年九月十二日。

[3] 中国第一历史档案馆:《军机处录副奏折》,民族类,缩微胶卷号589,档号:7974-67,题名:阿桂酌筹善后事宜办片,具奏日期:乾隆三十九年九月十九日。

[4] 中国第一历史档案馆:《军机处录副奏折》,民族类,缩微胶卷号591,档号:7990-12,题名:舒赫德等奏金川善后事宜酌筹各土司入觐缘由,奉朱批日期:乾隆四十年闰十月初八日。

底平定大小金川。因此,乾隆皇帝和清军将领在再征金川问题上表现出的"不灭不已"强硬态度,自然会让大小金川土司感到不安。

不过,两金川土司从未准备坐以待毙或自缚投降。其中,小金川土司僧格桑在经过多次投禀帖求饶无效①和一年多的顽强抵抗后,宁愿携家眷和属民带上物资连夜逃往大金川,也不肯主动出降以求活命。大金川的索诺木兄弟及大头人们也一直在为维护既有的土司地位和权力而不懈努力:索诺木一面不断派人到清军大营投递禀文乞降,甚至不惜进藏寻求达赖喇嘛和班禅喇嘛等人的庇护,让其代为向乾隆皇帝讨饶,另一方面大金川从未放松抵抗清军进攻的准备,在境内各要隘处继续添碉筑卡加强防御工事。可以说,乞降和抗战两手都硬的措施贯穿两金川土司抵抗清军进剿的全过程。

尽管小金川土司僧格桑在面对清军进剿时,一面组织土民修碉筑卡拼死抵抗,一面派人投禀乞降,但是清廷在战争伊始就坚定拒绝"讲和"。乾隆三十六年十一月,乾隆皇帝在上谕中明示:"逆酋见官兵声势既隆,又不似以前因循,必惧而乞降。但僧格桑顽梗逆命,情罪实为可恶,断不可允其所请。逆酋若至军营求告,即当就势擒拿,选派侍卫及文武干员解送京师,尽法处治。"②当然,僧格桑断不会如乾隆皇帝幻想的那样蠢至亲赴清军大营乞降。乾隆三十六年十一月十三日,僧格桑派7名土民将禀文送至都司马诏蛟处,送禀之人悉数被擒,禀文也被清廷斥之为"所具番禀""支离狡谲"。③ 此后僧格桑依旧不断派人送禀帖乞降,但清军将领遵从乾隆皇帝的谕令拒绝回应。这让僧格桑更加坚信清廷不会饶恕他,于是命头人和土民坚持抵抗并请求大金川出兵相助成了最后的出路。

有意思的是,大金川土司索诺木在清军进剿小金川之初始阶段,就开始不断派人去清军大营乞降。索诺木和大头人们在清军尚未攻打自己的地盘便做出"乞降"之政治姿态,是想撇清作为小金川姻亲土司暗中派兵助力攻打清军的嫌疑,好让清军只进攻小金川,从而既可以保住自己的利益不受损,而且待将来小金川被灭、清军班师回朝后自己还能从中获益。这般思虑背后隐藏的心思表明,索诺木及其莎罗奔兄弟们都非常清楚,作为边徼地区的部落土酋获得土司职衔及土司地位和权力的确认,高度依赖其归附的中央王朝的赐封。具体到清代,清廷对已经获封土司职衔并有土司印信的主动归附部落

---

① 不仅僧格桑自己差人向清军将领多次投禀帖,而且僧格桑还请求大金川土司索诺木代为投禀,以求宽贷。具体可参见《清高宗实录》卷897,乾隆三十六年十一月丁巳;《清高宗实录》卷903,乾隆三十七年二月乙酉。另见[清]阿桂总纂:《平定两金川方略》卷21,乾隆三十七年二月戊子。
② 《清高宗实录》卷897,乾隆三十六年十一月丁巳。
③ 《清高宗实录》卷897,乾隆三十六年十一月壬戌。

重新予以认可,给新封土司颁发土司印信和号纸,以示"皇帝—土司"之间的羁縻统治关系的正式确立。由此不难理解,不仅大金川土司索诺木的兄弟莎罗奔在禀帖内格外强调"阿将军的官兵、百姓们(指夫役们),我都要好好的送出去,大小金川地方上领兵的头人一点不敢侵犯"①,而且土司索诺木同样在禀文中竭力解释"扎什纳木(索诺木抢来的土妇)说促浸家杀了天朝的公爷大人们,这样得罪的话,不但不敢说,也不敢想"②。这些禀文之遣词造句无不小心翼翼,其背后蕴藏的政治意蕴值得玩味。因为,中央王朝对土司权力与地位的确认,是嘉绒土司地区旧秩序得以长期存在的重要原因之一。如果这一秩序被战争彻底打破,土司既有的权力和地位,以及从朝廷获得的政治层面的支持(国家对部落土酋合法性的认可)便荡然无存。

事实上,在攻打小金川初期,清廷也确实预设了可以不必出兵大金川的前提条件:"盖僧格桑之敢于抗拒,恃与索诺木狼狈为奸。若僧格桑就擒,不但小金川可以永除后患,即索诺木亦必闻风畏惧,其事更易于完结。设或僧格桑见我兵势盛,自度力不能支,逃入金川藏匿,自不得不向其勒索。若金川即将逆酋献出,并将所占之革布什咱退还,原可置之不究。倘索诺木顽梗负固,敢与小金川党恶,抗不擒献,其势断难歇手。"③并且,在小金川土司僧格桑刚逃往大金川时,乾隆皇帝谕令中仍提到:"金川既自称恭顺土司,则于僧格桑逃至时,缚献军门,便与金川无涉。"④

然而,大金川土司及其莎罗奔兄弟在清军进剿小金川期间的实际表现是:不仅一直暗中出兵助力小金川抗拒清军,又不肯将逃往大金川的僧格桑主动献至军营,还派土民配合小金川降民对清军木果木大营发起突然袭击,使清军进剿行动遭遇巨大挫折——可谓与清廷设定的宽宥条件背道而驰。也因此,乾隆皇帝在小金川尚未平定时就在上谕中指出:"索诺木顽梗难驯,留之必贻后患,且与僧格桑狼狈为奸,助兵拒战,尤为罪魁,是乘便剿除,实有难于歇手之势。"⑤是故,清军进剿大金川势在必行。

正因此,当大小金川土司面临被清军彻底平定的政治危险时,索诺木和僧格桑在组织土民认真抵抗之外,努力尝试各种办法维持既有的国家和土司之间的羁縻统治关系,并积极争取其他外部力量(特别是藏传佛教格鲁派)的

① 冯明珠、庄吉发编:《金川档》,题名:乾隆三十八年七月十九日阿桂丰升额奉上谕,台北"故宫博物院",2007年印,第1109页。
② 冯明珠、庄吉发编:《金川档》,题名:乾隆四十年八月十二日阿桂明亮等奉上谕,台北"故宫博物院",2007年印,第3385页。
③ 《清高宗实录》卷897,乾隆三十六年十一月庚申。
④ 《清高宗实录》卷904,乾隆三十七年三月乙巳。
⑤ 《清高宗实录》卷909,乾隆三十七年五月甲寅。

支持，以便保住既有的土司地位和权力无虞。具体表现之一就是不停地向清军将领投送禀文表达投降诚意。表现之二就是前文多次提及的索诺木恳请西藏的八世达赖喇嘛和六世班禅等人出面代为讨饶，完全可视为大金川土司向清廷请降策略的变通。除前述僧格桑派出 7 名土民前往军营投禀之例外，从乾隆三十六年(1771)至乾隆四十年(1775)，几乎贯穿第二次金川之战始终，都可以看到大金川土司索诺木及其莎罗奔兄弟们为维护旧的"土司—地方官员—皇帝"羁縻统治秩序而持续"乞降"之不懈努力。然则，因为清廷和两金川土司之间互不信任，使得这些乞降禀帖都石沉大海，有的禀文甚至使清廷更加反感。有关两金川土司数年间投禀请降之详细情况详见表 8-1。

表 8-1　两金川土司在战争期间"投禀请降"情况表

投禀时间	何人投禀	禀文主要内容及清廷反应	史料来源
1 乾隆三十六年十一月十三日	小金川土司僧格桑	派 7 名土民将乞降禀文送至都司马诏蛟处。送禀人全被擒，清廷斥"所具番禀""支离狡谲"并拒回复。	《清高宗实录》卷 897，乾隆三十六年十一月壬戌。
2 乾隆三十六年十二月	大金川土司索诺木	四川总督桂林奏称副将宋元俊禀："金川头人庸仲至营，声称索诺木差来请安，并呈送礼物。"	《平定两金川方略》卷 13，乾隆三十六年十二月丙戌。
3 乾隆三十七年二月	大金川土司索诺木	禀文称其愿意当小金川与沃日两土司仇杀之事和事佬，希望以此打动清廷达到清军撤出的目的。清廷未予理会，认为索诺木甚是狡猾。	《清高宗实录》卷 903，乾隆三十七年二月丁亥。
4 乾隆三十七年二月二十二日	大金川土司索诺木	土民在卡外叫喊并将投禀放地上而去。禀文仍想说和，称从前大人替小金川剖断未令其赌咒发誓才会反悔。清廷认为其不肯承认帮兵小金川之事，一心妄想居中说和，甚是狡猾。	《平定两金川方略》卷 22，乾隆三十七年三月壬寅。
5 乾隆三十七年二月初六日	小金川土司僧格桑	头一天土民隔山喊第二天有头人来递禀，清军将弁第二日派土目接禀，小金川头人阿塔尔带多人将禀帖夹树枝插地，然后离去。清廷对因此未能捉住投禀之人甚恼怒。	《清高宗实录》卷 904，乾隆三十七年三月丁巳。

投禀时间	何人投禀	禀文主要内容及清廷反应	史料来源
6 乾隆三十七年五月	大金川土司索诺木	差人送来投禀,表示可以让僧格桑磕头认错以求停战,并送回把总李朝林,希望以此换回被拘喇嘛。乾隆皇帝认为索诺木之言俱是公然抗拒和挑战。	《清高宗实录》卷908,乾隆三十七年五月丙午。
7 乾隆三十七年九月	小金川土司僧格桑	小金川头人萨斯嘉和土民一起在卡外喊叫投禀,禀文依旧是在为出兵沃日做解释,即为报沃日土司父子咒小金川土司父子之仇才占其地,掳其人。注:沃日地盘已退还。	《清高宗实录》卷917,乾隆三十七年九月庚申。
8 乾隆三十七年十二月	绰斯甲土司代禀	绰土司代禀称:金川索诺木遣其头人来云,自知有罪,愿将甲尔垄坝退出。清廷认为不可轻信。后证实真退还多地,乾隆皇帝又说其不过是妄想借退地达到清廷不加征讨之目的。	《清高宗实录》卷922,乾隆三十七年十二月癸酉;卷924,乾隆三十八年正月甲午。
9 乾隆三十七年十二月	大金川莎罗奔兄弟	投禀表示清廷与小金川的战争与大金川没什么关系,不应怪罪到大金川身上。	《军机处录副奏折》,胶卷号589,档号:7964-32。
10 乾隆三十七年十二月	大金川土司索诺木	土司索诺木为表示诚意,紧接着投禀表示愿意将战争造成的灾难全部揽在自己身上。	《军机处录副奏折》,胶卷号589,档号:7964-33。
11 乾隆三十七年十二月廿六日	大金川莎罗奔兄弟	莎罗奔投禀:我们是万岁爷的土司,我们没有犯法。	《军机处录副奏折》,胶卷号589,档号:7964-56。
12 乾隆三十八年闰三月	大金川土司索诺木	屡次派人在军营外喊叫投禀。清廷认为这不是真的乞降,不过是借此刺探军中情形,应加紧防范。	《清高宗实录》卷930,乾隆三十八年闰三月庚午。
13 乾隆三十八年九月	大金川土司索诺木	索诺木屡次差人投禀,并差大头人丹巴沃杂尔来营,欲将官兵退出。	《金川档》,第1393页。
14 乾隆三十九年八月	大金川寨首请降建议	小金川土司僧格桑和百姓都送到清军大营,才好请降,若是献出后清军还不饶恕,再给土司死守。	《军机处录副奏折》,胶卷号590,档号:7975-5。
15 乾隆四十年正月	大金川土司索诺木	差头人斯丹增具禀,将所留汉土官兵二十六名,及鸟枪三十杆,送至营门乞降。清廷指出两金川又不是两国,不存在请降的问题。	《金川档》,第3001—3003页。

投禀时间	何人投禀	禀文主要内容及清廷反应	史料来源
16 乾隆四十年五月	大金川土司索诺木	五月派茹寨的小头人干朋投禀，禀称：有四条恳开恩话带到：天朝如肯开恩，求照西藏一例，派一位大人来驻扎管理我们。供称于八月。	《金川档》，第3369 页。

据表 8-1 之例 1、例 5、例 7 可知，小金川土司僧格桑一开始对派人投禀抱有"来使不杀"的幻想，一次派出 7 人亲携禀帖至军营，结果 7 人全部被俘，禀文也遭到清廷驳斥并拒绝给予回复；三个月后再次投禀便吸取教训，不再让送禀帖的人靠近军营，而是用树枝夹着禀文放地上就走；僧格桑一直对出兵沃日遭到清廷出兵征讨感到委屈，在已经按照清廷的饬令退还沃日地盘后，则感到更加委屈，遂仍在投禀中执拗地解释其攻占沃日土司的"正当理由"，这使得清廷对其愈加不满。也正因如此，乾隆皇帝始终不准清军将领给僧格桑任何回复，并在一开始就表示绝不接受僧格桑"乞降"。另据表 8-1不难看出，相比之下，大金川土司索诺木及其莎罗奔兄弟在"投禀请降"上表现得更加殷勤，光列在表中的投禀就多达 12 次，而且展现出值得细究的特点。以乾隆三十七年十二月为分界线，此前因为清廷集中兵力进剿小金川，大金川土司索诺木的禀文内容都比较讨巧，无非是辩解自己没有与清廷为敌之意，甚至表示只要清廷肯停战，愿意当清廷和小金川之间的"和事佬"，却只字不提暗中派出数十寨百姓助小金川对抗清军之"罪行"（见表 8-1 例 2、例3、例 4、例 6）；此后意识到清廷完全没有进剿完小金川就罢兵止战之意，大金川土司这才改变态度，先是表示愿意退还侵占绰斯甲土司的地方，还承认"自知有罪"（见表 8-1 例 8），接着见莎罗奔兄弟投禀乞降无效后，为表示诚意紧接着投禀表示愿意将战争造成的灾难全部揽在自己身上（见表 8-1 例 10），无论如何这对年轻好战的索诺木来说实属不易。值得注意的是，正当索诺木积极表示愿意放低身段"认罪"时，他的莎罗奔兄弟们在此时却在投禀中表现出相当"桀骜不驯"的一面，认为清廷征讨小金川与大金川无干系（见表 8-1例 9），而且大金川是清朝皇帝赐封的土司，没有犯法，不应当"认罪"（见表 8-1 例 11）。显然，乾隆三十七年十二月，大金川土司索诺木和他的莎罗奔兄弟们在向清廷"请罪乞降"以求罢战的问题上存在非常大的分歧。

乾隆三十八年以后大金川土司多次派人投送请降禀帖、"退地"，以及"归还俘虏的绿营官兵和土兵"等，但都徒劳无功（见表 8-1 例 12、例 15）。除非出现如第一次金川战争中一样的情况，即清军久攻不克，乾隆皇帝实在看不到战争胜利的希望,最后顺着大金川土司"请降"的台阶主动撤军。然而,大金川土司索诺木和其兄弟莎罗奔们没有如祖、父辈在第一次金川战争中那样幸运。金川土酋屡次派人请降,或由其他土司代为投禀,被乾隆皇帝斥之为"贼人逞此奸诡伎俩,不过欲窥我军营虚实,并藉此懈我军心,实为可恶可恨"①;或认为"番性狡诡异常,恐其因有招降之说将计就计,诈称来降,暗藏叵测",并多次警告"将军参赞等遇有此等事务,须加意体察,勿轻出营受降,误堕奸计",还不忘告诫"恐贼番等窥伺"②。乾隆四十年正月,乾隆皇帝对大金川土司"差头人斯丹增具禀,将所留汉土官兵二十六名,及鸟枪三十杆,送至营门乞降"(见表8-1例15)的反应极其冷漠,认为这不过是知道败局已定做出的无谓姿态,遂向清军将领发出"促浸(大金川)本系服属土司,岂得比于两国?"③的诘问表明务必拒绝"请降"之态度。不仅如此,乾隆皇帝为杜绝军机大臣和前线将领心存丝毫"准降"念头,甚至不惜在上谕中承认第一次征金川过于姑息,而且因为准降招致第二次征金川之祸。④ 因此,大金川土司和莎罗奔等数年来呈送的禀帖自然都没有得到前线将领的正面回应。

除了表8-1所列十余投禀乞降例子之外,索诺木为向清廷表达投降诚意还做了其他努力。例如,先不惜毒死自己亲姐夫僧格桑,随后又派人送出其尸体,并随同送出小金川著名头人蒙固阿什咱阿拉及僧格桑的小女人侧累,以期感化清廷,但仍被拒降。⑤ 后来,索诺木愈发感到"如今官兵打得紧了,几次求将军大人总没有给回信",情急之下,"只得去求佛爷(达赖喇嘛)转求,大皇帝或者肯饶我们的命"。⑥ 也因为过于看重达赖喇嘛在清廷的地位,甚至提出"照西藏一例,派一位大人来驻扎管理我们"(见表8-1例16)的建议,以求得宽恕。殊不知,获悉大金川与西藏政教权威人士有如此之深的政治联系,只会进一步加重乾隆皇帝的疑心和不满,投降更无可能实现了。

自始至终,请求投降连番被拒,确实在一定程度上加剧了大金川土司和土民的抵抗意志。不过,在人力和粮食均无以为继的窘境逼迫下,对大金川土司及其家族成员来说,清廷若肯纳降自然是最好的出路。因此,直至大金

① 冯明珠、庄吉发编:《金川档》,题名:乾隆三十八年八月二十七日阿桂丰升额等奉上谕,台北"故宫博物院",2007年印,第1377页。
② 冯明珠、庄吉发编:《金川档》,题名:乾隆四十年七月初三日阿桂明亮等奉上谕,台北"故宫博物院",2007年印,第3254页。
③ 冯明珠、庄吉发编:《金川档》,题名:乾隆四十年正月二十五日阿桂丰升额等奉上谕,台北"故宫博物院",2007年印,第3001页。
④ 冯明珠、庄吉发编:《金川档》,题名:乾隆四十年正月二十五日阿桂丰升额等奉上谕,台北"故宫博物院",2007年印,第3004页。
⑤ 中国第一历史档案馆:《军机处录副奏折》,民族类,缩微胶卷号590,档号:7975-1,题名:阿桂等奏绰窝斯甲到营献出侧累等由,具奏日期:乾隆三十九年八月二十五日。
⑥ 中国第一历史档案馆:《军机处录副奏折》,民族类,缩微胶卷号591,档号:7989-4。

川被彻底平定前,土司及头人仍念念不忘第一次金川之战降而不杀一事,仍以为只要坚持到最后,清廷会如从前那样再次招降,但都未能如愿。例如,乾隆三十九年,"贼目丹巴沃杂尔屡差人在卡外叫唤,仍以送回僧格桑为词,且提及乾隆十三年岳钟琪往彼受降之事",却遭"阿桂令土弁传言拒绝,付之不理"①。又如,乾隆四十年,据"投出番人郎卡尔甲供称:'土司向众人说,你们且好生拿卡子,不过几日,大兵就要饶我们的。'"②坦率地讲,正是第一次金川战争使大金川土司、头人等变得无比膨胀,以为此后天朝再来官兵进剿都可以堵挡得住,实在不行只要久耗,大不了故伎重演再次投降了局罢了。也正是这种侥幸心理,一直支撑着索诺木及其兄弟采取一面抗击清军,一面不断投禀文表示愿意投降的双面策略。

统而论之,乾隆朝第一次金川战争潦草完局后,地方督抚的管辖开始较深地介入到国家对川边土司的羁縻统治之中,逐渐促使土司与皇帝及督抚三者之间的政治互动关系发生了变化。如果说第一次金川战争的焦点是清廷欲重新定位和强化川省文武官员在维护川边秩序中的作用,那么,第二次金川战争的关键在于清廷希望通过平定两金川达到"震慑诸嘉绒土司",并且"一劳永逸地在该地区建立统治威权"的目的。作为天下共主的乾隆皇帝与作为嘉绒"诸部雄长"的金川土司都站在各自的立场,希望新确立的关系格局能够朝着有利于自己(或者说确保自身利益最大化)的方向发展。然而,在清廷几乎占压倒性的军事和经济优势面前,两金川土司不得不采取一边组织土民奋力抵抗清军,一边不断呈送禀帖求饶(或请他人代为讨饶)的策略,以便维护既有的权力格局不崩溃。大金川土司在头人和土民支持下的"双向"努力,在第二次金川战争后期表现得尤其突出,直至最后土境全部被清廷平定,才宣告这种努力不过是迁延时日罢了。随之而来的"安营设屯"终结了两金川旧有的土司统治,开启了嘉绒地区"土屯并存"新秩序之历史进程。

---

① 冯明珠、庄吉发编:《金川档》,题名:乾隆三十九年正月十二日阿桂明亮等奉上谕,台北"故宫博物院",2007 年印,第 1945 页。

② 冯明珠、庄吉发编:《金川档》,题名:乾隆四十年闰十月初六日阿桂丰升额等奉上谕,台北"故宫博物院",2007 年印,第 3661 页。

第九章　乾隆皇帝和将弁在金川
战争中的诸多失误

战争是涉及交战双方的问题。因此,在探讨清军在后勤供应、兵力投入等均占据绝对优势的前提下未能迅速结束金川战争的问题时,除了以作战对象为聚焦点来探究阻碍清军速胜的因素外,还应从两次金川战争的发动者——乾隆皇帝,以及具体制定和执行局部战争决策的将弁身上寻找原因。即是说,清军之所以难以攻克大小金川,除了与当地之地形、碉楼、气候、土司及属众同心誓死等客观因素紧密相关外,还与乾隆皇帝和清军将领之措置不当,以及兵丁之怯懦等主观因素颇为相关。可以肯定地说,清军方面的诸多失误极大阻碍了两次金川战争(特别是第一次金川战争)的进程,甚至影响了战争的结局。

第一节　乾隆皇帝在战争决策上的主要失误

乾隆皇帝虽然未御驾亲征,但是他在帝都遥握两次金川战争的实际决策权,譬如出兵与否、纳降与否、如何选将调兵、是否增兵增炮等,均由其乾纲独断。在一些与战争相关的问题上,乾隆皇帝还会凭借想象给予完全错误的指示,给前线将领带来诸多不便。是故,乾隆皇帝的相关决策或态度在相当大程度上会影响战争进程,乃至战争的最终结果。

一、盲目出兵和举棋不定

第一次金川战争爆发前夕,四川总督庆复曾试图奏请不要轻易用兵金川,奏曰:"(虽然)圣谕有不得不示国威者,(但)臣愚以为,金川四面环山,羊肠鸟道,用兵之际,馈运艰难,止可令镇将带兵各据要害,仍用以蛮攻蛮之法,使小金川、革什咱、巴旺各伸报仇之心,举戈相向,又令川西杂谷、梭磨等侵扰其后,我兵既无深入之忧,又可行可止,操之在我,似为得策。"①庆复此前曾督战瞻对之役(乾隆十年六月正式宣战,乾隆十一年五月草草撤兵)②,深知用兵川西之不易,故着重指出,与其大肆举兵深入,不如鼓动大金川周边土司环攻之,以为牵制。应当说,庆复的建议较为客观,也具有一定的可行性。然而,乾隆皇帝原本就对瞻对之役草率了局颇为不满,此时又值大金川土司派兵四出侵扰邻封,甚至敢与前往镇压之官兵相抗,这使其大为光火,遂不肯采纳庆复之提议,执意出兵大金川。结果,大批清军匆忙卷入一场无谓的山地战争,并为之付出了巨大的代价。

乾隆十二年初,乾隆皇帝之所以轻率用兵大金川,既与其急于洗刷瞻对战役之耻有关,又与其盲目轻敌,并对大金川土民的作战能力和当地环境缺乏应有的认识有关。乾隆十年三月,驻防台站官兵回营,途遇瞻对"夹坝"抢劫,而下瞻对土司班衮只肯缴出赃物数件,并不查献抢劫之首恶,川陕总督庆复便奏请出兵,而乾隆皇帝同意发兵。始料未及的是,因瞻对土司班衮率众拼死抵抗,清军经一年激战,非但没能"犁庭扫穴、擒获班衮",反而不得不草草撤兵了事。此乃乾隆皇帝继位以来首次用兵,结果甚为狼狈。更重要的是,此战处处受阻,几无战绩可言,不仅暴露了清军将士的诸般积习,而且让瞻对附近诸土司开始质疑清军的实际战斗力,使得清廷颜面扫地。不久,大金川土司莎罗奔(郎卡系其侄)多次派人侵掠邻近土司,大张其势。乾隆皇帝认为,大金川土司"敢于侵扰,伤及官兵,势甚猖獗","总因前此瞻对之事,办理未善,无所惩创不足以震摄蛮心"③。而且,他还怀疑瞻对土司班衮已逃往大金川,并与大金川土司串通一气,遂决意出兵金川,以为这样办理,一可擒献莎罗奔,以"震慑番蛮""永靖边陲",二可抓获班衮,以雪前耻。可惜,事与愿违,清军进剿大金川同样遭到各种掣肘,亦没能取得实质性胜利。

乾隆皇帝急于出兵大金川,在上谕中笃定地以为"军前有张广泗一人足资办理"④。张广泗则自恃有用兵黔东南苗疆之经验,便盲目以为"酋首不日

---

① 〔清〕来保总撰:《平定金川方略》卷1,乾隆十二年三月戊戌。
② 瞻对,位于今四川省甘孜藏族自治州,地处雅砻江上游,纵横数百里。自雍正六年始,清政府先后分授上、中瞻对为长官司,下瞻对为安抚司,故称之为"三瞻",而瞻对土民,俗尚武,喜劫掠,甚至连过路的驻卡清兵亦时常遭其劫扰,虽清廷屡行训诫,鲜有成效,遂成为入藏要道的重大隐患。乾隆十年三月,川陕总督庆复面对驻防台站官兵回营,途遇瞻对"夹坝"抢劫,而下瞻对土司"班滚亦惟缴出赃物数件,并不查献贼首",便奏请出兵攻剿,并令与其邻近土司于各隘口堵御防范;乾隆皇帝谕:"看来有不得不如此之势,然须详妥为之,以期一劳永逸"。乾隆皇帝很清楚,维护通藏大道的通畅,对清朝控制西藏是至关重要的,遂同意出兵瞻对。乾隆十年六月,清廷正式向瞻对宣战,至乾隆十一年五月仍然未能擒获班衮,最后不得不就此撤兵。
③ 《清高宗实录》卷287,乾隆十二年三月己酉。
④ 《清高宗实录》卷295,乾隆十二年七月甲寅。

可以殄灭"①。因此,他们对进剿大金川之难度的估计均严重脱离实际。这对清军作战极不利。双方交战不久,大金川土司莎罗奔为保存实力,故意将外围防守的土兵撤回勒乌围、噶喇依二官寨附近,以便集中优势力量严防死守。张广泗因之很快统兵进入大金川腹地,便骄傲地以为不久即可擒获莎罗奔,然后振旅而还。殊不知,莎罗奔早在各险隘处俱设碉卡,并派拨属民据险力守,以致官兵竟无所措手,长期顿兵不前。至此,张广泗才意识到攻打金川极为不易,远非他在战前料想的那样"指日即可奏凯"。乾隆皇帝面对如此窘局,竟传谕张广泗,不妨先移师向阳平旷地方稍事休息,待来年春暖,再加调官兵,厚集军威,以成一举扫除之计。② 显然,此时官兵已进驻大金川腹地,若遽然后退,此前占领的地方必被大金川人再行占据,待来年春天再投入战斗,只会更加艰难。③ 就这样,进兵半载,数万大军即陷入前不能进,后不能退的境地。

面对如此不利战局,乾隆皇帝一时方寸大乱,转而又对用兵大金川一事举棋不定:先提出"绿旗兵丁,不足取胜,与其日久而师老,不如选京师旗兵之精锐,一以当十,汰绿旗之闲冗,以省无用之费,益劲旅之资"④;随后又谕:"因思彼处地邻西藏,来往之所必经,若即归入西藏,令王子珠尔墨特那木札勒,就近管束,受达赖喇嘛化导,其一应钤辖稽查,悉令王子派头目前往经理,以专责成,现有驻藏大臣总辖统率,足资弹压,如此则西炉藏路,俱可永远宁谧,不致劳动官兵。"⑤通过这些相隔很近却又前后矛盾的谕令不难看出,乾隆皇帝对此次出兵金川既盲目,又底气颇为不足。这样一来,徒令前线将领和官兵丧失斗志,坐待时日,糜费军饷。及至清军撤出大金川前夕,乾隆皇帝不得不承认,"金川用兵一事,朕从前实未悉彼地情形",以致"糜币劳师"。⑥ 这印证了:未了解敌方实情,便盲目出兵,此乃兵家大忌。

不过,乾隆皇帝并未吸取此前力主出兵金川且盲目轻敌带来的教训。乾隆三十六年,因小金川趁大金川出兵四掠之机攻打沃克什,乾隆皇帝决计再次用兵川西。他先入为主地认为,小金川地势非若大金川之有险可凭,自不难进兵,进而幻想剿灭小金川之后,大金川必闻风畏惧,甚至仅据这一带的土民性素贪利,便妄想通过鼓动大金川土司和土民抢掠小金川财物和人口,以

---

① 《清高宗实录》卷293,乾隆十二年六月丙子。
② 《清高宗实录》卷299,乾隆十二年九月丁巳。
③ 《清高宗实录》卷305,乾隆十二年十二月丁卯。
④ 《清高宗实录》卷298,乾隆十二年九月辛丑。
⑤ 《清高宗实录》卷299,乾隆十二年九月丁巳。
⑥ 《乾隆帝起居注》第8册,乾隆十四年正月十七日上谕。另见《清高宗实录》卷333,乾隆十四年正月丙寅。

达到速灭小金川之目的。[①] 殊不知,小金川境内亦山多路险,且已占据沃日、瓦寺二司之险隘,并在巴朗山一带修筑碉卡以为阻遏,清军万难长驱直入,更何况大小金川二司本属一家,土司索诺木之姊乃小金川少土司僧格桑之妻,清军大举进剿小金川,大金川土司深知唇亡齿寒,既没有袖手旁观,也没听信清廷利诱而助灭之,反而多次暗中助兵小金川。[②] 乾隆皇帝甚至想当然地以为,只要从成都调满洲兵一千名,令铁保带领前往,再从绿营内选派精锐数千,加上土练五千名,办理小金川自属易事;实际上,小金川之实力远在瓦寺、木坪等邻近土司之上,即便是以人多势众著称的三杂谷亦非其劲敌。[③] 可见,乾隆皇帝没有深入了解大小金川土司的实际情况,再次轻率出兵。结果,清廷为之投入十万大军和数十万夫役,耗费上亿两白银,非但没能如预设的那样速灭小金川、震摄大金川,反而卷入一场长达五年的山地战,欲罢不能。

显而易见,乾隆皇帝既不太了解大小金川土司地区的复杂作战环境,也严重低估了两金川民众誓死保卫本司利益所蕴藏的巨大作战能量,因而盲目轻敌,妄自尊大,以为清廷兵多、炮利、粮饷充裕便可迅速平定弹丸之地的两金川,结果一再遭到重创。相比之下,两金川人则早已从清军征瞻对的战役中充分了解到官兵之作战特点,并且在清军抵达之前便大量增修碉卡、城栅、石墙,挖掘壕沟,做好了周密的应战准备,遂能"知己知彼,百战不殆"。此外,首征金川清军连年遭遇挫折后,乾隆皇帝在最后关头的犹豫和退缩,使得清军本可以趁大金川物资匮乏、兵员不继进行反击的战机丧失殆尽,从而为嘉绒土司地区此后几十年的动荡纷争埋下更深的隐患。

二、草率撤兵而贻误战机

乾隆皇帝既不清楚小金川土民的战斗力,也不了解作战区的地理环境,在此情况下贸然出兵,对清军两征金川十分不利。须注意的是,乾隆皇帝在第一次金川战争末期草率撤军,亦断送了清军最后放手一搏之难得战机。

乾隆十三年底,虽然数万清军仍没能攻克勒乌围、噶喇依二官寨,但该土司经官兵长期围困,百姓经年累月在各山梁要隘处防守,加上精壮男子的伤亡时有发生,以致春不得耕,秋不得收,终难长期支撑。土司莎罗奔也因此早就有乞降之意。此时,大金川土司和属众已是强弩之末,清军若能待新调之

---

① 冯明珠、庄吉发编:《金川档》,题名:乾隆三十六年七月二十日阿尔泰董天弼奉上谕、乾隆三十六年七月二十三四日阿尔泰董天弼奉上谕、乾隆三十六年七月二十五日阿尔泰董天弼奉上谕,台北"故宫博物院",2007年印,第1—10页。
② 具体参见第五章第三节。
③ [清]阿桂总纂:《平定两金川方略》卷6,乾隆三十六年七月甲辰、乾隆三十六年七月戊午。

大批满汉精兵到营,然后集中兵力,不再一意攻碉,而是直取中坚,实不无胜算。

　　傅恒于乾隆十三年十二月底抵达军营,先将小金川土舍良尔吉、土目苍旺、土妇阿扣及奸细王秋等处死,以断内应,然后仔细考察地形,分析战争形势,将前线战况如实向乾隆皇帝奏报。① 傅恒据此前作战情况,一针见血地指出攻碉最为下策,并提出应当厚集兵力,直攻中坚的方案,曰:"攻坚则瑕者坚,攻瑕则坚者瑕,惟有使贼失去所恃,而我兵得展其所长。臣拟俟大兵齐集,同时大举,分地奋攻,而别选锐师,旁探间道,裹粮直入,窬碉勿攻,绕出其后,即以围碉之兵作为护饷之兵。番众无多,外备既密,内守必虚。我兵即从捷径捣入,则守碉之番各怀内顾,人无固志,均可不攻自溃";又云:"各土司环攻分地之说虽不可恃,而未尝不可资其兵力",且"近日贼闻臣至,每日各处增碉,犹以为官兵狃于旧习,彼得恃其所长。不知臣决计深入,不与争碉,惟俟大兵齐集,四面布置,出其不意,直捣巢穴,取其渠魁。"②

　　不料,正当傅恒审时度势,提出较为务实可行的进剿方案时,乾隆皇帝却在获知前线实情后,顿时心灰意冷,不惜在上谕中以数千言坦露极欲纳降停战之心声,并急命傅恒班师还朝。谕曰:"金川用兵一事,朕本意欲以禁遏凶暴,绥辑群番,并非利其人民土地。而从前讷亲、张广泗措置乖方,屡经贻误,是以特命经略大学士傅恒前往视师,熟察形势,相度攻剿。经略大学士傅恒,自奉命以至抵营,忠诚劳勚,超出等伦。其办事则巨细周详,锄奸则番蛮慑服,整顿营伍则纪律严明,鼓励戎行则士气踊跃,且中宵督战,不避风雪,击碉夺卡,大著声威,诚克仰副委任。朕思蕞尔穷番,何足当我王师? 而机务重大,部政殷繁,诸大臣皆为此一事驰驱经画。经略大学士傅恒乃朝中第一宣力大臣,素深倚毗,岂可因荒徼小丑久稽于外? 朕心实为不忍。即使擒获渠魁,扫荡巢穴,亦不足以偿劳。此旨到日,著即驰驿还朝。"③ 随即,乾隆皇帝趁莎罗奔乞降之机,又命军机大臣等传谕东三省领兵之副都统、侍卫等率东三省兵丁尚未到营者,著由原路撤回,纳降之事由川督策楞办理。④

　　傅恒自请督师,本打算待大兵齐集,用直攻中坚之术,一鼓作气,扫平金川,因而对乾隆皇帝忽令招降颇为不甘。于是,傅恒又奏:"金川军事,误于初起之时,蛮酋本在化外,止可略惩以威,不必深入其阻,一误再误,以汔于今。若复轻率葳事,则贼焰愈张,众土司皆罹其毒,边宇将无宁日。使贼境果非人

---

① ［清］来保总撰:《平定金川方略》卷21,乾隆十四年正月乙卯。
② ［清］魏源:《圣武记》卷7之《乾隆初定金川土司记》,中华书局,1984年,第300—301页。
③ ［清］来保总撰:《平定金川方略》卷22,乾隆十四年正月甲子。
④ ［清］来保总撰:《平定金川方略》卷22,乾隆十四年正月丙寅。

力可及,臣亦何敢强必成功？但审度形势,贼碉非尽当道,其巢皆老弱,但舍碉而直捣中坚,贼必出碉而内顾分拒。我兵且战且前,一面趁间夺碉,一面各携两旬干粮,由昔岭中峰直抵噶尔崖,实有破竹建瓴之势。今功在垂成,弃之可惜,且臣受命调兵大举,若不扫穴擒渠,亦何以返内地？不然,或贼震惕乞降,匍匐军门,则相机擒献,亦可奏凯旋。"①然而,乾隆皇帝已无心恋战,决意罢兵,"恐傅恒守'将在外,君命有所不受'之说,坚欲成功",便又"寄谕反复数千言,且谓:'蕞尔土司,即犁庭扫穴不足示武;且果献俘,则必悬首稿街,非所以示受降之信。如此时已就执,可于四川中途释归故巢。'"②

此时,傅恒和岳钟琪两路实已连克碉卡,军声大振,而金川土司莎罗奔和土舍郎卡得悉大兵决计深入,良尔吉、阿扣及汉奸王秋等内应已断,加之能打仗的精壮土民已死伤过半,而且粮食匮乏、百姓人心惶惶,遂遣人赴岳钟琪处乞降。倘若清廷坚不允降,待续调大军到营后,诱大金川土兵出碉,直捣中坚,或趁莎罗奔、郎卡出降之机将其擒获,均有望彻底剪除该司,达到震慑川西诸土司之目的。颇为讽刺的是,如此战机,竟因乾隆皇帝仓促撤军而被白白断送,以致清军最后"虽胜犹败",大金川土司日后气焰愈加嚣张。傅恒详陈此时撤军受降之后患,即前引"若复轻率蒇事",不仅"贼焰愈张",而且"边宇将无宁日",日后皆一一应验。魏源亦对清廷此时撤军深感不满,不敢加责于乾隆皇帝,只好切责岳钟琪不该宽大受降,导致清廷还需费力再征金川。③

第二节　清军将弁在战争推进中的主要失误

尽管乾隆皇帝乾纲独断,深度干预战争决策,但是战场瞬息万变,整体进剿策略的谋划和局部战争的相机应变等,基本都要依赖前线将领来完成。从这个层面上讲,如果说乾隆皇帝盲目出兵和草率撤兵阻碍了清军征大小金川的进程和结果,那么前线将领在进剿和防御过程中多有措置不当,且相互之间失和,未能协力攻守,实为清军不能尽快克敌制胜的重要原因。

一、张广泗、讷亲办理错误且彼此失和

第一次金川战争期间,川陕总督张广泗、经略讷亲等作为统帅,对如何有效进剿之事甚不得要领,并且,张广泗作为统帅,待下属刻薄,亲信汉奸王秋、

---

① ［清］魏源:《圣武记》卷 7 之《乾隆初定金川土司记》,中华书局,1984 年,第 301 页。
② ［清］魏源:《圣武记》卷 7 之《乾隆初定金川土司记》,中华书局,1984 年,第 301 页。
③ ［清］魏源:《圣武记》卷 7 之《乾隆初定金川土司记》,中华书局,1984 年,第 308 页。

小金川土舍良尔吉等,致使军中机密屡有泄露,又与岳钟琪、讷亲不和。这些均给清军进剿行动带来掣肘,甚至极大贻误战机并造成无可挽回的损失。

乾隆十二年四月,首批清军三万余人陆续抵营后,张广泗竟兵分七路,定于该年六月二十八日各路齐进。这显然分散了兵力,既不利于官兵进剿锋芒正劲的大金川土兵,也加重了军粮运输的困难。而且,张广泗自恃有治理苗疆的经验,盲目轻敌,以为可以很快平定大金川。基于这种心态,张广泗没能识破大金川土司有意收缩防御范围、集中优势兵力加紧布防核心地区的计谋,迅速督军深入大金川腹地,以为不日即可进抵大金川官寨。至该年八月,张广泗这才发现,用尽炮轰、火攻、挖地道、水围等方法均无法攻克大金川各要隘处战碉,因而难以寸进。面对这样的窘局,张广泗不思集中兵力,避碉绕攻,而是专等朝廷增兵增饷,坐待来年。

张广泗从未经历过川西北土司地区这样难以措手的攻碉山地战,以致不仅进剿无良策,还在应对大金川人来犯及一些土民投诚等问题上屡有失误。乾隆十二年十月间,大金川人拦截马奈一带粮路隘口;马良柱等于十月十五等日纷纷禀请增兵应援,而张广泗坚持认为大金川人并非侵犯营垒,不过是欲解绒布之围罢了,仅令驻曾达处镇将酌拨二三百名兵丁协济。[①] 众所周知,粮路乃军队之生命线,而张广泗竟对马奈粮路隘口被拦截丝毫不上心,实在匪夷所思。又如,莎罗奔派头人元丹赴罗于朝军营,并献出大炮三位及抢去的他司土民二十名,还另献战碉五座,请求汉兵进驻,以求就抚;张广泗则提出须再献出巴底、巴旺土司叔侄印信及小金川土司泽旺之子,方准投诚;乾隆十二年十月,许应虎已经解的交(嘉绒语音译地名)之围,土司汪结带领金川头人如约献出巴旺印信并小金川泽旺之子,及所掳各处土民一百名,恳切投诚,而张广泗背信弃约,仍不准降。[②] 张广泗这样做既失信于欲投诚之土目和一般土民,又使官兵因其不时流露纳降之意而更加懈怠不振。

张广泗还因刻薄待下而铸成大错。乾隆十二年底,副将张兴、游击陈礼部数千人被大金川人围困,屡次请求救援,张广泗身为统帅,先是一味斥其庸懦无能,拒不发兵,后虽勉强派出增援部队,但已错失救援良机,最终造成张兴部惨败。据官书记载,乾隆十二年十一月二十九日大金川人进攻驻守马邦诸营,副将马良柱请撤绒布之兵前去应援,参将永柱亦请撤绒布之兵与张兴合势,张广泗俱斥为悖谬;对于张兴屡次遣人急迫求救,张广泗唯切责其庸懦无能;迨张兴部众四面受围,极其危困,张广泗才派永柱撤兵千余会合救援,

---

① ［清］来保总撰:《平定金川方略》卷5,乾隆十三年正月丁未。
② ［清］来保总撰:《平定金川方略》卷5,乾隆十三年正月丁未。

然而自十二月初七日至十三日张兴军中已断粮七日，士卒困疲不能应敌。① 结果，十二月十八日，张兴部在断粮已久的情况下，被迫与大金川头人恩错讲和，最后被大金川人诱至山沟而加以歼灭，几乎全员覆没。

张广泗作为军中最高将领对张兴失事咎无可辞，但他却将全部责任都推卸给副将张兴、游击陈礼等人，使得军中上下离心，毫无斗志。更为糟糕的是，张兴部失事，驻扎在河东及其山梁的参将郎建业及部众顿失犄角之势，被迫撤退；随即，副将马良柱一部也被迫撤至逊克尔宗碉寨处，匆忙之中丧失不少炮位和其他军需物资。② 至此，清军之进剿优势丧失殆尽。

张兴罹难后，军机大臣指出，总督张广泗"欺诈误公"，"自事后观之，罪状非一"，但乾隆皇帝不肯将张广泗立即交部议罪，仍然按其所请，继续增兵增饷，希望他能因此而更加"公忠体国"，待兵力厚集，一举成功。③ 可是，张广泗仍执迷于正面攻碉，照旧无甚成效，情急之下，唯有拥兵固守，而军中士气亦因之更为积疲。乾隆十三年二月，钦差兵部尚书班第密奏官兵进退维艰之实况，并尖锐地指出增兵不如选将，还斗胆请求起用"熟悉番情"的老将岳钟琪，由其统领军务，独当一面，但乾隆皇帝担心岳钟琪与张广泗不和，没有立即允其所请。④ 后经再三考虑，乾隆皇帝下旨起用岳钟琪，赏给提督衔，令其赶赴军营效力。⑤ 张广泗害怕岳钟琪在前线立功对自己不利，因而极其不愿他重新受到重用，但又不好公然抗旨，便在复奏中称："至岳钟琪，虽将门之子，不免纨绔之习，喜独断自用，错误不肯悛改，闻警则茫然无所措，色厉内荏，言大才疏，然久在戎行，遇事风生，颇有见解，以为大将军，则难胜任，若用为提镇，尚属武员中不可多得者。"⑥结果，岳钟琪抵达军营后的第三日便被派往党坝一路统兵进剿。⑦

岳钟琪赴党坝军营后无力改变清军的困局。因为，张广泗既不肯分兵，又不肯听从岳钟琪之合理建议。党坝一路道路错杂、山梁绵长，处处需兵，而岳钟琪统领的党坝军营，名义上有汉、土官兵一万余人，除去守营、放卡、伤病及分防粮台、塘站及后路者外，实际只剩七千余人可用于攻剿，以致党坝一路地广兵单，不敷分拨，而且其中杂谷土兵多系老弱充数，难以驱遣，唐古忒土兵一千五百名平素习于驰马，于山地战极不适用，至于汉兵素有不战自溃之

① ［清］来保总撰：《平定金川方略》卷5，乾隆十三年正月丁未。
② ［清］来保总撰：《平定金川方略》卷5，乾隆十三年三月丙戌。
③ ［清］来保总撰：《平定金川方略》卷5，乾隆十三年正月丁未。
④ 《清高宗实录》卷309，乾隆十三年二月甲申。
⑤ 《清高宗实录》卷312，乾隆十三年四月乙亥。
⑥ 《清高宗实录》卷313，乾隆十三年四月癸未。
⑦ 《清高宗实录》卷315，乾隆十三年五月甲辰。

名,因此,七千余兵内可用来应战者实不满二千之数,难以满足攻守之需;于是,岳钟琪向张广泗咨明情况并请求增兵三千名,以便进取,但张广泗坚称无兵可拨,并指斥土兵怯懦之习"在在皆然";同时,岳钟琪见张广泗拟分兵十路进剿甚为不妥,便向张广泗建议,以昔岭、卡撒为进攻目标,中有刮耳崖阻隔,即使攻克刮耳崖,尚距勒乌围一百多里,这一带道路险阻,必然耽误时日,不如集中兵力,从昔岭、党坝二路进行首尾夹攻,一路进逼噶喇依官寨,一路直逼勒乌围官寨,但张广泗均以"不便更易"为借口,予以拒绝。① 显然,岳钟琪虽被重新起用,也积极提出务实可行的进剿策略,但极大受制于张广泗,实在难以有实质作为。

张广泗竭力排挤岳钟琪,不接受其合理建议,却又无进兵良策,不过是坐拥重兵、虚糜粮饷、迁延时日罢了。乾隆皇帝对此颇为着急,赶紧派其认定的勤慎可托之军机大臣、大学士讷亲携经略印信,急驰前往大营督战,以鼓舞士气,并急切盼望战事能因之大有起色;奈何讷亲毫无作战经验,却仗着自己是皇亲国戚又有经略印信,公开指责张广泗办理不当,妄言进剿大金川并非难事。② 讷亲既不知用兵之难,又如此嚣张、狂傲,实属乾隆皇帝用人不当。乾隆十三年六月初三日,讷亲抵达张广泗所在的小金川美诺军营。次日,张广泗便起身前往大金川卡撒军营。讷、张二人不和,由此可见一斑。

此外,久历戎行的张广泗既轻视讷亲不知兵,也为了让乾隆皇帝看清楚他匆忙派来的纸上谈兵之钦差大臣是何等不堪任用,遂对讷亲的诸般荒唐举措均加附和,因此讷亲赴营后战况非但未得到改观,反而更糟糕。例如,讷亲刚抵军营,便限令官兵三日克刮耳崖,将士有谏者,动辄军法处置,军营上下为之震惧。③ 三天后,讷亲又赶赴卡撒军营,会同张广泗察看昔岭等处地形,随即贸然决定集中优势兵力从(昔岭的)色尔力山梁进行突破,希图直捣噶喇依官寨,结果却遭到大金川人拼死阻击,兵丁大量伤亡之余,总兵买国良、署总兵任举等亦阵亡。④ 此后,讷亲"不敢自出一令,每临战时,避于账房中,遥为指示"⑤。更为荒谬的是,讷亲因任举等失事,不敢再图进攻,专思固守,竟然奏请让士兵筑碉,以便与大金川人共险,即所谓以碉逼碉之策。讷亲奏曰:"臣与督臣又思,贼番因险据碉,故能以少御众。今我兵既逼贼碉,自当令筑碉与之共险,兼示以筑室反耕、不灭不休之意,贼番自必摇动,且守碉无须多人,更可余出汉土官兵,分布攻击,似亦因险用险之策,已饬各官星速修砌,遵

① [清]来保总撰:《平定金川方略》卷11,乾隆十三年八月庚寅。
② 《清高宗实录》卷311,乾隆十三年三月癸丑。
③ [清]昭梿:《啸亭杂录》卷1之《杀讷亲》条,中华书局,1980年,第14页。
④ 《清高宗实录》卷318,乾隆十三年七月壬辰。
⑤ [清]昭梿:《啸亭杂录》卷1之《杀讷亲》条,中华书局,1980年,第14页。

照逼攻。"①乾隆皇帝随即在谕令中详细指出以碉逼碉之策实在是大为谬误。谕曰:"据大学士讷亲,奏报金川军情及筹办事宜,有筑碉与贼共险之策,此事批阅再四,不能解办理之意。自金川用兵以来,驻军卡撒,久历时日,贼酋逆我颜行,伤及将士,自当刻期扑灭,以收犁庭扫穴之功。今观讷亲等所奏情形,尚费经理,非旦夕可以竣事。但攻守异用,彼之筑碉,原以自守,我兵自应决策前进,奋力攻取,乃转令攻碉之人,效彼筑碉,是亦将为株守之计耶!且碉不固则不足恃,碉固则必劳众力。若以筑碉之力,移之攻取,破彼之碉,以夺其所恃,不亦可乎?……盖能克碉而守之,犹属因利乘便之意。今因彼守险,我亦筑碉,微特劳费加倍,且我兵已深入贼境,地利、气候素不相习,而守碉势须留兵,多则馈运难继,少则单弱堪虞。贼酋凶狡,必狃我以持久,出我之不意,浮寄孤悬,主客之形既别,情见势绌,反复之虑尤深,师老财匮,……况将来金川扑灭之后,不过仍归之番,是今劳师动众,反为助番建碉之举,恐贻笑于国人,跃冶于番部矣!……思之竟夜,益觉其非策,不如速罢为宜。"②即便乾隆皇帝已经明发上谕指出讷亲之错误,但刚愎自用的讷亲仍认为筑碉之策为得计,这让乾隆皇帝明白讷亲实不堪大任,只好再命张广泗全权负责进剿事宜。③ 虽然张广泗凭借老辣的官场争斗经验赢了自恃皇帝贵胄的讷亲,并让乾隆皇帝进一步知晓金川用兵决非易事,但因此让清军遭受完全不必要的伤亡损失,实属因私废公,比讷亲之狂妄无知更加可恨。

然而,张广泗和讷亲之间的巨大分歧并未就此完结。对进剿大金川一事到底该如何措置,他俩依旧意见相左。张广泗认为:"(大金川)目下已日食不继,将来必益无以为生,可以坐待其毙。……度之今冬明春,当不难犁庭扫穴矣。"此乃张广泗一贯手腕,即一旦进剿无方,便一再空口承诺奏捷之期,以便拖延时日。讷亲则先在一份奏折中提出缓兵之计,奏称:"我兵果能奋勇争夺数处,贼必内溃,然尚有不得不为过虑者。贼巢食用,果否至于匮乏,究难臆揣,而我兵攻剿以来,一无可乘之机,且卡撒、昔岭二路,尚系臣等亲临督战,乃仅攻扑数次,未得寸进,朝夕商筹,终无善策。迨至冬寒春冷,士气恐益不扬。以臣讷亲愚见,如至冬间尚然顿阻,似应减撤久役汉土兵丁,令留驻官兵时用炮击碉卡,则贼亦不得休息。俟明岁,再加调精锐官兵三万,厚集军威,于四月进剿,则我兵丁足以分布直捣,扫穴犁庭,最迟不逾秋令。"然而不知何故,讷亲随即又在另一份奏折中否定了自己刚刚提出的增兵再剿的计划,与督臣联名奏曰:"臣再思,来岁加调官兵,计增粮饷,需费数百万,实属浩繁。

---

① [清]来保总撰:《平定金川方略》卷8,乾隆十三年七月壬辰。
② [清]来保总撰:《平定金川方略》卷8,乾隆十三年七月辛卯。
③ 《清高宗实录》卷318,乾隆十三年七月乙未。

细察贼情,若将我兵酌留万余名,据守要害,相机随时用炮攻击贼碉,使之不得休息。其接壤土司,令各于本境自为防御,似狡寇亦能坐困。第久驻终非长策,若俟二三年后,再调集官兵,趁贼疲困,全锐进捣,自必一举成功。此二三年内,或有机会可乘,擒获贼酋,亦未可定。臣为民力、国用起见,故计虑及此。"①身为经略,讷亲竟然持自相矛盾之两议,且每议均无定见,足见其已方寸大乱,毫无谋略。

同时,讷亲专门向乾隆皇帝奏报他对张广泗之诸多不满,将清军长期顿阻不前、劳师糜饷之责全都推卸给张广泗和纪山等人,并声称实在无法与张广泗共事。其奏曰:"臣查阅各路禀报,多有顿兵不进者,商之督臣,欲并兵合力。督臣以为,地势番情,必当如此分布。其实,兵虽四万有奇,分路太多,在在势微力弱,而督臣之不肯遽为归并,未免存回护之见也。至其好恶,每多不公,人心不能悦服。即如参劾贵州副将高宗瑾进攻不能克获,尚属兵家之常,而其种种欺饰,则大干军纪。臣闻督臣于贵州官兵素有偏袒,是以未肯即行参处,致伤和气,适因昔岭兵丁乏员统领,将该副将调往,嘱令督臣谆切训诫,以期后效。讵复将围困贼碉之卡被贼人夺去,不能救援。臣会商督臣,奏请参处。督臣立稿,仅请交部察议。经臣改拟革职。督臣原稿,转归罪于甫经任事之参将刘策名,亦经臣更正具奏。其偏狥懦将,轻重失伦如此。……所以不得人心者也。至于用兵数万,攻剿经年,贼酋本非劲敌,路险亦非难至,而所以不能速灭者,盖图终必先谋始。抚臣纪山,于始事之时,并未将粮运经由之山川险阻预立成算,匆卒出师,仓忙转饷,以致多用帑项,经理周章,糜饷之咎,所不能免。督臣张广泗,未能严督攻剿,旷日持久,贼得乘间严密备御,故今岁加调官兵,即从前已到之地,转不能复至,且因分路太多,而应进之路,每苦兵力不足,是则失于筹算,昧于地形、顿兵老师,诚难辞咎。臣奉命经略,理应参奏,但若此,则臣与督臣势难共事。"②由是可知,张广泗、讷亲彻底交恶,万难协力攻剿。

另外,张广泗还重用小金川土舍良尔吉和汉奸王秋,使之成为大金川土司之内应。乾隆十二年四月,张广泗抵达小金川美诺,小金川土司泽旺、土舍良尔吉立即呈递禀帖,主动提出愿将此前占据之鄂克什三寨退还给鄂司,并表示愿意听候差遣,带兵从征大金川,以此获取张广泗之信任。③

事实上,良尔吉既与其兄泽旺之妻阿扣长期私通,又与大金川土司莎罗奔勾结,拘禁泽旺、抢夺土司印,后虽经地方官调解而将泽旺释放,但仍不肯

---

① 本段张广泗、讷亲奏言直接引用内容均参见[清]来保总撰:《平定金川方略》卷10,乾隆十三年闰七月辛未。
② [清]来保总撰:《平定金川方略》卷10,乾隆十三年闰七月辛未。
③ 王戎笙主编:《清代全史》卷4,方志出版社,2007年,第259页。

将印信交与泽旺,继续与莎罗奔"同心济恶",因此,他在小金川已离心离德;汉奸王秋,乃游说大金川土司莎罗奔与清军拼死相抗之人;张广泗身为清军统帅,未察明奸情,令良尔吉等领土兵从征,使土兵疑惧,不肯为之出力,且良尔吉、王秋等暗中向大金川土司泄露军情,终成内患。[①] 令人费解的是,即使下属言之凿凿地指出良尔吉、王秋等绝不可信用,应当立即斩除以绝后患,张广泗仍坚持回护、重用良尔吉等人。于是,清军动向动辄被大金川土司知悉。

综上所论,可知张广泗、讷亲均有诸多办理不当之处。张广泗出师之初踌躇满志,以为不日即可攻克大金川,转因进攻屡屡受挫而一蹶不振,一味要求增兵增饷,迁延时日,且一再调度错误,致使兵力过于分散,不利于官兵进剿。与此同时,张广泗又极力排挤"熟悉番情"的岳钟琪,既不肯分兵助剿,又拒不接受岳钟琪提出的其他合理建议,从而坐失战机、劳师糜币。张广泗还重用大金川土司莎罗奔之同谋小金川土舍良尔吉、汉奸王秋等,使军情一再泄露。同时,讷亲赴营后,不但胸无良策,办理军务屡有重大失误,而且与张广泗始终不和,难以和衷济事。透过这些情况可知,张广泗、讷亲等将领实在难以担当进剿大金川之重任。最后,乾隆皇帝亦不得不承认,进剿大金川一事,实因张广泗办理迟误、错谬,讷亲亦诸事错误,以致俱不能成事。[②]

不过,归根结底,张广泗、讷亲措置乖谬实与乾隆皇帝用人不当有关。张广泗虽熟悉苗疆事务,还有黔东南古州改土归流的出色政绩,但并不熟悉金川等地的具体情况。张广泗对川西北土司地区的作战环境缺乏必要了解,在进剿过程中始终没找到有效攻碉夺卡之策略,各路官兵俱没有取得实质性推进,因而株守经年。在这种胶着情形下,张广泗未能设法展开有效进剿,转而希图有朝一日大金川全境因缺粮少兵而内溃。大臣班第巡视前线时已经看出张广泗诸事办理不当。老成持重的班第在奏折中明确地指出增兵不如选将,请求乾隆皇帝重用"熟知番情"且"向为金川土酋信任"的岳钟琪,让其统领军务,以便取得军事上的突破。然而,乾隆皇帝对岳钟琪心存顾虑,没能当机立断,仍坚持让张广泗统帅大军,希望他能相机进剿,早日奏捷。更可笑的是,乾隆皇帝随后竟派出善揣上意却完全不懂军务的讷亲任经略,希望其能统筹机宜,振旅前进。结果,岳钟琪的合理建议无法实践;张广泗继续镇日坐守,顿兵糜饷;讷亲先主张冒进,后又主张以碉逼碉,不仅军前久无战绩,而且接连损兵折将,以致士气更加低迷。倘若乾隆皇帝能及早选贤任能,将帅之间能够和衷共事,清军首征大金川的战况决不至于如此狼狈不堪。

---

① 〔清〕来保总撰:《平定金川方略》卷 11,乾隆十三年八月庚寅。另见赖福顺:《乾隆重要战争之军需研究》,台北"故宫博物院",1984 年,第 6 页。
② 《清高宗实录》卷 325,乾隆十三年九月丁丑、乾隆十三年九月己卯。

二、阿尔泰漫无措置·温福等玩忽职守

与首征金川相比,清军再征大小金川期间,绝大部分将领都能齐心协力进剿,展现了较为积极奋进的面貌,诸项军务大多办理得当,因而清军得以克服碉坚路险、气候严寒、土司和土民抵死拒守等重重困难,最后彻底平定两金川。不过,在该战过程中,也因某些将领的主观失误,延缓了战争进程,并且给清军带来了重大损失。

清廷正式宣布出兵小金川之前数月,川省总督阿尔泰专事调停,剿抚向无定见,一心希望匆匆了事。相当长一段时间里,阿尔泰既没做好各项战前准备工作,又对进剿小金川意涉游移,以致诸事漫无措置。譬如,对小金川侵占鄂克什并扰及明正一事,阿尔泰起初认为小金川土司僧格桑绝非可以口舌化导之人,于是令董天弼前往西路酌量进兵,随后又害怕官兵四面遭袭,疲于应付,便又对僧格桑晓以利害、福祸,仅酌拨兵练防御明正土司要隘,待僧格桑派兵滋扰再行办理。① 阿尔泰坚持缓待迟疑、虚张声势之策,令大小金川土司更不把地方文武的弹压放在眼里。对清军更加不利的是,阿尔泰这样做,使得小金川土司僧格桑在官兵抵达之前,有充裕的时间从容派土民前往明正、穆坪等相邻土司连界处添修碉卡,预为据守。对此,乾隆皇帝斥责道:"阿尔泰既往查办,且令董天弼驰赴西路用兵,自应乘其不备,星速进剿乃徒虚张声势,使僧格桑得以修卡预防,已属濡迟误事,乃犹以官兵尚未到齐为辞,惟思文告弥缝,益令番夷轻视,似此措置乖方,岂能望其有济? 至进剿汉土兵练,或有不数,即当早为筹拨,……阿尔泰既不能预筹及此,转以兵力应否增添,商之提臣酌办,尤为可笑。督臣统辖全省兵务,即提督亦应听其节制,有何顾虑而以添兵之事委之提臣,致往返迁延乎? 又称所余茶息银不敷支用,更为不晓事体,既遇此等夷疆要务,即当通盘筹画,裕饷济师。"②

经乾隆皇帝严厉斥责后,阿尔泰有所行动。先派两千名土兵守御明正司各要隘,随后虑及小金川与明正交界处有大河相隔,须用皮船渡河,阿尔泰又急忙下令赶造木船(小金川人早已于河岸设防,造完船只也断难顺利通过);不久,得悉小金川已在与穆坪连界地方添碉设卡,阿尔泰这才拨兵于该处防御。③ 此番布置表明老于世故、久历官场的阿尔泰对进剿小金川一事并不积极,在安排进剿小金川的行动上显得十分被动。这亦暴露了他此前令提臣董天弼驰往西路示以兵威,亦不过空言塞责。这是因为:有第一次金川战争久

① ［清］阿桂总纂:《平定两金川方略》卷6,乾隆三十六年七月戊午。
② ［清］阿桂总纂:《平定两金川方略》卷6,乾隆三十六年八月丙子。
③ ［清］阿桂总纂:《平定两金川方略》卷7,乾隆三十六年八月甲申。

攻不胜的教训在前,阿尔泰并不打算重蹈覆辙,实未预计进兵,惟图迁就完事。即是说,阿尔泰虽进驻打箭炉三月有余,但他的近计远筹,均漫无措置。

有鉴于此,本就忌惮阿尔泰功高震主的乾隆皇帝趁机革掉阿尔泰大学士及四川总督之职,补授温福为大学士,授定边右副将军,总揽征讨金川之事,任命军机处行走、户部侍郎桂林为川督,驰驿金川辅助温福办理军务,后又命阿桂为参赞大臣随同温福前往军营效力。[①] 温福、桂林等于乾隆三十六年十月抵达成都,立即制定了从西、南两路攻打小金川的计划。经过一年多的艰苦战斗,官兵才初步平定小金川,并于乾隆三十七年十二月底便着手进剿大金川。因大金川碉卡严密、道路险峻、土司属众四出袭击,使得诸路官兵在半年间进剿极其不顺。面对如此局面,身为主帅的温福一筹莫展,竟习讷亲、张广泗之故技,筑碉千余座,与大金川人共险;只在每过数日需要向乾隆皇帝题奏时,他才随意派兵炮轰一阵,聊以塞责,甚至每日与部属"置酒高宴"以消磨时光。为此,额驸色布腾巴尔珠尔、护军统领五岱先后多次进行规劝。温福非但不听,反而弹劾他们"朋比谋倾陷"、煽惑军心。结果,额驸被乾隆皇帝召回京师,五岱则以他罪遣戍伊犁。[②] 此后,温福更加刚愎自用。

当时,温福军营还有小金川降兵千余人,然而温福未对其严加监视,遂留下祸患。[③] 每当官兵出去攻碉,温福不加防范地留用这些降民守营。大金川土司索诺木、小金川土司僧格桑等侦知后,便趁机派人联络,劝说这批降民随时通风报信,待机而动,并派土民潜回美诺、底木达等地,煽动各寨民众复叛,结果小金川底木达、布朗郭宗一带后路因董天弼疏于防范,得而复失。更令人吃惊的是,乾隆三十八年六月上旬,温福驻防的、拥兵不下二万员的木果木大营,竟被来袭之千余名大小金川民众和营内小金川降民里应外合而一举攻下,造成清军损兵折将4 000多人(三千多精兵战死,八十八位将领阵亡,另外有不少兵丁被俘或溃逃不知所终)、丢银失物甚巨。[④] 如此众不敌寡,足见温福之玩忽职守、官兵怯懦畏战到了何种地步。乾隆皇帝在得悉木果木之败的真相后,气愤不已,在上谕中反复斥责此次失事与温福乖方偾事、董天弼疏于防范甚为相关。[⑤] 应指出,四川提督董天弼仅率兵数百名驻守底木达,在被

① [清]阿桂总纂:《平定两金川方略》卷7,乾隆三十六年八月己酉。
② [清]昭梿:《啸亭杂录》卷7之《木果木之败》条,中华书局,1980年,第217页。
③ 温福初抵金川地区,倚仗清军兵多、粮足、炮利,确实取得了一些小胜利,于是兵分七路,企图凭兵力优势速战速决。待决计统兵直捣小金川土司官寨所在的美诺一带后,温福已听不进将士劝其徐徐图之,万匆冒进的"良言",想当然地以为僧格桑与索诺木不和,二人定不会联手,遂对小金川的降民毫无防范之心。这些均为木果木惨败埋下后患。
④ 《清高宗实录》卷937,乾隆三十八年六月丙午;乾隆三十八年六月辛亥。
⑤ 《清高宗实录》卷938,乾隆三十八年七月丁卯;《清高宗实录》卷943,乾隆三十八年九月乙亥;《清高宗实录》卷945,乾隆三十八年十月壬子。

两金川土民合围袭杀的绝境中力战而亡，加上此前多有攻碉克敌之战功，无论如何他都不是乾隆皇帝在上谕中反复斥责的"疏于防范"之武将。

木果木大败，军营崩溃，主帅温福毙命，不仅造成军心震动，还使得大金川人士气大振，小金川各地归降民众亦纷纷反水。结果，为形势所迫，阿桂不得不率领全军撤出大金川。于是，清军进剿大金川一事不得不中止，须待再定小金川后，才能厚集兵力再图大金川。可见，温福之玩忽职守，极大延宕了清军进剿大小金川的进程。对此，乾嘉之际的昭梿在《啸亭杂录》中说道："往昔温将军木果木之败，可为殷鉴。昔宋总兵元俊，乘胜之捣美诺，若当时厚集兵力，一鼓珍灭，金川可以早定。"①魏源也在《乾隆再定金川土司》一文中尖锐地指出，如果没有"温福之俦辕失律"，清军再征金川"亦劳不致此"。② 从另一个角度来讲，木果木大败，给了逃往大金川的僧格桑及其属民，以及大金川土司索诺木和大头人们以极大的信心，自此对抵抗清军和不时偷袭清军营盘更加上心。这必然增加清军此后分路进剿大金川之难度。

除了主将温福外，取代阿尔泰为四川总督的桂林在军务上处置不当，亦给清军进剿金川造成了巨大损失。乾隆三十七年春，清军初定小金川期间，桂林以官兵重大伤亡为代价，克复革布什咱三百余里，逼近小金川要地僧格宗，此后便骄傲轻敌、疏于谋略，以致酿成大错。僧格宗前隔大河，小金川人在沿河一带设碉修卡、防守严密，攻之绝非易事。桂林被此前的胜利冲昏了头脑，在没有经过周详计划的情况下，令参将薛琮仅带领汉土官兵 3 000 人，携 5 日口粮，从仅容一人侧身通过的墨垄沟绕至敌后山梁，实行夹攻。薛琮率部到达预定地点，即被小金川人截断后路，而桂林与铁保等竟只隔河放炮，虚张声势，并未渡河接应。在薛琮部遭围困时，桂林身为前敌统帅，竟撒手不管，径自返回卡丫军营，并将铁保等撤回。薛琮部被困，弹尽粮绝，差人向桂林求援。桂林却未采取任何救援行动。待薛琮因处境极其危险，再次差人向桂林告急，桂林这才命人领兵前往，但为时已晚。最后，薛琮本人阵亡，其所率 3 000 官兵，或战死，或被俘，或坠崖落水，得以泅水返回大营者仅二百余人，几近全军覆没。墨垄沟惨败，桂林绝对难辞其咎，也因此遭到军中不少人参奏。③ 此次失事，使南路官兵士气大伤，事后两月按兵未动。随后，阿桂抵

---

① ［清］昭梿：《啸亭杂录》卷 7 之《木果木之败》条，中华书局，1980 年，第 217 页。

② ［清］魏源：《圣武记》卷 7 之《乾隆再定金川土司记》，中华书局，1984 年，第 308 页。

③ 该段有关桂林处置不当造成墨垄沟大败和桂林遭鄂尔泰等参奏之事，具体参见《清高宗实录》卷 904，乾隆三十七年三月庚子；《清高宗实录》卷 908，乾隆三十七年五月辛丑；《清高宗实录》卷 912，乾隆三十七年七月辛丑；《清高宗实录》卷 927，乾隆三十八年二月乙亥。另参见［清］阿桂总纂：《平定两金川方略》卷 19，乾隆三十七年二月癸巳；《平定两金川方略》卷 21，乾隆三十七年三月庚子；《平定两金川方略》卷 25—26，乾隆三十七年四月丙寅、壬申、丙子诸条。

达军营,虽继续发动官兵进攻,但在很长时间里亦不过相持消耗。

总之,在两次金川战争中,张广泗、讷亲、阿尔泰、温福、桂林等主要将领多有措置不当,给清军进剿和防守带来了巨大失误,给两次战争带来了诸多不利影响,实乃清军难以攻克大小金川的主观原因之一。①

第三节　清军兵丁和随征土兵的战斗力堪忧

由前文可知,乾隆皇帝和清军将领的主要失误是影响两次金川战争的重大原因。在此,还须专门指出的是,作为进剿大小金川之主力的绿营官兵庸懦、畏战,作战能力有限;各嘉绒土司肯派出随征土兵不过是为求自保和向朝廷表示忠心,故而亦不足倚恃。这造成清军的整体战斗力不容乐观(在第一次金川战争中尤为明显),同样不利于两次战争的顺利推进。

一、绿营官兵普遍庸懦畏战

与大小金川人同心誓死、全力战守相比,清军虽拥兵数万乃至先后调兵近十二万余人,但在士气、军纪、山地作战能力等方面均与两金川土兵形成了鲜明对比。从各省调往前线的大批绿营官兵,不仅纪律涣散,还不善山战(川、黔兵丁除外)。这势必不利于清军进剿大小金川。

第一次金川战争期间,绿营兵丁的诸多庸懦无能之表现着实令乾隆皇帝切齿。以张兴、陈礼部惨败为例,副将张兴在马邦驻营之右山梁系粮运经由要地,由游击陈礼带兵三百名驻扎防守,大金川人多次前来进犯均被击退,然而,(乾隆十二年)十二月初七日,二百余名大金川人齐发枪石,官兵立即相率逃奔,以致自相践踏、坠崖而亡者达数十人,水运粮道亦被阻塞。② 这样的败局不仅震惊了朝野,而且极大助长了金川土民的战斗信心。此次惨败,既与张广泗没有及时派兵救援有关,又与官兵怯懦无能不无关系。张兴大败不久,驻守曾达山梁上的郎建业、徐克猷二人所率千余名兵丁亦不敌大金川四五百名士兵之进攻,副将马良柱等发兵应援,游击孟臣亦带兵出战,却都不能击退大金川民众,最后这些官兵只能且战且退,以致丧失此前所据要隘,并丢失大量军事物资。③

---

① 须承认,许多中层将领在具体作战中过程中屡有失误,亦是造成清军失利的重要原因,譬如张兴失事,除了与张广泗之不作为有关,还与一些将弁隔岸观火,不进行切实救援有关;又如松潘镇将宋宗璋自进剿大金川以来从未见其实心效力等。
② 〔清〕来保总撰:《平定金川方略》卷5,乾隆十三年正月丁未。
③ 〔清〕来保总撰:《平定金川方略》卷5,乾隆十三年三月丙戌。

更有甚者,乾隆十三年秋,清军进攻喇底二道山梁时,"统领之副将、游击等,但督率至沟口而止,带兵之备弁,又复落后,仅有兵丁在前,已至各碉下围攻,忽闻应援贼番,有数十人从山梁呐喊压下,我兵三千余众自相拥挤,踉跄奔回,多有伤损"①。绿营将弁不能身先士卒,兵丁不肯冲锋陷阵,以致区区数十名大金川人嘶喊冲杀即可令三千余官兵惊恐而逃。由是可知,军营士气之低迷、战斗力之差到了何种地步。乾隆皇帝对官兵俱怀畏怯、遇战即溃之表现感到万分气愤,遂诘问道:"况前后折奏皆称贼番仅数千人,乃我兵所到,伊等陆路俱能抵御,何以我兵四万之众尚联络不严,致有疏漏,而三千人仅能广为分布?"②这番诘问从侧面反映了清军将弁之无能、兵丁之怯懦、军纪之涣散。可见,"汉兵素有不战自溃之名"③,绝非妄言。

面对各路官兵不能奋勇直前之情势,乾隆皇帝不仅大失所望,而且为之感到万分焦虑。他在上谕中接连责问道:"川兵行山是其所长,而一临矢石辄复败逃,所长何在? ……今览奏又失所望,将来此事兵力何所倚仗? 军务作何调度? 日复一日,师愈老而气愈怯,岂能久顿坚碉之下坐待成功?"④乾隆十三年九月,张广泗等又奏:"八月二十四日夜,有贼二三十人,假扮革布什咱之土兵,混入营内,值汉土兵尽皆睡熟,以致守备王良弼带伤,并亡汉兵五名,所得营卡仍被夺回,并失去半截废炮一位。"⑤乾隆皇帝闻之气愤不已。他随即在给张广泗、讷亲等的谕令中一针见血地指出:"夫立营,儆夜,严更鼓,慎巡防,乃军法所最要。今有贼入营,兵将皆酣眠不觉,且贼不过二三十人,乃竟至伤兵失械,营卡不守,则其平日毫无纪律,视同儿戏。可知,金川自用兵以来,大约失之严迫者少,失之懈弛者多,总由军纪不明,以致无一合宜。"⑥

另外,守碉之兵丁竟因吸烟而引燃大量储备火药,造成巨大人员伤亡。乾隆十三年四月二十九日,值日看守碉楼火药之兵丁魏良栋、王思贤二人叼烟袋上碉楼查看刻漏(计时器),然后回卡歇宿,却将烟袋遗留在火绳之上,以致延烧火药十六笼,轰塌碉楼,压死官兵及家奴共计四十六人,魏、王二人亦俱伤毙,又带伤官兵数十人;面对这样低级的失误,将弁竟然谎称是碉楼遭雷劈所致。⑦ 由此可见,清军的军纪败坏至何等境地。

不过,还应承认,众绿营官兵之所以长期士气低迷、纪律涣散,实与统帅

---

① ［清］来保总撰:《平定金川方略》卷 11,乾隆十三年八月庚子。
② ［清］来保总撰:《平定金川方略》卷 11,乾隆十三年八月庚子。
③ ［清］来保总撰:《平定金川方略》卷 11,乾隆十三年八月庚寅。
④ ［清］来保总撰:《平定金川方略》卷 11,乾隆十三年八月庚子。
⑤ ［清］来保总撰:《平定金川方略》卷 13,乾隆十三年九月庚午。
⑥ ［清］来保总撰:《平定金川方略》卷 13,乾隆十三年九月庚午。
⑦ ［清］来保总撰:《平定金川方略》卷 10,乾隆十三年闰七月丙子。

张广泗等胸无进剿良策,经年株守,且待下刻薄寡恩,以致军心浮动不无关系。况且,官兵长期暴露在大金川山多林密、天寒雪多的恶劣环境里,加之战事进程屡受阻滞,士气容易积疲。尽管这些不是军纪败坏到无以复加地步的理由,但这些确实是引起军心涣散的重要原因。

由上所述不难明了,第一次金川战争充分暴露出清军人数虽众,但怯懦无能,因而他们根本无法与占尽天时地利且同心誓死、擅长山地战的大金川民众相抗衡,遑论迅速攻克大金川及擒获土司莎罗奔。

及至第二次金川战争期间,乾隆皇帝一再督令将弁务必严明军纪,还格外注重调兵遣将,特别要求派出大批满洲八旗驻防精兵,清军战斗力果然比前次大为提高,因而得以逐步推进,直至平定两金川。然而,此战期间官兵畏战、纪律涣散之事仍时有发生,同样给清军的进剿行动带来了极坏的影响。

乾隆三十六年秋,在大兵齐集前,四川提督董天弼在西路先行带领汉土官兵进剿,因带兵少不敷调拨,以及绿营兵怯懦无能,将已攻克之碉卡丢失,已占据之毕旺拉一路亦被小金川夺去。[①] 乾隆三十六年十一月,董天弼一路官兵将已经攻得之牛厂石卡丢失,官兵多有损伤,还丢失枪炮,而且,该路官兵在德尔密已经夺取的碉卡同样丢失。董天弼希图对这些失误进行掩饰。这让乾隆乾隆皇帝对绿营兵之战斗力和将弁的能力感到万分失望。于是,乾隆皇帝在上谕中怒斥道:"必系狃于绿营陋习,专仗土练守御,而无能之绿营兵众,率皆畏葸观望,领兵将弁,又不知督策而前,一遇贼至,辄尔动摇奔溃。"[②]

另就前述墨垄沟失事而言,薛琮部三千余人不能对抗数百名大金川人之围困,而救援部队不肯奋力渡河相助,均表明该路官兵实非能征善战之辈。墨垄沟大败,南路清军士气锐减,按兵不动达数月之久,难有实质推进。同样地,木果木大败和小金川得而复失俱与官兵之庸懦无能密切相关。乾隆三十八年六月初一日夜,两金川土兵潜回小金川之底木达,趁官兵不备,和小金川降民里应外合,一鼓作气攻下董天弼驻守之军营,放火烧毁全部营帐,并将董天弼击毙;随后,大金川土兵又夺取了喇嘛寺粮台,以及布朗郭宗等处,截断了温福一路之后路及其与阿桂一路的联系;紧接着,大金川土兵千余人向木果木大营进逼,而驻扎木果山梁的侍卫德尔森保部官兵3 000余人闻风溃散;结果德尔森保毙命,大营炮局丢失;六月初十日,大金川人设法切断军营水道,温福见形势危急,便与海兰察一起带领满汉官兵突围,但遭大金川人截

---

① 《清高宗实录》卷892,乾隆三十六年九月戊申。
② [清]阿桂总纂:《平定两金川方略》卷11,乾隆三十六年十一月甲子。

击,结果,温福中枪而亡,官兵则争相逃命,战死及被俘者多达 4 000 余人,并丢失大量物资。① 须知木果木大营有满汉官兵不下 2 万人,竟不敌千余名两金川人之冲杀,其怯懦畏战自不待言。董天弼等奉命率兵驻守小金川底木达、布朗郭宗一带要隘,专门防守后路,却因温福只肯给他拨兵几百名,仅够分拨防守而无力长时间顶住金川土兵的突然袭击,随即温福所在的木果木大营也被金川土民攻破,以致小金川渐次失守。这直接导致清军不得不从大金川境内撤出,由全面进攻转为全力防守,并且还需再次进剿小金川。

总之,作为主力的绿营官兵士气积疲、怯懦畏战,实不利于清军进剿大金川。也正因为如此,在第二次金川战争中,乾隆皇帝于正式宣战后,力主派出大量精锐旗兵,并极力督促将帅加强对绿营官兵的纪律约束,使之战则锐意冲锋,守则严密巡防。

二、各司随征土兵不堪任用

清廷考虑到大小金川人尤其擅长山战,而绝大多数绿营官兵和满洲兵不善攀爬山径、不习严寒、不熟悉当地环境,便于两次金川战争期间或直接派拨金川周边诸土司之土兵从征,或允许主动投诚、恳请从征之土目带兵相助,希望得其相助而于攻剿有利。事实上,清廷虽为之花费不少盐菜银,但土兵实际上不足倚恃,甚至完全不堪信赖。

首征金川初期,川省绿营将领就指出土兵不可信用。乾隆十二年五月,四川提督武绳谟奏:大金川土司莎罗奔四出侵扰邻司,意图进犯打箭炉,游击罗于朝带汉土兵抵御,遭大金川人伏击,从征土兵四散,以致官兵被伤;随后,前线将领察知,大金川之众邻司中唯有革布什咱与之素有仇隙,而绰斯甲布与之联姻,瓦寺亦与之有亲戚之谊,所派调之土兵素性狡诈,因而担心这些土兵临敌观望不前,向背叵测,以为应当多派汉兵,方于进剿有益;乾隆皇帝亦认为罗于朝所带土兵四百名中途遇伏不战四散,即为土兵之不可倚信之明验。②

乾隆十二年四月下旬,小金川、理塘、鱼科、霍尔、德尔格等土司望风归附,俱表示愿遵调遣,先后各发兵前来助剿。③ 不久,张广泗奏称:"金酋地险,贼众数倍瞻对,大兵进剿,势须分路攻击。……现在汉土官兵,虽有二万余名,然土兵半未到齐,且其性见利不相让,见害不相救,惟视官兵之强弱以为进退,故土兵不足恃,而官兵宜努力自强也。"④不久,张广泗、庆复在另一

---

① 王戎笙主编:《清代全史》第 4 卷,方志出版社,2007 年,第 271 页。
② ［清］来保总撰:《平定金川方略》卷 2,乾隆十二年五月甲午。
③ ［清］来保总撰:《平定金川方略》卷 2,乾隆十二年五月乙巳、乾隆十二年六月丙子。
④ ［清］来保总撰:《平定金川方略》卷 2,乾隆十二年五月庚戌。

折中又称:"土兵不甚得力。"①应当说,张广泗等对川西北各土司派出之随征土兵的认识非常准确。乾隆十三年正月,踞守逊克尔宗小碉之土兵见清军连失要隘,便主动私下里与大金川人讲和,并随之渡河扬长而去;乾隆皇帝则由此意识到土兵素性反复,不过随风转移,即使投顺效力,仍怀首鼠两端,原本就不可信用。②

尤须注意的是,尽管军营中土兵不下二万余人,但因种种原因而战斗力堪虞,有些甚至根本不能投入战斗。乾隆十三年八月,岳钟琪奏称:"(党坝一路)杂谷土兵,去岁原系挨门拨派,并未挑选,致多老弱充数。每遇进攻,或潜避林菁,或卧伏波澜低凹之处,坚不前进,虽善为驾驭化导,或少悛改,然土兵宜远不宜近,可暂不可久。今梭磨等处土兵离家不远,不无系恋妻子之心,况随征年余,人情疲滑,积习难除,惟守营防卡尚可资其遣用。所派松潘口外之唐古忒土兵一千五百名,平昔惯于驰马,一旦至此高峰峻岭,不能登山涉险,即所执器械,弓箭短小,并无火器,更难适用……(因而)杂谷土兵既积滑不力,唐古忒土兵全无可用……"③张广泗亦承认:"至于(随征)土兵,怯懦之习在在皆然。"④乾隆皇帝也认可随征士兵多属不可用者。

总之,在清军首征金川期间,数万从征土兵并不打算为清军实心效力。究其原因,实系派兵从征之土司首鼠两端所致:一方面虑及清军人多势众,担心若不随征则无以向朝廷表忠心,亦无机会乘势占据与大金川相邻之土地、民众,另一方面又害怕清军不能顺利攻克大金川,若拼死助剿则日后难免会遭到大金川土司报复。因此,各司虽纷纷恳求派兵出征,但每遇战争,多敷衍了事,或即行溃散,或不肯前进,甚至与大金川人连和。一些土兵则完全不适应山战,竟全无用,不过在营中徒费粮饷罢了。不过,我们也要看到,第一次金川战争中,清军无论将弁还是兵丁表现极差,使得进剿处处受阻,以致长期顿兵不前,这让从征土兵看不到清军获胜的希望,自然不愿为之拼死效命。

清军再征金川期间,由于满汉官兵俱肯冲锋陷阵、将帅亦奋力督战,使得军中的士气比首征金川期间要好得多,进剿之效力亦大为提高,加之清廷对派兵助剿之土司大加笼络,使得从征土兵的表现有了很大改观。⑤ 不过,此

---

① 《清高宗实录》卷291,乾隆十二年五月庚戌。
② 〔清〕来保总撰:《平定金川方略》卷5,乾隆十三年三月丙戌。
③ 〔清〕来保总撰:《平定金川方略》卷11,乾隆十三年八月庚寅。
④ 〔清〕来保总撰:《平定金川方略》卷11,乾隆十三年八月庚寅。
⑤ 第二次金川战争期间,清军逐步推进,气势甚锐,直至攻下两金川,遂让从征土兵不敢小觑;乾隆皇帝亦利用他们欲分两金川之地的心理,鼓励其积极配合攻守,因此,此战中,不少从征土兵颇肯出力。此外,乾隆皇帝谕令诸如大小金川境内所有米谷牲畜,及粗糙衣具等类,原不妨任从征土目、土兵取携,而且从征受伤、身亡之土目、土兵均受到朝廷抚恤,有功劳者无不一一受赏,这也在很大程度上鼓舞了土兵踊跃争先。

战期间同样存在从征土兵之不可倚恃、不足信用的情况。譬如,乾隆三十六年秋,董天弼带领汉土官兵先行进攻德尔密、甲金达一带,已经夺获一些碉卡,后因小金川人趁雾雨迷漫之时,于左右山梁蜂拥而至,守碉之瓦寺土兵,辄行惊溃,以致已得碉卡都丢失。[①] 乾隆皇帝据此认为小金川人可以趁雾雨来犯,而守碉之土兵却不能趁雾迎战,足见其无能;后经查明,这些瓦寺土兵的确是懦弱充数之辈,远非精壮得力之人。[②]

另外,虽然清军得到三杂谷、革布什咱、明正等司之众多精壮土兵之协助,但是绰斯甲布等土司之兵却不易调遣。绰斯甲布土司与大金川土司之间系姻亲关系,遂对协助清军进剿一事持观望态度。及至乾隆三十七年九月,绰斯甲布土司方肯有条件出兵协剿。据阿桂奏称,绰斯甲布土司虽然肯派兵随征,必俟官兵前进,方肯多派土兵助剿,而南路各土司,又必俟绰斯甲布协助,方能实力奋攻,是以此路进兵尤急。[③] 还有一些土兵心怀观望之意,害怕一旦清军失败,就会被大金川报复,不肯实心出力。乾隆三十七年十一月,阿桂又奏,随营征剿之土兵除明正、革布什咱土民外,均不肯鼓勇向前。[④] 另有一些随征土兵因不习山地战而全无所用。譬如,德尔格土司派出之一千八百余名土兵,唯擅马上作战,登山越险非其所长,不宜留用(如果一直留营,不过徒耗粮饷罢了),于是,阿桂等奏请将其撤归德尔格。[⑤]

显而易见,清军在进剿过程中欲得到各土司派出的土兵协力相助,自身更应努力进取,否则,土兵断不肯为之冲锋陷阵,反之,土兵则肯实心效力,才有可能对清军进剿有裨益。另外,从第四章第一节论述的嘉绒土司通过婚姻关系建立的政治同盟具有易变性可知,土兵是否肯效力,与金川土司在与清军的对抗过程中是否居于上风有关。如果金川土司占优势,这些土兵便不肯真正投入助力清军的战斗之中,甚至还会暗中帮助金川对抗清军。若是看到金川土司没有胜算,他们就会愿意认真协同清军开展进剿行动。

本章小结

综上可知,清军两征金川除了极大受制于当地之地形、气候、战碉、金川民众之誓死抵抗等客观因素之外,实与乾隆皇帝、将弁以及汉土兵丁的诸多

---

① 《清高宗实录》卷892,乾隆三十六年九月戊申。
② 《清高宗实录》卷892,乾隆三十六年九月戊申。
③ 《清高宗实录》卷916,乾隆三十七年九月甲午。
④ 《清高宗实录》卷921,乾隆三十七年十一月癸丑。
⑤ 《清高宗实录》卷921,乾隆三十八年正月己未。

失误有密切关系。甚至可以说，在很大程度上，正是他们的一系列失误，使得各路清军原本就十分难以推进的战役更加难打。首先，第一次金川战争之所以草率完结，实与乾隆皇帝贸然出兵又草率撤兵甚为相关。轻率出兵，使得战前诸多准备工作没能做足，对作战对象和作战环境均缺乏切实了解，对作战困难的估计严重不足，不可避免地影响了作战部署和实际战斗效果。而草率撤兵又使得清军白白断送了可能获胜的机会，并使得大金川土司及其邻司愈加藐视朝廷威严，更加不肯遵奉地方文武官员之约束，从而为大小金川土司随后再起衅端埋下祸因。至于第二次金川战争初期，清军进剿不利，亦与乾隆皇帝不了解小金川之实情而贸然出兵有关。其次，张广泗、讷亲、温福、桂林等将领分别在两次金川战争期间多有措置不当，既胸无克敌制胜之良策，又不善全盘统筹军务，因而极不利于清军之进剿和防守，严重影响了作战绩效。然而，从根本上讲，这与乾隆皇帝用人不当甚有关系。再次，绿营官兵怯懦畏战，而众土司派出之随征土兵不足倚恃，使得清军在与大小金川土兵正面交锋时屡屡失利。绿营官兵作为进剿主力如此不堪重用，难以避免给两次金川战争，特别是第一次金川战争造成极坏的影响。

另外必须承认，第二次金川战争期间，清军同样在天时、地利方面不占任何优势，官兵和夫役亦遭受多重掣肘，备尝艰辛，但得益于乾隆皇帝和阿桂、明亮等将领格外注意吸取此前种种失误带来的经验教训，积极调整进剿策略，狠抓军营纪律，以及官兵皆能奋勇直前，随征土兵亦肯实心效力，加上刘秉恬、文绶等能臣竭力统筹大规模后勤运输工作，确保各项军需供应无虞，遂得以克服重重困难，最终平定两金川。

余论:历史镜鉴及两次金川战争再评价

　　是著的重点不是叙述乾隆朝两次金川战争的过程及结果,而是以大量档案史料为依据,结合其他文献和田野调查资料,深入、细致地论述作为清军对手的大小金川土司的社会状况,厘清其在传统文化习俗方面和现实政治需求层面分别与藏区和内地建立的差异性联系,揭示其为何执着于"诸酋之长"的政治目标的文化心理;着力分析诸如山高林密、崖礴陡削的地形地貌,高大坚固的战碉,雨雪频仍的天气,以及骁勇善战之大小金川土民等因素对清军进剿造成的重重阻遏,从而得以窥探清军在这两次战争中一再吃尽苦头的主客观原因。借由这番检讨,可以清晰地感受到,交战双方之间存在着较为深厚的文化隔膜,并且双方在川边秩序认知上存在巨大分歧。终因文化隔膜和难以调和的政治矛盾,导致爆发了震惊朝野、影响深远的乾隆朝金川战争。此外,第二次金川战争期间,不仅乾隆皇帝的思想发生了由"深悔从前错误办理"到坚持"不灭不已"的急剧转变,而且清军将领亦在进剿过程中表现出全新的精神面貌。这些"变化"背后的深层原因同样值得深究。是著便是针对大小金川战争问题研究的薄弱环节进行的新探。在此基础上,着重总结乾隆朝两次金川战争暴露出来的不同问题和历史启示显得尤为必要。

　　同时,全书主体部分的论述已经清楚地表明,金川战争蕴含的丰富历史内涵,仍值得继续深挖。不可否认,今天通过相关官书和档案文献看到的金川战争记载,是主导历史记录话语权的清王朝留下来的,反映的是乾隆皇帝希望当朝和后世看到的两次金川战争的样子。即便如此,战争毕竟是作战双方共同推动完成的剧烈政治和军事博弈,因而通过对官书和档案文献中关于两金川及其周边土司的芜杂记载加以抽丝剥茧般分析,仍可管窥被记录的两金川土司与土民的诸多面相。因此,在全书的结束部分,笔者拟从同等观照交战双方的视角出发,揭示清廷对川边关系的设想和实践的曲折过程及其背后的原因,并阐明金川土酋对朝廷敕封的土司与国家之间关系的地方性认知,进而指出他们坚持抗击清军长达数年之久的根本原因。

一、两次金川战争暴露的不同问题和启示

通过前面数章主体内容可以深入了解到,乾隆朝两次金川战争期间,清军均受到当地险恶的地形、恶劣的气候、坚固的碉卡,以及尤擅山地战的大小金川民众之拼死抵抗等客观因素的极大制约,以致清军在后勤运输方面须承受巨大的压力,并且在军事行动上屡屡受挫。不过,清军的进剿行动还受乾隆皇帝盲目出兵和轻率撤军、用人不当、将领措置不当且相互失和、绿营官兵怯懦畏战、土兵不足倚恃等主观因素的深重制约。正是这些主客观原因的交互作用,使得兵多粮足的清军长期难以攻克兵寡粮乏的大小金川。

历史研究的魅力不仅是探求真相,而且还在于了解真相之后,可以继续思考当时无论是主动还是被动卷入历史洪流的人们,是不是真的别无更好的选择,以及如何避免重蹈覆辙的问题。透过对大小金川土司社会文化多元面相,以及清廷在推进金川战争过程中的复杂处境及艰难应对的探究,还可挖掘这两次战争背后蕴藏的一些问题及相关经验教训。

首先,第一次金川战争之爆发,暴露了清廷和大金川土司在看待土司构衅的问题上,存在着极大的认知分歧。双方之所以在这一问题上各执己见、莫衷一是,实与各自的出发点以及各自所处的文化系统迥异有关。更重要的是,当这种分歧带来的矛盾难以调和时,战争一触即发。

尽管乾隆皇帝此前坚持"以番制番"的边疆治理策略,认为川西北一带的土民均嗜仇杀,素习争斗,不可遽然兴兵,但因瞻对之役(乾隆十年至乾隆十一年)不了了之,使清廷在川西北地区威严扫地,加之边吏纪山力请出兵,乾隆皇帝遂认为大金川土司之所以敢于不断侵扰邻司,实与清军在瞻对之役中草率了局颇有关系,甚至认为大金川民众敢与坐汛官兵相抗,表明该司有心觊觎内地。于是,乾隆皇帝为了挽回瞻对战争失利之颜面,更为了在川边土司地区建立统治威信,以便达到一劳永逸之目的,遂决心出兵大金川。实事求是地讲,乾隆皇帝在处理大金川土司与他司之纠纷的问题上既不够冷静,又显得急功近利。从表面上看,乾隆皇帝之所以这样急功近利,确实与他对川西北土司地区颇为陌生,对清军进剿大金川的难度之估计严重不足颇为相关,但追根究底,则与乾隆皇帝作为一国之君,考虑到大金川所在的嘉绒土司地区位于川藏交通要道,断不肯任凭该土司独自坐大有关。

与乾隆皇帝相比,大金川土司莎罗奔则从当地的传统习惯出发,并不觉得他出兵侵占邻司地方、掳掠邻司人口和牲畜等行为有何不妥之处。因为,土司制度本身就具有浓厚的割据性,相互间争杀攘夺乃寻常之事,说到底亦不过是土司之间的内讧罢了。客观地讲,几乎每个有一定实力的土司都希望

尽可能地拓展地盘、增加本司人口数量,以便扩张势力。正是基于这种利益考量,大金川土司莎罗奔一方面积极与邻司进行政治联姻,譬如将一侄女配给小金川土司,将另一侄女嫁与巴旺土酋,以便钳制这两家土司,另一方面又屡次出兵革布什咱,并攻打明正土司所属之鲁密、章谷等地,而这些地方的土民都望风畏避,清军坐汛把总李进廷亦抵挡不住大金川土兵的攻势,只得退保吕利。① 然而,莎罗奔并未就此罢手,反而趁势攻围霍耳章谷,致使千总向朝选阵亡。随后该土司又出兵侵压耗牛(地名),枪伤游击罗于朝。莎罗奔如此大张其势,甚至敢于对抗清廷之坐汛官兵,彻底触怒了乾隆皇帝——认为必须出兵大金川,对其大加惩创,以"宣示皇威","以全国体"②。

可以笃定地讲,由于乾隆皇帝和大金川土司莎罗奔之政治身份不同、浸染的政治文化迥异,政治追求亦相左,使得他们在对待土司纷争的问题上存在着很难调和的矛盾,而第一次金川战争便是这种矛盾趋于白热化的产物。不过,笔者欲在此基础上强调的是,作为历史研究者不仅要努力通过扩展新史料、运用新方法来揭示历史真相,而且要在努力靠近真相、认识真相之后,保持清醒的认知——被记录的历史真相并不是必须如此发生,其实可以有更好的选择和更好的结果。对第一次金川战争的反思性认识,亦应如是观。即充分了解第一次金川战争爆发的各种原因,以及战争难以推进的诸多掣肘,自然有其意义,但这只是对史实的考察,更重要的是应当从中吸取历史经验教训。就乾隆朝第一次金川战争而言,最突出的历史教训:一是,面对边徼地区的族群内部纷争时,最高决策者务必保持冷静,决不可为了"颜面"而草率兴兵,否则很容易陷入更大的麻烦之中,反而会颜面尽失;二是,唯有深入了解嘉绒土司与土民的文化心理、传统习俗,才能对部落间的纷争做出恰当的判断,并在此基础上寻求最佳解决方案,而不是简单粗暴地诉诸武力。

其次,在清廷正式宣战之前,交战双方对第一次金川战争之结果的预期大相径庭。这实际上反映了交战双方在作战理念上迥然有别。

乾隆皇帝以为,大金川不过弹丸之地,人口有限,而清帝国兵多马壮、枪炮威力大、粮饷及弹药皆充足,还有其他土司之土兵相助,自然不难速灭之。同样地,张广泗身为统帅,有丰富的征苗经验,便以为统领数万官兵迅速攻克大金川绝非难事。事实上,乾隆皇帝和张广泗对此战难度之估计,均严重脱离实际。乾隆皇帝和张广泗均对大金川境内的山川形势、气候特点、碉卡设置情况、土司属众的战斗力等方面缺乏必要的了解。况且,远距离调拨而来

---

① 《清高宗实录》卷 284,乾隆十二年二月癸酉;《清高宗实录》卷 286,乾隆十二年三月壬寅。
② 《清高宗实录》卷 284,乾隆十二年二月癸酉。

的数万官兵中,除了川兵、黔兵等还算适应山地战争外,其余各省拨兵均不习惯行走陡峭山道、穿越深林密菁。至于被清军视为进攻利器的大炮不仅因道路险恶而难于搬运,而且对轰击矗立于高山要隘处的高大战碉效果甚微。大金川附近的诸司虽因对清廷心怀畏惧而派土兵从征,但亦因害怕万一清军不能剿灭大金川招致报复,均不肯实心助剿。坦率地讲,大批清军在大金川这等"跬步皆山""战碉林立"的战场上的杀伤力实在有限,而大金川土司和属众的战斗力则万万不可小觑。可以说,乾隆皇帝和张广泗之盲目乐观、骄傲轻敌,为此次清军进剿屡屡失利埋下了祸根。

相比而言,大金川土司莎罗奔则对清军之进剿毫无惧意,并认定清军迟早要撤出嘉绒地区。面对数万大军压境,莎罗奔能够如此从容不迫,充分显示了他极为恃强好战的气性。不过,莎罗奔并不惧怕清廷出兵征讨,更多的是基于这样几个方面的考虑:第一,此前的瞻对之役让大金川土司莎罗奔和其头人们认识到,清军在川西北山地的作战能力十分不堪,尤其不擅长攻碉夺卡,并且军中上下纪律极为涣散,促使他们对充分利用高山密林、战碉等优势阻击清军一事颇有信心;第二,大金川土司和属众对清廷因其争地盘而坚持出兵很不满,愿誓死保卫本司,加之大金川的民众是川西北众土司中最为彪悍善战之辈,因而,他们对抵抗不擅山地战的官兵自然底气十足;第三,莎罗奔还依据清军在瞻对之役末期不了了之的事实,坚信只要全司上下奋力抵抗,迫使清军在大金川腹地难以寸进,要不了一年半载,清军终会退回内地。可见,大金川土司莎罗奔对清廷用兵川边的套路已有一定了解,并对清军的战斗力有很清醒的认识,还特别清楚如何以己之长攻彼之短。正因为大金川土司莎罗奔和其属众拥有良好的应战心态,并预先积极筑碉设卡、挖沟立栅,遂能在首次金川战争中充分发挥其卓越的山地作战能力。

由是观之,乾隆皇帝决意出兵征剿大金川,却完全没有做到知己知彼。一方面,他对大金川的具体情况甚为陌生,对清军的山地作战能力缺乏实在的判断,对长时期、远距离、大规模的后勤运输压力亦估计不足,另一方面,他和张广泗以为凭借兵多、粮足、炮利便可迅速平定大金川、擒获土司莎罗奔。结果,清军进兵不久便陷入前不能进、后不能退的窘局,并在近两年的时间里始终没有找到攻碉夺卡、快速推进的作战良策。乾隆皇帝为之焦虑、悔恨不已,并在撤出大军时承认,实不知用兵金川如此之难。甚至为了劝经略傅恒不要恋战而在上谕中喋喋不休地"自剖心迹",先强调"用兵本非王道",接着表示"朕若早知川省物力疲弊,地方险阻,实不肯为此举,而此番料理已未免有类孤注";继而坦言"今各省拨协钱粮,已动及留备,而部库所存,通计仅二千七百余万(截至此时,金川一役,用银几及两千万两),遂忧心迁延日久,则

"士马疲惫,馈运繁难"。① 与其相比,大金川土司莎罗奔则对清军进剿心中有数,遂能充分利用主场作战的诸多优势从容应战,并且愈战愈勇。

再次,清军在第一金川战争中长期顿兵不前,甚至众不敌寡,深刻暴露了当时的国家机器确实存在诸多或隐或显的弊端。②

首征金川期间,大批清军进抵大金川后,在遭到当地高山密林、坚固战碉、终年多雨雪的天气、两金川人誓死抵抗等客观因素的严峻阻遏之后,乾隆皇帝见速胜无望便方寸大乱,将帅则不思进取,以致各路官兵株守经年,几无战绩可言,而兵丁则极端畏战,甚至不战而溃。最终,乾隆皇帝没能顶住压力,不得不坚命清军撤出大金川。要知道,清廷在这次战争中投入的兵力接近大金川土兵总数的十倍,并且在军需供应上亦远优于大金川。换句话说,尽管遭到诸多客观因素的遏制,但清军并非完全没有扭转战局的机会和条件。这至少暴露了当时的国家机器存在以下几个方面的弊端。

第一,首征金川战争期间,不足四十岁的乾隆皇帝虽已继位十余年,但统治经验明显不足。首先,乾隆皇帝对如何处理土司肆意扩张地盘的问题缺乏理性、全面的认识;对用兵金川一事,始则盲目乐观,继而缺乏底气,终则信心全无。其次,在面对清军长期阻滞不前的难题时,乾隆皇帝只是一味地增兵增饷,而不懂增兵不如选将;及至不得不另派要员督战时,乾隆皇帝竟派出完全不懂军务的讷亲前往督战。再次,待不得已起用老将岳钟琪时,乾隆皇帝又没能重用这名熟悉川边民情民俗的干将,对其呈奏的合理建议未予考虑。更糟糕的是,乾隆皇帝对统帅张广泗之措置不当一再姑息,结果不仅贻误战机、糜费粮饷,而且影响了军心。在这场战争中,乾隆皇帝显得十分急功近利、不切实际,因此,作为一国君主,其"运筹帷幄之中,决胜千里之外"的能力的确有待加强。

第二,首征金川期间,清军长期困顿不前亦暴露了此时清廷急缺得力将弁。在决定出兵大金川时,乾隆皇帝能想到的出征统帅之不二人选便是久镇边疆的张广泗。换句话说,这时乾隆皇帝根本找不到比张广泗更有经验和能力的人统兵进剿大金川。待正式进兵半年后,乾隆皇帝虽已得悉张广泗根本没有办法有效地组织官兵攻打大金川的坚固碉卡,遑论扭转各路将领顿兵不前之不利战局,但他只能顺从张广泗所请,继续增兵增饷,坐待来年奏捷。及至开战第二年的上半年清军仍无实质性进展时,乾隆皇帝因找不到可以取代

---

① 《清高宗实录》卷 331,乾隆十三年十二月乙巳。

② 须指出,除了弊端外,亦不无创举,健锐营的创设便是极好的例证。乾隆皇帝因清军在这次战争中备受当地碉卡制约,便从川西强制迁徙一批善于筑碉的土民,命其在北京的香山筑碉,以便于清廷训练专门架长梯攻碉之云梯兵。这些云梯兵确实没来得及在第一次金川战争中立时发挥巨大作用,但在第二次金川战争中以及此后清代的其他山地战中确实发挥了一定作用。

张广泗之人选,迫不得已便派主动请缨的讷亲携经略印信驰赴金川,以为军中有国家重臣督导,官兵自会鼓勇前进。在这期间,军机大臣班第已看出张广泗既无进剿良策,又诸事办理不当,便大胆向乾隆皇帝奏请起用熟悉川西边情的岳钟琪,但因张广泗与岳钟琪素有嫌隙,致使岳氏最终未能得到重用。即使撇开与张广泗不和,单就此时岳钟琪已年过六十而言,他是否真的能在大金川这样山高林密、道路险仄的地方统兵进剿至莎罗奔派重兵把守的噶喇依、勒乌围,并悉数攻克各处要隘与战碉,亦存在疑问。此外,副将马良柱、总兵宋宗璋、参将郎建业、买国良等将人于攻于守俱不能恪尽职守,或遇敌仓皇撤退,或据地失守并丢失大批军用物资。这些都反映了此时清廷缺乏能够有效组织山地战的得力将弁。

第三,首征金川期间,清军的进剿行动屡屡受挫,暴露了绿营积习已经到了非改不可的地步。绿营兵作为清朝的常备兵之一,是清王朝维护其统治的主要支柱和武装力量,而第一次金川战争则极大地暴露了绿营官兵的诸多积习。以张兴失事为例,二百余名大金川人枪石齐发,千余官兵便一同奔溃,以致自相践踏、慌不择路坠崖而亡者达数十人。张兴失事后不久,参将郎建业、游击孟臣等亦不能率部拼死抵抗,竟先后匆忙撤退,导致已占要隘尽失,丢失军需物资无算。又如清军进剿喇底二道山梁时,统兵将领竟不肯身先士卒,带兵备弁亦不肯前驱,唯图随征土兵打头,绿营兵丁殿后,导致土兵遇战即一冲而散,绿营兵更是畏惧不前,甚至到了几十名大金川人从碉内或密林冲喊而出,数千官兵惊恐而逃的地步。更可笑的是,绿营将弁每夺一两处碉卡、杀伤或杀死十多名(甚至数名)大金川人便急于表功,夸饰之词比比皆是;每当部下犯极为荒谬且造成严重损失的错误时,这些将弁想尽办法加以掩饰、回护。不难想见,绿营之浮躁、捏饰之习已经到了何种境地。质言之,在进剿大金川期间作为清军战斗主力的绿营官兵不战自溃,纪律败坏,士气低迷,又如何能抵挡彪悍好战的大金川土民之拼死阻击呢? 此战清军岂有不败之理?

第四,第二次金川战争期间,清军能够顽强地克服重重困难,最终攻克大小金川,这表明当时的国家机器具有相当的调适能力及运转效率。

第一次金川战争结束二十多年后,清廷又因小金川土司不安住牧,侵占邻司鄂克什(沃日)之土地、人口,而决定再次出兵金川。尽管此次清军获胜殊为不易,但这次战争之所以能够最终获胜,除了清廷此时的财力、物力比首征金川时更加雄厚之外,还与另外一些因素有关。①

---

① 《圣武记》卷 7 之《乾隆再定金川土司记》曰:"非乘国家全盛之物力,与庙堂宵旰之忧勤,固烈不臻此。"参见[清]魏源:《圣武记》卷 7 之《乾隆朝再定金川土司记》,中华书局,1984 年,第 308 页。

其一，此时乾隆皇帝已继承大统三十多年，积累了丰富的统治经验，并且能够积极吸取第一次金川战争的惨败教训。他在出兵之初，便特别留心选贤任能、加强军纪等问题。在清廷正式宣战前数月，不愿介入土司间内斗的川督阿尔泰不肯用心备战，一切漫无措置。对此，乾隆皇帝十分愤怒，对阿尔泰大加斥责，并立即着手选择新的统帅。正式宣战后，乾隆皇帝敕令新任统帅温福务必督率全军锐意进取、各将领之间务必和衷济事，并严命川、黔、陕各省务必调派精壮兵丁，绝不许以老弱充数，还坚持派出满洲八旗劲旅，以提高清军的战斗力。当温福措置乖方，造成重大失误时，乾隆皇帝则果断地提拔颇有战绩的阿桂为将军，统筹进兵事务，使清军能够迅速走出失败阴霾，重新布局，再接再厉。此外，乾隆皇帝着意笼络大小金川周边土司，给予相对优渥的从征待遇，对战死、战伤之土兵给予适当抚恤，以激励从征土兵甘愿实心效力。最重要的是，乾隆皇帝能够积极吸取首次征讨金川之教训，一再告诫前线将领不可专事攻碉，而应当诱敌出碉、绕出其后，设法创造一切条件杀敌制胜。而且，对待此番出征，乾隆皇帝不再不切实际地苛求速胜，始终从容不迫。在具体作战过程中，乾隆皇帝不再事无巨细均加过问，更多的是在大方向上进行把关，只要将帅能督兵推进，占据要隘，攻克要地，增兵增炮悉听所请。在后勤保障方面，乾隆皇帝选派了特别有经验的文绶、刘秉恬等满汉能臣全权负责，并适时准许商运协济，使庞大、复杂的长距离军需运输工作得以顺利进行。这一切表明，此时的乾隆皇帝已不再像首征金川战争期间那样时而盲目自大、时而又信心全无，反而能够沉着、冷静地看待清军一时的进剿得失，坚定不移地督促清军将帅实现最终进剿目标。

其二，清军将领基本上能够尽力战守，而且大多数官兵都能奋勇拼杀。与第一次金川战争相比，这时清廷已经培养了一批可圈可点的得力将领。尽管将军温福在进剿大金川初期犯下大错，酿成木果木大败，朝野为之震骇，但在初定小金川期间亦能带领官兵迎难而上。譬如，在攻打小金川人布防极为严密的巴朗拉和资哩大寨等处时，其表现十分踊跃，亦颇有战绩。阿桂则是清军再征金川战争的核心人物，为此战的成功做出了巨大贡献。在战争中，身为定西将军的阿桂显得非常务实、冷静，坚持稳扎稳打、逐步推进的作战策略，并且下令焚烧得手碉卡、寨落，免留后患。在小金川得而复失、大金川已得之地无法守住之时，阿桂极具胆识地与大金川土司、头人进行周旋，使得已经岌岌可危的官兵得以全部撤至安全地区。阿桂在带兵出战时，该攻碉卡绝不手软，但懂得避敌锋芒，逼敌出碉再进行拼杀，同时吸取首征金川的教训，对于清军后路的防范亦很严密，不给敌人任何偷袭之机。此外，阿桂坚持不杀投降土民，而是将其迁移到瓦寺、明正等司。不杀降民的目的有三：一则用以笼络派兵从征之土司,二则免去管理之繁难,三则给暂时未能投降的土民以投诚不杀之希望,这样对于瓦解大小金川民心有一定作用。定边右副将军明亮之表现虽不及阿桂,但亦算得上精于谋划,敢于奋力攻杀,其战绩亦十分可观。至于参赞大臣海兰察,在此次战争中特别骁勇善战,特别敢于吃苦,无论是吊绳下悬崖峭壁,还是爬冰滚雪而进,均不畏缩。其他诸如哈国兴、舒常、德赫布等人亦能戮力攻杀。在这种情况下,加之始终注意狠抓军纪,力求赏罚分明,普通兵丁亦士气高扬,不畏艰难,敢于冲锋陷阵。这让两金川土民颇感震惊之余,亦倍感此战中清军之战斗力已经大大超出了他们的预期。

其三,清廷已经对金川等地民众的作战习惯、土司和头人的政治手腕有较为清楚的认识,懂得审时度势,灵活应对。尽管清廷决心再次出征金川仍显得有一些草率,乾隆皇帝对小金川的地理环境、土司与土民的基本情况均缺乏实际了解,但是在正式进兵之后,"上下一心,君臣同志",能够根据实际情况及时作出有效战略部署,随时调整作战方案,务求有实质性推进。并且,乾隆皇帝和清军将领已经对大小金川人先拼死抵抗,抵挡不住便轻言投降的惯常做法有更清楚的认识,并能根据不同情况,相机而动。譬如对小金川汗牛等寨大头人举寨投降之事,清军将领先派人查明实况,在判明这些头人乃真心投诚后,再派兵前去受降,然后再将这些降民迁往他司,这大大加快了初定小金川的进程。又如在对待大金川土司索诺木、大小莎罗奔等请降时,清廷始终坚持要他们全部出降,否则不予考虑,同时,各路官兵继续推进,不给大金川土司以喘息之机。此外,清廷对待精干降民的策略亦很成功。例如利用当地民众格外恋家的特点,将精壮降民的家属外迁并加以监督,这让被挑选至清军军营的降民不敢不尽心打仗。再者,奖励打仗有功的降民,使之愿意在军前鼓勇争先。

其四,清廷创造了大规模军需运输的管理机制,给清朝此后的战争留下了管理雇佣军事劳动力的丰富经验。① 如果说第一次金川战争让乾隆皇帝颇受启发,在香山建立了健锐营,训练了一批云梯兵,那么第二次金川战争则使清廷为应对大规模、远距离、长时期的军需运输问题,创造了一套颇有成效的管理机制。② 与乾隆朝其他边疆战争相比,第二次金川战争动用的人员比任何一次都要多,而且使用了更为丰富的动员办法,从而有效地保障了逾十万清军长达五年的军需供应。这是清军最终能够获胜的先决条件。最重要

---

① 参见 Dai Yingcong, *The Qing State*, *Merchants*, *and the Military Labor Force in the JinChuan Campaigns*, *Late Imperial China*, 22.2, December, 2001。

② 严格地讲,第一次金川战争期间开创了大规模雇佣军事劳动力的制度,只是此次的动员办法不如第二次金川战争期间丰富,管理效果和运输效率亦大为逊色。

的是，这给清朝后来的战争留下了如何有效地组织大规模、长距离后勤运输的丰富经验。

其五，平定大小金川之役让清廷认识到"山碉设险之利"，为此后清军征苗、制服"生番"①、剿匪提供了宝贵的军事经验。魏源在《圣武记》卷 7 之《乾隆朝再定金川土司记》中这样写道："自金川削平，中国始知山碉设险之利，湖南师之以制苗，滇边师之以制猓夷，蜀边师之以制野番，而川陕剿教匪时亦师之，以坚壁清野，而制流寇。"②

最后，乾隆朝两次金川战争再研究对当代中国如何推进各民族和谐共处，特别是多民族地区的稳定和团结仍有启示作用。借古观今，今由古来。嘉绒这片土地上多民族格局的形成与乾隆朝平定大小金川战争紧密相关。乾隆皇帝在嘉绒核心区（金川）强制推行营屯制度，招徕汉人移民，同时默许回民（特别是回民商人）的进入，改变了嘉绒地区原来相对单一的族群构成。然而，屯管模式只是战后金川政治结构的主导，可以视为对土司制度的革新，但是少量土目的保留（例如著名的木塔尔，作为较早投顺清军的大金川头人，因为肯实心效力，战后不仅成为"土屯"之头目，而且因屡建军功，入选"紫光阁功臣图像"之平定两金川后五十功臣之列），及部分土民归土目管辖，不容屯署染指，则可视为旧土司制度的暗焰余烬。这两种统治模式长期并存，对嘉绒地区后来的政治文化产生了不可忽视的影响，迄今仍有迹可寻③。因此，在当前乃至以后相当长的历史时段里，各级决策者在处理嘉绒藏区的民族问题时，要着重把握好作为土民后代的嘉绒藏民之文化心理，有意识地对某些问题进行追本溯源式思考，从而避免仅仅基于自身的政治经验处理问题的做法，才能有助于推进多民族和谐共处的目标的长期实现。

此外，嘉绒在康藏的中心地区，又与安多藏区毗邻，却能长久地保持独具个性的文化传统，格外值得深思。一来，这表明嘉绒人的文化具有相当的韧性；二来一定是其传统的社会政治结构在保持这种文化韧性上发挥了很大的作用。最高决策者和地方官员如能深刻洞悉这一问题，就不难理解为何当代嘉绒藏民仍执着于与西藏地区保持多重紧密联系，以及为何当地的国家认同建设依旧任重道远。

二、乾隆朝两次金川战争之再评价

既然从档案文献和田野调查的新视角对乾隆朝金川战争进行再研究，那

---

① "生番"，简单地说，就是尚未接受王朝教化，未曾向朝廷表示归顺的部落。
② ［清］魏源：《圣武记》卷 7 之《乾隆再定金川土司记》，中华书局，1984 年，第 308 页。
③ 这一问题突出地表现为嘉绒藏族精英阶层有意识地重新建构本族群的传统文化（包括复兴苯教寺庙），力争在地方事务中凸显本族群的话语权等。

么对乾隆朝金川战争进行再评价亦不容回避。虽然笔者已经从交战双方分别剖析了清廷和两金川土酋在川边关系的认知上存在很大分歧,并揭示了清廷和金川土酋基于各自的利益考量进行的"征讨"和"应战"的根本目的所在,但这并不能说明乾隆朝两次金川战争势必如此,非战不可。任何历史大事件都是在当时的偶然因素和必然因素交互作用下发生的。震惊朝野、影响深远的乾隆朝两次金川战争亦应作如是观。因此,笔者必须基于当时的历史情境和现实因素,对这两次战争展开尽可能客观的再评价。

第一次乾隆朝金川战争既仓促又失败。因为连乾隆皇帝本人都在战争结束前夕多次承认:从前不知征金川一事竟如此之难,实属错误办理。此次进兵草率了局,以致费银近2 000万两,七万余清军征战两载,结果不过是匆忙撤出大军,然后将大批夫役侵冒风雪、长途跋涉才转运到各路军营的结余军粮分给那些派土兵随军从征的各土司。为什么会出现这样近乎荒唐的战局呢?可以从清廷和大金川土司两方面加以解释。

首先,乾隆朝第一次金川战争(1747—1749)是在乾隆皇帝政治历练尚未成熟的情况下仓促发生的。表面看来清廷师出有名,实则另有隐情。因为,长期以来,松散的羁縻统治,加上川省地方文武官员多年来对边务因循守旧,以致国家对土司的管控积弊丛生,川边强势土司不肯听从地方官员的劝谕和约束也比较常见。为何乾隆皇帝单单对大金川土司之顽梗不驯要出兵惩创呢?因为,乾隆皇帝认为大金川土司之所以敢于抗拒官兵,就是因为瞻对之役(1745—1746)不了了之,让徼外土司敢于无视国家威权。再加上有皇祖父康熙帝和皇父雍正帝开疆拓土的赫赫战功在前,继承大统十余年的乾隆皇帝不仅尚未在边疆建立寸功,而且首次用兵就铩羽而归,他急于雪耻、"以全国体,以示皇威"的心情自不待言。此时,出兵金川是摆在他面前的唯一机会。正是在这种情势裹挟下,求胜心切的乾隆皇帝既不顾川省总督庆复指出大金川"其地碉坚山险""其人嗜利好战",断不可轻启战争的实际情况,也没吸取瞻对之战的教训,盲目乐观地认为徼外弹丸土司不足为惧。**从这个意义上讲,乾隆朝第一次金川战争的失败本质上就是瞻对之败的历史重演。**

其次,就应战一方而言,瞻对土司班衮未能就擒使得在嘉绒地区已经势如中天的大金川土司更加嚣张跋扈,越发不把川省文武官员的饬令放在眼里,频繁地四处扩充地盘,甚至纵容属民抢掠川藏大道上的绿营官兵,而清廷因此大举出兵征讨,桀骜不驯的大金川土司自然要率领土民奋起抵抗。

最后,清廷在这场得不偿失的战争中,非但没能一雪前耻,遑论"以全国体",反而让抗衡清军近两年之久并顺利"乞降"的大金川土司在嘉绒土司地区"名声更盛"。**无论从哪一方面看,乾隆皇帝仓促发动、匆忙了局的第一次**

金川战争都是"得不偿失"。

虽说历史不可假设，但重大历史事件的发生有其必然性，也有其偶然性。因此，不妨基于事件发生的情境做出合理化的假设和分析。假如清廷此次没有出兵大金川，只是遵照惯例派川省官员前往土司官寨当面训谕和化海，会是什么样的后果呢？大体上，大金川土司莎罗奔及其继承人郎卡会一如既往地对这等宣谕在态度上表示"愿意遵奉朝廷约束"，并会对其侵占诸如革布什咱、明正地盘的做法给出诸如土司间报仇乃常有之事之类的解释，甚至会当面承诺退还抢占的人口和寨落，对头人和土民外出"放夹坝"却连绿营官兵也抢掠的行为也会有其解释。当然，他们内心其实并不觉得自己有什么错，此后又会再次卷入土司纷争之中。外出劫掠乃其生存策略之一，自然还会发生，但应会注意不再扰及官兵。相应地，乾隆皇帝如果能够认真考虑川省督抚的务实建议，吸取刚刚过去不久的瞻对之战惨败的经验教训，完全有可能避免骤然陷入进退两难的金川战争泥潭，最终也就不必在毫无胜算的战争上耗费大量的人力、物力。

由此引出第二个问题，为何曾亲口承认第一次金川战争系错误办理、"徼外蛮酋无足深较"的乾隆皇帝却要在二十多年后坚持再征金川呢？用"时移势易"来形容清军再征金川时的国家形势再合适不过。第二次金川战争期间（1771—1776），清帝国的综合实力处于全盛时期，而且乾隆皇帝已经在三四十年的政治生涯中历练成一位杀伐果决、乾纲独断的君主。客观地讲，第一次金川战争的失败，确实让乾隆皇帝此后在相当长时间里对川边问题保持比较克制的态度，基本上认同川西北嘉绒土司间的争斗不过是其习性使然，愿意放手让川省督抚派员前往调解，同时也尝试对羁縻统治中的积弊予以修正，但成效有限。在这种情况下，即便对"驯顺"了近二十年的两金川土司又持续不断地与周边土司构衅颇不满，乾隆皇帝起初也只想出兵教训实力稍弱（人口和地盘都不如大金川）的小金川土司，以期达到杀一儆百的目的。在这个问题上，乾隆皇帝确实再次重复了第一次征金川的错误，正式开战前又一次想当然地认为小金川不比大金川地险碉多，应当易于得手。实际上，小金川境内的道路之陡峭崎岖，山川之险隘，碉楼之坚固密集并不在大金川之下。是故，清军进剿小金川费尽周折，历时两年之久。随后又因为大金川土司既暗中助力小金川土司对抗清军，又不断向清军将领投禀求饶，甚至代小金川土司求饶，乾隆皇帝断不肯相信大金川土司会诚心改过，索性一不做二不休，决心彻底平定两金川，并在战后重新构筑川边关系格局。

就乾隆朝第二次金川战争的结果而言，乾隆皇帝获得了军事上和政治上的成功，即彻底摧毁两金川土司的统治，并在形式上和实质上均达到了在嘉

绒地区牢固树立国家威权的政治目的。只是代价过于巨大。即使如此，站在维护川边土司地区宁谧、确保进藏道路畅通无虞的立场考虑，为避免因川西北地区愈演愈烈的土司纷争带来的动荡造成更大的国家统治危机（倘若对金川土司侵占四周土司的地盘不闻不问，其他强悍土司势必效仿），乾隆皇帝执意再征金川确实有其作为一国之君之不得已之处。

与乾隆皇帝发动金川战争有其通盘利益考量一样，两金川土司执迷于抢占其他土司地盘，长期对朝廷维持川边地方宁谧的饬令"阳奉阴违"，都是为了扬威立势和保障自身利益最大化。在面对清军再次进剿这一问题时，小金川土司僧格桑刚愎自用，以为和第一次金川战争一样，只要广修战碉，并且得到大金川人暗中帮助拼死守御，就可以将清军拖入持久战，此战也会不了了之。他个人为此付出的代价不可谓不大：先是逃往大金川被索诺木软禁，继而被毒死，最后其尸首被作为投诚"礼物"献给清军将领。与僧格桑相比，一心尚武图强的大金川末代土司索诺木甚至指望跟清军再大干一场，以便再续其祖辈莎罗奔在清军首征金川时的"辉煌战绩"，成为名副其实的"嘉绒十八土司之王"。不仅如此，年轻气盛的索诺木一开始就误以为只要绝口不提暗中帮助小金川攻打清军之事，同时按照思维惯性以为将祖辈的"乞降""求饶"招数再用一遍，就可以避开清军进剿的危险。正因为索诺木心存侥幸，又好战贪利，最终令自己丧失了土司地位和权力，并与直系亲属一同槛车押解进京，沦为阶下囚（刑部大牢收监之重犯），直至付出生命代价。

假设第二次金川战争爆发前夕，小金川土司僧格桑能够在侵占沃日土司土地和人口问题上适可而止，不一面对清廷派员调解表示肯遵约束，愿意退还土地和人口，一面又继续伺机行动，复行占领之事，乾隆皇帝完全可能不会因此刻意联想，连小金川土司都敢于如此，都是因为从前办理瞻对和大金川未能"严加惩创"所致，也就可能不会对小金川开战，自然就不会有后来连大金川一同剿灭的决定。可惜现实决定了这一看似合理的历史假设无法成真。小金川土司僧格桑贪权图利，因看不惯老土司泽旺为人怯懦寡断，将其权力架空，并在沃日土司行诅咒一事上不依不饶，摆明非要灭了沃日土司转而拥有其全部地盘和人口不可。这就使得本就对川边土司地区持续动荡不满的乾隆皇帝不肯再迁就了事。于是，为挽回前两次用兵川边均惨遭失败的颜面，趁国力正盛给予不听朝廷约束的两金川土酋以沉痛教训，让其他土司从此不敢轻易挑战国家权威，平定小金川之战势在必行。再征金川伊始，乾隆皇帝原本不想用兵大金川，也一再表示只要大金川土司索诺木不帮助小金川土司僧格桑抗拒官兵，愿意退还侵占的革布什咱地方和土司印信等，便可不牵涉大金川。然而，索诺木及莎罗奔兄弟始终不肯表态退还革司之地盘和土司印信，还欲通过帮助僧格桑抗衡清军达到将小金川据为己有的目的，并拒绝遵从清廷饬令将逃往大金川的僧格桑交给清军将领。加上数年间大金川土司与清廷在乞降"讲和"问题上始终互不信任，一些禀文内容甚至引起清廷的反感，使乾隆皇帝改变战争目标，由平定小金川变成平定两金川。

由是观之，第二次金川战争中的乾隆皇帝也好，两金川土司僧格桑和索诺木也罢，他们都只能在自身已有的（已经习得的）文化认知基础上对面临的复杂问题进行力所能及的谋虑。换言之，无论是贵为"天下共主"的乾隆皇帝，还是割据徼外一隅的两金川土酋，都无法逸出自身既有思维格局之局限。是以对乾隆朝第二次金川战争的再评价，不应当以上帝的视角去审视和苛责交战双方，而应该站在人间的视域，从常识出发去考量促成战争爆发和演进的关键历史人物的行事方式，并尝试去理解他们的行为动机。

毋庸置疑，第一次金川战争得不偿失，是乾隆皇帝在对大金川地区作战环境和作战对象都缺乏基本了解而匆忙发动的一场错误战争。 战后暂时形成了"土司—地方文武官员—皇帝"的川边土司与国家互动的权力关系格局，短暂地维系了川西北嘉绒土司地区相对宁谧的局面。只是这一新的川边关系格局存在诸多不稳定因素，为第二次金川战争的爆发埋下了隐患。

乾隆朝第二次金川战争的爆发看似突然，实乃在当时复杂的川边形势下，乾隆皇帝欲彻底结束两金川土司在嘉绒地区不断构衅局面而双向推动的结果，是由交战双方的综合博弈共同促成的。 从长时段看，第二次金川战争是对第一次金川战争结局的彻底改写。乾隆朝第二次金川战争的曲折过程和最终结果显示了清王朝全盛时期国家机器的极大调适能力。同样，两金川土司和土民与清军经年累月持久相抗则凸显了他们为守住既有的土司权力和地位之坚韧努力。在这一过程中，两金川土民亦因山筑碉、顺沟设伏，并利用雨雪频仍、林深菁密的"天时地利"，充分发挥守御、突袭等方面的战术优势，展现了卓越的山地作战能力。当然，战争也暴露了交战双方对彼此的认知始终十分隔膜的一面。乾隆皇帝坚持出兵攻打不断蚕食周边土司寨落和人口的两金川土司，其背后承载了清帝国力图重构川西北边疆秩序的政治愿景。一边组织土民长期抗击清军，一边不断释放"乞降"姿态的金川土司（无论是索诺木，还是僧格桑），实际上至死都不肯认同"与周边土司构衅不已"挑战了清帝国的统治权威。因为，他们更愿意将凭实力扩充地盘视为嘉绒土司地区的尚武传统。因此，在战争已经结束二百余年的今天，无论是从算经济账的角度，批评乾隆皇帝不惜几乎掏空国家财力攻打弹丸土司之地不值得，还是站在部落土酋的立场，惋惜大金川土司索诺木不懂得在清军进剿小金川时，便"识时务"地与清廷合作以求自保，都脱离了第二次金川战争爆发和推进的具体历史语境。对于清廷来说,要宁谧川边,保障川藏大道的通畅,牢固树立清帝国在嘉绒土司地区的统治权威,维护"六合同风,九州共贯"①之大一统政治局面,必须解决两金川土司欲称霸嘉绒土司地区的问题,终结川西北动荡不安的局势。然则,对于人口多、地盘有限的金川土司而言,通过武力扩张势力范围亦势难终止。

质言之,对乾隆朝两次金川战争必须分开评价。同时对乾隆朝第二次金川战争的评价应当尽可能避免导论里有关金川战争研究现状部分提到的"一边倒"的情况。换言之,既不可以完全站在清廷的立场,将这场长达五年之久的复杂的战争,直接定性为国家平定边徼部落酋首叛乱的战争,也不可以完全站在嘉绒土司的立场,简单粗暴地认为清廷发动金川战争就是为了将化外土司之土地、人口纳入国家直接管辖的版图,而不顾当地百姓死活的不义之战。

---

① 《汉书·王吉传》曰:"《春秋》所以大一统者,六合同风,九州共贯也。"见[东汉]班固撰:《汉书》卷 72《王贡两龚鲍传第四十二》,中华书局,1962 年,第 3063 页。

参考文献

一、基本史料

(一) 官书

《清世宗实录》,中华书局,1985年影印版。

《清高宗实录》,中华书局,1985年影印版。

[清]来保等奉敕撰:《西南史地文献·平定金川方略》,兰州大学出版社据上海古籍出版社1987年影印本为底本,2003年。

[清]阿桂等奉敕修纂:《西南史地文献·平定两金川方略》,兰州大学出版社据上海古籍出版社1987年影印本为底本,2003年。

《清高宗御制诗文全集》,台北"故宫博物院"据乾隆武英殿本影印,1976年。

中国第一历史档案馆编:《乾隆帝起居注》第8册,广西师范大学出版社,2002年。

[清]傅恒、董诰等纂,门庆安等绘:《皇清职贡图》,辽沈书社,1991年。

(二) 档案

四川省民族研究所编:《清末川滇边务档案史料》,中华书局,1989年。

中国第一历史档案馆藏:《军机处录副奏折》(民族类,胶卷号589,590,591,593)。

台北"故宫博物院"藏:雍正、乾隆二朝《军机处档折件》。

台北"故宫博物院"图书文献处文献组编:《宫中档乾隆朝奏折》第33—52辑,台北"故宫博物院",1982年。

台北"故宫博物院"编:《典藏专案档暨方略丛编·金川档》(全六册),台北"故宫博物院",2007年。

中国第一历史档案馆、鄂温克族自治旗民族古籍整理办公室编:《清宫珍藏海兰察满汉文奏折汇编》,辽宁民族出版社,2008年。

四川省民族研究所编:《清末川滇边务档案史料》,中华书局,1989年。

（三）地方志

［清］常明、杨芳灿纂：(嘉庆)《四川通志》，巴蜀书社，1984 年。

［清］吴德熙辑：《章谷屯志略》，《中国西南文献丛书第一辑·西南稀见方志文献》卷 48，兰州大学出版社，2003 年。

［清］潘时彤主纂，蔡仁政校释：《绥靖屯志》，成都拓展印务有限公司，2001 年。

［清］曹抡彬、曹抡翰纂辑：《雅州府志》，成文出版社据乾隆四年刊本影印，1969 年。

［清］陈登龙编：《里塘志略》，成文出版社据嘉庆十五年抄本影印，1970 年。

［清］钱召棠辑：《巴塘志略》，国立北平图书馆珍藏本（道光朝刊本）。

《阿坝州文库》编委会：《绥靖屯志(道光)/懋功厅乡土志(光绪)》，四川民族出版社，2013 年。

［清］椿园(七十一)纂：《西域总志》，文海出版社，1966 年。

阿旺、多尔吉等编著：《嘉绒藏族研究资料汇编》，中国藏学出版社，2003 年。

政协四川省阿坝州藏族羌族自治州委员会文史资料研究委员会编：《阿坝藏族羌族自治州文史资料选辑》第 2 辑，1985 年。

《阿坝藏族羌族自治州概况》，民族出版社，2009 年。

阿坝藏族羌族自治州地方志编纂委员会：《阿坝州志》，民族出版社，1994 年。

西藏民族学院历史系编：《清实录·藏族历史资料汇编》，西藏民族学院历史系，1981 年。

金川县地方志编纂委员会编：《金川县志》，民族出版社，1994 年。

小金县志编纂委员会：《小金县志》，四川辞书出版社，1995 年。

张羽新主编：《中国西藏及甘青川滇藏区方志汇编》第 40 册，第 42 册，第 43 册，学苑出版社，2003 年。

中国西南文献丛书编委会编：《中国西南文献丛书第一辑·西南稀见方志文献》第 48 卷，兰州大学出版社，2003 年。

中国西南文献丛书编委会编：《中国西南文献丛书第一辑·西南稀见方志文献》第 36 卷，兰州大学出版社，2003 年。

中国西南文献丛书编委会编：《中国西南文献丛书第四辑·西南民俗文献》第 6 卷，兰州大学出版社，2003 年。

内蒙古地方志编纂委员会：《内蒙古史志资料选编》第 3 辑，1985 年。

（四）其他古籍(含整理出版物)

［西汉］司马迁：《史记》，中华书局，1982 年第 2 版。

［春秋］孙武著，［三国］曹操等注：《十一家注孙子校理》，中华书局，1999 年。

［南朝］范晔：《后汉书》，中华书局，1965 年。

［唐］李延寿修纂：《北史》，中华书局，1974 年。

［后晋］刘昫修：《旧唐书》，中华书局，1975 年。

［北宋］乐史：《太平寰宇记》，中华书局，2007 年。

［南宋］王象之编纂：《舆地纪胜》，中华书局，1992 年。

［元］陶宗仪：《南村辍耕录》，中华书局，2004 年。

［明］宋濂等撰：《元史》，中华书局，2008 年。

［清］张廷玉等纂修：《明史》，中华书局，1974 年。

［清］程穆衡：《金川记略》，四川大学图书馆藏抄本。

［清］顾炎武：《天下郡国利病书》，《四部丛刊主编》，上海书店，1985 年。

［清］赵翼：《皇朝武功纪盛》，乾隆五十七年乾元堂刻本。

［清］魏源：《圣武记》，中华书局，1984 年。

［清］李心衡：《金川琐记》，《丛书集成初编》，中华书局，1985 年。

［清］昭梿：《啸亭杂录》，中华书局，1980 年。

［清］王培荀：《听雨楼随笔》，巴蜀书社，1987 年。

［清］北京图书馆编：《北京图书馆珍藏本年谱丛刊》，北京图书馆出版社，
　　1999 年。

［民国］赵尔巽等撰：《清史稿》，中华书局，1977 年。

王利器、王慎之、王子今辑：《历代竹枝词》（全五册），陕西人民出版社，
　　2003 年。

（五）社会调查资料

西南民族大学西南民族研究院编：《川西北藏族羌族社会调查》，民族出版社，
　　2008 年。

赵心愚、秦和平编：《康区藏族社会历史调查资料辑要》，四川民族出版社，
　　2004 年。

《中国少数民族社会历史调查资料丛刊》修订编辑委员会编：《四川省阿坝州
　　藏族社会历史调查》，民族出版社，2009 年。

黎光明、王元辉著，王明珂编校：《川西民俗调查记录 1929》，台北"中央研究
　　院"历史语言研究所，2018 年。

二、中外著作(含论文集)

（一）中文著作(按著者姓氏首字母顺序排列)

安山：《四川土司史话》，巴蜀书社，2010 年。

才让太、顿珠拉杰：《苯教史纲要》，中国藏学出版社，2012 年。

成臻铭：《土司制度与西南边疆治理研究》，社会科学文献出版社，2016 年。

陈锋：《清代军费研究》（第二版），武汉大学出版社，2013年。

陈曦译注：《孙子兵法》，中华书局，2011年第1版。

冯雷：《理解空间》，中央编译出版社，2017年。

龚荫：《中国土司制度史》上下编，四川人民出版社，2012年。

葛兆光等著：《殊方未远：古代中国的疆域、民族与认同》，中华书局，2016年。

卡卓益西措吉：《莲花遗教》，四川民族出版社，1987年。

赖福顺：《乾隆朝重要战争之军需研究》，台北"故宫博物院"，1984年。

李立：《寻找文化身份：一个嘉绒藏族村落的宗教民族志》，云南大学出版社，
2007年。

蓝勇：《西南历史文化地理》，西南师范大学出版社，1997年。

李世愉：《清代土司制度论考》，中国社会科学出版社，1998年。

罗尔纲：《绿营兵志》，中华书局，1984年。

李菲：《嘉绒跳锅庄——墨尔多神山下的舞蹈、仪式与族群表述》，北京大学出
版社，2014年。

林冠群：《唐代吐蕃历史与文化论集》，中国藏学出版社，2007年。

李锦：《家屋与嘉绒藏族社会结构》，社会科学文献出版社，2017年。

林向荣：《嘉戎语研究》，四川民族出版社，1993年。

林之光、张家诚编著：《中国的气候》，陕西人民出版社，1985年。

林耀华：《民族学研究》，中国社会科学出版社，1985年。

马长寿：《马长寿民族学论集》，人民出版社，2003年。

马汝珩、马大正主编：《清代边疆开发研究》，中国社会科学出版社，1990年。

彭陟焱：《乾隆朝大小金川之役研究》，民族出版社，2010年。

雀丹：《嘉绒藏族史志》，民族出版社，1995年。

任乃强：《任乃强民族研究文集》，民族出版社，1990年。

任杰主编：《中国西部概览·四川》，民族出版社，2000年。

石硕：《藏彝走廊：文明起源与民族源流》，四川人民出版社，2009年。

石硕、李锦、邹立波等：《交融与互动——藏彝走廊的民族、历史与文化》，四川
人民出版社，2014年。

贾大泉主编：《四川历史研究文集》，四川省社会科学院出版社，1987年。

贾霄锋：《藏区土司制度研究》，青海人民出版社，2010年。

同美：《西藏本教研究：岷江上游本教的历史与现状》，民族出版社，2013年。

陶汉章编著：《孙子兵法概论》，解放军出版社，1985年。

魏强：《嘉绒藏族信仰文化》，中央民族大学出版社，2014年。

王明珂：《华夏边缘：历史记忆与族群认同》，社会科学文献出版社，2006年。

王明珂:《羌在汉藏之间:川西羌族的历史人类学研究》,中华书局,2008年。

王明珂:《游牧者的抉择:面对汉帝国的游牧部族》,"中央研究院"联经出版公司,2009年。

王铭铭:《中间圈:"藏彝走廊"与人类学的再构思》,社会科学文献出版社,2008年。

王戎笙主编:《清代全史》第四卷,方志出版社,2007年。

余仕麟:《藏族伦理思想史略》,民族出版社,2015年。

尤中:《中国西南民族史》,云南人民出版社,1985年。

杨知勇:《西南民族生死观》,云南教育出版社,1992年。

智观巴·贡却乎丹巴绕吉:《安多政教史》,吴均、毛继祖等译,甘肃民族出版社,1989年。

张家诚:《气候与人类》,河南科学技术出版社,1988年。

竺可桢:《竺可桢全集》第2卷,上海科技教育出版社,2004年。

张海清主编:《金川历史文化览略》,中央民族大学出版社,2012年。

庄吉发:《清高宗十全武功研究》,中华书局,1987年。

庄吉发:《清朝奏折制度》,故宫出版社,2016年。

邹立波:《明清时期嘉绒藏族土司关系研究》,中国社会科学出版社,2017年。

《准噶尔史略》编写组:《准噶尔史略》,广西师范大学出版社,2007年。

赵世瑜:《在空间中理解时间:从区域社会史到历史人类学》,北京大学出版社,2017年。

曾艳主编:《土司文化探究:全国土司文化研讨会论文集》,中央民族大学出版社,2010年。

(二)外国著作(含译著和博士学位论文)

[美] Laura Hostetler, *Qing Colonial Enterprise:Ethnography and Cartpgraphy on Early Modern China*, the University of Chicago Press, Chicago and London, 2001.

[美]Peter C. Perdue, *China Marches West:the Qing Conquest of Central Eurasia*, the Belknap Press of Harvard University Press, Cambridge, Massachusetts, London, Enland, 2005.

[美]Pamela Kyle Crossley, Helen F. Siu, and Donald, S. Sutton edited, *Empire at the Margins:Culture, Ethnicity, and Frontier in Early Modern China*, University of California Press, Berkeley, Los Angeles, London, 2006.

[意]曲杰·南喀诺布著,向红笳、才让太译:《苯教与西藏神话的起源——

"仲"、"德乌"和"苯"》,中国藏学出版社,2019 年。

[英] Quentin Skinner, *Visions of Politics*, *vol*. 1, Cambridge University Press, 2002.

[英] Joanna Waley-Cohen, *The Culture of war in china-Empire and the Military under the Qing Dynasty*, London; New York: I. B. Tauris & Co Ltd Press, 2006.

[英]彼得·伯克著,杨豫译:《图像证史》,北京大学出版社,2018 年。

[英]杰弗里·丘比特著,王晨凤译:《历史与记忆》,译林出版社,2021 年。

[英]弗雷泽著,徐育新等译:《金枝》,新世界出版社,2006 年。

[德] Ulrich Theobald, *The Second Jinchuan Campaign（1771 - 1176）: Economic, Social and Political Aspects of an Important Qing Period Border War*, PhD Diss, Tubingen, 2010.

[德]Ulrich Theobald, *War Finance and Logistics in Late Imperial China: A Study of the Sceond Jinchuan Campain（1771 - 1776）*, Leiden & Boston: Brill, 2013.

[德]马克思·韦伯著,阎克文译:《经济与社会》第二卷,上海人民出版社,2010 年。

[德]扬·阿斯曼著,金寿福、黄晓晨译:《文化记忆:早期高级文化中的文字、回忆和政治身份》,北京大学出版社,2015 年。

[美]戴维·斯沃茨著,陶东风译:《文化与权力:布尔迪厄的社会学》,上海译文出版社,2006 年。

[美]帕特里克·格里著,罗新主编:《历史、记忆与书写》,北京大学出版社,2018 年。

[美]段义孚著,王志标译:《空间与地方:经验的视角》,中国人民大学出版社,2017 年。

[法]石泰安著,耿昇译:《汉藏走廊古部族》,中国藏学出版社,2013 年。

[法]亨利·列斐伏尔著,李春译:《空间与政治》(第二版),上海人民出版社,2015 年。

[法]亨利·列斐伏尔著,刘怀玉等译:《空间的生产》,商务印书馆,2022 年。

[法]阿莱特·法尔热著,申华明译:《档案之魅》,商务印书馆,2020 年。

三、中外论文(含译文)

曹凤祥:《阿桂对清代国家统一的历史贡献》,《社会科学战线》,2002 年第5 期。

曹启富:《略论乾隆年间大小金川之役》,《四川师范学院学报(哲学社会科学版)》,1999 年第 6 期。

陈力:《〈金川纪略〉及其相关问题》,《四川大学学报(哲学社会科学版)》,1992 年第 3 期。

陈庆英:《试论赞普王权和吐蕃官制》,《西藏民族学院学报》,1982 年第 4 期。

陈庆英:《关于北京香山藏族人的传闻及史籍记载》,《中国藏学》,1990 年第 4 期。

陈一石:《清代瞻对事件在藏族地区的历史地位与影响(一)》,《西藏研究》,1986 年第 1 期。

陈一石:《清代瞻对事件在藏族地区的历史地位与影响(二)》,《西藏研究》,1986 年第 2 期。

陈艾:《多边联结带:甘孜藏区治理地位反思——基于"中间圈"解说》,《江汉论坛》,2018 年第 11 期。

蔡仁政:《金川嘉绒藏族的土屯制》,《四川藏学研究》第 4 辑,四川民族出版社,1997 年。

戴逸、华立:《一场得不偿失的战争——论乾隆朝金川之役》,《历史研究》,1993 年第 3 期。

多尔吉:《嘉绒藏区碉房建筑及其文化探微》,《中国藏学》,1996 年第 4 期。

邓宏烈:《藏彝走廊民族多元文化视野下的羌族宗教文化遗风探析》,《贵州民族研究》,2011 年第 6 期。

邓宏烈:《羌族释比占卜考略》,《阿坝师范高等专科学校学报》,2013 年第 1 期。

房建昌:《藏文〈世界广论〉对于中国地理学史的贡献》,《中国历史地理论丛》,1995 年第 4 期。

高福全:《嘉绒狩猎习俗》,《西藏民俗》,2000 年第 2 期。

格勒:《古代藏族同化、融合西山诸羌与嘉戎藏族的形成》,《西藏研究》,1988 年第 2 期。

耿直:《"千碉之国"的诱惑》,《民间文化》,2002 年第 1 期。

黄布凡:《川西藏区的语言关系》,《中国藏学》,1988 年第 3 期。

黄清华:《〈御制平定金川勒铭噶喇依之碑〉考介》,《四川文物》,2007 年第 3 期。

黄清华:《〈御制平定金川勒铭勒乌围之碑〉解析》,《四川文物》,2009 年第 2 期。

华立:《清代新疆商民路票探析》,《清史研究》,2021 年第 2 期。

贾霄锋、王希隆:《明清时期土司制度与藏区少数民族的文化变迁——以嘉绒藏区文化变迁为例》,《中国边疆史地研究》,2007 年第 2 期。

拉尔吾加:《嘉绒藏区的古碉堡》,《中国西藏》,1994 年第 5 期。

郎维伟:《巴底藏族原生态文化考察报告》,《西藏研究》,2005 年第 1 期。

李鸿彬、白杰:《评乾隆朝金川之役》,《清史研究》,1998 年第 2 期。

李家瑞:《川西北嘉绒藏族的土屯制度》,《思想战线》,1983 年第 5 期。

李星星:《藏彝走廊本波文化带概论》,《广西民族大学学报(哲学社会科学版)》,2008 年第 6 期。

李涛:《试析大小金川之役及其对嘉绒地区的影响》,《中国藏学》,1993 年第 1 期。

李仲康:《"嘉绒"文化浅说》,《西藏研究》,1993 年第 4 期。

李玉琴:《嘉绒藏族传统服饰变迁述论》,《西藏研究》,2007 年第 1 期。

李良品、赵毅:《土司制度:国家权力在西南土司地区的延伸》,《长江师范学院学报》,2014 年第 5 期。

凌立:《丹巴嘉绒藏族的民俗文化概述》,《西北民族大学学报(哲学社会科学版)》,2000 年第 4 期。

林继富:《藏族白石崇拜探微》,《西藏研究》,1990 年第 1 期。

刘亚玲:《朝圣与转山——丹巴藏族转山考察》,《中南民族大学学报(人文社会科学版)》,2009 年第 2 期。

刘源:《从清代档案看清政府对金川土司的政策》,《中国藏学》,1993 年第 4 期。

刘源:《乾隆时期的瞻对事件》,《中国藏学》,2007 年第 3 期。

刘正刚、朱文利:《广东对平定金川叛乱的财力支持》,《西藏研究》,2006 年第 1 期。

刘正刚、王敏:《清代康区藏族妇女生活探析》,《中国藏学》,2005 年第 4 期。

柳茂坤:《清朝健锐营概述》,《历史档案》,1999 年第 4 期。

马长寿:《嘉戎民族社会史》,《马长寿民族学论集》,原载《民族学研究集刊》第 4 期,1944 年 10 月。

马尚林、马良:《藏彝走廊回藏民族的源流、分布述论》,《民族学刊》,2016 年第 4 期。

牟子:《丹巴高碉文化》,《康定民族师范高等专科学校学报》,2002 年第 3 期。

聂崇正:《清平定两金川功臣像钩沉》,《收藏家》,1995 年第 4 期。

南杰·隆英强:《探索中国本土法文化:清朝藏族法制的初步解读》,《当代法学》,2011 年第 3 期。

潘洪钢:《乾隆朝两金川改土归屯之兴起》,《中南民族大学学报(人文社会科学版)》,1988 年第 5 期。

潘洪钢:《清代乾隆朝两金川改土归屯考》,《民族研究》,1988 年第 6 期。

齐德舜:《清乾隆攻打川西北大小金川战役研究》,兰州大学,2007 年硕士学位论文。

齐德舜、王力:《论金川之役与金川地区的社会变迁》,《西藏民族大学学报(哲学社会科学版)》,2008 年第 3 期。

雀丹:《评乾隆两度平定金川的实质》,《西藏研究》,1989 年第 2 期。

任乃强:《汉藏民族文化交流之历史印痕》,节录自《西康图经·民俗篇》(原载《新亚细亚》,1934 年),《任乃强民族研究文集》,民族出版社,1990 年。

孙宏开:《试论"邛笼"文化与羌语支语言》,《民族研究》,1986 年第 2 期。

徐建军:《试论清代乾隆年间嘉绒藏族地区改土为屯政策》,四川大学,2006 年硕士学位论文。

石硕:《"邛笼"解读》,《民族研究》,2010 年第 6 期。

石硕:《川西北嘉绒藏人与象雄琼氏渊源关系探讨》,《民族研究》,2017 年第 3 期。

宋兴富等:《丹巴古碉群现状及价值》,《康定民族师范高等专科学校学报》,2006 年第 4 期。

王记录:《清代官方史籍的修纂与边疆问题》,《廊坊师范学院学报(社会科学版)》,2008 年第 3 期。

王建康:《嘉绒藏族的成因》,《西藏研究》,1989 年第 3 期。

王惠敏:《天气对乾隆朝清军两征金川的多重影响》,《清史论丛》2011 年第 1 期。

王惠敏:《从清代档案看金川战略区位及其与藏区和内地的联系》,《藏学学刊》,2015 年第 2 期。

王惠敏:《从清代档案管窥大小金川土司社会状况》,《西南边疆民族研究》,2016 年第 1 期。

王惠敏:《从清代档案看金川地形地貌特点及其对清军的影响》,《藏学学刊》,2016 年第 2 期。

王惠敏:《金川天气对清军军需运输的制约及清廷的应对》,《西南边疆民族研究》,2017 年第 2 期。

王惠敏:《大小金川土司婚姻问题探究——基于清代档案文献的考察》,《西北民族论丛》,2018 年第 1 期。

王惠敏:《清代嘉绒土酋对"土司—皇帝"关系的认知》,《中国边疆史地研究》,

2019 年第 4 期。

王惠敏：《气候与乾隆朝金川战役的关系及清廷的应对——基于清代档案史料的考察》，《生态民族学评论》第 2 辑，社会科学文献出版社，2020 年。

王惠敏：《乾隆朝金川土司治下土民婚姻与家庭问题研究——基于档案文献和田野调查的考察》，《西南边疆民族研究》，2023 年第 1 期。

魏毅：《敏珠尔诺门汗及其〈世界广论〉》，《西藏人文地理》，2009 年第 6 期。

徐怀宝：《清代金川改土为屯》，《首都师范大学学报（社会科学版）》，1995 年第 5 期。

徐铭：《苯教与大小金川战争》，《康定学刊》，1997 年第 1 期。

徐法言：《乾隆朝金川战役研究评述》，《清史研究》，2011 年第 4 期。

徐法言：《走出“佛苯之争”的迷思——论第二次金川战役前金川地区苯教与藏传佛教格鲁派的关系》，《社会科学研究》，2012 年第 3 期。

徐法言：《金川战役与大、小金川地区官主山川祭祀的兴起》，《四川大学学报（哲学社会科学版）》，2017 年第 2 期。

杨嘉铭：《四川甘孜阿坝地区的“高碉”文化》，《西南民族学院学报（哲学社会科学版）》，1988 年第 3 期。

杨嘉铭：《丹巴古碉建筑文化综览》，《中国藏学》，2004 年第 2 期。

晏春元：《本波教起源地象雄为嘉绒藏区浅析（上）》，《西藏研究》，1989 年第 3 期。

曾穷石：《“大鹏鸟卵生”神话：嘉绒藏族的历史记忆》，《学术探索》，2004 年第 1 期。

曾穷石：《清代嘉绒地区土司的婚姻初探》，《西藏大学学报（汉文版）》，2004 年第 4 期。

曾唯一：《乾隆平定金川后的善后事宜》，《四川师范大学学报（社会科学版）》，1986 年第 6 期。

曾现江：《嘉绒研究综述》，《西藏研究》，2004 年第 2 期。

张昌富：《乾隆平定金川对嘉绒文化的影响》，《西藏艺术研究》，1995 年第 2 期。

张昌富：《嘉绒藏族的节日文化》，《西藏艺术研究》，1998 年第 3 期。

张昌富：《嘉绒藏族的酒文化》，《西藏艺术研究》，1999 年第 1 期。

张昌富：《嘉绒藏族的茶文化》，《西藏艺术研究》，1999 年第 2 期。

张昌富：《墨尔多神山及嘉绒藏族的山神崇拜》，《西藏艺术研究》，2003 年第 2 期。

张国雄：《中国碉楼的起源、分布与类型》，《湖北大学学报（哲学社会科学版)》,2003 年第 4 期。

张婷:《试析第一次金川战争爆发的直接原因》,《四川大学学报(哲学社会科
学版)》,2004 年增刊。

张羽新:《清代前期迁居北京的大小金川藏族》,《西藏研究》,1985 年第 1 期。

周洁:《清代〈方略〉研究——以〈平定金川方略〉为个案》,武汉大学,2004 年
硕士学位论文。

邹立波:《明代前期川西北"族姓"、边政与宗教关系》,《西南民族大学学报(人
文社会科学版)》,2012 年第 5 期。

[日]小林亮介:《试论 18 世纪后期清朝对康区政策的变化》,《藏学学刊》,
2014 年第 1 期。

[意]南喀诺布:《论藏族古代史的几个问题》,才让太译,达瓦次仁校,《中国藏
学》,1988 年第 2 期。

[意]图齐:《西藏的苯教》,金文昌译,载王尧编:《国外藏学研究译文集》第 4
辑,西藏人民出版社,1988 年。

[美]Dai Yingcong, *The Qing State，Merchants，and the Military Labor
Force in the JinChuan Campaigns，Late Imperial China*，22. 2，
December，2001.

附录一　川西北田野调查日志辑要

　　研究大小金川问题，仅仅爬梳相关文献资料是不够的，还须对战争发生地进行田野调查。这样做，并非只为了搜集更多的地方史料，更重要的是，亲赴当年的战争发生地，有助于更好地理解有关文献资料，进而扩展和加深对大小金川战争问题的认识。

　　2010年4月底，笔者赴丹巴、金川、小金三县进行田野调查。通过对当地不同族群、不同性别、不同年龄民众的访谈和实地考察，对档案、官书记载的大小金川地区获得切身感受，并撰写了四万多字的田野日记。这次田调不仅为本论文的撰写提供重要的史料来源，还拓宽了研究的视野。尤其是对清代相关官书、档案文献中被记录的一方——金川土民的生存环境、地方习俗、信仰状况等有了更真切的"在地化"感知。这为笔者对乾隆朝金川战争问题展开新的探究提供了更宽广的考察视角，从而得以规避完全依赖清代官方文献，以及仅从中央王朝立场出发进行相关问题探讨的局限性。在此，按日程顺序，对此次田野调查及收获予以概述。

　　2010年4月26日　下午两点，与随行人员从北京西站乘火车启程，于4月27日晚抵达成都。4月29日早晨6点半从成都茶店子汽车站出发，途径雅安、泸定、康定，沿途见到高山壁立、河沟深切、黄浪翻滚的景观，我感到既新鲜、陌生，又对沿途安全问题不无担心。下午5点左右抵达丹巴县城。安排好住宿后，开始观察丹巴县城的建筑特色和居民服饰、表情，甚至步行节奏，直观地感受独特的地方文化氛围。

　　4月30日　上午，在有关人士的帮助下，得到丹巴县档案局程女士的热情接待，同意我拷贝若干份清代档案文字内容、若干幅珍贵的图片，以及民国档案卷名目录。下午前往梭坡乡对莫洛村村民超武进行访谈，对清军很难攻克金川有了更细致的认识。访谈结束后，由超武带路上山考察八角碉、四角碉、五角碉等古碉楼。尽管此时超武年近六旬，却登山如履平地，这让我不再怀疑档案文献中对金川土民这一特性的记载乃夸大之辞。在超武的帮助下，由形制古朴的一步梯登上目前梭坡乡唯一可以攀登的九层碉，体会了碉楼卓越的防御功能。当亲身体验这里险峻的地势、咆哮的大河、群耸的战碉后，深信这一带的确不宜用兵。

5月1日　早8点至下午5点，在出租车司机拥中格西（身份证上的藏名）带领下前往丹巴县聂呷乡的甲居藏寨和中路乡。甲居藏寨从大金河谷向上层层叠叠分布，直达最上面的卡咯村公路下面，间或还能看到几座碉楼。在中路乡看到了历史悠久的红教寺庙，听喇嘛讲该庙的历史和现状，并聆听其诵经，观摩了古老的藏经阁、经文残片、多种精美的铜法器，以及堆放如小山的长篾篓装的砖茶。庙里的其他喇嘛们被藏族村民请去念经，这与在档案里看到的土司和土民时常请喇嘛诵经的记录如出一辙。

5月2日　仍雇格西做向导和司机，前往丹巴县的巴底土司官寨和巴旺土司官寨。在前往巴底途中对格西进行访谈，得知格西乃巴旺末代土司大管家刀刀的孙子。通过访谈了解到他的爷爷作为大管家主要负责的事务，祖孙三代的不同人生遭遇，他们与一般土民后代的微妙关系，以及格西自身心路历程的变化。

汽车顺着盘山公路进入巴底乡（2012年撤乡设镇）邛山村后，远远就看到的残存的巴底土司官寨醒目地矗立在山坳较为开阔平坦处。据当地人讲，这座恢宏的土司官寨已有数百年的历史。整个官寨是四合院建筑。主楼由碉房相连而成，中间的古碉高九层，两边副楼高六层，据说主要用作仓库。东面房屋高五层，底层除两间牢房外其余都是佣人住房，第四层为土司卧室。南面设有进出的大门，同样在底层设有两间土牢，其余房间均系生活杂用。

仔细看完巴底土司官寨，前往离官寨不远稍高处的邛古宝全（邛古是房名，宝全是人名）家，向其请教一些关于巴底土司的历史。宝全的父亲已经八十多岁了，是巴底末代土司王寿昌（藏名尼玛旺登）贴身伺候人员（伴当）。保全坚信土司管理制度有相当的优越性，而且土民的各项职业分工也与市场相联系，并非只为土司服务。

从保全家出来后，便去考察邛山村的苯教寺庙切龙寺。八十多岁的住持Wuerji（藏名记音）除了介绍该庙的历史外，还谈到苯教和黄教不仅使用的经书、法器不一样，转经的方向也不一样。从切龙寺下到河坝头的公路，再往丹巴县城方向行进，途中去了巴底最大的苯教寺庙——杰哇雍忠达吉岭寺。在司机拥中格西的帮助下认真采访了寺庙负责人雍中。他讲了这个寺庙悠久的历史和文革以来的戏剧性遭遇。除了在大殿里见到了数百年间相传的精致法器盲筒，还有sala（在切龙寺亦见过）。雍中还带我们参观了跳布扎（俗称打鬼）的面具，获悉这些面具竟有等级之分。随后，去了黄教寺庙松安寺，这里是聂呷和巴旺两乡的宗教中心。因住持有事外出，我们一行未被允许进主殿,但从一位喇嘛的讲述中了解到:松安寺为四合院布局,坐北朝南,为藏汉合璧的建筑,藏经楼里有藏文经书上千卷。

返回途中再次经过甲居藏寨,顺山路盘旋至山顶上的喀察村。在这里,我们见到了末代巴旺土司小女人的房子——如今是司机格西的家,与一般民房不一样,规模不大,但不失气派。与甲居千篇一律装饰的农家乐藏楼相比,这里民居的卫生条件极差,但也因之显得朴素。在格西家二楼房间的墙壁上,还可见到土司时期精美彩绘壁画的残余,以及贴在画面上的二十世纪五六十年代的布告或宣传文件的残存文字,两种文化重叠,极具视觉冲击。在格西家,还见到了文献里反复出现的土民日常食用的"猪膘"及背粮食的皮口袋。之后,抓紧时间去参观末代巴旺土司大女人住的官寨,无论占地面积,还是建筑高度都要比土司小女人住的房子规格大得多。

5月3日　考虑到4月30号下午与梭坡村村民超武的谈话意犹未尽,还有许多问题需向其请教,遂买了礼物一大早奔赴超武家。超武一家招待我们吃早饭,得以观察到如何用酥油桶打酥油,及酥油茶的熬制过程,火塘里的火苗温暖地拥抱着黑黑的三角铁架和铁架上的铁罐,此刻我们仿若坐在土司时代的土民家中。早饭后,超武和他的老伴分别给我们展示了传统嘉绒服饰。我们亦受邀试穿藏袍和戴整张狐狸皮制作的帽子,深感嘉绒藏族妇女艳丽的服装和多彩的首饰,好比自家的流动银行,既展示财富,又表现其特有的族群文化魅力。

再次和超武谈到苯教的问题,他便主动提出可以带我们去看位于河谷的苯教寺庙。该庙是他亲自起草报告申请,亲自组织人力修建才复建的。虽说是从河坝上走到河谷,但全是起起伏伏的小路,有的小路被山上冲下来的泉水浸润得泥泞不堪。一路上超武为了照顾走不快的我们,还特意找阴凉地儿歇了好几次。近中午时分天已暴晴,云层退场,感觉要被烈日晒透,但阴凉处却冷得很,于是我们将外套脱了又穿上,穿上又脱,方能稍稍适应这冷热多变的状况,而超武穿着秋衣和夹克一丝汗都没有流。

刚走到庙宇附近,就能感受到它的清贫,或者说与我们在丹巴看到的其他寺庙相比显得"寒碜"。超武说这个庙的名字没有可以很好对应的汉名,而我们甚至没能看到一般庙里都有的政府登记牌。不巧,庙里很有学问的年轻喇嘛外出办事了。我们先在一位临时守庙人的带领下快速参观完庙宇,接着去看庙原址所在处的老墙基,发现石头上刻有藏文经文,我们席地坐在这里听超武讲关于这个寺庙始建时的美丽传说,观赏与这个传说相关的实物。超武跟我们讲,他们的苯教教义教育土司和土民不能随便开采黄金,动了山神的宝贝和动了地气都不对,会有报应。有意思的是,超武就苯教谈到的一些问题均能与相关档案的记载相对应。"档案文献与田野调查双重奏"大约从这时起已在我的心底响起,且此后绵绵不绝,陪我走过写作《乾隆朝金川战争新探》的十余载春秋。

5月4日　离开丹巴,前往金川县。金川县不愧为改土归屯之地,其县城容貌与内地几无差别,而丹巴县城则保留了浓郁的嘉绒文化色彩。安顿好住宿后时间尚早,便携介绍信前往该县档案局,该局工作人员以档案馆搬迁未毕为由,态度恶劣地拒绝查看清代金川档案的请求。最过分的是,这名中年男子坐在办公桌前冷漠地看完了查档协调函和介绍信后,除了冷冷地从嘴里发出"切"的一声表示不屑这些盖公章的公文,还将信函全都狠狠地扔在地上。我俯身捡起文件的那个瞬间,深感屈辱之外,还管窥到基层食禄群体中的尸位素餐者不加掩饰的"恶"。几番交涉无果,只好放弃。

5月5日　因不甘心被金川县档案局拒之门外,便通过朋友帮忙疏通,找到金川县县委工作人员协助,可最后档案局领导还是以档案局搬迁工作未完为由,拒绝我们查阅任何档案,只是态度明显比此前客气得多。实际上,档案案卷就在我们站立的大厅的展架上。在金川县档案局查档案屡次受阻,真实地展现了当地政治生态的冰山一角。不过,因这个机缘,我们得到了县武警中队领导的热情招待,并从这些驻防军人口中得悉金川县近三十年来的发展状况,以及他们对金川县各阶层的认识。

午饭后,金川县武警中队教导员给我们联系了金川县安宁乡的一位地方文化研究名人张先生,由张先生带我们去看勒乌围御碑。从县城到安宁乡的路非常好,途中看到在建的广法寺,它的前身是金川乃至整个嘉绒地区最大的苯教寺庙——雍中拉定寺。当年乾隆皇帝都为这个庙的宏大建筑和金顶装饰所吸引,不仅要求将所有值钱物件运到北京,还提出要将庙里的大柱子顺河漂流,运到北京。如今,据说由官方拨款六百万加以重修。可以说,雍中拉定寺的变迁就是大小金川社会变迁的一道缩影。

见到张先生后,他立即带我们登上几百级台阶去看勒乌围御碑。据他讲,这个御碑得以保存下来,很具戏剧性。当年破四旧,怎么处置这块碑成了当地官员很头疼的事,最后还是在工匠建议下用石头把原碑封起来,再在外面搞个红军革命烈士纪念碑,并把当年红军留下的集体遗骸搬来埋葬到碑后的空地。在这里两种战争文化叠加,一先一后,一遮一显。后来又恢复了石碑原貌,并进行了保护。御碑的碑亭形制亦很可观。据张先生讲,环绕勒乌围御碑的大柱子就是乾隆年间初建碑亭时所立。随后,又去看了立在刮尔崖下的几块石碑,碑文涉及屯田内容。其中道光十九年那块碑阳面用很大的字刻了"国民党出卖了大半边河山给帝国主义",这几个比原碑文大数倍的政治

413

宣传口号已被毁,但仍能辨认。紧挨着的乾隆五十一年那块碑则被刻上"国民党是帝国主义的忠驯走狗!",而且还刻有"咸履康庄"的横批。在特定的政治宣传语境下,这种文字想必很有震慑力。

随后,又去了张先生家,见到了很难寻找的《绥靖屯志略》和《金川琐记》(注释版),经允许,一一拍照。在张家,我第一次近距离接触到一位嘉绒的草地藏民。他原是金川县安宁乡的农区子弟,和当地很多娶不起媳妇的男子一样,只好去高山上当"牛厂娃",在藏族牧户倒插门才解决终身大事,从此他也成了地道的草场牧民。他已不太会汉话,但还能讲安宁一带的地脚话,加上张先生能听懂他的草地藏话,我们遂得以缓慢交流。正是这番交流,让我知道了阿科里草场和贡嘎山牧场的一些基本情况,增加了对金川牧区和牧民的认识。晚饭期间,我们继续进行着有关农区和牧民的话题,还谈到了跳锅庄、饮砸酒等习俗,及宗教信仰问题,如农区的藏民有信黄教的,也有坚持信苯教的,也有因与回民通婚转而信伊斯兰教的,而金川的草地藏民多信红教。显然,当代金川民众的宗教信仰呈现多元化的特点。

5月6日　在金川县城的重庆大排档里吃饭时,偶然与一位汉族老人攀谈起来。他告诉我,他是金川咯尔乡人,幼年时见过咯尔的金川土司官寨,气象恢宏,壁画精美绝伦,如今还能想起画上主要是讲阴阳轮回的内容(很经典的苯教壁画),可惜后来咯尔土司官寨被夷为平地,现在只能看到遗址所在的山包包,而这座建筑的大石头被各家分了打碎了盖房子,木头也被大家分了自用。他还补充说到,小时候看到土司官寨里挖出很多陶引水管,从很远的高山引水,一路铺设到官寨,相当有系统。大爷还讲到咯尔乡还有规模可观的关帝庙,他儿时就在里面上学,约十几岁时,这个大庙就被拆毁殆尽。他还告诉我离城关约 7 公里的地方(在咯尔乡)有个 yuerji(藏语记音名称)喇嘛庙,庙附近还有一些巨石阵。他说咯尔乡的妇女都很信佛教,这个 yuerji 寺庙就是民众自己捐钱重修的。

按照这位老人给的线索,饭后我们便坐小巴去了咯尔的 yuerji 寺。在庙里见到了一位女喇嘛(觉姆),穿着黄色喇嘛袍,戴着黄喇嘛帽,手持念珠,口诵经文,很和善。她曾在阿科里修行多年,然后在佛学院学习了几年,身体不好,最近这十来年才到咯尔修行。她还谈到阿科里的长海子,即人们仍不敢朝海子大声讲话,怕惹怒水神,引来冰雹,这与文献记载颇相吻合。据她讲,长海子四周的原始森林已被过度砍伐,生态环境也因之遭到破坏。有意思的是,这个笃信黄教的女喇嘛却在咯尔这座民间苯教寺庙里修行。此外,在她和一位在附近居住的老太太指引下,获悉金川土司在咯尔土司官寨附近的"马厂"之具体位置。

返回县城时载我们的小巴司机也是咯尔乡人,四十来岁,对咯尔的土司官寨保留了口传记忆。他还给我们讲了关于末代土司索诺木的故事,说当地人都讲,索诺木头上长了两只龙角,被清廷抓走的时候,还对一路赶着给他送行的土民加以叮嘱,等到竹子开花、马长角时,他还要回来当大金川的土司。这位司机还说,当地一直盛传,是由于黑水一带的民众带路,才使得清兵得以攻入噶喇依官寨,不然不论打多少年仗,乾隆皇帝都不能将土司索诺木及其家人掳走。这反映了当地人对金川战争的看法与主流观点迥异。

回到县城后天色尚早,又赶去金川县的老城隍庙。该庙已经破败昏暗,但巨大的房梁和木柱,以及占地面积都表明我们不可小觑其昔日的辉煌。一个头上缠着黑纱帕的罗姓老奶奶带我们看了前殿和后殿。她告诉我们原来城隍爷的像有两个,一个是泥土塑的,不能移动,一个是木头雕刻的,可以抬出去游街,而且每个城隍老爷身边都有两个女性雕像,是城隍爷的大小娘子。如今每逢初一、十五还有不少老妇来奉香。此外,罗奶奶还平静地叙说了她曲折沧桑的个人生命史。罗氏作为金川汉族移民的后代,她讲的虽是个人遭际,但仍然带有沉重的时代色彩。

5月7日　清早,我们从金川县乘长途汽车经丹巴前往小金县。进入金川县马奈乡后,我们才知道其对河的高山竟然是丹巴管辖的巴底乡,而河这边的马奈乡离丹巴县境不远。值得注意的是,金川马奈乡的妇女们背着背篓,穿着和丹巴妇女很相近的藏装,气质也和丹巴的妇女相近。过了丹巴县的中路乡就是与小金接壤的丹巴县太平桥乡了。这一路看到的小金河道、河水,以及山川给我留下了深刻印象。与大金川河相比,小金河道相对要窄得多,河面多怒涛激石的场面。而且,小金河两岸高山的气势一点也不比大金川两岸的高山逊色,看上去更加陡峭的山梁也不少。这与官书和乾隆皇帝在上谕中所说的小金地势稍平,便于攻打的记录并不相符。过了太平桥乡就是小金川的新格乡,一路上还能看到运用石片建筑的房子,配有黑色装饰的藏式窗户,墙壁上绘有苯教壁画中的常见元素。由新格乡继续前行便到了宅垄(本地人念作 celong)乡。最后抵达小金县城所在的美兴镇。小金县城很气派,目之所及,楼房都用藏式门窗装饰,外墙上画了彩色的苯教题材绘画,仿佛要告诉外来客人:这里就是嘉绒人的故乡;这里是苯教文化的道场。

晚饭后,信步走到一个丁字路口,我们发现美兴小学门前坐着一个老爷爷,便对其进行访谈。老人名叫康继军,汉族,1930年生人,80整岁,达维乡(2015年改为达维镇)人。其祖上是四川安岳县人,哥哥逃兵役跑到达维谋生。于是他很小的时候也来到达维投奔哥哥家。解放前他一直帮沃日土司杨春普(藏名得尔登)帮工,十三岁前一直在达维生活。当沃日土司到达维的土民寨子里,家里要人提供劳役,如砍柴,土司会给一些吃的。他记得那时候家里人总挨饿,常常几顿都没有着落,至于日常吃的东西,主要有青稞面、洋芋、圆根。十三岁后,他从沃日一个人光着脚板来小金县帮刘广全家种地。刚好赶上土匪闹事,不敢从大维直接走到小金,而是先到成都,再经汶川到小金县,整整走了三个多月。刘广全是嘉绒藏人,沃日土司的亲戚,他家的房名以嘉绒方言记音叫"dabo"。刘家在小金大概有二十多亩地,出产的东西也要交一部分给沃日土司,即上租子。一年当中,他只有三个月在小金帮刘广全家干活,其余的九个月都在大维给沃日土司当差。他还强调,解放前在大维的汉人非常少,几乎都是藏民。

康继军老人刚讲完,围观人群里的一个看上去颇有印度人风姿的男子主动给我们讲苯教的源流,讲得好极了。我趁他歇口气的时候,说明了我们的来意和主要调查内容。不料,他主动邀请我们去看他收藏的嘉绒文物。这位藏族男士名叫杨富刚,小金县马尔村人,但家安在县城。杨先生收集的宝贝放在他舅舅家,就在小金县营盘街。杨先生从一个房间里拖出两个大皮箱,将文物一一放到桌上给我们看。每看一件,都让杨先生对文物的造型和图案一一讲解,并问明器物的功能,和使用者的身份,为此用录音笔录了两个半小时。在杨先生看来,这些文物不仅吸收了象雄文化,还蕴含了嘉绒人民的智慧。另外,我看到的档案,对当地产金子有明确记录,没有提到产铜,铁制品都是从内地买入。杨先生则坚称嘉绒地区以前就有杰出的铜匠和炼铜工场。

杨先生和他舅舅舅妈都是讲嘉绒藏话,跟我们讲普通话。印象很深的是,他说他的汉名除了去银行存取款用得上,平时几乎不用。他还能看懂老苯教经文,他老家马尔村有几户人家藏了不少好经文。就这样,我们又确定了马尔村之行。

5月8日　在杨富刚先生的帮助下,我们找到了一位技术过硬的面包车司机罗先生,准备挑战极限路况到山顶上的寨子里考察。刚到马尔村山脚,杨先生突然说起有个苯教庙和苯教大师修行的岩洞就在不远处,值得一看。这个岩洞,就是一块大石头凹进去,好像刚好容一人在里面侧面躺卧,但不能坐立。洞顶缠着人们敬献的白色哈达,挂着经幡。岩体上刻了类似六字真言的藏文,并涂抹了苯教信徒崇尚的白色和红色。杨先生说这是嘉绒地区苯教大德高僧修行的地方,河谷一带恶魔肆虐,苯教高僧就在这种岩洞里与之斗争,保护这里的人民。在大小金川地区有很多这样的岩洞。在这个岩洞上面不远处就是马尔的苯教寺庙,在原址上重修的,规模很小,但一看就是典型的苯教庙宇,外面的墙壁上画着大大的雍仲符号。与丹巴藏民苯教、黄教、红教都尊崇,金川的藏民多信黄教的情况不同,小金马尔村的藏族民众坚信苯教是最好的宗教。

随后，我们在杨先生二哥家见到了据称是雍中拉定寺的法器——铜响铃，还有手摇鼓。杨先生曾做过十四年苯教喇嘛，现场为我们表演诵经时如何用这些法器，音声悠长、悦耳，内心为之震撼。看完了法器表演，就赶时间去一位藏族大叔家观摩古老的苯教经书。大叔家的经堂里挂有鲜艳的唐卡，桌子上摆放着捆扎整齐的经书。我们第一次见到保存这么好、数量如此多的古老苯教经文，顿生敬畏之情。杨先生在经塌上一一为我讲解每版经文的主要内容，还不时念经文，大家虔诚倾听。在这个经堂里听杨先生就着经文讲解苯教的系统性，深感苯教绝对不是清代有关官书中说的所谓邪恶的宗教，其经文非常系统，对人间万物都做了妥帖安排，人们的生老病死都有对应的祈福、禳解经文，对播种、丰收、节庆等也设定了相应的仪轨。在这种氛围下，无需对苯教有多深刻的理解，便自然而然地倾向于——小金的马尔村人世代坚守苯教信仰自有其道理。

下午两点又回到车上，奔向更高处的马尔村年代最久远的碉房。据杨先生讲，这个老房子是从金川迁来的一户人家的老祖一手建起来的，从这里繁衍出的后代已经有两千余人，分布在小金的马尔、新格、日隆各地。到了老屋正面，一眼看到大门门楣上放着一块雕刻大鹏鸟和鹿的大石片，还有一块刻着祈福经文的石头。大鹏鸟是嘉绒部落的象征。这家的老太太盘坐在火塘边靠窗的地上，转着转经轮，口诵真言。老人的儿子从二楼搬下古老的雕花大鼓，声音宏阔激越。我们还欣赏了一些精美的青铜器，并在屋外烈日下翻看了男主人珍藏的古旧苯教经文。

主人热情地给我们斟满醇美的自酿青稞酒，主妇则将用圆根叶子沤制的酸菜和猪膘爆炒后做汤底，然后下面条给我们吃。开饭前，杨先生和主人都先挑一些面条献给火塘，口里念念有词，非常虔诚，然后才开吃。饭后，杨先生和这家的主人给我们表演跳锅庄，老太太还能唱起古老的嘉绒歌谣，这个场面特有感染力。

告别老屋，奔赴牛姓人家看据说有数百年历史的苯教经书。这户人家有一位穿藏袍的八十多岁的老爷爷，身材高大，鼻梁直挺，双眼炯炯有神，手上戴着传了上百年的象牙镯，脖子上挂着绿松石、珊瑚和玉石等组成的饰品。他家珍藏的印刷体苯教经文已经被水浸渍了，但不妨碍阅读。更早的手抄经片，则主要讲苯教创世前的内容。牛家新建的房屋很现代，但依然留出一间布置为传统的嘉绒经堂。

晚六点，我们刚准备从山上下到平坝公路上，不料天气陡然生变，阴风怒吼，转瞬鸡蛋大的冰雹便从空中猛砸下来，冷雨劈头盖脸。这与官书和档案文献中经常能看到的金川天气多变,冰雹立至的情形如出一辙。等我们一行4人冲到车里,大家都已经全身湿透,冷得发抖,脚上的鞋子泥泞沉重,袜子里全是水。更大的麻烦是,雨水太大,山上石头不时滚落,司机看不清路面。道路泥滑,好几次车都不受控制打横到悬崖边。这次的考察经历了多次濒临生死边缘的考验,同行带路的杨先生也吓得随时准备跳车逃生。

5月9日　在小金的最后一天,径直去小金县城美兴小学教职工宿舍楼采访了小有名气的陈老婆婆。老婆婆的藏名音qieluo,汉名李淑珍,1930年生人,时年八十岁,其丈夫姓陈,故大家叫她陈老婆子,沃日官寨人。

沃日官寨有两座大经楼(现仅存南经楼),土司衙门就在两处经楼中间。陈老婆婆说,她和她父母都当过沃日土司官寨附近的百姓,种了土司的地,就要给土司当差。她从小就给末代土司杨春普家当差,需要干什么就得干什么,如牵牲口、背水,一个月大约十天要给土司官寨当差,虽辛苦,但土司要给当差的人提供食物。她还告诉我们,那时种地,主要种玉米、青稞、麦子、黄豆、土豆、豌豆、胡豆,要给土司交租子,但因为挨着官寨,相比其他处百姓交的其实不算多。

据老婆婆讲,土司家有家人给他们干内务,家人不好好当差就罚背水,一个月会给一斗粮食,必须住在官寨里,土司下命令让当差,被派差的人要是不去,就会挨打,一般都是土司下命令由管家来打,通常是打脸;土民见了土司、土妇、土司的孩子都要行跪礼;土司有大管家、内管家、外管家,还有不少大头人、小头人,每个头人大约每年有四个月要来给土司当差;土妇是从小官寨嫁过来的,非常漂亮,她身边有不少婢女,一般是与土妇娘家多少沾点亲的孤儿,与土妇一起外出也会穿得很好;一般土民家里东西很少,除了火塘、锅、背水桶、打酥油的桶等,再就是睡觉的板板,没有像样的盖的,都是一些破烂的东西凑合盖着挨日子;普通人家没有什么经书和转经的东西,除了种地,勤快的人家也会尽量养一些羊、牛,牛有黄牛,牦牛等,蔬菜有莲花白、大白菜和圆根、海椒、韭菜,但苹果是后来引进的,河坝头地好,栽有很多苹果树。

5月10日至5月12日　尽管还有很多地方想去看,还想做更多的访谈,但辛苦筹措的考察经费已捉襟见肘,不得不终止。原打算从小金县经汶茂等地回成都,但因道路不通,只好原路返回。路上因山体滑坡,在康定和泸定二县耽搁甚久,于5月12日回京。

总之,这次丹巴、金川、小金之行虽遇到了一些小挫折,但因得到了很多当地人的无私帮助,我得以顺利展开田调,且收获颇丰。特别值得一提的是,此行让我对大小金川难以攻克的一些客观原因,如地势险恶、天气诡异,有了更深刻、具体的感受,并且对苯教也有了全新的认识,不再受官书和档案的影响,视其为民间巫术,认识到保存下来的大量苯教经文内容表明,苯教教义自成体系,具有深厚的文化意蕴,而且至今该地区的许多藏民仍然坚持敬信苯教(在家中设苯教经堂)、传承苯教(派子弟出家学苯教经文)。此外,通过与当地藏民的访谈,对土司与土民的复杂关系有了更加多元的了解。

此外,2016 年 11 月,在中国博士后基金一等资助项目经费和教育部人文社会科学青年基金项目经费的大力资助下,我得以再次前往金川县、小金县、丹巴县开展田野调查。因为天气原因,这次田野调查主要以回访为主。此后,鉴于书稿付梓因不可抗力而不得不延迟数载,我又于 2023 年 8 月第三次奔赴川西北开展田野调查。这次重点考察了与两金川关系紧密的"四土地区"(即卓克基、梭磨、松岗、党坝等四土司)所在的马尔康市,而且趁天气良好,拍摄了质量更好的有关地形地貌和各种战碉的图片,重点回访了丹巴、金川二县的优质访谈对象。同时,与金川县的绿营驻防兵后代进行了初次访谈并建立后续联系,从而获得了新的地方性认知,对金川县汉藏之间的交往交流交融问题有了具体而深入的体会。此次考察还涉足小金县、宝兴县、雅安市等地。最后,在该次调查基础上,撰写了调研报告。

附录二　两金川部分①投诚或被俘土民情况表

名字	性别及社会身份	年龄	本住寨落名	备注②	史料出处
1 喇他尔 安布六 得尔日太 娄太 札尔结 撒色 朗太	寨首 喇他尔妻 喇他尔儿子 喇他尔家人 喇他尔家人 喇他尔家使女 喇他尔家使女	43 岁 32 岁 2 岁 16 岁 17 岁 21 岁 19 岁	儹拉汉瓦寨	底木达一破,便逃往促浸,安插在毕里寨,今主动投出。 家人即在土司或土民家中受差唤的男子。	中国第一历史档案馆,鄂温克族自治旗民族古籍整理办公室编:《清宫珍藏海兰察满汉文奏折汇编》(以下简称"《海兰察》"),《投出儹拉番人供单》,辽宁民族出版社,2008 年,第 218 页,219 页。 供单缮写时间:1774 年十一月
2 申札吉 札思满 和尔甲 布班	喇他尔外甥 申札吉之母 申札吉之弟 在该户服役番妇	16 岁 35 岁 14 岁 56 岁	儹拉阿扣寨	与喇他尔一家一起投出。	
3 克太 乃章 尚未取名	番男 克太妻 克太儿子	29 岁 25 岁 未满月	儹拉阿扣寨	与喇他尔一家一起投出。	
4 达谷	番男	20 岁	促浸达尔巴寨	父死,与母、哥、嫂、妻一起投出。	《海兰察》,《投出促浸番人供单》,第 230 页,231 页。 供单缮写时间:1774 年十二月
5 枉札	番男	40 岁	促浸达尔巴寨	有大女人和小女人,已投出。	
6 札格太 申札思满 雍中朋 格尔结 朗木卡	番男 札格太妻 札格太弟 札格太儿子 札格太儿子	37 岁 30 岁 23 岁 8 岁 6 岁	儹拉马尔当寨	还有一个弟弟叫申札太,在噶尔丹喇嘛寺,未能一同逃出。	《海兰察》,《投出儹拉番人番妇供单》,第 234 页,235 页,236 页,237 页。 供单缮写时间:1775 年正月

---

① 笔者根据相关档案统计,投诚或被俘的两金川土民家庭共计 627 户,原表太长,在此只列出部分。

② 在此特别说明,性别及社会身份栏及备注栏的纵列中出现的"番男""番妇"称谓系尊重档案文献记录而沿用,并无任何对少数族群之不敬之意。

名字	性别及社会身份	年龄	本住寨落名	备注	史料出处
7 沙纳 阿章 三木卡 朗朋 板底思满 板第斯满	番男 沙纳妻 沙纳弟 沙纳弟 朗朋妻 沙纳家使女	32 岁 30 岁 27 岁 19 岁 19 岁 23 岁	偾拉噶沙里寨	头人阿让将该户男女带到促浸勒乌围寨住,但没有分给田地。	
8 阿忠 三卡尔	番男 阿忠弟	30 岁 24 岁	偾拉噶沙里寨	同沙纳一家一起投出。	
9 申札朋 安多尔 班登思满 板第尔章	番男 申札朋母 申札朋妻 申札朋妹	28 岁 48 岁 28 岁 26 岁	偾拉下宅垄寨	促浸头人将其一家掳进去,后因无吃食投出。	
10 板第尔甲 板地 甲噶尔	大头人的家人 板第尔甲女儿 板第尔甲儿子	40 岁 14 岁 7 岁	偾拉蒙固寨	与申札朋一家一起从促浸投出。	同上
11 合尔太 任尔结	番妇 合尔太小儿子	52 岁 13 岁	偾拉大板招	丈夫和大儿子均被促浸土司杀害,该母子则给头人家使唤。	《海兰察》,《投出偾拉番人番妇供单》,第 236 页,237 页。 供单缮写时间:1775 年正月
12 克思甲	促浸大头人家人	25 岁	促浸噶喇衣	因缺吃食投出。	
13 朗卡思甲	梭磨土兵	21 岁	梭磨竹克寨	促浸无吃的,投出。	《海兰察》,《投促浸等番人供单》,第 242 页,243 页,244 页。 供单缮写时间:1775 年正月
14 甲噶尔朋	从噶克土兵	21 岁	从噶克之巴尔瓦寨	促浸无吃的,投出。	
15 根卓思甲	卓克采土兵	22 岁	卓克采札堡寨	促浸无吃的,投出。	
16 申札尔结	番男	29 岁	札尔赤寨	抢来土兵劝说投出。	
17 阿别	下孟董屯兵	46 岁	下孟董屯	因木果木失事被俘。	
18 郎卡木甲	番男	20 岁	促浸格尔替寨	被俘。其父和妻俱被土司迁往噶朗噶。	《海兰察》,《拿获活贼供单》,第 247 页,248 页。 供单缮写时间:1775 年正月
19 章朋	番男	30 岁	促浸格思巴尔寨	被俘。父母妻弟均被土司迁往噶朗噶。	
20 巴格太	番男	44 岁	促浸格思巴尔寨	被俘。妻、儿、女被土司迁往噶朗噶。	

名字	性别及社会身份	年龄	本住寨落名	备注	史料出处
21 生格 纳布 郎卡尔章 申布 朗太	在土司跟前听差 生格妻 生格女儿 生格女儿 生格儿子	48 岁 46 岁 12 岁 8 岁 6 岁	促浸思达尔寨	生格带家人主动投出。	《海兰察》，《投出促浸番人供单》，第 254 页，255 页，256 页。 供单缮写时间：1775 年二月
22 阿木楚 催坎	番妇 阿木楚儿子	54 岁 22 岁	麻书 （居处不详）	母子先后被卖多地，后在头人家听使唤。	《海兰察》，《投出各处番人供单》，第 266 页。
23 那木错		43 岁	革布什咱吉地	被促浸拿去。	供单缮写时间：1775 年三月
24 得尔日		13 岁	巴底朗格寨	被促浸抢去。	
25 阿喀	番男	24 岁	促浸噶朗噶	家中有父母。	
26 任堪	番男	48 岁	促浸噶朗噶	还有妻子、儿女。	
27 策旺	番男	35 岁	促浸噶朗噶	只有母亲和一哥哥。	《海兰察》，《生擒贼番七名供单》，第 278 页，279 页。
28 克窝	番男	53 岁	促浸噶朗噶	家里还有妻子。	供单缮写时间：1775 年四月
29 三喀木	番男	19 岁	促浸塔谷寨	父母已死，孤儿。	
30 赤尼克窝	番男	30 岁	促浸萨尔尼寨	父死，与母亲相伴。	
31 拉木尔甲	喇嘛	30 岁	促浸茨寨	家中只剩一哥哥。	
32 克尔加尔 甲木错思满 任占甲 甲窝斯甲 达谷 萨思满 海章 得尔任朋	番男 克尔加尔妻 克尔加尔长子 克尔加尔次子 克尔加尔三子 克尔加尔长女 克尔加尔次女 克尔加尔外孙	50 岁 51 岁 30 岁 22 岁 19 岁 32 岁 25 岁 1 岁	促浸思年谷寨	因官兵攻打厉害，遂率家人主动投出。	《海兰察》，《投出促浸番人十三名口供单》，第 279 页。 供单缮写时间：1775 年四月
33 那木尔甲 忒儿 克图章 阿木年 砼朋	番男 那木尔甲长女 那木尔甲次女 那木尔甲三女 那木尔甲外孙	60 岁 36 岁 32 岁 27 岁 5 岁	促浸噶斯底寨		《海兰察》，《投出促浸番人十三名口供单》，第 279 页。 供单缮写时间：1775 年四月
34 阿闪 阿错	番男 阿闪妻	39 岁 30 岁	儹拉聂谷寨	由本寨头人带入促浸，后因没吃的设法投出。	《海兰察》，《投出儹拉番人四户男妇七名口》，第

名字	性别及社会身份	年龄	本住寨落名	备注	史料出处
35 札中 捏噶尔	番妇 札中儿子	40 岁 13 岁	不明	札中称阿闪是其外甥。丈夫已死。	279 页,280 页。 供单缮写时间:1775 年四月
36 安都尔 石格楞	番妇 番女,安都尔妹妹	32 岁 25 岁	偿拉日谷落寨	二人被卖到促浸某头人家做使唤丫头。	
37 萨尔甲	番男	22 岁	偿拉甲木角寨	有一个叔叔先已投出。	
38 木他尔	番男	34 岁	鄂克什木耳章寨	父母已死,还有妻子在本寨上居住。	《海兰察》,第 280 页。 供单缮写时间:1775 年四月
39 木尔加 八布太	番男 木尔加儿子	60 岁 14 岁	绰斯甲布人	逃往促浸十二年,给有田地,设法逃出。	
40 班登朋 捏噶尔 格尔什中 板第 得尔日斯满 克木错 木耳斯满	番男 班登朋母亲 班登朋妹妹 班登朋妻子 班登朋女儿 班登朋儿子 班登朋儿子	36 岁 73 岁 41 岁 38 岁 9 岁 7 岁 2 岁	促浸什布曲寨	官兵攻打得厉害,感到促浸要灭亡了,赶紧带了家口投出。	《海兰察》,《投出促浸番人男妇十七名口》,第 280 页,281 页。 供单缮写时间:1775 年四月
41 生各塔耳 央中木错	番男 生各塔耳母	22 岁 60 岁	促浸克尔玛寨	母亲年老走不动不肯一同逃出。	
42 雍中 木卓 达塔尔	番妇 雍中女儿 雍中儿子	55 岁 20 岁 16 岁	促浸达尔巴寨	丈夫在促浸守卡子长期未归,没有吃的,自带儿女投出。	
43 生格	番男	24 岁	促浸巴布里寨	一个人逃出来。家里还有母亲,当喇嘛的哥哥,姐姐及兄弟。	
44 石谷喇 穆木章 肯朋	番男 石谷喇妻 石谷喇儿子	58 岁 42 岁 3 岁	促浸噶斯底一带		《海兰察》,《投出促浸番人男妇十七名口》,第 281 页。 供单缮写时间:1775 年四月
45 聂噶尔塔耳	番男	43 岁	促浸克尔玛寨	一家八口同逃,仅其一人得逃出。	
46 班末章	番男	57 岁	促浸日旁		
47 章朋	番男	28 岁	偿拉曾头沟	被促浸抓去,安在噶金地方住,分给一份田地。	《海兰察》,《投出偿拉番人一名》,第 281 页。

名字	性别及社会身份	年龄	本住寨落名	备注	史料出处
48 阿木尔甲噶底章	番男 阿木尔甲妻	31 岁	梭磨人绰斯甲人（原住寨名不详）	在促浸伺候嫁给索诺木的卓克基土司的女儿。系寡妇再嫁。有一女。	《海兰察》,《投出梭磨番人一名》,第 281 页。 供单缮写时间：1775 年四月
49 雍中 特尔 得丕	番男 雍中妻 雍中儿子	42 岁 40 岁 18 岁	促浸马尔角寨	一家人搬到荣噶尔博守卡子后,没有吃的,就带了家人一起逃出来。	《海兰察》,《投出番人供单》,第 291—294 页。 供单缮写时间：1775 年四月
50 纳太 甲噶尔章 纳尔结	番男 纳太妻 纳太侄子	37 岁 41 岁 13 岁	促浸格思巴尔寨	因守卡子一家搬到噶朗噶,没吃的,寨子里已投出四家,便逃出。	
51 章朋	番男	28 岁	儧拉曾头沟	配给寡妇安多,替该家人当差。	
52 申札尔吉 得丕 木亚	头人的家人 申札尔吉大儿子 申札尔吉小儿子	62 岁 不明 18 岁	促浸格鲁瓦角寨	得丕在宜喜出兵,木亚在阿结家使唤,申札尔吉独自逃出。	
53 阿太	头人的家人官寨的火夫	38 岁	儧拉曾头沟	随头人逃往促浸,在勒乌围官寨当火夫。	《海兰察》,《投出番人供单》,第 291 页，292 页，293 页，294 页。 供单缮写时间：1775 年四月
54 克尔绰	番妇	36 岁	促浸萨克萨谷	顾不得自己男人,同他人逃出。	
55 阿噶尔	番女	22 岁	促浸萨克萨谷	与克尔绰一同逃出来。	
56 克尔章 得什尔章 阿当	番妇 克尔章大女儿 克尔章小女儿	50 岁 17 岁 12 岁	促浸喇嘛科尔寨	男人已死,带了十二岁、十七岁的女儿逃出。	
57 阿噶尔思 申札 巴勒 托巴	番女,申札姐姐 番女 使女,申札妹 使唤番童,申札弟	25 岁 17 岁 13 岁 10 岁	儧拉下宅垄寨	小妹巴勒仍在那木底寨当使唤丫头,小弟托巴仍在俄落寨斯丹增家使唤。	
58 得什泰 绰窝	番男 得什泰的儿子	44 岁 24 岁	促浸堇里角寨	没有吃的,守卡太苦,便带儿子逃出。	

续　表

名字	性别及社会身份	年龄	本住寨落名	备注	史料出处
59 勒塔尔	番男	24 岁	赞拉噶沙里寨	逃到促浸,住勒乌沟,没吃的逃出。	《海兰察》,《投出番人供单》,第294页,295页。供单缮写时间:1775年四月
60 安朋	喇嘛	15 岁	促浸喇嘛科尔寨	父亲出兵,姐在本寨住。没吃的逃出。	
61 噶登朋	在喇嘛寺当班第	13 岁	促浸喇嘛科尔寨	父亲和二哥在寨子,大哥和三哥出兵。	
62 巴格太 阿克鲁 巴尔章 戎章	番男 巴格太弟弟 巴格太丈母 巴格太妻	26 岁 18 岁 70 岁 24 岁	赞拉大板招人原系鄂克什马尔里寨人	巴尔章母女是被巴格太抓去的。因没吃的,巴格太才带了他们一同从促浸出来。	
63 那木尔甲 克思满 旺丹 雍中 羊中思满 那木卡	番男 那木尔甲妻 那木尔甲哥哥 那木尔甲大妹 那木尔甲二妹 那木尔甲儿子	43 岁 44 岁 47 岁 38 岁 23 岁 11 岁	促浸格思巴尔寨	堂弟已经投出,得式梯又失了,便带着一家六口投出。	《海兰察》,《投出番人等供单》,第297页,298页。供单缮写时间:1775年五月
64 沃杂尔 得旺 安木初 生格	派差小头人 沃杂尔妻 沃杂尔女儿 沃杂尔儿子	46 岁 43 岁 8 岁 6 岁	促浸得思董	官兵打进来后搬到喇嘛科尔去住,又被派到宜喜守卡子,实在没吃的了就一家四口逃出。	
65 得什朋	番男	19 岁	促浸茹寨	茹寨被占,投出。	
66 瓦尔擦思 德尔什 板地 甲木初 卓五	番男 瓦尔擦思姐姐 瓦尔擦思姐姐 瓦尔擦思母亲 瓦尔擦思妹妹	17 岁 25 岁 22 岁	促浸格鲁瓦角	搬到喇嘛科尔寨上住,如今没吃的,带了一家六口投出。母亲甲木初和妹妹卓五被冲散。	《海兰察》,《投出番人等供单》,第298页,299页,300页,301页,302页。供单缮写时间:1775年五月
67 生格 布鲁	番男 生格大儿子	52 岁 22 岁	促浸马尔角寨	妻子和两个小儿子还在本寨没有逃出。	
68 撒尔甲 班第尔 仓旺尔 雍中 撒思满	番男 撒尔甲母亲 撒尔甲妻子 撒尔甲女儿 撒尔甲妹妹	40 岁 57 岁 36 岁 6 岁 30 岁		日尔底寨头人派撒尔甲放哨,他便带了一家五口逃出。	

名字	性别及社会身份	年龄	本住寨落名	备注	史料出处
69 纳木尔结 雍中尔章 克木初 思满太	番男 纳木尔结妻子 纳木尔结大女儿 纳木尔结小女儿 小儿子	43 岁 34 岁 9 岁 4 岁 半岁	促浸噶占寨	与表弟阿咱拉一家三口一同投出，在树林里躲了一夜才逃出，小儿子在路上饿死了。	
70 乃章 多尔 生格尔结 朗太 江错朋	番妇 乃章妹妹 乃章儿子 乃章女儿 乃章侄儿	48 岁 46 岁 11 岁 16 岁 14 岁	促浸噶朗噶寨	乃章丈夫不得已与色朗伊什、扣尔甲、噶登朋等三人先投出来，但在转回去接家人时候被促浸人捉住杀了。	
71 板地 得什尔章	番妇 番妇	40 岁 34 岁	促浸格鲁瓦角寨	她们丈夫弟兄俩与她们的婆婆先投出来了。	
72 阿札	番妇	22 岁	僜拉美诺寨	被头人带到促浸，配给噶占寨番民为妻。	《海兰察》,《投出番人等供单》,第298 页，299 页，300 页，301 页，302 页。 供单缮写时间：1775 年五月
73 冷朱	原当班第	25 岁	鄂克什木尔占	在僜拉、促浸当差	
74 雍中朋 那穆尔章 布勒 戎绰	番男 雍中朋母亲 雍中朋弟弟 雍中朋妹妹	30 岁 58 岁 20 岁 24 岁	促浸日尔底寨	没有吃的，只好带了家里人一同投出。	
75 纳太	番男	33 岁	僜拉日落寨	妻子是鄂克什人	
76 申占朋	番男	40 岁	僜拉马尔当	安插在促浸戎古寨，今没吃的，投出。	
77 安多 阿思满	番妇 安多妹妹	60 岁 55 岁	僜拉斗柔寨	姐妹俩的男人都死了。	
78 僜太 阿申 色多尔	番妇 僜太大儿子 僜太小儿子	43 岁 19 岁 16 岁	僜拉斗柔寨	其丈夫已经死了。	
79 郎卡 班地尔章	番男 郎卡妻子	28 岁 27 岁	促浸荣噶尔博寨	妻子为沃日木兰坝人，因战争，被先后掳入僜拉、促浸。	

续　表

名字	性别及社会身份	年龄	本住寨落名	备注	史料出处
80 朗尔甲 库尔章 雍中尔章 舍纳朋	番男 朗尔甲妻子 朗尔甲女儿 朗尔甲儿子	47 岁 46 岁 14 岁 6 岁	促浸堇里角寨	上年搬到喇嘛科尔去住，因实在没吃的了才带家口投出。	
81 那木尔结 阿札 蒙章 郎卡尔章	番男 那木尔结母亲 那木尔结妻子 那木尔结女儿	34 岁 69 岁 27 岁 3 岁	促浸喇嘛科尔寨	母亲年老走不动，顾不上，和妻子、女儿先投出来了。喇嘛科尔寨原有五十多户。	
82 阿克鲁 章朋 撒尔思满	番男 阿克鲁母亲 阿克鲁妻子	22 岁 55 岁 22 岁	促浸喇嘛科尔寨	阿克鲁还有个哥哥在守卡子，据供随后亦会投出。	
83 纳塔尔 生格尔章 阿绰	番男 纳塔尔母亲 纳塔尔妻子	38 岁 60 岁 37 岁	儧拉日落寨		
84 纳木塔尔	番男	36 岁	儧拉美诺官寨	无父母妻子。	
85 木尔结 得尔什	原是班第 木尔结父亲	23 岁	儧拉木波寨	父亲被促浸人淹死了，哥哥已逃。	
86 阿太尔 阿噶斯 杨中朋 拉木札 木塔	番男 阿太尔妻子 阿太尔儿子 阿太尔女儿 阿太尔弟弟	36 岁 37 岁 8 岁 12 岁 33 岁	儧拉擦尔角	被促浸人捉进去守卡子，没吃的逃出。	
87 噶太尔吉 商纳 巴丕 羊马尔章 阿撒尔 噶尔章 色噶尔 朗甲尔 萨纳	番男 噶太尔吉大弟 噶太尔吉二弟 噶太尔吉妻子 噶太尔吉大女儿 噶太尔吉二女儿 噶太尔吉大儿子 噶太尔吉二儿子 噶太尔吉三儿子	44 岁 40 岁 36 岁 49 岁 30 岁 17 岁 23 岁 15 岁 12 岁	儧拉擦尔角	商纳和巴丕兄弟俩是班第。	《海兰察》，《投出番人等供单》，第 302 页。 供单缮写时间：1775 年五月
88 雍中太 阿札 阿章 阿喀 撒尔章 阿中 色当朋 未取名	番男 雍中太妻子 雍中太大女儿 雍中太二女儿 雍中太三女儿 雍中太大儿子 雍中太二儿子 雍中太小儿子	39 岁 36 岁 25 岁 20 岁 8 岁 17 岁 6 岁 初生	儧拉擦尔角	从美诺投出。	

名字	性别及社会身份	年龄	本住寨落名	备注	史料出处
89 朗格鲁	番男	50 岁	促浸勒赤尔寨	在寨子上被官兵俘获。	《海兰察》,《拿获贼番供单》,第307、308页。供单缮写时间:1775年五月
90 克窝	番男	34 岁	促浸阿尔古寨	跟头人一起守卡。	
91 阿丕	番男	30 岁	促浸得式梯寨	被党坝土兵拿获。	
92 色丹巴	番男	59 岁	促浸勒赤尔寨	在色尔歪守卡被俘。	
93 生根朋	番男	19 岁	促浸来达木寨	在色尔歪守卡被俘。	
94 板地朋	番男	28 岁	僜拉曾头沟	在得式梯守卡被俘。	
95 扬玛泰	番男	30 岁	僜拉木波寨	其兄弟也一起逃出。	《海兰察》,《投出各番供单》,第308页,第309页,310页。供单缮写时间:1775年五月
96 那木卡朋	番男	32 岁	僜拉觉寨	带兄弟一起逃出来。	
97 卡登朋	番男	34 岁	僜拉美卧沟	在促浸没吃的逃出。	
98 阿苦鲁 阿思满 丹思巴	番男 阿苦鲁母亲 阿苦鲁表弟	22 岁 52 岁 20 岁	僜拉斗柔寨	被促浸人带往僜拉,在勒乌围当差,带母亲和表弟逃出。	
99 舍纳 和思满 色达尔结 阿山 郎卡尔结 板第	番男 舍纳母亲 舍纳弟弟 舍纳姐姐 舍纳妹妹 舍纳妻子	38 岁 73 岁 不详 不详 不详 不详	促浸格鲁瓦角寨	因没吃的,不愿意再替土司守卡子,母子三人商量后一同投出。舍纳姐姐、妹妹及妻子还在噶朗噶住,准备随后逃出。	
100 雍中泽楞	噶尔丹寺喇嘛	42 岁	促浸噶朗噶寨	寺里喇嘛四散。	
101 雍中拆康	班第	44 岁	促浸思巴尔寨	看亲戚回来见某家六口已逃出,亦逃。	
102 阿班 安多尔 申札尔章	番男 阿班妻 阿班家使女	33 岁 24 岁 21 岁	僜拉山札寨	阿班与阿甲、沃中各带了家眷逃出。	
103 阿甲	番男	60 岁	僜拉山札寨	女儿和儿子都安插在木坪、鄂克什。	

名字	性别及社会身份	年龄	本住寨落名	备注	史料出处
104 沃中 阿思满 阿纳木 阿纳 班地 阿章 阿卓 雍中朋	番男 沃中母亲 沃中弟弟 沃中妹妹 沃中家使女 沃中家使女 沃中家使女 沃中的家人	21 岁 44 岁 16 岁 13 岁 50 岁 41 岁 35 岁 8 岁	儹拉山札寨	没吃的,与阿班商量,带了母亲、兄妹并使女等投出。	《海兰察》,《投出各番供单》,第310 页。311 页。供单缮写时间:1775 年五月
105 三卡尔	番男	40 岁	儹拉布朗郭宗	因坐更误点,要坐牢,遂逃出。妻子还促浸。	
106 色朗伊什	莎罗奔伴当	34 岁	促浸噶朗噶寨	家里还有大小九人,但只带妻子和表兄出来。	
107 雍中 朗穆章 克窝	番男 番妇,雍中妻子 番男,雍中表兄	23 岁 36 岁 38 岁	促浸茹寨	看到促浸快要灭亡,赶紧带了妻子和表兄投出来。	
108 克思满 色丹巴 泽朗 朗金塔尔	番妇 克思满长子 克思满次子 克思满女儿	45 岁 8 岁 6 岁 13 岁	促浸喇嘛科尔寨	克思满的丈夫已经战死。	《海兰察》,《投出各番供单》,第310 页。311 页。供单缮写时间:1775 年五月
109 纳木章 板地思年 撒尔章 连章	番妇 纳木章长女 纳木章次女 纳木章三女	43 岁 19 岁 16 岁 3 岁	促浸喇嘛科尔寨	纳木章的丈夫也战死。	

后 记

这部 50 余万字（按 word 文档统计）的专著,是以我的博士学位论文《清军难以攻克大小金川之原因探析》为基础,经过长时间、大范围的修改完成的国家社会科学基金后期资助项目——"档案文献和田野调查双重视野下的金川战争再研究"之最终成果。该项目于 2018 年 9 月立项(18FZS305),2020 年 7 月初完稿,并按照相关要求开启结项流程。不久,全国哲学社会科学工作办公室将该部结项书稿交由华东师范大学出版社出版。填写出版信息登记表时,在中国台北"中研院"近代史研究所赖惠敏先生的热心建议下,将书稿更名为《乾隆朝金川战争新探——档案文献与田野调查双重奏》。

从 2010 年末开始撰写博士学位论文到 2020 年 12 月书稿基本定稿,再到当下正式出版,斗转星移,数易寒暑,已历十余载春秋。本书的写作得到了博士授业恩师、著名清史研究专家、中国社会科学院历史研究所(2019 年更名为古代史研究所)定宜庄先生的悉心指导、持续勉励和实心关照。迄今,入定师门下十五载,她不但对学术资质平庸且生性懒散的我予以包容和体谅,甚至为了让我有信心做科研并经营好自己的小家庭,不时对难成大器的我不吝称赞,令我惶恐之余亦深为感动。读博期间,她为作为关门弟子的我开设了清代史料学专题、清代边疆研究名著导读等课程;督促我在一年多的时间里每周每个工作日都要去中国第一历史档案馆抄档案;鼓励我克服重重困难从北京奔赴川西北藏区进行艰苦的田野调查;帮助我确立以官书为导向、以档案文献为基础,进而结合田野调查资料展开探究的博士学位论文写作路径。博士毕业就业后,她高兴地为我重返学术圈撰写了内容诚挚、饱含期许的博士后入站推荐信。入站后,她提携我一同参加学术研讨会,助力我尽快适应新环境。在我入站做博士后和提前出站留校工作期间,她为我独立申获的每一个省部级项目感到由衷高兴之余不忘勉励我继续努力,并且拨冗为我申报国家社科基金后期资助项目写了读来令人动容的推荐意见。如愿立项后,她总不忘关心书稿的修订进度、结项进展、民宗委审核结果等问题,也因此在得知可以进入出版流程后，在帝都闷热的三伏天里连日通读这部书稿，并撰写了情词恳切的序言。倘若没有定师长久以来的不吝肯定和支持，我不会在博士毕业三年后有毅然辞去超大型央企总部的工作、重拾学术理想的勇气，亦不会在航班熔断而不得不在 2020 年滞留纽约半年整（该年 3 至 9 月）的"至暗时刻"，即便深陷殚精竭虑购买一家四口回国机票的不安中，仍能笃定地继续埋头改稿，遑论此后结项和出版工作的逐步推进。

在定先生的费心引荐下，我的博士论文还得到了许多师长的鼓励和斧正。2011 年 5 月底，中国社会科学院历史研究所学部委员郭松义先生、中国社会科学院近代史研究所刘小萌研究员、中央民族大学历史文化学院赵令志教授、中国人民大学清史研究所张研教授[①]、中共中央党校文史部岑大利教授等学者分别在博士论文答辩会上和给予外审意见时不吝赐教，亦使我获益良多。迄今仍能清晰地记得，岑大利老师在她那位于中央党校家属区朴实无华的家中，拉着我的双手促膝对坐，轻声细语地夸我的论文写得很不错（那时的我其实对博士学位论文终稿并无甚信心），还说我很适合做学术，将来一定会有了不起的成就。尽管天资有限、不够勤奋的我远未能抵达岑老师的期许，但来自女性学人的真诚且温暖的嘉许与期待，无疑给了我在学术道路上砥砺前行的力量。这对当年在博士论文答辩前夕曾无数次纠结要不要延期一年毕业的我而言，是尤为珍贵的鼓励。如今书稿付梓，对诸位先生的感念之情更甚。

法国历史学家阿莱特·法尔热（Arlette·Farge）在《档案之魅》一书中谈道，"档案是时间织成的布面上的一个小缺口，是对意外事件的一瞥"，而且"档案推动人们去阅读，它能够'俘虏'读者，使其产生一种真相最终水落石出的感觉"。当读者面对档案时，"那种朴素但深沉的感觉油然而生，就像揭开了一层面纱，穿过了认知的迷雾，经历了一段漫长而不确定的旅程后，终于了解到生命与事物的真谛。档案能够将事情抽丝剥茧；寥寥数行，展现在我们面前的不仅有无法理解的内容，还有生活。曾经被埋入深渊的片段真相如今被冲到岸边，呈现在我们眼前，它们的清晰度和可靠性简直令人不敢相信。毫无疑问，档案中的发现如同泉水般清新，堪称天赐的礼物。"[②]接触和阅读有关金川战争的诸种档案亦可作如是观。

在档案搜集过程中，中国第一历史档案馆利用部杨欣欣老师为我在一年多（2009—2010 年）的时间里，不间断地阅读和抄录相关录副奏折的缩微胶

---

① 　张研教授因病于 2014 年 4 月 12 日在北京逝世。

② 　［法］阿莱特·法尔热著，申华明译：《档案之魅》，商务印书馆，2020 年，第 4、5 页。

卷提供了便利①，并且对我总是最后一个关掉缩微胶卷阅读器、拖延到最后一分钟才肯起身归还胶卷的"痴样"予以最大限度的宽容。甚至在相处熟悉后，为节省我每天早上等待取胶卷的那点时间，特许我将所有胶卷都放在阅览室办公桌上的专门位置，只需每天轻轻打声招呼取用和归还即可。杨老师给予的春天般温暖的关照，至今难忘。同时，在定先生的引荐下，掌管"国家清史纂修工程"资料的有关老师慨然同意我复印台北"故宫博物院"赠送的《金川档》（全6册，近5 000页），不仅解决了军机处录副奏折档案阙如部分的难题，而且拓展了金川战争相关档案史料的深度和广度。2010年初夏奔赴川西北嘉绒藏区展开田野调查期间，在硕士师兄韩欣亲自协调下，经四川省委宣传部有关人员的协助，四川省丹巴县档案局的领导亲自带我阅读了清代至民国时期的大量卷宗目录，并允许我详细阅览了十多件珍贵的清代图文史料，可谓一扫在金川县档案馆一再遭遇粗暴拒绝查看任何清代档案的阴霾。读博期间，中国社会科学院历史研究所图书馆的相关工作人员也为我获取《乾隆朝宫中档奏折》相关复印件提供了力所能及的帮助。在搜集史料过程中幸得诸般恩惠，须臾未忘。

在文献资料发掘和利用方面，还要特别感谢中国社会科学院历史研究所的学部委员郭松义先生。他老人家在关心我的博士论文写作进度之余，不忘告知哪些清代史料笔记与我的研究有关（郭先生面带微笑地在社会史研究室给我讲述清人王培荀《听雨楼随笔》内有我需要的史料的场景，仍记忆犹新），甚至还耐心叮嘱在哪里可以借阅或复印。郭先生平易近人、格外体恤后辈学人的忠厚长者之风，让我感佩莫名。此外，中央民族大学的赵令志教授在教我满文之余（虽然我不是合格的满文学生，但从花家地挤上人满为患的9字头公交去民大上课的日子仍历历在目）将其收集的与金川地区有关的数册地方史料慷慨相赠。不仅如此，入职高校后仍常蒙赵老师不吝襄助。台北"故宫博物院"前院长冯明珠先生、赖惠敏先生的高足吉林师范大学许富翔教授提供了金川战图复制图，并交代注意事项，选修我开设的两门前沿课程的硕士研究生李嘉鑫以古地图为底本绘制了两金川与嘉绒地区其他土司的位置关系图。师长之暖心关照、同侪学友之无私帮助，以及学生之热心协助，激励我在学术道路上愈挫愈勇。

---

① 抄写档案确实会耗费大量时间，还让人腰酸背痛，脖子僵硬，但是有了这些抄录的档案资料，研究主题的意义才能逐渐浮现出来，想要探究的核心问题才有可能逐渐变得具体而清晰。按照法尔热的说法，"抄写是一种极为重要的研究方式，它与后续工作甚至可以平起平坐，同样重要"，因为"在白纸上重新抄写的档案就像是一块被驯服的时光碎片；人们会渐渐了解主题的轮廓，做出一些阐释"。参见《档案之魅》，第12页。

　　大多数历史学者从事的是书斋里的学问,因而在图书馆、档案馆投入大量时间搜集和阅读资料是极为重要的。然而,我们爬梳的各种文献资料均不可避免地存在某种程度的局限性。譬如,"档案的丰富令人着迷并沉醉其中,但同时它又与其读者若即若离","因为我们既可以感受到档案内容的力量,也能体会到完全解读这些内容、重建历史是不可能的"。① 相比之下,田野调查则为我们发掘丰富的民间史料和感受地方社会的独特魅力打开了广阔天地。不过,应强调田野调查远不止是学者书斋工作的空间延伸。它有助于研究者平衡对"物"的关注和对"人"的考量,使研究者有可能对地方社会和历史形成相对立体的认识,从而注意到以往研究(仅从文献出发)的不足之处。而这正是我在抄录和整理完大量档案后竭力克服诸多现实困难,多次前往乾隆朝金川战争发生地进行实地考察的重要原因所在。

　　在川西北嘉绒藏区开展田野调查期间,丹巴县的拥中格西先生、文武超武先生,小金县的杨富刚先生,以及金川县武警中队领导(面庞如雕刻的丹巴汉子)等人都为我提供了切实有效的帮助。可以说,正是得到了这些当地朋友的大力支持,我才能得以顺利展开有关金川战争的历史遗存(土司官寨、战碉、苯教寺庙、黄教寺庙、关帝庙、盘山古道等)考察、地方史料搜集、关键人物访谈等工作。这是单纯阅读清宫档案文献无法取代的。况且,他们自身都是非常棒的访谈对象,为我解答了在档案文献阅读中遇到的诸多困惑之处。没有他们的热心相助,本书强调的"档案文献与田野调查双重奏"就只能变成"档案文献独奏"了。在此,发自肺腑地对这些为人豪爽、重情尚义的嘉绒藏族朋友们致以诚挚的感谢! 2023 年 8 月,开启经甘南赴川西北新的田野之旅。此番田调因自驾之便,有关考察工作进展更加顺利,相关访谈对象的选择更加多样,重点回访工作也推进得比预期的要好得多。与此同时,在夏日蓝天的加持下,于丹巴县梭坡乡莫洛村拍摄了清晰度极好的四角碉、五角碉,在金川县马尔邦拍摄了精美绝伦的碉王,在马尔康松岗镇拍摄了壮丽巍峨的直波八角碉,以及大小金川的湍急河道和陡峭崖礴,为书中相关章节的配图提供了更为优质的图像资料。

　　中国台北"中研院"近代史研究所赖惠敏先生不仅拨冗对本书题目的最终修订给予恳切意见,而且在我滞留纽约修改书稿期间,她与我的业师定先生、我的师姐邱源媛研究员一样经常挂怀我在美访学期间的身心健康状况,时时给予我至诚至真的鼓励和关爱。另外,2018 年暑期赴台北"故宫博物院"查找和列印档案的二十多天里,除了受到赖先生的热心款待外,还受惠于

---

　　① ［法］阿莱特·法尔热著,申华明译:《档案之魅》,商务印书馆,2020 年,第 10 页。

台北"故宫博物院"前院长冯明珠先生、廖宝秀研究员的多方照顾。在此期间，我还得到了年逾八十、笔耕不辍的庄吉发先生的耐心教诲——除了给我讲述他那勤奋异常又经历格外丰富的学术生涯，带我"巡视"一排排书架并一一指出哪些书必读，哪些工具书即使买不起也要想办法充分利用，强调哪些清代档案的利用尚有限而应当格外留心，激励我要克服万难重习满文，还陆续赠予多册他新近出版的学术专著。最哭笑不得的是，庄老先生怕我为了提升生活水平而转行干别的，不惜大加夸赞我有学术慧根，竟然连看手相这种古老的玄学策略都启用了，还反复强调我手掌的学术生命线很长。这让我拥有了终身难忘的"台北查档之旅"。

特别感谢多年来对我照拂有加、关怀至深的秦汉史研究大家王子今教授，借用清人夏敬渠的话来说，此生幸遇子老，"如暗室逢灯，绝渡逢舟"（《野叟曝言》第十回）。他于2006年赠予我五大册《历代竹枝词》，其中收录的《小金川竹枝词》亦为有关章节的撰写，提供了鲜活有趣的"以诗证史"资料。陕西师范大学中国西部边疆研究院秉公任直、笃学不倦的马强教授，以及年过八旬、德高望重的周伟洲先生，均十分关心我的科研进展，鼓励我用心修订书稿。这鞭策我既要照顾好家庭，也要不忘学术使命。北京大学考古与文博学院韦正教授在忙碌的教学科研工作间隙耐心解答我提出的诸多问题，并一再提点我"即使生活密不透风，内心也要疏能走马"。四川省文物考古研究院前院长高大伦教授勉励我越是遭遇困境，越要隐忍负重。自2011年应届博士毕业后一路走来，虽不乏波折，但多亏诸位先生的厚爱，使我免于一蹶不振，无论怎样感激都不为过。

博士后合作导师萧正洪教授（我于2015年7月至2017年6月在陕西师范大学中国史博士后流动站工作）准我听他讲授的多门硕博士研究生专题课程，课上不仅包容我的"提问和讨论癖"，还指引我接触美国人文地理研究大家段义孚先生的系列英文名著（尤其是《空间与地方》一书），鼓励我精读法国思想大师亨利·列斐伏尔（Henri Lefebvre）的《空间与政治》《空间的生产》等著作，对我的写作启发甚深，助我深入了解"时间"与"空间"的关系，"空间"中的"权力关系"，以及"空间是怎样生产的"等重要问题，并肯定了我尝试将这些阐释维度应用到本书有关章节的写作之中的学术努力；引领我阅读历史哲学名著，特别是指引我了解英国剑桥学派的著名学者昆廷·斯金纳（Quentin Skinner）的"历史语境主义方法论"，悉心教我如何对相关史料进行正反论证，为我仔细探究金川土司土民与清廷对"嘉绒土民热衷于放夹坝""嘉绒土司的婚姻""官军进剿面临的诸多困境""土司与皇帝关系"等问题存在巨大分歧的根由所在，以及如何审视"地方传统的变与不变""边疆地区与中央王朝之双向互动"等问题提供了有效的阐释途径。萧师在我读博士后期间和出站后的不吝赐教,为我进行"乾隆朝金川战争新探"提供了新视野与新方法。在日常教学科研工作中遇到困惑,我会随时提问或阐发一些不成熟的想法,萧师都会在得空时给予充分且尽可能客观的答复。特别庆幸博士后期间和入职边疆院后能够"幸遇"亦师亦友的恩师。

无比感谢美联航某位善良的女性客服工作人员,在我因限航和航班熔断政策屡次购票失败而几近绝望时,只有她肯耐心地听我倾诉我在哥伦比亚大学访学到期后,一家四口因纽约的新冠疫情不断恶化而被迫延长访学滞留近半年的煎熬和大笔备用美元存款即将耗尽的狼狈。尤为难能可贵的是,在我遭遇的众多美联航接线员当中,有且只有她毫不犹豫地承诺一旦有临时加飞中国的航班,定会尽力协助改签。令我感动不已的是,她真的在数周后如约给我们一家四口改签了增航航班的机票,我们才得以于 2020 年 9 月 5 日顺利踏上回国旅程。遗憾的是,当时光顾着激动哭泣的我没能记住她那冗长的拉美裔名字,但我会终身铭记她的至善美德。正是她的真切关心和无私帮助让我有勇气从近乎崩溃的状态中挣扎出来,并顺利归国安心投入到这部书稿的最终修改工作中。

由衷感谢家人的无私支持与关爱。尤其是在 2018 年上半年申请国家社科基金后期资助项目前夕的紧张改稿期间,我那时髦、爱运动、喜打点小牌、小酌几杯的父亲几乎包揽了家中采买、拖地、做饭等此前他不曾或甚少沾手的琐事。彼时薇宝还在上幼儿园中班,上学放学也都是他接送。在我久坐写稿累了捶腰拍肩时,他会轻轻推开书房的门,送来一盘插好牙签的水果,或者一杯温茶,也会坚定地提醒我该起身锻炼身体。在孩子幼儿园放学归来闹腾着非要与我一起做游戏时,他会赶紧带孩子下楼嬉戏。过往的数十年里,我从来都不是好脾气的女儿,他也一向都不是好脾气的父亲,但在我全心全意改稿的日子里,原本急躁火爆、一点就着的父女却难得彼此相处温馨。如今回望那段温暖时光,依然觉得仿若重返曾被父亲宠溺的孩提时代。这段沉浸式写作的岁月便成为最有效的亲情治愈之旅。当时还在深圳照顾姐姐一家的母亲虽未来长安,但同样对我挂心不已。同时,深心感谢我的先生赵旭黎教授对我的学术工作的支持,特别是在高反不适的情况下,坚持开车协助我经甘南至马尔康(四土旧地)和金川县、丹巴县、小金县、宝兴县、雅安等地开展暑期田野调查。① 在这次调查中,我不仅获得了新的研究资料,而且对金

---

① 此次田野调查的时间为 2023 年 8 月 5 日至 8 月 18 日;具体行程为:西安→陇南→舟曲→迭部→碌曲→红原→马尔康→金川→丹巴→小金→宝兴→雅安→西安。

川战后重建问题有了新的思考。

与其他亲人相比,在更换工作、辗转腾挪的这些年里,特别是在投入科研工作期间,最让我感到抱歉的是我的闺女薇薇。自重返学术圈后,莫名的焦虑和愧疚如影随形地缠绕,让第一次做妈妈的我身心俱疲。现实告诉我,所谓平衡教学科研、家务、陪伴孩子成长的命题是天底下最可笑的伪命题,接纳自己只能做一个七十分的妈妈也未必是坏事。在薇宝出生后的十年间,我曾多次半开玩笑半认真地和同事、师友说道,其实我不过是一名专职家庭主妇兼职科研民工罢了。每当日常琐碎事务的长期裹挟让我感到快要窒息时,夜深人静孩子入睡后属于我看书或码字的时刻给予我珍贵的治愈。只有"我思故我在"的专注,才是真正属于自己的时间——此时,才是剥离了妈妈、妻子、女儿、儿媳等身份的专职科研人员。当我不再内耗,终于愿意毫无负担地向家人袒露自己的真实感受,并且敢于尝试"不想负责"——可以坦然自若地说出身体状况已不容许我再像从前那样事事操心,可以理所当然地偶尔不采买、不做饭、不拖地、不辅导孩子的作业、不接送孩子上兴趣班,可以在经济条件许可的前提下毫无心理负担地买"心头好"取悦自己。即使如此,闺女仍毫不吝啬地表达她对妈妈的爱,鼓励妈妈要爱自己、做自己。闺女的期许和爱不仅让我知道要真正悦纳每个阶段的自己并直面内在的自我需求还有很长的路要走,而且让我愿意接受精力终归有限的现实,不再奢望为家庭全心付出与深度投入教学科研可以相互兼顾。我会按照自己的科研节奏做我能做的和我想做的事,譬如在近三年里不惮于大幅度修订这部书稿,期待下一部书稿的修改能够顺利推进,思考新的研究方向……

最后,还要格外感谢华东师范大学出版社总编办主任朱妙津老师为书稿的送审(除出版社内部常规三审外,还要报送上海民宗委专审并出具审查意见)和出版过程中多种协调工作付出的诸多努力,以及责任编辑吕振宇博士、特约审读齐晓峰老师、责任校对江小华老师为本书的顺利出版提供诸多便利和切实帮助。在等待书稿进入正式出版流程的这几年里,曾不止一位同仁提醒我应将书稿改由某著名出版社出版。大约是经历过纽约疫情滞留的"至暗时光",我对这一提议始终都表现得很佛系,社科办指派给哪一家都欣然接受,一切随缘就好。大概也正是受益于这样淡然处之的心态,让我同华东师范大学出版社业务能力强、办事效率高的老师们在签出版合同、内外部送审、返修等每一阶段的沟通都很顺畅,就连最担心的送上海民宗委审稿的环节也推进得相对顺利。经过三年疫情期间一边熬过种种艰辛,一边改稿、结项、送审之"万千锤炼",以及"后疫情时代"学术专著出版的"百般磨砺",深感庆幸自己在紧张工作和琐碎杂事缠绕之余,还能拥有片刻相对松弛的状态,给忙碌的身心留出一隙自由驰骋的天地。

　　《楞严经》中反复提及："世间无知,惑为因缘及自然性,皆是识心分别计度,但有言说,都无实义。"①须放下"分别计度妄想",才可"令十方一切众生,获妙微密性净明心,得清静眼"。②《金刚经》指出,"诸心皆为非心,是名为心",乃因"过去心不可得,现在心不可得,未来心不可得"。③于我而言,撰写并出版《乾隆朝金川战争新探——档案文献与田野调查双重奏》一书的过程,即是放下过去十余载心怀执念的旅程。

王惠敏

2020 年 8 月写于纽约

2024 年 1 月修订于长安寓所

---

①　赖永海主编,刘鹿鸣译注:《楞严经》卷 3,中华书局,2012 年,第 135、137、139、141 页。
②　赖永海主编,刘鹿鸣译注:《楞严经》卷 1,中华书局,2012 年,第 43 页。
③　赖永海主编,陈秋平译注:《金刚经》之《一体同观分第十八》,中华书局,2010 年,第 82 页。